广东省粤财教[2007]280号
高等院校学科建设专项基金重点实验室成果之一
guangdongsheng yuecaijiao [2007] 280 hao
gaodeng yuanxiao xueke jianshe zhuanxiang jijin
zhongdian shiyanshi chengguo zhiyi

中国文化精要
ESSENTIALS OF CHINESE CULTURE

- 主　编　许国彬
- 副主编　陈彦辉　许莲华

内 容 简 介

本书注重科学性和实用性，从各个方面回顾中华民族悠久的历史与文化，全书共分二十章，分别从文化进程、地理名胜、哲学宗教、政治法律、教育科技、语言文字、文学典籍、经济贸易、中医中药、音乐舞蹈、工艺美术、天文历法、国防军事、体育事业、建筑与园林、衣食住行、民俗礼仪、传统节日、文化产业、民族精神方面，择其精要地讲解中国文化的各个方面，通过此书可以多视角地了解中国文化的精髓。

本书适合作为大学生人文素养教育的教材。

图书在版编目（CIP）数据

中国文化精要/许国彬主编. —广州：华南理工大学出版社，2012.8（2021.8重印）
（广州大学城及周边地区高校大学生文化素质教育系列）
ISBN 978-7-5623-3656-3

Ⅰ. ①中… Ⅱ. ①许… Ⅲ. 中华文化–文化史–高等学校–教材 Ⅳ. ①K203

中国版本图书馆 CIP 数据核字（2012）第 078445 号

中国文化精要

许国彬　主编

出版发行：华南理工大学出版社
（广州五山华南理工大学 17 号楼，邮编 510640）
　　　　　http：//www.scutpress.com.cn　E-mail：scutc13@scut.edu.cn
　　　　　营销部电话：020-87113487　87111048（传真）
策划编辑：黄丹丹
责任编辑：江肖莹　潘江曼　王　磊
印　刷　者：广东虎彩云印刷有限公司
开　　　本：787mm×960mm　1/16　印张：32.75　字数：642 千
版　　　次：2012 年 8 月第 1 版　2021 年 8 月第 2 次印刷
定　　　价：62.00 元

版权所有　盗版必究　　印装差错　负责调换

广州大学城及周边高校大学生文化素质教育系列
广东省粤财政教〔2007〕280号高等院校学科建设
专项基金重点实验成果之一

本书编委会

总主编：许国彬

副主编：陈彦辉　许莲华

编　委：（按拼音字母顺序排列）

程永林　康为茂　赖洁莲　赖菁菁
李和民　李惠娟　李晓莉　李旭武
李于昆　刘　更　刘田苗　唐　静
王　焱　王媛媛　阎　茹　颜　勇
杨健生　张林茂　赵　烨　朱志刚
庄典洲

序 言

许国彬

　　中国，我们伟大可爱的祖国，以辽阔的疆土、悠久的历史，以及众多的人口，长时期地雄踞于世界的东方。世世代代的中国各族人民在中华大地上繁衍生息、辛勤劳作，以他们的聪明才智为漫长而曲折的人类历史创造了光辉灿烂的古代中华文化，使中国成为四大文明古国之一，中华民族成为世界上最古老、最伟大的民族之一。相比之下，古老的巴比伦文化、古埃及文化、印度文化和古希腊、罗马文化虽然辉煌一时，但在其发展的进程中，却出现过断裂或遭到外来文化的肢解。只有中华文化几千年来绵延不绝，并在远古时期起，就开始与外来文化进行交流，并产生深远的影响，为世界文化的发展作出了独特的贡献。

　　中国文化源远流长，博大精深。作为当代大学生，学习和继承中华民族的文化遗产是义不容辞的责任。《中国文化精要》注重科学性和实用性，从各个方面回顾祖国悠久的历史、灿烂的文化、先进的科技、繁荣的经济，以及灿若星辰的英雄人物，一定会让读了本书的人的民族自豪感和自信心更加浓厚。中国是伟大的国家，中华民族是光荣的民族，中国人民是英雄的人民。所以吮吸祖国的乳汁长大的炎黄子孙，一定会为自己是一个中国人而感到自豪和骄傲。

　　读史明鉴。远在250万年以前，我国就有了人类活动。元谋猿人、蓝田猿人、北京人、河套人、山顶洞人的发展历史，有力地证明了中国是人类的发祥地之一。生活在中国的古人类经过漫长的发展，在六七千年之前正是母系氏族公社的昌盛时期；五千年前则是父系氏族公社的繁荣时期；四千年前中国则跨入阶级社会的大门，建立了第一个奴隶制国家——夏朝。如果以此时作为中国立国之始的话，那么它要比俄罗斯早2900年，比美国早3800年。中国又是最早进入封建社会的国家。早在公元前475年中国就结束了奴隶制时代，开始了封建社会，而欧洲却是在中国进入封建社会的一千年后才开始封建化的。鸦片战争前的四千多年中，我国经历了夏、商、周、春秋、战国、汉、三国、两晋、南北朝、隋、唐、五代十国、宋、元、明、清等王朝的更替，我们的先人创造了著称于世的东方文明，并通过一次又一次的农民战争，推动了历史的前进。直到清末以前，中国一直以富足强盛的"中央王国"闻名于世。1919年5月4日发生的五四运动是中国革命史上划时代的事件，是中国旧民主主义革命到新民主主义革命的转折点。五四运动促进了马克思主义在中国的传播及其与工人运动相结合，从而在思想上和干部上为中国共产党的建立准备了条件。与此同时，中国文化走进了新的时代。

　　文化具有宽泛的含义，表现在人类活动的方方面面。中国文化的核心贯穿着一条爱国主义的红线。纵观我国几千年的发展史，我们可以明显地看到，在漫漫的历史长河中，华夏子孙对祖国的辽阔疆土、语言文字、生活条件、历史传统，逐渐形成一种深厚的感情，表现为民族自豪感和民族自信心；表现在把个人的命运和祖国的前途命运紧紧地联系起来，为祖国的利益奋不顾身地牺牲个人利益，为祖国的独立、自由、繁荣富强而英勇献身。这就是我们经常所讲的爱国主义，这就是人们"千百年来巩固起来的对自己的祖国的一种最深厚的感情"①。这也是中国文化赖以生存与发展的根基。

　　"国民之魂，文以化之；国家之神，文以铸之。"文化是民族的

---

① 《列宁全集》第28卷，第168－169页。

血脉和灵魂，是国家发展、民族振兴的重要支撑。一部中华文明史，不仅凝结着五十六个民族的无穷智慧和创造力，也是开放包容、博采众长的结果。在当今，文化越来越成为民族生命力、凝聚力和创造力的重要源泉，在增强综合国力中的作用愈加凸显。一方面，文化实力本身就是综合国力的重要内容；另一方面，文化与经济、政治相互交融的程度日益加深，经济的文化含量日益提高，文化的经济功能越来越强，文化已经成为国家核心竞争力的重要因素。谁占据了文化发展的制高点，谁拥有了强大的文化软实力，谁就能在激烈的国际竞争中赢得主动权。正如《中共中央关于制定国民经济和社会发展第十二个五年规划的建议》提到的："文化是一个民族的精神和灵魂，是国家发展和民族振兴的强大力量，必须坚持社会主义先进文化前进方向，弘扬中华文化，建设和谐文化，发展文化事业和文化产业，满足人民群众不断增长的精神文化需求，充分发挥文化引导社会、教育人民、推动发展的功能，建设中华民族共有精神家园，增强民族凝聚力和创造力。"党的十七届六中全会作出《关于深化文化体制改革推动社会主义文化大发展大繁荣若干重大问题的决定》，向全党明确提出了"增强国家文化软实力，弘扬中华文化，努力建设社会主义文化强国"的战略任务。全会指出：社会主义核心价值体系是兴国之魂，是社会主义先进文化的精髓，决定着中国特色社会主义发展方向。

  温家宝总理在某次省级主要领导干部研讨班上强调："国家的影响力，取决于经济、科技和军事实力，但归根到底取决于文化实力。文化的影响力更深刻，更具渗透性。中国有五千年的文明史，文化发展源远流长，底蕴深厚，从哪个方面讲，我们都有足够的理由感到自豪。今天的中华民族，在经济上能够创造奇迹，在文化上同样能够再创辉煌。"温家宝总理在2012年就《政府工作报告（征求意见稿）》与教科文卫体界人士座谈时说："文化对一个国家的影响是最持久的。有着五千年历史的中华民族文化从未中断过。文化最能够激励人的理想、人的诚信、人的自信、人的道德。"广东省社会科学院院长梁桂全在岭南大讲坛文化论坛上也说道："中华民族的复兴不仅仅是经济的崛起、力量与地位的崛起，而且更应当是人类文明变革的先导者。我们现在不要为中国GDP持续的增长而沾沾自喜，后面的挑战比玩GDP的挑战要深刻得多、难得多，难的地方就在于文化。一个国家、一个民族最终的竞争力在于文化。"他还说："这种文化不单纯是书本上的文化，一种文化就植根在这个国家、这个群体的日常生活中，这才是真正的文化。真正的文化存在于千百万人的生活里面。"

文化与人的生活息息相关，在生活中处处体现。文化是人的生存状态以及情感、愿望的反映，反过来又对人的生存、发展给予能动的影响。文化与教育相伴而生，相随而长，文化给教育以社会价值，教育给文化以生机活力。纵观古今中外，文化的光大昌明莫不始于教育、基于教育。于是有人说，没有文化便没有学校，没有优秀的文化，便没有卓越的学校。大学是文化的圣地，推进文化的传承创新是大学的天职。大学的各项工作，是贯彻着特定价值取向和精神追求的文化活动。中国现代高等教育制度建立100多年来，大学一直是我国文化建设的重要力量。在当代建设社会主义文化强国的新征程上，大学义不容辞地肩负着文化教育、文化研究、文化服务、文化交流的功能。与此同时，大学文化建设必须肩负起文化批评、文化提升、文化引领的历史使命。

文化是学校的根基，是学校的灵魂，是学校发展的力量和源泉。正因为如此，我们继《西方文化精要》完稿出版后，紧接着组织撰写了《中国文化精要》，目的在于丰富校园文化生活，让我们大学生进一步了解人类文化，提高自身文化素养，从而也做文化传播的使者。在我们撰写《中国文化精要》的过程中，喜闻《西方文化精要》被中国大学出版社协会评为2009—2010年度中南地区大学出版社优秀教材一等奖，这使我们更有信心、更加认真去完成《中国文化精要》的撰写任务。

我们想让大学生们通过这两本书的学习，在文化素质教育中能认识到，远古以来的人类历史，是多样文化发展，即不同民族文化共同发展的历史。随着社会生产力的进步，各个民族、国家或地区联系、交往的增加，其文化在广泛的历史背景下碰撞、交流或交融，更加充满朝气和生机，更加绚丽多彩。西方文化和中国文化作为世界文化的重要部分，由于其地理位置、国家结构、民族特征的不同，更显示出其独特的风格，凸显世界文化的多样性。中国具有悠久历史和光辉灿烂的文化，它博大精深，泽被东西，充分显示了炎黄子孙的无穷智慧和宽广胸怀。西方文化是以古希腊及希伯来文化为基础发展起来的辉煌文化，充分表现了西方民族奔放、进取、民主、自由的独特性格。这两种文化，都是人类优秀文化，它们互相渗透，互相促进，为整个人类文明的演进作出了巨大贡献。

就中国当代文化而言，主要由三大部分组成——以儒家学说为核心的中国传统文化；明代以来吸收的西方古典文化和西方近现代资产阶级文化；五四运动以来传入中国的马克思主义文化。由此可见，中国文化并不是一个封闭的僵化的文化系统，而是一个充满了活力的开放的文化系统，它"是在主体文化的基础上，不断汲取内外多维文化的营养，在开放的融会中发展。即以本位文化为基础，大量汲取、融会异质文化的精华，以对异质文化的开放，促进本位文化的开拓。从这个意义上看，中国文化是一种多维开放的动态结构"。①

我们不薄古非今、崇洋媚外，也不自以为是、固步自封，提倡学贯中西、古为今用、洋为中用。当代中国文化是近两百年来中西文化矛盾与交融的结晶，在各个领域都活跃着大量的西方文化因子。西方文化不仅影响着当代中国政治理念、经济伦理、科学技术，还影响着当代中国的军事、哲学、宗教、教育、心理学、医学、体育、音乐、美术、舞蹈、影视、生活方式与价值观念，等等。中国当代

---

① 钟明善、朱正威主编：《中国传统文化精义》，西安：西安交通大学出版社，1999年版，第8页。

文化是一个亲和性、开放性、发展性的文化，正在大规模地高速地吸纳西方文化等所有域外文化，以不断丰富和超越自我。当然，我们今天大谈特谈文化时也不能忘记政治，我们在反对文化帝国主义、文化霸权主义的同时，也坚决反对文化封闭主义和文化的极端民族主义。在经济全球化背景下，中华文化走向世界，与世界各民族文化进行平等的对话、交流，是一种不可逆转的趋势。我们要保护民族文化，宣传民族文化，发展民族文化，但绝不是把自己与世界隔绝开来。这就是我们编写这两本书的本意之一。

是为序。

2012 年春于广州大学城

（作序者为广东外语外贸大学教授、党委副书记，广州大学城及周边高校国家大学生文化素质教育基地主任）

目录

第一章　文化进程 (1)
- 第一节　先秦——中国文化萌芽形成期 (1)
- 第二节　秦汉魏晋南北朝——中国文化定型期 (8)
- 第三节　隋唐五代宋——中国文化繁盛期 (14)
- 第四节　元明清——中国文化强化期 (22)
- 第五节　近现代——中国文化转型与发展期 (25)

第二章　地理名胜 (33)
- 第一节　富饶美丽的神州大地 (33)
- 第二节　令人震撼的世界遗产 (37)
- 第三节　令人流连忘返的十大风景 (47)

第三章　哲学宗教 (54)
- 第一节　中国哲学思想 (54)
- 第二节　宗教文化 (81)

第四章　政治法律 (90)
- 第一节　中国政治文化 (90)
- 第二节　中国法律文化 (99)

第五章　教育科技 (106)
- 第一节　各时期中国教育 (106)
- 第二节　各时期中国科学技术 (127)

第六章　语言文字 (150)
- 第一节　中国语言文字概述 (150)
- 第二节　现代汉语中的中国语言文字 (154)
- 第三节　新时期中国语言文字的发展 (159)
- 第四节　中国少数民族语言文字概述 (167)

目录

第七章　文学典籍 (171)
　第一节　文学典籍概述 (171)
　第二节　"四书五经"简介 (176)
　第三节　其他文学典籍 (181)

第八章　经济贸易 (195)
　第一节　从古代农业到现代农业——中华文化发展的基础 (195)
　第二节　从手工业到现代工业——中华文化的宝库 (206)
　第三节　对外贸易——中外文化交流的桥梁 (214)

第九章　中医中药 (223)
　第一节　中医的理论体系 (223)
　第二节　中医的哲学基础和主要的思维方法 (228)
　第三节　中医对疾病、诊治和养生的认识 (234)
　第四节　中药及其应用 (243)

第十章　音乐舞蹈 (251)
　第一节　中国音乐 (251)
　第二节　中国舞蹈 (264)

第十一章　工艺美术 (270)
　第一节　上古三代工艺美术 (270)
　第二节　汉唐工艺美术 (275)
　第三节　宋元工艺美术 (278)
　第四节　明清工艺美术 (281)

第十二章　天文历法 (287)
　第一节　中国古代天文历法发展 (287)

目录

　　第二节　中国古代天文机构与著名天文人物 ……………………（297）
　　第三节　中国天文仪器 ……………………………………………（301）

第十三章　国防军事 ………………………………………………（308）
　　第一节　国防政策 …………………………………………………（308）
　　第二节　军事制度 …………………………………………………（315）
　　第三节　军事思想 …………………………………………………（323）

第十四章　体育事业 ………………………………………………（333）
　　第一节　中国古代体育 ……………………………………………（333）
　　第二节　中国近代体育 ……………………………………………（337）
　　第三节　中国现代体育的建立与发展 ……………………………（341）
　　第四节　中国现代体育的改革与发展 ……………………………（346）

第十五章　建筑与园林 ……………………………………………（352）
　　第一节　中国古建筑 ………………………………………………（352）
　　第二节　中国民居建筑 ……………………………………………（359）
　　第三节　中国园林建筑 ……………………………………………（361）
　　第四节　重要典籍及知名艺匠 ……………………………………（379）

第十六章　衣食住行 ………………………………………………（385）
　　第一节　中国古代服饰文化 ………………………………………（385）
　　第二节　中国古代饮食文化 ………………………………………（396）
　　第三节　中国古代居住文化 ………………………………………（403）
　　第四节　中国古代交通 ……………………………………………（411）

第十七章　民俗礼仪 ………………………………………………（423）
　　第一节　民俗礼仪概述 ……………………………………………（423）
　　第二节　人生礼仪 …………………………………………………（426）
　　第三节　家庭礼仪 …………………………………………………（436）

目录

第四节　社交礼仪 …………………………………………（440）

第十八章　传统节日 …………………………………………（448）
　第一节　中国传统节日概述 …………………………………（448）
　第二节　四大节日 ……………………………………………（453）
　第三节　其他节日 ……………………………………………（460）

第十九章　文化产业 …………………………………………（468）
　第一节　文化产业的定义和分类 ……………………………（468）
　第二节　中国文化产业发展历史 ……………………………（472）

第二十章　民族精神 …………………………………………（492）
　第一节　中华民族精神的历史演进 …………………………（492）
　第二节　中华民族精神的弘扬和培育 ………………………（500）
　第三节　中华民族精神的当代扩展
　　　　　——建设社会主义核心价值体系 …………………（505）

后　记 …………………………………………………………（510）

中国文化精要
ESSENTIALS OF CHINESE CULTURE

第一章 文化进程

有了人类，便开始有了文化。文化"涵盖了思想、学术、哲学、教育、宗教、典章制度、文学艺术、语言文字、天文地理、农学医药、科学技术、初步印刷、图书博物、文物收藏以及衣食住行、价值观念、社会风尚、民间习俗，等等"。每一个文化发展的进程，都离不开社会发展的大背景。社会的政治经济发展促进了文化的发展，反过来，文化的发展也影响着社会各个层面。中国是人类的发源地之一，也是世界上文化最久远、最稳定、最丰富的国家之一，更是在世界四大文明古国中唯一文明从未中断过的国家。中华文明是多元的，在演进过程中不是多元文明互相灭绝，而是互相整合。中华文明的演进过程，在很大程度上可以视为不同地域的文明以及不同民族的文明，在交往过程中整合为一体的过程。中国印刷术的发明和普及，极大地推动了文化的传播，带动了文化的发展；一些进步性制度的建立也推动了文化进步，如科举制的实施，等等。同样，文化的发展对整个社会又起到推进的作用，如百家争鸣的局面就对整个社会的发展产生极大的影响。

第一节 先秦——中国文化萌芽形成期

中国的文化历经几千年的沧海桑田，经过无数先人的共同创造，为人类留下了极其宝贵的文化财产。中国文明在演进的过程中，同样表现出物质文明与文化之间的密切联系。中国文化在先秦萌芽，之后得到不断的发展。

一、先夏文化

秦汉以前漫长的历史时期，是中国文化的发生和奠基时期。我们的祖先在广袤的土地上创造了自己独特的文化，而后经过不断的兼并融合，逐步从部落走向国家，完成从原始社会到封建国家的过渡。在阶级社会出现以前的社会形态，统称原始社会，包括原始群和氏族公社两个阶段。若从生产工具的角度划分，它一般分为旧石器时代和新石器时代两个发展阶段。

旧石器时代（约800万年前—约公元前6000）是能够确认的人类最早制造和使用工具的时代。这个时代也是中国传统文化的萌芽阶段。远古人类的活动范围遍及中国大陆，如举世闻名的周口店北京猿人、陕西蓝田猿人化石距今

第一章 文化进程

有六七十万年。早期中国文化呈现出多元发展趋势，已经发现的400多处旧石器时代遗址反映了不同时代和不同地域的文化特点和文化成就。旧石器时代文化上的进步，首先表现在石器磨制技术和钻孔技术的发明。

新石器时代的基本标志是农业和畜牧业的产生以及磨制石器和石器钻孔技术的普遍运用。这一阶段陶器大量使用，纺织术也开始诞生。人类已由完全依赖自然逐步过渡到改造自然。迄今为止，已发现的新石器遗址达七八千处。不仅黄河流域、长江流域、珠江流域，甚至东北等地区以及青藏高原，都发现了旧石器及新石器时代文化遗址。鉴于我国新石器文化产生的年代、分布区域、文化面貌以及它们之间的继承性和相互关系，可将其划分为六大文化区：辽河流域的燕辽文化区、黄河流域上游的甘肃文化区、黄河中游的中原文化区、黄河下游的山东文化区、长江中游的长江中游文化区及长江下游的江浙文化区。其中最著名的文化遗址有仰韶文化遗址、大汶口文化遗址、红山文化遗址、良渚文化遗址、马家窑文化遗址、龙山文化遗址和河姆渡文化遗址等。

民族融合、发展的过程，实际上也是文化融合、发展的过程。在国家形成前夕，黄河与长江流域主要分布着三大集团：黄河中游为华夏集团，黄河下游和江淮流域为东夷集团，江汉流域及长江以南为苗蛮集团。随着社会生产力的发展和文明程度的提高，各氏族部落基于各自的利益，往往诉诸武力以解决矛盾冲突，先是黄帝、炎帝大战于阪泉之野，炎帝溃败，黄帝成为华夏集团的代表；而后黄帝又与东夷集团的蚩尤大战于涿鹿之野，黄帝再次取胜。黄帝之后，华夏集团经过尧、舜、禹几代的努力，又征服了苗蛮集团。华夏集团的胜利，巩固了其在中华民族及文化多元中的主流地位，"华夏"成为中华民族的历史称号，"黄帝"成为中华民族共同祭奠的人文始祖。

夏代以前，虽然我们的先祖已经有了许多文明的创造，而有文字可考却是从夏代开始。中华文化最早可以追溯至龙山时代，即公元前三千年。根据考古资料和文献资料综合考察，分布于河南西部和山西南部的二里头文化，很可能就是目前已经发现的具有标志性的夏代文化遗存。

二、夏、商、西周文化

夏、商、西周三代是中国文化史上关键性的时期，在这一时期华夏族已成为一个较稳定的共同体，并不断发展壮大。夏朝是中国第一个有阶级的奴隶制国家，夏朝的建立标志着中华文明史从野蛮时代步入文明时代。商朝是夏朝灭亡后建立起来的王朝，也是中国奴隶社会的强盛时代。而西周紧随其后，是奴隶社会的衰落期。三个朝代共存在了一千三百多年。而三朝文化的辉煌成就也为后代文化的进一步发展奠定了基础，许多影响中国历史的文化制度就是在这一时期奠定的。

（一）礼乐文化

中国号称"礼仪之邦"，其基础来自于西周。夏朝已开始形成礼制，商周继承夏朝成为礼制高度发达的社会。周朝杰出的统治者周公旦以夏、商两代的惨败为前车之鉴，将井田制、分封制、宗法制、礼制等这些标志着奴隶制走向成熟的政治、文化形态加以完善和发扬，实现了制礼作乐的大举，创造了西周灿烂的政治、思想、文化和教育大业。反映周礼的文献主要有三礼：《周礼》、《仪礼》和《礼记》。《周礼》主要讲官制和政治制度；《仪礼》讲朝聘、婚丧、祭祀、乡射和燕飨等多种礼制；《礼记》则主要是孔门弟子讨论礼的理论和行为准则的文献。周礼形成了一系列伦理道德观念，是制度文化、行为文化和观念文化的集中体现，它既是典章制定的总汇，又是政治生活、经济生活、社会生活、家庭生活各种行为规范的准则。周代的礼仪制度奠定了中国古代礼仪制度的基础，此后各个朝代虽都把制定礼仪作为立国之本，但基本没有超出周礼的框架。到春秋战国，礼仪文化继续进步、不断完备，人们对礼的认识也不断深化，从而奠定了文明的底蕴，并赋予中华文明以鲜明的特色。周王朝礼制文化的建立和完善，在相当大的程度上决定了此后三千年中国古代文化的格局，并成为秦汉以后历代封建统治者所奉行的文化模式。这些礼乐文化冲淡了殷商时期的神本文化，为此后的"百家争鸣"奠定了基础。

（二）宗教信仰

世界上所有民族的文化，都经历过由"以神为本"到"以人为本"的发展过程，这是因为人类文化的发展，总是受到自身认识世界和改造世界能力的制约。古代中国是世界上神权崇拜最盛行，并形成鬼神系统，其拜祭种类最多、拜祭仪式最繁复的国度之一。中国的先祖们对天神的信仰在古代的经典如《尚书》、《诗经》等书中都有大量记载。商朝的鬼神崇拜最甚，不论事情大小，都要问神占卜，在殷墟发现的十多万片甲骨几乎全是祭祀和占卜的记录，可见当时对天神和祖先信仰风气之兴盛。殷商时期神权弥漫，是中国文明史上神鬼观念最为盛行的时代。

（三）汉字起源

文字的发明是人类文化史上具有划时代意义的界标性事件，它是人类长期不懈努力的结果。中国汉字历史悠久，在大体相当于夏文化晚期的早商文化的传世礼器中，已发现了笔画规整、字形美观的铭文。在郑州二里冈发现的骨臼刻字和肋骨习刻卜辞，也被认为是殷墟甲骨卜辞的前身。虽然目前还没有较完整的夏代文字发掘问世，但在夏文化二里头型的陶器上，经常出现各种形式的刻画符号，有的已被认定为汉字的原型。同样，在河北省的滹沱河与漳河之间

第一章 文化进程

发掘的与夏文化年代重叠的先商文化漳河型下七垣三层的陶器上，也发现了与偃师二里头陶器刻符相似的文字符号。而在迄今发现的古文字资料中，性质明确、内容丰富、时代最早的文字是商代后期的殷墟甲骨文。

公元前16世纪，商朝在灭掉夏后建立了一个空前强大的奴隶制国家，商人也慢慢结束了漂泊的游耕生活定都于殷，定居的生活使商人的文明水平不断提高。以殷墟为主出土的甲骨文，是我国目前发现最早的一种文字，已具备了"象形"、"会意"、"形声"、"指事"、"假借"、"转注"这传统的六书结构。甲骨文的出现，标志着中国文字已经进入了成熟阶段，标志着中华文明的巨大进步。

殷商时期，随着青铜器铸造技术的提高及其在人们生活中广泛使用，一种刻在青铜器上的文字产生了，称为金文或铭文。到周代，金文得到较大的发展，其形体发生了较大的变化，字体较为定型，并逐渐走向规范，这为秦朝统一汉字提供了必要的条件。

（四）青铜文化

金属的占有和使用，是人类文明史上的大事。中国上古先民也走过了从红铜时代到青铜时代，再到铁器时代的漫长历程。

中国的青铜时代以延续时间绵长、青铜工业发达、铜器数量众多且大多为具有实用功能的容器为特点。夏文化的一个重要标志就是青铜冶铸技术的产生和青铜器的应用。青铜器是多种技术和多种工艺的结晶，原料的相对珍贵、质地的坚固持久和制造的技术难度，使青铜器在先秦时期成为一种颇为贵重的物品，受到重视，中国商周时期的青铜器主要用于礼器和兵器。如鼎是王权和等级的象征，在礼器中居首要地位，周代的用鼎制度是整个礼器制度的核心，祭祀、宴享、丧葬等所有礼仪活动，都要按等级使用以鼎为核心的成套青铜礼器。"三礼"（指《周礼》、《仪礼》、《礼记》）等文献记载了周代礼器的制度：天子九鼎，诸侯或卿七鼎，大夫五鼎，士三鼎。因此我们常说一言九鼎，即有天子之言，不可更改之意。兵器则是维护政权和等级制度的工具，春秋晚期在吴、越、楚等国出现的锋刃高锡而剑体低锡的复合青铜剑，代表了中国夏商周在青铜器合金配比问题上的最高成就。商朝青铜器冶炼术臻于高峰，在河南安阳殷墟出土的商代最大的铜鼎——司母戊方鼎就是其标志，它在世界青铜文化史上占有很重要的地位。此外，中国不同地区的工匠发明和推广青铜冶铸工业，从而带动了整个手工业、农业的发展和变革。

（五）天文历法

夏代的天文历法已经相当成熟，"观象授时"是夏朝的一项国策，夏历是观察天象积累的成果，直到东周时期夏历仍与殷历、周历同时流行。相传中国最早的历法便是出于夏代的《夏小正》，它是通过观象授时的方法进行编制的自然历。在《夏小正》一书中，载有一年中各月份的物候、天象、气象和农事等内容，它集物候历、观象授时法和初始历法于一身，是夏代使用的历日制度。到商代，历法有了更大的发展，商代的历法是迄今已知较为完整的最早的历法，它分为阴阳历，阳历以地球绕太阳一周为一回归年，阴历以月亮绕地球一周为一朔望月。到春秋战国时期，历法已相对完备，被视为中国古代天文学家的一大创造的二十四节气到战国时期已逐步完备，并一直沿用至今。

三、春秋战国文化

春秋战国是中国历史剧变的时期，是由奴隶制向封建制过渡的时期，也是一个"礼崩乐坏"的时期，但文化却由于社会生产力的发展走向空前的繁荣，是中国文化史上的第一次大发展，出现了深受后世景仰的诸子纷起、百家争鸣的盛况。

当时的社会经济发生了巨大的变化，井田制崩溃，地主私有土地制度确立。此时周王室衰微，王权败落，各诸侯国竞相争霸。出于争霸的需要，各诸侯国不惜重金招贤纳士，为其出谋划策，而新兴的"士"这一知识分子阶层的崛起为文化的繁荣提供了人才基础；激烈的战争和兼并打破了孤立静态的生活格局，促进了人才的流通和文化的传播。政治的多元为文化的多元发展提供了条件，代表新兴地主阶级利益的新思潮汹涌澎湃，形成了中国历史上第一次思想大解放浪潮。学术思想空前自由活跃，出现了"百家争鸣"的局面。《尚书》、《春秋》等书的编纂和史学传统的建立，《诗经》、《楚辞》的出现以及中国文学传统的建立，都证明春秋战国时期是中华文明的一个高峰。

（一）诸子百家

"诸子百家"一般是对先秦各个学派的统称。这一时期，学者辈出，各自著书立说，中国文化出现了空前繁荣的黄金时代，是我国封建文化形成的辉煌时代。

以孔子、孟子为代表的儒家学说，是一个重视血亲人伦、追求现世事功的学派。作为儒家学派的创始人，孔子首次把"仁"作为一种哲学范畴提出来，"仁"是孔子政治观和社会观的核心和最高境界。他的另一重要思想是"礼"和"正名"。他主张以"礼"治国，认为"名不正则言不顺，言不顺则事不成"。孔子还是中国古代私人办学的先驱，他以六科教育学生，推广"有教无类"和"因材施教"的教育理念。孟子提出"性善"说，即认为道德是一个人的本质属性，由于努力程度和环境的影响，道德才有了或好或坏的发展。儒家思想是中国封建时代政治和社会理论的精华，被历代封建统治阶级所利用和

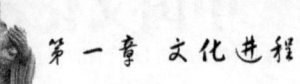

第一章 文化进程

改造，成为中国汉代以后两千多年封建社会的主流思想。

以墨翟为代表的墨家学派最富有宗教色彩，他们主张"兼爱"、"非攻"，倡导"仁"与"义"，反对儒家的"礼"、"乐"观念和复古守旧的政治主张，希望用说教来实现政治平等和经济平均，具有强烈的平民色彩，幻想建立一个没有强暴弱、富侮贫、贵傲贱、智诈愚的大一统的公平合理的社会，其思想对后世农民起义影响深远。

以老子、庄子为代表的道家，主要代表了平民和小私有者的利益，主张"无为而治"、"道法自然"和"少私寡欲"。老子第一次提出了"道"的哲学学说，《道德经》是他留给后人最珍贵的著作。老庄的哲学后来成为中国传统文化的主干之一，在整个中国思想史上产生了极其重要的影响。庄子思想中对人最有启发性的是相对主义。

法家的代表人物有商鞅、韩非子等人，他们主张建立封建制度代替宗法礼制，提出以"法"、"术"、"势"为基本内容的政治思想体系。韩非子是中国古代第一个全面论证中央集权必要性的思想家，主张法治。他的君主专制学说符合当时的历史发展，也为后来中国的封建专制统治奠定了理论基础。

此外，其他各学派也各有建树，特别是孙武所著的《孙子兵法》更是在中国和世界军事史上最早比较系统地涉及战争全局问题的书籍，将军事辩证法发挥到极致，具有丰富的谋略思想，为后世所推崇。

（二）文学经典

1. 《诗经》、《楚辞》

先秦的诗歌，以"风"、"骚"并称。"风"是以十五"国风"为代表的《诗经》，"骚"则是以《离骚》压轴的《楚辞》。前者为现实主义诗歌的滥觞，后者则开浪漫主义诗风之先河，二者流传千古，成为后世诗歌创作的不竭源泉。《诗经》是中国文学史中的第一部诗歌总集，代表着中国诗歌最古老的成就，它汇集了从西周初年到春秋中期五百多年的诗歌305篇，包括"风"、"雅"、"颂"三部分。《诗经》到汉代被朝廷正式奉为儒家经典，并流传至今。

楚辞是战国诗人屈原在楚地民歌基础上创造出的一种新诗体，其名称最早见于汉初，它以屈原的《离骚》为代表作品，所以有"骚"之名。《离骚》是屈原根据楚国政治现实和自己不幸遭遇创作的一首政治抒情诗，该作品既根植于现实，又富于幻想色彩，把现实和理想、神话和人世交织在一起，对后世的艺术家产生了极其深刻的影响。屈原去世后，出现了宋玉等一大批楚辞的作者，兴起了具有浪漫主义色彩的文学潮流，是中国纯文学诗歌的第一个高潮。屈原不仅以其伟大的思想品格和艺术成就在我国文化思想史上占有重要地位，而且在世界文学史上与荷马、但丁等诗人齐名，1954年世界和平理事会决定以屈原作为当年纪念的世界四大文化名人之一。中国的端午节就是后人对屈原这位伟大诗人和爱国者最好的纪念。

2. "四书"、"五经"

"五经"始称于汉武帝时，原有六经，是指儒家的主要经典《诗经》、《书经》、《礼经》、《乐经》、《易经》、《春秋》。这六部文献是先秦旧典，经孔子删订，孔子弟子的发扬及后人的相袭而流传至今，其中除《乐经》亡于秦火而不得其传外，其余五部成为儒家思想和中国古代传统文化的核心内容。《书经》亦称《尚书》，是中国上古历史文献和部分追述古代史迹著作的汇编，也是中国史学上最早的历史典册。《礼经》又分《周礼》、《仪礼》和《礼记》三部分。《易经》又名《周易》，是流传至今最古老的一部占筮的书，也是中国古代最重要、被解释最多的典籍之一。它以卦作为构成单位，全书共包括64卦。《周易》虽为占筮之书，却对中国古代的政治、军事、文学、美学、艺术、建筑、科技等产生重大的影响，在国际上也有很大的影响。《春秋》是鲁国国史，也是中国现存先秦典籍中年代最早的编年体史书，还是中国史传散文的第一部作品，开创了一种新的文学体裁——编年体，为后世诸子百家著书立说开了风气之先。此外，《大学》、《中庸》、《论语》、《孟子》这四书也是儒家的重要经典，南宋以后"四书"、"五经"成为科举取士的必读教科书，对后世影响深远。

3.《山海经》

《山海经》是中国古代的地理著作，共18卷，分为《山经》和《海经》。它对研究中国的原始社会和上古的姓氏、部族以及考察上古人对宇宙、自然和社会历史的认识都有重要意义。

（三）私学的兴起

伴随着政治和经济大变动，春秋战国时期的教育得到了极大的发展，特别是私学的兴起最终造就了诸子百家争鸣的兴盛局面。古代中国的知识和学术原本为官府所垄断，只有贵族才有机会接受教育，庶民是无缘学术门庭的。随着王权的衰落，王官不断流落到民间，出现了学术下移的趋势，所谓"天子失官，学在四夷"，这为私学的兴起提供了重要的背景。与官学相比，私学可以使知识普及到社会的每一个阶层，这在古代中国的教育史乃至整个文明史上都是有划时代意义的大事。士人的出现是私学兴起的主要因素。士人主要来源于摆脱了贵族身份的士，以及王官的下降和庶人的上升等，他们组成了一个新的特殊的知识阶层，对当时的社会产生了重大影响。一方面，士人的兴起促成了私学的出现；另一方面，私学也促进了士人阶层的壮大。

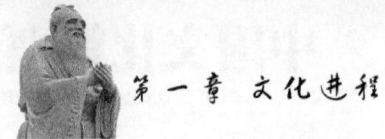

（四）编钟

编钟是一种打击乐器，用于宗族祭祀和宴请宾客时演奏。商代已有编钟，春秋战国时期盛行以编钟与鼓为主的大型乐器，现存古代保存最完好的编钟是1978年湖北随州曾侯乙墓出土的曾侯乙编钟，全套有65件，它融金属工艺与声学技艺于一体，是中国文化史上的经典之作。

第二节 秦汉魏晋南北朝——中国文化定型期

秦汉魏晋南北朝是中国封建文化的确立期也即定型期。秦汉时期所形成的经济制度、官僚政治制度、家庭制度、文教制度以及伦理规范，奠定了此后中国文化的基础。秦汉的思想文化风貌，成为后世遵循的楷模，秦汉魏晋南北朝时期成为中国文化的定型期。

一、秦汉文化

战国后期，地处西北的秦国经过励精图治，广纳贤才，终于在公元前221年统一六国，建立了我国历史上第一个专制集权的封建国家，开始了中华文明史上的一个新时期，标志着中国文化主体的基本形成。秦的统一，在文化史上具有划时代的意义，它标志着中华文化共同体的初步形成。虽然秦朝只经历了短短的两朝，然其所推行的一系列政治、经济、文化措施却对中国几千年的封建社会产生重大影响。汉承秦制，长达四百年的汉代，沿袭了秦朝的制度，并将其发扬光大，社会得到了快速的发展，特别是汉武帝时期，经济繁荣，国力增强，汉朝进入鼎盛时期，成为当时世界上最强大的国家。华夏的文明也得到了长足发展，并达到一个高峰。

（一）儒家思想统治地位的确立

秦始皇统一六国后，有感于思想领域诸说并行，妨碍国家统一，为了其专制统治，下令"焚书坑儒"，并下令禁止私学，只允许"以法为教，以吏为师"。到了汉代，经董仲舒、公孙弘等人的鼓吹和实践，汉武帝推行了"罢黜百家，独尊儒术"的政策，树立了孔孟学术的统治地位，在统一思想的同时也禁锢了其他各学派的发展，百家争鸣的辉煌告一段落，中国文化进入经学时代。董仲舒是君主宗法制的理论制造者，他把儒家的德治与法家的法制作为相辅相成的统治原则和手段结合起来，把严格的等级名分同维护君主专制、君权至上结合起来，形成了以"三纲五常"为准则的封建君主专制理论。

（二）秦初文化的统一

秦始皇统一中国后，推行了一系列以统一为原则的文化举措，包括如下几方面。"书同文"：汉字是中国文化的主要媒介，在传播中华文明、维系国家稳定和塑造共同的民族心理等方面起到非常重要的作用。战国时各国的文字虽基本相同，但字形繁简和偏旁位置却有较大的差异，对各国之间的文化交流相当不利。秦朝建立后，李斯受命主持统一文字，他以秦篆为基础，制定小篆，写成范本推行全国，这是中国历史上第一次实行文字的统一。汉代流行隶书，以后经历东汉、三国和东晋书法家的改进，创造出楷书，这一书体沿用至今，汉字实现了规范化。"车同轨"：统一车辆形制和道路宽度，一车可通行全国。"度同制"：统一货币和度量衡，重新确定标准的度量衡单位，废除六国货币，全国统一使用黄金和铜钱。"行同伦"：制定秦律，一发为教，统一人们的文化心理。"地同域"，废除封邦建国之制，打破地区壁垒。秦始皇统一文化的措施固然是为了强化其专制君主集权，但的确有力地增强了国内各区域人们在经济、文化生活等方面的共同性，为中华文化共同体的最终形成奠定了坚实的基础。

（三）赋与乐府

赋是继《诗经》之后产生的一种最具鲜明民族特色的纯文学体裁，是汉代文学的代表。赋早在战国时期就已经出现了，到汉代盛行，汉代的文学家大多致力于这种文体的创作。汉赋有三种基本形式：一是由《诗》三百篇演变而来的诗体赋，形式与《诗经》相似，如司马相如的《上林赋》、《子虚赋》等；二是由楚民歌演变而来的骚体赋，形式与《楚辞》相同，如贾谊的《吊屈原赋》、司马迁的《悲士不遇赋》等；三是由诸子问答体和游士说辞演变而来的散体赋，一般辞藻华美，篇幅较长，如枚乘的《七发》等。汉赋的兴盛促进了中国文学观念的形成，开始把文学与学术区分开来，对文学基本特征有了一定的认识。

乐府始创于秦，本是制音度曲的机关，乐府诗歌有的是文人所造，多为雅歌，有的从民间采来。汉乐府继承了《诗经》的现实主义，以新的形式反映了汉代社会生活以及汉代社会各阶层人物的思想感情，出现了《孔雀东南飞》这样的名篇。

（四）史学兴盛

汉代在史学上获得了空前成功，西汉司马迁的《史记》、东汉班固的《汉书》可以说是中国文化史的骄傲。

《史记》是西汉司马迁撰写的一部纪传体通史。《史记》全书分为本纪、表、书、世家、列传五个部分，共有本纪12篇、表10篇、书8篇、世家30篇、列传70篇五十多万字，记述从传说人物黄帝到汉武帝时期三千多年的历史。《史记》创立了纪传体史书体裁，这种体裁以帝王为中心记载历史，受到历代统治阶级的推崇，成为后世史家修撰官定"正史"的唯一模式，中国古代二十四部"正史"全部用纪传体撰写，因此《史记》是中国古代史学走上成熟发展道路的奠基之作。司马迁写史的求实态度和批判精神，也成为后世历史学家的楷模。

《汉书》是东汉班固撰写的一部纪传体断代史。全书分为纪、表、志、传四个部分，有纪12篇、表8篇、志10篇、传70篇共100篇。《汉书》在中国古代史学的发展史上具有重要地位，班固首创纪传体断代史，并将《史记》的本纪、表、书、世家、列传五种体例改革调整为纪、表、志、传四体，成为纪传体例史书体的基本格局。

（五）科技发达

西汉时期，社会经济进一步发展，科学技术繁荣昌盛，传统的农学、医学、天文学、数学四大学科都形成初步的体系，并且有许多杰出的发明创造。

1. 张衡与地动仪

在先秦天文历法的基础上，汉代在宇宙理论、天象观测、历法编制及有关仪器创制方面都取得了很大的成就，其中以张衡创制的世界上最早的地震仪器——候风地动仪影响广泛。该仪器用精铜铸造，形似酒樽，八个方向各安一龙头，龙口衔一铜丸，哪一方向发生地震，同方向的铜丸就会由龙口掉入下面的蟾蜍之口，及时发出警报。

2. 《九章算术》

这是一部集先秦以来数学成就之大成的著名数学著作，该书出自众人之手，约在东汉和帝时编成定本。书中记载的正负数的运算法则和比例算法、分数四则运算以及开平方、开立方等都是当时世界上最先进的数学运算方法，比印度和欧洲早了近千年，对欧洲的数学发展产生重要影响。

3. 《黄帝内经》与张仲景、华佗

两汉时期医学的大发展主要体现在：一是确立了中国医学的完整体系；二是涌现了一批医术高超的名医。

《黄帝内经》是中国现存最早的一部比较完整的医学理论著作，是中国最早全面阐述中医学的名著，出现于战国末期。该书包括《素问》和《灵枢》两部分各9篇，主要论述人体解剖、生理、脉学、病理、病因、诊断等方面的内容。《黄帝内经》已初步建立了中医学的理论体系，几千年来一直是指导中医临床实践的一本重要参考书。

在汉代人才辈出的众多从医者中，张仲景和华佗是突出的代表。被称为"医圣"的张仲景是东汉末年著名的医学家，他所著的《伤寒杂病论》一书奠定了中医治疗学的基础。华佗是东汉末年另一位著名的医学家，他擅长外科手术和麻醉术，首创开腹术，被后代医家誉为"外科鼻祖"，其水平在当时是世界上最先进的。他创编的"五禽戏"在中国运动史、气功史上有极重要的意义。

4. 蔡伦与造纸术

商周以来，人们最先用龟甲，后用竹简、绢帛等来记载文字，但竹简太笨重，而绢帛昂贵，不利于文化的发展，于是便开始有人探索用更轻便更便宜的材料作为书写之用。东汉的蔡伦在总结前人发明的基础上，改进了造纸方法，采用树皮为原料，并将材料用石灰进行碱液烹煮，使植物纤维分散得更细，从而大大提高了生产效率和纸张质量，人们称这种纸为"蔡侯纸"。后来经过后人的不断完善，到东晋末年造纸术日趋成熟，已完全替代了简帛而成为通用的书画材料。

（六）丝绸之路

汉武帝时期国土边界向北方和西北大大扩张，使西域（主要是今新疆地区）成为中国领土的一部分，与此同时，汉朝通过西域揭开了中西方文化交流的历史新篇章。中国的各种精美货物特别是丝绸通过河西走廊和西域运往西方，西方的商品和文化也经此传入，从而开启了中西方文化经济交流的著名的丝绸之路。它也是古老的中国走向世界、接受世界其他地区文明营养的主要通道，佛教就是通过丝绸之路传进中国的。

（七）建筑

秦汉时期是我国建筑体系基本形成的时期，秦朝遗留下来的建筑遗迹多以气势恢宏著称。

1. 长城

战国时期，北方近邻匈奴常袭击秦、赵、燕等国，为防御匈奴侵袭，各国纷纷修筑长城，秦始皇统一全国后，大量征集民工将原来秦、赵、燕三国的旧长城重新加固连接，修建成举世闻名的万里长城，后经西汉、北魏、北齐、北周、隋唐、明朝历代增修，形成今天西起嘉峪关，东至山海关，长5500余千米的万里长城。它是世界历史上最伟大的建筑之一，成为中华民族文明悠久的象征。

2. 宫殿

宫殿是我国古代建筑中最高级、最豪华、艺术价值最高的一种类型，代表了当时建筑技术与艺术的最高水平。秦始皇统一六国后，建造了历史上规模宏大的阿房宫，后被秦末农民起义的项羽火烧化为灰烬。此后汉朝在长安建造长乐宫、未央宫，在洛阳建北宫、南宫等，组成了规模宏大的帝王宫苑。

3. 陵墓

中国历史上几千年来一直盛行的是厚葬制度，陵墓成了死者身份的一种重要标志，陕西临潼的秦始皇陵不仅地面建筑规模宏大，地宫内的建筑和陪葬品也十分壮观，从现今发掘的部分兵马俑可以想象当时工程规模之浩大。

4. 水利

水利工程涉及民生，历来是中国古代建筑中的一种重要类型。位于四川省成都的都江堰为公元前3世纪秦昭王时蜀郡太守李冰父子率众修建的，自都江堰建成后，川西平原千百年来"水旱从人，不知饥馑"，"天府之国"的名称由此而来。都江堰精妙科学的设计使它一直使用至今。

二、魏晋南北朝文化

魏晋南北朝是中国历史上政治比较混乱的时代，但也是封建正统思想对人们禁锢较为松弛，士人精神较为自由、解放的时代，因而文化反而呈现出繁荣活泼的气象。特别是北方和西方众多少数民族进入中原，促进了民族融合，更带来了不同的文化交融，文化呈现出多样性和丰富性的特点。汉代的儒家经学开始没落，玄学开始活跃，道教兴起；北方和西方的少数民族进入中原，接受汉族文化，同时也带来了新的文化，其重要标志之一就是佛教和佛学的传入，从而形成了儒、道、释三学鼎立之势。

（一）儒、道、释三学鼎立

1. 玄学崛起

魏晋玄学是中国魏晋时期的哲学思潮，它探讨宇宙的本原，提出了有无、体用、本末、一多、动静等哲学范畴，有较强的思辨性。

玄学始于曹魏正始年间，是糅合《老子》、《庄子》、《周易》等发展起来的。"玄"字来源于《老子》一书第一章"玄之又玄，众妙之门"，"玄"是表示深远莫测的意思。玄学思潮的历史发展主要经历了三个阶段：第一阶段为正始年间，以何晏、王弼为代表，其最根本的思想就是"以无为本，以有为末"的学说，反对名教，崇本息末。王弼第一个将本末、体用、动静、象意等作为哲学范畴加以研究，他所构造的玄学理论，使中国的理论思辨水平达到一个新的高度。第二阶段是魏嘉平至景元年间，以"竹林七贤"嵇康、阮籍等人为代表，提倡"越名教而任自然"，这种随意自然使士族贵族子弟放纵不羁，从而出现了乐广、裴危的纠偏之论；裴危则提出"崇有论"，提出"自然不离名教"的思想。第三阶段是元康时期，代表人物为郭象等。郭象在裴危"崇有论"的基础上提出了世界上没有"造物主"，"物各自造"的观点。郭象总结了玄学思潮发展中的各种争论，把"贵无"和"崇有"合一，"自然"

和"名教"合一，从而把玄学理论推向一个高峰。自郭象后，玄学的发展就此终结。

玄学的崛起，动摇了儒学独尊的地位，玄学思潮开辟了一代学风，讲究清谈论辩、学术平等、追求义理、简约博通。玄学的发展使得道家思想影响深入，对后来东晋南北朝隋唐的佛教和道教的哲学思想，乃至宋明理学都产生巨大的影响，对明清以来追求人性的自由解放产生很大的启迪作用。

2. 道教兴起

道教是我国本土宗教，酝酿于东汉，发展于魏晋，定型于南北朝时期，并逐步形成了一套完整的宗教仪式和戒律。道教以"道"为最高信仰而得名，尊老子为教主，以《道德经》、《南华经》为主要经典，以长生不老、得道成仙为追求目标。由于魏晋南北朝时期战乱频繁，人人忧生，于是以求仙长生为宗旨的道教便流行起来，到隋唐时期道教得到全面发展和繁荣，并被奉为儒、道、释三教之首。两宋时期是道教发展的又一高峰，金元以后道教内部出现了"全真派"与"正一派"，这是流传至今的两大道教流派。

3. 佛教流行

佛教本来是印度文化，两汉时期随着中西方交流的日益频繁，特别是丝绸之路的开通，佛教经西域传入中国，东汉明帝曾派人到西域访求佛道并用白马驮回经书，在洛阳建立了白马寺，翻译了《四十二章经》。但佛教在东汉时期只是在社会上层的少数人中流传。到魏晋南北朝时期，随着佛教戒律的传译，中国逐渐建立起较为正规的僧团组织，佛教在社会的地位和影响也大大提高，开始在社会广为流传，并开始取代玄学，成为当时思想界的主流思想，当时仅洛阳城就有一千多座佛寺。佛教传入中国，对中国的文化产生极深刻的影响，而经过不断的改造和发展，特别是与中国文化和中国原有的思想观念相融合，其已成为中国文化的一部分，完全融入中华文化的长河中，对中国社会产生了深刻的影响。

（二）文学新风

魏晋南北朝时期，由于思想的空前活跃，给文学艺术带来了新风，它是中国散文又一次重大变革时期，是文学独立自由的时代。汉魏时期开了散文自由之风，其代表人物为曹操父子和建安七子。诗歌出现了专门描写田园与山水的诗歌派别——田园、山水诗歌。

东晋文学家陶渊明是田园诗派的鼻祖，其代表作《桃花源记》为世人所传颂；谢灵运的诗歌在艺术手法上刻意求新，其诗善于刻画自然景物，开创了山水诗派，代表作为《山居赋》。文学评论力作——刘勰的《文心雕龙》更是中国文学批评史上的扛鼎之作。郦道元的《水经注》与裴松之的《三国志

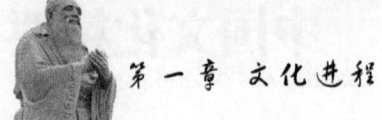

注》、李善的《文选注》是我国古代典籍中的三大名注。

(三) 书画成就斐然

自秦朝统一文字,至汉代各种字体基本完备,然而字体的大发展却是在魏晋时期。魏晋以楷书、草书、行书为发展重点,并出现了一批书法大家。突出的代表是被后人称为"书圣"的王羲之。他集书法之大成,融会百家,在行书、草书、楷书等方面均风格独具,尤以其行书《兰亭集序》闻名于世。王羲之之子王献之也是著名的书法名家,代表作是行草书《鸭头丸帖卷》。魏晋时期的另一位著名书法家是钟繇,他是中国书法从秦汉向魏晋过渡的关键人物。在魏晋之前占主导地位的是隶书和篆书,而魏晋之后楷书、行书和草书成为主体,这应归功于钟繇的创作。钟繇的最高成就是楷书,被后人称为楷书的鼻祖。魏晋时期的另一书法成就是魏碑。魏碑主要流行于北方,这一时期保存下来的书法作品主要是一大批碑刻,形成了非常独特的风格,以北魏最多、最有代表性,后人将其称为"魏碑体"。

魏晋南北朝时期,绘画的技术技巧日渐成熟,涌现了一批著名的画家。绘画理论也开始被深入探讨。顾恺之被誉为"画祖",他博学多才,擅长宗教壁画和人物肖像画,他的传世作品有《女史箴图》、《洛神赋图》、《列女仁智图》等。绘画理论的书籍包括顾恺之的《论画》、《魏晋胜流画赞》等,他提出了"以形写神"的观点;谢赫的《古画品录》是我国最早的一部绘画批评史论著作,对我国的绘画创作进行了第一次系统的理论总结。

(四) 祖冲之与圆周率,贾思勰与《齐民要术》

祖冲之是中国历史上一位伟大的科学家,他在天文、数学、机械制造等方面都有突出的成就。他创制了《大明历》,最早把岁差引进历法。而他对后世影响最大的是关于圆周率的推算,他在前人的基础上,将圆周率算到小数点后第七位,这是当时世界上最先进的。为了纪念他的贡献,人们把圆周率近似值称为"祖率"。

贾思勰一生致力于农业研究,所著的《齐民要术》系统总结了秦汉以来黄河流域的农业科学技术知识,内容包括了农、林、牧、副、渔等方面,是中国现存最早和最完善的农学名著,对后世的农业生产有着深远的影响。

第三节 隋唐五代宋——中国文化繁盛期

唐宋时代是中国封建社会的极盛期,也是中国文化的鼎盛期。隋朝结束了近三百年的南北分裂局面,再次实现国家的政治统一,使思想文化出现了最大的南北交汇。唐代是中国封建社会继汉代之后的又一个鼎盛时期。在文化方面更是出现了"盛唐气象",不仅自身在各方面都达到一个巅峰,同时还善于兼容并蓄,对外开放,吸收亚洲以及西方各国的优秀文化,并用优秀的文化影响和辐射其他国家和地区,有力地推动了世界文化的进程。宋代的军事力量虽然不强,但宋代的经济、政治和文化却突飞猛进,都市繁荣,商业发达,教育水平明显提高,文化相对于唐朝而言比较封闭但却风格淡雅内秀。宋代的理学、宋词、科技、建筑、书画、陶瓷工艺等都取得了令人瞩目的成就。

一、隋唐文化

(一) 隋唐的科举制

中国古代的选举制度历经变化,经历原始氏族社会的民主选举和"禅让"、奴隶社会的世卿世禄制以及封建社会早期两汉时期的察举制和征辟制、魏晋南北朝时期的九品中正制,到隋唐确立了科举制度。

科举制度是中国封建社会中、后期的主要选举制度。系统的科举制度创设于隋朝,以分科举士而得名。由于科举制度以封闭式考试录取,具有公正性和法定性,又因不计生员出身,唯才是举,从而打破了数百年来世族门阀垄断仕途的局面,较广泛地从社会各阶层选拔人才,为庶民开辟了一条升官的道路,使文化的重心下移,也扩大了政权的统治基础。科举制在唐朝进一步发展、完善,并一直成为封建社会中后期的主要人才选拔制度,成为中国文化的一大特色,最后一次科举考试为清朝1904年。由于参加科举考试的主要是学校生徒,因而科举制也带动了学校教育的发展。

(二) 唐诗

中国文学的首篇是诗,而中国诗的辉煌巅峰则是在唐代,仅清代撰的《全唐诗》中,就有作品48900余首,诗人2300余名。唐代三百年,涌现出大批优秀诗人和杰出的诗作,诗歌的思想性和艺术性的结合达到了很高的水平,使唐代成为中国诗歌的全盛期,唐诗已成为中国文化的一个标志。唐诗的演变大致经历了初唐、盛唐、中唐、晚唐四个阶段,这种"四唐"的分法完成于明高棅《唐诗品汇》,后代的诗评家大多沿袭这个说法。

1. 初唐诗歌

从高祖元年(618)到玄宗元年(712)为初唐。以初唐四杰——王勃、杨炯、卢照邻、骆宾王为代表的唐初诗人,在唐诗的开创时期,积极开拓诗歌的题材领域,对诗的格律形式也有新的探索。如卢照邻的《长安古意》、骆宾王的《帝京篇》、王勃的《滕王阁诗》、杨炯的《从军行》等,都是典型的代表。而张若虚的《春江花月夜》则是一首被誉为"以孤篇压倒全唐"的千古绝唱。著名诗人陈子昂在理论上明确标举"风骨"和"兴寄",为唐诗的发展

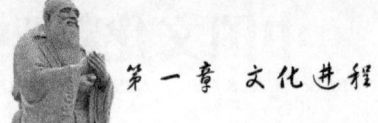

开辟了健康的方向。

2. 盛唐诗歌

从玄宗开元元年（713）到代宗永泰元年（765）为盛唐。开明的政治、繁荣的经济、强大的国力，促成了文化的全面繁荣，也陶冶了诗人积极向上、乐观豪爽的性情，追求进步的政治理想、为国家建功立业和反抗权贵的精神成为盛唐诗歌的主流。如著名诗人王之涣《登鹳雀楼》的"欲穷千里目，更上一层楼"、李白《上李邕》的"大鹏一日同风起，扶摇直上九万里"、杜甫《望岳》的"会当凌绝顶，一览众山小"等，皆体现了盛唐诗人豪宕不羁、雄心万丈的精神。盛唐涌现了一批著名的诗人，有尽显洒脱自然的王湾、贺知章，有擅写山水田园的孟浩然、王维，有诗词具有清刚俊爽之美的崔颢、王之涣、王昌龄、王翰，还有以边塞诗著称的高适、岑参，更有分别被称为"诗仙"和"诗圣"的李白和杜甫。李白以大胆的想象和夸张创造出神奇莫测的艺术世界，将浪漫主义诗歌艺术推向高峰；杜甫以沉郁顿挫的笔法，表现了唐朝在安史之乱前后社会由盛转衰的历史画卷，其《丽人行》、《兵车行》和"三吏"、"三别"深刻地反映了社会现实和民众疾苦，其诗歌有"诗史"之称。

3. 中唐诗歌

中唐从代宗大历元年（766）到文宗大和九年（835），此时经历了安史之乱后的唐朝，藩镇割据，宦官擅权，朋党相争，使社会陷入严重的危机之中，盛唐诗歌的浪漫豪爽情调被苦闷、彷徨、哀愁所替代，以刘长卿、韦应物、柳宗元、刘禹锡为代表的一批诗人，由对大自然的描绘转向对内心苦闷彷徨的抒发："日暮苍山远，天寒白屋贫"（刘长卿《逢雪宿芙蓉山主人》），"千山鸟飞绝，万径人踪灭，孤舟蓑笠翁，独钓寒江雪"（柳宗元《江雪》）可谓将万般孤独表达得淋漓尽致。而以白居易、元稹为代表的元白诗派，主张"文章合为时而著，歌诗合为事而作"，其诗歌以反映民众疾苦、揭露社会弊端为主调。白居易的《秦中吟》、《卖炭翁》、《长恨歌》、《琵琶行》都是千古流传的杰作。以韩愈、孟郊、贾岛、李贺等为代表的韩孟诗派主张"陈言务去"、"不平则鸣"，对诗歌的语言、意象进行大胆的革新，以抒写自己的思绪。

4. 晚唐诗歌

从文宗开成元年（836）到昭宣帝天佑四年（907）为晚唐，此时的唐朝政治黑暗，内忧外患，唐王朝已日薄西山。面对这样的现实，诗人的诗歌表现出来的更多是吊古感怀、忧国忧民之情："夕阳无限好，只是近黄昏"（李商隐《登乐游原》），"商女不知亡国恨，隔江犹唱《后庭花》"（杜牧《泊秦淮》），"鸡声茅店月，人迹板桥霜"（温庭筠《商山早行》）皆为千古名句。

（三）书画、雕塑、音乐艺术

1. 绘画

隋唐的绘画，尤其是唐代的绘画，以色彩灿烂、富贵华丽、恢宏壮观为风格特点，题材广泛，名家辈出，有初唐的阎立德、阎立本兄弟，有张萱、李思训、王维、韩干等知名画家，更有被称为"画圣"的吴道子等。阎立本的人物画构图比例和谐，技法纯熟，刻画入微，使我国人物画进入一个精湛瑰丽的新时代，其代表作《步辇图》、《历代帝王图》为千古名作；王维将魏晋以来的山水画大大向前推进，首创水墨山水，"诗中有画，画中有诗"，为文人画之始祖；吴道子的壁画生动传神，特别是衣带画工更是别具一格，人称"吴带当风"，他创立的白描画只一两笔就已具象，后人将他和张僧繇合称为疏体画家。这个时期的壁画艺术成就也是空前的，甘肃的敦煌莫高窟、新疆库车克孜尔千佛洞等处的壁画，都是唐代绘画艺术中的珍品。

2. 雕塑

隋唐的雕塑也达到很高的艺术成就，敦煌莫高窟、龙门石窟、乐山大佛等都体现了当时极高的艺术成就，而著名的雕塑家包括有"塑圣"之称的杨惠之等。敦煌石窟早在十六国时期就开始开凿塑像，后历代王朝不断在敦煌地区开凿石窟，而以唐代的作品数量最多，质量最高。敦煌石窟逐渐形成了一座博大精深的佛教艺术宝库，融建筑、壁画、雕塑于一体，富有中国民族特色，是中华民族杰出的文化瑰宝。

中国陶瓷业的发展可粗略划分为三个阶段：陶器阶段、原始瓷器阶段和瓷器阶段。从隋唐开始进入第三个阶段，主要表现在隋唐开始用高温烧制，使瓷器的质地坚固，并被广泛使用，到唐代制瓷业才有"窑"的专称。唐代陶器和陶俑在制作上，由于经常用黄、绿、蓝等鲜艳的釉色，故被称为"唐三彩"，现存的"唐三彩"代表作是《骆驼载乐俑》。青花瓷是从唐三彩中的钴料彩发展而来的，原始青花瓷在唐宋已见端倪，成熟的青花瓷则出现在元代景德镇的湖田窑。明代青花瓷成为瓷器的主流；清康熙时青花瓷发展到了顶峰；明清时期，还创烧了青花五彩、孔雀绿釉青花、豆青釉青花、青花红彩、黄地青花、哥釉青花等衍生品种。

3. 书法

书法艺术在隋唐时期达到了一个新的高峰，涌现出大批著名的书法家，如隋末唐初号称"初唐四大书法家"的虞世南、欧阳询、褚遂良和薛稷，盛唐的颜真卿，中唐时的柳公权以及被尊为草书之圣的张旭等。颜真卿在全面吸收前人成果的基础上，融入自己的风格，形成了标志楷书艺术最高峰的颜体；柳公权的楷书工整规范，深得帝王喜爱，在社会上的影响也很大，成了后来汉字

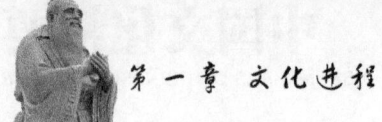

发展的基础，现代汉字的形体结构基本上脱胎于柳体。

4. 音乐舞蹈

魏晋南北朝时期民族交往的扩大使音乐的形式和内容更加丰富，但由于分裂动荡的局势，政府没有对民间音乐进行搜集和整理，而随着隋唐统一政权的建立和繁荣，音乐也迎来了发展的黄金时代。隋朝就设立了音乐机构太乐署、清商署和鼓吹署等。民间的音乐活动也十分活跃，酒筵歌舞空前繁盛，同时随着各民族和中西交流的加深，音乐舞蹈吸收了国内外各民族和欧亚各国音乐舞蹈的精华，形式多样，种类众多，如软舞、健舞、剑舞等。而著名的《霓裳羽衣舞》最初为杨玉环独舞，后发展为人数众多的群舞，成为中印乐舞融合的代表作。

（四）隋唐建筑

1. 大运河

中国的水上交通自远古时代就已经比较活跃了，以大禹治水的传说为依托的《禹贡》在一定程度上反映了古代水上交通系统的部分情况。汉代的水路交通较为发达，而最为出名的当属隋唐时期的大运河。隋炀帝执政时期，大规模开凿运河，运河南起余杭，中经江都、洛阳，北到涿郡，共分为三段，一为通济渠，二为永济渠，三为江南河，连接了海河、黄河、淮河、长江、钱塘江五大河流，构成了规模宏大的水上交通网络。它对中国南北的经济、文化交流和巩固国家统一方面起到巨大的作用。唐玄宗时期又对大运河加以改进，后经历代修浚、改筑，形成现在的大运河，至今仍居世界通航运河长度之冠。

2. 赵州桥

隋代开皇年间（591—599）由李春主持建造的河北赵县安济桥，即通常所说的赵州桥，是我国现存最古老的一座单孔割圆式敞肩石拱桥。它有开创了肩式拱桥形式以及四个小拱独特的设计等巨大成就，极大地推进了我国建筑技术的发展，直到现在，赵州桥的技术也为现代钢筋混凝土桥梁所广泛采用。

二、宋代文化

（一）理学的兴起

理学，亦称新儒学、道学、宋学，实际上是儒释道三家合流在更高层次上的发展。理学自北宋中期形成，到元代以后，逐渐起着支配整个社会政治、经济、文化的重要作用，对以后中国社会的各个方面产生了深刻的影响。宋代理学大致可分为开创、奠基与集大成三个阶段。理学的发端者是北宋的周敦颐，他融会了自古相传的阴阳、五行、动静等观念，建立了"无极而太极"的本体论，认为世界的本原是实有而非物，他构制了《太极图说》，为理学的发展奠定了方向。理学按基本理论倾向分为两派：一派是以北宋的周敦颐、程颐等为代表的"理学"，至南宋的朱熹为集大成者，他们认为，在天地万物产生之前就存在着"天理"，它是自然和人事命运的主宰。他们把儒家的伦理原则提高为宇宙本体和普遍规律，是儒家思想更为坚实的本体论基础。朱熹是理学史上最具影响的学者，他吸收了周敦颐、张载、二程（程颢、程颐）的学说而集其大成，他提出"存天理，弃人欲"的口号，要求人们都必须遵守封建伦理纲常，听命于封建统治，他也被后世封建统治者提到儒学正宗的地位。另一派是以北宋的邵雍、程颢等为代表的"心学"，至南宋的陆九渊、王阳明为其集大成者。他们主张"天理"就是在人的心中，因此，"宇宙即是吾心，吾心便是宇宙"，他们认为人的本心作为道德主体，其自身就决定道德法则，突出道德实践中主体的能动性。理学所展开的伦理主体性的本体论，将中国文化重伦理的传统精神推至极致，从而产生复杂的文化效应。理学从11世纪起，至17世纪中叶止，影响中国思想文化达600多年，在中国思想史上具有重要的意义。

（二）宋词

文学史上，宋代以词著称，宋代是词的全盛时期。词在社会得到普及，并出现了大量的名篇佳作，涌现出一批出名的词人。

词本起于市井歌谣，它虽与诗同为抒情明志，但与诗相较，有两大特征。一是词的精神属于"歌"的世界，更富于音乐性；二是在表现中国文人的精神和气质上，词更为集中、典型。词在隋代已经产生，到唐代开始逐渐兴盛起来，其中最有名的有《菩萨蛮》和《忆秦娥》，这两首词气象雄浑，有极高的艺术价值；白居易和刘禹锡的《忆江南》也影响广泛。到了晚唐，填词风气更盛，尤以温庭筠最为出名。在他的影响下，五代出现了"花间词派"，南唐李后主李煜的成就最大，他的《相见欢》、《浪淘沙》皆为名词，而一首《虞美人》更是流传千古。进入宋代，词的创作逐步蔚为壮观，产生了大批成就突出的词人，闻名于世的"唐宋八大家"中有六位就出自宋代，包括欧阳修、曾巩、王安石、苏洵、苏轼、苏辙等。名篇佳作层出不穷，并出现了各种风格和流派。因此后人将词作为宋代最有代表性的文学成就与唐诗并列，唐诗、宋词成为中国古代文化的典型代表。

宋词可分为北宋、南宋两段。北宋词令、慢并重，较清新、含蓄蕴藉，声调婉转；南宋词多重慢曲，多即事叙景，体制雅正。

1. 北宋时期的词

北宋初期的词多继承晚唐的风格，以小令为主，以婉约见长，语言清丽。著名词人包括晏殊、范仲淹、欧阳修、柳永等。其中尤以柳永影响最大，他的词在中国词史上具有里程碑式的意义。他在词体发展史上的杰出贡献是成功创作了慢词，这对提高词的表现力具有奠基性的意义；他还发展了慢词的表现手法，强调了层次上的多重性，其佳作包括《雨霖铃》、《望海潮》等。北宋中期的主要代表人物是苏轼。他对词风进行革新，意境豪放雄浑，别开生面，其作品《江城子·乙卯正月二十日记梦》和《水调歌头·明月几时有》堪称千古绝作，而《念奴娇·赤壁怀古》更被列入宋金十大名曲。北宋后期的著名词人既有豪放派的黄庭坚，也有婉约派的秦观、周邦彦等。

2. 南宋时期的词

南宋初期由于社会动荡，词的内容也变得慷慨悲凉。主要代表人物包括李清照，她的《声声慢》将一个"愁"字贯穿始终，点染了浓厚的时代色彩，是婉约派的代表人物。南宋中期爱国词和豪放词空前发展，出现了辛弃疾、陆游等著名词人。南宋后期既有以姜夔、吴文英为代表的骚雅词派，也有继承辛弃疾词风的文天祥等著名词人。

宋代以后，词不再成为整个社会最流行、最兴盛的文学形式。

（三）宋代教育

中国古代的教育制度在先秦就初步形成，汉、魏时期教育体制基本确立，隋唐趋于成熟，到宋代，教育取得了飞速发展，为文化的繁盛奠定了坚实的基础。首先是统治阶级非常重视教育，统治者强调"文治"，"兴文教"成为贯穿整个宋代教育的重要政策；其次是重视发展地方学校，宋代先后出现了三次著名的兴学运动，即范仲淹主持的"庆历兴学"、王安石主持的"熙宁兴学"和蔡京主持的"崇宁兴学"，将宋代教育事业向前推进了一大步；第三是建立了完备的官学教育体系，宋代首创了专门的教育行政机构管理地方官学，官学的类型多样化，同时书院也形成和兴盛起来，出现了一批著名书院，如白鹿洞书院、岳麓书院、睢阳书院、石鼓书院、嵩阳书院等，有的至今仍很闻名。

（四）宋代书画

在中国历史上，殷商时宫廷就设有专门几个统领美术人才的机构，唐、五代以来，机构逐渐分工明确，开始出现画院。两宋时，画院制度最为完备。赵佶时成立了中国历史上第一个皇家画院，他本人也是有名的画家。宋代还出现了花鸟画家黄筌、山水画宗师荆浩、人物画大师李公麟以及米芾、范宽等著名画家。而宋代最著名的画作当属张择端的《清明上河图》，该画长达528.7厘米，运用全景式的构图，展现了当时社会的生活状况和风貌，是一幅具有历史价值和艺术价值的伟大作品。

宋代最负盛名的书法家是人们常说的苏黄米蔡——苏轼、黄庭坚、米芾、蔡襄，他们的作品集中体现了书法风格由唐代追求法度向追求意趣的转变。宋代书法的另一成就是出现了一种新的字体——宋体，它兴起于宋代印刷业的雕版匠之手，其字体接近楷书但又更加规整，泾渭分明，后代的书籍印刷中多采用这种字体。

（五）宋代史学

宋代是中国古代史学发展的重要时期，当代史的修撰，既有官修，又有私撰；断代史的编修包括薛居正监修的《旧五代史》，欧阳修撰写的《新五代史》、宋祈、欧阳修等编纂的《新唐书》；而成就最突出的当属编年体通史的编写。由司马光主持，刘怒、范祖禹等人参与编写的《资治通鉴》是一部编年体通史，全书共294卷，它所提供的历史经验教训是以往任何一部史书都不能比的，因此形成了专门的"通鉴学"，后人将其与《史记》并列，誉为"中国古代史家之绝笔"，具有极高的史学和文学价值。

（六）宋代科技

宋代的科学技术发展迅猛，居于世界领先地位，且是全方位发展，包括地理、地质、医药、冶金、造船、纺织等都取得令人炫目的成就。闻名于世的"四大发明"——造纸术、印刷术、火药和指南针，产生或成熟于宋代的就有三种。造纸术发明于汉代；雕版印刷虽起源于唐朝，但在宋代得以发展和运用，并且发明了活字印刷术；火药在魏晋南北朝时期就已发明，而北宋时期火药开始作为战争武器；指南针则在宋代发明。

汉代发明了的造纸术，到唐代有了很大发展，官府专门设置了许多造纸作坊，到了宋代造纸技术更加成熟，并在前人的基础上发明了草纸的制作方法。

中国古代的印刷术经历了雕版印刷和活字印刷两个阶段。雕版印刷在隋唐时期就已经发明，当时主要用于刻印佛像、佛经、诗集以及历法、医药等书籍。到宋代，雕版印刷的生产规模和生产数量取得了惊人的进展，而且还出现了铜版印刷和套色印刷。北宋庆历年间（1041—1048）毕昇发明了活字印刷术，这种方法省时省料，把印刷术推进到一个新的阶段，在印刷史上具有里程碑的意义。印刷术的发展和普及，是文明史上一件具有世界意义的大事，它在传播文化、造就人才、延续传统等方面起到了举足轻重的作用。

指南针是宋人在前代对磁石认识的基础上加以改造加工而成的。指南针有不同的装置方法，包括水浮法、缕悬法、指爪法和碗唇法等。最初指南针只是用作看风水的一种工具，到北宋后期，指南针已成为航海工具，也正是指南针和航海技术的快速进步，才有了明朝航海史上的伟大壮举——郑和七下西洋。指南针在12世纪和13世纪之间传入阿拉伯和欧洲，对欧洲航海事业的发展以及新大陆的发现都起到了重要的作用。

火药的发明与炼丹术有关，火药在魏晋南北朝时期就已发明，到北宋时

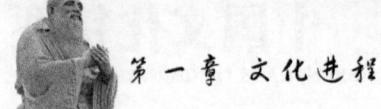

期，火药开始应用于军事，出现了火药武器，如在抗金战争中出现了"霹雳炮"、"震天雷"等杀伤力较大的火炮。这是武器发展史上的一次革命，揭开了古代兵器史的新篇章。

除四大发明外，宋代在天文、数学、医学、建筑等方面也有无数的发明和创造，北宋著名科学家沈括所著的《梦溪笔谈》较全面地反映了宋代的科技成就。《梦溪笔谈》全书共30卷，涉及数学、天文历法、地理、地质、气象、物理、化学、冶金、兵器、水利、建筑、医药、动植物等领域，荟萃了当时中国科学技术方面的最高成就，在世界科学技术发展史上享有重要地位。

第四节　元明清——中国文化强化期

元代是民族大融合的一个朝代，虽存在的时间不长，但对中国历史发展产生的影响还是非常重要的，在文化方面，杂剧和小说等异军突起，书画、建筑等也有惊人的成就，中西文化的交流更加活跃，推进了中国多元一体文化的发展进程。明代由于政治上的专制和思想上的禁锢，文明发展相对停滞，但科技、航海等仍取得不俗的成绩。清代康熙、雍正、乾隆年间，中国的政治经济发展到另一个繁盛期——康乾盛世，整个学术文化呈现集大成的态势，出现了各种大型的类书、总集、丛书。但清朝也是思想禁锢比较厉害的朝代，闭关自守，国力日衰，在欧洲科技、经济迅猛发展面前明显落后了。一场新的变革开始了。

一、明清实学

明清之际在中国文化思想领域产生了早期启蒙思想，出现了一批进步思想家，黄宗羲、顾炎武、王夫之、方以智等是杰出的代表，他们对封建专制主义和封建蒙昧主义进行了批判，提出要"不以天下私一人"（王夫之）；要求以"天下之法"代替封建专制的"一家之法"；声称"为天下之大害者，君而已矣"（黄宗羲）和"天下兴亡，匹夫有责"（顾炎武）；他们反对传统的"崇本抑末"，主张"工商皆本"；抨击科举制度，主张设立学校，尊重并吸取自然科学的成果；批判宋明理学"空谈成风"的虚诞学风，注重经世致用，提倡面向实际，开辟了一代重实际、重实证、重实践的新学风，从而宣告了封建文化的没落和寻找并建立新的思想文化体系的开始。晚清时的龚自珍、魏源以及曾国藩等人继承并发扬了这种精神。中国传统思想文化开始了近代的转型，进入了文化整合与更新的新时期。

二、基督教、伊斯兰教的传入

早在盛唐基督教就传入中国，但在当时传教活动相当困难，直到明清之际，随着欧洲列强海外殖民的发展，西方传教士再次进入中国，并使基督教在我国逐渐传播开来。著名传教士利玛窦凭借其胆识和智慧不仅使自己在中国站稳了脚跟，还使基督教徒人数迅速增加，并吸引了包括徐光启、李之藻、杨廷筠等一批名公巨卿，颇有影响力。其后著名的传教士还有汤若望、南怀仁等。基督教传教士在传教的同时，对推进中西文化交流起到了重要的作用。一方面他们把西方的科学技术和哲学、宗教介绍给中国；另一方面，他们又把中国的文化，特别是哲学、宗教等介绍给西方，从而促进了中西方相互的交流与借鉴。

伊斯兰教是世界三大宗教之一，明清时期，伊斯兰教在中国广泛传播并具有明显的中国形式。这种形式是通过十个民族的形成和两大系统的定型来体现的，十个民族是维吾尔族、回族、哈萨克族、塔吉克族、柯尔克孜族、乌孜别克族、撒拉族、保安族、塔塔尔族、东乡族。在这些民族的形成中，伊斯兰教起了积极的促进作用。在明朝建立过程中回族人民为全国统一立下了汗马功劳，因此伊斯兰教在明朝得到较广泛的发展。明清是伊斯兰教建筑发展的高潮期，中国现存的著名清真寺如北京的东四、河北承德的清真寺、西藏拉萨的清真寺等，大多数是在明清时创建或重建的。

三、学术集成

明清两代，中国传统学术进入总结集成阶段，其突出表现，一在于对古代文献的实证考据，二在于大型丛书、类书的编纂。在图书典籍方面，明清统治者调集大量的人力物力，对几千年典籍文物进行收集整理，编纂了大型类书《永乐大典》、《古今图书集成》、《康熙字典》、《四库全书》等。《永乐大典》被公认为世界上最早、最大的一部百科全书；《康熙字典》是世界上最早的字数最多的字典；《四库全书》是迄今为止世界上页数最多的丛书。在古典科技方面，明清也出现了一批科技巨著，包括李时珍的《本草纲目》、潘季驯的《河防一览》、徐光启的《农政全书》、宋应星的《天工开物》、徐霞客的《徐霞客游记》以及方以智的《物理小识》等。

四、元杂剧与明清小说

元杂剧形成于金，盛行于元，它是糅合了宋杂剧、金院本以及宫腔、北方民间歌谣等各艺术形式而成的说唱艺术形式，主要以歌词文采和音乐曲调取得戏剧效果，其形式是叙事诗，其基调是抒情。关汉卿是最优秀的元杂剧作家之一，被誉为"梨园领袖"，他所著的杂剧有 60 多种，《窦娥冤》是其最著名的作品。同时代出色的杂剧还有王实甫的《西厢记》、白朴的《梧桐雨》以及杨显之的《临江驿潇湘夜雨》等。元杂剧的出现标志着中国真正的戏剧形式的形成，自此，中国成为世界上的一个戏曲大国。

小说是明清文学的主要代表形式。一般认为中国的小说是从魏晋志怪小说开始的，经过了唐、宋、元，到了明清时期，无论是思想内容还是艺术技巧都达到了相当高的水平。最出名的当属四大名著：罗贯中的《三国演义》、施耐庵的《水浒传》、吴承恩的《西游记》和曹雪芹的《红楼梦》。此外，署名兰陵笑笑生的《金瓶梅》、冯梦龙的"三言"（《喻世明言》、《警世通言》、《醒世恒言》）、凌濛初编辑的"二拍"（《初刻拍案惊奇》和《二刻拍案惊奇》）、蒲松龄的《聊斋志异》、吴敬梓的《儒林外史》等均为影响广泛的传世佳作。

五、中西交流

元朝的中外文化交流在深度和规模上都超过了中国任何朝代。由于元帝国是一个跨越亚欧的大帝国，使东西交通在元代畅通无阻，东西方的交往空前频繁，包括使节在内的人员交往使欧洲人对中国有了较为确切的了解。其中最为人所熟悉的是意大利人马可·波罗。他于 1275 年抵达大都（今北京），并被留在宫廷服务，直至 1292 年才离开中国。他回国后口述的《马可·波罗游记》对中国赞美备至，在欧洲引发了一股"东方热"，直接引发了 15—16 世纪欧洲航海家努力寻觅东方世界的热潮。

宋元的造船业发展促进了航海业的进步，元朝开创了古代中西文化交流最繁荣的时代，通过海上"丝绸之路"进行经贸往来的国家和地区由宋代的 50 多个增加到 140 多个。到明朝时航海业更为发达，1405 年由郑和率领的当时世界一流的远洋船队先后七次下西洋，遍访东南亚、南亚和东非等三十多个国家和地区，极大地促进了东西方经济文化的交流。郑和下西洋是人类航海史和交通史上的一大壮举，比哥伦布发现新大陆（1492）早了近一个世纪。

六、元明清建筑

元明清是中国建筑艺术发展的鼎盛时期，建造技术日臻完善，出现了各种极具艺术风格的建筑。

1. 元大都城

元代的大都城，是唐代以来中国规模最大的一座新建城市，明清北京城就是在此基础上改建而成的。它以其严谨的规划布局、高超的建筑技术成为

13—14世纪世界上最雄伟壮观的城市之一，也是中国城市建设史上一个重要的里程碑。

2. 故宫

明故宫是在元大都宫殿的基础上建造的，整个建筑群按中轴线对称分布，层次分明，主体突出，是目前世界上最大的木构建筑群。

3. 明十三陵

明十三陵是明朝十三位皇帝陵墓的总称，位于北京城西北郊的昌平县天寿山下。中国历代皇帝的帝陵除了十三陵没有一个是形成统一陵区的，它也是中国古代整体性最强、最善于利用地形的陵墓群。

4. 苏州园林与圆明园

明代是私家园林建造的全盛时期，其中尤以苏州的园林最为出名和富有代表性。苏州园林大都以山、水、泉、石为骨架，以花、草、树、木为衬托，以亭、台、楼、榭为点缀，形成了独特的精美秀丽的风格，最出名的有号称苏州四大名园的拙政园、留园、狮子林和沧浪亭。清代圆明园位于北京西北郊，是圆明园、长春园和绮春园的合称。它以北方园林传统艺术为基础，融入了江南园林的艺术精华，是一座具有极高艺术水平的大型皇家园林，被世人誉为"万园之园"，可惜在1860年被八国联军毁于一旦。这些园林在中国建筑史上占据了重要的地位。

第五节　近现代——中国文化转型与发展期

中国文化的转型是在鸦片战争的隆隆炮声中被迫仓促展开的。1840年爆发的鸦片战争是中国历史的转折点。一方面，西方文明大量涌入中国，中国的有识之士开始向西方寻求富国强兵之路；另一方面，国力的衰弱充分暴露了传统文明固有的缺陷，对传统文明的反思和批判成为强烈的时代呼声。1911年的辛亥革命结束了中国几千年的封建统治，中国进入了一个新的变革发展时代；20世纪初"中华民国"的建立、民族资本主义的进一步发展和新生的无产阶级开始登上政治舞台，为中国文化的演进创造了新的条件；1949年建立的人民民主专政的新国家——中华人民共和国，更使中国发生了深刻的历史性变化，中国文化也由此迈向复兴的新历程。

一、政治思想

（一）地主阶级"睁眼看世界"与洋务运动

鸦片战争的失败，打破了大多数人的"盛世"梦境，一批有识之士开始反思这种"唯我独尊"的封建文化,并开始向西方睁开了探求新知的眼睛,出现了一批介绍西方文化的知识分子。林则徐被称为近代中国"开眼看世界"的第一人,他编成了影响深远的《四洲志》;魏源在《海国图志》一书提出了"华夷之辨"、"以夷制夷"以及"师夷长技"的观点,开始改变原来封闭保守的文化观念;严复在介绍西方文化方面作出了重要贡献,他向中国传播了当时人类最先进的科学和文化成果——进化论、英国古典经济学、社会学原理、逻辑学方法论,等等,对改变中国文化结构、了解西方和促进中西文化交流等起到了重要作用。

第二次鸦片战争之后,在恭亲王奕䜣的统领下,曾国藩、张之洞、左宗棠、李鸿章等人开始了以引进西洋之长技以"自强"、"求富",巩固清王朝封建统治为目的的洋务运动。洋务运动从军事起步,然后诞生了制造业、交通业、金融业、邮政业、出版业等一系列近代职业,中国民族资本主义工业开始产生,还形成了中国最早的一批近代型文化人。虽然洋务运动没有达到预期目的,但中国的国力还是有了较大的提升。

(二)资产阶级的维新思想

19世纪60年代以后,随着外国资本主义侵略的加深和中国民族资本主义的产生,在知识分子中逐渐产生了资产阶级的维新思想,早期有王韬、郑观应等,而后以康有为、梁启超、谭嗣同、严复等为代表的维新派发起的戊戌变法是继洋务运动后一种更加开放的社会思潮。它是中国近代史上第一次思想解放运动,他们主张不仅要学习西方的科学技术,还要学习西方的思想文化包括政治制度等。戊戌变法从政治、经济、文化、军事等方面进行变革,虽然只有短短的103天,但维新思想奠定了新文化的结构体系,在中华文明由古代转入近代的历程中发挥了具有决定意义的作用。

(三)资产阶级的革命思想与国民党的成立

维新变法的失败、民族资产阶级的进一步发展壮大以及人民群众反帝反封建斗争的风起云涌为资产阶级民主革命思想的发展奠定了基础。各地纷纷建立起资产阶级革命团体,其中影响较大的有黄兴、宋教仁等人领导的华兴会,吕大森、刘静庵等设立的科学补习所和蔡元培、章太炎等领导的光复会等。1911年爆发由孙中山、黄兴、宋教仁等人领导的辛亥革命是一场资产阶级的民主革命,它是中国政治制度的大转换,不仅宣告了中国两千多年封建君主专制制度的结束,同时使民主革命的思想得到了广泛的传播,宪法、国会、民国等近代制度文明的产物也第一次出现在中国的大地上。辛亥革命失败后,孙中山吸收了西方资产阶级的政治理论并坚持不懈地进行革命实践,提出了以建立资产阶级民主共和国为目标的三民主义——民族、民权、民生。1912年8月,同盟会联合数个政党于北京组成了国民党,1919年,中华国民革命党改名为中国国民党。

(四)新文化运动、马克思主义的传播与中国共产党的成立

新文化运动的兴起是中国文化转型发展到精神层面的标志。辛亥革命后,民主共和观念深入人心,西方启蒙思想被进一步介绍到中国,一批思想和学术精英如陈独秀、李大钊、鲁迅、蔡元培、胡适等先进知识分子高举科学与民主的大旗,掀起了一场旨在从根本上唤醒国民精神,进行"国民性改造"的新文化运动。它主要是介绍和传播马克思主义,宣传民众的、民族的无产阶级文化,是中国历史上第一次对传统精神文化进行的一场全面的重新审视,促成了中国传统文化核心层面的初步变革,并为马克思主义传入中国奠定了基础。其后,以陈独秀、李大钊、毛泽东等为代表的先进知识分子开始研究和宣传马克思主义,并在各地成立研究会。1921年7月,中国共产党在上海成立,从此中国出现了一个以实现共产主义为目标的工人阶级政党,中国的历史进入崭新的时代。

(五)毛泽东思想

中国共产党自成立起,就以马克思列宁主义为指导,开始了全新的革命。以毛泽东为主要代表的中国共产党人,根据马克思列宁主义的基本理论,把中国革命实践中的一系列独创性经验作了理论概括,形成了适合中国情况的科学的指导思想——毛泽东思想。

毛泽东是毛泽东思想的主要创立者。在长期艰苦斗争中,毛泽东把辩证唯物主义和历史唯物主义运用于中国共产党的全部工作,形成了具有中国共产党人特色的立场、观点和方法。这主要是实事求是、群众路线和独立自主。正是坚持了这些立场、观点和方法,他才能创造性地发展马克思列宁主义,提出系统的、完整的关于中国革命的科学理论、战略和一系列路线方针政策。与此同时,毛泽东思想又是集体智慧的结晶,党的许多卓越领导人,包括刘少奇、周恩来、朱德、任弼时、邓小平、陈云等,都对它的形成和发展作出了重要贡献,它凝聚着中国共产党人的聪明才智,是党和人民群众进行伟大革命实践的经验总结。无论是战争年代,还是和平建设年代,毛泽东思想都是中国共产党重要的指导思想和理论根源。

(六)邓小平理论

邓小平理论是中国共产党在继承马克思主义和毛泽东思想的基础上结合中国实践的时代特征提出来的理论观点。在新的历史时期,以邓小平为主要代表的中国共产党人,在总结新中国成立以来正反两方面的经验,并借鉴其他国家兴衰的历史经验,把马克思主义基本原理同中国新的实际和时代特征结合起

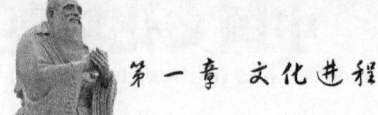

第一章 文化进程

来，继承和发展了毛泽东思想，集中全党全国人民的智慧，创立了邓小平理论。邓小平理论的精髓是解放思想、实事求是。

（七）科学发展观

科学发展观是中共中央总书记胡锦涛在2003年7月28日的讲话中提出的"坚持以人为本，树立全面、协调、可持续的发展观，促进经济社会和人的全面发展"，按照"统筹城乡发展、统筹区域发展、统筹经济社会发展、统筹人与自然和谐发展、统筹国内发展和对外开放"的要求推进各项事业的改革和发展的一种方法论，也是中国共产党的重大战略思想。在2007年10月中国共产党第十七次全国代表大会上写入党章，成为中国共产党的指导思想之一。

二、文化教育

（一）北京大学与清华大学

成立于1898年的京师大学堂是中国近代最早的国立大学，1902年近代学制颁布后，把1862年清政府在总理衙门设立的京师同文馆并入。辛亥革命后，1912年京师大学堂正式改名为北京大学，首任校长是严复。1917年蔡元培出任校长，推行"思想自由，兼容并包"的方针，吸引了一大批知名学者如陈独秀、鲁迅、胡适等，从而使北大成为中国的第一大学府。

清华大学的前身是清华学堂，成立于1911年，当初是清政府建立的留美预备学校，1912年更名为清华学校，1928年8月国民政府将其更名为"国立清华大学"，并于1929年秋开办研究院，各系设研究所。1937年抗日战争爆发后，清华大学南迁长沙，与北京大学、南开大学联合办学，组建国立长沙临时大学；1938年迁至昆明，改名为国立西南联合大学。1946年，清华大学迁回清华园原址复校。

（二）留学教育

中国近代留学教育开始于容闳。19世纪70年代，容闳向洋务派提出了一个划时代的建议：派幼童出国学习，从此揭开了中国留学教育的序幕，他本人是中国留学美国并获耶鲁大学学位的第一人。清政府从1872年开始连续4年每年派遣幼童30名赴美留学，这些人多数成长为国家的栋梁之材，如中华民国首任总理唐绍仪、海军元帅蔡廷干、著名铁路工程师詹天佑等。留学教育是中国近现代教育的一个重要内容，它对中国社会产生了多方面的积极影响。

（三）文学

近现代中国文学在艰难跋涉中取得了斐然成就，不仅产生了一批反映独特时代的作品，也产生了鲁迅、巴金、沈从文等一批具有世界影响力的作家。

1. 白话文的兴起

白话文取代文言文成为通行的语言文字，堪称是具有划时代意义的重大变革。白话文是与文言文相对而言的，古代的正式文体是文言文，相对于文言文，白话文是接近日常生活语言的文字表达方式。从清末开始的文体改革可以分为"新文体"、"白话文"和"大众语"三个阶段。20 世纪 30 年代的"大众语"提倡彻底的口语化，文体改革趋于成熟。

2. 新文学的发展

胡适、陈独秀皆为白话文和新文学的倡导者。而奠基者是鲁迅，他在 1918—1922 年把所写的短篇小说编辑成《呐喊》，其中的《狂人日记》是中国现代文学史第一篇现代白话小说，揭开了中国小说史的新篇章。叶圣陶是继鲁迅之后的又一位杰出文学家，他提出"为人生"的文学创作口号。同时代的著名文学家还有郁达夫、茅盾、巴金、曹禺、老舍、沈从文、李劼人、徐志摩、郭沫若、林语堂、钱钟书等。

（四）史学

不同于以往的史学家，近代中国史学家们一方面引进西方的资产阶级学说，另一方面又从中国固有的思想文化中寻找传统思想，从而形成了一套以资产阶级进化论为基本内容和与我国儒家经学相结合的史学理论和方法，其中最有代表性的是夏曾佑和王国维。夏曾佑的《最新中学中国历史教科书》打破了以往按历史发展阶段划分的模式，以进化论和今文经学糅合起来的"民智"论为主旨，令人耳目一新；王国维是我国近代享有盛名的著名史学家，他归纳出反映近代科学水平的治史方法——"二重证据法"，用古文献资料和地下实物相互印证的手段，在甲骨文、金文、古器文物、殷商周史、汉晋木简、汉魏碑刻、敦煌文献及历史地理学等方面，都有卓越的成就。

（五）新闻出版业的飞速发展

中国近代是新闻出版事业的飞速发展时代，其显著标志是大量的报纸开始涌现以及出版企业的创建和书局的成立。虽然从宋代开始的邸报在某种意义上可以说是最早的官方报纸，但它是封建王朝官方政治信息的传播工具，其受众非常有限。而新闻出版业真正得到快速发展是在鸦片战争以后。随着外国传教士的大量涌入，不仅带来了西式印刷术，也将很多新闻出版理念传入中国。中国近代历史上第一种中文杂志是 1815 年创刊于马六甲的《察世俗每月统记传》；在早期传教士办的报刊中影响最大的是《万国公报》，它刊登的大量文章在当时产生过重大影响；1872 年创刊的《申报》是近代中国出版时间最长、影响最大的报纸之一；商务印书馆创办于 1897 年，历经清朝、中华民国、中华人民共和国，是中国近现代出版事业中历史最悠久的出版机构，见证了中国

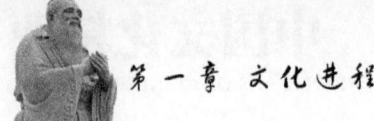

出版事业的发展历程，在继承、发展和传播中国文化及介绍新知识、新文化方面作出了自己的贡献。

三、艺术

（一）西方音乐艺术的传入

西洋音乐最初是在教会和华侨学校流行，20世纪初，随着新式学堂的增加，西洋音乐如声学、管弦乐、打击乐等日益普及，话剧也开始传入中国。同时传入中国的还有摄影技术、电影等。

（二）人才辈出的书画领域

近现代书画成果的特点是不仅出现了吴昌硕、齐白石、黄宾虹等传统的绘画大师，也出现了徐悲鸿、张大千、刘海粟、吴冠中等融贯中西的绘画大师。吴昌硕将金石碑刻之功渗入作品，创造了独一无二的"重、拙、大"风格，成为"金石派"大师；齐白石在诗、词、画、印方面均有造诣；徐悲鸿吸收西洋画的长处，对传统绘画样式、技巧和造型法则进行改革，将水墨和油彩结合起来，形成独树一帜的艺术风格。

四、军工、交通以及"两弹一星"航天技术

（一）近代军工

从19世纪70年代中期起，洋务派开始筹划海防，用了十年时间，初步建成了北洋、南洋和福建三支海军，虽然在中日甲午战争中惨败，但为以后海军的建立打下了基础。安庆内军械所是中国近代第一个新式军火工厂，它由曾国藩创办，完全由中国人设计制造火器弹药；而江南制造总局是近代国内规模最大的官办军工企业，设有机械学堂、操炮学堂和翻译馆，其中翻译馆在传播西学方面起到先锋作用。

（二）交通

铁路是交通运输建设的重点，1881年，中国自建的第一条铁路——唐山开平至胥各庄铁路通车，其后铁路建设发展缓慢。中华人民共和国成立后，先后建成宝成、兰新等铁路。20世纪90年代以来，国家投入大量资金加快了铁路的发展速度。20世纪初，汽车开始出现在上海，而后在各大城市也相继出现。中华人民共和国成立后政府兴建汽车制造厂，并在全国建立起比较密集的公路网。1909年旅美华侨冯如制成中国第一架飞机，标志着中国航空事业的开始。

（三）两弹一星

两弹一星是指原子弹、导弹和人造卫星。1964年6月，中国自行设计制

造的第一枚中近程导弹试验成功；同年10月，中国第一颗原子弹试爆成功。1970年4月，"长征一号"航天运载火箭顺利将"东方红一号"人造地球卫星送入太空轨道，这是中国发射的第一颗人造卫星，标志着中国在空间技术领域跻身于世界先进国家行列。

（四）航天技术

1999年11月中国第一艘试验飞船"神舟一号"首发成功，2003年10月15日，"神舟五号"首次载人飞船升空，标志着中国已成为世界上继俄罗斯和美国之后第三个能够独立开展载人航天活动的国家。2011年11月1日，"神舟八号"飞船从酒泉发射，以在轨运行397小时和1100万千米的行程，成为当时中国在太空飞行时间最久、飞行距离最长的飞船。

"天宫一号"是中国首个空间实验室的名称，中国于2011年9月29日21时16分发射"天宫一号"目标飞行器，分别于11月3日和11月14日和"神舟八号"飞船在太空进行了两次空间交会对接试验，均取得了圆满成功。这标志着我国空间交会对接技术取得重大突破，实现了我国空间技术的重大跨越，是我国载人航天事业发展历程中的重要里程碑。

思考题

1. 简述诸子百家的主张对现代社会的影响。
2. 简析中国明清末期由强转弱的原因。
3. 联系历代教育改革谈谈你对当前留学教育的看法。

参考文献

[1] 袁晓国. 中国历史文化. 北京：高等教育出版社，2006.
[2] 袁行儒，严文明. 中华文明史. 北京：高等教育出版社，2006.
[3] 冯天瑜，杨华. 中国文化发展轨迹. 上海：上海人民出版社，2000.
[4] 李宗桂. 中国文化导论. 广州：广东人民出版社，2002.
[5] 吴小如. 中国文化史纲要. 北京：北京大学出版社，2001.
[6] 叶朗，费振刚，王天有. 中国文化导读. 北京：生活·读书·新知三联书店，2007.
[7] 溥奎. 中华上下五千年. 合肥：黄山书社，2008.
[8] 冯国超. 中国文化速成读本. 北京：中国文史出版社，2004.
[9] 赵洪恩，李宝席. 中国传统文化通论. 北京：人民出版社，2009.
[10] 林岷. 中国文化史概述. 北京：中国科学技术出版社，2005.
[11] 阴法鲁，许树安，刘玉才. 中国古代文化史插图本. 北京：北京大

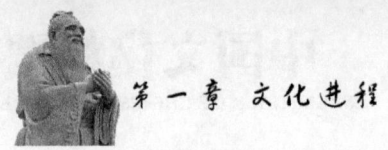

学出版社，2008.

[12] 周道生，曾长秋，谭超武，等. 中国文化概论. 长沙：中南工业大学出版社，1999.

[13] 白全贵，师全民. 传统文化概论. 郑州：郑州大学出版社，2003.

[14] 汪志国. 中国历史与文化. 合肥：合肥工业大学出版社，2005.

第二章 地理名胜

一个国家和民族所处的地理位置以及居住地的地形地貌、山川河流、气候冷暖等自然地理环境，对文化的形成至关重要，特别是对早期文化的形成更有直接影响。中国位于北半球，处于亚洲的东部和中部、太平洋的西岸，东南面面向海洋，西北面为陆地。中国国土面积约占亚洲陆地面积的四分之一，约占全世界陆地面积的十五分之一，仅次于俄罗斯和加拿大，居世界第三位。中国的地理优势是地大物博、名胜众多、遗产丰富，对中国的经济、政治、文化、军事的发展起到了很大的促进作用。中国的多邻国的优势地理位置也使中国地处世界最有活力的地区，各种文化的碰撞、交融十分明显。

第一节 富饶美丽的神州大地

一、优越的地理环境

中国是世界文明古国，从地理位置看，中国位于东半球的北半部、亚洲东部，面临太平洋，是一个陆海兼备的国家。中国北起漠河以北的黑龙江江心，南到南海南沙群岛南缘的曾母暗沙，南北相距 5500 千米；东西相距 5200 千米；陆疆总长 2 万多千米，与 12 个国家相邻；陆地总面积为 960 万平方千米，占世界陆地总面积的 6.42%，占亚洲总面积的 21.8%，是亚洲面积最大的国家，也是世界面积最大的国家之一。

中国地形十分复杂，地势西高东低，高差悬殊，山地和高原面积占有很大比重，山脉因地势而呈东西走向，河流也大多西来东去。高原和丘陵差不多占了国土面积的三分之二，盆地和平原大约占三分之一。自西而东构成三大阶梯：以青藏高原为主的最高一级阶梯，海拔多在 4000 米以上，有"世界屋脊"之称，海拔 8848 米的世界最高峰珠穆朗玛峰就在西藏与尼泊尔交界处；青藏高原以东至大兴安岭、太行山、巫山和雪峰山之间为第二阶梯，海拔一般在 1000～2000 米；中国东部宽广的平原和丘陵是最低的第三阶梯。

我国的地貌按形态可分为山地、高原、丘陵、盆地和平原五大类型。我国有四大高原：青藏高原、内蒙古高原、黄土高原和云贵高原，其中黄河、长江、澜沧江都发源于青藏高原；四大盆地：塔里木盆地、准噶尔盆地、柴达木

第二章 地理名胜

盆地和四川盆地；四大平原：东北平原、华北平原、长江中下游平原、珠江三角洲平原。

我国的气候种类多种多样，领土大部分处于北温带，因而季风风气候明显，冬夏季风风向有显著的差别，加上内陆广阔，大陆性气候强度较大。从气候资源光、热、水的状态来看，中国气候主要有以下特点：一是光、热资源丰富。中国大部分领土属温带，亚热带区域也不小，最南部属于热带，最北部属于温带。二是水资源分布不均。中国东南部受夏季风的强烈影响，一般年降水量在1500毫米以上；而西北内陆区受大陆气团控制，年降水量一般在400毫米以下，这是东南部为农耕区，西北部为畜牧区的自然基础。三是山地气候居多。我国是一个多山的国家，广大山区的气候条件对农业来说有有利的方面，即有多种垂直气候带，气候类型多样，有利于发展多尺度、多层次的立体农业，发展林、牧、果、中药等多种经营。

中国是世界上河流最多的国家之一。长江是中国第一大河，全长6300千米，流域面积约180余万平方千米，流域内有居住人口3亿多人，耕地4亿多亩。黄河是第二大河，全长5464千米，流域面积约75万平方千米。京杭大运河全长1782千米，是世界上开凿最早、线路最长的人工运河。中国湖泊众多，淡水湖面积约占全国湖泊总面积的45%。著名湖泊有鄱阳湖、洞庭湖、太湖、青海湖等。中国海岸线曲折漫长，大陆海岸线北起鸭绿江口，南到北仑河口，全长1.8万多千米（5000多个岛屿海岸线未计在内）。中国有5000多个岛屿，台湾是中国第一大岛，面积3.5788万平方千米，海岸线长达1140千米；面积3.438万平方千米的海南岛是第二大岛；崇明岛是第三大岛；最大的群岛是包括600多个岛屿的舟山群岛。

二、丰富的矿产资源

中国疆域辽阔，成矿地质条件优越，矿种齐全配套，资源总量丰富，是具有自己资源特色的一个矿产资源大国。

一个国家矿产资源的丰度，除地质条件外，与可供储矿的疆域空间条件直接有关。在同等有利成矿的地质条件下，疆域越是辽阔，矿产资源就越丰富。中国广袤无垠的大地和复杂多样的地质地貌为储存丰富多彩的矿产资源提供了广阔的空间。

从太古宙到新生代这30多亿年的时间里，中国大地经历了多期广泛而又剧烈的岩浆活动，形成了多种类型的岩浆岩，广泛分布于全国各地。中国是欧亚大陆的重要组成部分，是全球地壳运动和构造演化的产物。按板块构造的观点来看，中国位于欧亚板块的东南部，东与太平洋板块和菲律宾板块相连，南与印度板块相接。中国大陆板块正是处在这几大板块的接壤地区，并受几种不同大地构造单元的影响，因此为形成多样性的矿产创造了良好的地质构造条件。正是由于以上诸种因素，中国才成为一个矿产资源大国。

中国主要的矿产资源，地质勘察已发现的矿产有173种，探明有储量的矿产有155种，其中能源矿产8种，金属矿产54种，非金属矿产90种，水汽矿产3种，矿床、矿点20多万处，经详细工作的近2万余处，仅次于美国和俄罗斯，居世界第三位，是世界上矿产资源种类比较齐全的国家之一。

能源矿产是中国矿产资源的重要组成部分。中国能源矿产资源种类齐全，资源丰富，分布广泛。已知探明储量的能源矿产有煤、石油、天然气、油页岩、铀、钍、地热等8种。中国煤炭资源相当丰富，到1996年底，探明储量的矿区5345处，保有储量总量10025亿吨。我国保有储量总量中的精查储量2299亿吨，与世界探明可采储量相比，中国煤炭储量位于独联体、美国之后，居世界第三位。石油资源较为丰富，中国在1997年公布的剩余探明可采储量为22.41亿吨，居世界第11位。中国地热资源分布较广，资源也较丰富。

中国金属矿产资源品种齐全，储量丰富，分布广泛。已探明储量的矿产有54种，包括铁矿、锰矿、铬矿、钛矿、钒矿、铜矿、铅矿、锌矿、铝土矿、镁矿、镍矿、钴矿、钨矿、锡矿、铋矿、钼矿、汞矿、锑矿、铂族金属、锗矿、镓矿、铟矿、铊矿、铪矿、铼矿、镉矿、钪矿、硒矿、碲矿等。各种矿产的地质工作程度不一，其资源丰度也不尽相同。有的资源比较丰富，如钨、钼、锡、锑、汞、钒、钛、稀土、铅、锌、铜、铁等。

中国非金属矿产品种很多，资源丰富，分布广泛。已探明储量的非金属矿产有88种，为金刚石、石墨、自然硫、硫铁矿、水晶、刚玉、蓝晶石、夕线石、红柱石、硅灰石、钠硝石、滑石、石棉、蓝石棉、云母、长石、石榴子石、叶蜡石、透辉石、透闪石、蛭石、沸石、明矾石、芒硝、石膏、重晶石、毒重石、天然碱、方解石、冰洲石、菱镁矿、萤石、宝石、玉石、玛瑙、颜料矿物、石灰岩、泥灰岩、白垩、白云岩、石英岩、砂岩、天然石英砂、脉石英、粉石英、天然油石、含钾砂叶岩、硅藻土、页岩、高岭土、陶瓷土、耐火黏土、凹凸棒石黏土、海泡石黏土、伊利石黏土、累托石黏土、膨润土、铁矾土、橄榄岩、蛇纹岩、玄武角闪岩、辉长岩、辉绿岩、安山岩、闪长岩、花岗岩、珍珠岩、浮石、霞石正长岩、粗面岩、凝灰岩、火山灰、火山渣、大理岩、板岩、片麻岩、泥炭、盐矿、钾盐、镁盐、碘、溴、砷、硼矿、磷矿等。

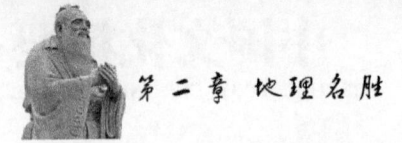

第二章 地理名胜

三、壮丽的山、水、城

由于我国复杂多样的地形呈阶梯状分布，形成了宏伟的山脉、坦荡的平原、纵横交错的河流和星罗棋布的湖泊。

我国主要的山脉分为几个类型，即东西走向的天山、阴山、燕山、昆仑山、秦岭、大别山和南岭，这些山脉是中国地理上的重要界线；南北走向的贺兰山、六盘山和横断山等；东北—西南走向的大兴安岭、太行山、吕梁山等。复杂的地貌也形成了中外闻名的五岳，它们各具特色：泰山之雄，华山之险，恒山之妙，衡山之美，嵩山之奇，而历代皇帝的封禅和文人的歌咏，又给它们增添了无数的崇楼杰阁、寺庙道观、摩崖刻石、古柏苍松以及缥缈离奇的传说，令人心驰神往。溪泉飞瀑、林深壑幽的名山数不胜数。四川的峨眉山，浙江的天台山、普陀山，湖北的武当山，福建的武夷山，山西的五台山，江西的庐山，安徽的九华山，广东的西樵山，辽宁的千山，吉林的长白山，都是旅游的胜地。还有被誉为天下第一奇山的黄山。它方圆数百里，"怪石、云海、奇松、温泉"被称为黄山"四绝"；七十二峰怪石嶙峋，百态千姿；云海浩渺，银涛滚滚，宛如大海，景象壮观；林木多生于怪石崖壁，依石生长，刚劲挺拔，造型奇特；山中温泉，四季恒温，含丰富的矿物质。"五岳归来不看山，黄山归来不看岳"，大旅行家徐霞客一语道出了黄山的美景。

名山要有大川相伴，中国河流纵横，湖泊神奇。"九州方圆，五湖四海"在古代常用来指代我们的锦绣中华。其实"五湖四海"各有所指。

"五湖"主要指我国东部的五大淡水湖，它们是鄱阳湖、洞庭湖、太湖、洪泽湖、巢湖。

鄱阳湖是我国第一大淡水湖，面积达3583平方千米，位于江西省北部。它接纳了赣江、抚河、信江、鄱江和修水五条河，经湖口注入长江，对长江中下游洪水期巨大的水量有一定的调节作用。

洞庭湖位于湖南省北部，是由古云梦大泽淤积分裂而成，现有面积为2740平方千米。洞庭湖承接了湘、资、沅、澧四水的丰富水量，通过松滋口、太平口、藕池口和调弦口分蓄长江来水，八水汇合，通过城陵矶注入长江，对长江洪水有着良好的调节作用。由于泥沙较多，淤积严重，"八百里洞庭"今非昔比，已被分割成了许多小湖。

两湖地区湖面辽阔，湖水温和，水草丰盛，周围地势平坦，土质肥沃，田园、鱼塘、莲湖比比皆是。这里一派富庶的鱼米之乡景色，人常说"两湖熟，天下足"。

太湖像一弯新月位于长江三角洲上，它由古代滨海泻湖演变而来，面积有

2425平方千米，现在已有人经研究证实太湖并非是海迹湖，而是由断陷形成的构造湖。

洪泽湖位于淮河下游、苏北平原的中部。它原为小湖泊群，黄河夺淮河水道入海后，淮河泛滥形成了今日的洪泽湖。它面积有1960平方千米，在调节淮河洪水和蓄水灌溉方面起着重大作用。

巢湖在安徽中部，面积有800平方千米。

"四海"指我国东部大陆边缘与太平洋相邻的内海和边缘海。它们是渤海、黄海、东海和南海。

渤海是我国的内海，它被山东半岛和辽东半岛环抱，通过狭窄的渤海海峡与外海相通，总面积为8万平方千米。渤海是一个半封闭的大陆架浅海，加上大陆许多大的河流在这里入海，如海河、黄河、辽河、滦河等带来大量泥沙，海水平均只有20多米深。大量淡水的注入也使海水盐度较低。

黄海位于渤海以东，以鸭绿江口—长江口北岸—朝鲜济洲岛一线与东海分界，面积为40万平方千米，水深达440米。黄海淤积了黄河、长江、淮河的大量泥沙，呈浅黄色并因此得名。山东半岛将黄海分为南北两部分，北部海岸曲折，有优良的港口条件，南部受陆上河流的影响，海岸多为淤泥质。

东海位于我国大陆与台湾岛以及日本的琉球群岛和九州岛之间，面积达75万平方千米，平均水深370米。东海海域开阔，水情、海底地形等都较渤海、黄海复杂。

南海北接中国大陆，南至加里曼丹岛，东南到菲律宾群岛，西南到中南半岛，面积为350万平方千米，平均水深达1140米。南海海域辽阔，岛屿众多，地质构造复杂，海底地貌类型多样。

中国山美、水美、城也美。历史悠久的北京、南京、西安、洛阳，汇集了中华民族文物古迹的精粹。苏州和杭州，更是让人流连忘返，被国人誉为"上有天堂，下有苏杭"。苏州素有"东方威尼斯"的美誉，是花园城市，其中的狮子林、留园、拙政园等集中了我国江南园林建筑的精华；杭州风光旖旎，西湖像一颗明珠，坐落在城西，三面环山，苏堤、六和塔、龙井、灵隐寺、岳王庙等吸引着众多的游客。还有"山水甲天下"的桂林、四季如春的昆明、泉城济南、花城广州、山城重庆、秀丽的厦门、繁华的上海，都给人留下深刻的印象。

第二节　令人震撼的世界遗产

中国于1985年12月12日加入《保护世界文化和自然遗产公约》。1999

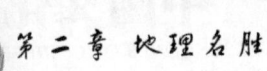

第二章 地理名胜

年10月29日,中国当选为世界遗产委员会成员。中国于1986年开始向联合国教科文组织申报世界遗产项目。自1987年至2011年6月,中国先后被批准列入《世界遗产名录》的世界遗产已达41处,其中文化遗产29项,自然遗产8项,文化和自然双重遗产4项。在数量上居世界第三位,仅次于意大利(47项,含跨国项目)和西班牙(43项,含跨国项目)。

一、世界遗产的定义

世界文化遗产和自然遗产是人类祖先和大自然的杰作,有效保护世界文化遗产和自然遗产,就是保护人类文明和人类赖以生存的环境。1972年11月16日,联合国教科文组织大会第17届会议通过的《保护世界文化和自然遗产公约》,对文化遗产和自然遗产分别给出了定义。

(1)文化遗产。文物:从历史、艺术或科学角度看,具有突出、普遍价值的建筑物、雕刻和绘画,具有考古意义的成分或结构的铭文、洞穴、住区及各类文物的综合体。建筑群:从历史、艺术或科学角度看,因其建筑的形式、同一性及其在景观中的地位,具有突出、普遍价值的单独或相互联系的建筑群。遗址:从历史、美学、人种学或人类学角度看,具有突出、普遍价值的人造工程或人与自然的共同杰作以及考古遗址地带。

(2)自然遗产。从美学或科学角度看,具有突出、普遍价值的由地质和生物结构或这类结构群组成的自然面貌;从科学或保护角度看,具有突出、普遍价值的地质和自然地理结构以及明确划定的濒危动植物物种生态区;从科学、保护或自然美角度看,具有突出、普遍价值的天然名胜或明确划定的自然地带。

(3)文化景观。由人类有意设计和建筑的景观:包括出于美学原因建造的园林和公园景观,它们经常(但并不总是)与宗教或其他纪念性建筑物或建筑群有联系。有机进化的景观:它产生于最初始的一种社会、经济、行政以及宗教需要,并通过与周围自然环境的相联系或相适应而发展到目前的形式。关联性文化景观:这类景观列入《世界遗产名录》,以与自然因素,强烈的宗教、艺术或文化相联系为特征,而不是以文化物证为特征。

二、奇特的自然遗产

我国的自然遗产有:湖南武陵源(国家级名胜区)、四川九寨沟(国家级名胜区)、四川黄龙(国家级名胜区)、云南三江并流、四川大熊猫栖息地、中国南方喀斯特地貌、江西三清山、广东丹霞山。现重点介绍以下四个。

（一）武陵源风景名胜区

武陵源景色奇丽壮观，位于中国中部湖南省境内，连绵 26000 多公顷，景区内最独特的景观是 3000 余座尖细的砂岩柱和砂岩峰，大部分都有 200 多米高。在峰峦之间，沟壑、峡谷纵横，溪流、池塘和瀑布随处可见，景区内还有 40 多个石洞和两座天然形成的巨大石桥。除了迷人的自然景观，该地区还因拥有大量濒临灭绝的动植物物种而引人注目。武陵源风景名胜区由张家界市的张家界森林公园、慈利县的索溪峪自然保护区和桑植县的天子山自然保护区组合而成，总面积约 500 平方千米。最近又建立了杨家界新景区。

武陵源风景名胜区是 20 世纪 80 年代初发现的山水名胜。这里的风景没有经过任何的人工雕琢，到处是石柱石峰、断崖绝壁、古树名木、云气烟雾、流泉飞瀑、珍禽异兽，置身其间，犹如到了一个神奇的世界和趣味天成的艺术山水长廊。

武陵源独特的石英砂岩峰林在国内外均属罕见，在 360 多平方千米的区域中，目前所知有山峰 3000 多座，这些突兀的岩壁峰石，连绵万顷，层峦叠嶂。每当雨过天晴或阴雨连绵之时，山谷中生出的云雾缭绕在层峦叠嶂之间，云海时浓时淡，石峰若隐若现，景象变幻万千。武陵源水绕山转，据称仅张家界就有"秀水八百"，众多的瀑、泉、溪、潭、湖各呈其妙。其中金鞭溪是一条 10 余千米长的溪流，从张家界沿溪一直可以走到索溪峪，两岸峡谷对峙，山水倒映溪间，别具风味。

武陵源回音壁上的泥盆系地层中砂纹和跳鱼潭边岩画上的波痕，是不可多得的地质遗迹，不仅可供参观，而且是研究古环境和海陆变迁的证据。分布在天子山二叠系地层中的珊瑚化石，形如龟背花纹，故称"龟纹石"，是雕塑各种工艺品的上好材料。

武陵源植物资源十分丰富。在众多的植物中，武陵松分布最广，数量最多，形态最奇，有"武陵源里三千峰，峰有十万八千松"之誉。古树是自然遗产中的"活文物"，武陵源的古树名木具有古、大、珍、奇、多的特点。神堂湾、黑枞脑保存有完好的原始森林。

武陵源的溶洞数量多、规模大，极富特色，其中最为著名的是索溪峪的黄龙洞。黄龙洞全长 7.5 千米，洞内分为 4 层，景观奇异，是武陵源最为著名的游览胜地之一。

（二）九寨沟风景名胜区

九寨沟位于四川省北部，绵延超过 72000 公顷，曲折狭长的九寨沟山谷海拔超过 4800 米，因而形成了一系列形态不同的森林生态系统。它壮丽的景色因一系列狭长的圆锥状喀斯特溶岩地貌和壮观的瀑布而更加充满生趣。沟中现

第二章 地理名胜

存140多种鸟类，还有许多濒临灭绝的动植物物种，包括大熊猫和四川扭角羚。九寨沟风景名胜区位于中国西部四川省阿坝县藏族羌族自治州南坪县，因为九个藏族村寨坐落在这片高山湖泊群中，因而被称为"九寨沟"。全区面积约720平方千米，大部分为森林所覆盖。

九寨沟地处岷山山脉南段尕尔纳峰北麓，是长江水系嘉陵江源头的一条支沟，也是青藏高原向四川盆地过渡的地带，地质结构复杂。这里地势高差悬殊，气候多样，山明水秀。

九寨沟主沟呈"Y"字形，总长50多千米。沟中分布有多处湖泊、瀑布群和钙华滩流等。水是九寨沟景观的主角。碧绿晶莹的溪水好像项链般穿插于森林与浅滩之间。色彩斑斓的湖泊和气势宏伟的瀑布令人目不暇接。九寨沟的奇特风貌以高原钙华湖群、钙华瀑群和钙华滩流等水景为主体，其水景规模之巨、景型之多、数量之众、形态之美、布局之精和环境之佳等，位居中国风景名胜区水景之冠。

原始森林覆盖了九寨沟一半以上的面积。林中植物种类繁多，现有天然森林近3万公顷，植物2000余种。多种野生动物繁衍栖息于此，其中包括脊椎动物170种、鸟类141种，属国家保护的有17种。林地上积满厚厚的苔藓，散落着鸟兽的羽毛，充满原始森林的风貌，使人仿佛置身于美妙的世外天地。

九寨沟角峰峥嵘，刃脊崔嵬，冰斗、U字谷十分典型，悬谷、槽谷独具风韵，其中槽谷延伸至海拔2800米的地方。谷地古冰川侧碛、终债垄发育，成为我国第四纪冰川保存良好的地方之一。

九寨沟以明朗的高原风光为基调，融翠湖、叠瀑、秋林、雪峰于一体。号称"人间仙境"的九寨沟历来被当地藏民视为"神山圣水"，沟内山、水、林、石均为藏民所崇拜和保护的对象。风景名胜区对外开放后，东方人称九寨沟为"人间仙境"，西方人则把它誉为"童话世界"。

（三）黄龙风景名胜区

黄龙位于四川省西北部，是由众多雪峰和中国最东部的冰川组成的山谷。在这里人们可以找到高山景观和各种不同的森林生态系统，以及壮观的石灰岩构造、瀑布和温泉。这一地区还生存着许多濒临灭绝的动物，包括大熊猫和四川疣鼻金丝猴。黄龙风景名胜区位于中国西部四川省阿坝藏族羌族自治州松潘县境内，与九寨沟毗邻。黄龙风景名胜区处于三大地质构造单元的结合部，地理状况特别复杂。黄龙风景名胜区总面积1340平方千米，区内雪峰林立，海拔5000米以上的就有7座。

岷山主峰雪宝顶海拔5588米，从顶峰流下的雪水汇聚成溪，沿石钟乳山坡倾泻而下，跌宕起伏，形成众多的瀑布悬流。这些瀑布泻落至山腰处，便散落聚积，从而在黄龙沟内形成了3000余个碧透斑斓的彩池，大者千余平方米，小者仅几平方米，千姿万态。池水清净，深浅不一，有的地方色彩鲜艳，仿佛彩锦。这一奇特壮观的梯状彩池群，正如人们想象中的瑶池仙境一般。

著名的黄龙沟背倚岷山主峰雪宝顶，下临涪江源流，从涪江源头到涪源桥，是一条长7.5千米、宽1.5千米的缓坡沟谷。沟内布满乳黄色岩石，远望好似蜿蜒于密林幽谷中的黄龙，黄龙沟之名即来源于此。明代在此修建了黄龙寺，用以奉祀黄龙。黄龙沟以它"奇、绝、秀、幽"的自然景观蜚声中外。

黄龙以规模宏大、类型繁多、结构奇巧、色彩丰艳的地表钙华景观为主景，在中国风景名胜区中独树一帜，成为中国一绝。黄龙是以绚丽的高原风光和特异的民族风情为综合景观的基调，高山摩天、峡谷纵横、莽林苍苍、碧水荡荡，其间镶嵌着精巧的池、湖、滩、瀑、泉、洞等各类钙华景观，点缀着神秘的寨、寺、耕、牧、歌、舞等各族乡土风情。它们景类齐全，景形特异，但又组合有机，整体和谐，在高原特有的蓝天白云、艳阳骤雨和晨昏季相的烘染下，时时有景，处处皆景，呈现出动态神奇的天然画境。

黄龙的钙华景观，类型齐全，钙华边石坝彩池、钙华滩、钙华扇、钙华湖和钙华塌陷湖、坑，以及钙华瀑布、钙华洞穴、钙华泉、钙华台、钙华盆景等一应俱全，是一座名副其实的天然钙华博物馆。它们组合精巧，在黄龙沟3600米区段内，组接着几乎所有钙华类型，并巧妙地构成一条金色"巨龙"，腾翻于雪山林海之中，实为自然奇观。

黄龙风景名胜区还有珍贵的动植物资源。这里的1500余种高等植物，多为中国所特有，其中属国家一至三级保护植物的有11种。珍稀动物有大熊猫、金丝猴、牛羚、云豹等国家重点保护动物。

（四）石林风景名胜区

石林是一个以岩溶地貌（喀斯特地貌）为主体的风景名胜区，位于昆明市东，距昆明市86千米，景区由大石林和小石林、乃古石林、大叠水、长湖、月湖、芝云洞、奇风洞7个风景片区组成。在石林广达400平方千米的区域内，遍布着上百个黑色大森林一般的巨石群。有的独立成景，有的纵横交错，连成一片，占地数十亩、上百亩不等。最典型的是一片叫李子箐的石林，奇石拔地而起，参差峰峦，千姿百态，鬼斧神工，被人们誉为"天下第一奇观"。

约3亿年前，这里是一片汪洋泽国，经过漫长的地质演变，终于形成了现今极为珍贵的地质遗迹。石林涵盖了地球上众多的喀斯特地貌类型，一簇簇、一片片，这一簇酷似马来西亚的石林，那一片又像美洲的石林，而另一片又和非洲的石林相同。这林林总总的景致让见多识广的世界喀斯特专家赞叹不已，称其为世界地貌的博物馆。分布于世界各地的石林，或因路途艰险，仅能在飞

第二章 地理名胜

机上拍摄观赏；有的隐匿在茫茫林海中无法到达而令人望景兴叹。中国石林却以最好的交通条件让游人走近它、欣赏它。在高差相差不到500米的这片土地上错落有致地分布着石芽、峰丛、溶丘、溶洞、溶石湖、瀑布、地下河，洋洋洒洒，美不胜收。无论俯视、平视、仰视都有不同的景致尽收眼底，构成了典型的高原喀斯特生态系统和最丰富的立体全景图，被誉为"大自然雕塑博物馆"。

　　景区内石柱、石壁、石峰千姿百态，争奇竞丽。有的石柱高达40～50米，乍一看，正如一首佚名的打油诗所云："远看大石头，近看石头大。石头果然大，果然大石头。"但这里的石头与众不同，它是一幅绝妙的画，每天吸引着五湖四海的游人前来驻足观赏；它是一首优美的诗，古往今来有无数骚人墨客把它咏叹吟哦。它又是有灵性和生命的：有双鸟渡食、孔雀梳翅、凤凰灵仪、象踞石台、犀牛望月、唐僧、悟空、八戒、沙僧、观音、将军、士兵俑、诗人行吟、阿诗玛等无数像生石，无不栩栩如生，惟妙惟肖，令人叹为观止。除了动物外，还有许多酷似植物的，如雨后春笋、莲花蘑菇、玉簪花等。有一处钟石，能敲出许多种不同的音调。整个李子营石林就是一座巨大的自然石景艺术宝库，任凭游客去观察，去发现，去自由驰骋地想象。景区内峰回路转，曲径通幽，移步换景，使人如入迷宫仙境，游者莫不流连忘返，赞不绝口。

二、珍贵的文化遗产

　　我国的文化遗产有长城，明清故宫，陕西秦始皇陵及兵马俑，甘肃敦煌莫高窟，北京周口店北京猿人遗址，西藏布达拉宫，河北承德避暑山庄及周围寺庙，山东曲阜的孔庙、孔府及孔林，湖北武当山古建筑群，江西庐山风景名胜区，云南丽江古城，山西平遥古城，江苏苏州古典园林，北京颐和园，北京天坛，重庆大足石刻，四川青城山和都江堰，河南洛阳龙门石窟，明清皇陵，安徽古村落（西递、宏村），山西大同云冈石窟，吉林高句丽王城、王陵及贵族墓葬，澳门历史城区，安阳殷墟，开平碉楼与村落，福建土楼，山西五台山，登封"天地之中"历史建筑群，杭州西湖。现重点介绍其中四个。

（一）长城

　　长城是中国也是世界上修建时间最长、工程量最大的一项古代防御工程。自公元前七八世纪开始，延续不断修筑了2000多年，分布于中国北部和中部的广大土地上，总计长度达50000多千米，被称之为"上下两千多年，纵横十万余里"。如此浩大的工程不仅在中国，就是在世界，也是绝无仅有的，因而在几百年前就与罗马斗兽场、比萨斜塔等被列为中古世界七大奇迹之一。长城修筑的历史可上溯到公元前9世纪的西周时期，周王朝为了防御北方游牧民族猃狁的袭击，曾筑连续排列的城堡"列城"以作防御。到了公元前七八世纪，春秋战国时期列国诸侯为了相互争霸、互相防守，根据各自的防守需要，在自己的边境上修筑起长城，最早修筑的是公元前7世纪的楚长城，其后齐、韩、魏、赵、燕、秦、中山等大小诸侯国家都相继修筑长城以自卫。这时长城的特点是东、南、西、北方向各不相同，长度较短，从几百公里到一两千公里不等。为了与后来秦始皇所修的万里长城区别，史家称之为"先秦长城"。

公元前221年，秦始皇并灭了六国诸侯，统一了天下，结束了春秋战国纷争的局面，完成中国历史上第一个封建集权统一国家的大业。为了巩固统一帝国的安全和生产的安定，防御北方强大匈奴游牧民族奴隶主的侵扰，便大修长城。除了利用原来燕、赵、秦部分北方长城的基础之外，还增筑扩修了很多部分，"西起临洮，东止辽东，蜿蜒一万余里"，从此便有了万里长城的称号。自秦始皇以后，凡是中原地区的统治者，几乎都要修筑长城。计有汉、晋、北魏、北齐、北周、隋、唐、宋、辽、金、元、明、清等十多个朝代，都不同规模地修筑过长城，其中以汉、金、明三个朝代的长城规模最大，长度都达到了5000千米以上。清朝康熙时期，虽然停止了大规模的长城修筑，但后来也曾在个别地方修筑了长城。可以说自春秋战国时期开始到清代的2000多年一直没有停止过对长城的修筑。

（二）秦始皇陵

秦始皇陵是中国历史上第一个皇帝嬴政（公元前259—公元前210）的陵墓，位于中国西北部陕西省临潼县城东5千米处的骊山北麓。秦始皇陵建于公元前246年至公元前208年，历时38年，是中国历史上第一个规模庞大、设计完善的帝王陵寝。

秦始皇陵筑有内外两重夯土城垣，象征着都城的皇城和宫城。陵冢位于内城南部，呈覆斗形，现高51米，底边周长1700余米。据史料记载，秦陵中还建有各式宫殿，陈列着许多奇异珍宝。秦陵四周分布着大量形制不同、内涵各异的陪葬坑和墓葬，现已探明的有400多个。

兵马俑坑是秦始皇陵的陪葬坑，位于秦陵陵园东侧1500米处。目前已发现三座，坐西向东呈品字形排列。其中共出土了约7000个秦代陶俑及大量的战马、战车和武器，代表了秦代雕塑艺术的最高成就。兵马俑陪葬坑均为土木混合结构的地穴式坑道建筑，像是一组模拟军事队列、旨在保卫地下皇城的"御林军"。从各坑的形制结构及其兵马俑装备情况判断，一号坑是由步兵和战车组成的主体部队，二号坑为步兵、骑兵和车兵穿插组成的混合部队，三号坑则是统领一号坑和二号坑的军事指挥所。

1980年12月，在秦始皇陵封土西侧出土了两组形体较大的彩绘铜质车

第二章 地理名胜

马,这是迄今为止中国发现的年代最早、形体最大、结构最复杂、制作最精美的铜铸马车。它与兵马俑交相辉映,为秦始皇陵增添了新的光彩,也为研究秦代历史、铜冶铸技术和古代车制提供了实物资料,被誉为中国古代的"青铜之冠"。

秦始皇陵是世界上规模最大、结构最奇特、内涵最丰富的帝王陵墓之一。秦始皇陵兵马俑是可以与埃及金字塔和古希腊雕塑相媲美的世界人类文化的宝贵财富,而它的发现本身就是20世纪中国最伟大的考古成就。它充分表现了2000多年前中国人民巧夺天工的艺术才能,是中华民族的骄傲和宝贵财富。

(三)故宫

故宫原名紫禁城,位于北京城中心,是明清两朝的皇宫,始建于明永乐四年(1406),建成于永乐十八年(1420),至今约有600年历史,先后有24位皇帝在这里统治国家近500年。故宫的宫殿建筑是中国现存最大、最完整的古建筑群,总面积达72万多平方米,有殿宇宫室9000多间,被称为"殿宇之海",气魄宏伟,极为壮观。无论是平面布局、立体效果,还是形式上的雄伟堂皇,都堪称无与伦比的杰作。

故宫的整个建筑被两道坚固的防线围在中间,外围环绕着一条宽52米、深6米的护城河;接着是周长3千米的城墙,墙高近10米,底宽8.62米,城墙上开有4门,南有午门,北有神武门,东有东华门,西有西华门,城墙四角还耸立着4座角楼,角楼有3层屋檐、72个屋脊,玲珑剔透,造型别致,为中国古建筑中的杰作。

整个故宫由一条中轴贯通,这条中轴又在北京城的中轴线上。三大殿、后三宫、御花园都位于这条中轴线上。在中轴宫殿两旁,还对称分布着许多殿宇,也都宏伟华丽。这些宫殿可分为外朝和内廷两大部分。外朝以太和、中和、保和三大殿为中心,文华、武英殿为两翼。内廷以乾清宫、交泰殿、坤宁宫为中心,东西六宫为两翼,布局严谨有序。

现在,故宫的一些宫殿中设立了综合性的历史艺术馆、绘画馆,分类的陶瓷馆、青铜器馆、明清工艺美术馆、铭刻馆、玩具馆、文房四宝馆、玩物馆、珍宝馆、钟表馆和清代宫廷典章文物展览等,收藏有大量古代艺术珍品,据统计共达1052653件,占中国文物总数的六分之一,是中国收藏文物最丰富的博物馆,也是世界著名的古代文化艺术博物馆,其中很多文物是绝无仅有的无价国宝。

(四)庐山

庐山位于中国中部江西省九江市南,北濒长江,东接鄱阳湖。山体总面积302平方千米,南北长,东西窄。全山共有90多座山峰,最高峰为大汉阳峰,海拔1473.4米。群峰间散布有许多壑谷、岩洞、瀑布、溪涧,地形地貌复杂多样,是中华文明的发祥地之一。这里的佛教和道教庙观,以及代表理学的白鹿洞书院,以其独特的方式融合在具有突出价值的自然美之中,形成了具有极高美学价值的、与中华民族精神和文化生活紧密联系的文化景观。

庐山风光以奇、秀、险、雄闻名于世,素有"匡庐奇秀甲天下"的美誉,现主要有12个景区、37个景点、230个景物景观。庐山早有"神仙之庐"的传说,水汽缭绕的万顷江湖,使庐山夏日清凉,雨水充沛,云雾弥漫。庐山的年平均雾日多达191天,弥漫的云气为庐山平添了许多迷人秀色和神秘色彩。

庐山是一座集风景、文化、宗教、教育、政治为一体的千古名山。这里是中国山水诗的摇篮,古往今来,无数文人墨客慕名登临庐山,为其留下4000余首诗词歌赋。晋代高僧慧远(334—416)在山中建立东林寺,开创了佛教中的"净土宗",使庐山成为中国封建时代重要的宗教圣地。遗存至今的白鹿洞书院,是中国古代教育和理学的中心学府。庐山上还荟萃了各种风格迥异的建筑杰作,包括罗马式与哥特式的教堂、融合东西方艺术形式的拜占庭式建筑,以及日本式建筑和伊斯兰教清真寺等,堪称庐山风景名胜区的精华部分。庐山不但拥有"秀甲天下"的自然风光,更有着丰厚灿烂的文化内涵。

三、难得的双重遗产

我国的文化与自然双重遗产有:山东泰山、安徽黄山、四川峨眉山—乐山风景名胜区、福建武夷山。现重点介绍其中两个。

(一)泰山

泰山位于中国东部山东省中部的泰安市之北。泰山海拔1532.7米,气势雄伟磅礴,享有"五岳之首"、"天下第一山"的称号。

泰山风景以壮丽著称。重叠的山势、厚重的形体、苍松巨石的烘托、云烟的变化,使它在雄浑中兼有明丽,静穆中透着神奇。

泰山佛光是岱顶奇观之一,也是泰山的重要标志,每当云雾弥漫的清晨或傍晚,游人站在较高的山头上顺光看,就可能看到缥缈的雾幕上,呈现出一个内蓝外红的彩色光环,将整个人影或头影映在里面,好像佛像上方五彩斑斓的光环,所以被称为"佛光"或"宝光"。泰山佛光是一种光的衍射现象,它的出现是有条件的。据记载,泰山佛光大多出现在每年6~8月份的半晴半雾的天气里,而且是太阳斜照的时候。

泰山还以石刻众多闻名天下,这些石刻有的是帝王亲自题写的,有的出自名家之手,大都文辞优美,书体高雅,制作精巧。泰山现存有石刻1696处,分为摩崖石刻和碑刻,既是记载泰山历史的重要资料,又是泰山的精彩之处

第二章 地理名胜

之一。

泰山是黄河流域古代文化的发祥地之一。很早以前，泰山周围就被我们祖先所开发，泰山南麓的大汶口文化、北麓的龙山文化遗存，便是佐证。还有5万年前的新泰智人化石遗存和40万年前的沂源猿人化石遗存。战国时期，沿泰山山脉直达黄海边修筑了长约500千米的长城，今遗址犹存。泰山与孔子活动有关的景点有孔子登临处、望吴圣迹坊、孔子小天下处、孔子庙、瞻鲁台、猛虎沟等。

泰山有"五岳之首"、"五岳独尊"的称誉。它是政权的象征，是一座神圣的山。古代帝王登基之初、太平之岁，多来泰山举行封禅大典，祭告天地。先秦时期有72代君主到泰山封禅；自秦汉至明清，历代皇帝到泰山封禅27次。由于皇帝的封禅活动和雄伟多姿的壮丽景色，历代文化名人纷至泰山作诗记文，留下了数以千计的诗文石刻。如孔子的《丘陵歌》、司马迁的《封禅书》、曹植的《飞龙篇》、李白的《泰山吟》、杜甫的《望岳》等诗文，都是中国的传世名篇。此外，天贶殿的宋代壁画、灵岩寺的宋代彩塑罗汉像都是稀世珍品。泰山的石刻、碑碣，集中国书法艺术之大成，真草隶篆各体俱全，颜柳欧赵各派毕至，是中国历代书法及石刻艺术的博览馆。泰山文化遗产极为丰富，现存古遗址97处、古建筑群22处，为研究中国古代建筑史提供了实物资料。

（二）峨眉山

峨眉山又称"大光明山"，位于中国西部四川省的中南部，是四川盆地向青藏高原的过渡地带，主峰金顶的最高峰万佛顶，海拔3099米。峨眉山以优美的自然风光和神话般的佛国仙山而驰名中外，美丽的自然景观与悠久的历史文化内涵完美结合，相得益彰，享有"峨眉天下秀"的赞誉。

峨眉山以自然风光优美、佛教文化浓郁而驰名中外，以其"雄、秀、神、奇"的特色，雄踞于中国名山之列，并成为其中佼佼者。

（1）雄。高大的形体、雄伟的气势，引起崇高的美感。峨眉山在四川盆地西南缘平地拔起，最高峰万佛顶海拔3099米，相对高差2600米，与五岳中最高的华山相比，仍高出1000多米，所以历代称之"高凌五岳"。峨眉主峰三峰并立，直指蓝天，气势磅礴。登临金顶，极目眺望，或群山叠叠，或云海茫茫，变幻无穷，令人心旷神怡。

（2）秀：峨眉山处于多种自然要素交汇地区，植物垂直带谱明显，植物种类繁多，类型丰富，植被覆盖率高达87%以上。山中重峦叠嶂，林木繁茂，郁郁葱葱，山体轮廓优美，线条流畅，景色多姿多彩。在我国各大名山中，其繁茂的植被景观堪称第一。

（3）神、奇：峨眉山这个"普贤道场"的佛门圣地，浓郁的佛教文化色彩使它笼罩在一片神秘的宗教气氛之中。而神话传说，以及戏剧、诗歌、音乐、绘画等的渲染与传播，使这座佛国仙山更添神奇色彩，更加虚幻莫测。在漫长的历史长河中，峨眉山的佛教文化、寺庙建筑与自然景观有机地、巧妙地融合在一起，这在中国名山中实为首屈一指。峨眉山奇特的气象景观如金顶的云海、日出、佛光、圣灯、朝晖、晚霞，以及雷洞烟云、洪椿晓雨、大坪霁雪等，千变万化，绚丽多彩，为中国名山之首。

峨眉山有着悠久的人文历史，为"中国佛教四大名山"之一。据现有考古资料表明，早在一万年以前，这一区域内已有古代先民活动。进入文明社会，有文献、史迹可考的人文历史已有两千多年。在如此漫长的历史时期里，古代先民创造了光辉的历史文化，留下了丰富的历史遗产。佛教的传入、寺庙的兴建和繁荣，又使峨眉山这座雄而秀的"蜀国仙山"增添了神奇的色彩。宗教文化，特别是佛教文化，构成了峨眉山历史文化的主体。所有的建筑、塑像、法器、礼仪、音乐、绘画等无不展示出宗教文化的浓郁气息和鲜明色彩。

寺庙的建筑艺术是峨眉山佛教文化的突出表现，它与这座"秀甲天下"的名山的自然环境与景观融为密不可分的整体，成为风景明珠。全山现有寺庙30余处，其建筑富有地方传统民居风格，装修典雅，朴实无华，因地制宜，依山就势，各具特色，无论选址、设计和营造都别具匠心，既有庙堂之严，又富景观之美。其技艺之高，堪称中国名山风景区寺庙建筑艺术的典范。

第三节　令人流连忘返的十大风景

"中国十大名胜古迹"是指1985年由中国旅游报社发起并组织全国人民于当年9月9日评选出的万里长城、桂林山水、杭州西湖、北京故宫、苏州园林、安徽黄山、长江三峡、台湾日月潭、避暑山庄、秦陵兵马俑十个风景名胜区。

一、秀丽的自然风景

（一）桂林

桂林位于广西东北部，是世界著名的旅游胜地和历史文化名城，它地处漓江西岸，以盛产桂花、桂树成林而得名。典型的喀斯特地貌构成了别具一格的桂林山水，桂林山水是对桂林旅游资源的总称。桂林山水包括山、水、喀斯特岩洞、古迹、石刻等。这里的山，平地拔起，千姿百态；漓江的水，蜿蜒曲折，明洁如镜；山多有洞，洞幽景奇；洞中怪石鬼斧神工，琳琅满目，于是形

第二章 地理名胜

成了"山清、水秀、洞奇、石美"的桂林"四绝",自古就有"桂林山水甲天下"的美称。

桂林处处皆胜景,漓江山水堪称其中的典范。漓江风光尤以桂林阳朔为最,"桂林山水甲天下,阳朔山水甲桂林;群峰倒影山浮水,无山无水不入神"高度概括了阳朔自然风光的美。从阳朔到桂林,可逆流畅游漓江。船驶出不久,远远可见到一座峰顶悬挂着一轮初日,缕缕阳光从云中穿过,江中波光粼粼,与群山倒影交相辉映,令人怀疑是到了仙境。如果说北方的山是豪迈、厚重的,那么桂林的山则显得妩媚、秀美。玉女峰亭亭玉立,巧梳云鬓;望夫崖凝神远眺,深情守候;赶考的书童、跳龙门的鲤鱼、盘旋的田螺、绿洲的骆驼,形态各异,变化万千,令游人目不暇接。九马画山等更使人真切地领略到了桂林山水的神奇、秀美。

桂林是一座文化古城。两千多年的历史,使它具有丰厚的文化底蕴。秦始皇统一岭南后,设置桂林郡,开凿灵渠,沟通湘江和漓江,桂林从此便成为南通海域、北达中原的重镇。宋代以后,它一直是广西政治、经济、文化的中心,号称"西南会府",直到中华人民共和国建立。在漫长的岁月里,桂林的奇山秀水吸引着无数的文人墨客,使他们写下了许多脍炙人口的诗篇和文章,刻下了两千余件石刻和壁书,另外,历史还在这里留下了许多古迹遗址。这些独特的人文景观,使桂林得到了"游山如读史,看山如观画"的赞美。千百年来,桂林一直是人们旅游观光的宝地。

(二)杭州西湖

西湖位于浙江省杭州市的西方,它以其秀丽的湖光山色和众多的名胜古迹而闻名中外,是中国著名的旅游胜地,也被誉为"人间天堂"。西湖旧称武林水、钱塘湖、西子湖,宋代始称西湖。西湖三面环山,东面濒临市区,是一个湖泊型的国家级风景名胜区。湖中有三岛:三潭印月、湖心亭、阮公墩。湖面南北长3.3千米,东西宽2.8千米,水面原面积5.64平方千米,包括湖中岛屿为6.3平方千米,湖岸周长15千米,平均深度1.21米,最深处6.52米,最浅处不到1米,最深处有5米多。苏堤和白堤将湖面分成里湖、外湖、岳湖、西里湖和小南湖5个部分。

西湖的美不仅在湖,也在于山。环绕西湖,西南有龙井山、理安山、南高峰、烟霞岭、大慈山、临石山、南屏山、凤凰山、吴山等,总称南山;北面有灵隐山、北高峰、仙姑山、栖霞岭、宝石山等,总称北山。它们像众星捧月一样,捧出西湖这颗明珠。山的高度都不超过400米,但峰奇石秀,林泉幽美。南北高峰遥相对峙,相映成趣。

南宋迁都杭州,给西湖带来了前所未有的繁华,出现了名传千载的"西湖十景"：平湖秋月、苏堤春晓、断桥残雪、雷峰夕照、南屏晚钟、曲院风荷、花港观鱼、柳浪闻莺、三潭印月、双峰插云。十景基本围绕西湖分布，有的就位于湖上，代表着古代西湖胜景精华。

"新西湖十景"是1985年经过全国民众评选后确定的，它们是：云栖竹径、满陇桂雨、虎跑梦泉、龙井问茶、九溪烟树、吴山天风、阮墩环碧、黄龙吐翠、玉皇飞云、宝石流霞。无不流露出人们对西湖的喜欢之情。

之后，2007年中国杭州西湖博览会又评选出最新的"西湖十景"：灵隐禅踪、六和听涛、岳墓栖霞、湖滨晴雨、钱祠表忠、万松书缘、杨堤景行、三台云水、梅坞春早、北街梦寻。

二、雄伟的建筑风景

（一）承德避暑山庄

承德避暑山庄是中国古代帝王宫苑，清代皇帝避暑和处理政务的场所。承德避暑山庄曾是中国清朝皇帝的夏宫，由皇帝宫室、皇家园林和宏伟壮观的寺庙群所组成。避暑山庄位于承德市中心区以北，武烈河西岸一带狭长的谷地上，距离北京230千米。它始建于1703年，历经清朝三代皇帝——康熙、雍正、乾隆，耗时89年建成。避暑山庄占地564万平方米，环绕山庄蜿蜒起伏的宫墙长达万米，是中国现存最大的古典皇家园林，相当于颐和园的两倍，有八个北海公园那么大。与北京紫禁城相比，避暑山庄以朴素淡雅的山村野趣为格调，取自然山水之本色，吸收江南和塞北之风光，成为中国现存占地最大的古代帝王宫苑。山庄的建筑布局大体可分为宫殿区和苑景区两大部分，其中苑景区又可分成湖区、平原区和山区三部分。内有康熙、乾隆钦定的72景，拥有殿、堂、楼、馆、亭、榭、阁、轩、斋、寺等建筑100余处。它的最大特色是山中有园，园中有山。

避暑山庄及周围寺庙是一个紧密关联的有机整体，同时又具有不同风格的强烈对比，避暑山庄朴素淡雅，其周围寺庙金碧辉煌。由于存在众多历史文化遗产，避暑山庄及周围寺庙成为全国重点文物保护单位、全国十大名胜，四十四处风景名胜保护区之一，承德也因此成为全国首批二十四座历史文化名城之一。

（二）苏州园林

苏州园林是指中国苏州城内的园林建筑，以私家园林为主，起始于春秋时期吴国建都姑苏时，形成于五代，成熟于宋代，兴旺于明代，鼎盛于清代。到清末苏州已有各色园林170多处，现保存完整的有60多处，对外开放的园林有19处。苏州园林占地面积不大，但以意境见长，以独具匠心的艺术手法在

第二章 地理名胜

有限的空间内点缀安排，移步换景，变化无穷。明清时期，苏州成为中国最繁华的地区之一，私家园林遍布古城内外。16—18世纪的全盛时期，苏州有园林200余处，现保存尚好的有数十处，并因此使苏州素有"人间天堂"的美誉。

苏州是中国著名的国家级历史文化名城，这里素来以山水秀丽、园林典雅而闻名天下，有"江南园林甲天下，苏州园林甲江南"的美称。苏州古典园林宅园合一，可赏、可游、可居，这种建筑形态的形成，是在人口密集和缺乏自然风光的城市中，人类依恋自然，追求与自然和谐相处，美化和完善自身居住环境的一种创造。作为苏州古典园林典型例证的拙政园、留园、网师园和环秀山庄，都建于苏州私家园林发展的鼎盛时期。苏州园林以其意境深远、构筑精致、艺术高雅、文化内涵丰富而成为中国众多古典园林的典范和代表。沧浪亭、狮子林、拙政园和留园分别代表着宋、元、明、清四个朝代的艺术风格，被称为苏州"四大名园"。

三、其他风景名胜

（一）日月潭

日月潭位于台湾南投县鱼池乡水社村，是台湾唯一的天然湖，由玉山和阿里山之间的断裂盆地积水而成。日月潭四周群山环抱，重峦叠嶂，潭水碧波晶莹，湖面辽阔，群峰倒映湖中，优美如画。每当夕阳西下、新月东升之际，日光月影相映成趣，更是优雅宁静，富有诗情画意。日月潭中有一小岛远望好像浮在水面上的一颗珠子，名珠子屿（光华岛），以此岛为界，北半湖形状如圆日，南半湖形状如弯月，日月潭因此而得名。日月潭是台湾的"天池"，湖面海拔760米，湖周长35千米，水域超过9平方千米，为全省最大的天然湖泊，也是全国少数著名的高山湖泊之一。日月潭有"青山拥碧水，明潭抱绿珠"的美丽景观，环湖重峦叠嶂，湖面辽阔，潭水澄澈。一年四季，晨昏景色各有不同。七月平均气温不高于22℃，一月不低于15℃，夏季清爽宜人，为避暑胜地。

清人曾作霖说日月潭是"山中有水水中山，山自凌空水自闲"。陈书游湖，也说是"但觉水环山以外，居然山在水之中"。日月潭凭着"万山丛中，突现明潭"的奇景而成为宝岛诸胜之冠，驰名于五洲四海。

（二）长江三峡

三峡是万里长江一段山水壮丽的大峡谷，它西起重庆奉节县的白帝城，东至湖北宜昌市的南津关，由瞿塘峡、巫峡、西陵峡组成，全长191千米。两岸崇山峻岭，重峦叠嶂，峭壁对峙，烟笼雾锁；悬崖绝壁，风光奇绝，嶙峋峥嵘，有千姿百态、奇形怪状、空旷深邃的奇石和神秘莫测的溶洞；江中滩峡相间，水流湍急，惊涛拍岸。唐代大诗人李白经过这里时留下了优美的诗句："朝辞白帝彩云间，千里江陵一日还；两岸猿声啼不住，轻舟已过万重山。"这使白帝城更加出名。长江三段峡谷中的大宁河、香溪、神农溪的神奇与古朴，使三峡景色更加迷人。

长江三峡，地灵人杰，是中国古文化的发源地之一。大峡深谷，曾是三国古战场，是无数英雄豪杰驰骋用武之地。著名的大溪文化，在历史的长河中闪耀着奇光异彩。这里，孕育了中国伟大的爱国诗人屈原和千古名女王昭君。青山碧水，也曾留下李白、白居易、刘禹锡、范成大、欧阳修、苏轼、陆游等诗圣文豪的足迹，留下了许多千古传颂的诗章。这里还有许多著名的名胜古迹，如白帝城、黄陵庙、南津关等，它们与这里的山水风光交相辉映，名扬四海。

此外，长城、故宫、黄山、秦陵兵马俑在前面章节已有介绍。

附：被列入《世界遗产名录》的中国遗产

地域名称	批准时间	遗产种类
长城	1987年12月	文化遗产
北京故宫、沈阳故宫	1987年12月	文化遗产
陕西秦始皇陵及兵马俑	1987年12月	文化遗产
甘肃敦煌莫高窟	1987年12月	文化遗产
北京周口店北京猿人遗址	1987年12月	文化遗产
山东泰山	1987年12月	文化与自然双重遗产
安徽黄山	1990年12月	文化与自然双重遗产
湖南武陵源国家级名胜区	1992年12月	自然遗产
四川九寨沟国家级名胜区	1992年12月	自然遗产
四川黄龙国家级名胜区	1992年12月	自然遗产
西藏布达拉宫	1994年12月	文化遗产
河北承德避暑山庄及周围寺庙	1994年12月	文化遗产
山东曲阜的孔庙、孔府及孔林	1994年12月	文化遗产
湖北武当山古建筑群	1994年12月	文化遗产
江西庐山风景名胜区	1996年12月	文化遗产
四川峨眉山—乐山风景名胜区	1996年12月	文化与自然双重遗产

续上表

地域名称	批准时间	遗产种类
云南丽江古城	1997年12月	文化遗产
山西平遥古城	1997年12月	文化遗产
江苏苏州古典园林	1997年12月	文化遗产
北京颐和园	1998年11月	文化遗产
北京天坛	1998年11月	文化遗产
重庆大足石刻	1999年12月	文化遗产
福建武夷山	1999年12月	文化与自然双重遗产
四川青城山和都江堰	2000年11月	文化遗产
河南洛阳龙门石窟	2000年11月	文化遗产
明清皇家陵寝：明显陵（湖北钟祥市）、清东陵（河北遵化市）、清西陵（河北易县）、盛京三陵	2000年11月	文化遗产
安徽古村落：西递、宏村	2000年11月	文化遗产
山西大同云冈石窟	2001年12月	文化遗产
云南三江并流	2003年7月	自然遗产
高句丽王城、王陵及贵族墓葬	2004年7月	文化遗产
澳门历史城区	2005年7月	文化遗产
四川大熊猫栖息地	2006年7月	自然遗产
安阳殷墟	2006年7月	文化遗产
中国南方喀斯特地貌	2007年6月	自然遗产
开平碉楼与村落	2007年6月	文化遗产
福建土楼	2008年7月	文化遗产
江西三清山	2008年7月	自然遗产
山西五台山	2009年6月	文化遗产
登封"天地之中"历史建筑群	2010年7月	文化遗产
广东丹霞山	2010年8月	自然遗产
杭州西湖	2011年6月	文化遗产

思考题

1. 你知道多少中国地理的知识？
2. 你了解多少个中国世界遗产？

参考文献

［1］任啸科，文若愚．中国地理全知道．北京：中国华侨出版社，2011．
［2］薛金星．高中地理基础知识手册．北京：北京教育出版社，2010．
［3］陈慧琳．人文地理学．北京：科学出版社，2001．
［4］潘玉君．地理学基础．北京：科学出版社，2001．
［5］李小健，等．经济地理学．北京：高等教育出版社，1999．

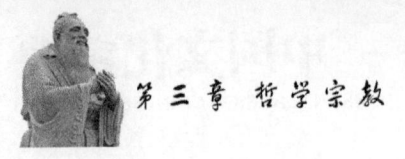

第三章 哲学宗教

中国的哲学思想非常丰富，其中的儒家和道家在中国古代哲学思想上始终占据主导的地位。这是由于儒家和道家较之其他哲学思想，更关注在现实条件下人的有限性与无限性如何统一的问题，而这个问题对于中国人来说具有根本的重要性。此外，汉唐时期佛教传入中国后，儒家和道家也吸收了佛教的义理，宋明时期的程朱理学和陆王心学就是儒道佛的融合。可见中国的哲学思想与宗教思想是相互影响、相互吸收和相互融合的。在近现代，传统思想得到了发展。同时，由于受到西方思潮的影响，出现了实用主义哲学思潮，如中国化的马克思主义思潮等。

第一节 中国哲学思想

中国哲学思想经历先秦、汉唐、宋明、近代和现代等发展时期，每个时期的哲学思想都有各自的特点。在先秦时期，中国哲学思想非常活跃，百家争鸣，出现了儒家、道家、法家、墨家和名家等思想流派，其中儒、道两家影响最大；汉唐时期，以董仲舒的神学、王充的反神学和王弼的玄学为主导，尤其是董仲舒的神学影响深远；宋明时期，出现了程朱理学和陆王心学；近代的哲学思想主要以进化论思想为主导；在现代，随着西方哲学思想的传入以及本土哲学的复兴，出现了实证主义思潮、现代新儒学，而最为突出的则是马克思主义的传播及其中国化。

一、先秦时期的哲学思想

先秦时期，社会制度处于转型时期，旧的奴隶制逐步瓦解，新的制度逐渐产生和发展，社会的各种力量重新调整，各种社会矛盾冲突错综复杂。在思想文化领域表现为百家争鸣，影响较大的有儒、道、法、墨、兵、名等。在此主要介绍的是道家的老子和庄子、儒家的孔子和孟子的思想。

（一）道家

道家把宇宙看成是一个有机生命系统，认为宇宙具有生生不息的生命力，能创造出无穷无尽的万事万物。这个宇宙大生命的总根源是"道"。"道"是超万物而又内在于万物。这一哲学思想集中体现在道家的两个著名代表人物的理论中。

1. 老子

传说老子(约公元前580—公元前500),姓李,名聃,楚国苦县(今河南鹿邑县)人。做过周王室管理藏书的官吏,比孔子年长,孔子曾问礼于老子。《老子》一书,相传是老聃的后学所辑,是研究老聃思想的主要资料,又称《道德经》,包括《德经》和《道经》两部。老子认为"道"是宇宙万物的本源,老子的思想具有朴素的辩证思想。

(1)道。老子提出以"道"为核心的哲学体系,用道说明宇宙万物的本质、变化。老子认为道是万物的本源,是宇宙的主宰。《老子》第一章就说:"道可道,非常道;名可名,非常名。无名,天地之始;有名,万物之母。"第四十二章又说:"道生一,一生二,二生三,三生万物。万物负阴而抱阳,冲气以为和。"《老子》所说的这个"道",是指世界的本源,不具有某些具体的可以名状的属性,它是万物的由来。

(2)无为。老子理论的另一个重要概念和思想是"无为"。老子说:"道常无为而无不为。"(《老子·三十七章》)"上德无为而无以为,下德为之而有以为。"(《老子·三十八章》)在老子看来,所谓"为"就是指人为,它是一种意识或意志的表现。"无为而无以为"是顺其自然,没有任何有意识的所作所为,也即没有任何人格特征。不仅如此,"无为"也是指规律和法则。在老子看来,无为是自然的一种根本属性,道就是按照无为的样式来运行的。

(3)朴素的辩证思想。老子认为事物总是由矛盾的双方构成的,老子说:"天下皆知美之为美,斯恶矣;皆知善之为善,斯不善矣。故有无相生,难易相成,长短相形,高下相倾,音声相和,前后相随。"(《老子·二章》)这是说,天下人若都知道美之所以为美,这也就知道丑了;都知道善之所以为善,这也就知道恶了;而且有与无、难与易、长与短、高与下、前与后等既相互对立,又相互依存,还相互转化。他说:"正复为奇,善复为妖","祸兮福之所倚,福兮祸之所伏"。由此,老子提出了"反者道之动"的著名论断。

2. 庄子

庄子(约公元前369—公元前286),名周,是宋国蒙(今河南商丘东北)人,与孟子同时代。在哲学上,庄子继承和发挥老子的思想,成为先秦时期重要的思想家,他的学术思想比较完整地保存在《庄子》一书。此书包括内篇7篇、外篇15篇和杂篇11篇,一般认为内篇是庄子自著,外篇和杂篇是门人与后学的作品。庄子主要是通过寓言形式表达他的哲学思想。

(1)天道观。庄子在哲学上继承了老子的"道法自然"思想,认为道是万物的本原,并明确了道是无,是超时间、无所不在的世界本体。庄子说:

第三章 哲学宗教

"夫道，有情有信，无为无形；可传不可受，可得不可见；自本自根，未有天地，自古固存。神鬼神帝，生天生地；在太极之先而不为高，在六极之下而不为深；先天地生而不为久，长于上古而不为老。"（《庄子·大宗师》）"泰初有无，无有无名。一之所起，有一而未形，物得以生，谓之德；未形者有分，且然无间，谓之命；留动而生物，物成生理，谓之形；形体保神，各有仪则，谓之性。"（《庄子·天地》）庄周特别强调道是脱离一切事物的最高本体。道是由无到有生物万物，这一生化过程的公式是：道—德—命—形—性，万物最后消失了，又归于道。

（2）齐物论。庄子的《齐物论》集中表现了庄子的哲学特点——相对主义和不可知论。庄子在《齐物论》有这一典型的论述："即使我与若辩矣，若胜我，我不若胜，若果是也，我果非也邪？我胜若，若不吾胜，我果是也，而（尔）果非也邪？其或是也，其或非也邪？其俱是也，其俱非也邪？我与若不能相知也。则人固受其黮暗。吾谁使正之？使同乎若者正之，既与若同矣，恶能正之？使同乎我者正之，既同乎我矣，恶能正之？使异乎我与若者正之，既异乎我与若矣，恶能正之？使同乎我与若者正之，既同乎我与若矣，恶能正之？然则我与若与人俱不能相知也，而待彼也邪？"这段理论的意思是，认识都是相对的，你我的观点很难说哪一方是正确的，两者之间的辩论只能发挥各自的偏见，并不能最终决定是非。庄子认为人们对事物的认识也没有是非之分，没有一个可供参考的客观标准。庄周的这一思想是典型的相对主义和不可知论。

（3）《逍遥游》。庄子在《逍遥游》篇里叙述大鹏和小鸟的故事：鹏能够扶摇直上九万里，小鸟甚至从一棵树飞到另一棵树都感勉强。但是大鹏和小鸟各尽所能地飞翔时，都感到自己非常快乐。这说明，万物本性不是生来一致的，强求一致也并无必要。《骈拇》篇里有一处说："凫胫（脚骨）虽短，续之则忧，鹤胫虽长，断之则悲。故性长非所断，性短非所续，无所去忧也。"人要想戕改万物本性，强求一致，是徒劳无益的。在《逍遥游》篇中，庄子还说，战国时期郑国的一位思想家列子，能够驭风而行，在世间已不多见。但列子虽不必徒步行路，还要靠风，因此，他的快乐还是相对的。如果有人凭借自然的本性，顺应六气（阴、阳、风、雨、晦、明）的变化，而游于无穷之中，他还要依赖什么东西呢？在庄子看来，这样的人是至人、神人、圣人，"至人无己，神人无功，圣人无名真"。庄子在这里描述了在他理想中达到至乐的人，这是完美的人、心灵自由的真正的圣人。

（二）儒家

儒家思想是先秦时期影响最大的哲学流派之一，其著名代表人物为孔子、孟子两人，其主要思想是"仁"。孔子谈"仁爱"，孟子谈"仁政"。

1. 孔子

孔子（公元前551—公元前479），姓孔名丘，字仲尼。鲁国陬邑（山东曲阜）人。孔子曾周游宋、卫、陈、蔡、齐等国，得不到重用，晚年回到鲁国专事文化教育与典籍整理工作。据说孔子有弟子3000多人，著名的有72人，是儒家的创始人。他的言行由门徒记录整理为《论语》，是研究孔子思想的主要材料。相传孔子还著《春秋》，编《诗经》和《书经》，评注《易经》，修订《礼记》和《乐经》。孔子的核心思想是"仁"。孔子为了恢复周礼，实现自己的政治理想，提出了以"仁"为核心的一整套学说。

（1）克己复礼为仁。孔子对于仁的思考首先是从社会以及政治制度出发的，仁礼一体，仁是礼的支柱。《论语·颜渊》中颜渊问仁，子曰："克己复礼为仁。一日克己复礼，天下归仁焉。为仁由己，而由人乎哉？"颜渊曰："请问其目。"子曰："非礼勿视，非礼勿听，非礼勿言，非礼勿动。"孔子认为，仁的基本特征就是约束自己的行为使之符合周礼。其具体表现即是"非礼勿视，非礼勿听，非礼勿言，非礼勿动"。而能做到这一点就是仁人。其实，"克己复礼为仁"主要是针对当时的在位者也即统治者而言的。值得注意的是，这里涉及仁与礼的关系。在孔子看来，礼是一种制度，仁则是一种道德。作为制度的礼具有强制性，而作为道德的仁则依赖于自觉，所谓"为仁由己"。孔子之所以着重提倡仁而非礼乃在于实施礼的条件已经不存在了（孔子生活的年代，周礼已崩）。于是，他不得不退而求其次，企图通过唤醒道德来实现制度的回归。

（2）孝悌是为仁之本。"仁"不仅具有政治或国家学说的内涵，而且也具有家庭或血族道德的内涵。人类最古老的社会制度是氏族制度，它是以血缘关系为基础而建立起来的。在许多古老民族中，只要没有足够彻底的外部挤压或内部革命，这种制度都会在一定程度上被保存下来。在中国，由于成熟的农耕文化的影响，以及环境的相对稳定和社会的特殊兴趣，血缘制度被很好地保存了下来，其典型形式就是西周的宗法制度。作为对西周文化制度有深刻了解的孔子，自然也会给予其宗族制度以非常的重视。孔子将这一制度的核心内涵概括为"孝悌"。孔子意识到，较之政治制度来说，这种宗族制度处于更加基础的位置。

在孔子看来，"其为人也孝弟，而好犯上者，鲜矣；不好犯上而好作乱者，未之有也"。个人如果在家"孝悌"，那么在社会上就不会犯上作乱。国家道德与家庭道德构成了孔子"仁"的学说的两个基本内容。齐景公曾问政于孔子。孔子对曰："君君、臣臣、父父、子子。"（《颜渊》）这可以说是对上述两个基本方面的最好的概括。

（3）仁者爱人。除上述两个内容外，孔子的"仁"还包括"爱人"的思想。孔子的"爱人"思想，主要有以下三个方面：第一，对统治者的要求。如子张问仁于孔子。孔子曰："能行五者于天下，为仁矣。"子张要求进一步说明，孔子曰："恭、宽、信、敏、惠。恭则不侮，宽则得众，信则人任焉，敏则有功，惠则足以使人。"（《阳蚕》）可以说，这是孔子考察历史所得出的结论。那些能体察百姓的君王能得到百姓的支持，而那些不能体察百姓的君王不能得到百姓的支持。第二，忠恕。从大众的角度来讲，"爱人"应有其更为一般的形态，孔子认为这就是"忠恕"。所谓"忠恕"就是"能近取譬"、"推己及人"。具体来说，它由两个方面组成。其一是"己欲立而立人，己欲达而达人"。（《雍也》）其二是"己所不欲，勿施于人"。（《颜渊》）事实上，孔子上述思想包含了两个十分重要的前提：肯定人的尊严，肯定人同此心。忠恕可以说体现了孔子与人交往时所遵循的一种尊重和理解原则。第三，人道思想的萌芽。在他看来，天下万物中人是最为重要的。如弟子子路曾问事鬼神，孔子回答说："未能事人，焉能事鬼。"（《先进》）又如一次马厩失火，孔子得知后首先问："伤人乎？"（《乡党》）此外，孔子认为人与人在同一个社会相处，就必须互相尊重、互相同情、互相关心、互相信任。这是孔子的典型的仁爱思想。

2. 孟子

孟子（约公元前372—公元前289），名轲，邹国人，战国中期儒家的代表人物。孟子曾受业于孔子的孙子子思的门下，故荀子把子思和孟子列为一派，后世称之为思孟学派。与孔子一样，孟子率徒奔走于齐、魏、宋、滕、楚等国之间，用仁政学说游说各国，并曾担任齐国客卿三年。晚年孟子回到邹国聚徒讲学，与他的弟子们"序诗书，述仲尼之意，作《孟子》七篇"。孟子承继孔子的"仁"的思想，阐述了仁政思想。

（1）性善说。孟子主张"性善论"，认为人人皆有"不忍人之心"。孟子说："所以谓人皆有不忍人之心者，今人乍见孺子将入于井，皆有怵惕恻隐之心，非所以内交于孺子之父母也，非所以要誉于乡党朋友也，非恶其声而然也。由是观之，无恻隐之心，非人也；无羞恶之心，非人也；无辞让之心，非人也；无是非之心，非人也。"（《孟子·公孙丑上》）孟子认为人之所以去援救将要掉下井的小孩，并不是因为与其父母有什么交往，为了讨好别人、沽名钓誉，而是无条件地服从于自己内在的"恻隐之心"，即"不忍人之心"。所以他认为："恻隐之心，仁之端也；羞恶之心，义之端也；辞让之心，礼之端也；是非之心，智之端也。人之有是四端也，犹其有四体也。"（《孟子·公孙丑上》）可见，孟子的人性理论具有天赋道德的特征，即人先验地具有"仁、义、礼、智"（即"四端"）这种内在的道德品质，且具有普遍性，用孟子的话说即是"故凡同类者，举相似也"（《孟子·告子上》），"人之所以异于禽兽者几希"（《孟子·离娄下》）。

（2）仁政学说。孟子的仁政思想，体现在民本思想："民为贵，社稷次之，君为轻。是故得乎丘民为天子，得乎天子为诸侯，得乎诸侯为大夫。"（《孟子·尽心下》）"乐民之乐者，民亦乐其乐；忧民之忧者，民亦忧其忧。乐以天下，忧以天下，然而不王者，未有之也。"（《孟子·梁惠王下》）孟子的这些论述体现了其"民为贵，君为轻"的思想，得民者得天下。统治者统治的基础是老百姓，如果统治者得不到老百姓的支持，其统治将岌岌可危，所以统治者必须使民乐、为民忧，以得民心、得天下。

孟子在民本思想基础上提倡"仁政"。所谓"仁政"就是"不忍人之政"，孟子说："人皆有不忍人之心。先王有不忍人之心，斯有不忍人之政矣。以不忍人之心，行不忍人之政，治天下可运于掌上。"（《孟子·公孙丑上》）"老吾老以及人之老，幼吾幼以及人之幼，天下可运于掌。……言举斯心加诸彼而已。故推恩足以保四海，不推恩无以保妻子。"（《孟子·梁惠王上》）孟子认为仁政的基础就是"不忍人之心"，即人有"四端"。如果王者具有"不忍人之心"，他就能行"不忍人之政"；只有行"不忍人之政"，才能"治国平天下"。所以，孟子主张"王道（仁政）"，反对"霸道（暴政）"，他说："以力服人者，非心服也，力不赡也；以德服人者，中心悦而诚服也。"（《孟子·公孙丑上》）

二、汉唐时期的哲学思想

汉武帝推行"罢黜百家，独尊儒术"，之后，儒家学说上升为官方的意识形态。魏晋时期，佛教从印度的传入，为中国的哲学思想注入新鲜的血液，改变了中国的哲学家们思考问题的方法，出现了以王弼为代表的玄学，使哲学恢复往日的生机。

（一）董仲舒的神学

董仲舒（公元前179—公元前104），广川（今河北枣强县广川镇）人。专治《春秋公羊传》，曾任博士、江都相和胶西王相。他是西汉今文经学大师，并建立了一个神学唯心主义和形而上学体系。董仲舒提出的"罢黜百家，独尊儒术"的主张，为"大一统"的政局提供了思想基础。董仲舒的思想并不是简单地延续儒家，而是以阴阳五行学说为理论基础，糅合了儒家的仁义学说。其主要著作有《举贤良对策》（因有三篇，且讲天人关系，故又称《天人三策》）和《春秋繁露》。

1. 天人宇宙论——天人相副

董仲舒是承接先秦哲学谈天人关系问题，他认为宇宙是由天、地、人、阴、阳和五行等构成的系统，在这个系统里，每一个因素都处于一定的位置，而且"相生"、"相胜"形成宇宙的变化。他说："天有十端，十端而止已。天为一端，地为一端，阴为一端，阳为一端，火为一端，金为一端，木为一端，水为一端，土为一端，人为一端，凡十端而毕，天之数也。"（《春秋繁露·官制象天》）他又说："木生火，火生土，土生金，金生水。水为冬，金为秋，土为季夏，火为夏，木为春。春主生，夏主长，季夏主养，秋主收，冬主藏。藏，冬之所成也。"（《春秋繁露·五行对》）通过这个系统论，董仲舒说明了"天人相副"，天的四时如同人或君主的喜怒哀乐。他说："天亦有喜怒之气，哀乐之心，与人相副。以类合之，不人一也：春，喜气也，故生；秋，怒气也，故杀；夏，乐气也，故养；冬，哀气也，故藏。四者，天人同有之。"（《春秋繁露·阴阳义》）因此，人事活动，尤其是代天行使责任的君主行为的好坏，会从天那里得到反应，即"天人感应"。如："帝王之将兴也，其美祥亦先见；其将亡也，妖孽亦先见。"（《春秋繁露·同类相动》）正是基于这一观点，之后的哲学学者认为董仲舒的思想是神学思想。

2. 社会伦理学说——"三纲"、"五常"

董仲舒以其天人宇宙论为基础，论证了社会秩序，主要体现在其"三纲"、"五常"说。董仲舒说："凡物必有合。合，必有上，必有下，必有左，必有右，必有前，必有后，必有表，必有里。……有寒必有暑，有昼必有夜，此皆其合也。阴者阳之合，妻者夫之合，子者父之合，臣者君之合。……君臣、父子、夫妇之义，皆与诸阴阳之道。君为阳，臣为阴；父为阳，子为阴；夫为阳，妻为阴。……王道之三纲，可求于天。"（《春秋繁露·基义》）并以此为基础提出"君为臣纲，父为子纲，夫为妻纲"。"五常"则是儒家奉行的道德规范"仁、义、礼、智、信"，他说："夫仁、谊（义）、礼、智、信五常之道，王者所当修饬也。"（《春秋繁露·对策一》）这五种恒常的道德规范，是用以配合"三纲"的。"三纲"是社会秩序，"五常"是个人的品德。

（二）王充的反神学思想

王充（27—100），字仲任，会稽上虞（今浙江上虞）人，著有《论衡》一书，流传至今。王充的《论衡》是针对汉朝以董仲舒为代表的神学目的论而写的，他以自然主义的宇宙论批判了"天人相副"和"天人感应"的神学观点。

1. 自然主义的宇宙观

王充围绕当时最为混乱的一个问题——天人关系阐述了自己的思想。他认为天地万物是由物质性的元气构成的。"天地，含气之自然也。"(《论衡·谈天》)"元气，天地之精微也?"(《论衡·四讳》)"人，物也。万物之中有知慧者也。其受命于天，禀气于元，与物无异。"(《论衡·辨祟》)他肯定地把"元气"当做自然界（天地）的精微本质，"元气"是世界统一的原理、万物的本源，万物乃至人都是"元气"源生出来的。以此为基础，王充批判了自董仲舒以来的那一套天人感应论，用唯物主义的"莫为"说反对神学目的论的"或使"说。他说："自然之道，非或为之也。"(《论衡·自然》)否认在自然之外有一个推动力，否认自然界的变化是天意所为。"天动不欲以生物，而物自生，此则自然也。施气不欲为物，而物自为，此则无为也。"(《论衡·自然》)"人在天地之间，犹蚤虱之在衣裳之内，蝼蚁之在穴隙之中。蚤虱蝼蚁为顺逆横从，能令衣裳穴隙之间气变动乎？蚤虱蝼蚁不能，而独谓人能，不达物气之理也。"(《论衡·变动》)

2. "疾虚妄"

"虚"指不符合事实的虚假说法，"妄"是指不符合逻辑的谬妄言论。①在批判"天人感应"和"天人相副"的理论时，王充强调要"考论虚实"，即立验证、诠轻重，以辨真伪。古代经书上的记载、世俗流行的意见，要把它们和客观的事实做验证，符合是"实诚"，不符合的就是"虚妄"。他说："凡论事者，违实不引效验，则虽甘义繁说，众不见信。"(《论衡·知实》)这样，王充便由"疾虚妄"导引出具有唯物主义倾向的实事求是原则。更为重要的是，王充在中国哲学史中第一个对孔孟提出诘难。《论衡》中《问孔》、《刺孟》、《实知》等篇，针对谶纬神学把孔子说成是上应天意、为世卒极、前知千岁、后知万世的教主，提出孔子"不能神而先知"，并引证大量实例，指出"贤圣之言，上下多相违；其文前后多相伐者"。(《论衡·问孔》)从而还孔子以"人"的本来面目。

3. 命定论

在论述天道自然无为的同时，王充也主张人事命定，即由禀气决定的，不仅人的性格由禀气而生，而且人的命运和国家的命运都是由禀气决定。《论衡》中有十余篇论"命"，他说："禀气有厚泊，故性有善恶也……人之善恶，共一元气。气有多少，故性有贤愚。"(《论衡·率性》)"有死生寿夭之命，亦有贵贱贫富之命……命当贫贱，虽富贵之，犹涉祸患矣；命为富贵，虽贫贱之，犹逢福善矣。"(《论衡·命禄》)这是"人命"。还有"国命"，"国之存在，在期之长短，不在政之得失"(《论衡·异虚》)，"世之治乱，在时不在

---

① 李景林，郑万耕. 中国哲学概论. 北京：北京师范大学出版社，2010：146.

政；国之安危，在数不在教"（《论衡·治期》）。其实，王充在此贯彻了天道自然的观点，用机械的自然主义观点分析人类社会，这必然否定了人的主观能动性，是典型的宿命论。

（三）王弼的玄学思想

王弼（226—249），字辅嗣，魏国山阳（今河南焦作）人，曾任尚书郎。他仅活了二十四岁，然著作甚多，主要有《老子注》、《周易注》、《周易略例》、《老子指略》、《论语释疑》等。王弼的"贵无论"在本体论上的基本命题是"以无为本"。

1. 贵无论

王弼是魏晋时期著名的玄学家，与其他玄学家有个共同的目的就是用老庄思想解释儒家思想，会通儒道。在老子的思想里，道就是无，就是万物的本源和起始。王弼利用了老子的"无"，认为"无"是世界的本源，但不是世界的起始，而是世界上一切事物之所以存在的依据。他说："天下之物，皆以有为生。有之所始，以无为本。将欲全有，必反于无也。"（《老子注》四十章）而且，在王弼看来，真正奉行"无"的哲学的是孔子而不是老子。这体现在他与裴徽的对话里，裴徽问："夫无者诚万物之所资，然圣人（指孔子）莫肯致言，而老子申之无已者何也？"王弼答曰："圣人体无，无又不可以训，故不说也。老子是有者也，故恒言所不足。"所以，在有无的关系上，王弼认为孔子比老子高明且深刻。

王弼的贵无论还包含了体用关系和本末关系。他说："故虽盛业大富而有万物，犹各得其德，虽贵以无为用，不能舍无以为体也。"（《老子注》三十八章）在这出现了"以无为体"和"以无为用"，这里的"用"和"体"是"无"的不可分割的两个方面。无既是体又是用，因为真正的本体，一方面必须有所展现，另一方面其展现又必须有所依据，所以真正的本体，就是它展开自身同时又是自身展开自身的依据。①

而对于本末关系，王弼主张"崇本息末"和"崇本举末"。他说："母，本也；子，末也。得本以知末，不舍本以逐末也。"（《老子注》五十二章）"用夫无名，故名以成焉。用夫无形，故形以成焉。守母以存其子，崇本以举其末，则形名俱有，而邪不生；大美配天，而华不作。"（《老子注》三十八章）王弼以母子关系为例说明本末关系。

2. 得意忘言论

王弼结合《周易》的研究，发挥了庄子"言者所以在意，得意而忘言"

---

① 陈卫平，郭美华. 中国哲学十二讲. 重庆：重庆出版社，2008：84.

的内涵，他说："夫象者，出意者也；言者，明象者也。尽意莫若象，尽象莫若言。言生于象，故可寻言以观象；象生于意，故可寻象以观意。意以象尽，象以言著，故言者所以明象，得象而忘言；象者所以存意，得意而忘象。"（《周易略例·明象》）"言"就是一般的名言或言说，"象"是指《周易》里的卦象，引申为意念图式或图像，"意"是指心灵领悟了的真理（道或无），或简称真意。一方面，王弼认为意通过象来表达，象通过言来表达；所以寻言以观象，寻象以观意，或言与象的目的就在于意；没有言和象，不可能得意。另一方面王弼认为要真正把握意（即真理），就不能受到言象的影响，即不要拘泥于具体物象，不要舍本逐末而为现象所迷惑，即"得意忘言"。

三、宋明时期的哲学思想

宋明时期，中国哲学的最大特点是儒、道、佛三家的融合，出现一种新的哲学思潮——理学思潮。在理学思潮中，出现了程朱理学和陆王心学。朱熹分析了理气的关系，提出"存天理，灭人欲"；而王阳明提出了"心外无物，心外无理"的心本论。

（一）朱熹的理学

朱熹（1130—1200），在中国学术史上常被称为朱子，徽州婺源（今属江西）人，侨寓建阳（今属福建）。朱熹是理学的集大成者，著作甚多，现存主要哲学著作有《太极图说解》、《四书集注》、《通书解》、《西铭解》、《周易本义》等。后来被编为《朱子语类》、《朱子文集大全》和《朱子遗书》。

1. 理先气后，理一分殊

理学创始人张载分析了宇宙本体——"气"，程颐则提出"理"的理论，在这两者理论基础上，朱熹详细而明确地分析了"理"、"气"及其关系。首先，朱熹认为理是宇宙的本体，是万物之先，是永恒的。他说："至于天下之物，则必各有其所以然之故与所当然之则，所谓理也。"（《大学或问》）"理也者，形而上之道也，生物之本也。"（《朱子文集大全》卷五八）"徐问：天地未判时，下面许多都已有否？曰：只是都有此理"，"未有天地之先，毕竟也只有理"。其次，"气"是指具体的事物、具体的现象。他说："气也者，形而下之器也，生物之具也。"（《朱子文集大全》卷五八）其三，他说理先气后，又相互依存。"未有天地之先，毕竟也只是理。有此理，便有此天地"，"天下未有无理之气，亦未有无气之理"。（《朱子语类》卷一）这就是说，理在先，气在后；理为本，气为末；并且理与气是相互依存的。此外，朱熹又讲"理一分殊"，认为理是唯一的，分殊是指本体之理在具体事物中的体现。朱熹曾与学生讨论，"问：《理性命》章注云：'自其本而之末，则一理之实，而

第三章 哲学宗教

万物分之以为体，故万物各有一太极。'如此，太极有分裂乎？曰：本只是一太极，而万物各有禀受，由自各全具一太极如月在天，只一而已；及散在江湖，则随处而见，不可谓已分也。"（《朱子语类》卷九十四）

2. "存天理，灭人欲"的人性论

张载第一次把人性区分为"天地之性"和"气质之性"，程颐、程颢对其进行了充实和发挥，朱熹承继了此思想并使其更加严密和精致。朱熹说："论天地之性，则专指理言；论气质之性，则以理与气杂而言之。"（《朱子语类》卷四）所谓"天地之性"，是专指理而言的，它是纯然至善的；而所谓"气质之性"，通俗地讲，即是恶之所在。朱熹以为性是和心相通的，天命之性即是道心，而气质之性则是人心。"道心"是源于"天命之性"（也称天地之性），它所知觉的内容是理，而且首先是仁义礼智等道德准则；而"人心"则生于气质，它所知觉的内容是声色臭味以及饥思食、寒思衣之类："道心是知觉得道理底，人心是知觉得声色臭味底。"（《朱子语类》卷七十八）朱熹认为："人莫不有是形，故虽上智不能无人心；亦莫下有是性，故虽下愚不能无道心。"（《中庸章句序》）圣人与凡人都有人心，也都有道心，关键是"必使道心常为一身之主，而人心每听命焉，则危者安微者著"（《中庸章句序》）。天命之性与气质之性也罢，道心与人心也罢，朱熹的最终目的是为了说明天理与人欲的关系。所谓天理就是："仁、义、礼、智岂不是天理？君臣、父子、兄弟、夫妇、朋友岂不是天理。"（《朱子文集》卷五十九）无疑，这样一种天理自然是至善的。而人欲则是"人欲者，此心之疾也，循之则其心私而且邪"（《朱子文集》卷十三）。而且朱熹认为天理与人欲是对立的、此消彼长的关系："人只有个天理人欲，此胜则彼退，彼胜则此退，无中立不进退之理"（《朱子语类》卷十三），正所谓"天理存则人欲亡，人欲胜则天理灭"（《朱子语类》卷十三），如此一来，"存天理，灭人欲"的教育成为扬善去恶的唯一方法或途径。

3. "格物致知"和"知先行后"

朱熹认为"存天理，灭人欲"的基本方法是"格物致知"。"所谓致知在格物者，言欲致吾之知，在即物而穷其理也。盖人心之灵，莫不有知；而天下之物，莫不有理。惟于理有未穷，故其知有不尽也。是以大学始教，必使学者即凡天下之物，莫不因其已知之理而益穷之，以求至乎其极。至于用力之久，而一旦豁然贯通焉，则众物之表里精粗无不到，而吾心之全体大用无不明矣。"（《大学章句·补格物传》）这段话包含几层意思：第一，人的认识就是唤醒心中的"天理"。第二，要唤醒"天理"就在于"格物"。因为天下事物莫不有理，所以须"即物穷理"，且"理不穷则心不尽"。人的认识无非是用心中的理照见外物。第三，通过不断地"格物"，用力既久，自会豁然贯通，把握绝对真理。同时，朱熹还认为认识也即知的目的在于行。朱熹这样说："知行常相须，如目无足不行，足无目不见。论先后，知为先；论轻重，行为重。"(《朱子语类》卷九）朱熹所谓的"知"，不是指科学的知识，而是指体认或唤醒心中的"天理"；他所谓的"行"，也不是指科学意义上的实践，而是指道德的践履、修养。为此，朱熹也将知行理解为穷理和涵养。"涵养中自有穷理工夫，穷其所养之理；穷理中自有涵养工夫，养其所穷之理。"(《朱子语类》卷九）由此我们可以看出，朱熹的认识论和践行说是统一的，并且这种认识论和践行说又是和人性论、道德观统一的。

(二) 王阳明的心学

王阳明（1472—1528），本名王守仁，字伯安，余姚（今属浙江）人。曾筑室故乡阳明洞中，故世称阳明先生。其学说以反传统姿态出现，明中叶以后，影响很大，还流传到日本。著作由门人辑成《王文成公全书》，其中主要的哲学著作有《传习录》和《大学问》。

1. 心本论

王阳明的心本论，就是"心外无理"、"心外无物"。他的观点并不是说世界只有心，而是心、理、物本是一体的。他反对朱熹割裂了心、理、物。王阳明说："心即理也。天下又有心外之事、心外之理乎？"(《王文成公全书》卷一）。"心之体，性也。性即理也。故有孝亲之心，即有孝之理；无孝亲之心，即无孝之理矣。有忠君之心，即有忠之理；无忠君之心，即无忠之理矣。理岂外于吾心耶？"(《王文成公全书》卷二）以此否认在主观之外还有客观之"理"的存在。王阳明还论证了"心外无物"。王阳明在《传习录》里有一段对话："先生游镇南，一友指岩中花树问曰：'天下无心外之物，如此花树，在深山中自开自落，于我心亦何相干？'先生云：'尔未看此花时，此花与尔心同归于寂；尔来看此花时，则此花颜色一时明白起来，便知此花不在尔的心外。'"(《王文成公全书》卷三）这与英国哲学家贝克莱的观点很相似，就是"存在即被感知"。王阳明所说的心是什么呢？《传习录》的另一段就说："先生云：'尔看这个天地中间，什么是天地的心？'对曰：'常闻人是天地的心。'曰：'人为什么叫作心？'对曰：'只是一个灵明。'可知，充天塞地，中间只有这个灵明。人只为形体自相间隔了。我的灵明便是天地鬼神的主宰。天没有我的灵明，谁去仰他高；地没有我的灵明，谁去俯他深；鬼神没有我的灵明，谁去辨他吉凶灾祥？天地鬼神万物离却我的灵明，便没有天地鬼神万物了。"(《王文成公全书》卷三）可见，天地间一切是否存在完全取决于人的灵明。

2. "致良知"和"知行合一"

朱熹对"格物致知"的理解是"格物"是为"穷理",人只有与外物打交道,才能穷尽于事物之理;格物是手段,目的是穷理。王阳明不同意程朱理学有关"格物致知"的解释,并提出了自己的看法。所谓"格物",他说:"格者,正也,正其不正以归于正之谓也。正其不正,去恶之谓也;归于正者,为善之谓也。"(《大学问》)王阳明所说的"格"就是匡正的意思,"格物"就是匡正事物。所谓"致知"就是"致良知",即使心中的良知明白起来。王阳明说:"致吾心之良知者,致知也。"(《王文成公全书》卷三)王阳明认为"格物"与"致知"是同一回事。王阳明讲:"若鄙人所谓致知格物者,致吾心之良知于事事物物也。吾心之良知,即所谓天理也。致吾心之良知天理于事事物物,则事事物物皆得其理矣。致吾良心之良知致知也;事事物物皆得其理者,格物也。是合心与理而为一也。"(《王文成公全书》卷三)通过致良知说,王阳明将朱熹注重格物穷理的外部修养功夫,完全转化为对主体心身的调节与修炼。

王阳明既然认为"心外无理"、"心外无物",所以他说:"外心求理,此知行之所以二也。求理于吾心,此圣门知行合一之教。"(《王文成公全书》卷三)反对朱熹的知先行后的观点,认为朱熹割裂了知与行。因此,王阳明提出了"知行合一"。王阳明说:"知之真切笃实处即是行,行之明觉精察处即是知。"(《王文成公全书》卷三)还有其经典名言:"一念发动处便即是行了。"(《传习录》下)

(三)王夫之:对古代哲学的总结

王夫之(1619—1692),字而农,号姜斋,湖南衡阳人。晚年隐居衡阳石船山,故后人称船山先生,著述四十余年。虽然王夫之属于明清之际的人物,但他的哲学思想却是对宋明时期哲学的总结,并且也把中国传统的朴素辩证法和唯物论推向了新的高度。王夫之的主要哲学著作有《张子正蒙注》、《尚书引义》、《周易外传》、《思问录》、《读四书大全说》、《读通鉴论》等,后人将其编为《船山遗书》。

1. 气一元论

在本体论上,王夫之继承了张载的气一元论思想,世界的本源就是"气",具体的万事万物由"气"的聚散而成。他说:"太虚之为体,气也。气未成象,人见其虚,充周无间者皆气也。"又说:"阴阳二气充满太虚,此外更无他物,亦无间隙,天之象,地之形,皆其所范围也。散入无形而适得气之体,聚为有形而不失气之常。"(《张子正蒙注》)这就是说,宇宙充满气或阴阳二气,天地万物从无形到有形,皆由阴阳二气构成,此外别无他物,包括理学家所说的"心"、"性"、"理"等都在气中。他说:"言心、言性、言天、言理，俱必在气上说。若无气处，则俱无也。"（《读四书大全说》）对于"道"（或形而上）和"器"（形而下）的关系，王夫之认为"实道器虚"，而且"道"内在于"器"中，道与器是相统一的。他说："无其道则无其器，人类能言之。虽然，苟有其器矣，岂患无其道哉。……无其器则无其道，人鲜能言之，固其诚然者也。洪荒无揖让之道，唐虞无吊伐之道，汉唐无今日之道，则今日无他年之道者多矣。"（《周易外传》）也就是普遍的规律寓于具体的事物之中，而具体的事物则会体现某些规律性。王夫之的这一观点更倾向于对社会历史的分析。

2. 行可兼知，知不可兼行

王夫之以人与物的交互作用出发，认为知和行是相互作用、相互依赖的，即"知行相资以为用"。他说："体俟用，则因所以发能；用用乎体，则能必副其所。"（《尚书引义》）这里的"所"即外物，"能"即认识的主体——人。王夫之还说："知行相资以为用。惟其各有致功，而亦各有其效，故相资以互用；则于其相互，益知其必分矣。"（《礼记章句》）知行是相互区别的，也相互作用。在知行的关系上，王夫之更倾向于行，认为"行可兼知，知不可兼行"。反对了王阳明的"知行合一"说，也批评了朱熹的"知先行后"说。王夫之说："且夫知也者，固以行为功者也；行也者，不以知为功者也。行焉，可以得知之效也；知也，未可以得行之效也。"（《尚书引义》）这是说行可以得知的效果，而知不可以得行的效果；行可以检验知，而知却不可以检验行。所以"行可兼知，知不可兼行"（《尚书引义》）。

四、近代的哲学思想

在近代，西方的科学思想开始传入中国，尤其是达尔文的进化论。在进化论科学思想的影响下，康有为、谭嗣同、孙中山等思想家，针对当时中国的社会经济形式，提出了自己的变革维新思想。戊戌变法、辛亥革命就是在这些思想指导下进行的改革实践和革命实践。

（一）康有为

康有为，字广厦，号长素，广东南海人，生于1858年（清文宗咸丰八年），卒于1927年。康有为的著作颇丰，据《万木草堂丛书目录》记载，有经、史、子137种。其中《内外篇》、《诸天讲》、《大同书》、《新学伪经考》、《长兴学记》、《孔子改制考》、《戊戌奏稿》、《日本变政记》等均反映了他前期的哲学思想，《论语注》、《中庸注》、《孟子微》等是戊戌变法后的哲学思想。

1. 气本论和仁爱思想

康有为认为,气是世界的本体。他说:"凡物皆始于气,既有气,然后有理,生人生物者气也。……有气即有阴阳,其热者为阳,冻者为阴。……朱子以理在气之前,其说非。"(《万木草堂口说》)很明显,康有为继承了中国传统哲学的元气论思想。"元者,气也。……散元以为天地、阴阳、五行与人,以之共十,而后万物生焉。"(《万木草堂口说》)但同时,康有为吸收了西方的科学思想,认为气就是以太,就是电,并把这推及到他的仁爱思想。他说:"不忍人之心,仁也,电也,以太也,人人皆有之。……一切仁政,皆以不忍之心生,为万化之海,为一切根,一切源。……人道之仁爱,人道之文明,人道之进化,至大同,皆由此出。"(《孟子微》)在他看来,仁能感应万物,人的"不忍之心"在圣人那里,也能扩充展现为不忍之仁政。

2. 进化论和变法思想

康有为的进化论思想主要体现在"公羊三世说"。"公羊三世说"来自儒家主要经典《春秋公羊传》。康有为利用《春秋公羊传》中的这些说法,结合《礼运》的"大同"、"小康"的思想,加以发挥,提出了自己的资产阶级进化论的历史观。他说:"人道进化,皆有定位,自族制而为部落,而成国家,由国家而成大统;由独人而渐立酋长,由酋长而渐正君臣,由君主而渐至立宪,由立宪而渐为共和;由独人而渐为夫妇,由夫妇而渐定父子,由父子而渐锡尔类,由锡尔类而渐为大同,于是复为独人。"(《论语注》)以进化论为理论基础,康有为提出了变法的思想。他说:"盖变者,天道也。天不能有昼而无夜,有寒而无暑,天以善变而能久;火山流金,沧海成田,历阳成湖,地以善变而能久;人自童幼而壮老,形体颜色气貌无一不变,无刻不变。"(《进呈俄罗斯大彼得变政记序》)他认为,"天"(自然)是变的,"善变",就不"逆天",而是"应天"。这就否定了几千年来的"天不变,道亦不变"的观点,为当时资产阶级维新变法运动提供了有力的理论武器。康有为强调,变是推陈出新。他说:"物新则壮,旧必老;新则鲜,旧必腐;新则活,旧必板;新则通,旧则滞,物之理也。"(《上清帝第六书》)所以,康有为认为,中国只有彻底变法才有出路,否则就要亡国。"变法而强,守旧而亡。……观万国之势,能变则全,不变则亡;全变则强,小变仍亡。"

3. 人性论和大同思想

据上所述,康有为的"公羊三世说"的进化论,提出人类社会发展会进入"大同社会"。对于大同社会,康有为以传统的人性论为基础,做了"乌托邦"式的设想。首先,他认为人性并无善恶,而皆有求乐避苦的欲望。他说:"人道无求苦去乐者也","普天下,有生之徒,皆皆以求乐免苦而已,无他道矣。其在迂其途，假其道，曲折以赴，行苦而不厌者，亦以求乐而已"（《大同书》）。其次，他认为在人性上人人是平等的。他说："推己及人乃孔子立教之本；与民同之，自主平等乃孔子立治之本"，"人人性善，文王亦不过性善，故文王与人平等相同……凡人亦可自立为圣人"（《中庸注》）。"人人为天所生，人人皆为天之子，但圣人姑别其名称，独以王者为天之子而庶人为母之子，其实人人皆为天之子。"（《春秋董氏学》）这充分体现康有为的资产阶级的自然人性论。由于人人皆平等，人的本性皆为"求乐避苦"，所以大同社会的标准就是有乐无苦或乐多苦少。他所描绘的大同世界，生、老、病、死皆由政府治之，人人都有高度的物质文化生活，甚至还可以行游诸天——星际旅行。

（二）孙中山

孙中山（1866—1925），广东香山（今中山）人，名文，字逸仙，号明德、日新，后因逃亡日本隐名于中山樵，遂以中山称于世。1894年，孙中山在檀香山创建兴中会，首次提出"驱除鞑虏，恢复中华，创立合众政府"的革命口号。1905年，孙中山联合兴中会、华兴会、光复会，成立同盟会。1911年，他发动辛亥革命，推翻了清王朝，建立了中华民国，任临时大总统。孙中山的遗著，曾编为《中山全书》、《总理全集》。1956年人民出版社出版《孙中山选集》，1981年中华书局出版《孙中山全集》。

1. 三民主义

1905年，孙中山在同盟会机关报《民报》的《发刊辞》中提出"民族"、"民权"、"民生"三民主义的政治纲领。孙中山的三民主义思想有前后的变化。旧的三民主义有其局限性，在民族主义问题上缺乏明确的反对帝国主义的纲领；在民权主义问题上，要实行资产阶级议会政治，即资产阶级专政；在民生主义问题上，缺乏明确的土地纲领，所谓"平均地权"，主要是解决城市工商业占地问题，防止因为土地垄断妨碍资本主义的发展，并未明确提出解决农民的土地问题。孙中山受中国共产党的人民民主共和国纲领思想的影响，对旧三民主义进行修改。新三民主义打破了旧三民主义的局限性，提出了联俄、联共、扶助农工三大政策。新民主主义的内容也有很大的发展，民族主义发展为以反帝为主要内容；民权主义发展为以人民民主为主要内容；民生主义发展为以耕者有其田和节制资本为主要内容。

2. 进化论

孙中山基于达尔文的进化论，认为进化依次为物质、物种、人类三大时期。第一时期是物质进化，是指宇宙的起源和形成的过程。他说："元始之时，太极（此用以译西名为以太也）动而生电子，电子凝而成元素，元素合而成物质,物聚而成地球。此世界进化之第一时期也。"(《孙中山选集》)认为"以太"是物质之始基。第二时期是物种进化时期,"由生元之始生而至于成人,则为第二期之进化。物种由微到显,由简到繁,本物竞天择之原则,经几许优胜劣败,生存淘汰,新陈代谢,千百万年,而人类乃成"。第三时期是人类进化时期。孙中山认为这时期人类进化的法则应该是"互助","物竞天择"法则只能是动物进化遵循的法则。孙中山把社会历史看做一个发展过程,它经历了几个阶段:"民权之萌芽,虽在二千年以前的罗马希腊时代,但是,确定不摇,只有一百五十年,前此仍是君权时代,君权之前是神权时代,而神权之前便是洪荒时代。"(《民权主义》)这里,孙中山指出了社会历史是从低级向高级的上升过程。

3. 知难行易

孙中山的知行观,主要是围绕革命实践展开的,尤其是他的"知难行易"思想。在革命屡遭失败的时候,孙中山试图从理论上寻找原因,认为传统的"知之非艰行之惟艰"的害怕革命行动的保守思想,导致人们失去了革命的信心。为了重新鼓起革命的斗志,于是提出了"行之非艰,知之惟艰"的知行学说。为了论述"知难行易",他提出了"行先知后"、"不知亦能行"。他说:"且人类之进步,皆发轫于不知而行者也,此自然之理则。……故人类之进化,以不知而行者为必要之门径也,夫习练也,试验也,探索也,冒险也,之四事者,乃文明之动机也。生徒之习练也,即行其所不知以达其然能也。科学家之试验也,即行其所不知以致其所知也。探索家之探索也,即行其所不知以求共发见也。伟大杰士之冒险也,即行其所不知以建其功业也。由是观之,行其所不知者,于人类则促进文明,于国家则图致富强也。"(《孙文学说》)同时,这段文字也体现了孙中山的"行其所不知,以致其所知"。无论是科学家的实验、探索家的探险,还是学徒的习练,都是行先知后,也是"行其所不知,以致其所知"。因此,孙中山的目的很明确,就是通过强调行的容易及其重要性,以鼓励大家积极参加革命,也以此来武装革命党人,使其树立起革命的信心。

五、现代哲学思想

在现代,中国的哲学思想受到西方哲学思潮的影响,传统思想得到新发展,出现了如熊十力、冯友兰、金岳霖、梁漱溟等新儒家。同时,以胡适为代表的实用主义哲学思潮也对中国的思想和文化产生重大影响。俄国十月革命的一声炮响,送来了马克思主义。在中国的革命实践和社会主义实践中,毛泽东等人实现了马克思主义的中国化。

（一）胡适的实用主义哲学思想

胡适（1891—1962），字适之，安徽绩溪人。胡适是新文化运动的中坚人物之一。在世界观和人生观上，对胡适影响最大的是赫胥黎和杜威。胡适的主要哲学著作有《中国哲学史大纲》（卷上）、《实验主义》、《演化论和存疑主义》、《介绍我自己的思想》、《我们走哪条路》、《科学与人生观·序》、《不朽》等，主要著作编集为《胡适文存》。胡适的贡献在于将实用主义传入中国，推崇"科学方法"，开启了现代中国实证哲学思潮的发展。

1. 实在论

胡适认为实在是指纳入人们主观范围之内的经验事实，它包含三部分。他说："我们所谓'实在'含有三个部分：（A）感觉；（B）感觉与感觉之间及意象与意象之间的种种关系；（C）旧有的真理。"（《胡适文存》）他把实在与经验等同起来，而经验又是应付环境和约束环境的手段。胡适说："经验确是一个活人对于自然的环境和社会的环境所起的一切交涉。……旧说于现状之外只承认一个过去，以为经验的元素只是记着经过了的事。其实活的经验是试验的，是要变换现有的物事；它的特性在于一种'投影'的作用，伸向那不知道的前途，它的主要性质在于联络未来。"（《胡适文存》）很明显，他所说的经验像"媒介"，像桥梁，嫁接过去与未来。所以经验里面含有无数推论，没有一种有意识的经验没有推论的作用。也就是说，现在的"自然的环境和社会的环境"就是"经验"的产物。

2. 真理观

胡适认为真理只是工具："我们所谓真理，原不过是人的一种工具，真理和我手里的这张纸，这条粉笔，这块黑板，这把茶壶，是一样的东西；都是我们的工具。"（《胡适文存》）他认为真理的用处就在于能够成为联络经验的中介，把人的一部分经验同另一部分经验满意地联系起来，协调起来。他把这种作用称为"摆渡"、"媒介"。如果摆渡成功了，让我们满意，那这个就是真理；相反，我们就不认为它是真理。胡适的真理观是典型的实用主义的真理观，也是相对主义、怀疑主义的真理观。他说："一切主义，一切学理，都该研究。但只可认作一些假设的（待证的）见解，不可认作天经地义的信条；只可认可参考印证的资料，不可奉为金科玉律的宗教；只可用作启发心思的工具，切不可用作蒙蔽聪明，停止思想的绝对真理。"（《胡适文存》）正是由于胡适的真理观包含着崇尚理性的怀疑主义精神，在五四时期，对于反对封建主义、教条主义、信仰主义、独断论具有积极意义。

3. 方法论

对于方法论，胡适提出了著名的十字真言："大胆地假设，小心地求证"。他说："实验主义只是一种方法，只是研究问题的方法。他的方法是：细心搜求事实，大胆提出假设，再细心求证实。"（《胡适文存》）他认为这种方法，清代考据学家便已具备："……我想上文举例很可以使读者懂得清代学者的治学方法了。他们的方法总括起来，只是两点：（1）大胆地假设；（2）小心地求证。假设不大胆，不能有新发明；证据不充足，不能使人信仰。"（《胡适文存》）胡适还特别强调了假设的重要性。他说："思想的真正训练，是要使人有真切的经验来作假设的来源；使人有批评判断种种假设的能力；使人能造出方法来证明假设的是非真假。汉学家的长处就在他们有假设通则的能力。因为有假设的能力，又能处处求证据来证实被设的是非，所以汉学家的话有科学的价值。"（《胡适文存》二集）胡适在杜威（美国实用主义哲学家）五步方法的基础，提出自己的"三步法"：第一步，从具体问题下手，先研究问题的各方面的种种事实，看看究竟病在何处；第二步，根据一生的经验学问，提出种种解决的办法，提出一副医病的丹方；第三步，用一生的经验学问，加上想象的能力，推想每一种假定的解决方法该有什么样的效果，推测这种效果是否真能解决眼前的这个困难问题，最后找出解决的方法。

（二）现代新儒学

现代新儒学的著名代表人物有梁漱溟、金岳霖、熊十力和冯友兰。其中梁漱溟是现代新儒学的开山人物，熊十力建立了自己的心学体系，冯友兰则创建了理学体系。

1. 熊十力

熊十力（1884—1968），原名升恒，字子真，湖北黄冈人。熊十力的主要哲学著作有《新唯识论》、《十力语要》、《佛家名相通释》、《体用论》、《明心篇》、《原儒》等。

（1）本心论。熊十力认为，哲学就是本体论，本心即本体。他说："仁者本心也，即吾人与天地万物所同具之本体也。盖自孔孟以迄宋明诸师，无不直指本心之仁，以为万化之源、万有之基，即此仁体，无可以知解向外求索也。"（《新唯识论》）他还说："唯吾人的本心，才是吾身与天地万物所同具的本体。不可认习心作真宰也。"（《新唯识论》）这里的心并不是生理意义或意识意义上的心，而是道德的源泉，是唯一真实的自我，是生命的本质，是宇宙万物存在的根据。

（2）体用不二。熊十力在他的宇宙论中，除了分析心本论的问题，还分析了体用关系，提出了他的哲学体系的中心思想——体用不二。他说："宇宙实体，简称体；实体变动，遂成宇宙万物，是为实体之功用，简称用。此中宇宙万象一词，为物质和精神现象之通称。"(《体用论》)可见，熊十力的体用关系，就是西方哲学的本体与现象的关系，但西方哲学割裂了两者的关系，熊十力认为这观点是错误的，明确提出了自己的"体用不二"的看法："不可妄记体用为二"，即不可以在用之外寻找本体，本体不是超脱于用之外存在的东西，也不是凌驾于用之上的东西，离开变动不居的现象便无本体，生生不已的本体全体呈现为变动不居的功用，故称体用不二。他用海水与海浪的关系分析了本体与现象的不可分、相融合的关系。他说："须知，实体是完完全全的变成万有不齐的大用，即大用流行之外，无有实体。譬如大海水全称为众沤，即众沤外无大海水。体用不二亦犹是。"(《体用论》)

(3) 翕辟说。熊十力在体用不二中，解决了本体与现象的关系，在翕辟说中则分析了现象的生成问题，他提出"一翕一辟之流行而不已"，用以解释宇宙万物的生成变化。"翕"、"辟"是从《易传》借用的两个辞语，《易传·系辞上》说："夫坤，其静也翕，其动也辟，是以广生焉。"熊十力借用这两个辞语分析世界万物的变化和产生。他认为翕与辟两者相反相成，共同构成了大化流行的全过程。他说："翕，动而凝也；辟，动而升也。凝者为质为物。升者，为精为神。盖实体变成功用。即此功用之内部，已有两端相反之几，遂起翕辟两方面之显著变化。万变自此不竭也。"(《体用论》)然而，翕和辟两者的地位是不一样的，辟是主导的一面，是唯一的，它贯穿于事物之中而主宰之，在某种意义上说辟是本体；而翕是被动的一面，是分殊的，它的聚敛构成了千差万别的现象界事物。就翕辟关系而言，辟统帅翕，有了辟，大化流行才有动力；有了翕，大化流行才有依托。没有翕，大化流行就成了一无所有的空转；而没有辟，则大化流行就变成现象界的因果、缘起，没有超越的指向。熊十力说："盖翕的方面，唯主受，辟的方面，唯主施。受是顺承的意思，谓其顺承乎辟也。施是主动的意思，谓其行于翕而为之主也。须知，翕便成物，此翕也就是如其所成功的样子，只堪为精神所凭借之资具。若无此翕，则宇宙精神无所凭以显。……所以说翕以显辟。……至于辟呢，他本是不物化的至刚至健的一种势用。他是包乎翕之外而彻乎翕之中，是能转翕而不随翕转的。所以说辟以运翕，所以说辟为施，谓其行于翕而为之主也。"(《新唯识论》)

(4) 量智与性智。熊十力认为世界中的真理具有二重性，即玄学的真理和科学的真理。但这并不是就真理本身而言，而是指观察与研究对象时所取的角度不同。这两者的关系犹如体用关系。他说："吾人设定有所谓宇宙而试行穷究其中真理，即穷究故，不得不方便善巧，故为玄学、科学的区别。科学尚析观，得宇宙之分殊，而一切如量，即名其所得为科学之真理。玄学尚证会，

第三章 哲学宗教

得宇宙之浑全,而一切如理,即名其所得为玄学之真理。实则就真理本身而言,元为所谓科学的与玄学的这般名字。唯依学者穷究之方便,则学问不限一途或得其全,或得其分,由此假说有科学之真理与玄学之真理,于义无妨。"(《十力语要》)一言以蔽之,玄学上的真理是宇宙的本体,科学上的真理就是我们通常所说的现象界或经验界中事物间的法则或规律。熊十力认为与两个不同层次的真理相对应,人的认识方法也有两种,即玄学的方法——性智和科学的方法——量智。量智即人们通常所说的理智,是科学所凭借发展的工具;性智则是人类所具有的一种自我认识和自我超越的能力。他说:"性智者,即真的自己的觉悟。此种真的自己一词,即谓本体。""量智是思量和推度,或明辨事物之理则,及于所行所历、简择得失等等的作用故。故名量智。"(《新唯识论》)熊十力严格区分了证会本体的性智和一般认识论意义上的量智。他认为性智是关于本体的认识,是本体的自明自了。它是人类最高的智慧、最高的认识能力,只有它才能彻悟宇宙知识的本体。量智是"一种向外求理的工具",它是性智通过五官等显发出来的,但五官在显发性智的过程中由于追逐外在物欲等而遮蔽了性智,也就把握不了事物的根本。在熊十力看来,性智是体,量智是用,两者的关系也就是体用的关系。

2. 冯友兰的哲学思想

冯友兰(1895—1990),字芝生,河南省唐河县人。冯友兰是著名的现代哲学家和哲学史家,他的著作甚丰,主要有《中国哲学史》、《新理学》、《新事论》、《新世训》、《新原人》、《新原道》、《新知言》、《中国哲学史新编》等,其主要著作编为《三松堂全集》。冯友兰的哲学理论,既继承宋明理学(正如他本人所说的"接着讲"),也吸收西方哲学的新实在论。

(1)实际与真际。冯友兰从客观性的视角出发解释现存世界,提出"理世界"本体论学说。在他的理世界里,首先分析了实际与真际及其关系。冯友兰认为我们认识对象,可以分为三个层次:第一层次是实际的事物,如一张桌子;第二层次是实际,如桌子的统称;第三层次则是真际,即桌子之所以为桌子的一种说明和解释。冯友兰说:"例如说:'凡方底物皆有四隅。'我们作这个判断,说这个命题时,如果我们是思及所有事实底存在底方底物,虽然我们并不知其数目果有若干,但我们是将其总括而一律思之,如此,则这个判断,这个命题,即是及于实际者,即对于实际有所肯定。……如我们更进一步而离开一切方底物,即属于方底物之类之实际底物,而只思及方底物之所以为方者,我们亦可作许多肯定。例如我们可说'方有四隅'或'方是四隅底'。于作此判断,说此命题时,我们可不管事实上果有实际底,方底物存在否。我们可以认为,事实上可以无实际底方底物之存在,但如其有之,则必有四隅。

如此，则这个判断，这个命题，即不是及于实际而是及于真际者，即不是对于实际特别有所肯定，而是对于真际有所肯定。……'方'可以是真而不实，如果事实上无实际底方底物之存在，'方'即不实。但如果事实上有实际底方底物之存在，则它必有四偶。实际底方底物，必依照方之所以为方者而不能逃。"（《三松堂全集》）可见，实际与真际的关系是一种"涵蕴"的关系，即"实际的事物涵蕴实际，实际涵蕴真际。此所谓涵蕴即'如果……则'之关系。有实际底事物必有实际，有实际必有真际"，但有真际不必有实际。

（2）太极与无极。冯友兰在理（真际）的基础上，提出了太极与无极。冯友兰将理的全体称之为"太极"，把气称之为"无极"。他认为"极"有标准和极限两种含义，他说："朱子以为理是实际底事物之所以然之故，及其当然之则，我们所说理亦是如此。方底物必然照方之理，始可是方底。又必完全依照方之理，始可是完全地方底。一方底物是否完全地方，视其是否完全依照方之理。由此义说，方之理即是一切底物之标准，即是其当然之则。……所谓极有两义，一是标准之义……一是极限之义。"（《三松堂全集》）而气"自身不为任何标准，而必须依理为标准；自身无极限，而必须依理为极限"，因此气可以称为"无极"。这样，在新理学所讲的宇宙之中，存在着两个相反的极。冯友兰解释道："在我们系统所讲的宇宙有两个相反底极，一个是太极，一个是无极。一个是极端底清晰，一个是极端底浑浊。一个是有名，一个是无名。"（《三松堂全集》）

（3）正的方法与负的方法。冯友兰认为哲学的分析方法有两种：一种是正的方法；一种是负的方法。所谓"正底方法是以逻辑分析法讲形而上学"，"就是对于经验作逻辑底释义。其方法就是以理智对于经验作分析、综合及解释。这就是以理智义释经验"。这里经验是指"事物存在"。这是形而上学之所以能够成立的前提。所谓负的方法，就是与逻辑分析方法相对的直觉方法。它从形而上学不能讲说起，对于形而上学所欲说者，不说它是什么，而只说它不是什么，以此来表现出正的方法所不能说出的东西。虽然冯友兰对理、气等概念是用逻辑方法推出，但他又认为，要达到对这四个概念最深的最完全的了解，仅凭分析方法也就是正的方法是不够的。

在冯友兰看来，宇宙间存在着三种认识的对象：可经验者、可思者与不可感不可思而只可直觉体验者。具体的经验是可以感知的，抽象的理是不可感而只可思的，宇宙大全则是不可感亦不可思的，只能诉诸直觉。分析的方法与直觉的方法，亦即正的方法与负的方法，就成为冯友兰构建形而上学体系的两种相辅相成的方法。在他看来，"一个完全的形而上学系统，应当始于正的方法，而终于负的方法。如果它不终于负的方法，它就不能达到哲学的最后顶

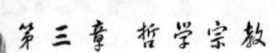

点。但是它不始于正的方法,它就缺少作为哲学的实质的清晰思想"。

此外,冯友兰将人的精神境界分为四个层次,它们是自然境界、功利境界、道德境界和天地境界。这四种境界依次而进,构成一个自我超越的过程,同时后面的一个境界都包含前一个境界于自身。冯友兰认为哲学使人达到天地境界,即同天,这也是"哲学的无用之用(大用)"。

(三)马克思主义哲学在中国

俄国的十月革命为中国送来了马克思主义。五四运动之后,经过李大钊、陈独秀等革命前辈的努力,马克思主义在中国得到广泛的传播。在中国革命的实践中,毛泽东将它与中国实际相结合,发展了马克思主义。

1. 李大钊

李大钊(1889—1927),字守常,河北乐亭人,中国最早的马克思主义者,中国共产党的创始人之一。十月革命后,他接受并传播马克思主义,与陈独秀共同创办《每周评论》杂志,并领导五四运动。1920年在北京组织共产主义小组,并筹建中国共产党。他的著作编为《守常文集》、《李大钊选集》、《李大钊文集》等。

(1)宇宙观。学者称李大钊的宇宙观为青春的宇宙观。首先,李大钊认为宇宙是无始无终的自然存在。他说:"宇宙果有初乎?曰,初乎无也。果有终乎?曰,终乎无也。初乎无者,等于无初;终乎无者,等于无终。无初无终,是于空间无限,于时间无极。质言之,无而已也,此绝对之说也。"(《李大钊选集》)其次,他认为宇宙是由自身内部的两种势力(因素)构成的,这两个因素之间既相反相成,又相互作用。他说:"宇宙间有二种相反之质力焉。一切自然,无所不在。由一方言之,则为对抗,由它方言之,则为调和。无生之界,大至星球天体,小至一粒微尘,皆赖引二力,交相为用,以保其存在之位置。人类社会,繁矣颐矣,挈其纲领,亦有二种倾向,相反实相成,以为演进之源。"他进一步分析宇宙的变化是生生不息的,是无尽的"青春之发展"。他说:"宇宙万象,成于对抗。又因对抗,而有流转。由是新陈代谢,推嬗以至于无穷,而天地之大化成矣。"他又说:"宇宙无尽,即青春无尽,即自我无尽。此之精神,即生死骨肉、回天再造之精神也。此之气魄,即慷慨悲壮、拔山盖世之气魄也。惟真知爱青春者,乃能识宇宙无尽之青春。惟识宇宙有无尽之青春者乃能具此种精神与气魄。惟真此种精神与气魄,乃能永享宇宙无尽之青春。"(《李大钊选集》)可见,李大钊的宇宙观既吸收了中国传统哲学的辩证观点,也吸收了近代西方科学的进化论思想。

(2)接受和传播唯物史观。李大钊是中国最早接受马克思主义的学者,他认为马克思主义由唯物论、政治经济学和科学社会主义三大部分组成,其中唯物史观是马克思主义整个理论体系的基础。他阐述了自己对马克思的唯物史观的理解，并结合了中国近代以来的实际，运用唯物史观分析了当时的社会结构、阶级斗争，并提出了中国新民主主义革命的性质和任务。

首先，李大钊阐述了对马克思关于经济基础与上层建筑、生产力与生产关系的理论的理解。他说："喻之建筑，社会亦有基础和上层。基础是经济的构造，即经济关系，马氏称之为物质的或人类的社会存在。上层是法制、政治、宗教、艺术、哲学等，马氏称之为观念的形态，或人类的意识。从来的历史学家欲单从上层说明社会的变革即历史，而不顾基础，那样的方法不能真正理解历史。上层的变革，全靠经济基础的变动。""人类社会生产关系的总和，构成社会经济的构造。这是社会的基础构造。一切社会上政治的、法治的、伦理的、哲学的，简单地说，凡是精神的构造，都是随着经济的构造的变化而变化。"（《李大钊选集》）当时，在关于"问题与主义"的争论中，胡适讥讽中国马克思主义者说："空谈好听的'主义'，是极容易的事，是阿猫阿狗都能做的事，是鹦鹉和留声机都能做的事。……这是自欺欺人的梦话！这是中国思想界破产的铁证！这是中国社会改良的死刑宣告！"（《胡适文存》）针对胡适的诘难，李大钊运用了唯物史观进行有力的回击："依据马克思的唯物史观，社会上的法律、政治、伦理等精神的构造，都是表层的构造。他的下面，有经济的构造作他们的基础。经济组织一有变动，他们都跟着变动。换句话说，就是经济问题的解决，是根本的解决。经济问题一旦解决，什么政治问题、法律问题、家庭制度问题都可以解决。"（《李大钊选集》）

其次，李大钊阐述了对马克思关于阶级与阶级斗争问题的理解。他说："经济上利益相反的阶级，就是有土地或资本等生产手段的有产阶级，与没有土地或资本等生产手段的无产阶级的区别：一方是压服他人，掠夺他人的，一方是受人压服，被人掠夺的。这两个阶级，在种种时代，以种种形式表现出来。亚细亚的、古代的、封建的、现代资本家的，这些生产方法出现的次第，可作经济组织进化的阶段，而这资本家生产方法，是社会生产方法只能采取敌对形式的最后阶段。"（《李大钊选集》）他认为，阶级斗争是必然的，而革命阶级只能是在社会中处于不利地位的阶级。他说："社会组织固然可以说是随着生产力的变动而变动，但社会组织的改造，必须假手于其社会组织内的多数人。而为改造运动的基础势力，又必源发于在现在的社会组织下立于不利地位的阶级。那些居于有利地位的阶级，除去少数有志的人，必都反对改造。一阶级运动改造，一阶级反对改造，遂以造成阶级竞争的形势。"（《李大钊选集》）

第三，李大钊阐述了对人民群众是历史的创造者的理解。在中国传统思想里，往往把历史的发展归因于"天命"、"神赋"，归结为少数的"圣人"、

第三章 哲学宗教

"王者"。针对这种思想,在自己早期著作中,李大钊阐述过民彝思想,认为"民彝"在历史中起重大的作用。他把"民彝"作为一个政治概念提出。他说:"诗云:'天生烝民,有物有则。民之秉彝,好是懿德。'言天生众民,有形下之器,必有形上之道。道即理也,斯民之生,即本此理以为性,趋于至善而止焉。爰取斯义,锡名民彝,以颜本志。"他又说:"明古者政治上之神器在于宗彝,今者政治上之神器在于民彝。宗彝可窃,而民彝不可窃也;宗彝可迁,而民彝不可迁也。然则民彝者,悬于智照则为形上之道,应于事物则为形下之器,虚之则为心理之澄,实之则为逻辑之用也。"这些都是在讲"民彝"的性质。对于"民彝"的作用,李大钊认为:"民彝者,吾民衡量事理之器";"民彝者,可以创造历史,而历史者,不可束制民彝"(《李大钊文集》)。可见,李大钊的民彝思想与唯物史观的观点很相近,所以他很快接受了人民群众创造历史的理论。

2. 毛泽东

毛泽东(1893—1976),字润之,湖南湘潭韶山冲人。毛泽东的主要著作收录在《毛泽东选集》和《毛泽东著作选读》。其主要哲学著作有《实践论》、《矛盾论》、《中国革命战争的战略问题》、《在延安文艺座谈会上的讲话》、《新民主主义论》、《论十大关系》等。毛泽东的哲学思想是马克思主义中国化的产物。

(1)《新民主主义论》。《新民主主义论》一文就是马克思主义的普遍真理同中国革命实际情况结合的结晶。在文章中,毛泽东分析当时社会的性质,明确指出当时革命的任务和性质,指明了革命的道路和方向。他说:"中国革命的历史特点是分为民主主义和社会主义两个步骤,而其第一步现在已不是一般的民主主义,而是中国式的、特殊的、新式的民主主义,是新民主主义。……中国现时社会的性质,既然是殖民地、半殖民地、半封建的性质,它就决定了中国革命必须分为两个步骤。第一步,改变这个殖民地、半殖民地、半封建的社会形态,使之变成一个独立的民主主义的社会。第二步,使革命向前发展,建立一个社会主义的社会。中国现时的革命,是在走第一步。"毛泽东在文中点明了新民主主义的经济特点:"在中国建立这样的共和国,它在政治上必须是新民主主义的,在经济上也必须是新民主主义的。大银行、大工业、大商业,归这个共和国的国家所有。'凡本国人及外国人之企业,或有独占的性质,或规模过大为私人之力所不能办者,如银行、铁道、航路之属,由国家经营管理之,使私有资本制度不能操纵国民之生计,此则节制资本之要旨也。'这也是国共合作的国民党的第一次全国代表大会宣言中的庄严的声明,这就是新民主主义共和国的经济构成的正确的方针。在无产阶级领导下的新民主义共和国的国营经济是社会主义的性质,是整个国民经济的领导力量,但这个共和国并不没收其他资本主义的私有财产,并不禁止'不能操纵国民生计'的资本主义生产的发展,这是因为中国经济还十分落后的缘故。"毛泽东还在文中"驳左倾空谈主义",他说:"中国现在的革命任务是反帝反封建的任务,这个任务没有完成以前,社会主义是谈不到的。中国革命不能不作两步走,第一步是新民主主义,第二步才是社会主义。而且第一步的时间是相当地长,绝不是一朝一夕所能成就的。我们不是空想家,我们不能离开当前的实际条件。有些恶意的宣传家,故意混淆这两个不同的革命阶段,提倡所谓'一次革命论',……也迷惑于所谓'一次革命论',迷惑于所谓'举政治革命与社会革命毕其功于一役'的纯主观的想头;而不知革命有阶段之分,只能由一个革命到另一个革命,无所谓'毕其功于一役'。这种观点,混淆革命的步骤,降低对于当前任务的努力,也是很有害的。"(《毛泽东选集》)

(2)《实践论》。《实践论》撰写于1937年7月。在该著作中,毛泽东批判地吸收了中国传统哲学的知行观,认为实践论是具有中国特色的唯物主义认识论。在《实践论》中,毛泽东分析了认识和实践、感性认识与理性认识的关系。他认为,在认识过程中有两个阶段——感性认识和理性认识,他说:"原来人在实践过程中,开始只是看到过程中各个事物的现象方面,看到各个事物的片面,看到各个事物之间的外部联系。……这叫做认识的感性阶段,就是感觉和印象的阶段。……社会实践的继续,使人们在实践中引起感觉和印象的东西反复了多次,于是在人们的脑子里生起了一个认识过程中的突变(即飞跃),产生了概念。……循此继进,使用判断和推理的方法,就可产生出合乎论理的结论来……这个概念、判断和推理的阶段,在人们对于一个事物的整个认识过程中是更重要的阶段,也就是理性认识的阶段。"而认识的两个阶段又是在实践的基础上统一的。他在文中说:"马克思列宁主义认为:认识过程中两个阶段的特性,在低级阶段,认识表现为感性的,在高级阶段,认识表现为论理的,但任何阶段,都是统一的认识过程中的阶段。感性和理性二者的性质不同,但又不是互相分离的,它们在实践的基础上统一起来了。我们的实践证明:感觉到了的东西,我们不能立刻理解它,只有理解了的东西才更深刻地感觉它。感觉只解决现象问题,理论才解决本质问题。这些问题的解决,一点也不能离开实践。无论何人要认识什么事物,除了同那个事物接触,即生活于(实践于)那个事物的环境中,是没有法子解决的。"毛泽东还特别强调认识过程有两次飞跃,认识的过程是从实践、认识、再实践的无止境的过程。他总结说:"从感性认识而能动地发展到理性认识,又从理性认识而能动地指导革命实践,改造主观世界和客观世界。实践、认识、再实践、再认识,这种形式循环往复以至无穷,而实践和认识之每一循环的内容,都比较地进到了高一级的程度。这就是辩证唯物论的全部认识论,这就是辩证唯物论的知行统一观。"最后,毛泽东还指出实践是检验真理的唯一标准。他说:"马克思主义者认为,只有人们的社会实践,才是人们对于外界认识的真理性的标准。实际的情形是这样的,只有在社会实践过程中(物质生产过程中,阶级斗争过程中,科学实验过程中),人们达到了思想中所预想的结果时,人们的认识才被证实了。人们要想得到工作的胜利即得到预想的结果,一定要使自己的思想合于客观外界的规律性,如果不合,就会在实践中失败。"(《毛泽东选集》)

(3)《矛盾论》。《矛盾论》撰写于1937年8月,《矛盾论》突出体现马克思主义辩证法的基本原则。他分析了矛盾的统一性和斗争性、主要矛盾和次要矛盾、矛盾的普遍性和特殊性等内容。毛泽东在文中最后总结时说:"按照辩证唯物论的观点看来,矛盾存在于一切客观事物和主观思维的过程中,矛盾贯串于一切过程的始终,这是矛盾的普遍性和绝对性。矛盾着的事物及其每一个侧面各有其特点,这是矛盾的特殊性和相对性。矛盾着的事物依一定的条件有同一性,因此能够共居于一个统一体中,又能够互相转化到相反的方面去,这又是矛盾的特殊性和相对性。然而矛盾的斗争则是不断的,不管在他们共居的时候,或者在他们互相转化的时候,都有斗争的存在,尤其是在他们互相转化的时候,斗争的表现更为显著,这又是矛盾的普遍性和绝对性。当然我们研究矛盾的特殊性和相对性的时候,要注意矛盾和矛盾方面的主要和非主要的区别;当然我们研究矛盾的普遍性和斗争性的时候,要注意矛盾的各种不同的斗争形式的区别。否则就要犯错误。"在《矛盾论》里所体现的辩证法,毛泽东在《中国革命战争的战略问题》(注:毛泽东1936年12月在中国抗日红军大学的讲演)就已有阐述。

六、本节小结

中国传统哲学致力于研究世界的本源和历史演变的规律,形成了自己独具民族特色的自然观、历史观、伦理观、认识论和方法论,在中国传统文化中居于核心地位,具有以下的特点:重视现实人生,强调社会责任;高扬主体意识,追求天人合一;富于辩证思维,推崇阴阳之道;树立整体观念,讲究和合统一。中国传统哲学深刻影响并构建了中华民族特定的思维方式,确立了"重视心性修养,以伦理政治为本位"的传统文化价值体系,形成了"积极有为,自尊自立"的民族心理。

中国近代哲学经历了从半殖民地半封建社会向社会主义社会转变的历史时期,这一时期的中国哲学围绕着"中国向何处去"这一近代中国社会的中心问题展开。从 1840 年的鸦片战争到 1894 年的中日甲午战争期间，是中国近代哲学的酝酿准备时期，以龚自珍、魏源、洪秀全、郑观应等人的哲学为代表。戊戌变法时期资产阶级改良派康有为、梁启超、谭嗣同、严复等人较为系统地提出了自己的哲学思想，标志着资产阶级哲学的形成；其后资产阶级革命派孙中山、章太炎把资产阶级哲学进一步向前推进。20 世纪初，在俄国十月社会主义革命和五四运动影响下，李大钊、陈独秀等人接受了马克思主义哲学。五四运动以后马克思主义哲学在中国逐渐传播，与中国革命实践相结合，形成了中国化的马克思主义哲学，即毛泽东哲学思想，它的形成在中国哲学的发展史上具有划时代的历史意义，为正确解决中国向何处去的问题奠定了理论基础。这一时期的中国哲学还受到西方资产阶级哲学的影响，出现了"新理学"、"新唯实论"等哲学体系。

新民主主义革命时期，马克思主义认识论在中国广泛传播。李达的《社会学大纲》，毛泽东的《实践论》、《新民主主义论》等著作对马克思主义认识论进行了系统的阐述，毛泽东指出"实践、认识、再实践、再认识"是人类认识发展的基本规律，把马克思主义认识论的基本特征概括为"能动的革命的反映论"，提出"实事求是"的原则，对中国哲学关于知行问题的讨论进行了科学的总结。

1949 年中华人民共和国建立，开辟了中国历史的新纪元，中国哲学也进入了新的发展阶段。中国现代哲学继承了传统哲学的优秀成果，运用马克思主义哲学的普遍原理作为指导，联系中国社会政治、经济、思想、文化等现实情况进行深入的哲学思考，取得了新的进展。1978 年中国哲学界关于真理标准的大讨论，得出实践是检验真理的唯一标准的正确结论，在新的历史条件下实现了一次新的思想解放，具有深远的历史意义。

第二节　宗教文化

宗教作为社会生活的一种反映，它的发展与社会的发展常常是相对应的。随着古代中国逐渐由原始社会向阶级社会过渡，中国古代宗教也渐渐由自然宗教过渡到人为宗教。在中国流行的宗教有多种，包括道教、佛教、伊斯兰教、基督教等，其中道教是土生土长的本土宗教，在中国几千年的历史文化中有着深刻影响；佛教是最能被国人接受的、被本土化了的外来宗教。

我国对宗教的政策是：宗教信仰自由；团结广大宗教界爱国人士和信教群众共同建设社会主义国家，维护祖国统一和各民族的团结。要了解马克思主义的宗教观，正确理解我国的宗教政策，自觉尊重宗教习惯。一是深入了解党和

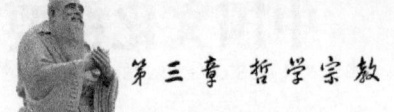

第三章 哲学宗教

国家所制定的宗教信仰自由政策的含义。二是作为信教的群众要按照我国的有关规定，任何宗教组织和教徒，不应当在宗教场所以外的地方进行宗教活动和布道、宣教，宣传有神论或者散发宗教传单和其他未经政府主管部门批准出版发行的宗教刊物。三是警惕境内外反动非法宗教组织对我国的宗教渗透。

一、道教文化

道教是中国土生土长的宗教，它是在汉代黄老道家理论基础上，吸收古代神仙家的方术和民间巫术鬼神信仰而形成的一种宗教。它的思想来源是多元的，包括黄老思想、谶纬学、古代鬼神思想、巫术、神仙方术等。

（一）道教的创立及其历史发展

在东汉时期，五斗米道和太平道是道教正式形成的标志。东汉顺帝永和六年（141）前后，张道陵在蜀中创立"五斗米道"。五斗米道的著作《老子想尔注》，是中国思想史上第一部用神仙长生理论来注解《老子》的书，开创了道教系统改造利用道家著作的传统，老子"太上老君"的称号就最早见于此书。东汉时期道教还有另外一个教派叫"太平道"。此派由张角创立于熹平年间（172—178），是以黄老思想和《太平经》的学说为中心，主要信仰咒术和内省治病。

道教在两晋南北朝时期有较大的发展。东晋时的葛洪从神仙方术角度发展了道教，创立了道教的外丹学，其代表作是《抱朴子》。《抱朴子》分内外二篇。内篇言神仙方药、鬼神变化、养生延年、禳邪祛祸，属道教；外篇言人间得失、世事臧否，属儒家。《抱朴子》是儒道并举之书。在神仙方药方面，葛洪崇尚金丹，讲究药物养生，认为世人通过修炼吞丹而得道后，可不死而登仙。北朝寇谦之改革"五斗米道"，创立"北天师道"。寇谦之原系北魏嵩岳道士，自称太上老君授予天师之位，命其改革、整顿道教，"除去三张伪法租米税钱，及男女合气之术"，而改为"专以礼拜求度为首，而加之服食闭炼"。寇谦之对道教的这一改革，使道教由原来的民间宗教一变而成为官方宗教，并盛行起来。南朝的陆静修把天师道与金丹道结合起来，汲取佛教仪式，制定新的道教斋戒仪范，世称"南天师道"。

唐宋之后，南、北天师道与上清、灵宝等道派逐渐合流，形成以讲究符箓为主的"正一道"。从信仰特征和思想旨趣说，"正一道"崇拜鬼神，注重符箓，以画符念咒、驱鬼降妖、祈福禳灾为宗旨。与别的道派不同，信奉"正一道"的道士可以结婚。唐宋之后道教的另一大派系是"全真道"。"全真道"与"正一道"相反，反对符箓，排斥咒术，而倡儒释道三教合一，注重"识心见性"的内修真功。"全真道"在宋元时期是道教中势力和影响最大的一个派系,其思想深受儒家和佛教的影响。进入明清之后,由于各方面的原因,道教日渐衰落。

(二) 道教的信仰特征和基本教义

中国道教虽然源远流长、派别繁多,但各派又有其共同的信仰特征和基本教义。道教的基本信仰是"道"。此"道"来自于被道教奉为经典的《老子》,不过他们着重从宗教的角度去理解和阐释老子所讲的"道",把它说成是宇宙万物之本原,同时又是"灵而有性"的"神异之物"。道教信奉的最高神——"三清尊神"也是"道"的人格化。根据《道德经》的"道生一,一生二,二生三,三生万物"的思想,道教把它衍化为"洪元"、"混元"、"太初"三个不同的世纪。三个世纪又进一步衍化为"三清尊神":元始天尊手拿圆珠,象征"洪元";灵宝天尊身抱坎离匡廓图,象征"混元";道德天尊手持扇,象征"太初"。这样,道教又从信仰"道"进一步演化为尊奉"三清尊神"。道教的最终目标是得道成仙。所谓"得道",道教解释为"德言得者,谓得于道果"(《自然经》)。即是说,道之在我之谓"德","德"者得道也。这显然是从老子《道德经》而来的。道教认为,通过修道,使人返本还原,与道合一,就可以成为神仙。道教所说的神仙,不但指灵魂常在,而且指肉体永生。因此,长生久视、全性葆真就成为道教的一个基本教义。

道教的不同派别有不同的修养方法。从大的方面说,外丹学、全真道认为通过内修、炼养,便可以达到长生久视的目的;而符箓派、正一道则认为符箓咒语、祈禳斋醮可以禳灾求福、祛病延年。至于具体的修行方法,道教有一系列的道功、道术。道功指修性养神的内养功夫,如清静、寡欲、息虑、坐忘、守一、抱朴、养性、存思等;道术指修命固本的具体方法,如吐纳、导引、服气、胎息、辟谷、神丹、药饵服食、符箓斋露等。

(三) 道教对中国文化的影响

道教的思想体系虽是宗教神学,但它的内容庞杂,和中国文化有极其广泛的联系。中国古代文化有些为道教所继承和发展,有些有赖于道教而保存下来。道教对于中国文化的影响不仅在历史上,甚至到现在还产生着一定影响。

1. 道教与古代科学

本来,宗教以信仰为依据,而科学是建立在理性基础之上的,从思维方式和思想理论说,二者应是相互对立的。但中国古代科学史却为我们提供了这样一个客观事实,即中国古代科学中不少学科(如化学、医学)与道教关系十分密切。首先,中国古代化学与道教的关系。道教的最终目标是长生久视、得道成仙。为了实现这个目标,道教徒们所采用的一种重要的修行方法就是服食丹药。为了制作丹药,道教徒们写了许多炼造金丹的书,做了很多炼丹实验,

正是这些炼丹理论和实践,翻开了中国古代化学史重要的一页。例如晋代葛洪的《抱朴子·金丹篇》对"还丹"的化学反应有一个概括,曰:"丹砂烧之成水银,积变又成丹砂。"丹砂就是硫化汞。对丹砂进行烧炼,其中所含的硫变成二氧化碳,游离出水银,再使水银与硫黄化合,便生成硫化汞。这不但开了我国古代化学之先河,而且也是现代化学之先声。其次,道教与中国古代医学、药物学的关系。道教炼丹家往往兼攻医学和药物学,葛洪就撰有《金匮药方》、《肘后备急方》、《神仙服食药方》等,这些书在今天仍是药物学研究者的宝贵参考资料。其中《肘后备急方》对于传染病如天花、结核病等颇有研究,对免疫法也有较正确的认识。南天师道代表人物陶弘景对药物学造诣颇深,史称他尤善"方图产物,医术本草"。他所著的《本草经集注》等,对古代医学和药物学的发展都有重大贡献。隋唐之际的著名道士孙思邈也精于医药。道教对于古代医学的影响,还表现在气功方面。近几年来社会盛行的气功,其源头之一就是道教之守一、存思、服气、内丹等修养方法。

2. 道教与文学艺术

在小说方面,从六朝至宋明,许多作品都深受道教的影响。如六朝出现了许多志怪小说,其中不少作品是专为道教而作的,如《汉武帝内传》、《海内十洲记》、《洞冥记》;有些作品则与道教的思想内容关系十分密切,如《搜神记》、《后搜神记》等。中国古代诗歌也多有表现神仙、道情的作品,如汉代之后出现了许多游仙诗。至唐之李白,更是"五岳寻仙不辞远,一生好入名山游",自号谪仙人,写了很多与道教有关的诗作,且信道虔诚,颇具仙风道骨。其后的李贺、李商隐等著名诗人的不少诗作,也颇受道教的影响。在美术、音乐方面,道教的神仙绘画、音乐等对中国的艺术都产生了深远的影响。

3. 道教与民俗信仰

道教信仰的玉皇大帝、关帝、城隍、土地等神仙,也是我国多个民族所崇拜和祭祀的对象。这种信仰就其源头说,也许是出自原始宗教的神灵崇拜,流行于民间,后来被道教吸收成为道教神仙体系的一部分;反过来,这些经过道教化的神灵也更深更广地影响民间的神灵祭祀活动。所以,中国的大部分老百姓,不管信仰道教与否,对这些神灵大都很恭敬,祭拜也颇殷勤。民间各种有固定时间的民俗活动,道教也深入其中。比如春节这个中国最大的传统节日,从娱乐到饮食、祭祀,集中地体现了中国民间风俗和传统文化的特点。节日到来之前,很多人就忙于贴门神、敬灶神、画桃符、燃爆竹等,十分热闹。此种习俗,也涉及道教,自宋代一直延续到近现代,有些沿袭至今。

二、佛教文化

佛教和基督教、伊斯兰教并称为世界三大宗教，至今还影响着世界许多地区的广大人口。佛教在中国的历史悠久，自西汉传入以来，有近2000多年的历史，并成为唯一中国化了的外来宗教。

（一）佛教的传入与中国化

佛教的传入始于西汉。公元前2年，大月氏国派了一个名叫尹存的使者出使中国，向博士弟子景卢传授佛经《浮屠经》。这部佛经由于年代久远，战乱频繁，现已失传。东汉明帝于永平十年（67）派人赴印度求法，请回摄摩腾、竺法兰两位印度僧人到洛阳白马寺宣扬佛教，并翻译出第一部汉文佛典《四十二章经》，这是现存最早的经文。东汉以后，印度大小乘佛经不断传入中国，被译成汉语。

魏晋时期盛行老庄玄学，佛教大乘般若学说在思辨方法上与玄学相似，所以很快风行社会。南北朝时期，除了官方支持佛教的因素外，同时教内出现佛图澄、道安、鸠摩罗什、慧远等高僧大德，讲经说法，著书立说，翻译经典，影响很大。当时出现了许多以研究一部或几部佛典为中心的佛教学派，如涅槃学派、成实学派、地论学派等，它们为后来中国佛教宗派的成立奠定了基础。南北朝虽然发生了北魏太武帝拓跋焘和北周武帝宇文邕两次灭佛事件，但从总体来看，佛教已经普及到社会各个阶层之中。

佛教经南北朝时期的普及发展，为隋唐时期佛教中国化提供了基本条件。隋唐是中国封建社会的盛世，也是佛教在中国发展的一个兴盛时期。这个时期出现了一大批高僧大德，例如鉴真和尚、一行禅师等。玄奘法师更是一位杰出人物，他置生死于度外，从印度取回了大量的经卷，进行翻译，是著名的佛学家和翻译家。经过长期与中国文化和社会习俗的融通、结合，中国佛教形成了一些具有民族特色的宗派，主要有天台宗、净土宗、华严宗、禅宗、律宗、唯识宗、三论宗、密宗等。

唐朝是中国汉地佛教的鼎盛时期。自唐武宗灭佛后，佛教开始衰退，唐朝以后中国佛教没有突破性的发展，到宋代，佛教各大宗派逐步走向融合，直至今日各派已很少有门户之见。

藏传佛教兴盛始于公元7世纪，当时佛教从中国汉地和印度传入藏族地区。佛教传入后与当地宗教发生激烈冲突，而两教在相互斗争的同时也互相吸收，此后不断发展，到11和12世纪，形成带有藏族地区特色的藏传佛教。藏传佛教俗称喇嘛教，主要流行于我国西藏、青海、云南、四川、甘肃、内蒙古、新疆等省区，以及尼泊尔、蒙古、哈萨克斯坦、印度等国家。它把以释迦名义编述的大小乘佛法统称为显教，把法身佛大日如来所说的教法称为密教，所据经典有《大日经》、《金刚顶经》、《现观庄严论》等显密经典。藏传佛教也有不同的宗派，主要有宁玛派、噶丹派、萨迦派、噶举派、格鲁派。它们虽然各有特点，但在教义上基本是把显、密二教结合起来，提倡显、密兼学兼修。藏传佛教由于莲花生大师、阿底峡尊者、八思巴帝师、宗喀巴大师等人的努力，发展迅速，影响深远，成为藏族人民灿烂文化的组成部分。

（二）佛教与中国文化

佛教自传入中国以来，不仅对中国的宗教的形成和发展产生深远的影响，而且也影响着中国的哲学、文学、艺术以及人们的日常生活。

1. 佛教与中国哲学

中国古代哲学发展曾被概括为这样几个阶段，即先秦诸子学、西汉经学、魏晋玄学、隋唐佛学、宋明理学。暂时撇开佛教传入中国之前的先秦诸子学和西汉经学不论，自魏晋以后，中国古代哲学就与佛教结下了不解之缘。如魏晋之玄学，先是作为般若学传播的媒介，进而与般若学交融汇合，最后为般若学所取代。因此，不了解般若学，就很难对玄学有全面深入的理解。隋唐两代，佛学已成为当时社会势力极大的一个思想潮流，许多著名学者都主张应该把隋唐佛学与儒家哲学同等看待，认为它们都是中国传统文化的嫡派真传。至于宋明理学，从表面上看，它是属于新儒学，但是，正如历史上许多思想家所一再指出的，宋明理学是"阳儒阴释"、"儒表佛里"，亦即表面上是儒学，骨子里是佛学。特别是在思维模式、修行方法等方面，理学受到佛教的影响就更加明显。可以这么说，如果不懂得佛教的本体论思维模式和"明心见性"的修行方法，认识理学就如同隔靴搔痒。

2. 佛教与中国文学艺术

以诗为例，从魏晋的玄言诗到南北朝的山水诗，从唐诗到宋词，无一不受佛教的深刻影响。作为山水诗集大成者的谢灵运，本身就是一名对佛教义理颇有造诣的佛教徒。唐代的几位大诗人也多涉足佛教。李白以耽道著名，但也有"宴坐寂不动，大千入毫发"之句；杜甫虽然崇儒，却也有"身许双峰寺，门求七祖禅"之咏。白居易则佛道兼修。早年白居易不信佛、道，但自江州之贬后，深知仕途艰险，于是寄情于山水美酒之间，借旷达乐天以自遣，转而炼丹服食，继而皈依佛教，以"香山居士"自许。宋代苏东坡、黄庭坚等词坛巨子，更在他们与禅僧大德的交游酬唱中留下了许多名作佳话。至于小说、书画、雕塑、建筑等，也都与佛教有着十分密切的联系。如中国古代小说，其源出自佛教之梵文；而中国古代的许多书画名作，或出自释门大德，或以佛教为题材。更值得一提的是，中国古代诗、书、画都很注重"境界"，而诗人的"境界"与佛教的"禅机"多有相通之处，诚如汤显祖所说："诗乎，机与禅言通，以若有若无为美。"书、画之道与佛理禅趣多遥相契合。正因为如此，唐宋之后的诗、书、画的发展变化，常常与佛教的发展变化息息相关。

三、伊斯兰教和基督教

在与其他国家的经济往来和政治文化交流的过程中，一些外来的宗教也随之传入了中国，除了佛教之外，还有伊斯兰教、基督教（包括天主教、东正教、基督新教）等，这些宗教传入中国经过了曲折，最终发展壮大，并影响了中国。（关于基督教、伊斯兰教的产生、发展以及宗教特征、教义，在此不多言，请参阅本系列丛书许国彬主编的《西方文化精要》）

（一）伊斯兰教在中国的传入和发展

伊斯兰教自公元7世纪传入中国后，大致经历几个阶段：第一阶段是唐宋时期，这一时期的伊斯兰教基本是来华经商的蕃客的宗教，蕃客们主要是经商，不对外传教，宗教生活只限于蕃商中间，所以既没有文献记载当时的伊斯兰教教义，也没有汉文译著。五代至北宋时期，伊斯兰教在西北地区传播。第二阶段是元朝，这一时期由于当朝统治者奉行宗教兼容和信仰自由政策，随着穆斯林大批进入中国，伊斯兰教在中国得到广泛的传播和发展。当时，有大批"西域亲军"和工匠（包括阿拉伯人、波斯人、中亚人）随蒙古征服者来华。他们散居中国各地，并与汉、蒙通婚。这样，加上早期在华定居的蕃客后裔，在中国逐渐形成了一个新民族——回族。第三阶段是明清时期，此时期伊斯兰教教徒开始在中国举办经堂教育，其倡导者是明朝的胡登州。经堂教育的宗旨是为各教坊清真寺培养经师阿訇，对穆斯林进行宗教知识的教育。经堂教育按学习程度的不同分大学、小学和中学。这样，伊斯兰教典籍汉文译著增加了，使该教在中国得到深入而广泛的传播。第四阶段是近现代时期，伊斯兰教的宗教教育进一步发展。清末民初创办了新式学堂，实行"经书两通"。1953年，中国伊斯兰教协会成立，1955年在北京创办了中国伊斯兰教经学院，20世纪80年代后，相继建立了地区性经学院。

经过1000多年的发展，伊斯兰教在中国的信徒约有2000万人，为回族、维吾尔族、东乡族、撒拉族、哈萨克族、乌孜别克族、柯尔克孜族、塔吉克族、保安族、塔塔尔族等民族的大多数群众所信仰。

（二）基督教在中国的传入和发展

在此所说的基督教包括三个主要组成部分：罗马公教——在中国称为天主

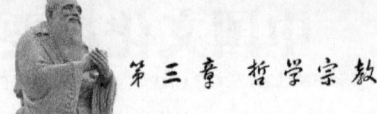

教，希腊正教——在中国称为东正教，抗议宗——在中国称为新教或基督教、耶稣教。

基督教自唐代传入中国以来，其历史可分为唐、元、明末清初和近现代四个阶段。第一阶段，基督教首次传入中国是在唐太宗贞观九年（635），当时被称为景教，曾盛极一时。会昌五年（845）唐武宗下令灭佛教，景教也受到牵连。第二阶段，元代成吉思汗率领部队攻灭了几个信奉景教的部落，将部落中的妇女纳为后妃，景教徒也随之进入蒙古宫廷，当时景教被称为也里可温，意为信奉福音的人，教堂被称为十字寺，教徒被称为"迭屑"或"也里可温"。随之，基督教得到元朝朝廷的厚待，并有所发展。第三阶段是明末清初时期。明末时期意大利耶稣会传教士利玛窦，以及清初来自科隆的耶稣会传教士汤若望都得到当朝皇帝的允许，进入中国传教，天主教教徒规模迅速扩大，明末时有38000人，到1700年达30万人。但随后发生的"礼仪之争"，其焦点之一在于中国教徒是否被允许保留祭孔侍祖的习俗。几位教皇对此下了禁令，康熙认为这是中国的内部事务，遂下令禁教，雍正以后各朝，禁教更严。直到鸦片战争爆发，随后签订一系列的不平等条约，在条约的保护下，大量的传教士再次涌入中国传教。第四阶段，自19世纪下半叶开始，基督教开始了"自立自养自传"的本色化运动，中华人民共和国成立后，外国传教士撤出中国，中国基督教则走上了"自治自养自传"的道路，1980年中国基督教协会成立。

基督教在中国传播，其所走的路曲折而复杂，然而信徒甚众。据《中国宗教报告（2010）》提供的数据，中国现有的基督徒约占全国人口总数的1.8%，总体估计为2305万人，其中已受洗者1556万人，占67.5%，未受洗者749万人，占32.5%。

思考题

1. 试述孔子的"仁爱"思想。
2. 试述道教对中国文化的影响。
3. 论述马克思主义哲学在中国的传播和发展。

参考文献

[1] 陈卫平，郭美华. 中国哲学十二讲. 重庆：重庆出版社，2008.
[2] 胡伟希. 中国哲学概论. 北京：北京大学出版社，2005.
[3] 冯友兰. 中国哲学简史. 天津：天津社会科学院出版社，2007.

[4] 李泽厚. 中国思想史论. 合肥：安徽文艺出版社，1999.
[5] 任继愈. 中国哲学史（四）. 北京：人民出版社，2010.
[6] 宋志明. 中国现代哲学通论. 北京：中国人民大学出版社，2008.
[7] 郭建宁，张文儒. 中国现代哲学. 北京：北京大学出版社，2003.
[8] 张岱年，方克立. 中国文化概论. 北京：北京大学出版社，2004.
[9] 谭家健. 中国文化史概要. 北京：高等教育出版社，2005.

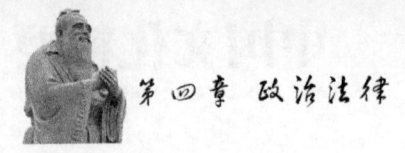

第四章 政治法律

中国历史源远流长，中国的政治、法律文化发展和中国历史发展轨迹同步。政治和法律均为国家意志，即统治阶级意志的体现，其文化特征均体现了当时国家统治者的治国方略、施政策略以及当世及后世的评价，下文根据中国历史的古代、近现代和当代的划分作为介绍中国政治法律文化的主要线索，以便反映不同历史阶段中国政治法律文化的显著特征。

第一节 中国政治文化

政治是上层建筑领域中各种权力主体维护自身利益的特定行为以及由此结成的特定关系，是人类历史发展到一定时期产生的一种重要社会现象。政治是伴随着国家和阶级的出现而逐渐产生和发展的，因此，中国的政治文化也是在出现国家以后才慢慢形成的，中国的政治文化从夏商周开始至清末逐步演变为中国传统政治文化。鸦片战争开始后，近现代政治文化开始形成，直至1949年新中国成立。而新中国成立至今为中国特色社会主义政治文化发展成熟的新历史时期。不同阶段的中国政治文化体现出迥异的发展轨迹和特征。

一、中国传统政治文化

中国传统政治文化源远流长，历经两千多年的历史演变，影响深远，王权至上、以家治国、儒家文化融合和国家大一统等特点凸显中国传统政治文化的独特性。

（一）中国传统政治文化的演变

政治文化是在统治者、学者和民间对政治思想、理论等给予评论并加以传播的基础上，在历史的过程中逐步形成的，我们只能在我国有文字记载的历史中探寻传统政治文化的演变。

中国传统政治文化形成于远古夏商周的神权政治学说，以西周的"以德配天，明德慎罚"的政治主张为代表，突出"天"的绝对神权地位，"上天"将统治人间的"天命"交付给统治者以"德"行使统治权。西周统治者将道德与政治紧密结合，进而发展成"礼治"与刑罚镇压相结合的统治形式和政治思路。西周是中国远古奴隶制社会的典型统治时代，其中西周统治者实行分

中国文化精要
ESSENTIALS OF CHINESE CULTURE

封制巩固其统治权力,根据与周王血缘关系的亲疏、功劳的大小(辅佐与同盟)分封,周王把王族、功臣和先代的贵族分封到各地做诸侯,建立诸侯国,各诸侯纷纷效仿,形成了"家"与"国"一体、"家天下"的统治模式。

春秋时期是我国奴隶制国家瓦解的时期,也是我国奴隶制社会向封建制社会转变的过渡时期。铁制农具的使用和牛耕的推广,促进了农业技术的改革,从而大大提高了农业生产效率。随着生产力的发展,生产关系也发生了明显的变化。一些奴隶主贵族设法招抚逃亡的奴隶,大量开垦"井田"以外的荒地作为自己的私田,并不断通过争夺、赠赐、买卖、私分等手段,在公田上拼命确立自己的私有权。各类占地者,把土地划分为小块,分租给奴隶或破产平民耕种,从中收取地租,租种田地的人就成了封建地主。这样,新型的封建生产关系便形成了。随着经济关系和阶级关系的变化,整个社会的政治格局也在发生变化。各个阶层和社会集团从不同的立场出发,用不同的观点和方法回答了时代所提出的问题,于是形成了一个始于春秋、到战国达到高潮的百家争鸣的局面。诸子百家中的一些重要学派,如儒家、道家、法家、墨家、名家、兵家等,都开创于春秋末期或春秋战国之际,而到战国时期达于全盛。其中,以儒家和法家学派对后世影响最为深远,儒家思想更是构成了中国长达2000年的封建社会的统治思想的基础。

子曰:"笃信好学,守死善道。危邦不入,乱邦不居。天下有道则现,无道则隐。邦有道,贫且贱焉,耻也。邦无道,富且贵焉,耻也。"孔子以"道"诠释个人与国家之间的关系。孟子也说:"士失位犹诸侯之失国家也","士之仕也,犹农夫之耕也",将个人价值与国家社会责任相关联。作为儒家学派的创始人和代表人物,孔孟通过其个人及学说的广泛影响力,对治国方略、政治思想及文化进行评论和传播,形成了传统政治文化的正统,其核心是"礼"与"仁"。在治国的方略上,他们主张"为政以德",认为用道德和礼教来治理国家是最高尚的治国之道,这种治国方略也叫"德治"或"礼治"。

秦汉时期,有两件重要的历史事件反映了当时的政治文化的交锋和更迭。第一,焚书坑儒。公元前221年,中国历史上第一个大一统的中央集权王朝——秦朝建立,由于当时社会上百家争鸣,严重地阻碍了秦始皇对征服的原六国民众思想的统一,并威胁到了秦朝的统治。公元前213年秦始皇为了统一原六国人民的思想,于当年开始销毁除秦记以外的所有六国史书和私藏于民间的《诗》、《书》,并一直持续到公元前206年秦朝灭亡,史称"焚书"。而在焚书开始的第二年,即公元前212年,秦始皇在当时秦首都咸阳将460余名术士坑杀,即所谓的"坑儒"。该事件为秦始皇采用丞相李斯的法家思想为其统治思想,意在维护统一的集权政治,进一步排除不同的政治思想和见解,并在

第四章 政治法律

短时间内得到了成功，但由于手法残忍、残暴，并钳制了当时人们的思想，未能使国家长治久安，不利于社会发展。第二，"罢黜百家，独尊儒术"。汉初，统治者在政治上主张无为而治；在思想上，主张清静无为的黄老学说受到重视。武帝即位时，从政治上和经济上进一步强化专制主义中央集权制度已成为封建统治者的迫切需要，主张清静无为的黄老思想已不能满足上述政治需要，汉武帝首开"罢黜百家，独尊儒术"之政策，确立了儒家思想的正统与主导地位，这是儒学在中国政治文化中居于统治地位的标志。

魏晋南北朝近四百年间中国长期处于分裂，政权更迭频繁，社会动乱不休，民族矛盾尖锐，出现了南北民族大融合。在这样特定的历史背景下，儒学失去其"独尊"的统治地位，出现了各种思潮并存的局面，政治文化也出现了多样化和大变革，各种政治思想交汇融合，宗教和政治的结合更为紧密，道教、佛教以及玄学兴起。

唐宋时期是我国古代文明史上的历史鼎盛时期，完善了我国封建社会中央集权制度，开创了三省六部制和科举制，在加强中央集权的前提下较好地解决了中央和地方间的关系，同时通过科举制进一步扩大阶级基础，使门第不高的有才能的人可以参与到政权中。经济上，沿用北魏以来的均田制，并改革赋税制度，由租调制发展为租庸调制，保障唐朝经济的发展；实行开放的商业政策，宋朝打破坊市制度，城市商业经济活跃，手工业和商业繁荣昌盛。唐宋时期加强了对边疆地区的管辖和开发，统一的多民族国家进一步得到发展；同时，实行对外开放政策，加强了同东亚各国的交往和联系。中央集权的巩固、经济繁荣、民族融合和对外交流发展使得唐宋经济、政治和文化全面繁荣，影响了亚洲很多国家和地区。

元朝在实现统一后实行行省制，这种制度作为政治体制一直沿用至今。蒙古族作为统治者，推进了中国多元一体文化的发展进程，开创了中国各民族文化全面交流融合的新局面，对中华文化的繁荣和发展作出了重要的贡献。

明清时期，封建制度渐趋衰落，君主专制制度达到顶峰。明清两代统治者根据自己的需要对以前历代的政治制度进行了重要的权衡取舍，作出了多方面的具体修正和补充，建立了一些新制度，也健全了一些旧制度，使之更加完备周详。其中最突出的特点便是在前代君主集权体制的基础上进一步大幅度地提高皇权，以皇帝为中心的中央朝廷空前并较为有效地集中统治权力。明清政治制度可以说进入了中国古代政制的成熟时期。

(二) 中国传统政治文化的特征

1. 人治

中国传统政治文化中的人治论一直占据主导地位，尽管法家学派提出以法治国，但仍然是建立在绝对尊重王权的基础之上的，仍然未脱离人治传统。以孔孟为代表的儒家更是将国家兴衰直接取决于有无圣主明君："为政在人，其人存，则其政举，其人亡，则其政息。"孟子也说："君仁，莫不仁；君义，莫不义；君正，莫不正；一正君而国定矣。"法家代表荀子也提出没有自治的法，只有自治的人："法不能独立，类不能自行，得其人则存，失其人则亡。法者，治之端也，君子者，法之原也。"中国古代传统政治文化里面的治国之道，其君主是超越法律之上的，而法律是用来约束和治理百姓的工具。相对于西方传统政治文化中的"天赋人权"，我国传统人治观以"天赋王权"为基础，君权神授，不可侵犯，危害皇权乃中国历代的重罪。

2. 儒家思想的正统政治文化地位

尽管在春秋战国时期曾经出现了百家争鸣的政治文化繁荣局面，但随着汉朝统一中国，统治者需推崇正统政治文化以巩固中央集权，从"罢黜百家，独尊儒术"开始，中国历代统治者均推崇儒家文化为国家的治国思想，并以礼教、道德约束作为统治者推行儒家治国方略的主要思路。魏晋南北朝等中国分裂时期，佛教、道教、玄学等宗教以及其他封建文化流派均冲击过儒家思想的统治地位。但随着国家的统一，统治者再次确立了儒家文化的正统地位，并一直沿袭到封建王朝灭亡，甚至影响到近现代以及当代统治者的治国思想及方略。

3. 家族组织在中国政治文化的特殊地位

"宗法社会（形态）是中国古代一切社会组织形态的'母社会'形态；宗法伦常原则就是中国古代一切社会组成原则的'母原则'，这正和市民社会是欧洲文化传统中的'母社会'，市民伦理原则是其一切社会组成原则的'母原则'一样"，宗法社会就是以宗法伦理纲常为原则结成的团体。宗法伦理原则是在周代宗法制度形成过程中逐渐形成和完善起来的，其核心是"亲亲"和"尊尊"，以血缘为基础。"亲亲"即要求在家族范围内，按自己身份行事，不能以下凌上、以疏压亲，而且"亲亲父为首"，全体亲族成员都应以父家长为中心。尽管在春秋战国时期宗法等级制和宗法血缘组织受到了冲击，但经过魏晋至唐代的发展和演变，家族组织以世家大族模式继续其重要的政治地位：一家大地主用政治、经济的强制手段，把许许多多的同宗子弟的小家庭聚合在一起，成为一个大户，大地主为族长。宋代以后统治者更是从政治和经济上提倡累世同居的大家庭制度，保持地主官僚及其子孙世代荣华的地位，防止地主阶级本身的分化、破产，进而巩固统治者地位。宗法家族的社会组织结构，是中国封建社会的社会基础，宗法血缘关系渗透到社会组织的各个层面，国家和家族成为一个既对立又统一的二元一体的格局，统治者通过家族传达其统治思想并经家族控制家族成员进而巩固其统治地位，让全社会均在其控制之下。

4. 大一统的政治思想

分裂和统一一直伴随着中国几千年的历史，自西周统一建国以来，春秋战国混乱时期、魏晋南北朝、宋朝分裂时期均未能打破中国历代统治者大一统的传统政治思想。在分裂时期，其"统一中国"的历史使命感一直鞭策着统治者不断发展壮大，从经济、政治、文化方面做出变革，以完成征服国家、统一中国的历史使命。该政治思想一直沿袭至今，使中国成为历史悠久的大国，一直屹立在世界的东方。

5. 民族融合

汉族和少数民族之间的交流和融合伴随着中国历史的发展而发展。汉族的主流政治文化影响了中国大部分少数民族。从元代蒙古族统一中国到清朝登基统治中国近300年时间，少数民族对中国传统政治思想及文化的吸收，以及大一统的统治对少数民族的长期影响及融合，促进了中国古代境内的民族融合和长期共存。

二、中国近现代政治文化

中国近现代史始于西方列强对中国的侵略，以1840年鸦片战争为标志，中国打破数千年的封建社会格局，西方资本主义思想冲击中国传统政治、经济、文化，中国开始向近现代国家演变。在此历史背景下，中国的政治文化也受到极大冲击，以致中国传统政治文化逐步分崩瓦解，而主流的政治文化尚未形成，使中国的政治文化在特定历史背景下表现出独特的特点。

（一）中国近现代政治文化的形成

1. 清末时期

1840年鸦片战争开始，清末统治者和中国全社会开始审视和反省传统封建社会全面的落后，并极力做出改变，出现了保守、改良和变革三个层次的思路，并在该历史时期做出了相应的努力。保守的清朝势力极力维护清王朝的统治，集中力量镇压和控制其他政治力量；以康有为、梁启超、张謇、谭嗣同、严复等为代表的改良派在经济、政治、法律、文化等各方面推行洋务运动，主张学习西方，实行变法图强；以太平天国运动和孙中山为代表的革命派则为拯救中国而进行起义和革命。

2. 民国时期

从辛亥革命推翻清政府到新中国成立，中国资产阶级终于走上历史舞台，并开始其时间不长但极为重要的历史历程。期间传统封建思想和文化的深刻影响依然存在，资产阶级的政治主张和思路并未成熟，较为混乱，并在前期出现了袁世凯皇权复辟事件和北洋军阀混战的阶段。孙中山作为资产阶级民主革命的先行者，提出"民族、民权、民生"三民主义，于辛亥革命后被推举为中华民国临时政府临时大总统，开始了中国短暂的资产阶级统治时期。但期间袁世凯称帝是封建势力的复辟，反映了当时资产阶级的力量尚弱。1928年南京国民政府完成两次北伐，实现全国统一。1919年五四运动掀开了中国新民主主义革命的序幕，中国无产阶级开始走上历史舞台，马克思主义开始在中国传播，中国共产党作为无产阶级的代表开始了无产阶级革命。1937年日本全面侵华，中国开始了长达8年的抗战时期，内忧外患共存，直至1949年新中国成立。

（二）中国近现代政治文化的特征

1. 传统政治文化受到西方政治文化的强烈冲击

中国近代的政治变革以对西方政治文化的认知为前提，19世纪40年代到60年代，从魏源、徐继畬到洪仁玕、冯桂芬，对美国式的民主共和制度进行了浪漫式的赞美。在中国近代政治文化的转轨初期，人们对西学抱有浓烈的理想色彩，但对其赖以存在的社会基础却知之甚少。当制度革新的理念得到推广，遭到头脑顽固的保守派的抵制和普通民众的漠视以后，政治认知的对象便转向在表象上与中国政治文化传统相近的英国。从19世纪70年代到90年代戊戌变法时，从郑观应、王韬到康有为、梁启超，又极力称赞英国君主立宪。而孙中山的三民主义开始对西方政治进行中国化，是中国的有识之士学习研究西方政治文化后根据中国实际情况提出来的革命纲领。

2. 传统政治文化根深蒂固，资产阶级革命不彻底

尽管西学东渐造就了近代求新、求变的政治气候，但是"西学的某些内容，如伦理道德、宗教信仰、价值观念，尽管一再灌输，中国并没有全盘接受，有的基本没有接受，传统的君为臣纲、父为子纲、夫为妇纲，虽已受到一定的冲击，但仍占主导地位；自由、平等、民主思想，虽已为一部分人所接受，但并未为整个社会所认同"。南北统一后不久，《时报》发表文章评论政局动荡的原因，认为"此次革命未尝革心"，"我国此次革命成功太易，满清数百年来遗传之各种恶果仍然残存，虽曰革命，不过国旗改变颜色，政界上改变数人，而于政治毫无关系，即吾所谓未曾淘汰未曾革心也"。民初政治的一个重要特点是，关心和从事政治的主要是城市中的一批知识分子、士绅、个别

资本家和相当数量的官员、军人。他们的政治观念和政治行为受到西方近代政治的影响，但更多的是受到传统和封建政治的影响。

3. 民族主义超越政治分歧

1937年7月7日，日本发动全面侵华战争，7月15日中共向国民党送交《中国共产党为公布国共合作宣言》，提出发动全民族抗战、实行民主政治和改善人民生活三项基本要求，重申中共为实现国共合作的四项保证。9月22日国民党中央通讯社发表了这个宣言，标志着抗日民族统一战线正式形成。国共抛开政治分歧和对立，在外敌入侵的危难关头，以民族主义统一团结全国力量，抵抗外敌的侵略。

4. 无产阶级运动蓬勃开展

1921年中国共产党成立以来，领导无产阶级开展伟大的新民主主义革命和无产阶级革命。由于中国共产党代表广大人民群众的根本利益，具有最广泛的群众基础，诞生以来就受到人民群众的热烈拥护，并不断发展壮大。1949年新民主主义国家成立，开始了新中国建设的道路，翻开了中华民族崛起的新篇章。

三、中国当代政治文化

1949年新中国成立以来，中国当代政治文化也经历了三个阶段：第一阶段：从1949年10月中华人民共和国成立到1966年5月"文化大革命"爆发前夕，以马克思主义价值观为核心的社会主义政治文化在中国大地上初步形成；第二阶段：从"文化大革命"爆发到党的十一届三中全会之前，我国政治文化建设遭受严重挫折，呈现为倒退发展和畸形存在；第三阶段：1978年12月党的十一届三中全会至今，党和国家重新确立实事求是的马克思主义思想路线并坚持中国特色的社会主义道路不断发展完善。

（一）毛泽东思想主导的政治文化

毛泽东思想以马克思主义为基础，从中国近现代的社会背景和实际出发，指导中国的无产阶级革命并获得成功，于1949年建立了中华人民共和国，从此，中国人民走上了社会主义建设的正确道路。毛泽东思想是一个完整的科学思想体系，在新民主主义革命，社会主义革命，社会主义建设，革命军队的建设，军事战略、政策和策略，思想政治工作和文化工作，党的建设等方面，以独创性的理论丰富和发展了马克思列宁主义。毛泽东思想的活的灵魂，是贯穿于这一科学体系各个方面的立场、观点和方法。从新中国成立之初至"文化大革命"爆发前夕，整个中国社会的政治文化以毛泽东思想为主导，排除了国际社会上各种资本主义及其他西方文化对新中国的干扰和侵蚀，全国人民建立了对社会主义的政治认同和政治感情，并内化为一种自觉追求，坚定社会主义道路，以马克思主义、毛泽东思想为指导开展社会主义现代化建设。

（二）"文化大革命"对中国政治文化的破坏

"文化大革命"全称"无产阶级文化大革命"，指1966年5月至1976年10月在中国由毛泽东错误发动和领导，被林彪和江青两个反革命集团利用，给中华民族带来严重灾难的政治运动。在这场所谓的"大革命"中，包括党和国家领导人在内的大批中央党政军领导干部、民主党派负责人、各界知名人士和群众受到诬陷和迫害；党和政府的各级机构、各级人民代表大会和政协组织，长期陷于瘫痪和不正常状态，公、检、法等执法机关和维护社会秩序的机关也陷于瘫痪。在"文化大革命"期间，国民经济发展缓慢，主要比例关系长期失调，经济管理体制更加僵化。这十年间，按照正常年份百元投资的应增效益推算，国民收入损失达5000亿元。人民生活水平基本上没有提高，有些方面甚至有所下降。自20世纪70年代起，正是国际局势趋向缓和，许多国家经济起飞或开始持续发展的时期。但是，由于"文化大革命"的影响，中国不仅没能缩小与发达国家已有的差距，反而拉大了相互之间的差距，从而失去了一次发展机遇。这场由文化领域发端的"大革命"，对教育、科学、文化的破坏尤其严重，影响极为深远。很多知识分子受到迫害，学校停课，文化园地荒芜，许多科研机构被撤销，在一个时期内造成了"文化断层"、"科技断层"、"人才断层"。"文化大革命"造成全民族空前的思想混乱，党的建设和社会风气受到严重破坏。一些投机分子、野心分子、阴谋分子和打砸抢分子乘机混到党内并窃取一部分权力，无政府主义、极端个人主义、个人崇拜以及各种愚昧落后的思想行为泛滥开来，致使一些人的马克思主义的信仰和社会主义的信念受到严重削弱。

（三）十一届三中全会重新定位中国政治文化发展方向

1978年12月18日至22日，中国共产党第十一届中央委员会第三次全体会议在北京举行。出席会议的中央委员169人，候补中央委员112人。会议由华国锋主持。全会的中心议题是根据华国锋主席的指示讨论把全党的工作重点转移到社会主义现代化建设上来。十一届三中全会结束了粉碎"四人帮"之后两年中党的工作在徘徊中前进的局面，实现了新中国成立以来党的历史的伟大转折。这个伟大转折，是全局性的、根本性的，全会实现了思想路线的拨乱反正，恢复了党的民主集中制的传统，做出了实行改革开放的新决策，启动了农村改革的新进程，开始了系统地清理重大历史是非的拨乱反正。十一届三中全会所做出的这些决策，标志着中国共产党冲破了"左倾"的观念，端正了党的指导思想，使广大党员、干部和群众从过去的个人崇拜和教条主义中解放

第四章 政治法律

出来,在思想上、政治上、组织上全面恢复和确立了马克思列宁主义和毛泽东思想的正确路线,结束了1976年10月以来党的工作在徘徊中前进的局面,将党领导的社会主义事业引向健康发展的道路。党的十一届三中全会做出了实行改革开放的重大决策,揭开了党和国家历史的新篇章,是新中国成立以来我党历史上具有深远意义的伟大转折。

十一届三中全会以后,以邓小平为核心的新一代党和国家领导人做出了把工作重点转移到社会主义现代化建设上来的战略决策;适应社会主义现代化建设发展的需要,提出了在党和国家工作的各个方面进行改革的任务;并针对拨乱反正过程中出现的错误思潮,旗帜鲜明地强调必须坚持社会主义道路,坚持人民民主专政,坚持中国共产党的领导,坚持马克思列宁主义、毛泽东思想。"一个中心、两个基本点"的思想开始形成,奠定了新时期党的基本路线的基础。在坚持四项基本原则的同时,改革开放在全国蓬勃发展起来,成为党和国家长期坚持的战略方针和基本国策。1987年党的十三大明确提出我国处于社会主义初级阶段,概括和全面阐述了党的"一个中心、两个基本点"的基本路线,确定了建设有中国特色社会主义的六条具有长远意义的指导方针,并明确提出了我国现代化建设"三步走"的战略目标。至此,我们党已经对建设有中国特色社会主义的理论有了比较充分的论述,标志着邓小平理论的初步形成。党的十三大到十四大,是这一理论的进一步发展和丰富的阶段。党的十四大报告从更宽广的视野和更高的理论层次,对邓小平建设有中国特色社会主义理论进一步做出科学的概括。党的十五大明确提出和使用了邓小平理论的科学概念,进一步阐明了邓小平理论是马克思主义在中国发展的新阶段,并且把邓小平理论确立为党的指导思想,明确写进了党章,标志着邓小平理论的正式确立和命名。

进入21世纪,面对国际国内新形势,江泽民同志于2000年2月25日在广东省考察工作时,从全面总结党的历史经验和如何适应新形势新任务的要求出发,提出了"三个代表"重要思想:"总结我们党七十多年的历史,可以得出一个重要的结论,这就是:我们党所以赢得人民的拥护,是因为我们党在革命、建设、改革的各个历史时期,总是代表着中国先进生产力的发展要求,代表着中国先进文化的前进方向,代表着中国最广大人民的根本利益,并通过制定正确的路线方针政策,为实现国家和人民的根本利益而不懈奋斗。人类又来到一个新的世纪之交和新的千年之交。在新的历史条件下,我们党如何更好地做到这'三个代表',是一个需要全党同志特别是党的高级干部深刻思考的重大课题。"

（四）新的历史时期以科学发展观为政治文化主导

在党的十七大上，胡锦涛总书记在《高举中国特色社会主义伟大旗帜为夺取全面建设小康社会新胜利而奋斗》的报告中提出，科学发展观第一要义是发展，核心是以人为本，基本要求是全面协调可持续性，根本方法是统筹兼顾，指明了我们进一步推动中国经济改革与发展的思路和战略，明确了科学发展观是指导经济社会发展的根本指导思想，标志着中国共产党对于社会主义建设规律、社会发展规律、中国共产党执政规律的认识达到了新的高度，标志着马克思主义的中国化，标志着马克思主义和新的中国国情相结合达到了新的高度和阶段。根据党的十七大部署，中央决定从2008年9月开始，用一年半左右的时间，在全党分批开展深入学习实践科学发展观活动。科学发展观是中国共产党党章规定的党的指导思想，是以胡锦涛为总书记的党的第四代领导集体对马克思主义、毛泽东思想、邓小平理论的发展，是中国特色社会主义理论体系的重要组成部分。自此，中国政治文化也进入新的历史时期，以国家和社会的科学发展作为学习、研究、实践的理论指导。

第二节　中国法律文化

一、礼法融合的中国传统法律文化

（一）礼法融合的中国传统法律文化的演变

中国早期奴隶制社会以西周为代表，其统治者以神权政治学说为基础，提出了"以德配天，明德慎罚"的统治思想。

战国时期，代表新兴地主阶级利益的法家学派提出了"变法"和"以法治国"的核心思想，以管仲、子产、商鞅和荀子等思想家为代表，由商鞅变法直接将法家思想变成以法治国的实践，运用法律手段推行富国强兵的措施，剥夺旧贵族的特权，全面贯彻"以法治国"和"明法重刑"的主张。秦国在商鞅变法之后迅速强盛，并最终统一六国，建立了历史上第一个中央集权的封建王朝。法家主张的"法治"分为三个要素。"国之所以治者三：一曰法，二曰信，三曰权。"即首先要将法令公之于众，"法者，国之权衡也"。法是治理国家的标准和依据。其次，执法要守信，要做到"信赏必罚"，则"民信其赏，则事功成；信其刑，则奸无端"。再者，要实行君主专制，遵守王权，"君尊而令行"。同时，法家主张重刑主义，从人性本恶的人性论出发，用刑罚减少和消灭犯罪，从而维持稳定的社会秩序。法家思想后经韩非继承并予以发展，系统深入地阐述法家的"法治"思想。

第四章 政治法律

以孔孟为代表的儒家学派从人性本善出发，主张"仁政"、"理治"。其治国方略主要体现在以下几个方面：为国以礼，以礼作为治理国家的规则，要求个人自觉以礼约束自己，不侵犯他人利益和"亲亲"、"尊尊"，"君君、臣臣、父父、子子"的等级名分之分；为政以德，宽待老百姓，不分贫富贵贱对老百姓进行教化和教育；以礼治刑，刑罚的运用要符合"礼"的要求；宽猛相济，当使用道德教化达不到效果时，可以诉诸暴力，使用刑罚。儒家学派从人性善的角度出发，主张仁政思想，只有在道德教育无效时才使用具有国家强制力的刑罚。

西汉建立后，为避免出现秦国暴政亡国的历史覆辙，推行礼仪和礼器制度，实施仁政，吸收了很多儒家思想，比如陆贾的以仁义为本、礼法融合的"中和"之治，贾谊的以民为本、礼治与法治融合的思想等，均代表了当时统治者的治国方略。这些理论后经汉文帝、汉景帝实施改革予以实施，儒家精神开始向法律制度层面进行渗透。

魏晋南北朝时期是中国历史大分裂、大动荡的历史时期，佛教、道教和玄学兴起，但在法律文化层面，以曹操、诸葛亮、傅玄、葛洪、张斐、杜预、王通等为代表，在不同历史阶段均提出了礼法结合、仁政、德刑相济的思想和主张，进一步在法律层面弘扬儒家学说。该时期同样创制了许多特色的法律制度，如"八议"制度、"准五服以治罪"、"官当"制度、"重罪十条"等。

隋朝结束长期的分裂，统一全国，但由于统治者无视业已形成的与儒家礼法结合的政治文化传统，独断专制，滥用刑罚，因其暴政迅速走向灭亡。唐朝统治者吸取教训，以"仁义"为治国之道，实施仁政，缔造了贞观之治。在推行仁政的同时，唐朝统治者也十分重视法制建设，他们认为"法，国之权衡也，时之准绳也。权衡所以定轻重，准绳所以正曲直，今作法贵其宽简，罪人欲其严酷，喜怒肆志，高下在心，是则舍准绳而正曲直，弃权衡而定轻重者也，不亦惑哉？"主张国家通过公平、宽简、稳定的法律来治国。唐高宗将《永徽律》的法律条文解释附于条文之后，颁布了《唐律疏议》，其篇首《名例》云"德礼为政教之本，刑罚为政教之用，犹昏晓阳秋相须而成者也"，高度概括了礼和法的关系。该法典代表中国古代立法的最高水平，为中华法系的代表性法典，也是中国历史上迄今保存下来的最完整、最早、最具有社会影响的古代成文法典，在中国古代立法史上占有最为重要的地位。《唐律疏议》确立的"十恶"不赦、六杀（根据主观意图区分杀人罪）、六赃（非法获取公、私财物犯罪）及区分公、私犯罪，自首原则等法律制度均反映了当时的立法水平已经达到了相当高的层次。

宋朝发明了印刷术，颁行了历史上第一部刊印法典《宋刑统》，并大量刻印儒家经典以及体现儒家思想的史家作品，"宋代官刻书籍，多侧重于儒家经典和正史"。同时宋代学校体系完备，通过学校强化对儒学的灌输和教育。到了元代，成吉思汗在燕京建孔庙，忽必烈修缮孔庙，元武帝加封孔子"大成至圣文宣王"，元顺帝"赐上都孔子庙碑，载累朝尊崇之意"，尊孔崇儒。宋元时期，城市商业经济较为发达，反映商品交换关系的民法有了一定的发展。

明清时期是中国封建社会统治的后期，也是集封建社会法律大成者，在立法方面更为完备。明清时期以颁布《大明律》、《明大诰》和《大清律例》作为统治国家的依据。明太祖制定的《大明律序》称"朕有天下，仿古为治，明礼以导民，定律以绳顽"，反映了其立法的指导思想还是维护千年来业已形成的封建社会的"礼"，以刑罚作为实现礼治天下的保障。《大明律》是明太祖朱元璋在建国初年开始编修，于洪武三十年完成并颁行天下的法典，《大明律》在法制史上具有重要地位，其律文简于唐律，精神严于宋律，成为终明之世通行不改的封建大法。《大清律例》是中国历史上最后一部封建成文法典，以《大明律》为蓝本，是中国传统封建法典的集大成者，汉唐以来确立的封建法律的基本精神、主要制度在《大清律例》中都得到充分体现。《大清律例》的制定充分考虑了清代政治实践和政治特色，在一些具体制度上，对前代法律制度有所发展改进。

（二）中国传统法律文化的特征

1. 礼法融合

所谓礼法融合，是指儒家法律文化与法家法律文化的融合。礼法融合贯穿于中国传统法律文化发展的始终。春秋战国时期为礼法融合的萌芽期，秦汉为礼法融合确立方向，三国两晋南北朝引礼入律，隋唐时期礼法融合完成，宋元明清礼法融合模式被重构巩固。

礼是中国古代社会的道德规范，是维护上层建筑以及与之相适应的人与人交往中的礼节仪式。作为道德规范，它是国家领导者和贵族等一切行为的标准和要求。在孔子以前已有夏礼、殷礼、周礼。夏、殷、周三代之礼，因革相沿，到周公时代的周礼，已比较完善。作为观念形态的礼，在孔子的思想体系中是与"仁"分不开的。孔子说："人而不仁，如礼何？"他主张"道之以德，齐之以礼"的德治，打破了"礼不下庶人"的限制。到了战国时期，孟子把仁、义、礼、智作为基本的道德规范，礼为"辞让之心"，成为人的德行之一。荀子比孟子更为重视礼，他著有《礼论》，论证了"礼"的起源和社会作用。他认为"礼"使社会上每个人在贵贱、长幼、贫富等级制中都有恰当的地位。在长期的历史发展中，"礼"作为中国社会的道德规范和生活准则，对中华民族精神素质的修养起了重要作用；同时，随着社会的变革和发展，

第四章 政治法律

"礼"不断被赋予新的内容,不断地发生着改变和调整。

儒家鼓吹的理想封建社会秩序是贵贱、尊卑、长幼、亲疏有别,要求人们的生活方式和行为符合他们在家族内的身份和社会、政治地位,不同的身份有不同的行为规范。封建社会统治者通过将儒家思想中"礼"的道德规范引入法律规范,通过国家强制力给予保障,使得"礼"的核心思想直接融入国家法律规范之中。"礼"在封建传统法律中的影响主要体现在三个方面:

第一,家法族规。封建法律对"礼"中的家长权和夫权给予确认。家长权包括家长对子女婚姻的决定权、财产的支配权、子女的惩罚权,并将"不孝"列入"十恶",实行零容忍;夫权包括一夫一妻多妾制,解除婚姻关系的"七出"(不顺父母去、无子去、淫去、妒去、疾恶去、多言去、盗窃去)休妻制等。

第二,封建王权和身份等级制度。封建社会统治者通过法律规范将儒家思想关于身份贵贱、尊卑的礼节、礼仪上升为国家意志,并通过数千年的不断发展巩固,使其成为中国的传统封建意识深植入国民思想。"危害皇权"和"欺君犯上"等侵害专制王权和身份等级制度的行为均被历代封建统治者列为罪名之首。

第三,礼教的发展。主要体现在历代封建统治者对孔子和儒家的推崇、科举制度的确立和发展、提倡孝行、家礼祭祀等民间礼仪的推广、善恶报应观念的宣扬等。

2. 制定法传统

公元前536年,春秋时期执政郑国的子产将郑国的法律条文铸在象征诸侯权位的金属鼎上,向全社会公布,史称"铸刑书",是中国历史上第一次公布成文法的活动。战国时期魏国魏文侯的相国李悝在总结春秋以来各国成文法的基础上制定了中国历史上第一部比较系统的封建成文法典——《法经》。之后历朝历代统治者均通过修订编纂封建法典并昭告天下,推行法治及巩固其统治地位。北宋时期,中国已经发明印刷术,并被迅速运用到法典的刊印颁行,《宋刑统》就是历史上第一部刊印颁行的法典。中国传统法律文化均是在历朝历代统治者制定成文法,自上而下推行的过程中逐渐形成的。

3. 诸法合一,以刑为主

《法经》是中国古代第一部系统的封建成文法典,分为《盗法》、《贼法》、《网法》、《捕法》、《杂法》、《具法》六篇,其中《盗法》、《贼法》是关于惩罚危害国家安全、危害他人及侵犯财产的法律规定,《网法》为囚禁和审批罪犯的法律规定,《捕法》为追捕盗贼及其他犯罪者的法律规定,《杂法》为关于盗贼以外的其他犯罪与刑罚的规定,《具法》为定罪量刑中从轻从重法律原则的规定。《法经》的体例和内容为后世封建成文法典奠定了重要基础并为后世不断发展完善。封建成文法典是统治者推行统治的依据，未作刑法、民法、行政法等部门法的区分，均为一个朝代一个法典，实行诸法合一。同时，法典均以刑法的内容为主，有少量的婚姻、继承等民事法律关系的内容，并且司法审批机关及程序也未作区分。和西方法律文化中公法私法相区分、私法制度即民商事法律发达相比较，中国传统法律文化体现出"诸法合一，以刑为主"的特点。

二、中国近现代法律文化

1840年鸦片战争以后，西方资本主义政治制度和法律制度为在末期清政府统治下的国民所接触，一些有识之士开始推动中国资本主义经济的发展和教育制度的近代化，清政府统治者也在内外压力下开始了古老中国的近代化进程。

（一）中国近代资产阶级法律文化的启蒙

清末统治者在内外各种压力下，于20世纪初10年间，开始了大规模的修律活动，将西方资本主义法律的形式与封建专制主义传统法律进行混合与嫁接，开始了以"预备立宪"为主的活动。1906年颁布《预备立宪上谕》，以"大权统于朝廷，庶政公诸舆论"为立宪根本原则，随后进行官制改革，宣布仿照西方"三权分立"原则将司法与行政分离，一改几千年来行政司法合一的体制。1908年公布"预备立宪"计划，制定实施刑律、民律、商律、刑诉律、民诉律等法典。清政府的一系列修律活动尽管未能改变封建专制王权，但这是中国传统法律文化解体的开端，也是资产阶级法律文化的启蒙，为之后中华民国的资产阶级法律文化的形成与发展提供了条件，同时也使得近代资产阶级法律文化知识在中国得到一定程度的普及和宣传，打破了中国传统法律文化对中国国民的思想统治。

（二）中国近现代资产阶级法律文化的尝试

辛亥革命推翻中国几千年封建王朝的统治，中华民国南京临时政府成立后，于1912年3月11日公布了中国历史上第一部资产阶级共和国性质的宪法文件《中华民国临时约法》（下文简称《临时约法》），以孙中山的民权主义学说为指导思想，确定了资产阶级民主共和国的国家制度、政治体制和组织原则，体现了资产阶级的民主与自由的精神。北洋政府时期，政府于1914年5月1日公布了《中华民国约法》（下文简称《约法》），彻底否定了《临时约法》确立的民主共和制度，代之以个人独裁，取消国会制，否定《临时约法》规定的人民基本权利，全面确立军阀专制，因《约法》为袁世凯一手操纵，

第四章 政治法律

也被称为《袁记约法》。北洋政府于1923年10月10日正式颁行《中华民国宪法》,用民主形式进一步确立军阀专制,并为平衡大小军阀的利益关系,对"国权"和"地方制度"作了专门规定。从辛亥革命到北洋政府期间,中国近现代资产阶级在法律文化方面进行尝试,不但未达到建立民主共和国家的目标,反而被传统封建军阀势力所利用——用资产阶级民主等形式实现军阀专制。

(三) 中国现代资产阶级法律文化的崩溃

中国新民主主义革命以来的无产阶级运动,以马克思列宁主义为指导思想,动员全体劳动人民反对旧封建残余、买办资产阶级、封建军阀等一切反动势力,开辟了一条实现民主、自强的全新社会主义道路,将中国近现代封建势力和未完成的资产阶级革命推向崩溃瓦解。1946年南京国民政府通过《中华民国宪法》,之后相继颁布《动员戡乱时期临时条款》、《维持社会秩序临时办法》、《戒严法》、《紧急治罪法》等,进一步推行个人专制、剥夺人民权利、保护封建剥削、加强官僚垄断经济,一步步将官僚资本主义推向崩溃边缘。

三、中国当代法律文化

1949年10月1日中华人民共和国成立,人民民主专政的社会主义国家开始了社会主义法制建设和法治建设。

(一) 社会主义法制的建立

以马克思列宁主义为指导思想,新中国在政治体制上确立了无产阶级政党——中国共产党领导的多党合作制度,实行人民民主专政,建立人民代表大会制度,确立了以公有制为主体、多种经济形式并存的经济体制以及以按劳分配为主体的分配形式,开展有中国特色的社会主义精神文明建设,并于1954年制定了我国第一部社会主义宪法。

(二) 社会主义法制的完善

1982年,在全面总结我国社会主义革命和建设经验的基础上,制定了《中华人民共和国宪法》,即现行宪法,并以此为基础,开始了完善社会主义法制的进程,《中华人民共和国民法通则》、《中华人民共和国民事诉讼法》、《中华人民共和国刑法》、《中华人民共和国刑事诉讼法》、《中华人民共和国立法法》、《中华人民共和国地方各级人民代表大会和地方各级人民政府组织法》、《中华人民共和国人民法院组织法》等一系列社会主义法律制度相继建立并不断完善,形成了较为完整的社会主义法律制度体系。

(三) "依法治国"方略的确立和社会主义法治国家

党的十五大报告第一次对"依法治国"方略做了详细的描述,九届全国人大二次会议将这一基本方略写入我国宪法,成为具有最高法律权威的宪法原则。这是在我国历史上,第一次把依法治国作为治国方略和现代化建设目标提出。党的十六大强调依法治国是党领导人民治理国家的基本方略。党的十七大报告明确提出"全面落实依法治国基本方略,加快建设社会主义法治国家"的精神,中国开始了建设社会主义法治国家的新篇章。

思考题

1. 简述中国传统政治文化和传统法律文化的特征。
2. 简述中国近现代政治文化和法律文化的形成。
3. 简述中国当代政治文化和法律文化的发展轨迹。

参考文献

[1] 礼记·中庸. 太原:山西古籍出版社,1999.

[2] 孟子·离娄. 太原:山西古籍出版社,1999.

[3] 荀子·君道. 太原:山西古籍出版社,1999.

[4] 范忠信. 中国法律传统的基本精神. 济南:山东人民出版社,2001.

[5] 熊月之. 西学东渐与晚清社会. 上海:上海人民出版社,1994.

[6] 梁波. 中国近代政治文化的变迁. 学术交流,2001(9).

[7] 姚瀛艇. 宋代文化史. 开封:河南大学出版社,1992.

[8] 宋濂,王袆. 元史. 北京:中华书局,1976.

[9] 史广全. 礼法融合与中国传统法律文化的历史演进. 北京:法律出版社,2006.

[10] 李春明. 全球化与当代中国政治文化发展. 济南:山东大学出版社,2009.

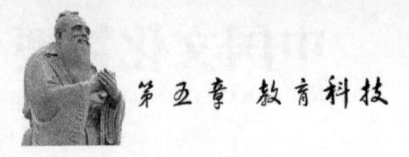

第五章 教育科技

中国的教育和科技，其发展从远古至今从未中断过，为中华文明和世界文明作出了突出的贡献。中国的学校教育萌芽于五帝时代，经历了奴隶社会的"学在官府"和私学兴起、封建社会相对稳定的教育构成体系、近代教育的激烈变革，之后转以西方教育方式为主。新中国成立后，我国教育曾学习苏联的教育方式，而今走上了中国特色社会主义教育的蓬勃发展道路。中国的科学技术，在古代一直处于世界领先地位，各个领域都有许多"世界之最"，尤其是"四大发明"传入欧洲后加速了西方近代文明的崛起。但是，16世纪后，由于腐朽的封建政治经济制度的阻碍和反动僵化的社会意识的束缚，中国科技从传统的顶峰跌落了。然而，中华民族不甘落后，近现代先贤深入持久地开展了"西学东渐"运动，全面吸收世界三次科技革命的成果。而今，中国实施"科教兴国"战略，在一些学科与技术领域率先突破，科技成就显著，大大缩短了与西方科技强国的差距，进入了与国际科技全面接轨的时期。

第一节 各时期中国教育

中国是世界上学校教育历史最悠久的国家之一，从五帝至今近5000年，教育的发展一直绵延不断。今天的中国，正致力于从教育大国迈向教育强国，从人力资源大国迈向人力资源强国。

一、中国古代各历史时期的文教政策和教育制度

整个古代中国的教育，是一个不断创新发展的过程。学校教育产生后，各个时期的统治者基本上都将教育视为治国安邦之本，促使官学（含中央官学和地方官学）和私学体系不断发展，而不同时期的官吏选拔制度对教育的发展又有着重大的影响。

（一）先秦时期

中国原始社会的教育活动存在于生产生活中，教育的主要手段是在自然状态下的口耳相传和模仿，教育机会对每个人都是均等的。

相传，公元前2700年的五帝时代，出现了名为"成均"的古代学校萌芽。到了夏朝，就出现了最早的学校教育。

夏、商和西周，是奴隶社会教育形成、发展到鼎盛的时期，此时的教育具有鲜明的阶级性和等级性。当时的学术探讨和少量由竹简与木牍制作的书册都由朝廷及各级政府把持，史称"学术官守"。相应地，出现了"学在官府"，即学校由政府主办，教师均由行政官员兼任，官师合一，教育对象只是贵族子弟，普通百姓无权受教育，教学内容为"六艺"（礼、乐、射、御、书、数）。民间无学术，更无学校教育。

春秋战国时期是中国教育剧变的时代。这个时期，周天子权威尽失，列国纷争，原来的官学教育体制崩溃，各诸侯国的统治者和新兴的地主阶级为了扩张势力，盛行养士，于是私学作为一种新的教育形式应运而生，学校教育从官府移向民间。

私学始于春秋而盛于战国。诸子百家都创办了私学，其中，儒家的孔子是最为杰出的代表，对中国古代教育产生了决定性的影响。而战国时期有一私学曾声名大噪，这就是稷下学宫。它因建于齐国都城临淄的稷门附近而得名，至齐国灭亡时结束，存续约150年，它名义上是齐国官办的一所高等学府，实际上由许多私学组成，师生最多时达数万人，综合发展了春秋以来私学的长处，集讲学、著述、育才活动为一体，并兼有咨政议政作用；其重要特色是容纳百家、学者云集、思想自由、学术自由、辩论自由、游学自由、听讲自由、学无常师，是诸多学派思想交锋的园地，儒、道、法、名、阴阳等各家各派都在此有比较充分的发展，先后称雄一时。

（二）秦汉时期

这时期我国创立和发展了封建教育制度，但秦汉的文教政策截然不同——秦代"焚书坑儒"，汉代却"独尊儒术"。

秦代推崇法家学说，为高度统一思想，规定教育的内容限于法令，教师由官吏担任，严禁传播各种学术思想的私学，还极端到焚书坑儒。暴戾、专制的统治，导致秦王朝覆灭。

西汉时，在早期的60多年吸取秦朝严刑峻法的教训，推行道家的无为而治，解禁私学，使儒学得以复苏。汉武帝时确立了"罢黜百家，独尊儒术"的文教政策，这成了之后中国封建社会文教政策的基础。

汉代的教育有很大发展，建立起由官学和私学组成的比较完善的学校教育体系。中央官学方面，公元前124年设立最高学府太学，由教官（称博士）为学生（称博士弟子）专门教授儒家经典，这是中国封建社会高等教育机构的开端；178年在洛阳鸿都门创办一种开世界先河的、研究文学艺术的专门学校；汉朝还有贵胄学校和宫廷学校两种宫邸学校。地方官学方面，汉景帝时蜀郡太守文翁在成都兴办学校，汉武帝即位后下令各郡国依照蜀郡设立学校，到

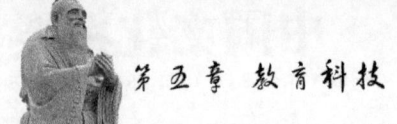

第五章 教育科技

东汉时郡国学校林立。私学方面，承担初等教育的书馆和承担高一级教育的经馆发展极盛。

汉代选拔官吏采用察举制，这一方式对"独尊儒术"的文教政策起到巩固作用。察举制主要是由地方长官在辖区内考察、选取人才并推荐给上级或中央，经过试用考核再任命官职。汉武帝时，明确规定凡儒家以外的各家均不得举，开创了以儒术取士的标准。太学弟子在儒家经典考试中所取得的等级，也与获得的官职相对应。

（三）魏晋南北朝时期

这一时期约有370年，战乱和王朝更迭频繁，教育总体上不景气，官学时兴时废，教育事业的延续主要依靠私学和家学。因时局动荡，儒学一统天下的地位受动摇，儒学日渐退居次要地位，佛、道、玄学乘机发展起来。在多元文化背景下产生的各类学者，有不少试图通过讲学来实现自己的抱负，于是私学便如雨后春笋般发展起来，成了当时的教育主流，但规模不同、层次不一。

这时期的中央官学，总体而言，在继承汉代的制度框架的基础上有以下突破：①教育的等级性加强。例如，两晋创办了国子学，惠帝时规定五品以上官员的子弟才能入读。②学校教育制度多样化。譬如，最高学府中太学与国子学并行；南朝宋设立儒学馆、玄学馆、史学馆、文学馆。③打破了儒学垄断，开启了专科实科教育。如魏国开始设置律学，打破经学一统的局面；北魏、北周设有书学，北周设有算学等。④表现出教育行政专门化的趋向。例如北齐创设的国子寺，具有训教胄子、统理学官和生员等多种功能，实际上已成为独立的教育管理机构，后为隋唐承袭。

这时期的学校教育还受到"九品中正制"选士制度的冲击。这种制度是朝廷在州、郡分设大、小中正官，负责考察士人的家世、道德和才能，将士人评定为九个品级作为选官的根据。制度施行之初，品级评定标准还比较全面，但到了魏末晋初，中正官一职完全被豪强地主形成的门阀世族把持，使家世成为品评士人的唯一标准，造成"上品无寒门，下品无世族"。这就堵塞了寒门士子的仕进之路，严重挫伤了他们的学习积极性。

（四）隋唐时期

我国封建社会教育在隋唐进入鼎盛时期。这时期，儒、佛、道在相互斗争中进一步走向融合，统治者在崇尚儒学的同时，亦提倡佛教与道教，整体上维持着以儒学为主干、以佛道为两翼的文化教育政策，但也随政治的需要和皇帝的个人喜好而调整三者的关系。

隋唐时期的学校教育具有种类齐全、机构健全、制度完善、组织管理严密等鲜明特点。

隋时，文帝袭北齐设立国子寺，总辖国子学、太学、四门学等，炀帝改国子寺为国子监（国子监之名一直沿用到清朝），设祭酒总管教育。这是我国历史上中央政府设立专门教育行政部门和设置专门教育长官的开始。隋朝还设置了医博士、兽医博士、律博士，为唐朝医学等的创建奠定了基础。

唐代的官学教育体系完备，是我国封建社会学校教育的典型。中央官学系统的主干是国子监领导下的"六学一馆"（国子学、太学、四门学、书学、算学、律学、广文馆），主要教授经学；旁系由政府职能部门负责管理，多属专科与职业类的教育，如尚书省祠部的"崇玄馆"，学习《道德经》、《庄子》、《列子》、《文子》等。州、府、县各级行政区域都设立儒学、医学、崇玄学等地方官学。唐代的专业实科教育（主要有律学、书学、算学、医学、天文学、音乐学、兽医学、工艺学等）在当时世界上处于领先地位。

隋唐也是继汉代之后第二次出现私学与官学共存共荣的时期，社会上每一种专门学术都有私学传授。唐朝还明文鼓励私人办学。那时，有些大儒专门以办学授徒为业；一些学者，一方面居官理事，一方面聚徒讲学，韩愈就是杰出代表。

从隋唐起，科举考试对学校教育有着深刻的影响。科举制脱胎于"察举"，形成于隋，发展与完善于唐，宋代达到鼎盛，明清走向衰微直至灭亡，历时1300年，对教育产生重大的影响。隋时，文帝废除"九品中正制"，依察举之制选拔人才；炀帝于606年置进士科，标志着科举制的创立。唐朝起以分科考试选拔人才，面向全社会公开招考。科举制的创立和实施，极大地调动了广大中小地主的学习积极性和地方官吏、社会贤达兴学设教的热情，促使各类学校蓬勃发展；同时，也使教育完全成了科举的附庸，教师的教、学生的学，都是为了科举。

（五）宋元时期

宋元时期的教育有不少创新和发展。宋朝采用"重文轻武，重视科举，尊孔崇儒，提倡佛道"的文教政策，以文治国，重视发展教育事业；元朝则一方面大力推行汉化政策，广泛吸收以儒学为主体的中原文化，同时又按民族分层的标准，建立有利于蒙古族的教育体系。

北宋时，先后发起了三次兴学运动，有不少创举。第一次是由范仲淹主持的"庆历兴学"，推行教育家胡瑗的"分斋教学"制度，在太学中设"经义"、"治事"两斋，经义斋学习儒家经学，治事斋设水利、军事、天文、历算等实用学科，学生可选择其中一科为主修，另选一科为辅修，在中国开创了同一学校里分科教学、主副修制以及实用学科与儒家经学地位同等的先河；第二次是由王安石主持的"熙宁兴学"，创立"三舍法"，将太学生员按学业程度和入学先后,由低到高分为外舍、内舍和上舍三个等级,学生通过考试来升级;第三次是由蔡京主持的"崇宁兴学",在京城南门外营建规模恢宏的辟雍作为太学的外舍,扩充太学。

  北宋还确立了学田制度。学田就是属于学校的田产,学校把学田租佃给附近的农民,收取一定量的租粮或钱物,用作办学的经费。

  两宋时,书院也逐渐形成了较为完整的教育体系,自此成为我国封建社会后期一种重要的教育组织形式。书院之名始于唐代,最初指收藏、整理图书的机构或个人读书的场所。以讲学活动为主的书院萌芽于唐末,初兴于五代。宋时的书院将教育、教学和学术研究结合起来,成为著名学者授徒讲学、培养人才之地,主持人称洞主或山长。两宋的著名书院有石鼓书院、白鹿洞书院、应天府书院、岳麓书院、丽泽书院与象山书院,它们或是私人设置,或是地方郡守修建,均不纳入官学系统之中,都以理学家及心学家的教育思想为指导,强调教育的首要任务是培养人的封建德性,反对以追逐科举及第为直接目标的学校教育和社会风气。书院采取自学、共同讲习和教师指导相结合的方式进行教学,以自学为基础,教师注重指导学生读书和研究学问的方法,倡导学生、师生、师友之间开展学术争辩,因而形成书院特有的自由讲学交流的学风。但是到元代,政府加强对书院的统治,通过由政府委任山长、规定教学内容、拨给经费的方式使书院官学化,使其逐渐变成了科举的附庸。

  元代的官学设置,表现出强烈的官僚等级特权和民族特权。譬如元代国子学就有三种:一是国子学,是专门学习汉文化的学校,主要传授儒家经典,以汉文教学,但是蒙古族学生占学额半数;二是蒙古国子学,用蒙古文进行教学,学生以蒙古族最多,旨在发展本民族的文化,加速培养本民族的人才;三是回回国子学,是专门学习波斯文的学校,是我国中央官学最早的外国语学校,学生一般是官僚子弟,毕业后当译官。

  宋元时期,也是我国古代蒙学发展的一个重要阶段。蒙学,既是指儿童初入学时所上的学校,又是指从事蒙养教育阶段(一般指七八岁至十五六岁的教育阶段)的学校。宋元时期的蒙学不仅在数量上发展较快,而且形成了相对稳定的教学内容和教学程式,一般按照以下三个阶段进行教学:第一阶段强化识字教育和写字训练,以《三字经》、《百家姓》、《千字文》为最常用的教材序列;第二阶段强调识字、思想道德、知识教育相结合;第三阶段则开始初步的读写训练,并开始教授儒学的基本经典,从元代开始,这一阶段普遍采用"四书"作为教材。这些教育内容、方法及教材等对明清蒙学教育产生了重要影响。

（六）明清（鸦片战争前）时期

中国封建教育在这一时期走向顶峰，在制度方面可谓高度完善，但腐朽的弊病也暴露无遗。

明清政府都重视利用教育和人才来巩固政权。明立国之初，即确立"治国以教化为先，教化以学校为本"的文教政策；清朝入关后，也很快确立了"兴文教，崇经术，以开太平"的文教政策。因此，明清广兴学校，有着严密的教育教学制度。

明代从地方到中央，从小学到大学形成一个紧密衔接的学校体制。中央设有大学性质的国子监，有专门学校性质的宗学、武学、医学、阴阳学；各级行政区、军队和各都各司设有中等学校性质的儒学；各府、州、县设立小学性质的社学。由此形成了国子监——儒学——社学三级学制系统。

明代国子监还创立了相当于实习制度的"历事制"，规定学生学习到一定年限，分到政府各部门"先习吏事"。历事期间，他们白天到各部门值班，晚上则归宿国子监斋舍温习功课。历事时间短则三月，长则一年。期满进行考核，勤谨者报吏部备案，遇到官职有空缺，依次取用；表现平常的再令继续历练；表现不佳、成绩列为下等的送还国子监读书。

清代的中央和地方官学制度基本沿袭明代，但也有特别之处：一是中央官学专门设立八旗子弟学校，还举办俄罗斯文馆和算学两所专门学校；二是地方官学实行"六等黜陟法"，其基本特点是对生员进行动态管理，生员的等级不固定，根据学业成绩或升或降。

此外，明清时文化教育上的专制主义表现明显。明清都极力树立儒学和理学的权威地位，将程（颐、颢）朱（熹）理学奉为正宗，科举考试的"四书五经"以程朱的注释本为标准，以八股文取士，以此来钳制读书人的思想；在教育制度方面制定一系列严厉的学规，控制师生的言行；大搞文字狱，用血腥镇压来扼杀知识分子的不同思想。

二、中国近现代教育发展的基本过程和阶段特征

鸦片战争后，中国的教育急剧变革，进入为期大约一个世纪的近现代教育的发展历程。

（一）中国近代教育的形成时期

鸦片战争之后到辛亥革命前的清代教育，是中国由绵延数千年的古代教育向近代教育转轨，并走向教育近代化的关键时期。

1. 中国传统教育所面临的冲击

两次鸦片战争失败后，随着中国独立地位的丧失，西方列强开始在中国兴

第五章 教育科技

办教会学校,这可以说是中国近代教育的开端。中国最早的教会学校是马利逊学堂,1839年11月在澳门设立,1842年迁至香港。到1860年,在江南一带的天主教小学有90所,设于五个通商口岸的基督教新教小学有50所,这些学校一般都设有数学、天文、地理等课程,成为中国近代最早以学校形式传播西学的组织。早期教会学校还招收女生,堪称是近代中国女子教育的先声。

此时,以龚自珍、魏源等为代表的一批先行觉醒的知识分子,针对清代封建教育呈现病态发展的特点,发出要求变革和向西方学习的呼声,成为教育改革的思想先导。他们批判科举制度以单一的儒家经义和八股文作为选才的标准,呼唤建立一种"不拘一格降人才"的选人用人制度,倡导"经世致用"的学风,提出"师夷长技以制夷"的思想。太平天国运动更是猛烈冲击了清王朝封建文化教育体系。

2. 中国教育近代化的启动

19世纪60至90年代的洋务运动时期,由于兴办的洋务学堂和大量扩张的教会学校都具有近代教育的特征,被并称为新式学堂,它们开启了中国教育近代化的进程。

洋务学堂共办了30余所,开端是1862年设立的京师同文馆。它们大致分为外国语("方言")学堂、军事("武备")学堂和技术实业学堂三类。其目标是培养洋务活动所需要的翻译、外交、工程技术、水陆军事等多方面的专门人才,教学内容以所谓"西文"与"西艺"为主,教学组织形式采用班级授课制,这些都有别于中国传统学校。洋务派在兴办洋务学堂的同时,还组织了几次较大规模的留学教育,派遣留美幼童和留欧学生共约200名,对引进"西学"和推进中国教育近代化产生了深远的影响。

这时的教会学校由自发状态向制度化转变,尤其是基督教教会学校,呈有组织地、规范地扩展,数量大增(19世纪末约有2000所),层次不断提高(中等学校比例增多,不少学校在中学的基础上发展了大学班级)。此时,近代第一个在华基督教教会的联合组织——学校与教科书委员会于1877年成立,1890年改组为中华教育会后,实际上成为中国基督教教会教育的最高领导机构。教会学校除宗教课程外,课程设置和洋务学堂并无显著差别,在教学体制、课程规划、教学方法、考试管理等各方面,都具有近代教育的特征。这样,教会学校成了中国人学习西方教育的"样本"。因此,虽然教会学校的根本目的是进行宗教和文化扩张,但在客观上也促进了中国传统教育向近代教育过渡。

3. 中国近代教育形态的确立

中国在维新变法和清末新政时期展开近代教育改革,并确立了近代教育的形态。

维新派于1895年在天津开办中西学堂，1896年在上海设立南洋公学（民国后发展为交通大学），这两所学校具有初级、中级、高级三级学制的雏形，在形式上最早采用了西方近代学校体系。他们还于1898年进行一系列教育改革，建立了全国最高学府京师大学堂（目的是要作为全国学堂的表率，辛亥革命后改名为北京大学），兼设中学堂、小学堂，附设师范斋（实建于1902年，为北京师范大学前身）。

1901年，清政府为维护其摇摇欲坠的统治，开始推行新政，在教育方面实行所谓"新教育"，设立新学堂，建立新学制。1902年8月颁布了"壬寅学制"，但未实行就被1904年1月颁布的"癸卯学制"取代了。"癸卯学制"主系列划分为三段七级：初等教育阶段，包括蒙养院4年、初等小学堂5年和高等小学堂4年；中等教育阶段，设中学堂5年；高等教育阶段，包括属于大学预科的高等学堂3年、大学堂3～4年、属研究院性质的通儒院5年。在主系列之外还有其他各类的学堂，主要有实业类和师范类学堂等。1905年，清政府成立了学部统辖全国教育，次年各省设提学使司，各府、厅、州、县设劝学所作为教育行政机关，形成了一套新的教育行政系统。1905年9月，光绪帝在部分官僚多次上书疾呼废科举的形势下，宣布从1906年起停止科举考试，为新教育体制的推行扫除了最大障碍。清政府还于1906年宣布"忠君、尊孔、尚公、尚武、尚实"五项教育宗旨；同年，王国维从受教育者的基本素质要素出发，在中国近代教育史上第一次提出德、智、体、美四育并重的教育宗旨。至此，中国的近代学制大体上构建起来。

4. 清末留学高潮

20世纪初，在清末新政的激励下，形成了空前规模的留学高潮。首先，留日学生逐年增多，1906年达到最高峰（超过8000名）。然后在美国实行"退款兴学"政策后，留美潮流逐渐兴起。1908年，美国政府决定从下一年起，将所得的庚子赔款（1901年《辛丑条约》规定的赔款）的一部分退还中国，主要用于派遣留学生到美国。1911年一所留学预备学校清华学堂开办，这就是后来清华大学的前身。美国的这一举动后来被部分国家仿效，这就是所谓的"庚款兴学"或"退款兴学"。

（二）中国近代教育的深化时期

辛亥革命时期和北洋政府时期是中国近代教育的改革与深化时期，历时两千多年的封建教育制度也随着中华民国临时政府成立后建立资产阶级民主共和的教育制度而终结。

第五章 教育科技

1. 中国近代学制的制定

1912年1月，南京临时政府成立教育部，颁布了《普通教育暂行办法》和《普通教育暂行课程标准》两个改革封建教育的纲领性文件。《普通教育暂行办法》的主要内容强调男女平等，允许初等小学男女同校，各种教科书务必符合共和民国宗旨，废止小学读经，中等学校为普通教育且不分文科与实科等，比较充分地反映了资产阶级的教育要求。1912年2月，教育总长蔡元培提出了"五育并举"（公民道德教育、军国民教育、实利主义教育、世界观教育和美感教育）的教育方针。1912年9月，民国学制系统的结构框架公布，至1913年8月，又陆续公布一系列教育法令法规，形成了一个全面完整的学制系统——壬子癸丑学制。此学制按三段四级划分学制：初等教育段，分初等小学校4年和高等小学校3年共两级，不分设男校女校，其中初等小学为义务教育；中等教育段，设中学校4年，文、实不分科，专设女子中学；高等教育段，分为预科3年、本科3~4年、大学院（不定年限）三个层次。

1922年，北洋政府对壬子癸丑学制进行改革，采用美国式的小学6年、初中和高中各3年的"六三三学制"，设立三年制综合高中，在中学实行选科制和学分制，兼顾学生升学和就业两种准备，取消大学预科。1922年学制标志着中国近代学制的制定基本完成。

2. 新文化运动的教育观念与实践

袁世凯独裁统治时期，掀起一股恢复封建文化教育的浪潮，但这种回潮现象受到来自陈独秀、李大钊、鲁迅、胡适等为代表的激进民主主义者的反击，进而在文化思想领域发动了一场反封建的新文化运动。

如果说，洋务教育是在技艺层面上，维新教育是在制度层面上接受西方教育，那么，新文化运动是在思想观念层面上自觉接受和跟上西方教育。新文化运动人士倡导个性化教育，呼吁教育要尊重儿童，学校要以个人和儿童为本位；坚持教育的"庶民"方向，促进教育机会平等；提倡务实教育和发展职业教育；在教育内容中提高科学的比重，养成科学精神。这些教育观念成为社会教育改革的时代潮流，带来20世纪二三十年代中国教育理论的繁荣，在20年代前后的十多年时间里，出现了一些有影响的教育思潮和相应的教育实践运动，主要有平民教育思潮和平民教育运动、工读主义教育思潮及其实践、职业教育思潮、实用主义教育思潮、科学教育思潮、国家主义教育思潮、勤工俭学运动等。

新文化运动推动了学校教育多方面的改革。一是废除读经。二是开放女子教育，中等学校男女同校之风兴起，1920年北京大学正式招收女生。三是白话文取代文言文，1922年国民学校停止使用文言文编的教科书。四是改革学校教学内容和方法，科学教育化和教育科学化进展明显。其中，科学教育化是加大科学在学校教育内容中的分量；教育科学化是提倡以科学的方法研究和办理教育，倡导以启发式教学代替注入式教学。五是改革大学教育，序幕的拉开是蔡元培1917年接任北京大学校长后对北大的改革：他提出囊括大典、网罗众家、思想自由、兼容并收的办学方针；将年级制改为选科制，实行学分制；改革学校管理体制，设评议会，实行民主管理；筹设研究所，组织各种研究会；采用白话文讲义，帮助学生办刊物，成立各种学会等。此后，各大学逐渐按北京大学的制度管理校务。

3. 收回教育权运动

五四运动后特别是20世纪20年代中期，全国掀起了一场向在华基督教机构收回教育权的运动，实际上是一场全国规模的反教会教育、反奴化教育运动。

进入20世纪以后，教会学校在数量和办学层次上都有所发展，形成了一个庞大的完整独立的办学体系，中国政府没有办法监督它们的办学方针和课程。五四运动后，中国人尤其是中国知识分子增强了爱国主义精神，提高了对教育主权问题的敏感度，例如，1922年蔡元培在《教育独立议》一文中提出教育与宗教分离的主张；1923年余家菊发表《教会教育问题》一文，提出"收回教育权"的口号，要求教会学校实行注册。

1924年4月，广州圣三一学校的学生因为筹备举行国耻纪念活动而遭到校方禁止，并有一些学生被开除，因而进行罢课斗争并发表宣言，提出"反对奴隶式教育"、"争回教育主权"的口号。该行动迅速波及广州十几所教会学校，很快成为全国规模的收回教育权运动，并在1925年跟五卅反帝爱国运动汇合在一起达到高潮。北洋政府迫于压力，于1925年11月由教育部颁布了《外人捐资设立学校请求认可办法》。

收回教育权运动取得了一定的成效：运动以后大部分传教士开始承认中国政府有权监督中国境内的一切学校，大多数教会学校都向中国政府申请注册；教会学校开始重新组织课程，向中国政府教育部规定的课程标准靠拢；在学校管理上开始吸收中国人作为行政管理人员。

（三）南京国民政府时期国统区的教育

1927年4月，国民党在南京成立了国民政府，在其统治时期和统治区域，中国现代资产阶级教育的发展进入成熟期。

1. 国民政府时期的教育宗旨及方针政策

1929年，《中华民国教育宗旨及其实施方针》颁行，提出教育宗旨为"中华民国之教育，根据三民主义，以充实人民生活，扶植社会生存，发展国民生

计,延续民族生命为目的;务期民族独立,民权普遍,民生发展,以促进世界大同";1931年颁布《三民主义教育实施原则》,分别对各类教育规定了具体的实施目标和纲要;1931年修订并再次公布了"三民主义"教育实施方针,使内容更加完备。由此确立的教育宗旨和方针,在国民党败走台湾前,一直是国民政府实施教育的法定依据。

在抗日战争时期,国民政府提出了"战时须作平时看"的教育政策。1937年8月颁布《总动员时督导教育工作办法纲要》,以"一切仍以维持正常教育"为主旨,提出了一些战时教育措施,主要有战时各地要尽力维持教育、安全区域内学校要尽力收容战区学生、学校要尽力适应国防需要、学校要组织后方服务团等。1938年4月颁布的《战时各级教育实施方案纲要》、《中国国民党抗日救国纲领》等,要求教育在"战时须作平时看"的总原则下,适当"改订教育制度及教材、推行战时课程",训练抗战所需要的各种专门技术人员,加强传统文化教育,"以立民族之自信"等。

2. 国民政府时期教育发展的三个阶段

(1)1927年至抗战前,教育稳步发展。小学从1929年的212385所增加到1936年的320080所;调整中等教育结构,废除了综合中学制,分设普通中学、师范学校、职业学校;高等教育政策为"提倡理工,限制文法",使理工农医等科的学生逐年增加,文法商教育等科的学生逐年减少,学科专业结构逐步趋于合理,改变了中国历来重文轻实的教育传统。

(2)抗战时期,初期教育遭到严重破坏,但由于执行了"战时"的教育政策和广大教育界人士的努力,各级教育特别是中、高等教育有较大发展。先后新办了34所国立中学、14所国立师范学校、14所国立职业学校;在抗战前期,国民政府将部分即将沦为敌占区的大学迁往内地,至1938年底,共迁址调整大学55所,其中清华大学、北京大学、南开大学迁往昆明成立西南联合大学,北平大学、北平师范大学和天津北洋工学院迁至陕南的3个县6个地方组成西北联合大学,南京中央大学迁往重庆。这样,高等教育的基本力量获得保存和一定的发展,学校和学生的数量比战前都有较大的增长。

(3)抗战结束后,各级教育曾保持良好的发展势头,但由于国民党发动内战,致使国统区出现空前的经济危机。1948年初,物价指数达到战前的20万倍,师生无以维持生计,教育危机日益严重。

3. 国民政府对学校教育的管理控制措施

国民党为了维护其统治,采取了一系列措施对学校进行管理和控制,主要包括以下几方面:

(1)政治压制。1930年12月,蒋介石亲自兼任教育部长以整顿教育,颁布了《整顿学风令》和《告诫全国学生书》，规定学生"不得干涉行政"，对"破坏法纪之学潮，自与反革命无异"，政府将"以治反动派者治之"。

（2）建立训育制度和导师制。国民政府先在各级各类学校设训育处或训导处，配训导长或训育主任及训育员，抗战后又在中等以上学校推行导师制，对学生的品德、生活进行训导，严密控制学生的思想和行为。国民政府把传统的伦理道德归结为礼、义、廉、耻"四维"和忠、孝、仁、爱、信、义、和平"八德"，作为训育的基本内容。在抗战以前还特别注意在学生中做反共宣传，即所谓揭露"共匪罪恶"的宣传。

（3）实行教科书审查制度。国民政府先后颁布了一系列教科书审查条令，规定各级各类学校采用的教科书必须经过最高教育行政部门和1932年设立的国立编译馆审查，否则不得发行和采用。教科书审查包括政治标准、内容标准、组织形式标准、语文文字标准和印刷装帧标准，其中政治标准为"适合党义，适合国情，适合时代"。

4. 乡村教育运动

国民政府时期，除官方教育外，有许多进步的知识分子和教育家在教育改革和试验方面做了大量的工作，以20世纪20～30年代的乡村教育运动最轰烈。著名的有晏阳初、陶行知、黄炎培、梁漱溟等教育家分别在河北定县、南京郊区、江苏昆山、山东菏泽及邹平等地开展的乡村教育试验活动，其共同特点是试图通过实行农村平民教育来改进农村教育落后的情况，主张加强学校与社会的联系，强调教育的社会化、社会的教育化，提倡教学做的统一。

（四）新民主主义教育的产生和发展

新民主主义教育是指新民主主义革命时期，由中国共产党领导的，以马克思主义为指导的，人民大众反对帝国主义、封建主义和官僚资本主义的教育，即民族的、科学的、大众的教育。

中国共产党诞生后就十分重视文化教育工作，把教育作为革命斗争的武器，深入工矿企业和农村，积极地、因地制宜地开展工农革命教育，还创办了一些如湖南自修大学、上海大学等的干部教育学校，国共合作时期还创办培养农民运动干部的农民运动讲习所。这些都表明了新民主主义教育的萌发。之后，新民主主义教育先后经历了第二次国内革命战争时期、抗日战争时期、解放战争时期和中华人民共和国成立初期四个时期。

1. 苏维埃革命根据地的教育

1927年到1937年第二次国内革命战争时期，中国共产党在革命根据地建立了各级苏维埃政权，在进行土地革命和经济改革的同时，积极开展文化教育建设。尤其是1931年11月建立中华苏维埃共和国临时中央政府后，至1934

第五章 教育科技

年10月红军开始长征前，苏区教育获得了空前发展，新民主主义教育进入一个新阶段。

这时，中国共产党对新民主主义教育方针有了最初的、较为明确的表述，那就是毛泽东为苏维埃文化教育提出的四个"在于"总方针，即"在于以共产主义的精神来教育广大的劳苦民众，在于使文化教育为革命战争与阶级斗争服务，在于使教育与劳动联系起来，在于使广大中国民众都成为享受文明幸福的人"，同时提出了教育的中心任务"是厉行全部的义务教育，是发展广泛的社会教育，是努力扫除文盲，是创造大批领导斗争的高级干部"。

苏区的教育有干部教育、成人教育和儿童教育三类。干部教育办得较好，譬如1933年创办的、比较有影响的高级干部学校就有属于苏维埃党校的马克思共产主义大学、属于综合性大学的苏维埃大学、属于苏区最高军事学府的红军大学。成人教育的基本形式有夜校、识字班、俱乐部等，主要是帮助群众识字。对儿童和青少年的教育主要是小学教育，通常称为列宁小学，学制为初小三年、高小二年，还分成半日制和全日制两种。

2. 抗日战争时期根据地的教育

在整个抗日战争时期，抗日根据地都执行教育为抗战服务的教育政策，把教育和抗战融为一体。此时的教育大体可分为干部教育、工农业余教育和普通教育三类。

干部教育是抗日根据地教育的重心，学校比较齐全，主要有：高级干部学校，一般以大学、学院、公学或干校命名；中级干部学校，一般是中学和师范学校；高等小学也具有培养干部和选拔干部的任务。比较著名的高层次的干部学校有：1935年11月由马克思共产主义大学改名的中共中央党校、1938年成立的鲁迅艺术文学院、1939年成立的华北联合大学。此外还有1941年9月由陕北公学、中国女子大学、泽东青年干部学校合并而成的延安大学，以后陆续将鲁迅艺术文学院等校并入其中，1949年发展为西北人民革命大学，并迁至西安。最突出的干部学校是中国人民抗日军事政治大学，简称"抗大"。红军长征到陕北后，中共中央决定续办红军大学，于是于1936年6月在瓦窑堡成立西北抗日红军大学，1937年1月改为抗大并迁到延安。抗大先后在其他解放区办了12所分校，总共培养了20多万革命干部。抗战胜利后，1945年10月奉命迁到东北，组成了东北军政大学。抗大始终坚持"理论联系实际"和"少而精"的原则，一般只培训半年，设政治、军事、基础文化三类课程，教育方针是毛泽东提出的"坚定不移的政治方向，艰苦奋斗的工作作风，机动灵活的战略战术"，校训是毛泽东为该校的题词——"团结、紧张、严肃、活泼"，后来其教育方针和校训成为中国人民解放军的"三八作风"。

工农业余教育的对象是成人群众，教育形式主要有冬学、民众学校、夜校、半日学校、识字班、民教馆等。

普通教育主要是小学，因不同情况而异：在政治、军事、经济等各方面基本上都被我方控制的巩固地区，办有初级小学、高级小学及两者合并设置的完全小学；在近敌区和游击区办有隐蔽小学，又称抗日地下小学，一切教学活动不公开，教师和学生伪装身份，上课地点不固定，为"游击教学"；在敌占区往往办有"抗日两面小学"，表面上是敌寇的"新民小学"或私塾，暗地里是在进行抗日教育。

3. 解放战争时期解放区的教育

解放战争时期教育工作的中心任务随着战场上形势的变化而变化。解放战争刚刚开始的时候，教育起战争动员和政治宣传的作用。1947年下半年之后，人民解放军由战略防御转入战略反攻，新解放区的主要教育任务是：教育和改造知识分子，让他们为新政权服务；培养政治、经济、军事建设的干部；围绕土地改革进行政治教育。1948年底到1949年初，中国共产党夺取政权的形势已经不可逆转，所以提出了教育为经济建设服务，特别是提出了普通教育的正规化问题，标志着教育开始有意识地从为革命战争服务转移到为和平建设事业服务。

当解放战争呈现夺取全国胜利之势时，解放区开始了整顿与建设培养管理干部的高等教育工作：一是办抗大式训练班和陆续举办人民革命大学，如东北军政大学、辽东人民军政学校、辽南建国学院、华北人民革命大学、西北军区人民军政大学等；二是对解放区原有的大学进一步正规化，如华北联合大学在1946年后多次发展，成为一所规模大、门类全、集中了许多知名学者的综合性大学，1949年1月迁入北京后组成中国人民大学；三是从东北开始，创办了沈阳工学院、哈尔滨工业大学、沈阳农学院、哈尔滨医科大学、东北行政学院、东北鲁迅文艺学院、延边大学、大连大学、大连俄专等一大批新大学，涵盖了工、农、医、社科、文艺、翻译等学科，揭开了我国高等教育的序幕。

三、日新月异的新中国教育

新中国的建立，开启了中国教育发展史的新纪元，教育事业得到蓬勃发展，实现了从人口大国、文盲大国向人力资源大国的历史性转变，谱写了中国教育史上最辉煌的篇章，创造了世界教育事业发展的奇迹。

（一）新中国教育的发展历程

新中国成立以来的教育事业，大体上以中共十一届三中全会为界划分为前30年和后30多年两大时期。前30年，是对适合中国国情的社会主义教育发

第五章 教育科技

展道路的探索时期，通过新中国成立初期实行的新民主主义教育政策，确立了社会主义教育方针，制定了一些符合中国国情的发展社会主义教育的政策和举措，初步建立起社会主义教育制度；与此同时，我国教育也多次受到"左倾"错误的冲击。1978年之后，我国开辟了以改革和对外开放为鲜明特点的中国特色社会主义教育发展道路，教育事业进入快速发展时期，迎来了蓬勃发展的新时代。

新中国教育的起步状态极其落后。1949年，我国80%人口是文盲，小学和初中入学率仅有20%和6%，高校在校生仅有11.7万人。面对这样的教育状况，以毛泽东同志为核心的党的第一代中央领导集体，把发展教育事业摆在突出地位，积极探索适合中国国情的教育发展道路，有计划地发展各级各类教育事业，初步建立起较为完善的教育体系，为我国社会主义教育事业发展奠定了坚实的基础。

1949年9月29日，中国人民政治协商会议第一届全体会议通过并颁布《中国人民政治协商会议共同纲领》，规定"中华人民共和国的文化教育为新民主主义的，即民族的、科学的、大众的文化教育。人民政府的文化教育工作，应以提高人民文化水平，培养国家建设人才，肃清封建的、买办的、法西斯主义的思想，发展为人民服务的思想为主要任务"。在这一纲领性文件的指导下，新中国成立初期教育建设的重点是：接收、接办原国民党统治区的公立学校、外资津贴学校和私立学校；建立各级教育行政机构，并在各级各类学校里建立共产党、青年团、教育工会、学生会、少先队组织；贯彻团结、教育、改造知识分子政策，发展师范教育，建立新型人民教师队伍；坚持教育向工农开门，确保工农干部和工农群众及其子女受教育的权利；建立新型大学，调整高等学校院系、专业结构和布局；颁布新学制，开展教育教学改革；有计划地发展教育事业，各级各类教育都得到较大的发展；大力扶持和发展少数民族教育，使许多少数民族结束了没有学校教育的历史。

1956年教育的社会主义改造顺利完成，在此基础上，中共中央、国务院于1958年9月发布《关于教育工作的指示》，明确教育的社会主义办学方向和办学目标。文件提出，我国"教育的目的，是培养有社会主义觉悟的有文化的劳动者"，教育工作方针是"教育为无产阶级政治服务，教育与生产劳动相结合"，"在这个统一的目标下，办学形式应该是多样性的，即国家办学与厂矿、企业、农业合作社办学并举，普通教育与职业（技术）教育并举，成人教育与儿童教育并举，全日制学校与半工半读、业余学校并举，学校教育与自学（包括函授学校、广播学校）并举，免费的教育与不免费的教育并举"，"我们的原则，是在普及的基础上提高，在提高的指导下普及，是'两条腿走路'","调动一切积极因素,鼓足干劲,力争上游,多快好省地扫除文盲,培养出一支数以千万计的又红又专的工人阶级知识分子的队伍"。因而,在教育制度、师资队伍、学生思想政治教育等方面展开全面建设和改革,加快了教育事业的发展。

但由于缺乏经验,社会主义教育事业的发展在不断探索前进中也有曲折,其中,"左"的指导思想曾冲击教育发展或导致发生大的失误。重大的冲击有三次:一是1957年"反右"扩大化,错误地把一批教师划为"右派",冲击了教师队伍;二是1958年至1960年的教育"大跃进",出现了急于求成等严重失误,直至1961年中共八届九中全会后进行调整,重新肯定我国知识分子的绝大多数是属于劳动人民的知识分子,制定了学校工作条例和一系列规章制度,调整了各级各类教育的规模,才使我国的教育事业重新走上健康发展的轨道;三是"文化大革命"严重破坏了社会主义教育事业,直至粉碎"四人帮",教育战线率先拨乱反正,才开始恢复和整顿教育教学秩序。

党的十一届三中全会以后,我国的教育事业进入改革开放新时期,教育工作的重点从为阶级斗争服务转移到为社会主义现代化建设服务。

以邓小平同志为核心的党的第二代中央领导集体,始终把教育作为关系社会主义现代化建设全局和社会主义历史命运的根本问题来抓。1982年召开的党的十二大树立起建设中国特色社会主义的旗帜,确立了教育作为经济建设的战略重点之一的战略地位;1983年邓小平同志题写"教育要面向现代化,面向世界,面向未来",从战略高度为我国教育改革与发展指明了方向。

从十一届三中全会至1985年,教育工作全面恢复和调整,并进行了一些局部的改革,这期间的工作重点是:普及小学教育;改革中等教育单一结构;完善高等教育内部层次结构,建立学位制度;建立高等、中等教育自学考试制度,兴办广播电视大学。

为了从根本上改变教育事业发展落后的状况,我国于1985年5月颁布实施《中共中央关于教育体制改革的决定》(下文简称《决定》),从教育体制入手进行系统的教育改革,其任务是:基础教育由地方负责、分级管理,有步骤地实行九年制义务教育;调整中等教育结构,大力发展职业技术教育;扩大高校办学自主权,改革高等学校的招生计划和毕业分配制度等。《决定》不仅针对当时教育上若干紧迫问题提出了解决之道,更对我国20世纪80年代中后期、90年代初期的教育改革发展产生了深远影响。通过教育体制改革,各级各类教育进行了全面的改革与发展,农村和城市教育的综合改革相互促进,教育国际交流与合作全方位展开,教育发展迈上了一个新的台阶。

以江泽民同志为核心的党的第三代中央领导集体,制定了科教兴国战略,

第五章 教育科技

充分发挥了教育的基础性、先导性和全局性作用。为了"建立适应社会主义市场经济体制和政治、科技体制改革需要的教育体制",1993年2月,中共中央、国务院颁布了《中国教育改革和发展纲要》,总体构建了适应市场经济发展要求的中国特色社会主义教育的基本架构,提出到20世纪末我国教育发展的总目标是"形成具有中国特色的、面向21世纪的社会主义教育体系的基本框架","再经过几十年的努力,建立起比较成熟和完善的社会主义教育体系,实现教育的现代化",并明确到20世纪末全国"基本普及九年义务教育,基本扫除青壮年文盲"以及各级各类教育发展的具体目标,提出改革政府包揽办学的格局,逐步建立以政府办学为主体、社会各界共同办学的体制,由此形成了教育优先发展的认识基础和舆论基础,促进了各级各类教育蓬勃发展。1999年,中共中央、国务院颁布了《关于深化教育改革全面推进素质教育的决定》,我国教育从此进入全面实施素质教育的阶段,学校层面的教育观念、方法和内容随之全面革新,在全国范围内实施新课程改革,并带动了招生考试制度以及各级政府教育管理体制改革,同时加强了教育法制建设。经过全面深入的改革与发展,我国的教育事业以前所未有的速度持续健康发展,在20世纪末,如期实现了"两基"的宏伟目标,高等教育开始冲刺大众化教育阶段,建立起充满生机活力的中国特色社会主义教育体系的基本框架,实现了教育为社会主义市场经济服务的体制转型和创新。

进入新世纪,以胡锦涛同志为总书记的党中央,在科学发展观指导下,深入实施科教兴国战略和人才强国战略,做出优先发展教育和建设人力资源强国的重大部署,把促进教育公平和办人民满意的教育作为国家基本教育政策,把实施素质教育和提高教育质量作为教育工作的重点,教育发展方式从着重于扩大规模和提高普及水平的外延式发展模式,转变为着重于优化结构、提升质量、推进公平、提高效益和创新人才培养水平的内涵式发展模式。这一国家基本教育政策和教育发展方式的变革充分体现在一系列重要文件和党的大会报告中:2003年9月颁布了《国务院关于进一步加强农村教育工作的决定》,2004年颁布实施《国家西部地区"两基"攻坚计划(2004—2007年)》,2005年国务院印发《关于大力发展职业教育的决定》,2006年10月党的十六届六中全会提出"坚持公共教育资源向农村、中西部地区、贫困地区、边疆地区、民族地区倾斜,逐步缩小城乡、区域教育发展差距,推动公共教育协调发展",2007年10月党的十七大报告指出"教育是民族振兴的基石,教育公平是社会公平的重要基础"。在国家政策的推动下,中国特色社会主义教育体系不断完善,我国教育进入全面协调可持续发展的新阶段,取得很多有突破性的重大成绩:2007年西部"两基"攻坚任务基本完成,2008年9月实现了全国城乡免费义务教育，义务教育进入全面普及、巩固和提高的新阶段；职业教育快速发展，实现了普通教育和职业教育的协调发展；高等教育质量不断提升，高水平大学和重点学科建设进一步推进，以增强学生创新能力为核心的人才培养模式改革不断深化；民办教育得到了持续发展，尤其是民办高等教育发展更为迅速，已成为我国教育体系中的重要组成部分；网络教育等现代远程教育形式迅速崛起，非学历继续教育迅速发展，教育结构更为完善；基本建立了家庭经济困难学生资助政策体系，使人民享有更加平等的教育机会；推进素质教育迈出了重大步伐，新一轮基础教育课程改革全面推进。

当前十分强调的素质教育，就是全面贯彻党的教育方针，以提高国民素质为根本宗旨，以培养学生的创新精神和实践能力为重点，造就"有理想、有道德、有文化、有纪律"的德、智、体、美、劳、心等全面发展的社会主义事业合格建设者和可靠接班人。全面推进素质教育，就是要面向现代化、面向世界、面向未来，使受教育者坚持学习科学文化与加强思想修养的统一，坚持学习书本知识与投身社会实践的统一，坚持实现自身价值与服务祖国人民的统一，坚持树立远大理想与进行艰苦奋斗的统一。全面推进素质教育，就是要坚持面向全体学生，为学生的全面发展创造相应的条件，依法保障适龄儿童和青少年学习的基本权利，尊重学生身心发展特点和教育规律，使学生生动活泼、积极主动地得到发展。素质教育最重要的就是培养学生的创新精神和实践能力，培养学生树立建设中国特色社会主义的共同理想和民族精神，树立正确的世界观、人生观、价值观，养成良好的社会公德、职业道德、家庭美德。

（二）新中国教育的辉煌成就

新中国成立以来，我国不断推进教育管理体制、办学体制、投入体制等方面的改革，教育面貌发生了翻天覆地的变化，取得了举世瞩目的辉煌成就。

1. 全面实现了普及九年义务教育和城乡免费义务教育，完成了从世界头号文盲大国到教育大国的历史性跨越

1949年，全国学龄儿童入学率仅为20%，全国人口文盲率高达80%以上。面对这种百废待兴的状况，新中国建立后，党和国家即把普及教育和提高全民族素质作为义不容辞的责任，持续不断地开展扫盲运动，使文盲率大幅下降：1964年为33.58%，1982年为22.81%，2010年为4.08%。1986年，我国颁布《中华人民共和国义务教育法》，之后经过不懈的努力，到20世纪末实现了基本普及九年义务教育、基本扫除青壮年文盲的目标，2007年春和2008年秋起，还分别免除全国农村和城市义务教育的学杂费。截至2010年，小学学龄儿童净入学率达到99.70%，初中阶段毛入学率100%，高中阶段毛入学率82.5%。每一万人口中在读的小学、初中、高中、大学学生已分别从

第五章 教育科技

1949 年的 450 人、15 人、8 人和 2 人，提高到 2010 年的 798 人、424 人、376 人、250 人。新增劳动力平均受教育年限达 12.7 年。中华民族千百年来"学有所教"、"有教无类"的教育理想终于成为现实。

2. 高等教育进入大众化发展阶段，实现了从人口大国到人力资源大国的历史跨越

1949 年，全国高等学校只有 205 所，知识分子总数仅 200 万人左右，占全国人口总数的 0.37%。新中国建立后，我国高等教育事业有了长足发展，2002 年高等教育毛入学率达到 15%，进入高等教育大众化阶段。2010 年，全国普通高等学校和成人高等学校共 2723 所，其中，普通高等学校 2358 所（含独立学院 323 所），成人高等学校 365 所；全国各类高等教育总规模达到 3105 万人，高等教育毛入学率 26.5%；普通本专科在校生 2231.79 万人，是 1998 年高校扩招前的 6.6 倍，是 1949 年的 190 倍；每 10 万人中，8930 人具有大学文化程度。可见，中国已成为高等教育大国。伴随着"211"、"985"工程的实施，中国高等教育的质量有较大提升，一批高校与世界一流大学的距离正在拉近。

3. 职业教育快速发展，教育宏观结构调整取得重大突破，实现了普通教育和职业教育的协调发展

改革开放后特别是进入 21 世纪以来，党和国家把发展职业教育放在更加突出的位置，确立了大力发展职业教育的方针。1985 年《中共中央关于教育体制改革的决定》提出，"中等职业技术教育要同经济和社会发展的需要紧密结合起来"；1996 年颁布了《中华人民共和国职业教育法》；2005 年国务院印发《关于大力发展职业教育的决定》，确立了"以服务为宗旨、以就业为导向"的职业教育办学方针。为确保职业教育的快速发展，中央财政在"十一五"期间拿出 100 亿元用于加强职业教育的基础能力建设，从 2007 年秋季入学开始，每年国家拿出 164 亿元作为中等职业学校学生的国家助学金，建立健全中等职业学校学生资助政策体系。在一系列政策法规和促进措施的推动下，适应我国经济发展进程要求的职业教育得到迅速发展。2010 年，全国中等职业教育招生 870.42 万人，在校生 2238.50 万人，分别占高中教育的 50.94% 和 47.78%；高职（专科）院校 1246 所，招生 310.50 万人，在校生 966.18 万人，分别占普通高等教育本专科的 52.84%、46.92% 和 43.29%。这足见我国的职业教育已占居高中阶段教育和高等教育的半壁江山。

4. 成人教育和继续教育全面发展，构建终身教育体系成为我国教育事业发展的主旋律

随着我国成人教育原先的扫盲教育、文化补习教育、中初等教育等主要任

务的基本完成,在人民群众教育需求不断扩大及其水平不断提高的背景下,近年来成人教育和继续教育在办学形式、类型、层次、规模等方面都有新的发展,取得了新的成就。一是办学方式逐步扩展,从函授、夜大到广播电视、自学考试,再到今天的现代远程教育,从封闭、单一的形式走向开放、灵活;二是学历教育与非学历教育并举,并逐渐向后者转移,属于知识更新、社会生活、精神生活、闲暇生活等方面的教育和老年人教育、农民工教育越来越受到重视;三是学历教育层次高移,不仅受过中等或高等教育的人进行回归教育和继续教育,还出现了受过普通高等教育的本科生、研究生继续参加成人高等教育入学考试或高等教育自学考试,以获得"第二学历"或"第三学历"的情况;四是办学市场日益开放,办学主体多元化,出现了社会力量办学、民办公助、公办民助、境外机构和个人来华办学等多种性质,形成了以政府办学为主体、社会各界共同办学的继续教育格局;五是社区、行业、企业、社会团体、公益团体等纷纷建立终身学习场所,参加学习的规模日益扩大。可见,我国已经形成了中国特色的多样化、多层次、多形式的成人教育和继续教育体系,进入全面推进建设终身教育体系和学习型社会的新阶段。

当然,我们在看到新中国成立以来教育事业取得巨大成就的同时,还必须清醒地认识我国社会主义初级阶段的基本国情决定了现阶段教育面临的主要矛盾,那就是全面建设小康社会和创新型国家对提高国民素质、培养各级各类高素质劳动者和创新人才的迫切需求,以及人民群众日益增长的对更好、更多教育的强烈愿望,与保证质量的教育供给不足尤其是优质教育供给能力严重不足之间的矛盾。因此,我国的教育还面临着不少亟待解决的问题,还必须坚持教育的深化改革与创新发展。目前,《国家中长期教育改革和发展规划纲要(2010—2020年)》已出台,把教育摆在优先发展的战略地位,这将促进中国教育在新的历史起点上加快改革和发展,进入全面提高质量、让孩子们上好学的新阶段。

四、爱国主义教育的源泉与力量

中国历代重视爱国主义教育与实践,并取得显著效果。正如本书序言所说,在漫漫的历史长河中,华夏子孙对祖国的辽阔疆土、语言文字、生活条件、历史传统,逐渐形成一种深厚的感情,表现为民族自豪感和民族自信心;表现在把个人的命运和祖国的前途命运紧紧地联系起来,为祖国的利益奋不顾身地牺牲个人利益,为祖国的独立、自由、繁荣富强而英勇献身。这就是我们经常所讲的爱国主义,这就是人们"千百年来巩固起来的对自己的祖国的一种最深厚的感情"①。这也是中国文化赖以生存与发展的根基。

中国自秦汉以来就形成了多民族的统一国家，在发展中凝结了中华民族共同的民族感情，产生了强大的凝聚力、向心力。正是这种内在的力量，使中华民族具有反对国家和民族分裂，维护各民族团结和祖国统一的光荣的爱国主义传统。秦始皇、李世民、朱元璋等人物都曾在这方面作过努力和贡献。清代康熙亲政后，也进行过削藩，驱逐沙俄侵略军，平定准噶尔、内蒙古、西藏等割据势力的内乱等事业，加强了多民族国家的统一。

在外敌入侵面前，中国人民高举爱国主义伟大旗帜，团结对外，奋起抵抗，直到彻底战胜侵略者，坚决维护祖国的主权和独立。明代爱国将领戚继光，为解除东南倭患，编练戚家军，转战浙江、福建，经过十几年浴血奋战，终于荡平倭患。民族英雄郑成功，率军赶走了荷兰殖民主义者，收复了我国神圣领土台湾。1840年鸦片战争后，外国资本主义势力的侵入，使中国逐步沦为半封建半殖民地社会。为了挽救灾难深重的中华民族，一百多年间涌现了千百万仁人志士，前仆后继地英勇奋斗，流血牺牲，掀起了一浪高于一浪的爱国主义浪潮。从鸦片战争、太平天国运动、中法战争、中日战争、戊戌变法、义和团运动到辛亥革命，都是中国人民为了祖国的独立和富强而浴血奋战的光辉的爱国主义篇章。

中国人民为了推动祖国朝着繁荣富强的方向前进，还与一切阻碍历史发展和社会进步的反动阶级、反社会势力和反动制度进行了英勇顽强的斗争。从秦朝到清代，我国各民族人民举行大小数百次起义。中国历史上，农民起义次数之多、规模之大是世界历史所罕见的。农民起义领袖陈胜、吴广、张角、黄巢、朱元璋、李自成、洪秀全等都是杰出的爱国主义者，他们给封建势力以沉重打击，从而使新王朝的统治者不得不吸取前朝覆灭的教训，采取一些轻徭薄税、与民休养生息的政策。在社会矛盾逐渐尖锐而发生政治或经济危机时，统治阶级内部也出现过像商鞅、魏征、王安石等政治家。虽然他们并未能从根本上触动封建统治的根基，但他们所推行的某些改良措施，在客观上和某种程度上反映了人民群众的愿望，有利于生产力的发展和社会的进步。像屈原那样的伟大爱国文人，虽屡遭迫害，但爱国之心不死，"虽九死其犹未悔"。

古代中国的发展遥遥领先于世界，历久不衰，除地大物博、人民勤劳勇敢、社会制度优越于其他国家外，更重要的一点就是中华民族各族人民的友好和睦。中国是以汉族为主体的多民族国家，历史上曾有春秋战国时期的民族大融合、南北朝十六国时的大融合、唐代的大融合以及以后几个朝代不同程度的

---

① 《列宁全集》第28卷，第168－169页。

民族融合。各民族互相学习、了解、信任、共同提高，自觉维护统一，反对分裂。正因有强大持久的民族凝聚力和向心力，中国才没有像欧洲那样分裂成许多小国。在中国历史上，分裂是暂时的，统一多于分裂，才使得我们的民族不断地前进、发展、向上、繁荣。尤其在中国共产党的领导下，中国人民高举爱国主义伟大旗帜，团结一致，努力奋斗，祖国不断发展壮大，国际地位逐步上升，其影响力越来越明显，中华民族的伟大复兴前景光明。

第二节　各时期中国科学技术

中国科学技术源远流长，整个发展历程起伏曲折而又接连不断，在16世纪以前一直处于世界的领先地位，明万历以后逐步衰弱并开始退出世界科技舞台。到了近代，中国在学习西方科技的过程中艰难行进，直至新中国成立后，科学技术才进入蓬勃发展的新阶段。

一、中国古代的科技成就

中国古代的科学技术，在远古时代就有了原始积累，春秋战国时期有了第一次大发展而全面奠基，在两汉（尤其是东汉）与宋元（尤其是北宋）时期出现两次高潮，期间的魏晋南北朝和隋唐五代时期都有充实提高，到明清以后虽日渐停滞但仍有缓慢进展。

我们的祖先在科技上创造了很多"世界之最"。早在六七千年前，我国社会就开始了社会大分工，人们开始从事农作物的栽培；中国丝织水平一直是世界最高的；中国的手工艺品精美绝伦；万里长城是世界上最伟大的土建工程；中国是世界上最早使用金属工具的国家；中国是世界上最早使用文字的国家之一；我们的文化古籍和艺术作品是人类文化史和艺术史上最耀眼的宝藏之一；古代中国的天文学、数学、医学、农学均十分发达，涌现出一大批杰出的科学家和科技名著。古代中国的造纸法、印刷术、指南针、火药四大发明更对世界有重大影响，被称为人类社会发展中有决定意义的发明。此外，我国各种各样的发明还有许多。到1500年止，世界上重要的创造发明和重大的科学成就，中国占58%，其中在公元前6世纪以前，世界最重要的发明创造54项，中国占31项；公元前6世纪到公元前1年，世界最重要的发明创造87项，中国占44项；公元1年到公元400年，世界重要科学成就45项，中国占28项；公元401年到1000年，世界重要科学成就45项，中国占32项；公元1001年到公元1500年，世界重要科学成就67项，中国占38项。

古代中国突出的科学技术成就，是我国人民经过数千年的艰苦奋斗和创造

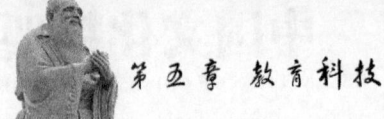

第五章 教育科技

性劳动建立起来的独具特色的物质文明和精神文明的一部分,对世界文明作出了巨大的贡献,为人类历史写下了光辉的一页。现代西方世界所应用的发明有许多来自中国。

(一) 中国古代科技成就的里程碑——四大发明

1. 指南针

中国是世界上最早发现和利用磁铁指极性的国家,战国时期就发明了称为"司南"的指南仪器。北宋时,人们把磁针装在罗盘上,制成指南针用于航海。南宋时指南针被传到印度、阿拉伯、波斯等国。

2. 造纸术

西汉时,我国发明了麻纸,但纸质粗糙,不适合书写,大都只供包装使用。东汉宦官蔡伦改进了造纸术,他除了继承和改进用麻类原料造纸外,还首创用树皮作为造纸的新原料,为人们提供了廉价优质、适合于书写的纸张,从而引起了书写材料的变革。造纸术在6世纪时传到朝鲜、越南和日本,8世纪时传到印度、波斯和阿拉伯,并经阿拉伯人传到非洲和欧洲。

3. 印刷术

古代中国发明了雕版印刷术和活字印刷术两种印刷术。雕版印刷术发明于隋唐时期,活字印刷术是北宋庆历年间(1041—1048)平民毕昇发明的,比欧洲早400年。印刷术在唐时就传入朝鲜、日本和波斯,后经波斯传至埃及和欧洲,改变了当时欧洲只有僧侣才能读书和受高等教育的状况。

造纸术和印刷术,是我国对世界文明发展作出的突出贡献,它们有力地推动了文化的传播,成为人类文明发展的强大动力。

4. 火药

火药的发明发端于炼丹术,唐代的炼丹家把硫黄、硝石、碳混合在一起,形成初始的黑火药。火药在晚唐时开始用于军事,五代和宋朝时广泛应用于狩猎、开山、采石和火器。南宋时发明的管形火器"突火枪"是兵器史上划时代的成就,后世的枪炮正是在此基础上发展起来的。13世纪中期,火药经由阿拉伯人传入欧洲,在西方社会产生巨大震动,从此,在世界兵器史和军事史上引发了一连串重大的变革。

(二) 数学成就

中国发明了十进位值制。商代时,人们已能够运用一至十、百、千、万共十三个数字,采用十进位值制,记十万以内的任何自然数,这是古代世界中最先进、最科学的记数法。商周时期已经有了四则运算;春秋时有了九九乘法表;春秋战国时期,整数和分数的四则运算已相当完备,并发明了特有的计算工具和方法,即用"算筹"进行加减乘除乃至开平方、开立方等的运算,这种算法一直使用到元代出现珠算法以前。西周时，商高提出了勾股定理特例"勾三股四弦五"，比西方早了500年。

在上述基础上，一部集战国和秦汉数学成就之大全的著名古算书《九章算术》于公元1世纪中叶问世。《九章算术》分为田亩面积计算、谷物间按比例换算、分配物资或摊派税收、开平方、开立方、体积计算、各地赋税和分派工役、盈余和不足的关联条件设问以及方程、勾股共九章，采用应用题集形式写成，是当时世界上最先进的应用数学专著。《九章算术》标志着我国古代形成了以解决实际问题为主要内容、以十进制记数计算、以算筹为计算工具的古代数学体系，其内容包括算术、代数、几何等方面。

南朝时，祖冲之在三国时期刘徽割圆术的基础上，精确地算出圆周率在3.1415926～3.1415927之间，这一成果比欧洲早了1000年。

唐代，著名数学家王孝通首次提出三次方程式正根的解法，能解决工程建设中上下宽狭不一的计算问题，比阿拉伯人早了300多年，比欧洲早了600多年。

南宋的秦九韶、李冶、杨辉和元代的朱世杰被称为宋元数学四大家，把中国古代以筹算为主要计算工具的传统数学推到繁荣的顶点。秦九韶写有巨著《数学九章》，创造了"大衍求一术"（属于现代数论中求解一次同余式方程组问题），被称为"中国剩余定理"，不仅在当时处于世界领先地位，在近代数学和现代电子计算中也起到了重要作用；他所论的"正负开方术"被称为"秦九韶程序"。现在，世界各国的小学到大学的数学课程，几乎都接触到他所提出的定理、定律和解题原则。李冶对中国古代求解高次方程的方法"天元术"进行了全面总结，写成不朽数学名著《测圆海镜》。杨辉著作甚多，研究重点是计算技术、高阶等差级数。朱世杰的代表作《四元玉鉴》是中国宋元数学高峰的又一个标志，其中最杰出的数学创作有"四元术"（多元高次方程列式与消元解法）、"垛积法"（高阶等差数列求和）与"招差术"（高次内插法），其高次招差法公式比西方早了400年。

（三）物理学成就

我国古代物理知识大部分分散体现在各种技术的书籍中。

大约编纂于春秋末至战国初的《考工记》，是中国目前所见年代最早的手工业技术文献和我国古代第一部工程技术知识总汇，其中记载有大量实用力学知识。

战国时期的墨家代表作《墨经》，专论物理方面的有20余条，主要包括几何光学和力学方面的内容，可称为我国第一部几何光学著作。书中阐述了影，小孔成像，平面镜、凹面镜、凸面镜成像，还说明了焦距和物体成像的关

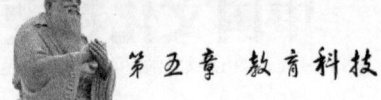

第五章 教育科技

系,这些理论比古希腊欧几里得(约公元前330—275)的光学记载早百余年;对力的定义、杠杆、滑轮、轮轴、斜面及物体沉浮、平衡和重心都有论述,已经得到了动力×动力臂=阻力×阻力臂的杠杆原理;记载了利用声波共鸣可使声音放大的现象来获知敌方开挖地道的巧妙办法。这一时期的《庄子·徐无鬼篇》还记载了世界上最早的共振实验。

宋时的沈括在《梦溪笔谈》中记述并解释了小孔和凹面镜成像的原理,开辟了"格术光学"这一光学新领域;他是世界上地磁偏角的首位发现者,比意大利人哥伦布1492年横渡大西洋时发现地磁偏角要早400多年;他从七弦琴发音的实验中发现了共振现象,比欧洲类似的发现要早约700年。

(四)农业技术成就

中国古代的农业技术充分体现在各部农业著作中。

中国现存最早的一部农事历书《夏小正》,一般认为最迟成书于春秋时期,距今已有两千多年,记载有许多物候、气象、天象和与之相对应的农事及其他生产活动。

我国现存第一部完整的农书是北朝后魏贾思勰的《齐民要术》,它是公元6世纪时"百科知识"型的空前伟大的农书。全书共92篇11万字,内容范围广泛,从耕种操作到造醋做酱,全面介绍了农、林、牧、副、渔业的生产方法,总结了我国北方劳动人民长期积累的生产经验,还提出了因地制宜、多种经营和商品生产等许多宝贵的思想。

唐末陆龟蒙的《耒耜经》是最早一部专论农具的书,共记述四种农具,其中对被誉为我国犁耕史上里程碑的唐代曲辕犁记述得最准确最详细,比欧洲类似的著作早600年。

元代王祯的《农书》是一部综合性的农书大作,共37卷13万多字,内容包括3个部分:①《农桑通诀》6集,为农业总论;②《百谷谱》11集,为作物栽培理论;③《农器图谱》20集,占全书篇幅的4/5,几乎包括了传统的所有农具和主要设施,堪称中国最早的图文并茂的农具史料,后代农书中所述农具大多以此书为范本。《农书》兼论南北农业技术,特别重视用机械代替简单工具,对土地利用方式和农田水利叙述颇详。

17世纪,中国杰出的科学家徐光启编写的《农政全书》是一部集农政大成的巨著,基本上囊括了古代农业生产和人民生活的各个方面,书中贯穿着他治国治民的"农政"基本思想。全书近60万字,分成农本、田制、农事、水利、农器、树艺、蚕桑、蚕桑广、种植(经济作物)、牧养、制造、荒政十二目,包括了农业及与农业有关的政策、制度、措施、工具技术等各种知识,达到了传统农业科学的顶峰水平。同时,他在博采古今的基础上有所创新,率先介绍了西洋科学，充分体现了反保守的精神。

（五）地学成就

最先提出"地理"名称的是《周易》。而春秋战国时期的地理著作《山海经》已提到潮汐与月亮的关系。

两汉时期，地理研究的新领域得以开拓。以《汉书·地理志》为代表的疆域地理志的体系，成为后来历代正史中的地理志所遵循的模式。东汉张衡创制了世界上第一个测量地震的地动仪，比欧洲早了1700多年，开创了用仪器测量地震的历史。

西晋的裴秀绘制了《禹贡地域图》和《地形方丈图》，提出绘制地图的六项原则，这是世界上最早的地图和制图学理论，这一理论一直沿用到明末。

宋代的沈括已提出流水侵蚀地形原理（西方国家在18世纪才提出相同的理论）和海陆变迁学说，揭示了化石的形成原因并用化石推断古气候。他发明用熔蜡和木屑制作立体地图，比欧洲早了约700年。

明代徐弘祖的地理学巨著《徐霞客游记》，显示出集地学大成的特点。譬如，他广泛考察喀斯特地貌，对石灰岩溶蚀地貌的观察和记述比欧洲早约2个世纪；他科学地记录与解释了火山喷发出来的红色浮石的质地及成因；他也是在中国最早详细描述地热现象的人。

明朝永乐年间政府制发雨量器供全国各州县使用，这是世界上最早使用的雨量器。

（六）冶金技术成就

4000多年前，我们的祖先已掌握了青铜冶炼技术。我国在史称青铜时代的夏、商、西周时期，青铜冶铸技术处于世界领先地位，人们已经非常熟练地掌握了浑铸、分铸、失蜡法、锡焊、铜焊的铸造技术，代表作是商代重达875公斤的司母戊方鼎。

公元前500年左右我国进入铁器时代，在春秋末年开始有了生铁冶铸技术，此后的一千多年里，中国的生铁冶铸技术一直处于世界领先地位，发明了一系列的生铁加工技术。战国时期，发明了铸铁柔化术，分为白心韧性铸铁和黑心韧性铸铁两类；而在西方，1722年时，法国人才首次记述白心韧性铸铁技术，到了1831年，黑心韧性铸铁技术才在美国问世。到汉代，铸铁柔化术又有新的突破，形成了铸铁脱碳钢的生产工艺，中国从此成为世界上的先进钢铁生产国。西汉后期，中国发明了炒钢；在欧洲，18世纪中叶英国人才发明类似的技术。创始于魏晋时期的灌钢技术，是中国冶金史上的又一项发明，在18世纪40年代英国人发明坩埚炼钢法之前，灌钢法是一种最先进的炼钢技术。

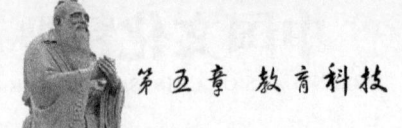

第五章 教育科技

中国还首先发明了锌的炼制。从先秦制作青铜起就有把锌作为伴生矿加入铜合金中,明代时,则开始了大规模地用锌的氧化物"炉甘石"作为原料提炼金属锌。欧洲到17世纪才开始炼锌,其工艺也是源自于中国。

(七) 两部影响深远的古代科学文献

1.《梦溪笔谈》

这是北宋科学家沈括的笔记体著作,是中国科学技术史上的一部重要文献,内容涉及天文、历法、气象、地质、地理、物理、化学、生物、农业、水利、建筑、医药、历史、文学、艺术、人事、军事、法律等诸多领域。沈括和《梦溪笔谈》在科学上的贡献是多方面且巨大的。例如,他在天文历法方面,记述了观测天体的"蒙气(即大气)差",比西方国家早500年;在世界上第一个提出阳历与农历结合,从而使四季的节气总是固定且准确;准确描述了五星运行轨迹;正确说明月亮的盈亏生光现象;详细记录并描述陨石特征及陨落过程;等等。在数学方面,沈括创立了"隙积术"(解决高阶等差级数的求和问题)和建立了"会圆术"(从已知圆的直径和弓形高度来求弓形底和弓形弧的方法),为中国古代数学的发展开辟了新的方向。因此,古今中外的人们都高度评价沈括,英国科学史家李约瑟赞誉沈括是"中国科学史上的坐标",《梦溪笔谈》是"中国科学史的里程碑"。

2.《天工开物》

这是明末清初的科学家宋应星所著,是世界上第一部关于农业和手工业生产的综合性著作,是中国历史上伟大的科技著作,被欧洲学者称为"17世纪的工艺百科全书"。宋应星在书中强调人类要和自然相协调,人力要与自然力相配合。书中记述的许多生产技术,一直沿用到近代。

全书分为上中下三篇共18卷,附有121幅插图,描绘130多项生产技术和生产工具的名称、形状、工序,详细叙述了各种农作物和工业原料的种类、产地、生产技术和工艺装备,以及一些生产组织经验,对中国古代的各项技术进行了系统的总结,构成了一个完整的科学技术体系。书中所述的"物种发展变异理论"比德国卡弗·沃尔弗的"种源说"早100多年,"动物杂交培育良种"比法国比尔慈比斯雅的理论早200多年。他还在世界上首次科学地论述了锌和铜锌合金(黄铜)及其冶炼方法,使得中国在很长一段时间里成为世界上唯一能大规模炼锌的国家。

《天工开物》大约于17世纪末年传到日本,日本学术界对它的引用一直没有间断过。19世纪30年代,有人把它摘译成了法文之后,不同版本的摘译本便在欧洲流行开来。英国著名生物学家达尔文(1809—1882)在读了《天工开物》中论桑蚕部分的译本后,把它称之为"权威著作",把中国古代养蚕的技术措施作为论证人工选择和人工变异的例证之一。目前,《天工开物》已经成为世界科学经典著作在各国流传,日本学者三枝博音称此书是"中国有代表性的技术书"。

二、近现代中国的科技成就

从明代中叶到整个清代,中国的封建社会进入晚期,对外实行"闭关锁国"政策,使中国长期居于世界领先地位的科学技术进入落后和相对停滞的状态。而此时,近现代科学技术在资本主义的欧洲兴起并迅速发展,使中国的科技与世界先进国家的距离逐渐拉大,一个有着光辉灿烂历史的文明古国退出了世界科技舞台。19世纪中叶,腐朽没落的清王朝被西方列强的坚船利炮打开了紧闭的国门,逐步沦为半殖民地半封建的国家,并开始了近代中国自觉或不自觉地向西方学习的苦涩历程。在这过程中,奠定了中国的近现代科学技术的基础,并在一批热爱祖国、敢于创新的科技工作者们的刻苦钻研下,取得了一些难能可贵的成就。

下面仅介绍近现代中国一些著名的科学家和突出的科技成就。

(一) 数学成就

1. 清代数学家李善兰

李善兰的数学成就主要集中在尖锥术、垛积术、素数论三个方面,专著颇多。他于1872年发表的《考数根法》是中国素数论最早的一篇论文。他还与多位外国人合作翻译了《几何原本》后九卷、《重学》、《谈天》、《代数学》、《代微积拾级》、《植物学》等不少西方科学著作。

2. 熊庆来的数学成就享誉国际

熊庆来于1913—1921年赴比利时和法国留学,回国后在东南大学、南京高等师范大学、西北大学、清华大学担任教授和系主任。1931年他赴法国从事函数论研究,1934年发表论文《关于无穷级整函数与亚纯函数》,文中所定义的"无穷级函数"被称为"熊氏无穷数"而被载入世界数学史册。

3. 陈建功对中国现代数学的杰出贡献

陈建功于1913—1929年三次东渡日本留学,回国后受聘为浙江大学数学系主任,创始了中国函数论学科。1921年,他的数学专论《无穷乘积的若干定理》在日本《东北数学杂志》上刊出,标志着中国现代数学的兴起。1929年,他发表了用日文撰写的《三角级数论》,成为国际上最早研究三角级数论的专著之一。

4. 华罗庚的《堆垒素数论》

1941年,华罗庚发表第一部专著《堆垒素数论》,详细探讨了令人棘手的

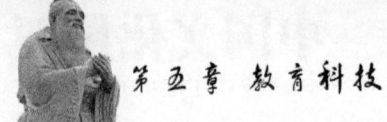

第五章 教育科技

华林问题及哥德巴赫猜想问题,成为20世纪经典数论著作之一,其中许多结论,至今仍被当作经典引用。

(二) 生物学成就

1. 《植物名实图考》

《植物名实图考》为吴其濬所著,1848年刊印,是近代中国一部科学价值比较高的植物学专著和药用植物志,在国际上享有很高的声誉,现在世界上很多国家的图书馆都藏有此书。全书分两部分:一是《植物名实图考长编》,收录植物838种,实为文献汇编;二是《植物名实图考》,收录植物1714种,并附图1800多幅,择要记载形态、颜色、性味、用途及药用价值。该书至今仍为研究我国植物属、种及其固有名称的重要参考资料。

2. 中国现代生物学的奠基者秉志

著名动物学家秉志,是中国首位获得美国博士学位的留学生,在形态学、生理学、分类学、昆虫学、古生物学等领域均有重要成就。1921年他在南京高等师范大学创建了中国第一个生物系,1922年创办了中国第一个生物学研究机构——中国科学社生物研究所,1934年组织成立中国动物学会并被选为会长。20世纪20年代至30年代初期,他对中国沿海和长江流域的动物区系进行了大量调查及分类与分布的研究,收集了大批标本。1928年,他发表了《中国白垩纪之昆虫化石》,报道了12个新属、13个新种,证明中国具有极为丰富的中生代昆虫区系。1932年他发表的《新疆腹足类软体动物》,记述了3科4属陆生腹足类动物10种,其中半数为新种。

3. 我国昆虫学的奠基人之一胡经甫

当时胡经甫与秉志齐享盛名,被誉为"南秉北胡"。他在美国康奈尔大学的博士论文《襀翅目形态解剖及生活史研究》,是昆虫形态解剖学的力作,是把分类、形态、生物学特性和生态学结合起来系统研究的一个范例,在当时具有世界最高水平。1938年他发表了名著《中国襀翅目昆虫志》,与其博士论文一样,同是襀翅目昆虫研究的世界权威之作。他从1929年到1941年,陆续出版了巨著《中国昆虫名录》共6卷4286页,首次以现代生物科学分类学的理论,记载了见于我国的昆虫25目、392科、4968属、20069种及其有关文献资料。

4. 被誉为"金鱼博士"的陈桢

陈桢1925年发表的《金鱼外形的变异》,时至今日仍被当作是动物遗传学的经典实验事例;1928年发表的《透明和五花,一例金鱼的孟德尔遗传》,是世界第一个典型的鱼类"不完全显性遗传"实例,他的研究成果征服了外国的生物学家,美国和日本的科学家都认为他是鱼类遗传学研究的先驱。他着力攻克的另一个重大课题是当时世界新兴学科——动物行为学；从1935年开始，他专注于研究蚂蚁社会对个体活动（主要是筑巢）的影响这一无人涉足的崭新课题，揭示了蚂蚁筑巢行为中的一些规律。

5. 编撰《中国植物图谱》的胡先骕和陈焕镛

《中国植物图谱》是研究植物分类学的重要参考书，由我国植物分类学的奠基者胡先骕和陈焕镛两位教授的重要科研成果集合而成，从1929至1937年出版了5卷本，是我国现代植物学对世界的一大贡献。

胡先骕，是中国继钟观光之后第二位用近现代科学方法进行大规模野外植物采集调查的学者。他一生发现1个新科、6个新属和100多个新种；1928年创办并领导的静生生物调查所，20年共收藏标本20余万号。

陈焕镛是第一位登上海南岛采集标本的植物学家。他于1928年在中山大学创建农林植物研究所，截至1938年，该所储存的珍贵植物标本多达15万余号；他一生发现10多个新属、100多个新种，其中裸子植物银杉属（被称为"活化石"，唯独生存于我国局部山区）和木兰科孑遗植物观光木属的发现，在植物分类学和地史研究上有重大意义。

6. 发现被誉为"活化石"的水杉

1943年，植物学家王战在原四川万县的磨刀溪路旁发现了三棵从未见过的奇异树木并采回标本；之后到1946年，经胡先骕和我国树木学家郑万钧的共同研究，才证实它是亿万年前在地球大陆生存过的水杉（1943年以前，科学家只是在中生代白垩纪的地层中发现过它的化石）。1948年5月，胡先骕和郑万钧联名在《静生生物调查所汇报（新编）》第一卷第二期中发表《水杉新科及生存之水杉新种》一文，确定了学名，从此，植物分类学中就单独添进了一个水杉属、水杉种。水杉植物的发现震动了当时国际植物学界，被公认为我国乃至世界20世纪植物界的重大发现，目前已有50多个国家先后从我国引种栽培，为中国植物学走向世界开辟了道路。

（三）工程学成就

1. 詹天佑与京张铁路

京张铁路是由詹天佑主持修筑的近代中国人自行设计和施工的第一条铁路干线，是一条让许多外国工程师畏难而退，并断言中国人绝不可能修筑成功的铁路。京张铁路沿途多崇山峻岭，尤其要在居庸关、八达岭、五挂头、石佛寺这一带重峦叠嶂、悬崖峭壁的地方开凿总长为1645米的四个隧道工程，难度之大为当时世界所罕见。詹天佑顶着重重压力和困难，因地制宜，创造性地运用了"人"字形路线，采取了"竖井施工法"开凿号称"天险"的长1091米的八达岭隧道。1909年，京张铁路提前两年竣工，成为中国铁路建设史上的

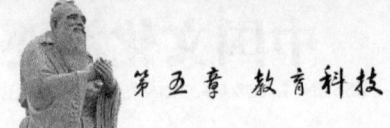

不朽成就，为中国工程界赢得了荣誉。

2. 中国第一位飞机设计师、制造家和飞行家冯如

冯如于1909年成功试飞自己设计和制造的飞机；1910年，他制造出当时世界上最先进的飞机并参加国际飞机比赛，在飞行高度、时速、航程上均创世界纪录。

3. 茅以升与钱塘江大桥

以茅以升为首的我国现代桥梁工程先驱，建成了中国人自己设计和施工的第一座现代钢铁大桥——钱塘江大桥，在中国桥梁工程史上立下不朽丰碑。钱塘江水文地质条件复杂险恶，当时民间有"钱塘江上架桥——办不到"的歇后语。1933年，茅以升出任钱塘江大桥工程处处长，设计了一套公路、铁路、人行三用双层大桥方案，采用射水法、沉箱法、浮运法等工程方法，解决了建桥中的一个个技术难题，最终第一列火车于1937年9月26日清晨从大桥上通过，打破了外国人垄断中国近代大桥设计和建造的局面。然而，为了阻断日本侵略军的铁蹄，1937年12月23日，茅以升亲自指挥炸掉了这座历经925天日以继夜地紧张施工才建成的现代化大桥，这一伟大桥梁前后仅存89天。大桥炸毁的当天晚上，茅以升在书桌前写下"抗战必胜，此桥必复"八个字，并赋诗一首："斗地风云突变色，炸桥挥泪断通途，五行缺火真来火，不复原桥不丈夫。"抗日战争胜利后，茅以升又受命组织修复大桥，1948年3月完成修复。钱塘江大桥，在前后14年里经历了建、炸、修的命运，这种悲壮的经历在古今中外建桥史上绝无仅有。

（四）**地学成就**

1. 中国猿人头盖骨化石的发现

1929年12月，古生物学家斐文中等人在北京西南周口店龙骨山发现了沉埋几十万年的中国猿人完整的头盖骨化石，引起全球科学界的瞩目。

2. 地质力学创始人李四光

李四光1929年发表论文《东亚一些典型构造形式及其对大陆问题的意义》，创造性地运用地质力学的原理和方法来解释东亚的大地构造运动；1941年他在"南岭地质构造的地质力学分析"演讲中正式提出"地质力学"一词；1945年，他在《地质力学的基础与方法》一书中，对地质力学理论作了系统的概括。他提出新华夏构造体系三个沉降带有广阔找油远景的认识，并为大庆、胜利等油田的发现所证实。他还开创了活动构造研究与地应力观测相结合预报地震的方法。1933—1936年，他在庐山和黄山等地发现了冰川遗迹，确定中国曾有过第四纪冰期，1937年他写成的《冰期之庐山》被视为第四纪冰川学研究的经典著作。

3. 二叠纪研究权威黄汲清

黄汲清出版有《中国南部之二叠纪地层》、《中国南部二叠纪珊瑚化石》等六部专著,其研究成果被1933年召开的第16届国际地质会议的世界二叠纪总结论文所采用。此外,他于1945年出版《中国主要地质构造单元》一书,制成我国第一幅大地构造图,从地台、地槽和造山运动的关系划分中国地质构造单位。

4. 中国地理学界和气象学界的一代宗师竺可桢

竺可桢1916年发表的第一篇气象论文《中国之雨量及风暴说》,开创了中国季风气候学研究;他在1918年的博士论文《远东台风的新分类》中所提出的以风速作为量度台风的单位的方法,沿用至今。

(五)物理学成就

1. 中国近现代物理学的四大元老——胡刚复、饶毓泰、叶企孙和吴有训

他们都是从美国获得博士学位后回国的科学家,是我国近现代物理学事业的奠基人和教育家,成就卓越,并为我国培养了一大批著名科学家。

胡刚复于1909—1918年留美期间,研究当时的物理前沿X射线领域,精确测定了原子序数自25至34的元素K线的临界吸收波长,属世界首次在X射线频率范围内,测定光电子在不同方向的速度分布和X射线散射的空间分布及其光谱特性,确定了X射线光电子的最大发射速度。

被誉为"中国物理学界泰斗"的饶毓泰,20世纪20至40年代曾多次在美国和德国等地从事原子光谱和分子光谱研究工作,是早期研究斯塔克效应的光谱学家之一。他1922年在美国发表的论文《水银蒸气的低压弧光和它对荧光的影响》,回答了当时世界性难题"在小于最小电离电动势的电压下,产生电离所需要的能量问题";1932年他在德国完成的论文《论铷和铯的基本线系的二次斯塔克效应》,大大丰富了当时新兴的量子力学成果。

叶企孙1921年与美国同仁合作,用X射线精确地测定普朗克常数h,后为物理学界沿用16年之久。他开创性地研究高压对磁体磁导率的影响,先后测定了铁、镍、钴和两种钢在高压下的磁导率。

吴有训在X射线研究方面卓有成就。他留美时,从1923年起在康普顿的指导下,做了七种物质的X射线散射曲线,并于1925年发表论文,有力地证明了发现于1922年的康普顿效应的客观存在。1930年10月,吴有训在英国的《自然》杂志上发表了他回国后的第一项研究成果《单原子气体散射之X线》,这是中国物理学家立足于国内,最早在国际权威科学刊物上发表的论文之一。以此为起点,吴有训在几年当中,对X射线经单原子气体、双原子气体、晶体散射的强度,温度对散射的影响和散射系数等问题进行了一系列的理

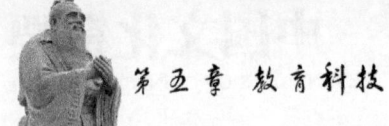

第五章 教育科技

论探索，取得了重要的研究成果。

2. 中国光学研究和光学仪器研制工作的重要奠基人严济慈

严济慈于1927年完成巴黎大学博士论文《石英在电场下的形变和光学特性变化的实验研究》，成为世界上第一个精确测定石英压电定律"反现象"的科学家。

3. 核物理学研究先驱

赵忠尧在美留学时，1930年观察到硬γ（伽马）射线通过重物质时的反常吸收和特殊辐射，这是世界上正负电子对的产生和湮灭过程的最早实验证据，他因而成为物理学史上第一个发现反物质的物理学家。1941年，王淦昌独具卓见地提出了验证中微子存在的实验方案并为实验所证实。1946年春，钱三强与他的同行合作，发现了铀核的三分裂和四分裂，进一步深化了人类对核裂变的认识。

（六）化学成就

1. "侯氏制碱法"

"侯氏制碱法"即联合制碱法，由侯德榜发明。1933年，他在纽约出版了专著《纯碱制造》，第一次将比利时人索尔维于1862年发明的氨碱法的秘密彻底公开，被世界各国化工界公认为制碱工业的权威专著，美国化学家威尔逊誉之为"中国化学界对世界文明所作重大贡献"。1943年，侯德榜成功研制出联合制碱法，即把氨厂和碱厂建在一起联合生产，使食盐利用率从70%提高到96%以上，原来无用的氯化钙转化成化肥氯化铵，解决了氯化钙占地毁田、污染环境的难题，还缩短了生产流程，降低了纯碱的成本，把世界制碱技术水平推向了一个新高度，因而很快为世界所采用。

2. 黄鸣龙还原法

有机化学家黄鸣龙，1945年在美国在凯西纳—华尔夫还原法的研究中取得突破性成果，通过一系列实验，对羰基还原为次甲基的方法进行了创造性的改进——不需要昂贵的无水肼，还大大缩短反应时间。这种黄鸣龙还原法，后被国际广泛采用，并写入各国有机化学教科书中。

三、迅猛发展的新中国科技

新中国成立后，对科技事业的发展有一系列的重大决策和战略部署。1956年1月，中共中央召开全国知识分子问题会议，向全国人民发出了"向科学进军"的号召。1978年3月，党中央召开全国科学大会，提出了"科学技术是生产力"和"知识分子是工人阶级的一部分"这两个成为此后我国科技政策基石的重要论断。1982年9月党的十二次全国代表大会上，第一次提出了科学技术是国民经济建设的战略重点之一,并确定了"经济建设必须依靠科学技术,科学技术工作必须面向经济建设"的战略指导思想。1985年3月,中共中央发布了《关于科学技术体制改革的决定》,中国的科技发展动力从国防建设转向经济建设。1988年9月,邓小平提出了"科学技术是第一生产力"的著名论断。1995年5月,全国科学技术大会召开,提出"科教兴国"战略,把科学技术提高到国家战略层面上进行部署。1999年8月召开了全国科技创新大会,确立了把"加强技术创新,发展高科技,实现产业化"作为中国科技跨世纪的战略目标。2007年党的十七大报告中,把"提高自主创新能力,建设创新型国家"提升到国家发展战略的核心和提高综合国力的关键,指出"要坚持走中国特色自主创新道路,把增强自主创新能力贯彻到现代化建设各个方面"。

在向科学进军、科学技术是第一生产力、科教兴国、建设创新型国家等科技战略思想的指引下,我国的科技事业迅猛发展。目前,我国整体科技发展水平处于发展中国家前列,部分科研领域达到国际先进水平,非线性光学晶体、量子信息通信、超强超短激光、高温超导等前沿技术研究居世界领先水平,涌现了载人航天、超级杂交水稻、高性能计算机、第三代移动通信国际标准等一批自主创新重大成果。

(一)核技术

1. 跨进原子能时代和核国家行列

1958年,在苏联专家帮助下,中国第一座实验性原子反应堆开始正式运转,并建成中国第一座2500万电子伏粒子回旋加速器,这两项成就标志着我国跨进原子能时代。1964年10月,我国第一颗原子弹爆炸成功,打破了美国和苏联的核垄断;1967年6月,中国第一颗氢弹空爆成功。从此,中国跨入核国家行列。

2. 核能利用

1984年,我国第一座核电站——秦山核电站动工,1991年12月建成并网发电,成为世界上第七个能够独立设计制造核电站的国家。1984年,广东省大亚湾核电站也破土动工,1994年5月全部工程完工,两台发电机组投入商业运行。1989年11月,我国第一座5兆瓦低温核供热试验反应堆启动运行成功,这是世界上第一座投入运行的壳式核供热堆,是我国在核能开发和利用领域取得的一项突破性进展。1990年10月,我国第一座脉冲核反应堆建成,使我国成为继美国之后,世界上第二个掌握这种新堆型设计与制造技术的国家,标志着我国核技术研究和应用的一些领域已经进入世界前列。

（二）航天技术

1. 大型运载火箭技术

我国在20世纪60年代初开始研制运载火箭，至今成功研制了"长征一号"、"长征二号"、"长征三号"、"长征四号"系列火箭。目前，长征火箭家族有9种型号，标志着中国航天技术具有坚实的基础。

1990年4月，"长征三号"运载火箭将美国休斯公司制造的"亚洲1号"通信卫星送入轨道，开创了我国制造的运载火箭为外国发射应用卫星的历史。

2. 卫星技术

1970年4月，我国成功发射第一颗人造地球卫星"东方红一号"，成为世界上第五个独立自主研制和发射人造地球卫星的国家，我国宣告跨入航天时代。1975年11月，我国发射回收式地球卫星，卫星于3天后按预定计划返回地面，我国成为世界上第三个掌握卫星回收技术的国家。2000年，我国成功发射北斗导航定位系统两颗卫星，标志着我国拥有了自己的第一代卫星导航定位系统；2003年和2007年又分别成功发射了"北斗系统"的第三颗和第四颗卫星。2007年10月，我国第一颗绕月探测卫星——"嫦娥一号"发射成功，我国成为世界上第五个发射月球探测器的国家；2009年3月1日，"嫦娥一号"卫星在控制下成功撞击月球，为我国月球探测的一期工程画上圆满句号。

3. 中国人漫步太空

1999年11月，我国载人航天计划中的第一艘无人实验飞船——"神舟一号"顺利升空，经过21小时的飞行后顺利返回地面，这是中国航天史上的又一个里程碑。2003年10月，中国航天员杨利伟乘"神舟五号"飞船成功升空，绕地球飞行14圈后安全着陆，我国首次载人航天飞行获得圆满成功。2008年9月，我国"神舟七号"载人飞船发射升空并准确进入预定轨道，两天后，航天员翟志刚打开载人飞船轨道舱舱门，首度实施空间出舱活动，实现了我国航天员首次太空行走，我国由此成为世界上第三个独立掌握出舱活动关键技术的国家，中华民族漫步太空的梦想终成现实。

（三）能源

1. 油田建设

1959年9月26日，在东北松辽盆地陆相沉积中找到了工业性油流。时值新中国成立十年之庆，遂以"大庆"命名这个油田，并于1963年建设成功。之后，在华北、中原等勘探到油田，我国从此摘掉了贫油的帽子。

2. 近年来我国在新能源和可再生能源领域取得了突破性的成就

这些成就主要有以下几方面：①2007年建成70千瓦塔式太阳能热发电系统示范工程。目前我国太阳能热利用规模居世界首位，太阳能热水器技术已达到国际先进水平，市场占有量为世界第一。②2008年开建亚洲首座大型海上风力发电项目——上海东海大桥100兆瓦海上风电示范项目；2009年9月，我国自主研发并设计制造的首批3台3兆瓦海上风电机组正式并网发电，标志着我国海上风电机组技术水平处于全球领先地位。③我国的多样化生物质能利用技术发展迅速，沼气利用技术成熟并形成了规模市场，建成了兆瓦级生物质气化发电装置。④西藏地区已建成利用地热发电的羊八井地热电站，发电容量为2.7万千瓦。⑤东南沿海地区建有数座实验性潮汐能发电站，装机容量为40～640千瓦。

3. 我国超大规模的能源输送工程

主要包括以下两个工程：①"西电东送"工程。该工程分三通道：北部通道主要将黄河上游水电和山西、内蒙古坑口水电送往京津唐地区；中部通道主要将三峡和金沙江干支流水电送往华东地区；南部通道主要将贵州乌江、云南澜沧江和桂、滇、黔三省区交界处的南盘江、北盘江、红水河的水电资源以及黔、滇两省坑口火电厂的电能开发出来送往广东、海南等地。1993年8月，广东、广西、云南、贵州四省区电网实现联网，南方跨省（区）电网初步形成，"西电东送"迈出了第一步。从2001年到2010年，项目总投资在5265亿元以上（不包括三峡电站），是我国电力建设史上从未有过的大规模电源、电网建设，开工的工程之多史无前例，单个工程的规模之大也是罕见的。②"西气东输"工程。2000年2月国务院批准启动该工程，2004年底实现全线商业运营，投资规模1400多亿元，线路全长约4200千米，年设计输量120亿立方米，是目前我国距离最长、口径最大的输气管道。

（四）生物技术和生命科学

1. 生殖技术

1961年，我国朱洗成功利用人工单性繁殖方法获得世界首例"无父"和"无外祖父"的蟾蜍。1988年3月，中国内地第一个试管婴儿诞生，标志着我国生殖医学和辅助生育技术步入国际先进水平，在我国生殖医学发展史上具有里程碑意义。

2. 基因技术应用

1965年，我国在世界上首次破译牛胰岛素基因后，合成了世界上第一个人工蛋白——结晶牛胰岛素。1981年11月，王德宝等科学家人工合成了完整的酵母丙氨酸转移核糖核酸，这是世界上第一个人工合成的转移核糖核酸，在生命起源研究上有重大意义。1998年，我国成功运用基因方法重组了人胰岛素。

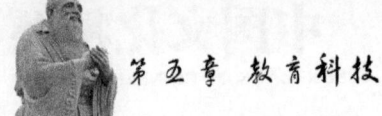

3. 杂交水稻

被称为"杂交水稻之父"的袁隆平，1973年破解了当时世界公认的杂交水稻研究难题，开创了两系法杂交水稻育种技术，培育出杂交水稻"南优二号"。1976年，"南优二号"大面积推广后，全国粮食总产量比1965年增长47.2%。1981年，袁隆平等成功培育出籼型杂交水稻，袁隆平因此于1985年获得世界知识产权组织金奖，这项技术成为我国转让给美国的第一项农业技术。2000年9月，袁隆平主持的超级杂交稻先锋组合"两优培九"通过验收，平均亩产703.9千克，这一重大成果对保障21世纪中国的粮食安全具有重要意义。杂交水稻使我国能够用占世界7%的耕地养活占世界22%的人口。

4. 基因组测绘

1997年1月，洪国藩等在世界上首次成功构建水稻基因组物理全图。1999年9月，中国加入人类基因组计划，负责测定人类基因组全部序列的1%，即三号染色体上的三千万个碱基对；2000年6月26日，参与人类基因组计划的美、英、德、日、法、中六国联合宣布，人类基因组工作框架图绘制完成。2001年，中国科学家成功测定水稻基因组约22亿碱基对的序列，序列和基因的覆盖率均达95%以上，90%的区域准确率达到99%，这一研究在农业生产上的意义，可与人类基因组计划对人类健康的意义相媲美。2007年10月，我国科学家独立完成了第一张黄种人全基因组标准图谱绘制，这是我国在人体基因测序方面从最初仅负责1%到能够独立完成100%的一次成功跨越。

5. 中国近百年来第一部最全面、最系统的植物志《中国植物志》于2005年全部出版

此书共126卷册，5000多万字，9000多幅图，记载了中国301科3408属31142种植物，与世界上同类著作相比，收载植物种类和所含卷册最多，总体编研的水平高。

（五）数学

1. 陈氏定理

1973年2月，陈景润在1966年发表的《大偶数表为一个素数及一个不超过两个素数乘积之和》（国际数学界没有承认该结果）的基础上，完成了"1+2"的简化新证明，改进了1966年宣布的数值结果，并在《中国科学》上发表，成为哥德巴赫猜想研究上的里程碑，立即轰动国际数学界，被国际数学界称为"陈氏定理"，被公认是"筛法理论光辉的顶点"。

2. 杨张定理

1977年，杨乐、张广厚合作进行函数论研究，在世界数学界首次发现了"亏值"和"奇异方向"之间的有机联系。他们对这两个概念的研究获得了具

有世界领先水平的重要成果，推动了函数论的发展，被国外一些数学家称为"张杨不等式"和"杨张定理"。

3. 自动推理领域的先驱

吴文俊领导的课题组经过几十年的努力，于2006年创立和发展了几何定理的机器证明方法和用机器求解方程的方法，将数学机械化的思想与现代计算机科学相结合，做出了自动推理领域的先驱性工作，开创了世界数学研究新领域。

（六）物理学

1. 发现反西格玛负超子

1959年3月，王淦昌所领导的研究小组，在苏联的100亿电子伏质子同步稳相加速器上做实验时，在世界上首次发现荷电负超子——反西格玛负超子，这对证实反粒子的普遍存在提供了有力的证据，在当时国际上引起了巨大轰动，苏联《自然》杂志指出"实验上发现反西格玛负超子是在微观世界的图像上消灭了一个空白点"，当时的科学家认为"其科学上的意义仅次于正电子和反质子的发现"。

2. 我国的激光技术起步早、水平高

世界上首台激光器于1960年7月出现，而1961年9月我国第一台红宝石激光器便研制成功，表明我国激光技术步入世界先进行列。1963年，我国又成功研制出氦氖激光器，并开始批量生产。1993年4月和5月，我国自行研制的两套自由电子激光装置"神光1号"和"BEEL"运行成功，并产生出亚洲第一束红外频谱自由电子激光，从而使我国的自由电子激光技术跨入国际先进水平行列。目前，我国在X光、氧碘化学激光、自由电子激光、高功率固体钛玻璃激光和准分子激光方面的研究达到或接近国际先进水平。

3. 我国三大高能物理研究装置于20世纪七八十年代陆续建设

①兰州重离子加速器。这是我国第一个能量最高、粒子种类最多、规模最大的重离子物理装置，1976年开始建造，1988年调出第一束重离子流，标志着其成功建成，成为世界上第三台同等规模的重离子加速器。1992年兰州重离子加速器国家实验室成立，2007年12月兰州重离子加速器冷却存储环工程建成，使该实验室成为国际上第二家拥有世界级大型核物理实验装置的实验室，至2009年9月，该实验室先后开展重离子治癌临床试验8批次，治疗肿瘤患者103例，使我国成为继美、日、德之后第四个实现重离子治癌临床试验研究的国家。②北京正负电子对撞机。该对撞机由我国自行设计，1984年动工，1989年正式投入运行，使我国直接达到当时建造高难度对撞机的国际先进水平。③合肥同步辐射装置。该装置始建于1984年，1989年正式建成，主

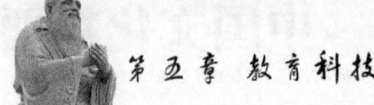

要用于研究粒子加速后光谱的结构和变化,从而推知这些粒子的基本性质。迄今,已建成5个实验站,接待了大量国内外用户,取得了一批有价值的成果。

4. 制成阿尔法磁谱仪

1998年6月,我国科学家研制的阿尔法磁谱仪搭乘美国"发现号"航天飞机进入太空。阿尔法磁谱仪实验是诺贝尔物理学奖获得者丁肇中领导的一个大型国际合作科学实验项目,目的是探测宇宙中是否存在反物质和暗物质,是天体物理、粒子物理和宇宙论领域正在探索的科学难题,美、中、俄、意、德、瑞士等十多个国家的科学家参加了这一科学实验项目。西方国家几十年来都未能成功制成阿尔法磁谱仪,中国科学家的研制成功,实现了物理学家们多年的夙愿。

(七)信息技术

1. 我国在大型计算机研制方面居于世界先进行列

1959年9月,我国第一台大型通用计算机研制成功,每秒钟运算1万次快速通用数字。1983年,我国第一台每秒钟运算1亿次以上的计算机——"银河—Ⅰ"巨型机研制成功,我国成为世界上少数几个拥有巨型计算机的国家之一;1992年,"银河—Ⅱ"10亿次巨型计算机通过了严格的技术鉴定,证明我国巨型计算机研制技术已进入世界先进行列;1997年研制成功的"银河—Ⅲ"巨型计算机,每秒运算速度达百亿次。1993年,中国第一台全对称共享存储多处理机——"曙光一号"大型并行计算机研制成功,实现了多线程机制和细粒度并行;1995年,"曙光1000"大规模并行计算机研制成功,峰值浮点运算速度达到每秒25亿次,标志着我国在大规模并行处理技术方面迈进了世界先进行列。1999年,我国研制成功高性能计算机"神威Ⅰ",峰值运算速度为每秒3840亿浮点,使我国成为继美国、日本之后世界上第三个具备研制高性能计算机能力的国家。2002年,我国成功研制出首枚高性能通用微处理芯片——"龙芯1号"CPU,标志着我国已初步掌握当代CPU关键设计制造技术,改变了我国信息产业无"芯"的历史。

2. 中国的网络通信发展迅猛

1987年9月,中国学术网在北京正式建成我国第一个互联网电子邮件节点,并向德国成功发送第一封电子邮件,拉开中国人使用互联网的序幕。1994年4月,通过美国Sprint公司的一条64K国际专线,中关村地区教育与科研示范网络工程完成了与国际互联网的全功能IP连接,中国打开了通向国际互联网的第一扇大门,正式成为真正拥有全功能互联网的国家。2000年11月,中国网通宽带高速互联网正式开通,总体水平处于国际电信网络领先地位,中国网络通信业务从窄带发展到宽带。2008年8月,中国科技大学利用冷原子量子存储技术，首次实现了具有存储和读出功能的纠缠交换，建立了由300米光纤连接的两个冷原子系统之间的量子纠缠，向未来广域量子通信网络迈出了坚实的一步。2009年，由中国自主创新的TD-SCDMA技术制式的第三代移动通信（3G）投入商用，它的主要特点一是可实现全球漫游，使任意时间、任意地点、任意人之间的交流成为可能；二是能够实现高速数据传输和宽带多媒体服务，可以上网读报纸、查信息、下载文件和图片，可以传输图像，提供可视电话业务。

（八）机器人研制技术

我国目前的机器人研制处于国际领先水平。1985年12月，我国自行研制的第一台水下机器人"海人1号"，在大连海域进行了三次水中操作试验获得成功。1991年，我国第一台大型工业机器人——点焊机器人研制成功，标志着我国已进入自主开发工业机器人技术阶段；同年，我国第一台载人式水下机器人——QSZ-II型单人常压潜水装置研制成功，具有20世纪80年代后期国际先进水平。

1997年，我国CR01型6000米水下机器人研制成功，它具有一定的自主能力，有定向、定深、定高或定距的搜索航行功能，可以实施6000米水深海底地貌摄像、拍照、沉积软泥测量、水文物理测量和海底金属结构丰度测定等。1997年圆满完成了太平洋海域的深海资源探测实验，使我国具备了对除海沟以外的占全世界海洋面积97%的海域进行详细探测的能力。

2000年，我国第一台类人型机器人研制成功，命名为"中国先行者"，有人类外观特征，可模拟人类行走与基本操作，并具备一定的语言功能。类人型机器人具有广泛的应用领域，可以在一些有辐射、粉尘、毒害的环境中代替人类作业，在康复医学上可用于制造动力型假肢，使截瘫病人实现正常行走。类人型机器人的问世，标志着我国机器人技术已跻身国际先进行列。

（九）新材料技术

1. 超导材料

1986年底，赵忠贤、陈立泉等科技人员，在实验中发现了起始转变温度为48.6k（绝对温度48.6度）的钡镧铜氧化物超导体，并观察到70k时具有超导现象，这是当时国际上正式公布的转变温度最高的新型超导材料。1987年，赵忠贤等13名科研人员，再次发现了起始转变温度为100k以上的超导体，使我国在低温超导材料领域又一次居世界领先地位。1989年，中国科技大学超导研究中心成功研制出零电阻温度高于130k的超导材料——铋铅锑锶钙铜超导体，创造了当时世界上超导零电阻温度的最高纪录。

2. 单晶硅技术

1997年，我国第一根直径12英寸直拉单晶硅研制成功，使我国成为继美国、日本、德国后具有拉制大直径单晶硅技术的国家。

3. 纳米材料研究获得新突破

2000年，卢柯领导的科研小组在世界上首次直接观察到纳米金属材料具备室温下的超塑延展性，其论文发表在2002年2月25日的美国《科学》杂志上。纳米材料的鼻祖、德国科学家格雷特认为，这是本领域的一次突破，它第一次展示了无空隙纳米材料是如何变形的。

4. 建立了介电材料超晶格理论体系

该理论体系是由闵乃本领导的课题组经过近二十年的努力于2006年建立的，它将半导体超晶格的概念扩展到介电体。

（十）古生物化石考察

1. "合川马门溪龙"恐龙化石

该恐龙化石于1957年在四川省合川县发现，长22米，高约3.5米，大约生活在距今1.3亿年前，是迄今为止我国和亚洲发现的最完整的蜥脚类恐龙化石，当时在世界上是首次发现。

2. 澄江动物化石群

该化石群于1984年在云南澄江县帽天山北坡发现，是迄今为止地球上发现的种类最丰富、保存最完整的早寒武纪动物化石群。这些动物群生长在距今5.3亿年前。这一发现轰动了国际科学界，此化石群被誉为"世界近代古生物研究史上所罕见"、"20世纪最惊人的科学发现之一"，被列为"地球历史早期生物演化实例的三大奇迹"。至今在化石群里发现180种动物，有148种因属世界首次发现而被指定为全球的模式标本，有80多种是世界上目前所发现的最古老、最完整的软体动物化石。化石群充分显示出寒武纪早期的生物多样性，为揭示早期生命演化"寒武纪大爆发"的奥秘提供了极其珍贵的证据。

3. 瓮安生物群化石

我国科学家在贵州瓮安发现了生活在5.8亿年前的生物群，这是20世纪古生物界的又一次重大发现。20世纪70年代后期，刘魁梧在瓮安磷矿中发现了球状和刺球藻微体化石。此后陈孟莪、张昀、袁训来等学者对该地区含化石层的磷块岩进行了研究并有一些成果。1998年初，陈均远和李家维在美国《科学》杂志、肖书海和张昀在英国《自然》杂志分别发表论文，报道在瓮安发现"海绵动物"和"后生动物胚胎"化石，引起国际轰动。进入21世纪后，瓮安生物群的研究取得了多项重大突破，其中最引人注目的是具极叶的螺旋卵裂胚胎、最古老的两侧对称动物贵州小春虫、有体轴分化的两侧对称动物胚胎等多种动物化石的发现。这些发现表明多细胞动物在"寒武纪大爆发"之前有一次关键的演化事件,为揭开"寒武纪大爆发"之谜打开了一个全新的窗口。

4. 中华鸟龙化石

1996年,中国古生物学家鉴定了在辽宁省西部发现的一块珍贵的类似鸟类的化石,确认是最早原始鸟类化石,并把它命名为"中华龙鸟"(后证实为一种小型食肉恐龙,因而更名为鸟龙)。中华鸟龙化石的发现是近100多年来恐龙化石研究史上最重要的发现之一,对研究鸟类起源和恐龙的进化都有重要意义。

(十一)考古学

1. 重要的猿人化石考证

①"蓝田人"化石是1963年在陕西蓝田县陈家窝村附近发现的下颚骨化石和1964年在蓝田县公王岭发掘的头骨化石的统称,化石的地质时代距今75万年到115万年之间,较北京人更久远,为研究人类起源提供了珍贵的科学资料,是20世纪中国百项重大发现之一。②1965年,在云南省元谋县上那蚌地区红土层中发现了两颗猿人牙齿化石,这是首次在我国南方发现猿人化石,对进一步研究古人类和我国西南地区第四纪地质具有重要的科学价值。③在云南省禄丰县石灰坝,1976年发现了一个腊玛古猿类型的下颌骨化石,1980年挖出了世界上第一个腊玛古猿头骨化石。"禄丰腊玛古猿"的发现,进一步证明了我国西南是人类起源的重要区域之一,为今后在云南等省星罗棋布的第三纪褐煤层中寻找早期人类的祖先开辟了广阔的前景。

2. 两处"世界奇观"面世

①被称为"世界第八大奇观"的秦始皇兵马俑坑于1975年出土面世,整个陶俑坑总面积12600平方米,坑内约有6000个武士俑,排列成完整的军阵场面,为研究秦始皇时代的武士、兵器和雕塑艺术提供了珍贵资料。②位于四川广汉县南兴镇的三星堆遗址被誉为"世界第九大奇迹",从1980年起连续20年进行了大规模发掘。三星堆遗址是一个总面积超过12平方千米的大型遗址群,包括大型城址、大面积居住区和两个器物坑等重要文化遗迹,存有三种面貌不同但又连续发展的三期考古学文化,年代从新石器时代晚期延续到商末周初,前后历时约2000年,是我国长江流域早期文明的代表,也是迄今为止我国信史中已知的最早的文明。1986年,在三星堆发现的两个商代大型祭祀坑,上千件稀世青铜文物赫然显世,轰动了世界,说明三星堆在夏朝之前700年,就已进入高度发达的青铜时代。三星堆遗址是迄今在我国西南地区发现的范围最大、延续时间最长、文化内涵最丰富的古城、古国、古蜀文化遗址,被

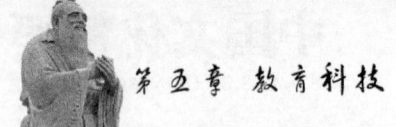

称为 20 世纪人类最伟大的考古发现之一。

3. 夏商周断代工程

这是一项解决一直以来夏、商、周三个重要历史朝代没有完整的、可据的年代标尺的大型工程，1996 年 5 月全面启动，工程设置 9 个课题、40 个专题，组织了历史学、考古学、文献学、古文字学、历史地理学、天文学和测年技术等学科的 170 多名学者进行联合攻关。2000 年 9 月项目通过验收，2000 年 11 月正式公布了"夏商周年表"，夏代开始年约为公元前 2070 年，夏商分界约在公元前 1600 年，商周分界为公元前 1046 年，从而解决了我国历史纪年中长期存在的疑难问题，为探索中华文明的起源打下了坚实基础。

（十二）交通建设技术

1. 工程浩大的高难度的公路铁路建设

①青藏公路，是世界上海拔最高的公路之一，全线平均海拔 4000 米以上，1954 年 12 月正式通车。②宝成铁路，1956 年建成通车并于 1975 年成为我国第一条电气化铁路，大部分穿行于秦岭、大巴山、剑门山等崇山峻岭之中，跨越嘉陵江、涪江。③兰新铁路，1962 年通车，从兰州到达乌鲁木齐，跨越黄河，穿过乌鞘岭、河西走廊、吐鲁番盆地、天山和戈壁沙漠。④成昆铁路，1970 年通车，沿线经过横断山脉，桥梁、隧道极多。⑤青藏铁路，2005 年 10 月建成通车，是世界上难度最大的高原铁路，建设者攻克了"多年冻土、高寒缺氧、生态脆弱"三大世界性难题，是世界铁路建设史上的壮举。

2. 杭州湾跨海大桥

2008 年 5 月正式通车，是目前世界上第二长的桥梁、第一长的跨海大桥，全长 36 千米，海上段长达 32 千米。杭州湾跨海大桥工程规模和海上工程量大，建造时克服了潮差大、流速急、流向乱、波浪高、冲刷深、软弱地层厚、部分区段浅层气富集等恶劣自然环境。大桥采用 50 米箱梁"梁上运架设"技术，刷新了目前世界上同类技术、同类地形地貌桥梁建设的新纪录；大桥采用的大直径超长整桩螺旋桥梁钢管桩也是世界之最。

3. 高速列车和高速铁路

2003 年，上海建成磁悬浮列车示范线，最高时速 430 千米，使中国成为继德国、日本之后第三个掌握磁悬浮技术的国家。2004 年至 2005 年，中国开始引进国外技术，设计生产高速动车组。2007 年 4 月，140 对、时速 200 千米以上的"和谐号"国产动车组首次闪亮登场，中国从此有了属于自己的高速列车。2008 年 8 月，京津城际铁路开通运营，中国自主开发的动车组时速超过 350 千米。2010 年 5 月，中国具有自主知识产权、时速 380 千米的新一代高速列车下线，成为世界上商业运营速度最快的动车组。目前，中国是世界上高速铁路系统技术最全、运营里程最长、运行速度最高、在建规模最大的国家，中国动车组已取得累计900余件高速铁路相关专利授权。中国在短短的几年里，走完了国际上40年的高速铁路发展历程，创造出中国高铁品牌。

总之，新中国成立以来，科技快速发展，不断冲刺世界之巅，成为中国社会可持续发展的强大动力。

思考题

1. 中国教育在历史发展进程中有哪些经验可供当代借鉴？
2. 中国各历史时期有哪些重大的科技成就？

参考文献

[1] 孙培青. 中国教育史. 修订版. 上海：华东师范大学出版社，2000.

[2] 薛明扬. 中国传统文化概论. 上海：复旦大学出版社，2003.

[3] 中共教育部党组. 人民教育奠基中国——新中国60年教育事业发展与改革的伟大成就. 中国教育报，2009.

[4] 方晓东，李玉非. 新中国60年教育发展的历史轨迹 历经四次转折. 中国教育报，2009.

[5] 高奇，等. 走进中国科技殿堂. 济南：山东大学出版社，2005.

[6] 王渝生. 奋斗与辉煌——中华科技百年图志（1901—2000）. 昆明：云南教育出版社，2002.

[7] 人民出版社. 庆祝新中国成立60周年大型文献专题片——辉煌六十年. 北京：人民出版社，2009.

[8] 路甬祥. 百年科学思想史考察. 光明日报，2002-10-17.

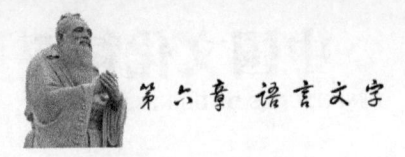

第六章 语言文字

语言是人类最重要的交际工具，文字是记录语言的符号系统，两者共同为人类社会服务。中国语言文字与其他国家的语言文字相比较，有着更为悠久的历史和丰富的文化底蕴，经过几千年的发展演变，已经成为我国人民最重要的交际工具，同时也正成为一种有价值、可利用、出效益、多变化、能发展的特殊的社会资源。本章将从中国语言文字概述、现代汉语中的中国语言文字、新时期中国语言文字的发展、中国少数民族语言文字概述等几方面进行简要介绍。

第一节 中国语言文字概述

中国语言文字用"博大精深"四个字来概括一点儿也不为过。首先，我国是一个多民族的国家，语言种类非常丰富，除汉族以外，各少数民族基本上都有自己的民族语言和文字；在汉族的不同地区也形成了各具特色的方言，不同方言既是当地人民传情达意最重要的手段，也是地域文化的底层沉淀，更是我国多样文化的重要表现。其次，作为汉语的载体，汉字也是世界上历史最为悠久的文字之一，经历了数千年的发展演变过程，历经沧海桑田的变化，显得深沉而博大，并且焕发着越来越旺盛的生命力。

一、中国语言文字的内涵及特点

我国是一个多民族、多语言、多文种的国家，有 56 个民族，共有 80 种以上的语言、约 30 种文字。汉语是我国使用人数最多的语言，也是世界上使用人数最多的语言，是联合国六种正式工作语言之一。汉语是我国汉民族的共同语，除汉族外，我国 55 个少数民族约占全国人口总数的 8.41%。除回族、满族已全部转用汉语外，其他 53 个民族都有自己的语言，有些民族许多人转用或兼用汉语和其他民族语言；有些民族内部不同支系还使用不同的语言。我国对各民族实行平等的语言政策，2000 年 10 月 31 日颁布的《中华人民共和国国家通用语言文字法》第一章第八条规定各民族都有使用和发展自己的语言文字的自由。

现代汉语有标准语（普通话）和方言之分。普通话以北京语音为标准音，以北方话为基础方言，以典范的现代白话文著作为语法规范。《中华人民共和国国家通用语言文字法》确定普通话为国家通用语言。汉语方言通常分为七大方言：北方方言、吴方言、湘方言、赣方言、客家方言、粤方言、闽方言。各方言区内又分布着若干次方言和许多种土语。

汉字是世界上最古老的文字之一，也是世界上使用人数最多的文字。汉字的数量很多，总数约6万个，常用字约6000个。汉字是汉民族共同使用的文字，也是全国各少数民族通用的文字。汉字有悠久的历史。目前发现的最古老的汉字，是距今3400多年前的甲骨文，它们已是很成熟、很发达的文字。据科学家推算，汉字的历史有5000年左右。汉字起源于记事图画，从古到今，汉字的形体发生了很大的变化，经历了甲骨文、金文、小篆、隶书、草书、行书、楷书等字体的演变。现行汉字的通行字体是楷书。

自20世纪50年代以来，国家对现行汉字进行整理和简化，制定公布了《第一批异体字整理表》、《汉字简化方案》、《简化字总表》、《现代汉语常用字表》、《现代汉语通用字表》等标准。《中华人民共和国国家通用语言文字法》确定规范汉字为国家通用文字。规范汉字是指经过整理简化的字和未经整理简化的传承字。

中华人民共和国成立前，有21个少数民族有自己的文字。中华人民共和国成立后，政府先后为壮、布依、彝、苗、哈尼、傈僳、纳西、侗、佤、黎等民族制定了文字方案。

从文字的体系和字母的形式来看，我国的文字有意音文字、音节文字、字母文字体系和古印度字母、回鹘文字母、阿拉伯字母、方块形字母、拉丁字母、斯拉夫字母形式等。

1958年2月11日，第一届全国人民代表大会第五次会议通过决议公布《汉语拼音方案》。《中华人民共和国国家通用语言文字法》规定国家通用语言文字以汉语拼音作为拼写和注音的工具。《汉语拼音方案》也是拼写中国地名、人名和中文文献等的国际标准。

围绕贯彻实施《中华人民共和国国家通用语言文字法》，大力推广普通话，推行规范汉字，进一步扩大《汉语拼音方案》的应用范围，提高全社会语言文字应用能力，国家语言文字工作以学校为基础，以党政机关为龙头，以新闻媒体为榜样，以公共服务行业为窗口，注重发挥城市的辐射带动作用，通过目标管理、量化评估、普通话水平测试、推广普通话宣传周等基本的有效措施，逐步建立起依法管理监督语言文字社会应用和语言文字工作的体制和机制，普通话和规范汉字普及程度和应用水平显著提高。

根据2004年12月26日公布的"中国语言文字使用情况调查"（范围涉

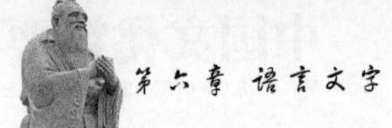

及除港澳台外的全国31个省、自治区和直辖市以及新疆生产建设兵团）数据显示，现在我国能用普通话进行交际的人口比例为53.06%，能用汉语方言进行交际的人口比例为86.38%，能用少数民族语言进行交际的人口比例为5.46%；平时书写时使用规范字的人口比例为95.25%；掌握汉语拼音的人口比例达到了68.32%。

二、中国语言文字的历史发展进程

汉语是世界上最古老的语言之一，是至今通用语言时间最长的语言之一。汉字是汉语的载体，也经历了漫长的发展演变过程。下面我们分别对汉语和汉字的历史发展进程进行介绍。

（一）汉语的历史发展进程

汉语的历史演变主要包括古代汉语和现代汉语这两个阶段。

1. 古代汉语

古代汉语是古代汉民族使用的共同语。古代汉语在学术界又细分为上古汉语、中古汉语、近代汉语三个阶段。

（1）上古汉语。所谓"上古汉语"，在学术界通常指的是公元前11世纪到公元2世纪（周、秦、汉三代）之间汉语的一个发展阶段，上限基本明确，但下限有所不同。语音上可以算到三国为止，但语法上最晚从东汉末期王充的《论衡》开始就已经进入中古汉语时期了。

（2）中古汉语。中古汉语是南北朝、隋朝、唐朝时期的汉语，它继承自上古汉语，后来发展为近代汉语。

对于中古汉语和近代汉语（有材料称为近古汉语）的分界，有很多不同的意见，大多集中在唐宋时期的归属上。还有学者把中古汉语分为两个阶段，早期中古汉语以切韵音为代表，晚期中古汉语以韵图为代表。

（3）近代汉语。近代汉语是古代汉语与现代汉语之间以早期白话文献为代表的汉语。近代汉语大致指唐五代至明清之际这一历史阶段的汉语。学术界关于近代汉语上下限的划分存在争议，关于下限，诸家的看法比较接近；关于上限，观点相去较远，最早的定为5世纪（六朝），最晚的定为13世纪（宋末元初），前后相差800多年。

古代汉语的书面语有两个系统：一个是文言文，另一个是古白话文。

文言文是指在先秦口语基础上形成的上古书面语以及汉代以后模仿这种书面语的语言。例如，儒家著作的语言，诸子著作的语言，《史记》、《汉书》的语言，"唐宋八大家"作品的语言，明清文言作品的语言，等等。文言文的使用一直延续到五四运动以前。文言文与现代汉语的差别较大，不学习便很难读懂古代的典籍。

古白话是指六朝以后在北方口语基础上形成的接近当时口语的书面语，如南北朝时期的乐府歌辞、唐代的曲子词、演唱的佛经故事的变文、禅宗语录、宋元话本、元代杂剧和明清小说等。古白话与现代汉语差别较小，比较容易看懂。

2. 现代汉语

现代汉语是现代汉民族使用的语言。广义的现代汉语包括汉语的各种方言，即不同地区的汉族人所使用的语言，这些语言都是汉语，只是在语音、词汇、语法等方面存在一定差异。而狭义的现代汉语则是指普通话，即"以北京语音为标准音，以北方话为基础方言，以典范的现代白话文著作为语法规范的现代汉民族共同语"。普通话所代表的标准现代汉语也是中国的国家通用语言。有关现代汉语的相关问题我们在本章的第二节将详细介绍，此不赘述。

（二）汉字的历史发展进程

中国语言的书写符号——汉字从产生至今已有几千年的历史，字形在不断地演变。主要表现在两个方面，一个是字体，也就是文字的笔画姿态，主要经历了甲骨文、金文、大篆、小篆、隶书、草书、行书、楷书到简化字的过程；一个是字式，也就是文字的结构方式，包括单体字和合体字两大类。

1. 汉字字体的变迁

（1）甲骨文。汉字的产生，有据可查的，是在约公元前14世纪的殷商后期，这时形成了初步的定型文字，即甲骨文。甲骨文是"龟甲兽骨文字"的简称，又叫殷墟文字、殷契卜辞等。它是殷代的人用刀刻在龟甲或兽骨上的关于卜卦的文字。甲骨文大部分是象形字或会意字，形声字只占20%左右。甲骨文象形程度高，且一字多体，笔画不定。这说明中国的文字在殷商时期尚未统一。

（2）金文。金文原来叫做钟鼎文，因为这种文字多数刻在钟上和鼎上。后来大家觉得不限于钟鼎，所以改称为金文。古人把铜铁都叫做金，金文实际上是刻在铜器上的文字。在铜器上刻文字的这种行为叫做"铭"，所以金文又称"铭文"。金文大多是吉祥的话、庆功的话或自勉的话。金文存在于从商代到六朝，共两千多年。商代金文多为象形字以及由象形字合成的会意字。

（3）大篆。到了西周后期，汉字发展演变为大篆。大篆经发展后产生了两个特点：一是线条化，早期粗细不匀的线条变得均匀柔和了，它们随实物画出的线条十分简练生动；二是规范化，字形结构趋向整齐，逐渐离开了图画的原形，奠定了方块字的基础。

（4）小篆。战国时代，列国割据，文字不能统一，所以许慎在说文解字

第六章 语言文字

序里说"言语异声，文字异形"。公元前221年，秦始皇下令规定以小篆为统一书体在全国推行，使"天下书同文"。小篆除了把大篆的形体简化之外，还使线条化和规范化达到了完善的程度。与大篆相比，小篆的图画性已经大大减弱，每个字的结构已经比较固定。

（5）隶书。在小篆通行不久，民间又创造出一种比小篆更为简便、更为定型的新书体，这就是隶书。隶书开始时是写得比较草率的和不够规范的小篆。到秦始皇统一文字时，隶书已经形成一种固定的、规范的字体。隶书改篆书一味圆转的线条为方折的笔画，顺应了社会对书写方便和规范的需要。隶书不仅仅在秦朝民间广泛流行，政府文件一般也都用隶书书写，但重要的诏书仍用小篆书写，所以隶书在秦代又称"佐书"。隶书的出现是汉字发展史上一个重要的里程碑。隶书以前的汉字是用绘画式的线条书写的，而隶书以后的汉字是用横、竖、撇、点、折等笔画构成的。自隶书出现后，汉字的结构基本上固定了下来，一直到新中国成立，基本上没有太大的变化。

（6）草书、行书、楷书。至汉代，隶书发展到了成熟的阶段，汉字的易读性和书写速度都大大提高。隶书之后又演变为章草，而后今草，至唐朝有了抒发书者胸臆、寄情于笔端表现的狂草。随后，糅合了隶书和草书而自成一体的楷书（又称真书）在唐朝开始盛行。我们今天所用的印刷体，即由楷书变化而来。介于楷书与草书之间的是行书，它书写流畅，用笔灵活，传至今日，仍是我们日常书写所习惯使用的字体。

2. 汉字字式的变迁

汉字的字式有两种类型：单体字和合体字。

（1）单体字。单体字可分为象形字和指事字两类。象形字指通过刻画具体事物的简单轮廓的方法创造的汉字，如日、月、人、木等；指事字指用以简单的线条表示抽象概念的方法创造的汉字，如一、二、上、下等。

（2）合体字。合体字可分为会意字和形声字两类。会意字是指用两个以上的单体字组合成新字，单体字的意义结合起来就是新字的意义，如从、众、林、森、休等；形声字指汉字的一个部件表示意义范畴，另一个部件表示声音的字，如糊、模、钢等。

第二节　现代汉语中的中国语言文字

中国语言文字发展到现代汉语阶段主要表现在两个方面：一是全民共同语——现代汉语普通话；二是不同地域人们的主要交际工具——现代汉语方言。现代汉语普通话和现代汉语方言目前在各自的领域发挥着重要的作用。普通话是全民共同语，是不同民族、不同地区人民共同交际的工具，它有着统一的语音、词汇、语法标准，对于消除不同民族、不同地区人们之间的语言隔阂起着重要的作用，对于促进不同民族、不同地区之间的经济文化交流，维护国家的团结统一发挥着重要的保障作用。而现代汉语方言是方言区人民表情达意的重要手段，是地域文化的积淀，也是普通话不断发展的重要源泉。现代汉语普通话和现代汉语方言是你中有我、我中有你的关系，都是现代汉语家族的重要成员，共同为我国各民族、各地区人民服务，因此我们有必要在掌握自己母语方言的前提下，掌握全民共同语——普通话。

一、现代汉语普通话

普通话，即现代标准汉语，是现代中华民族的共同语。《中华人民共和国国家通用语言文字法》确立了普通话和规范汉字的"国家通用语言文字"的法定地位。

普通话是"以北京语音为标准音，以北方话为基础方言，以典范的现代白话文著作为语法规范"的现代汉民族共同语，这是在1955年的全国文字改革会议和现代汉语规范问题学术会议上确定的。这个定义实质上从语音、词汇、语法三个方面提出了普通话的标准。

"以北京语音为标准音"，指的是以北京话的语音系统为标准，并不是把北京话一切读法全部照搬，普通话并不等于北京话。北京话有许多土音和异读现象，北京话的儿化现象也比较突出。从1956年开始，国家对北京土话的字音进行了多次审订，制定了普通话的标准读音。因此，普通话的语音标准当前应该以1985年公布的《普通话异读词审音表》以及2012年版的《现代汉语词典》为规范。

就词汇标准来看，普通话"以北方话为基础方言"，指的是以广大北方地区普遍通行的说法为准，同时也要从其他方言吸取所需要的词语。如北方不少地区将"玉米"称为"苞米"，将"肥皂"称为"胰子"，将"馒头"称为"馍馍"，这些说法就不具有普遍性。所以，不能把所有北方话的词汇都作为普通话的词汇。有的非北方话的外来词汇有特殊的意义和表达力，这样的词语可以吸收到普通话词汇中来。例如"的士"、"打的"等词使用频率非常高，早已加入了普通话词汇行列。普通话所选择的词汇，一般都是流行较广而且早就用于书面上的词语。近年来，国家语委正在组织人力编写《现代汉语规范词典》，将进一步对普通话词汇做出规范。

普通话的语法标准是"以典范的现代白话文著作为语法规范"，这个标准包括四个方面意思："典范"就是排除以不典范的现代白话文著作作为语法规

第六章 语言文字

范;"白话文"就是排除文言文;"现代白话文"就是排除五四运动以前的早期白话文;"著作"就是指普通话的书面形式,它建立在口语基础上,但又不等于一般的口语,而是经过加工、提炼的语言。

普通话是现代汉民族共同语的口语形式,我们国家地域辽阔、人口众多,自古以来就有方言分歧。方言的存在给交际带来不便,产生隔阂,为了克服方言给交际带来的隔阂,就要有沟通各种方言的共同语存在。汉语自古以来就同时存在有方言和共同语言。根据历史记载,春秋时期把共同语叫雅言,雅言以洛阳雅言为标准。孔夫子有三千多徒弟来自各地,各地的学生都讲自己的方言,孔夫子为了让来自各地的学生都听得明白,在讲学的时候用雅言,这样交流起来就没有什么障碍了。

在改革开放发展的今天,在地区间交往越来越密切、人口流动越来越频繁的情况下,大力推广普通话,对于我们国家各个方面的发展具有重要的意义。

推广普通话是国家统一和民族团结的需要。一个国家、一个民族拥有统一、规范的语言,是关系到国家独立和民族凝聚力的具有政治意义的大事。《中华人民共和国宪法》第十九条规定"国家推广全国通用的普通话"。使用国家通用的语言文字,是每个公民应当履行的义务,也是公民具有国家意识、主权意识、法制意识、文明意识、现代意识的具体体现。我国是一个多民族、多方言的国家,推广普及普通话有利于增进我国各民族的交流与往来,增强中华民族的凝聚力,而且有利于增强我国在国际社会中的影响力。

推广普通话是加强素质教育的需要。我国跨世纪教育发展与改革的基本任务是实施素质教育,第三次全国教育工作会议颁布的《中共中央、国务院关于深化教育改革全面推进素质教育的决定》对培养创新人才、全面推进素质教育提出了明确的要求。素质是知识、能力和良心修养的综合反映。语言文字是思维表达的工具,是文化知识的载体和交际能力的依托,因而是素质构成与发展的基础,是文化建设的必要条件。著名语言学家吕叔湘先生曾指出"学好语文是学好一切的根本"。特别是到了今天的信息时代,语言文字规范更是掌握计算机语言的必要前提。对于任何学段、任何专业的学生来说,能说流畅的普通话,具有较强的语言文字能力和计算机操作能力,在求学、求职和事业竞争中就能处于优势地位。各级各类学校应把推广普通话作为素质教育的重要内容,它有利于贯彻教育面向现代化、面向世界、面向未来的战略方针,有利于弘扬祖国优秀的传统文化和爱国主义精神,加强社会主义精神文明建设。语言文明是人的素质最直接的体现。努力提高人们的语言道德意识,进行语言行为的道德规范,加强语言文明的建设,是社会主义精神文明和国民素质教育的重要内容。培养有理想、有道德、有文化、有纪律的社会主义公民,提高全民族的思想道德素质和科学文化素质，离不开做好语言文字的工作。

普通话是以汉语授课的各级各类学校的教学语言，是以汉语传送的各级广播电台、电视台的规范语言，是汉语电影、电视剧、话剧必须使用的规范语言，是我国党政机关、团体、企事业单位干部在公务活动中必须使用的工作语言，是不同的方言区以及国内不同民族之间人们的通用语言。大力推广、积极普及全国通用的普通话，既是当前经济建设、文化建设和社会发展的迫切需求，也是各族人民的热切愿望，是符合全国人民的根本利益的。

1994年，国家又提出了普通话水平测试，要求对普通话所达到的标准程度进行检测和评定。这一年，国家语委、原国家教委和原广电部联合发布了《关于开展普通话水平测试工作的决定》，并颁布了《普通话水平测试等级标准（试行）》。1998年国家语委再次审订普通话水平测试标准，并作为部级标准予以正式颁布，同时还制定了《普通话水平测试大纲》。

2000年10月31日，全国人大又审议通过《中华人民共和国国家通用语言文字法》，其十九条中明确规定："以普通话作为工作语言的播音员、节目主持人和影视话剧演员、教师、国家机关工作人员的普通话水平，应当分别达到国家规定的等级标准；对尚未达到国家规定的普通话等级标准的，分别情况进行培训。"

《普通话水平测试等级标准（试行）》把普通话水平划分为三级六等：一级可称为标准的普通话，二级可称为比较标准的普通话，三级可称为一般水平的普通话，每个级别内划分甲、乙两个等次。其中对教师普通话水平的要求是不低于二级乙等水平，而播音员、节目主持人等岗位不低于一级乙等水平，并从1995年起在这些岗位逐步实行持普通话等级证书上岗制度。

二、现代汉语方言

汉民族历史悠久，人口众多，地域辽阔，自古就存在方言分歧。方言是指一种语言的分支，是语言的地域性变体。它跟标准语有区别，是在一个地域流行的一方之言，它在语音、词汇、语法方面有自己的特点。

关于现代汉语方言的分区学者们有不同的看法，但一般可以分为七大方言区，即北方方言区、吴方言区、湘方言区、赣方言区、客家方言区、粤方言区、闽方言区。

（一）北方方言

北方方言旧称"官话"，是汉语中通行最广、使用人口最多的一种方言。北方方言区包括长江以北各省的汉族居住区，长江以南的一些沿江地带，云、贵、川三省的汉族地区，约占全国汉族地区的3/4，人口约66000万，占汉族总人口的70%以上。北方方言分布区域广，但内部差异不大，基本可以自由通话。

北方方言区按其语言特点可以分为4个次方言区：华北东北次方言区、西北次方言区、西南次方言区、江淮次方言区。

（1）华北东北次方言（狭义的北方话）区：覆盖北京、天津、河北、内蒙古东部、辽宁、吉林、黑龙江、山东、河南等省、自治区、直辖市。

（2）西北次方言（西北官话）区：覆盖山西、内蒙古西部、陕西、甘肃、青海、宁夏、新疆等省、自治区。

（3）西南次方言（西南官话）区：覆盖重庆、四川、贵州、云南、湖北大部、湖南西北部、广西西北部等省、自治区、直辖市。

（4）江淮次方言（下江官话）区：覆盖安徽省内长江两岸、江苏省的江北大部以及九江、南京至镇江的两岸沿江地区。

（二）吴方言

吴方言即江浙话，主要分布在江苏省的江南地区和浙江省大部以及江西省、福建省和安徽省的小部分地区。吴方言以苏州话和上海话为代表，使用人口占汉族总人口的8%。吴方言各片之间不能完全通话，有些地方甚至完全不能通话。

（三）湘方言

湘方言即湖南话，主要分布在湖南省大部以及广西北部和四川省的一些地方。湖南话以长沙话为主要代表（旧时以双峰话为代表），使用人口占汉族总人口的5%。湘方言历史上受江西移民的赣方言影响，地理上受西南官话的影响。

（四）赣方言

赣方言即江西话，分布在江西省、福建省西北部、湖南省的东部以及湖北省的东南部。我国各方言间的接触明显，赣方言受客家方言的影响尤其深。江西话以南昌话为主要代表，使用人口占汉族总人口的2.4%。

（五）客家方言

客家方言又叫客家话、客话。客家话分布比较分散，比较集中的地方是广东省东北部，福建省西北部，江西省与湖北、广东、福建接壤的地区，以及四川、广西和台湾等地。东南亚各国的华人也有很多说客家话的。客家话以梅州话为主要代表，使用人口占汉族总人口的6%左右。由于客家话是典型的移民方言，在迁徙中分化，与不同方言接触，受不同方言的影响，语音特点缺乏统一性。

(六) 粤方言

粤方言又叫粤语、广东话、广府话、白话，分布在广东省大部、广西自治区的东南部以及港澳地区和北美华人社区。粤方言以广州话为主要代表，使用人口占汉族总人口的5%左右。粤方言的语音系统比其他方言要复杂，特别是韵母和声调比其他方言多出1/3。

(七) 闽方言

闽方言即闽语，分布很广，包括福建省大部、广东省东部的潮汕地区和西部的雷州半岛、海南省、台湾省大部、浙江省南部。此外，闽方言在东南亚华人社区流行很广。闽方言内部分歧很大，大概来说，闽南片以厦门话为代表，闽东片以福州话为代表，闽北片以建瓯话为代表，闽中片以永安话为代表，莆田仙游片以莆田话为代表。使用人口占汉族总人口的3%。

汉语方言的殊异和中国历史悠久、地域辽阔有着直接的关系。现存的各种方言大多经历了千年以上的历史，各自在一定的地域中形成了独特的地域文化。方言的活跃就是这种地域文化强有力的表现，其也可促使地域文化顽强地生存下来。如东北的二人转，是东北地区土生土长的载歌载舞的民间艺术形式，二人转的表演语言是地道的东北方言，其中包括东北的土语、俗语、歇后语，它诙谐幽默，俏皮生动，有鲜明的地方特色。二人转以其地道的"关东味儿、关东情"深受广大城乡人民的喜爱。有句俗语云："宁舍一顿饭，不舍二人转"，足见其受欢迎的程度。在汉语方言的使用者中，最注重自己的民系特征的要数客家人。客家人的俗语"宁卖祖宗田，不卖祖宗言"足以看出客家方言对于客家人的重要性。客家人淳朴耐劳，保持着古代中原人的风气，因多居住在山区，形成了自己特有的生活习惯和风俗。通过用客家话写成的客家山歌和客家童谣，我们可以了解到客家人的生活面貌和语言风格。

第三节 新时期中国语言文字的发展

新时期中国语言文字的发展现状总体上是好的，健康有序、多姿多彩是主流，国家重视语言文字的发展建设工作，人们也充分发挥语言文字的最大效能，努力提高语言生活质量。但在发展过程中，也存在一些问题，如国家的语言文字法律法规落实不到位、母语保护和学习意识不强、语言不规范现象比较严重等，这些都不利于汉语的健康发展。因此如何解决在汉语言文字发展过程中所存在的问题和矛盾，使汉语发展的前景更加光明，是我们当前必须认真思考和重点解决的问题。

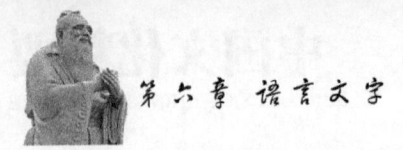

第六章 语言文字

一、新时期中国语言文字的发展现状

新时期中国的语言文字发展现状可以概括为十六个字：生机勃勃、多姿多彩、矛盾交织、鱼龙混杂。

（一）生机勃勃、多姿多彩

这主要指近年来我国语言生活整体上呈现出健康有序、丰富多彩的发展态势，主要体现在以下几个方面：

1. 语言文字各项工作稳步推进，取得了重要进展

语言文字应用管理有条不紊。截至 2008 年年底，已有 25 个省（自治区、直辖市）和 6 个省会市、计划单列市制定修订了当地的语言文字法规和规章，全国语言文字法律法规体系已经形成。通过评估认定，城市语言文字工作达到标准的一类城市有 2 个，二类城市有 50 个，三类城市有 79 个；省、市级语言文字规范化示范学校共 7000 余所；参加汉字应用水平测试的人员超过 3.7 万人。受教育部语言文字应用管理司委托，内蒙古、广西、海南、贵州、云南、西藏、甘肃、青海、新疆 9 省（区）举办少数民族教师普通话培训班 13 期，培训少数民族教师 1108 人。

语言文字信息管理稳步推进。2008 年《现代汉语常用词表（草案）》首次以"中国语言生活绿皮书 A 系列"形式出版。教育部语言文字信息管理司应邀组织专家审定了北京奥运会 204 个代表团中文名称汉字笔画序表。《奥运体育项目名词》由教育部语言文字信息管理司和全国科学技术名词审定委员会联合编译出版。"中华大字符集"一期工程完成。为落实中央领导同志的有关批示，国家语言资源监测与研究中心监测分析了网络语言、火星文、外国人名等的使用状况，提出了应对策略和建议。该中心还与其他相关单位联合发布了"2008 年度中国主流媒体十大流行语"，被多家媒体转载。中国语言资源有声数据库建设试点工作在江苏省苏州市启动，采录工作在苏州城区、常熟市、昆山市 3 个点展开。

民族语言文字工作取得新进展。如清华大学研制的"统一平台少数民族文字识别系统"获 2008 年"钱伟长中文信息处理科学技术奖"一等奖。国家民委有关部门在新疆察布查尔锡伯族自治县双语环境示范区举办了第二期锡伯语言环境建设培训班；在贵州松桃苗族自治县双语环境示范区举办了苗文创制试行 50 周年纪念表彰活动。新疆语言文字维汉双语网站开通。

手语工作有序开展。中国残疾人联合会和北京奥林匹克运动会组织委员会编印了《北京奥运会和残奥会常用手语》。在教育部支持下，中国残联和教育部共同制定了《"十一五"期间在全国部分聋校开展推广〈中国手语〉试点工

作方案（2008年—2010年）》。

2. 母语教育改革逐步深化，汉语国际传播规模不断扩大

基础教育课程改革从1999年开始着手调查研究，组织全国高层次专家进行了顶层设计。2001年开始在全国38个县、区进行义务教育阶段课程改革国家级实验，分层推进，滚动发展。到2008年，全国初中已实行了一轮，有的地区达到2轮至3轮，小学也接近一轮。除了一些尚未完成普及九年义务教育工作的西部省份外，普通高中新课程实验省已扩展到25个省份。

到2008年，义务教育阶段"语文课程标准"的修订工作已顺利完成。修订后的标准进一步强调了"读书"在语文学习和思想文化养成中的关键作用，适当降低了第一学段"写话"的难度，推出了321字和2500字两份汉字学习字表。

近年来，大学母语教育改革工作取得可喜进展。全国大学语文研究会定期召开会议，研究探讨大学母语教育改革问题。建成了一批精品课程，如东南大学的大学语文作为国家精品课程，在全国高校的大学语文建设中起到积极的示范和带动作用。近年来，教材编著成了大学语文最受关注的领域，语文教材的种类和质量都有大幅度的提高。教学手段的现代化进程大大加快。由于国家、省、校级精品课程均与网络课程建设联系在一起，近年来，大学语文教师更加积极投入到网络课程的建设中去。课程的系列化开始形成。许多高校已经认识到要提高当代大学生的母语水平，提高其文学素养，提高其对中华文化的认同感，提高其民族自信心，同时又提高其人文精神，使其道德情感能从文学精品的熏陶中得到进一步的升华，单靠大学语文一门课程是远远不够的，单靠课堂教学一种形式也是不够的。因此许多高校还开设了文学素质教育的其他系列课程。

2009年12月18日，中国国家汉语国际推广领导小组办公室副主任赵国成做客"国家汉办孔子学院中方院长培训营"，为学员作了开班第一场讲座，题为"孔子学院与汉语国际传播"。赵国成指出，汉语的国际传播过程中，孔子学院扮演着很重要的一个角色。目前，我国已经和65个国家和地区的224所大学签署了共同办学的协议。这些大学绝大部分是当地知名的大学。国内有95所高校机构参与了孔子学院的合作办学。学院有专职教师1000余人，学生46000人。与此同时，网络孔子学院正在试行，广播孔子学院已经开通，电视孔子学院正在筹备。赵国成表示，汉语的国际传播是中国文化走向世界的第一品牌，是对外宣传深入落实的有效途径，是外交关系的标志性项目；它有助于中外贸易往来，提升了国民的文化自信心，更是一个国家国际地位的标志，具有重大的意义。

3. 语言保护工作逐渐升温

近年来由于我国政府的主导和公众的关注，非物质文化遗产保护工作取得了相当大的进展，成为社会热点问题。随之而来的是语言保护工作的逐渐升温。文化部2008年向国务院报送的《非物质文化遗产保护法草案（送审稿）》已经被列入全国人民代表大会立法程序。国务院公布了《第二批国家级非物质文化遗产名录》（共510项）以及《第一批国家级非物质文化遗产扩展项目》（共147项）。以方言作为表演语言的地方戏曲对于保存和传播方言和地域文化有着重要作用，2008年"文化遗产日"展示了福建高甲戏、山东柳琴戏、浙江婺剧、安徽傩戏等传统戏曲，人们在欣赏这些地方戏曲的同时，也接触了这些戏曲所用的方言。语言承载的是民族文化，我国作为一个多民族的国家，保护少数民族语言正是为了保护多样性的民族文化，同时也是为了保障广大少数民族成员的平等权利。我国日渐健全和完善的法律法规，很大程度上促进了各民族语言、文字的大发展，也为少数民族语言工作取得进展和成效提供了保障。进入现代社会，手机和互联网等新媒体的大量涌现与普及，在给少数民族语言工作带来挑战的同时，也加快了少数民族语言和文字信息化的进程。经过20多年的努力，截至今天，几乎所有的少数民族文字都能输入电脑，而且大多数都能在windows系统上运行。2008年10月11日，在江苏苏州启动的有声数据库工作，更是为少数民族语言的声音保存形式作了贡献，很大程度上丰富了"民族记忆"手段。如今，在我国的通信市场上，可以购买朝鲜语、藏语、维吾尔语、壮语、哈萨克语和彝语等多个少数民族文字的手机。2009年5月，人力资源和社会保障部、国家民委在京联合举办了全国民族语文翻译工作业务骨干高级研修班；5月8日，国家民委少数民族古籍文献人才培养与科学研究基地在西南民族大学成立。

4. 语言资源开发应用工作开始启动

2008年12月29日，国家语委指导、商务印书馆主办的中国语言资源开发应用中心揭牌仪式在北京举行。当今时代，语言不仅是交际的工具，同时也是一种有价值、可利用、出效益、能发展的社会资源。科学保存、保护和开发利用中华语言资源，已成为当今中国文化建设中一项重要、急迫的任务。随着我国社会的不断进步，语言职业和语言产业正在逐渐形成，语言已经进入到经济、文化和高新科技领域，成为经济、文化发展的重要资源，语言自身的经济价值和产业特征日益显现。为了充分利用这种资源，有必要像开发自然资源、社会资源那样，对语言资源进行科学的产业开发。中国语言资源开发应用中心正是在这一理念和潮流的推动下应时而生的。中国语言资源开发应用中心的成立得到了有关领导和专家的高度评价和广泛赞赏。大家认为，中国语言资源开发应用中心是通过民间运作形式,把语言资源开发和利用落到实处,把语言转化为生产力的一项创举。中国语言资源开发应用中心的成立必将对延伸产业链、完善国家资源体系、开拓文化产业新领域、实施国家语言战略起到重要作用。

(二) 矛盾交织、鱼龙混杂

尽管在语言生活发展过程中健康有序、丰富多彩的发展态势是主流,但也存在着许多矛盾和问题,主要表现在以下几个方面:一是不顾我国文字法的规定,滥用外语的现象严重;二是网络语言在媒体领域泛滥,不利于媒体的大众化;三是运用汉语的无序状态,严重干扰国家汉语规范化工作。

1. 不顾我国文字法的规定,滥用外语的现象严重

随着中国的国际化,特别是经济等领域日益与世界市场的接轨——即全球经济一体化,国际共同用语的英语(美语)在中国经济、教育等领域所占的地位越来越重要。近年来国内"英语热"的再次升温,已成为不可忽视的社会现象。社会上重外语轻汉语的现状使得很多人不得不把大量的时间和精力放在英语的学习上,从而忽视了母语和其他语言的学习;与此同时,社会上滥用英语的现象也比较严重。

所谓英语滥用,是指在不需要或者不应该使用英语的场合完全使用英语或混杂使用英语。例如:国产产品的标识和说明书有英文而常常没有汉语;中文电视台、报刊名称附加英文名称;文章中夹用英语词,如报刊上 WTO、CEO、CBD、CUBA 等各种英文缩写语铺天盖地;无视《汉语拼音方案》作为中国人名、地名拼写的国家、国际标准这一事实,在街路名称标志牌及道路交通指示牌中滥用英文,在国际交往中颠倒姓名顺序;对外接待中用英语接待非英语国家的来宾,尤其是在本来可以找到来宾所讲语言的翻译人员的情况下使用英语。泛滥的英语正在中国文化圈内形成一种"次文化"。

2. 网络语言在媒体领域的泛滥,不利于媒体的大众化

网络语言是指网民在网络聊天和发表意见时所用的语言。但网络语言毕竟不像汉语一样有一套完整的语言系统,主要采用汉语拼音的缩写(如 BB:宝贝;DD:弟弟;JJ:姐姐)、英语字母缩写(PLAYKILL:PK;boyfriend:BF;see you:CU)、谐音(稀饭:喜欢,童鞋:同学)、英语音译谐音(FANS:粉丝;E-mail:伊妹儿)、汉字结构分拆(走召弓虽:超强)、模仿声音(55555:哭)等表现形式。网络语言一般仅限于经常使用网络的年轻人群体,它根本无法代替汉语在生活中的地位和作用。但目前网络语言已不再满足于偏安网络一隅,正在迅速地向其他媒体渗透。网络语言的泛滥导致报纸、电视等媒体文字不伦不类、滞重艰涩,阻碍语意表达和信息交流。网络语言之所以迅速蔓

第六章 语言文字

延,与相关编辑记者在撰写文章和编辑版面时刻意选择和凸显网络语言有很大关系。报纸、电视等媒体是我国重要的宣传领域,其在使用语言文字方面应在全社会起表率作用,应认真执行国家的语言文字法规,准确规范地使用汉语,保护汉语的纯洁性,大力推广全民共同语——普通话,这样才能使媒体真正面向人民大众。

3. 运用汉语的无序状态,严重干扰国家汉语规范化工作

《中华人民共和国国家通用语言文字法》第二章第十条规定:"学校及其他教育机构以普通话和规范汉字为基本的教育教学用语用字。"然而实际上,全国的教师中有很大一部分普通话水平没有达到二级乙等水平,即使拿到证书,部分教师在平时的工作中也仍然使用地方方言。教师不能以身作则,或者教师的普通话水平不过关,直接影响学生们的普通话水平,这极大地阻碍着中国普通话的推广。学校教育应以规范汉字作为教学用字,特别是中小学阶段是学生学习规范汉字、养成良好的用字习惯的关键时期。然而目前在中小学中普遍流行的"火星文"正严重影响中小学生掌握规范汉字,甚至有些学生在写作文时也使用"火星文"。这类"火星文"既不存在输入上的便利,中小学生以外的绝大多数人也看不懂,在很大程度上只是一个群体的自娱自乐,或者只是为了标新立异而使用,在传播与交流过程中并不具备多大意义。如果中小学生不分场合地使用"火星文",必然会对他们学习规范汉字造成不利影响。

除了学校以外,媒体领域也是推广普通话、推广规范汉字的重要阵地,承担着重要的示范功能。然而一些地方电视台为了吸引观众,过于强调主持人的形象及主持风格的"个性化",甚至有些主持人刻意地模仿香港、台湾一些主持人的主持风格,这样不但字词的发音不准,而且断句都成了问题。一些偏远地区使用普通话的语言环境很少,日常的交流基本都使用方言,因此学习普通话只能是通过电视,如果电视主持人的普通话水平不过关,那么其不良影响是十分巨大的。近年来,媒体领域的汉字使用不规范现象也比较严重,频频出现繁体字、异体字、生造字和错别字。如一些刊物的刊名用繁体字,文章的标题也用繁体字,或者一则标题中有繁有简;电视节目下面滚动的字幕经常出现错别字,让观众看得一头雾水。这些都不符合我国的语言文字法规,对社会规范用字工作造成不利影响。

除了学校、媒体等领域外,社会其他领域的推普工作和规范用字现象也不容乐观。特别是一些比较偏远的地方,普通话的推广工作进展缓慢,这不利于当地人民对外的沟通和交流,甚至影响当地的经济和其他事业的发展。在一些大中城市,普通话推广效果比较好,但社会用字不规范现象却很严重,2007年宜昌市城区17所学校的"啄木鸟行动小组"的近200名学生走上街头进行

"纠错"活动，在不到两个小时的时间里，共找出了近千个不规范用字。可以这样说，在公共场合使用普通话进行交流，规范使用文字，已成为一个城市文明的象征。在我国汉语方言种类众多、殊异性非常大的情况下，大力推广普通话、使用规范汉字对消除语言文字之间存在的隔阂、促进不同地区人民经济文化的沟通和交流显得尤为重要。

二、新时期中国语言文字的发展趋势

新时期中国语言文字既要保持健康有序、丰富多彩的发展态势，还要采取各种策略解决语言生活中的突出问题，使我国语言文字的发展前景更加广阔。

（一）增强国民的汉语学习意识，提倡规范使用汉语汉字

汉语是我国使用人数最多的语言，也是世界上使用人数最多的语言，是联合国六种正式语言之一。汉语是我国汉民族的共同语。在这样一个方言数量众多、且殊异性非常大的国家里，在学会母语方言的同时，掌握全民共同语普通话显得非常重要。但是由于教育资源的不平衡，很多地方普通话的推广效果并不理想，学生即使在学龄阶段学习普通话，但由于缺乏使用的环境，普通话水平也不高。即使进入了大学阶段，也往往因为学习外语占据了绝大多数学习时间，加上没有专业教师指导，也很难提高其普通话的水平。汉字是汉语的载体，有着悠久的发展历史和丰富的文化底蕴，是我国人民最重要的书写工具。虽说从小学开始我们就系统地学习规范汉字，然而很多人在实际生活中并不重视规范使用汉字的问题，这就导致目前我们社会上的用字不规范现象比较严重。因此，大到国家小到个人，都应该真正重视汉语汉字，认识到汉语汉字对我们每一个国民的重要性，国家在大力宣传语言文字法规的同时，也要采取各种配套措施，加大法规的执行力度，社会和个人也要真正尽我们每一个中国公民的义务，努力学好用好汉语汉字。

（二）正确处理母语和外语的关系，平衡母语和外语的学习时间

国家语委副主任、教育部语言文字应用管理司王登峰司长曾呼吁："外语是了解外部世界的重要工具，但不能把工具当成自己的全部。中国语言是最美的，我们有责任把它学好、用好。"清华大学当代中国研究中心李楯教授认为，汉语水平下降，主要原因不仅仅是英语的日益强势，还要归因于我国的语言教育理念。李楯建议，英语教育也应当突出以人为本的理念，重视个人的选择，没有必要用英语来"一刀切"地划分人才。专家学者们的观点表明，在改革开放的今天，外语学习对于提高一个人的素质、发展国民经济确实非常重要，掌握一门外语，我们就多一个观察世界的窗口。但毕竟外语学习只是一种工具的学习，如果一个人在连自己国家语言都没学好的情况下，就盲目地花费

第六章 语言文字

大量的时间和精力去学习一种在生活中不一定真正用得到的语言,那岂不是一种浪费?再加上外语学习和汉语学习也并不是对立的,很多人错误地认为,如果两种语言同时学习,就很难学得好。殊不知,外语学习和母语学习可以互相促进,在学习的过程中,努力发现母语与外语的相通之处,更容易学好两种语言。所以我们要正确认识到汉语和外语在我们生活中的不同地位和作用,结合自己的需求,平衡母语和外语学习时间,这样的学习才是最有效的。

(三) 以辩证的观点看待语言生活中出现的新问题、新情况

语言从本质上来说是人们相互沟通的工具。语言的发展、新的语言现象的出现,正是适应人们在实践中的这种需求。可以说,语言现象就是一种特殊的人类活动的现象。新的语言现象就是随着社会的发展变化而产生的一种必然现象。社会已经和正在发生许多变化,而且还将发生更多的变化。因此,新的语言现象无时不存在。如果有一种语言长期没有新的语言现象出现,那么这种语言一定是极少被使用、日趋消失的语种。

随着计算机的普及,网络和我们的生活越来越密切,网络语言对我们生活的影响也越来越大。眼下,网络语言已不只在网络中生存,还开始走出虚拟的网络,进入现实生活中。一些网络语言词汇也进入生活的口语中,如一些学生用"886"代替"拜拜了",甚至个别中小学生的日记、周记乃至作业中也出现了这类语言。有一些专家对网络语言的产生与流行持积极态度,认为语言是活的、发展变化的,人类每一种新文化的兴起都会带来一些新的词汇,网络语言在一定程度上也是当前这个网络时代的反映,网络语言如果能经历时间的考验,约定俗成后就可以为社会接受。但也有许多人对网络语言持否定态度,认为网络语言是文化垃圾,是对有几千年传统汉语的破坏,应该扫除这些语言垃圾。一些教育工作者则担心,这些不规范的网络语言会对传统的正规语言的学习产生负面影响。我们认为任何一种语言现象的产生都有其深刻的社会背景和原因,网络语言走入日常生活与网络在我们生活中的重要性日益突出有很大关系,毕竟每一个人都生活在不同的交际圈中,每个交际圈的语言都有不同的特点,当一个人经常游走于不同的交际圈时,把一个交际圈的语言使用特点带入另一个交际圈也是不可避免的。据国家语言资源监测与研究中心的一项调查显示,122个网络词语在2005年至2008年网络媒体、平面媒体和有声媒体中的使用频率并不高,而且在网络、平面和有声三种媒体中呈依次锐减的趋向。这说明全民通用语言仍是网络媒体语言传播的主体,日常词语在网络语言中占主流。

在社会发展的过程中总会不断出现一些新的词汇,就像一切事物都是不断进步一样,是很正常的,也不难理解。特别是现在的中国,全国人员的流动非

常活跃，加之网络系统发达，一些地方性词汇以及外来词汇势必要加入到现代汉语的词汇中，这是一个不争的事实，无可奈何，也无可厚非。但是新词汇必须要大众广泛接受和频繁使用后才能有机会列入词典的词条收录之中。现在经常在网络上看到一些出现频率很高但是大家又不知所云的词汇，只能凭猜测和想象来理解其含义，这样的词汇是没有生命力的，因为绝大多数的人并不理解和运用它们。

并非所有新的语言现象都具有积极意义。目前某些新的语言现象，譬如说网络语言、广告语有许多不符合语言规范，是对传统语言文化的一种挑战，说严重些是对我国源远流长的语言文化的亵渎。对此，有人主张一味推崇以"促进"语言的发展；有人主张不予理睬，顺其自然；有人主张堵塞、遏制。我们认为，一味积极甚至狂热地推崇只能助长某些"语言垃圾"随着新语言现象的出现而泛滥，非但不能促进语言的发展，反而会造成更加严重的语言污染，阻止健康语言的发展；顺其自然是一种消极措施，也不可取；堵塞、遏制手段恐怕也无济于事。我们应以辩证的观点看待语言生活中出现的新问题、新情况，通过主流媒体总结、推荐、宣传那些新鲜的、正面的、形象的、生动的语言，包括外来语和群众在实践中创造出来的语言，同时分析、批判、抵制新出现的"语言垃圾"，使我们当前的语言生活健康有序地发展。

第四节 中国少数民族语言文字概述

我国历史悠久，经历了五千多年历史的演变，形成了至今我们所了解和熟悉的 56 个民族，而在这么多的民族中，目前使用着 80 多种语言、30 多种文字。

一、中国少数民族语言文字简介

1. 中国少数民族语言

中国境内的语言非常丰富，这在世界上是罕见的。据统计，中国境内正在使用的中国语言就有 80 多种，已经消亡的古代语言更是不计其数。

在 56 个民族中，除了汉、回、满通用汉语以外，其余民族都有自己的民族语言，有的民族内部甚至还使用两种或两种以上语言，这就形成了中国的语种多于民族成分的现状。

少数民族使用语言情况有如下几种：

（1）自己没有通用的语言，如回族、满族一般都使用汉语。

（2）本民族内使用多种语言，如裕固族有东部裕固语和西部裕固语；瑶

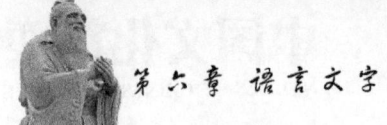

第六章 语言文字

族内部分别使用勉语、布努语、拉珈语；高山族使用布嫩语、排湾语、阿眉斯语等。

（3）本民族使用多种民族语言，如锡伯族除了本民族语言外，还能用维吾尔、哈萨克、蒙古、俄罗斯等民族的语言和文字。

中国有55个少数民族，中国少数民族语言大体分为5个语系、10个语族、15个语支。属于汉藏语系的少数民族人口约占少数民族总人口的74%，属于阿尔泰语系的人口约占21%，属于南亚语系、南岛语系和印欧语系的人口约占2%。目前，京语、朝鲜语的语系未定，使用人口大约占少数民族总人口的3%。

我国少数民族语言有一个共同的特点，就是都吸收了一些汉语词汇。由于各少数民族与汉民族长期交往，许多少数民族群众兼通汉语，许多汉族群众也会当地少数民族语言。

2. 中国少数民族文字

文字是记录和传达语言的书写符号。有的民族在古代就创造了自己的文字，并且从古至今一直使用这种文字；有的民族使用过古文字，其间又换用其他文字；有的民族使用几种文字；但由于历史的种种原因，有的民族还没有创造和使用文字。

新中国建立以前曾拥有和使用本民族文字的少数民族，有藏、蒙古、维吾尔、哈萨克、柯尔克孜、朝鲜、傣、彝、俄罗斯、苗、纳西、水、拉祜、景颇、锡伯等民族。新中国成立以来，国家为促进少数民族文化教育事业的发展，帮助一些少数民族改进和创制了文字，先后对傣、彝、景颇、拉祜等民族的文字进行了改革，同时采用拉丁字母帮助壮、布依、苗、黎、纳西、傈僳、哈尼、佤、侗等十几个民族设计了十四种文字方案，以便于书写、学习和印刷出版。目前，我国已正式使用和经国家批准推行的少数民族文字有19种，它们是蒙古文、藏文、维吾尔文、朝鲜文、壮文、哈萨克文、锡伯文、傣文、乌孜别克文、柯尔克孜文、塔塔尔文、俄罗斯文、彝文、纳西文、苗文、景颇文、傈僳文、拉祜文和佤文。

少数民族文字大都是拼音文字，但在书写形式上各有不同，如维吾尔文、哈萨克文，是从右往左书写；蒙古文、锡伯文是从上往下书写，行序从左往右。有的标点符号也不同，如藏文标点，短词和句尾用一条垂直线表示，章节段落结尾用双垂直线，全文结束用四条垂直线；蒙古文用一个点表示逗号，两点表示句号，段落末尾用四个点表示。

二、平等的语言政策

现有的少数民族语言，都是经历了历史上语言功能竞争的考验而在长期的使用过程中发展起来的，这些语言发展至今成为本族母语，是客观实际需要决定的，都有其客观必然性。各民族都热爱自己民族的语言文字，把语言文字看成重要的民族特征，当作民族的宝贵财富。我国根据"中华人民共和国各民族一律平等"的原则，一贯坚持语言平等政策，积极维护语言的多样化与和谐统一。《中华人民共和国宪法》、《中华人民共和国民族区域自治法》、《中华人民共和国国家通用语言文字法》、《中华人民共和国教育法》、《中华人民共和国义务教育法》等法律以及其他法律法规，共同保证了各民族语言文字平等共存，禁止任何形式的语言歧视；各民族都有使用和发展自己的语言文字的自由；国家鼓励各民族互相学习语言文字；国家坚持推广普通话，推行规范汉字等基本语言政策。国家实行这些重要的语言政策，保证了各民族语言和谐发展，对维护国家统一、民族团结，促进社会、经济、文化发展作出重大贡献。

国家也出台了多种措施保护少数民族语言文字的发展。中国政府鼓励各个民族互相学习语言文字。民族自治地方的自治机关也教育和鼓励各个民族的干部互相学习语言文字，对能够熟练地使用两种以上当地通用语言文字的民族自治地方的国家工作人员予以奖励。对少数民族语言文字的使用发展提供帮助，帮助少数民族创造文字，帮助一些民族改进文字。在中央和地方建立少数民族出版机构、翻译机构以及使用少数民族语言的广播电台、电视台，创办民族文字的报刊。此外，还培养大量民族语言工作人员，中央和地方先后在各个地方建立了少数民族语言的工作机构和研究机构。比如中央民族大学和一些民族院校以及有关文科高等院校或设立少数民族语言文学系，或设立少数民族语言文学院，或设立了多种少数民族语言的专业，包括汉语学生学藏语和学维语的班级，培养了大批从事少数民主语言的干部和研究人员。少数民族也开展了各种汉语系、维语系、突厥语系的语言文字的研究工作。这些措施对少数民族地区语言文化的发展和民族团结都起到了积极的促进作用。

中国语言文字博大精深，是我们宝贵的精神财富，是我们每一个中国人应该坚守的精神家园，在"全球化"浪潮甚嚣尘上的时代，我们不应淡漠自己国家的语言文字，而应该以全新的目光去审视我国历史悠久的语言符号系统，用新鲜的视角和大胆的想象力去重新发现它的魅力，并为它注入新的活力，让中国的语言文字在当代人的共同努力下焕发出更加旺盛的生命力。

思考题

1. 汉字的字体经历了哪些重要的演变阶段？
2. 新时期我们该如何对待语言生活中出现的新情况、新问题？
3. 国家对少数民族语言采取怎样的政策？有哪些具体的表现？

参考文献

[1] 陈建民. 中国语言和中国社会. 广州：广东教育出版社，1999.

[2] 戴庆厦. 中国少数民族语言文字. 北京：语文出版社，2009.

[3] 戴庆厦. 中国少数民族语言文字应用研究. 昆明：云南民族出版社，1999.

[4] 郭锡良. 古代汉语（上下）. 北京：商务印书馆，2001.

[5] 郭熙. 近20年来中国的语言文字规范化工作. 修辞学习，2005（5）.

[6] 贺阳. 大学汉语. 北京：中国人民大学出版社，2009.

[7] 侯精一. 现代汉语方言概论. 上海：上海教育出版社，2002.

[8] 胡裕树. 现代汉语. 重订本. 上海：上海教育出版社，2005.

[9] 李宇明. 中国当前的语言文字工作——在中国语文现代化学会第8次学术会议上的讲话. 北华大学学报，2009（1）.

[10] 陆为. 媒体不应滥用英语. 基础教育外语教学研究，2003（3）.

[11] 邵敬敏. 现代汉语通论. 上海：上海教育出版社，2001.

[12] 王力. 古代汉语. 北京：中华书局，1984.

[13] 袁钟瑞. 话说推普. 北京：语文出版社，2004.

[14] 中国语言生活状况报告课题组. 中国语言生活状况报告（2008）. 北京：商务印书馆，2008.

[15] 中国新闻网. 教育部官员称街路标志牌滥用英文缺乏文化自信[EB/OL]. http://news.sina.com.cn/c/2008-01-25/154414828454.shtml.

[16] 上海语言文字网. 当前汉语发展过程中的三股逆流[EB/OL]. http://www.shyywz.com/jsp/index/show.jsp?id=5596&newsType=167.

第七章　文学典籍

在几千年漫长的历史中，中华民族创造了辉煌灿烂的文学艺术，留下了许多举世无双、光彩夺目的文学遗产和珍贵的历史文献。一般而言，中国文学典籍可分为中国古典散文、中国古典诗歌、中国古典戏剧和中国古典小说四部分。按照隋唐以来定型并逐渐流行开来的"四部分类法"，中国古代典籍可以分为经、史、子、集四大部分。本章仅对中国文学典籍作简单介绍，并介绍一些主要文学典籍。

第一节　文学典籍概述

中国历史悠久、幅员广阔，因此中国文学文体发展的不平衡性特别突出。一方面，各种文体形成和成熟的时代不同，有先有后。诗歌和散文是最早形成的两种文体；到了魏晋南北朝才有了初具规模的小说，唐代中期才有了成熟的小说；宋杂剧和金院本的出现，标志着中国戏曲的形成。另一方面，各种文体从萌生到形成再到成熟，其发展过程的长短也不同。例如小说从远古神话到唐传奇，历经了极其漫长的时间，而赋体散文的形成过程相对就短得多。

一、中国古典散文

散文的产生，始于文字记事。殷商甲骨卜辞，《易经》卦、爻辞和商、周彝器铭文，都是散文萌芽时期的代表作。中国古代第一部兼有记叙和论述的散文集是《尚书》。它是我国最早的一部历史文献汇编，文字古奥艰涩、佶屈聱牙，体现了我国早期散文的风貌。春秋战国是古代散文第一次蓬勃发展的时期。春秋时期散文的代表著作有孔子依鲁史修订而成的《春秋》、孔门弟子所纂辑的语录《论语》，以及史家之文《国语》和《左传》。战国时期，不仅散文的变化空前，而且成就也远超前代，出现了一大批诸子之文，其中最为杰出者当推《战国策》和《孟子》、《庄子》、《荀子》、《韩非子》。

汉魏六朝时期，中国古典散文的发展进入了一个新阶段。汉赋是文学史上赋体文学的高峰，著名的赋家有贾谊、枚乘、司马相如、扬雄、班固、张衡等。司马迁的《史记》代表着汉代散文的最高成就，无愧为"史家之绝唱，无韵之《离骚》"（鲁迅《汉文学史纲要》）。到了东汉，散文之可称者主要有班固的《汉书》和王充的《论衡》。魏晋之际的嵇康、阮籍之文，继承了汉末魏初为文"通脱"的特点，持论锋锐而论说随便。西晋散文较有成就者，当数潘岳和陆机。南朝时期，涌现了一些很有特色的散文作者，如鲍照、陶弘景、刘峻、吴均等，都有名篇传世。昭明太子萧统的《文选》是现存最早的诗文选集。北朝散文不乏佳作，如郦道元的《水经注》、杨衒之的《洛阳伽蓝记》和颜之推的《颜氏家训》。

唐代散文的创作高峰是在中唐时期。韩愈、柳宗元的出现，使得散文的创作别开生面，气象一新，苏轼认为韩愈"文起八代之衰"（《韩文公庙碑》）。至晚唐五代，散文的发展进入低潮，骈文继起。宋初骈文盛行，文风浮华颓靡。而在宋代文学史上最早开创一代文风的文坛领袖是欧阳修。在他的门下，聚集了曾巩、王安石、苏洵、苏轼、苏辙等著名文士，上下呼应，形成了一支远比中唐时更壮大的古文创作队伍。南宋理学流行，朱熹是南宋最重要的理学家，他的文论对南宋的散文创作有深刻影响。

至明代中叶，文坛上出现了前后"七子"之文，大兴复古之风。至嘉靖、万历之际，先有"异端"李贽，倡"童心"之说，反"伊洛"道统；后有公安三袁，为文标举"性灵"，反对"复古"，主张"独抒性灵，不拘格套"。明末清初，以顾炎武、黄宗羲、王夫之为代表的学者，为文主张经世致用，且能放言无忌。到了康熙、乾隆之世，产生了以安徽桐城人方苞、刘大櫆、姚鼐为代表的"桐城派"，成为清代影响最大的散文派别。直至晚清末世，世变促文变，梁启超所创造的"新文体"，以比较通俗而富有煽动力的文字运载新思想，"开文章之新体，激民气之暗潮"（梁启超《清议报一百册祝辞并论报馆之责任及本馆之经历》）。到五四运动前后，"白话文运动"兴起，古典散文的发展便走到了它的尽头。

二、中国古典诗歌

诗是中国文学史上最为源远流长的文学样式之一。中国传统诗歌的源头是原始歌谣，到了周代，诗歌创作出现勃兴局面，诗人遍及朝野，并有了献诗、采诗等制度。中国文学史上第一种诗体四言诗，到周代也完全成熟，并由此产生了中国最早的一部诗歌总集——《诗经》，其影响后世最大的是"美刺见事"的现实主义精神。先秦尚有另一代表浪漫主义的骚赋之体——楚辞，屈原、宋玉是其代表作家，而《离骚》更是其中杰作。《离骚》既是一篇宏伟的政治抒情诗，又是一部伟大心灵的悲剧——"以烦恼为主题的一部回旋曲"（郭沫若《屈原赋今译》）。楚辞发展了诗歌的形式，它打破了《诗经》的四言形式，使诗从三、四言发展到五、七言。

《诗经》、《楚辞》之后，诗歌在汉代又出现了一种新的形式，即汉乐府民歌。汉乐府民歌流传到现在的共有一百多首，其中很多是用五言形式写成，后来经文人的有意模仿，在魏晋时代成为主要的诗歌形式。五言诗达到成熟阶段的标志是"古诗十九首"的出现。汉末建安时期，"三曹"（曹操、曹丕、曹植）、"七子"（孔融、陈琳、王粲、徐干、阮籍、应玚、刘桢）继承汉乐府民歌的现实主义传统，并普遍采用五言形式，第一次掀起了文人诗歌的高潮。他们的诗作表现了时代精神，具有慷慨悲凉的阳刚之气，形成被后世称作"建安风骨"的独特风格。魏齐王正始年间，文人思想、文学的内容和风格为之一变，最重要的作家当属号称"竹林七贤"的文人群体，代表人物是嵇康和阮籍。晋武帝太康年间，涌现了一大批五言诗人，所谓"三张、二陆、两潘、一左，勃尔复兴，踵武前王，风流未沫，亦文章之中兴也"（钟嵘《诗品序》）。东晋时期，出现了一位划时代的大诗人陶渊明。在当时崇尚骈骊、重形式而轻内容的时代气氛中，陶渊明继承乐府的现实主义传统，形成了他单纯自然的田园诗，为古典诗歌开创了一个新的境界，而且五言诗在他的手中得到高度的发展。与陶渊明差不多同时的谢灵运是山水诗派的第一人。南北朝时期是中国诗歌史上的又一发展时期，这表现在又一批乐府民歌集中地涌现出来。它们不仅反映了新的社会现实，而且创造了新的艺术形式和风格。南北朝时最杰出的诗人是鲍照，他继承和发扬了汉魏乐府的传统，创作了大量优秀的五言和七言乐府诗。

唐朝是中国诗歌的黄金时代，大约三百年中，流传下来的诗歌就有将近五万首之多，比西周到南北朝的一千多年间留下的诗篇多出两倍多。"初唐四杰"（王勃、杨炯、卢照邻、骆宾王）是唐诗开创时期的主要诗人。他们的诗虽因袭了齐、梁风气，但诗歌题材在他们手中得以扩大，五言的律诗形式也由他们开始初步定型。盛唐时期是中国古典诗歌繁荣的顶峰。这个时期除出现了李白、杜甫两位伟大诗人外，还有很多成就卓著的诗人。他们大致可分为两类：一类是以孟浩然和王维为代表的山水田园诗人；另一类是边塞诗人，其中以高适和岑参成就最高，王昌龄、李颀、王之涣也是边塞诗人中的佼佼者。李白继屈原之后，再创浪漫主义诗歌的高峰，其诗被杜甫赞为"笔落惊风雨，诗成泣鬼神"（《寄李十二白二十韵》）。反叛传统的精神渗透在李白的全部作品中，形成了对传统美学规范的强大冲击波，成为李白诗歌的魅力所在。杜甫是唐诗现实主义的开山之祖，他横跨盛、中唐，是在那个大动荡时代与苦难民众同呼吸、共命运的诗人。杜诗被称为"诗史"，是当时社会生活的一面镜子，杜甫堪称是唐代诗艺的集大成者。中唐诗歌是盛唐诗歌的延续。这时期的作品以表现社会动荡、人民痛苦为主流，从文学理论上和创作上掀起了一个现

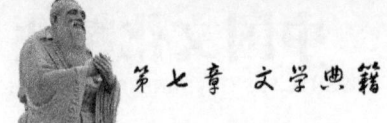

实主义诗歌的高潮,即新乐府运动。晚唐时期的诗歌感伤气氛浓厚,代表诗人是杜牧、李商隐。

诗发展到宋代已不似唐代那般辉煌灿烂,但却自有它独特的风格。宋诗主意,深析透辟,瘦劲枯淡。此期出现的王安石、苏轼、黄庭坚,是诗坛三大宗匠。黄庭坚诗风奇特拗崛,在当时影响广于苏轼,他与陈师道一起开创了宋代影响最大的"江西诗派"。国难深重的南宋时期,爱国主义成为一种文艺思潮,诗歌创作中的杰出代表是陆游。

明代诗歌是在拟古与反拟古的反反复复中前行的,这在相当程度上局限了明诗创作的成就。至清一代,诗家蜂起,诗派林立,但大多数作家均未摆脱拟古主义和形式主义的套路,难有超出前人之处。清末龚自珍以其启蒙思想家特有的敏感,打破了清中叶以来诗坛的沉寂,成为近代诗歌的奠基人。后来黄遵宪、康有为、苏曼殊等新诗派诗人更是将诗歌直接用做资产阶级改良运动的宣传载体。

源于唐代的词,鼎盛于宋代。温庭筠是文学史上第一个以词著名的作者。他的词词藻华丽,多写妇女的离别相思之情,被后人称为"花间派"鼻祖。南唐后主李煜在词的发展史上具有重要地位,"词至李后主而眼界始大,感慨遂深,遂变伶工之词而为士大夫之词"(王国维《人间词话》)。北宋初年晏殊、欧阳修、张先等词人仍传响着花间余韵,形成了婉约词风占主导的局面。至柳永开始创作长调的慢词,开启了宋词作为"一代之文学"(王国维《人间词话》)的新时代。到了苏轼,词的题材又得以进一步发展,怀古伤今的内容进入了他的词作之中。同时代的秦观和周邦彦也是非常出色的词人。南宋初年,面临国破家亡的危局,悲愤忧患成为南渡词人的主题,辛弃疾、李清照是这一时期的杰出代表。在逐渐偏安的社会环境中,周邦彦之词的典雅之风又在姜夔、吴文英等人手中有了新的发展。

词在南宋已达高峰,元代散曲流行,诗词退居其后。宋金之际,北方少数民族相继入主中原,他们带来的胡曲番乐与汉族地区原有的音乐相结合,孕育出一种新的乐曲——散曲。散曲在元代有着广泛的普及和创作,在群峰耸翠的作家队伍中,还特别挺立出四座峰峦,这就是号称"元曲四大家"的关汉卿、郑光祖、白朴和马致远。

三、中国古典戏曲

13世纪中叶,由宋金杂剧脱胎而来的北曲杂剧以完备成熟的戏曲形态步入文学艺苑。关汉卿是元代剧坛最杰出的代表之一。据各种文献资料记载,关汉卿编有杂剧六十七部,现存十八部。个别作品是否出自关汉卿手笔,学术界尚有分歧。其中《窦娥冤》、《救风尘》、《望江亭》、《拜月亭》、《鲁斋郎》、《单刀会》、《调风月》等是他的代表作。王实甫的《西厢记》体现了元代爱情杂剧的最高水准，在中国戏曲史上占据着重要的历史地位。白朴的《梧桐雨》和马致远的《汉宫秋》写得文采繁复，意境深邃，受到剧坛的激赏。南戏是宋元、明初在浙江、福建等地流行的戏曲形式。元末明初流行的《荆钗记》、《白兔记》、《拜月亭记》和《杀狗记》合称"四大南戏"。代表南戏艺术最高成就的剧目是元末高明所作的《琵琶记》。

明代戏曲的主体是传奇。以汤显祖《牡丹亭》为典范作品的明代传奇剧本，成为文学史上璀璨夺目的著名"景观"。清初戏曲创作保持了明代的旺盛势头。康熙年间，洪昇的《长生殿》和孔尚任的《桃花扇》的问世，把中国戏曲的结构、音乐、表演和史剧创作等艺术发挥至登峰造极的境界。

四、中国古典小说

中国古代的小说及小说书与现代的并不一样。古代所谓"小说"主要有两种，一种是内容以异闻、琐语、杂事为主的文言文小说，另一种是演述史事以及灵怪、烟粉、传奇、公案故事的白话小说。这两种小说无论自其源流、内容、体裁、接受对象来看都大不相同，在文学上的地位也很不一样。

在小说正式形成的魏晋六朝以前，中国早期的叙事文学已有了充分发展。与小说有渊源关系的叙事文学主要是神话、先秦散文中的叙事片断及史书。今天所能见到的保存神话资料最多的是《山海经》、《淮南子》等书。这些典籍在《四库全书》中被列为广义的"小说家类异闻之属"。先秦诸子中的寓言片段，差不多都是一些短小精悍的小故事，常被后世抽出作为一个独立的类型。魏晋南北朝时的《笑林》、唐代《谐噱录》、明代《雪涛谐史》、清代《笑林广记》等笑话体和寓言体作品，均可在先秦诸子的叙事片断中找到源头。《左传》、《战国策》、《史记》等书代表着早期历史叙事文学的最高成就，有时甚至被人视为小说。

六朝是中国文言小说的正式开始期，其小说被分为志怪与志人两类。志怪小说是沿着上古神话传说、巫术文化的轨迹发展而来的，现存比较完整的作品有三十余种，重要的有张华的《博物志》、干宝的《搜神记》、葛洪的《神仙传》、王嘉的《拾遗记》、任昉的《述异记》等。这些作品多叙神仙鬼怪、殊方逸闻、卜筮占梦的故事，也记载了一些民间异闻传说，充满了神奇诡异的色彩。志人小说则直接承袭了先秦两汉寓言、史传中记载人物言行的传统，大都是幽默雅致、带有小品笔记性质的笑话、清言、轶事集，重在宣扬士大夫的风雅，是供贵族阶层阅读欣赏的。主要作品有刘义庆的《世说新语》、邯郸淳的

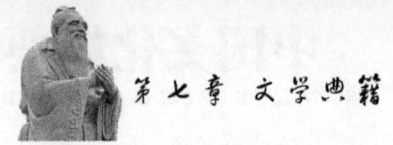

第七章 文学典籍

《笑林》、裴启的《语林》。

唐传奇的出现，标志着文言小说的成熟。唐代传奇内容除部分记述神灵鬼怪外，大量记载人间的各种世态。在艺术形式上，篇幅加长，"叙述宛转，文辞华艳，与六朝之粗陈梗概者较，演进之迹甚明"（鲁迅《中国小说史略》）；部分作品还塑造了鲜明动人的人物形象。唐代传奇的代表作有《南柯太守传》、《枕中记》、《霍小玉传》、《柳毅传》、《李娃传》等。晚唐陈翰采录唐传奇的许多优秀篇章，编成《异闻集》十卷，原书已佚，其中一部分为《太平广记》所采录。明清时代，文言小说以《聊斋志异》为代表又出现了一次高峰。

话本是宋代的流行小说。所谓话本，指的是说话本人演讲故事前用的底本，它是城市繁荣和市民阶层扩大的产物。《京本通俗小说》被认为是最早的宋元小说话本集（来源尚有疑问）。明代拟话本小说在宋元话本小说的基础上有很大的发展，冯梦龙编著的《喻世明言》、《警世通言》、《醒世恒言》，凌濛初编著的《初刻拍案惊奇》、《二刻拍案惊奇》是明代话本小说的集大成作品。

章回小说的发展与定型，是明代作者对中国文学作出的最宝贵的贡献。《三国演义》、《水浒传》、《西游记》、《金瓶梅》"四大奇书"是明代文学中最出色的四部小说。《三国演义》由罗贯中在民间传说和有关话本、戏曲的基础上写成的，是中国第一部长篇章回小说，也是历史演义小说的开山之作。《水浒传》的作者自明以来就有罗贯中、施耐庵二说，这部小说是中国历史上第一部描写农民起义的小说。《西游记》的作者是吴承恩，这部小说是中国神话小说中最优秀的作品。《金瓶梅》是中国第一部文人独创的长篇小说，作者署名兰陵笑笑生。清代是中国小说史上继明代之后又一个小说创作和传播的高峰时代，出现了两部影响深远的伟大作品——《儒林外史》和《红楼梦》。《儒林外史》一书为吴敬梓赢得了不朽的身后名，它是中国古代讽刺文学最杰出的代表作。在明清小说中，最为后人称道的莫过于曹雪芹的《红楼梦》，这是一部具有高度思想性和高度艺术性的伟大作品，代表着古典小说艺术的最高成就。由于资产阶级改良派和民主革命派的大力倡导，晚清的小说创作得到了空前的发展，以其干预现实、踔厉风发的思想锋芒而震撼文坛，出现了四大谴责小说：《官场现形记》、《二十年目睹之怪现状》、《老残游记》和《孽海花》。

第二节 "四书五经"简介

"四书五经"是"四书"和"五经"的合称，是中国儒家经典的书籍。

"四书"指的是《论语》、《孟子》、《大学》和《中庸》；而"五经"指的是《诗经》、《尚书》、《礼记》、《周易》和《春秋》，简称为"诗、书、礼、易、春秋"，之前还有一本《乐经》，合称"诗、书、礼、乐、易、春秋"。这六本书也被称做"六经"，其中的《乐经》后来亡佚，只留下"五经"。"四书五经"是南宋以后儒学的基本书目、儒生学子的必读之书。"四书五经"是中国传统文化的重要组成部分，是儒家思想的核心载体，更是中国历史文化古籍中的宝典。"四书五经"包含内容极其广泛、深刻，在世界文化史、思想史上具有极高的地位。"四书五经"翔实记载了中华民族思想文化发展史上最活跃时期的政治、军事、外交、文化等各方面的史实资料及影响中国文化几千年的孔孟的重要哲学思想。历代科举考试，试卷命题必出自"四书五经"，足见其对为官从政之道、为人处世之道的重要影响。

时至今日，"四书五经"所载内容及哲学思想仍对现代人具有积极的意义和极强的参考价值。"四书五经"在社会规范、人际交流，社会文化等方面对我国传统文化产生不可估量的影响，其影响播于海内外，福荫子孙万代。"四书五经"是延续中华文化的千古名篇，是人类文明的共同的宝贵遗产。

一、"四书"简介

（一）《论语》

《论语》是儒家学派的经典著作之一，由孔子的弟子及其再传弟子编撰而成。它以语录体和对话体为主，记录了孔子及其弟子的言行，集中体现了孔子的政治主张、伦理思想、道德观念及教育原则等，但始终贯穿着孔子"仁"、"礼"的核心思想。与《大学》、《中庸》、《孟子》、《诗经》、《尚书》、《礼记》、《易经》、《春秋》并称"四书五经"。

通行本《论语》共二十篇。每篇包括若干章，每章记一件事或几句话。作为一部优秀的语录体散文集，《论语》所记载的孔子循循善诱的教诲之言，或简单应答，点到即止；或启发论辩，侃侃而谈，富于变化，娓娓动人。《论语》的语言简洁精练，含义深刻，内容广泛，其中的许多言论至今仍被世人视为至理。

（二）《孟子》

《孟子》是一部记述孟子思想的著作，由孟子及其弟子公孙丑、万章等人编著，完成于战国中后期。该书翔实记载了孟子的思想、言论和事迹。《孟子》一书为语录体，以问答方式展开，主要论证方法为驳论。

《孟子》有七篇十四卷传世。和《论语》一样，《孟子》的篇名取自篇首几个字，并无实际意义。《孟子》的注本主要有东汉赵岐的《孟子章句》、南

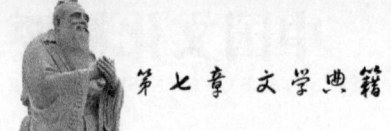

第七章 文学典籍

宋朱熹的《孟子集注》、清朝焦循的《孟子正义》等。

在《孟子》一书中，集中地体现了孟子的政治思想、哲学思想和教育思想。孟子的政治思想与孔子一脉相承，并把孔子"仁"的政治思想发展为"仁政"学说。这一学说主张统治者要施仁政于民，以德服人，实行王道，反对以力服人、实行霸道；对臣民应减轻刑罚与赋税，发展农业生产；对百姓应施行道德教化，使之"正心、诚意、修身、齐家"，从而使国家长治久安。

《孟子》还具有较强的民本主义思想——"民为贵，社稷次之，君为轻"。孟子还指出，国家存在的根本不在于"天时、地利"，而在于"人和"，"得道者多助，失道者寡助"，劝诫统治者要与民同忧同乐。孟子的"仁政"学说，其哲学基础是"性善说"。

《孟子》非常重视教育对人的影响作用；强调人的自我教育，主张修身养性，"养吾浩然之气"，以完善自我；他还教育人们为实现远大奋斗目标，要有"苦其心志"、"劳其筋骨"、"饿其体肤"的吃苦精神，并提出"富贵不能淫，贫贱不能移，威武不能屈"的道德标准。

长于论辩是《孟子》的特征。孟子往往巧妙运用逻辑推理的方法，采用欲擒故纵、反复诘难、迂回曲折的方式，把对方引入自己预设的结论中。在论辩中，孟子还"长于譬喻"，把抽象的道理用具体生动的形象表现出来。尽管从逻辑来看，个别比喻未免牵强，但使文章富于形象性，具有强大的艺术感染力。气势浩然是《孟子》的另一个重要的艺术特征，而这源于孟子的人格修养。

（三）《大学》

《大学》原是《礼记》第四十二篇，约在战国末期至西汉之间撰成，作者尚未定论。一说是曾子所作，一说是孔门后学者所作。在南宋前从未单独刊印过。唐代韩愈、李翱维护道统，开始推崇《大学》与《中庸》。北宋时司马光编撰《大学广义》，是为《大学》独立成书之始。程颢、程颐又编撰《大学》原文章节成《大学定本》。南宋时朱熹编撰《大学章句》，并将其与《论语》、《孟子》、《中庸》合编为"四书"。按照朱熹的看法，《大学》是孔子及其门徒留下来的遗书，是儒学的入门读物。因此，朱熹把它列为"四书"之首。

《大学》着重阐述了个人道德修养与社会治乱的关系，以"明明德"、"亲民"、"止于至善"为修养的目标。又提出实现天下大治的八个步骤，即"格物"、"致知"、"诚意"、"正心"、"修身"、"齐家"、"治国"、"平天下"。其中每一个都以前一个为先决条件，而"修身"是其中最根本的、具有决定意义的一步，"修身"前的四个是"修身"的方法途径，后三个是"修身"的必然效果。从天子到庶人"皆以修身为本"，每个社会成员特别是统治者道德修养的好坏决定着社会的治乱，明确肯定道德在社会生活中的作用。

（四）《中庸》

《中庸》为儒家思孟学派的代表著作，原为《礼记》之一篇。随着义理之学的兴起，《中庸》之学在宋代获得空前发展，北宋宋学发展时期的各学派都曾对《中庸》进行过研究或注释，特别是经由程朱理学派的推崇尊奉，《中庸》单独成篇，并列为"四书"之一，对封建社会中后期的元明清各代产生重大而深远的影响。

《中庸》的核心思想是儒学的"中庸之道"，它的主要内容并非现代人所普遍理解的中立、平庸，其主旨在于修养人性。其中包括学习的方式："博学之，审问之，慎思之，明辨之，笃行之"；也包括儒家做人的规范，如"五达道"（"君臣也，父子也，夫妇也，昆弟也，朋友之交也"）和"三达德"（智、仁、勇）等。"中庸"所追求的修养的最高境界是"至诚"或称"至德"。

"中庸之道"的主题思想是教育人们自觉地进行自我修养、自我监督、自我教育、自我完善，把自己培养成为具有理想人格，达到至善、至仁、至诚、至道、至德、至圣、合外内之道的理想人物，共创"致中和，天地位焉，万物育焉"的"太平和合"境界。

二、"五经"简介

（一）《诗经》

《诗经》是中国文学史上第一部诗歌总集，是先人集体智慧创作的结晶。先秦称《诗》或《诗三百》，汉朝时儒家将其奉为经典，被正式列为"五经"之一，称为《诗经》。其中收入诗歌三百零五篇，另有六篇只存题目而无内容，称为"笙诗"。这些诗歌包括风诗一百六十首，雅诗一百零五首，颂诗四十首。

《诗经》的内容极为丰富，有反映西周开国历史的祭祀诗，直接描写农业生产生活和相关的政治、宗教活动的诗，反映上层社会欢乐和谐的宴飨诗，以及反映怨刺、战争和徭役、爱情和婚姻等诗。《诗经》深刻地反映了西周初年至春秋中叶社会的各个方面，凝聚着先民丰富的情感与想象。当时的政治、经济、军事、文化以及世态人情、民风民俗等，在其中都有形象的表现。《诗经》关注现实，抒发现实生活的真情实感，这种创作态度使其具有强烈深厚的艺术魅力。《诗经》在艺术上有很高的造诣，成为后世作家学习和借鉴的典范，其影响于后世最大的莫过于赋、比、兴的表现手法。

汉代传习《诗经》的有鲁、齐、韩、毛四家。鲁诗因鲁人申培而得名，齐诗出于齐人辕固生，韩诗出于燕人韩婴，毛诗的传授者是大小毛公即毛亨、毛苌。鲁、齐、韩三家诗出现比较早，西汉时已立于学官。毛诗晚出，东汉时方立于学官，却后来居上，逐渐普及，余书遂尽废。

（二）《尚书》

《尚书》是周代及其以前政治文告的汇编。依据时代顺序，其中又分为《虞夏书》、《商书》和《周书》。《周书》的数量最多，《虞夏书》的数量最少。先秦无"尚书"之名，"尚书"之名起于汉代。"尚"就是"上"，意谓"早"或"从前"，而"尚书"的意思也就是古代政治文献汇编。

《尚书》相传由孔子编撰而成，但有些篇目是后来儒家学者补充进去的。西汉初存二十九篇，因用汉代通行的文字隶书抄写，称《今文尚书》。另有相传在汉武帝时从孔子住宅壁中发现的《古文尚书》（现只存篇目和少量佚文，较《今文尚书》多十六篇）和东晋梅赜所献的伪《古文尚书》（较《今文尚书》多二十五篇）。现在通行的《十三经注疏》本《尚书》，就是《今文尚书》和伪《古文尚书》的合编本。

《尚书》中的文体，有典、谟、誓、诰等。典，"大册也"（许慎《说文解字》），是载于长大简册上的记事。谟，谋议，记载谋划之事。誓，誓师之词。诰，即告示、告诫之词。

《尚书》中"敬德保民"或"以德配天"的思想是殷周之际政治宗教思想最大的转变，也是《尚书》中最光辉的思想。它奠定了儒家"重人事"的思想基础。从此以后，人们便懂得：不能依赖祭品的丰盛和祭祀的频繁来祈望上帝鬼神的保佑，而要以自己良好的德行才能达到使社会兴盛的目的。

重要的《尚书》注本有孔颖达的《尚书正义》、孙星衍的《尚书今古文注疏》。屈万里的《尚书今注今译》，李民、王健的《尚书译注》亦可参考。

（三）《礼记》

《礼记》是战国至秦汉年间儒家学者解释说明经书《仪礼》的文章选集，是一部儒家思想的资料汇编。与《周礼》、《仪礼》合称"三礼"。《礼记》的作者不止一人，写作时间也有先有后，其中多数篇章可能是孔子的七十二名高徒及其学生们的作品，还兼收先秦的其他典籍。

《礼记》有两种传本，一种是戴德选编的，有八十五篇，今存四十篇，称《大戴礼记》；另一种是戴圣选编的，有四十九篇，称《小戴礼记》。汉末，郑玄为《小戴礼记》作注。后来这个本子便盛行不衰，并由解说经文的著作逐渐成为经典，到唐代被列为"九经"之一，到宋代被列入"十三经"之中，为士者必读之书。

《礼记》的内容主要是记载和论述先秦的礼制、礼仪，解释仪礼，记录孔子和弟子等的问答，记述修身做人的准则。实际上，这部九万字左右的著作内容广博，门类杂多，涉及政治、法律、道德、哲学、历史、祭祀、文艺、日常生活、历法、地理等诸多方面，几乎包罗万象，集中体现了先秦儒家的政治、哲学和伦理思想，是研究先秦社会的重要资料。

（四）《周易》

《周易》由《易经》和《易传》两部分组成，共两万四千二百零七字。《易经》由卦辞及爻辞组成，共有六十四卦，每卦有六爻，共三百八十四爻。《易传》有十翼，即彖上、彖下、象上、象下、文言、系辞上、系辞下、说卦、序卦、杂卦十篇。

《易经》又称本经，简称《易》，成书于西周初至晚周，距今约三千年。《易传》成书于春秋至战国中期，是对《易经》的注释和发挥。据称《周易》为伏羲、文王、周公、孔子四圣合著，即伏羲画八卦，文王作卦辞，周公著爻辞，孔子撰《易传》。

《易经》是部占卜书，其功能主要是指示吉凶。《易传》主要是哲学书，通过解释《易经》，阐述自然界和人类社会的普遍原理。《周易》历经数千年之沧桑，已成为中华文化之根。易道讲究阴阳互应、刚柔相济，提倡自强不息、厚德载物。

（五）《春秋》

《春秋》又称《麟经》，是鲁国的编年史，经过孔子修订。它记载了从鲁隐公元年（公元前722）到鲁哀公十四年（公元前481）的历史，是中国现存最早的一部编年体史书。《春秋》一书的史料价值很高，也是儒家经典之一。

在中国上古时期，春季和秋季是诸侯朝觐王室的时节。另外，"春秋"在古代也代表一年四季，而史书记载的都是一年四季中发生的大事，因此"春秋"是史书的统称。而鲁国史书的正式名称就是《春秋》。

《春秋》文字非常简练，事件记载简略，但对242年间的诸侯攻伐、盟会、篡弑及祭祀、灾异礼俗等都有记载。因文字过于简洁，后人不易理解，所以诠释之作相继出现，对书中的记载进行解释和说明，亦称之为"传"。其中左丘明《春秋左氏传》、公羊高《春秋公羊传》、穀梁赤《春秋穀梁传》合称"春秋三传"，被列入儒家经典。

第三节　其他文学典籍

中国古代文学形式、题材、风格之多样，作家作品之繁多，是世界上其他国家所少有的。一代代的作家创造出了一代代的文学作品，虽经历史的筛选而

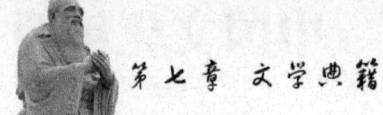

第七章 文学典籍

有所淘汰，但优秀的文学作品却一代代地流传下来，不断被传诵，给人以激励、安慰和启迪，还有赏心悦目的愉快。本节所叙录篇目以传世之作为主，注意突出在文学史上占有重要地位的典籍，兼顾到不同流派、风格，以便体现出中国古代文学及其演变的风貌。

一、先秦时期

（一）《楚辞》

西汉末年，刘向搜集屈原、宋玉等人的作品，辑录成集，名为《楚辞》。楚辞，其本义是指楚地的歌辞，后来逐渐固定为两种含义：一是诗歌的体裁；一是诗歌总集的名称，指以战国时楚国屈原的创作为代表的新诗体。这种诗体具有浓厚的地域文化色彩，如宋人黄伯思所说，"皆书楚语，作楚声，纪楚地，名楚物"（《校定楚辞序》）。从诗歌体裁来说，它是战国后期以屈原为代表的诗人在楚国民歌基础上开创的一种新诗体。

《楚辞》是中国第一部浪漫主义诗歌总集。屈原创作了《离骚》、《九歌》、《九章》、《天问》等不朽作品。在屈原的影响下，楚国又产生了宋玉、唐勒等楚辞作者。《楚辞》中屈、宋的作品所涉及的历史传说、神话故事、风俗习尚以及所使用的艺术手段、浓郁的抒情风格，无不带有鲜明楚文化色彩。在中国诗史上，《诗经》与《楚辞》是两座并立的高峰，并称"诗骚"。与《诗经》相比，《楚辞》达到了一个新的境界，对中国文学史产生了极其深远和广泛的影响。

《离骚》代表了屈原创作的最高成就，有着炽热的感情、奇特的想象、神采飞扬的语言，同时闪耀着鲜明的个性光辉。屈原以前的诗歌，多为短篇，而他结合本地民歌的题材与内容将其发展为长篇巨作；在语言形式上，创作了一种句法参差错落、灵活变换的新诗歌形式——楚辞体；在表现手法上，屈原把赋比兴巧妙地融为一体，大量运用香草美人的比兴手法，创造了一连串的艺术形象；在内容上，他广泛采用神话故事和寓言形式，创造出雄伟壮丽的境界，形成浪漫主义的传统。

（二）《左传》

《左传》是我国现存最早的较为完备的编年体史书。相传是春秋末年左丘明为解释孔子的《春秋》而作。它起自鲁隐公元年（公元前722），迄于鲁哀公二十七年（公元前468）。它周密而详细地记载了春秋时代各国的政治、军事、外交以及经济文化等方面的重大史实，真实记录了当时重要的政治人物的活动及言论，生动地描写了奴隶社会处于崩溃时期的历史进程。西汉时称之为《左氏春秋》，东汉以后改称《春秋左氏传》，简称《左传》。

《左传》是记录春秋时期社会状况的重要典籍，为儒家重要经典之一，反映了西周末期已开始动摇的宗教天道观的进一步瓦解，记录了唯物主义的阴阳五行说、无神论和朴素辩证法思想的发展。同时它还体现重民、以民为本的思想。

《左传》善于描写战争，记录了大大小小几百次战争，它对大战的描述历来让人们赞不绝口，不计其数的小战役也写得各具特色、精彩生动。《左传》虽是历史著作，但与《尚书》、《春秋》的"质木无文"不同，它"文典而美"，"语博而奥"（刘知己《史通》），无论叙事、写人、记言，都有不少新成就，达到其时最高水平，因而刘勰称之为"实圣文之羽翮，记籍之冠冕"（《文心雕龙》）。

（三）《庄子》

《庄子》是战国时期道家学派的重要著作。《庄子》又称《南华经》，由庄子和他的弟子、后学的著作总汇而成，上承《老子》，下启《淮南子》。全书现存三十三篇，分内篇七、外篇十五、杂篇十一。

"虚静"是庄子哲学思想的核心范畴，追求"逍遥无待"的精神自由。庄子鄙视富贵利禄，反对礼法仁义，嘲讽儒家的奔走游说，以"无为"的主张与社会现实进行抗争，主张顺应自然，反对人为。同时，他强调珍惜生命，强调人不要为种种身外之物所奴役。《庄子》以其特有的美学意蕴和深邃思想，对后世影响深远。

在写作手法上，《庄子》运用了"卮言"、"重言"、"寓言"三种方法。"卮言"是运用浪漫的手法进行抽象的论说；"重言"是引证或假托古今著名人物的学说；"寓言"包括一些神话式的故事，也包括一些通常的寓言故事。《庄子》词汇丰富多彩，语言幽默生动，构思奇特精巧，于诙谐之中阐明深刻的哲理，常以拟人的手法描写自然界中的一些事物。其文字如行云流水，挥洒自如，具有浓厚的浪漫主义色彩。《庄子》在诸子散文中文学成就最高，后世作家往往视其为典范，奉为圭臬。

（四）《战国策》

《战国策》是一部国别体史书，上接春秋，下至秦并六国，记事约240年（公元前460—公元前220）。《战国策》可能原本出于战国末或秦汉之际的纵横家或习纵横术者之手，并非一人一时一地之作。该书的编者为西汉的刘向，分为十二策，共三十三卷。它的出现标志着史家之文的发展攀上了一个新高峰。

《战国策》是一部亦史亦文的杰作，主要记述了战国时期的纵横家的政治主张和策略，展示了战国时代的历史特点和社会风貌，是研究战国历史的重要典籍。《战国策》还以波澜起伏的情节、个性化的言行、传神的形态和细节来描写人物。《战国策》的语言精妙奇伟,是其文学成就的重要方面。《战国策》还用大量的寓言故事、轶闻掌故来增强辩辞的说服力。《战国策》辩丽横肆的文风、雄隽华赡的文采,是当时纵横捭阖时代特征的体现,标志着先秦叙事散文语言运用的新水平。

二、秦汉时期

(一)《吕氏春秋》

《吕氏春秋》是秦国丞相吕不韦招集门客辑合百家九流之说编写而成的,成书年代大约在公元前239年。该书有严密的体系,分八览、六论、十二纪,共二十多万字。吕不韦以为该书纵论天地万物古往今来的事理,所以号称《吕氏春秋》。《吕氏春秋》在文学上的一个突出贡献是创作了丰富多彩的寓言,在中国寓言史上具有相当重要的地位。

(二)《淮南子》

《淮南子》又名《淮南鸿烈》,是中国西汉时期创作的一部理论著作,由西汉皇族淮南王刘安主持撰写。该书在继承先秦道家思想的基础上,综合了诸子百家学说中的精华部分,对后世研究秦汉时期文化起到了不可替代的作用。该书行文多形容铺张,繁富有序,与陆贾、贾谊等人的文章共开后世骈文之先河。

(三)《史记》

《史记》是中国文化史上的一座丰碑,开创了中国传记文学的先河,在散文史上具有极高的地位。它记述了上自传说中的轩辕氏,下至汉武帝太初年间三千多年的历史。全书由十二本纪、三十世家、七十列传、十表、八书组成,共一百三十篇。《史记》是中国西汉时期的历史学家司马迁撰写的史学名著,列"二十四史"之首。司马迁著《史记》,其史学观念在于"究天人之际,通古今之变,成一家之言"。这分别体现了司马迁的哲学观、历史观和人生观。《史记》集先秦史传文章之大成,为后世史家之典范,承前启后,光耀千秋,无愧为"史家之绝唱,无韵之《离骚》"(鲁迅《汉文学史纲要》)。

《史记》的散文艺术成就辉煌,影响极大。它的语言生动形象,繁简得当,往往只用数语就使读者如见其人、如闻其声了。在人物性格的刻画上,能准确地把握表现对象的基本特征加以渲染,使许多人物形象的个性非常突出。《史记》由五种体例相互补充而形成的结构框架,勾连天人,贯通古今,在设计上颇具匠心,同时也使它的叙事范围广泛,展示了波澜壮阔的社会生活图画。《史记》还体现了司马迁作为一代史学家的实录精神。东汉史学家班固称

赞说："其文直，其事核，不虚美，不隐恶，故谓之实录。"（《汉书·司马迁传赞》）

（四）《乐府诗集》

《乐府诗集》是现存收集历代乐府诗最为完备的一部重要书籍，由宋代郭茂倩所编，现存一百卷。它所收作品以汉魏至隋唐的乐府诗为主，是研究乐府诗最重要的典籍。

"乐府"本是掌管音乐的机关名称，最早设立于汉武帝时，南北朝也有乐府机关。其具体任务是制作乐谱、收集歌词和训练音乐人才。汉乐府歌词的来源有两个：一部分是文人专门作的；一部分是从民间收集的。后来，人们将乐府机关采集的诗篇称为乐府，或称乐府诗、乐府歌辞，于是乐府便由官府名称变成了诗体名称。

《乐府诗集》的重要贡献是把历代歌曲按其曲调收集分类，使许多作品得以汇编成书。这对乐府诗歌的整理和研究提供了很大的方便。其中《木兰诗》是北朝乐府民歌的代表作，它和《孔雀东南飞》被合称为"乐府双璧"。《乐府诗集》中的作品或长于叙事，或重在抒情，或长于极尽夸张，或短小而精悍。这些无不对唐及以后朝代的诗词创作产生深刻的影响。

三、魏晋南北朝时期

（一）《搜神记》

《搜神记》是一部记录古代民间传说中神奇怪异故事的小说集，作者是东晋初年著名史学家干宝，原本已散佚，今本是后人缀辑增益而成，共二十卷。《搜神记》所记多为神灵怪异之事，也有一部分属于民间传说。《搜神记》的故事大多篇幅短小，情节简单，设想奇幻，极富浪漫主义色彩；语言雅致清峻，曲尽幽情，确是"直而能婉"（《晋书》）的典范。《搜神记》体现了志怪小说的最高成就，对后世影响极大。

（二）《陶渊明集》

《陶渊明集》由陶渊明著，北齐阳休之编，共十卷。陶渊明是中国第一位田园诗人，长于诗、文、辞赋。他的作品继承了汉、魏、正始之传统，并形成了独特的风格，内容充实，情感真挚，风格冲淡，韵致悠然，极善用写意的手法点染出浑朴深远的意境。陶渊明相关作品还有《饮酒》、《归园田居》、《桃花源记》、《五柳先生传》、《归去来兮辞》、《桃花源诗》等。

陶渊明诗从内容上可分为饮酒诗、咏怀诗和田园诗三大类。他的田园诗数量最多，成就最高。这类诗充分表现了诗人对淳朴的田园生活的热爱、对劳动的认识和对劳动人民的感情，也充分表现了诗人对理想世界的追求和向往。陶

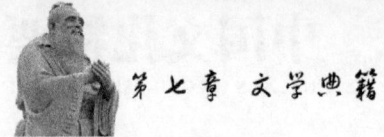

第七章 文学典籍

渊明创造了一种前所未有的新的美学范型,其特点是和谐静穆、圆融庄严,达到了古典主义的极致。钟嵘《诗品》称陶渊明为"古今隐逸诗人之宗"。

(三)《文心雕龙》

《文心雕龙》是中国南朝文学理论家刘勰创作的一部内容丰富、体制宏阔、结构非常严密的古代文学理论巨著,章学诚称赞其"体大而虑周"(《文史通义·诗话篇》)。全书共十卷、五十篇,三万八千多字,以孔子美学思想为基础,兼采道家,全面总结了齐梁时代以前的美学成果,细致地探索和论述了语言文学的审美本质及其创造、鉴赏的美学规律。

(四)《世说新语》

《世说新语》是一部记录魏晋名士的逸闻轶事和玄言清谈的故事集,是中国魏晋南北朝时期志人小说的代表作,由南朝宋刘义庆编撰。《世说新语》依内容分为"德行"、"言语"、"政事"、"文学"等三十六门类,每类收有若干则故事,全书共一千多则故事。每则故事文字多寡不同,有的篇幅较长,一般是数行即尽,也有的只是三言两语。

《世说新语》语言的主要特点是高度的准确、简洁,有较强的表现力;常用对照、比喻,富有描绘性、形象性。除了有文学欣赏的价值以外,《世说新语》的许多故事典故还是后世作家取材的宝库,同时它又是历史学家研究当时历史的重要参考资料。

(五)《昭明文选》

《昭明文选》又称《文选》,是中国现存最早的一部诗文选集,由南朝梁武帝的长子萧统组织文人共同编选。萧统死后谥"昭明",所以他主编的这部文选被称作《昭明文选》。

《昭明文选》除少数无名作家外,共选一百三十位作者的作品,所选作品总数达七百多篇,时代上自先秦,下至梁代普通元年(520),跨度七八百年时间。萧统将入选作品编排为赋、诗、骚、七、诏等三十八类,一般不收经、史、子等学术著作。编选的标准是"事出于沉思,义归乎翰藻",即情义与辞采内外并茂,偏于一面则不收。萧统有意识地把文学作品同学术著作、疏奏应用之文区别开来,反映了当时对文学的特征和范围的认识日趋明确。

后世注本主要有两种:一是唐显庆年间李善注本,改分原书三十卷为六十卷;一是唐开元六年(718)吕延祚进表呈上的五臣(吕延济、刘良、张铣、吕向、李周翰)注本。近代以来有《四部丛刊》本、《四部备要》本及中华书局以胡刻本断句,于1977年出版的影印本。

四、隋唐五代宋时期

（一）《李太白全集》

此为唐代诗文别集，李白撰，因李白字太白而得名。最早由唐代李阳冰编成《草堂集》十卷，现已散佚了。现在通行的本子是北宋宋敏求增补刻本《李太白文集》三十卷，巴蜀书社 1986 年据此影印。主要注本有宋人杨齐贤集注的《李翰林集》、清代王琦的《李太白诗集注》，还有近人瞿蜕园、朱金城的《李白集校注》，1980 年由上海古籍出版社出版。主要选本有舒芜《李白诗选》，人民文学出版社于 1954 年出版。

李白（701—762），字太白，号青莲居士，又号谪仙人，中国唐代伟大的浪漫主义诗人，被后人尊称为"诗仙"，其诗大多为描写山水和抒发内心的情感。李白的诗歌对后代产生了极为深远的影响。

（二）《杜诗详注》

在中国文学史上，唐代诗人杜甫是公认在诗歌创作上具有集大成和承先启后作用的一位诗人，为历代所重视，注家蜂起，到宋代有"千家注杜"之说。清代的仇兆鳌花费二十年时间，搜集各家注本，辑为《杜诗详注》，资料极为详尽，至今仍不失为阅读杜诗的一本重要的参考书。现阶段通行的本子为中华书局所出版的《杜诗详注》五卷本，分别有 1979 年版和 2004 年版。

（三）《太平广记》

《太平广记》是宋初官修的一部小说集，由李昉、扈蒙、李穆、徐铉、赵邻几、王克贞、宋白、吕文仲等十二人奉宋太宗之命编纂。因成书于宋太平兴国年间，和《太平御览》同时编纂，所以叫做《太平广记》。全书五百卷，目录十卷，取材于汉代至宋初的野史小说及释藏、道经等和以小说家为主的杂著，属于类书。此书对于宋元民间文学的发展曾有过很大的影响。

（四）《资治通鉴》

《资治通鉴》简称《通鉴》，是北宋司马光主编的一部多卷本编年体史书，共二百九十四卷，历时十九年告成。它以时间为纲、事件为目，从周威烈王二十三年（公元前 403）写起，到五代的后周世宗显德六年（959）征淮南停笔，涵盖 16 朝 1362 年的历史。它是中国第一部编年体通史，在中国官修史书中占有极重要的地位。

《资治通鉴》的内容以政治、军事和民族关系为主，兼有经济、文化和历史人物评价，目的是通过对事关国家盛衰、民族兴亡的统治阶级政策的描述警示后人。其书名就是宋神宗认为该书"鉴于往事，有资于治道"而钦赐的。

《资治通鉴》也有很高文学价值，曾国藩撰成《经史百家杂钞》一书，其

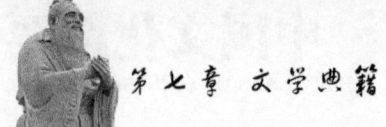

中选录《资治通鉴》十一篇。曾国藩评价此书说"窃以先哲惊世之书,莫善于司马文正公之《资治通鉴》,其论古皆折衷至当,开拓心胸"。

(五)《欧阳文忠公集》

欧阳修作品集。欧阳修(1007—1073),字永叔,号醉翁,又号六一居士,吉安永丰(今属江西)人,自称庐陵(今永丰县沙溪)人,谥号"文忠",世称"欧阳文忠公"。《欧阳文忠公集》共一百五十三卷,附录五卷。欧阳修在文学创作上的成就以散文为最高。苏轼评其文时说:"论大道似韩愈,论本似陆贽,纪事似司马迁,诗赋似李白。"(《居士集叙》)

(六)《苏东坡集》

《苏东坡集》又名《苏文忠公全集》,共一百一十卷,遗留二千七百多首诗、三百多首词和许多优美散文。苏轼(1037—1101),字子瞻,号东坡居士,眉州(今四川省眉山市)人,北宋文学家,他的诗、词和散文都代表北宋文学最高成就。

苏轼的诗大都抒写仕途坎坷的感慨,也有反映民生疾苦、揭露现实黑暗之作。诗风豪迈清新,尤长于比喻。苏轼与黄庭坚并称"苏黄"。苏轼词的题材广泛,记游、怀古、赠答、送别、说理无不入词,对严格的音律束缚也有所突破,促进了词的发展,名作有《念奴娇》、《水调歌头》等。苏轼开豪放词派的先河,与辛弃疾并称"苏辛"。苏轼散文中的议论文汪洋恣肆,记叙文结构谨严、明白条畅,如《石钟山记》、《放鹤亭记》等与《赤壁赋》、《后赤壁赋》同为传诵名篇。苏轼与欧阳修并称"欧苏"。

(七)《漱玉词》

《漱玉词》是后人收录的李清照词集。李清照(1084—1156),号易安居士,山东章丘人。她的词前期多写其悠闲生活,后期多悲叹身世,情调感伤,有的也流露出对中原的怀念。形式上善用白描手法,自辟蹊径,语言清丽,词风以婉约为主。她论词强调协律,崇尚典雅、情致,提出词"别是一家"之说,反对以作诗文之法作词。李清照能诗,但其诗留存不多,部分篇章感时咏史,情辞慷慨,与其词风不同。

李清照是中国文学史上创造力最强、艺术成就最高的女性作家。她以女性的身份,真挚大胆地表现对爱情的热烈追求,丰富生动地抒写了自我的情感世界,不仅比"男子作闺音"更为真切自然,而且改变了男子一统文坛的传统格局,她的词被称为"易安体"。

(八)《稼轩词》

《稼轩词》又称《稼轩长短句》,共二十卷,保存了词作六百多首,是后人收录辛弃疾的词集。辛弃疾词主要表现了他恢复中原的雄心壮志和不能施展抱负的满腔气愤。此外，他还描绘了江南农村的秀丽风光，表现了宁静朴素的农村生活。

辛弃疾在词史上的一个重大贡献，就在于使词的内容扩大，题材拓宽。他现存的六百多首词作，写政治、哲理，写朋友之情、恋人之情，写田园风光、民俗人情，写日常生活、读书感受，同时在稼轩词中可以看到辛弃疾驾驭语言的非凡能力。南宋大多数词人都受到辛弃疾的影响。

五、元明清时期

（一）《西厢记》

《西厢记》全名《崔莺莺待月西厢记》，共五本二十一折。作者王实甫，元代杂剧作家，今保定定兴县人。《西厢记》是中国古典戏剧的现实主义杰作，对后来以爱情为题材的小说、戏剧创作影响很大，《牡丹亭》、《红楼梦》都从它那里不同程度地吸取了反封建的民主精神。

《西厢记》诞生于盛产戏曲的元代，这部作品以深刻的反封建礼教的思想性和精湛优美的艺术性赢得了古往今来无数读者的喜爱。作品里描写的崔张的爱情故事简直是家喻户晓，无人不知。而作品的艺术风格，尤其是它那璀璨优美的语言艺术，更令历代各阶层人士，包括自视甚高的历代文人墨客都为之赞叹不已。正是由于这部作品，王实甫当之无愧地成为我国古代一位杰出的语言艺术大师。

（二）《三国演义》

《三国演义》全名《三国志通俗演义》，共一百二十回，作者罗贯中，是中国第一部长篇章回体小说。《三国演义》描写的是从东汉末年到西晋初年之间近一百年的历史风云，全书反映了三国时代的政治军事斗争，反映了三国时代各类社会矛盾的渗透与转化，概括了这一时代的历史巨变，塑造了一批叱咤风云的英雄人物。在对三国历史的把握上，作者表现出明显的拥刘反曹倾向，以刘备集团作为描写的中心，对刘备集团的主要人物加以歌颂，对曹操则揭露、鞭挞。

《三国演义》最擅长描写战争，构思宏伟，手法多样，其中官渡之战、赤壁之战等战争的描写波澜起伏，跌宕跳跃，读来令人惊心动魄、荡气回肠。在人物塑造上，小说特别注意把人物放在现实斗争的尖锐矛盾中，通过各自的言行或周围环境，表现其思想性格。全书的文不甚深，言不甚俗，简洁明快，气势充沛，生动活泼，形成了一种适用于历史演义小说的独特的语体风格。《三国演义》开创了历史小说的先河，代表了历史演义小说的最高成就。

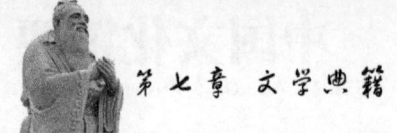

第七章 文学典籍

（三）《水浒传》

《水浒传》又称《忠义水浒传》，是中国小说史上第一部用白话文写成的章回小说，为中国古典四大名著之一。小说成书于元末明初，作家自明以来就有罗贯中、施耐庵二说。《水浒传》有繁本、简本之分，主要有七十回、一百回、一百二十回本。它形象地描绘了北宋末年宋江领导的农民起义队伍从形成、发展直至失败的全过程，深刻地揭示了起义的社会根源，满腔热情地歌颂了起义英雄的反抗斗争和他们的社会理想，也具体揭示了起义失败的内在历史原因。

《水浒传》以大量篇幅通过诸多故事从侧面反映了封建社会的阶级矛盾和斗争，从而揭示了封建社会的阶级关系。对于起义英雄们"仗义疏财归水泊，报仇雪恨上梁山"的行为进行了热情的歌颂。英雄的塑造和斗争的描写可以说是全书的两大亮点，全书巨大的历史主题，主要是通过对起义英雄的歌颂和对他们斗争的描绘中具体表现出来的。因而英雄形象塑造的成功，是作品具有光辉艺术生命的重要因素。在《水浒传》中，至少出现了一二十个个性鲜明的典型形象，这些形象有血有肉，栩栩如生，跃然纸上。此外，由于受到说书话本传统的影响，小说故事性很强，达到了很高的水平。小说随处可见引人入胜的情节，如智取生辰纲、风雪山神庙、三打祝家庄等，生动曲折，妙趣横生。可以说《水浒传》达到了现实主义和浪漫主义的完美结合。

（四）《西游记》

《西游记》是中国古代的一部著名的神话小说，或称神魔小说。它产生于明中叶，作者是吴承恩。现存最早的是金陵世德堂刊本《新刻出像官板大字西游记》，共二十卷一百回。《西游记》描写的是孙悟空、猪八戒、沙和尚保护唐僧西天取经、历经九九八十一难的传奇历险故事。

《西游记》是古代长篇小说浪漫主义的高峰，在世界文学史上，它也是浪漫主义的杰作。作者以浪漫主义的精神和手法对唐僧取经故事作了大胆的创造性的改造，整部小说充满了神奇的幻想和艺术想象的光辉。《西游记》另一个重要艺术特点和成就，是它巧妙地把人物思想性格和动物体态习性结合起来，成功地塑造了孙悟空、猪八戒的艺术形象。《西游记》特别注意在尖锐的矛盾中叙写人物的心理、性格和才能。从19世纪开始，《西游记》被翻译为日、英、法、德、俄、等十多种文字流行于世。

（五）《牡丹亭》

《牡丹亭》是汤显祖的代表作之一，共五十五出，也是我国戏曲史上浪漫主义的杰作，描写了杜丽娘和柳梦梅的爱情故事，与《紫钗记》、《南柯记》、《邯郸记》并称为"临川四梦"。作品通过杜丽娘和柳梦梅生死离合的爱情故事,洋溢着追求个人幸福、呼唤个性解放、反对封建制度的浪漫主义理想,感人至深。汤显祖在该剧《题词》中有言:"情不知所起,一往而深。生者可以死,死可以生。生而不可与死,死而不可复生者,皆非情之至也。"杜丽娘是我国古典文学里继崔莺莺之后出现的最动人的妇女形象之一,通过杜丽娘与柳梦梅的爱情婚姻,喊出了要求个性解放、爱情自由、婚姻自主的呼声,并且暴露了封建礼教对人们幸福生活和美好理想的摧残。

《牡丹亭》在思想和艺术方面都达到了其创作的最高水准。从艺术方面看,首先是情节构思曲折离奇,具有浓郁的浪漫色彩。其次,对人物内心世界的细致刻画,使人物形象非常鲜明。再次,语言典雅清丽,作者以诗的语言、抒情的笔触刻画人物,描写景致,点染气氛,使不少场景都因语言的凝练、优美而极具诗情画意。

(六)《金瓶梅》

《金瓶梅》是明代的长篇世情小说,成书在明隆庆至万历年间,全书一百回,作者署名兰陵笑笑生。《金瓶梅》的书名从小说中西门庆的三个妾潘金莲、李瓶儿、庞春梅的名字中各取一字而成。

《金瓶梅》借《水浒传》中"武松杀嫂"一段故事为引子,通过对兼有官僚、恶霸、富商三种身份的封建时代市侩势力的代表人物西门庆及其家庭罪恶生活的描述,暴露了北宋中叶社会的黑暗和腐败,具有较深刻的认识价值。《金瓶梅》描绘了一个由上自朝廷内擅权专政的太师,下至地方官僚恶霸乃至市井间的地痞、流氓、帮闲所构成的"鬼蜮"世界。这些描写反映了明代中叶以后,朝廷权贵与地方上的豪绅官商互相勾结,压榨人民、聚敛钱财的种种黑幕。

《金瓶梅》也是中国文学史上第一部由文人独立创作的长篇小说。从此,文人创作成为小说创作的主流。《金瓶梅》之前的长篇小说,莫不取材于历史故事或神话、传说。《金瓶梅》摆脱了这一传统,以现实社会中的人物和家庭日常生活为题材,为其后《红楼梦》的出现做了必不可少的探索和准备。作品对后世的影响比较复杂,有消极面也有积极面。

(七)《聊斋志异》

《聊斋志异》为清代文言文短篇小说集,是中国清代著名小说家蒲松龄的著作。"聊斋"是他的书屋名,"志"是记述的意思,"异"指奇异的故事。全书共有短篇小说四百九十一篇,题材广泛,内容丰富,多谈狐、仙、鬼、妖,以此来概括当时的社会关系,反映了17世纪中国的社会面貌,对当时社会的腐败、黑暗进行了有力批判,在一定程度上揭露了社会矛盾,表达了人民的愿望。但其中也夹杂着一些封建伦理观念和因果报应的宿命论思想。《聊斋

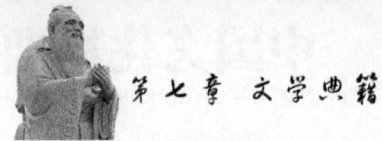

第七章 文学典籍

志异》的艺术成就很高。它成功地塑造了众多的艺术典型，人物形象鲜明生动，故事情节曲折离奇，结构布局严谨巧妙，文笔简练，描写细腻，堪称中国古典短篇小说之巅峰。

（八）"三言二拍"

"三言二拍"是指明代五本著名传奇短篇小说集及拟话本集的合称。"三言"即《喻世明言》、《警世通言》、《醒世恒言》的合称，作者为明代的冯梦龙。"二拍"则是中国拟话本小说集《初刻拍案惊奇》和《二刻拍案惊奇》的合称，作者为凌蒙初。它们的出现，标志着古代白话短篇小说整理和创作高潮的到来。

"三言二拍"所收录的作品思想主题比较集中，用现实主义的笔法再现生活，为我们展开了一幅明末市民社会的风景画。它们取材于民间传说和宋元话本，一方面肯定了人情、人欲的合理性，充满了对普通人命运的关注和同情，体现了新兴市民的意志和愿望，改变了重农抑商的传统意识。"三言二拍"的刊行，推动了短篇小说的发展和繁荣，标志着中国短篇白话小说的民族风格和特点已经形成。

（九）《红楼梦》

《红楼梦》为中国古代四大名著之一，属章回体长篇小说，成书于清乾隆四十九年（1784），其原名有《石头记》、《情僧录》、《风月宝鉴》、《金陵十二钗》等，梦觉主人序本正式题为《红楼梦》。前八十回为曹雪芹所著，后四十回一般认为是高鹗续写，全书由程伟元、高鹗整理。《红楼梦》是一部极具文学价值的世情小说，也是中国古代最伟大的长篇章回体小说。书中以贾、史、王、薛四大家族为背景，以贾宝玉、林黛玉爱情悲剧为主线，着重描写荣、宁两府由盛到衰的过程，全面地描写封建社会末世的人性世态及种种无法调和的矛盾。

《红楼梦》是中国古典小说中思想性最强、艺术性最高的一部伟大作品。全书从多方面对封建社会和封建礼教进行了深刻的揭露和批判，客观上显示出中国封建社会必将走向灭亡的历史趋势。在那些纷繁的、充满悲喜之情和聚散之迹的事件里，作者写尽了人世百态和人生的感慨，将家族的衰亡和人生的感叹穿插编织在宏伟严谨的结构中，形成错落有致的布局。

《红楼梦》也是百科全书式的长篇小说，对贵族家庭饮食起居的各方面生活细节都进行了真切细致的描写，如园林建筑、家具器皿、服饰摆设等的描写，都有很强的可信性。它还表现了作者对烹调、医药、诗词、小说、绘画、建筑、戏曲等各种文化艺术的丰富知识和精到见解。

《红楼梦》的语言艺术是一朵亮丽的奇葩，不仅继承了中国传统文学语言的精髓，而且具有非常典雅的风格，同时将白话提炼，平淡质朴，委婉细腻，有很强的表现力。

（十）《儒林外史》

《儒林外史》是由清代小说家吴敬梓创作的章回体长篇小说，全书共五十六回。小说假托明代，实际反映的是清康乾时期科举制度下读书人的生活。作者对生活在封建末世和科举制度下的封建文人形象的成功塑造，以及对吃人的科举、礼教和腐败事态的生动描绘，使小说成为中国古代讽刺文学的典范，也使作者吴敬梓成为中国文学史上批判现实主义的杰出作家之一。

全书故事情节虽没有一个主干，可是有一个中心贯穿其间，那就是反映科举制度和封建礼教的毒害，讽刺因热衷功名富贵而造成的极端虚伪、恶劣的社会风习。这样的思想内容，在当时无疑是有其重大的现实意义和教育意义的。此外，作者以其准确、生动、简练的白话语言，栩栩如生的人物形象塑造，优美细腻的景物描写，出色的讽刺手法，在艺术上也获得了巨大的成功。《儒林外史》不仅直接影响了近代谴责小说，而且对现代讽刺文学也有深刻的启发。

（十一）《老残游记》

《老残游记》为清末中篇小说，是刘鹗的代表作，也是晚清四大谴责小说之一，全书共二十回。小说以一位走方郎中老残的游历为主线，对当时的社会矛盾有深刻的见解，尤其是作者在书中敢于直斥清官误国、清官害民，指出有时清官的昏庸并不比贪官好多少。这一点对清廷官场的批判是切中时弊、独具慧眼的。

小说结构比较松散，但有些片断写得很成功。全书对人物、景物的描写都很细腻生动，如大明湖的风光、黄河的冰雪、桃花山的月夜等都给人留下极为鲜明的印象，可以作为优美的散文来读。《老残游记》的语言清新流畅、富有韵味，鲁迅说它"叙景状物，时有可观"（《中国小说史略》）。

（十二）《人间词话》

王国维（1877—1927）的《人间词话》是中国第一部将西方美学与中国古典美学融会贯通的文论著作。此书吸收了康德和叔本华的美学思想，使之与传统美学相融合，提出了一套系统的美学观。其核心思想是"境界说"、"词以境界为上"，还进一步提出了写境与造境、有我之境与无我之境、景语与情语、隔与不隔，以及对宇宙人生的"入乎其内"与"出乎其外"等内容。此外，该书在作家修养、创作方法、写作技巧等方面，也都有精辟独到的见解，在当时一新世人耳目，影响甚大，在今天也有重要的参考价值。

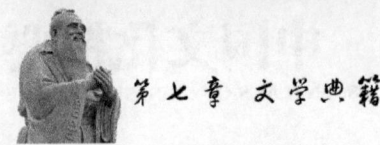

思考题

1. 《诗经》的作品产生于什么时代？有哪些基本内容？
2. 《庄子》是一部怎样的经典著作？
3. 《西游记》是一部怎样的小说？它主要的艺术特色和成就如何？

参考文献

［1］袁行霈．中国文学史．北京：高等教育出版社，1999．
［2］赵义山，李修生．中国分体文学史．上海：上海古籍出版社，2001．
［3］上海古籍出版社．古典文学三百题．上海：上海古籍出版社，1986．
［4］王健．儒学三百题．上海：上海古籍出版社，2001．

第八章　经济贸易

在数千年的人类历史长河中，中华民族有过灿烂和辉煌的历史，也经历过沉重劫难和痛苦踩蹦的历程。在古代的中国，中华民族时常引领着世界文明发展的潮流，创造了辉煌的农耕文明，促进了中外文化的交流。而中国近代史是一部中华民族的屈辱史，诉说着中华民族的苦难、反思、斗争、学习和追赶。回首过去，我们不因成就而骄傲，也不因衰落而自卑，几千年的文明历程将会成为中华民族伟大复兴的宝贵遗产。今天，在这个古老而又生机盎然的国土上，一条历经劫难而又豪情不灭的巨龙，正驾驶着经济快车追赶着世界先进的步伐。

第一节　从古代农业到现代农业——中华文化发展的基础

从整个人类文化发展史来看，必须要有相当稳定的农业生产，满足人们衣食住行等生活物资，作为上层建筑的文化才有产生和发展的基础。如果一个民族的农业生产中断了，其文化和历史传统也一定会随之中断，如底格里斯河和幼发拉底河流域的文明古国巴比伦、尼罗河流域的古埃及和美洲印加帝国的消亡。19世纪初期，大哲学家黑格尔研究了全世界文明古国的兴衰史，最后得出结论："只有黄河、长江流域的那个中华帝国，是世界上唯一持久、没有中断的国家。"这要归功于中国古代农业生产所取得的伟大成就。因为在农业社会里，国家、民族、社会、文化的发展，都必须有稳定而发达的农业作为经济基础。古代中国是一个以农耕经济为主体的国家，中华民族在这片富饶的土地上创造了辉煌的农耕文明，取得了很多令世界惊叹的农业成就。

一、中国古代农业的发展

在距今170万至1万年前的旧石器时代，脱离了动物界的原始人类生活在这片辽阔的大地上。当时尚没有农业生产，原始人类依靠采集和渔猎为生，然而，随着人口的增长，人类常常面临饥饿的威胁。如何获得稳定而可靠的食物来源成为农业起源的动力。中国地处东亚大陆，基本上属于温带气候，这种气候是最适宜人类居住、生存和发展的。远古时代的黄河流域被植被覆盖，有众多的野生动物，如水牛、鹿、虎、大象、竹鼠等，加上雨量充沛和气候温暖，

第八章 经济贸易

所以这一区域成为人类最早居住的区域之一。黄河曲折流过了面积达30万平方千米的黄土高原,夹带了大量肥沃的黄土和泥沙东下,形成了华北平原。黄土透气性好,土质松软肥沃,最有利于原始耕作方式的土地开垦和浅种直播。黄河流域气候温暖、水系发达、雨量充沛,最适合粟类作物的生长,居住在这里的人类最早种植了粟类作物,农业开始出现。位于中国南方的长江流域,横跨10多个省份,这里森林密布、野生动物众多、湖泊星罗棋布、水道纵横交错、雨量充沛,最适合水稻的生长,居住在这里的人类也最早种植了稻类作物。由此,形成了北方种植粟类作物的旱地农业和南方种植稻类作物的水田农业。

在距今1万年至4千年前的新石器时代,是我国原始农业的发展时期。在生产工具上,完成了由"刀耕火种"向"锄耕"的进化;在耕作制度上,完成了由年年易地的"生荒耕作制"向连种三五年撂荒三五年的"轮荒耕作制"的转变;在种植作物的种类上,数量有一定的增加。在原始农业时期,人们主要的粮食作物有北方的粟和黍、南方的水稻籼和粳,人们衣着的主要原料是大麻和苎麻,人们也开始栽培葫芦、白菜、芹菜、蚕豆、西瓜、甜瓜等蔬菜。由于原始农业的发展,人们开始由游移和季节性的野营生活逐渐转入定居生活,男子在农业生产中渐居主要地位,从而实现了母系氏族公社向父系氏族公社的转变。在原始畜牧业方面,经长期圈养驯化,家畜种类有所增加。七八千年前中原地区已有原始畜牧业,人们饲养家猪、家犬、家鸡、马、山羊和绵羊;六七千年前的中国南方也初步形成了以饲养猪、狗、水牛为内容的南方畜牧业。

春秋战国时期开始,中国的农业生产发展进入了一个新的阶段,是我国精耕细作农业的成型期。铁犁和牛耕的推广是这一时期的农业发展的主要特征。铁器自此被广泛使用,牛耕逐渐推广,耕地得到大量垦辟,自给自足小农经济开始形成,社会生产力有了很大提高。秦和两汉是种植业迅速发展的时期,农耕区向西北方向有了新的扩展,在长江以北、淮水以南、关中、中原和西北部分地区出现了大大小小的灌溉农业区。当时,长江下游广大地区还没有被大量开发。东汉末至南北朝时期,黄河流域由于长期战乱,古代农耕重心地区遭到严重破坏。长江以南、五岭以北广大地区和巴蜀,逐渐发展成为比较重要的农耕区。特别是江南地区,由于人口和劳动力的增加、水利工程的兴修和北方一些先进技术的传入,农业生产水平开始赶上黄河中下游地区。唐朝中期以后,农耕区的重心已开始由黄河流域转移到长江流域。五代十国时,由于前后九十多年的军事破坏,黄河流域的生态环境迅速恶化,生活在黄河流域的人们为了逃避战火,纷纷南下,寻找新的安身之地,他们的南下带来了许多先进的农耕技术和文化观念,加上南方优良的气候条件和生态环境,南方的农业经济得到了进一步的发展，水平已经渐渐赶上北方。北宋和南宋时期，北方人民第二次大批南迁，更进一步促进了南方农业的发展，农耕和蚕桑的重心已由黄河流域转移到了南方。此后，中国南方一直是全国的粮食和蚕桑的重要产地。谚语"湖广熟，天下足"证明了唐宋以后经济重心南移的历史事实。"东南财赋"与"西北兵甲"共同构成了唐以后历代社会政治稳定的基本格局。

宋元时期，东南太湖地区已成为国家经济命脉，农业生产水平远远超过北方。多熟制迅速发展，双季稻种植面积扩大，部分地区出现了三季稻。后因耕地不足，出现与山争地、与水争田的现象，导致梯田、圩田的迅速发展。麦的种植在南方也发展起来，有不减"淮北"之势，成为稻田的主要冬作。此外，因大豆需求增加，大豆种植日渐普遍，以致王祯的《农书》称之为"济世之谷"。唐代后期，南粮北济最高年额不过300万石，北宋则超过700万石。北宋时期中棉栽培仅限于两广和闽滇地区，但宋末元初，中棉种植已扩展至江淮流域。园艺方面，原来主要在岭南种植的橙、橘、香蕉、荔枝、龙眼等，在宋元时分别向闽、浙、赣、川、苏等地推移。在元朝，畜牧业有一定发展，牛、羊、猪、鸡是主要的品种，其中又以猪、鸡最多。

二、中国古代农业的伟大成就

经过中华民族的努力，中国农业经济得到了长足的发展，也创造了辉煌的农耕文明。我国古代农业在动物驯化、土地利用、农田水利、生产技术、农学思想和农业工具等方面都有很多令世人惊叹的发明创造，在此做简要的介绍。

（一）植物的驯化和引种

我国历史上栽培的植物种类繁多，其中很多是由本土驯化的。20世纪初，著名的遗传学家瓦维洛夫首创栽培植物起源多样性中心学说，他认为世界有八大栽培植物的起源中心，而中国是第一中心。中国起源栽培的植物多达136种，占全世界的20.4%（包括粮食作物、经济作物、水果和蔬菜类）。在先秦时代，我国主要的粮食作物有粟、黍、大豆、大小麦、稻、苴等。除小麦原产西亚外，其余均原产于中国。华夏民族先民从狗尾草和野生黍驯化而来的粟和黍，是黄土地区天然适应性植物，黍比粟更耐旱耐寒，比杂草的生存力更强。粟从新石器时代中期到隋唐，一直是首要作物、北方的主粮。水稻是南方百越族先民从野生稻驯化而来的，长期是南方人民的主粮。唐宋时，全国的经济中心从黄河流域下移到长江流域，水稻种植发展迅速，终于在全国粮食生产中占了首位。大麻是我国古代主要的经济作物，原产于中国华北，可供食用，汉以后逐步退出粮食行列，用于榨油。在元明以前，大麻一直是劳动人们的重要衣着原料，而棉花是中国近代的重要纤维作物。棉花原产于非洲和印度，在汉代以前，我国西北、西南和华南地区的少数民族最早种植棉花。宋代，棉花由华南地区传到了长江流域和黄河流域，在元明时代得到了迅速的推广，终于代替了丝麻成为重要的衣被原料。中国还是植茶饮茶的故乡，巴蜀地区的少数民族最早利用和栽培茶树，西周时已有诸侯用茶叶作为对中原王朝的贡品。魏晋以后，茶叶种植和生产推广到长江流域及长江以南地区，至唐代饮茶习俗风靡全国。世界上三大最主要的果树原产地，我国占了两个，即华北和华南。起源于华北的果树有桃、杏、中国李、枣、栗、中国梨和柿等；起源于南方的有柑橘、橙、柚、荔枝、龙眼、枇杷、梅、杨梅、橄榄、香蕉等。

（二）动物的驯化和饲养

中国是世界上动物驯化最早的地区之一。在新石器时代，我国黑龙江、黄河、长江、珠江各流域，以至沿海各省和西北、西南等地区，便都已有了畜牧业。猪是原始社会人类所驯化饲养最早的家畜，距今7000多年前，中华民族的先民便已将野猪驯化为家猪，并在各地普遍饲养。在河南郑州市附近的裴李岗发现的距今7800年的新石器时代的地下文化遗址、河北武安县磁山和甘肃秦安县大地湾两处发现的距今7300年的新石器时代地下文化遗址，以及浙江余姚县河姆渡发现的距今6900年的新石器时代地下文化遗址中，都有家猪的骨骼或陶猪。距今7000多年前，人们便已将狼驯化为家狗。在河南裴李岗、甘肃大地湾、河北磁山等新石器时代地下文化遗址中，都发现了狗的骨头。羊也是被驯化饲养较早的家畜，距今7000多年前，羊已作为家畜而被普遍饲养了。牛的驯化饲养历史稍晚，距今约6900年前的浙江河姆渡新石器时代的地下文化遗址中，发现了水牛的骨骼。在河北、河南、内蒙、山东、甘肃等许多距今五六千年前的仰韶文化遗址中，也都发现了牛的骨骼。马的驯化饲养时期可能比其他家畜都晚，以从山东大汶口和城子崖等新石器晚期的地下文化遗址中所发现的马骨推断，马大约有4000多年至5000年的饲养历史。鸡的饲养大约已有5000年的历史，在甘肃、山东、河南、江西、湖北等地发现的文化遗址中，就有鸡骨或陶鸡。从河南安阳殷墟中出土的石鸭、玉鸭看，鸭和鹅的饲养历史也在4000年以上。

在公元前21世纪至公元前7世纪，由于大批奴隶参加畜牧业生产，同时木、石、骨质工具的改进和推广及青铜器的使用，我国畜牧业有了很大的发展。牲畜的放牧和繁殖都有专人负责，开始进行放牧和圈养相结合的饲放管理方式，已经开始种植牧草饲养畜禽，各种畜禽都已大量饲养，牛和马已开始役用，又相继发明创造了牲畜运载用的工具。这是人类脱离自身体力局限性和战胜自然的一次具有重大意义的创举。商代以前，各种牲畜都只是用作食用和祭祀，从商代起，马和牛等大牲畜逐渐被用作军事、交通、狩猎和农耕的动力。

马在战争中起着越来越重大的作用,使畜牧业经济显得越来越重要,这也是当时促进畜牧业发展的一个重要因素。随着畜牧业的不断发展和畜牧经济的日益重要,在奴隶主的专政国家机构中,也就开始设置了专管畜牧业的单位和官吏,至周代逐渐趋于完备。这种制度的建立,对促进当时畜牧业的发展起了一定的作用,并为后世各朝设置牧业机构开创了先例。到了周代便有了从事畜牧兽医的专门科技人员。《周礼·天官篇》中记载:"兽医,下士四人,掌疗兽病,疗兽疡,灌而行之,以节之,以动其气,观其所发而养之。"

(三) 农田水利

水源是农业作物生长的重要条件,为了得到充足的水源,历代华夏子女进行了不懈的尝试和努力,灌溉渠系工程、陂塘工程、塘浦圩田系统、海塘工程、井灌等是中国古代著名的水利成就就是例证。灌溉渠系工程是通过开凿渠道以满足作物对水分需要,开水沟排除农田多余的水,这是最普遍的一种形式。商、周时期农田中的沟洫分别起着向农田引水、输水、配水、灌水以及排水的作用。在今河北临漳地区,魏国西门豹主持兴建的漳水十二渠,为中国最早的大型渠系。公元前3世纪,蜀守李冰主持修建了举世闻名的都江堰工程,至今历时两千多年,效益有增无减,整个工程规划布局合理,设计构思巧妙,为中国古代灌溉渠系中不可多得的优秀工程。水工郑国主持修建关中平原上的郑国渠是规模最大的一个渠系工程,主渠西引泾水,东注洛水,干渠全长三百余里,计划灌溉面积达四万顷。

陂塘工程是利用自然地势,通过人工整理的贮水工程蓄水溉田。芍陂建于春秋战国时期,是中国最早的一座大型筑堤蓄水灌溉工程,直径大约百里,周围约三百多里,灌注今安徽寿县以南淠水和肥水之间四万顷田地。陂塘水利工程宜建于丘陵地区,在汉代,陂塘工程已很普遍,东汉以后,陂塘水利工程加速发展,明代仅江西一地就有陂塘数万个。古代遍布各地的陂塘,对农业生产的作用不可低估。

在隋、唐、宋时期,太湖流域大规模兴修塘浦圩田系统。生活在古代太湖地区的人们在浅水沼泽处取土筑堤围垦辟田,筑堤取土之处,必然出现沟洫,人们把这类堤岸、沟洫加以扩展,于是逐渐变成了塘浦,当横塘发展到紧密相连的时候,设置闸门控制排水,就演变成为棋盘式的塘浦圩田系统。太湖地区的塘浦圩田形成于唐代中叶以后,五代时吴越国利用军队和强征役夫修浚河堤,加强管理护养制度,设立"都水营田使"官职,把治水与治田结合起来。这些措施对塘浦圩田的发展和巩固起到了良好作用。

自汉、唐起,江、浙、福建沿海人民为防御潮水灾害而开始修建江海堤防。海塘从局部到连成一线,建筑技术水平不断提高,从土塘演变为石塘。明清时，海塘工程更受重视，投入的人力、物力之多以及技术上的进步都超过其他历史时期。

北方许多地方地表水不足，故重视发展另一种水利方式——井灌，历代政府也提倡凿井。据考古资料，距今四千多年前的龙山文化遗址中就发掘出了井。明、清时，在今陕西关中，山西汾水下游，河北、河南平原地区形成了井灌区。

古代坎儿井开凿模拟画

（四）耕作制度与施肥技术

最初的农业耕作制度是生荒耕作制度。人们砍倒一片树林，再点火烧荒，然后耕地、播种、收获。种过一茬农作物的土地，由于地力耗尽就要抛荒，再砍另一片树林，点火烧荒，然后耕地、播种，等待收获。在农业的初始时期，人少荒地多，采用生荒耕作制度是行得通的。但是，这种生荒耕作制度会耗费很多的人力、物力和时间。于是，人们发明了熟荒农作制度和休闲耕作制度。人们对以前抛荒的土地进行再开发，这些土地被称之为熟荒地，在熟荒农作制度基础上，人们为了加快恢复土地而实行周期更短、更有次序的轮种轮休。土地休闲的长短，取决于地力恢复的年限。为了加速地力的恢复，人们发明了人工施肥技术。据考古资料显示，我国所发现的最早有施肥痕迹的遗址是浙江吴兴钱山漾，距今大约5000年。吴兴钱山漾的先民们，用戽斗汲取河中泥水灌田，由于河泥中含有大量的有机质，能通过土壤自然的化学和生物机能转化为可供农作物直接吸收的无机肥。这说明我国南方地区在原始社会后期已经发明了人工施肥技术。春秋战国时期，人工施肥技术和铁犁牛耕技术的普及和推广，使农田地力迅速得到补充和恢复，从而导致了耕作制度的变革和进步。西周时期的耕作制度表现为熟荒农作制与连作制相结合。到春秋战国时期，连作制已经作为一种主要耕作制度。在连作制基础上还出现了轮作复种制、一年两熟制、两年三熟制和四年五熟制。

从秦汉至隋唐，先民们不断积累经验，使施肥技术提高到一个新水平，表现在以下几个方面：第一，重视积肥，特别是使用了人厕连猪舍的养猪积肥方法。考古工作者在许多地方发掘出汉陶猪圈模型，有独立式的猪圈、有与作坊连接的猪圈、有与人厕相连接的猪圈，特别是与人厕连接的"连茅圈"，遍及华北、华东、中南地区。第二，扩大了肥源。秦汉以前，先民们使用的肥料主要有人粪、牛粪、马粪、猪粪、羊粪和用作绿肥的自然杂草。后来，先民们又发现了两种肥源——"坏墙垣法"和"踏粪法"。坏墙垣法是指采集旧墙土作为肥料，旧墙土中含有氮化物和硝酸盐。踏粪法是指秋后将场上的麦穰谷秸平摊在地上，让牛马等大牲畜踩踏，白天踩踏，晚上堆聚，循环往复，经过一冬，麦穰谷秸被踏烂了，并且和牲畜粪便结合起来，全变为肥料，这种方法至今仍为北方农村人们所采用。第三，栽培绿肥和绿肥轮作制。栽培绿肥和绿肥轮作制，就是人为中止不完全的植物生长过程，获取新鲜植物体内所含的大量的多种养分和有机质作为肥料，促进其他农作物生长，最终达到增产的目的。到了宋代，我国的施肥技术理论上有了很大的创新和突破，为土地利用率的提高奠定了基础，使复种面积扩大。我国宋元时期土地利用率之高举世无双，我国长江流域以南地区土地利用率为200%～300%；黄河流域的土地利用率为150%。宋元时期，我国高水平的土地利用率为解决众多人口的衣食作出了重大贡献。

（五）农业工具

制造农具的原料，最早是石、骨、角、蚌等。商、周时代出现了青铜农具，种类有锛、斧、臿、镈、斨、镰、铲、耨、犁形器等，这是中国农具史上的一个重大进步。春秋战国之际，冶铁技术先后出现了生铁冶铸、炼钢和生铁柔化三项技术，使铁器成为促进农业生产突发猛进的锐利工具，它能清除大片森林，使之变为耕地、牧场，甚至使农业生产关系、土地耕作制度和作物栽培技术等也发生一系列的变化。此外，中国农业的发展还得益于高效的取水设备和机具。在中国古代，人们发明了许多灵巧的设备将低处的水引向高处。如人们熟悉的水车，它出现于东汉之际，最初只用来浇灌园地，后来被水田区的农民广泛采用，至今，水车在农业生产上还起着较大的作用；而筒车有千年以上

第八章 经济贸易

历史，其原理是在一个大的转轮周围系上许多竹筒或木筒，安置在水边，转轮一部分浸没在水中，水流推动转轮，轮上的筒就川流不息地依次汲水注到岸上的田地里。元代王祯《农书》里记载的水转翻车、牛转翻车、驴转翻车、高转筒车，构造比较复杂，效率比较高，都是从水车和筒车变化出来的。

在犁普遍使用前，耒耜是主要的耕具，它类似现代还使用的铁铲、铁锹。中国从春秋战国才开始逐渐在一些地区普及使用耕畜牵引的耕犁，甘肃磨咀子出土的西汉末年的木牛犁模型说明汉代耕犁已基本定型。汉武帝时，赵过推广"二牛三人耕"的耦犁，有犁辕、犁梢（犁柄）、犁底（犁床）、犁衡、犁箭等部件。中国古代犁的犁体主要由床、柱、柄、辕等部分构成，比起地中海勾辕犁、马来犁、日耳曼方形犁、印度犁、俄罗斯对犁等，它的优点是操作时犁身可以摆动，富有机动性，便于调整耕深、耕幅，轻巧又便利于回转周旋，适合于在小面积耕地的精耕细作。耧车是重要的播种农具，是汉武帝时期大力推广的新农具之一。用耧车播种，一牛牵引耧，一人扶耧，种子盛在耧斗中，耧斗与空心的耧脚相通，边行边摇，种乃自下，能同时完成开沟、下种、覆土三道工序，一次播种三行，行距一致，下种均匀，大大提高了播种的效率和质量。

《牛耕》砖画出土于嘉峪关5号壁画墓，反映的是我国汉朝时期农业耕作使用牛耕的情况，铁犁牛耕是中国传统农业的主要耕作方式。

（六）农学理论

春秋战国时期，中国的农学家就开始把先人丰富的农业生产实践进行总结和理论概括，在此以后历代的农学家不断地进行完善和积累，这些农学思想指导着中国古代农业的发展，其中有许多理论和原则，对于今天的农业发展仍有很大的借鉴意义。其中最著名的有"三才"理论。《易经·系辞下》最早记载

"三才"的思想，"易之为书也，广大悉备，有天道焉，有人道焉，有地道焉"。"三才"是指天、地、人的变化及其之间的关系，它是战国时期比较流行的哲学观点，被人们运用于政治活动、经济生活和军事作战等各个方面。《吕氏春秋·审时》中记载"夫稼，为之者人也，生之者地也，养之者天也"，阐明了农业生产的三大要素是天、地、人，而且把人的因素列为首要地位。到汉代，天、地、人演变为地、时、力。晁错说："粟米布帛，生于地，长于时，聚于力。"农业生产中的"时宜"、"地宜"、"物宜"的"三宜"原则是"三才"理论的另一衍化，意思是指农业生产必须根据天时、地利的变化和农业生物生长发育的规律，采取相应的措施。明代农学家马一龙认为："合天时、地脉、物性之宜，而无所差失，则事半而功倍。""三才"理论的运用，为中国农业精耕细作的优良传统奠定了理论基础，对农业生产的发展产生了巨大的影响和作用。

（七）二十四节气

农业生产从一开始就离不开"天"、"地"、"稼"、"人"等因素，中国传统农学正是通过长期的农业实践，在逐步加深对上述诸因素认识的过程中建立和发展起来的。古人根据太阳一年内的位置变化以及所引起的地面气候的演变次序，把一年三百六十五又四分之一的天数分成二十四段，分列在十二个月中，以反映四季、气温、物候等情况，这就是二十四节气，即立春、雨水、惊蛰、春分、清明、谷雨、立夏、小满、芒种、夏至、小暑、大暑、立秋、处暑、白露、秋分、寒露、霜降、立冬、小雪、大雪、冬至、小寒、大寒。节气与农业生产息息相关。随着中国历法的外传，二十四节气已流传到世界许多地方。

二十四节气的来由已久，中国古代利用土圭实测日晷，将每年日影最长之日定为"日至"（又称日长至、长至、冬至），日影最短之日定为"日短至"（又称短至、夏至）。在春秋两季各有一天的昼夜时间长短相等的，便定为"春分"和"秋分"。在商朝时只有四个节气，到了周朝时发展到了八个，到秦汉年间二十四节气已完全确立。公元前104年，由邓平等制定的《太初历》，正式把二十四节气订入历法，明确了二十四节气的天文位置。

二十四节气名称首见于《淮南子·天文训》，《史记·太史公自序》的"论六家要旨"中也有提到阴阳、四时、八位、十二度、二十四节气等概念。二十四节气的命名反映了季节、物候现象、气候三种变化。如立春、春分、立夏、夏至、立秋、秋分、立冬、冬至反映了季节更替；惊蛰、清明、小满、芒种反映了物候现象；雨水、谷雨、小暑、大暑、处暑、白露、寒露、霜降、小雪、大雪、小寒、大寒则反映了气候变化。

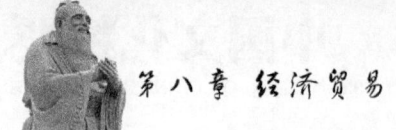

第八章 经济贸易

我国人民在实践的基础上，还编制了二十四节气歌：春雨惊春清谷天，夏满芒夏暑相连，秋处露秋寒霜降，冬雪雪冬小大寒。

三、中国近代农业的发展与成就

土地高度集中、地租率高、苛捐杂税和战争频繁等因素严重阻碍了中国近代农业的发展，农业生产技术落后，农业生产率提高缓慢。中国近代的土地所有制基本上都是封建土地所有制的延续，没有发生根本性的变化。20世纪30年代，50%的土地集中在地主阶级手中，18%的土地集中在富农手中，15%的土地集中在中农手中，只有17%的土地集中在雇农和贫农手中。地主阶级掌握了大部分的土地，广大农民很少拥有土地或者根本没有土地，农民租地主的土地耕种，然后向地主交纳50%以上的地租，有的高达60%。由于地租很高，人们都不愿意承担经营工商业的风险，纷纷购买土地，就连官僚、商人和产业资本家也纷纷抢购土地作为财富积累的手段。这些富人手中虽然集中了大量肥沃的土地，但是，他们一般不直接经营，而是将土地分成一小块一小块地租给农民耕种，收取高额地租。他们几乎不参加农业的经营，也不关心农业生产技术的发展和改造，只在乎地租的收取，因此，形成了中国封建土地制度的一大特征——地权的高度集中与土地使用权的极度分散。这种分散化的耕作方式，使得中国农业生产率无法大幅度地提高。近代中国农民，除了要向封建地主交纳高额地租外，还要向国家缴纳赋税。田赋是中国近代各级政权财政收入的主要来源，田赋中有各种附加税，附加税往往超过正税的若干倍，如1933年江苏的附加税就超过正税的26倍。近代的中国相继经历了太平天国运动、西方列国入侵、日本侵华等战争，战乱不仅使农业人口锐减，还造成了大量的流民，导致大量的土地抛荒，耕地数量减少，农业生产力水平急剧下降。

由于清政府的封建统治和闭关锁国政策，中国的传统农业从18世纪开始便逐渐落后于西方国家。19世纪中叶开始，西方国家开始逐渐将自然科学的研究成果应用于农业，如生物学、化学、遗传学、昆虫学、微生物学、土壤学和气象学等；同时，西方国家还建立了一整套以实验为基础的现代科技体系应用于农业，使西方国家的农业有了革命性的变化。而此时的中国农业仍然停留在经验农学的阶段，加上农业制度的落后和战争频繁的影响，中国农业日渐落后于西方国家。中国农业在近代的成就主要表现在传播西方现代农业科学技术方面，使国外近代先进的农业科学技术开始在中国传播和引进，在一定程度上促进了近代中国农业科学技术的发展。1896年，在上海成立了农学会，提出了以研究"农艺为主"的宗旨。1889年，中国第一次选派留学生到法国学习西方农业技术。1897年，在浙江蚕学馆成立第一所农业学校。1898年，在京师大学堂成立第一所农科大学。1898年，在上海育蚕试验场成立第一所农事试验场。1914年，金陵大学成功培育出小麦品种金大26、金大2905。1921年，金陵大学培育出棉花品种"鸡脚棉"。1924年，金陵大学培育出大豆品种金大332。1923年，东南大学培育出籼稻品种"帽子头"。这些学会和农业学校的建立，在传播近代西方国家农业科学技术方面起到了很重要的作用，以农业品种的改良和病虫防治为开端的现代农业科学研究开始逐渐在中国发展起来。

四、中国现代农业的发展与成就

1949年新中国成立，为了巩固新生的政权，加快中国从农业国向工业国的转变，中国采取重工业优先发展的战略，推行"以农补工"的政策，使资源配置向城市和工业倾斜。1954—1979年，国家通过"剪刀差"的方式从农业中获取工业发展资金累计达5100亿元。农业为工业的发展提供了大量的原始积累，使农业部门本身无力改善自身的基础建设，致使农民靠天吃饭的落后状况一直都没有得到根本的改善。1958年，为了加速国家经济的发展，中国发起了"大跃进"运动。农业提出"以粮为纲"，不断宣传"高产卫星"，"人有多大胆，地有多大产"，"粮食亩产量层层拔高"的思想和口号。在"大跃进"运动中，高指标、瞎指挥、虚报风、浮夸风、"共产风"盛行，再加上1959—1961年的自然灾害，我国农业发展停滞不前，并导致了全国性的粮食短缺和饥荒。从1966年开始的持续了10年之久的"文化大革命"更使中国的农业科学研究遭到了严重的破坏，在"依靠七亿五，不依靠七千五"（依靠农民群众，不依靠科技人员）的错误思想的指导下，全国掀起了"搬神拆庙"、"下楼出院"等拆散专业科技机构的做法，大大地破坏了刚刚建立起来的农业科学队伍和体系。

1978年冬，安徽省爆发了大面积的饥荒，凤阳县小岗村的18位农民以"托孤"的方式，立下生死状冒险在土地承包责任书上按下鲜红的手印，实施了"大包干"，掀开了中国农村改革的序幕。1980年，中国农村开始推行家庭联产承包责任制，农户以家庭为单位向集体组织承包土地等生产资料和生产任务，农户根据承包合同规定的权限，独立作出经营决策，并在完成国家和集体任务的前提下分享经营成果。家庭联产承包责任制的实行取消了人民公社制度，又没有走土地私有化的道路，而是实行统分结合、双层经营的模式，既发挥了集体统一经营的优势，又调动了农民生产的积极性，因而极大地促进了农业生产力的提高和农村经济的全面发展。

新中国成立以来，除了在"文化大革命"期间中国农业科学事业的发展遭到严重破坏外,中国的农业科学技术都在不断地发展。中国政府十分重视农业科学技术的发展,在科研机构的建立、队伍的培养、学科的设置、科技成果的推广等方面都有很大的进步。仅仅用了半个多世纪,我国就建立了门类齐全的农业科技体系,农业科学技术领域的许多方面进入了世界先进行列。中国以世界7%的耕地养活了占世界人口20%的中国人,而且总体上达到了小康的水平,给世界创造了一个奇迹,这是我国对人类社会所作的特殊贡献。2011年,中国粮食总产量达到57121万吨,位居世界的前列。水稻、小麦总产量跃居世界第一位,玉米居世界第二位,大豆居世界第四位。农业科学研究不断取得新进展,为农业增产增收提供了有力的支持,在动植物优良品种选育、重大病虫害防治、施肥技术、灌溉技术、配套种养技术、农产品加工技术、超级杂交水稻研究、优质和专用小麦研究、优质玉米品种、双低油菜育种、瘦肉型猪繁育、蛋鸡良种繁育、肉牛的良种繁育、疫病防治等技术上都取得很大的突破,有些还达到了世界先进水平。例如,在农业技术上,以袁隆平为首的科研团队所研究的水稻杂交育种技术达到了世界的先进水平,2011年,该团队的杂交水稻实验田亩产突破900公斤,创下了世界杂交水稻亩产的新纪录。国际水稻研究所所长、印度前农业部长斯瓦米纳森博士曾经高度评价说:"我们尊称袁隆平先生为'杂交水稻之父',因为他的成就不仅是中国的骄傲,也是世界的骄傲,他的成就给人类带来了福音。"

第二节 从手工业到现代工业——中华文化的宝库

手工业是指使用简单工具进行小规模生产的行业,它传承着每个民族祖先遗留下来的手工技艺以及他们对艺术的鉴赏力。勤劳智慧的中华民族,在劳动和生活实践中,创造了许多技艺精湛的手工艺品。这些手工艺品是根据人们的现实需求而生产的,它不仅反映了当时社会的手工技术水平,展现了各民族高超的艺术和丰富的创造力,而且反映了当时人们的习俗、思想、追求、喜好、信仰等文化内容。手工业将当时社会的艺术、工业和文化融合在一起,是中华文化的宝库,也是中华民族特性的保护者。

一、中国古代手工业的发展

中国古代手工业开始从属于农业,以家庭手工业为主。在原始社会晚期,随着第二次社会大分工,手工业脱离了农业,形成独立的生产部门。夏商周时期,手工业有了较大的发展,手工业由官府垄断。春秋战国时期,官营手工业继续发展,逐步形成官营手工业、私营手工业、家庭手工业三种经营形态

（如下表）。到明代中后期，江南一些手工业部门发展成为资本主义简单协作的手工业和工场手工业。

古代手工业的三种经营模式

经营形态	管理方式	产品用途	流通方式
官营手工业	政府直接经营	武器军用品、官府贵族生活用品	不在市场流通
民营手工业	私人自主经营	民间消费的产品	在市场流通
家庭手工业	农户的副业	供自己消费和交纳赋税的产品	部分在市场流通

在原始社会的新石器时代，制陶、纺织、制铜和酿酒这些原始手工业开始出现和发展，其中制陶是新石器时代最具特色的手工业。中国古代的制陶，一般是选用黏性适度、质地较细的泥土，根据器物用途的不同，有的去掉泥土中的杂质，成为细泥陶；有些掺入适量的沙子以便耐火，成为夹沙细陶；也有的掺入碎草及稻壳等有机物，成为夹炭黑陶。早期的大多数陶器，器壁厚薄不匀，后来人们用慢轮修削使其趋于平整。为了美观，在表面还加以彩绘。在制造方法上，由各种手制程序过渡到轮制。在焙烧方法上，由篝火式的加温过渡到炉灶式的加温，从而发展到陶窑。中国新石器时代的陶器代表有仰韶文化的彩陶和龙山文化的黑陶。距今5000年左右，即中国新石器时代的仰韶文化时期，人们就掌握了纺织技术。人们在长期的劳动实践中，学会了用纺轮捻线，用简单织机织麻布，用骨针缝制衣服，用竹和苇编织席子，纺织的原料大都是麻类纤维。在新石器时代晚期，人们开始使用骨梭来纺织，骨梭的应用可以加快纺织速度，是纺织技术上的一个重大的进步。当时用来纺织的原料，一是麻和葛，二是蚕丝。在石器时代与铜器时代之间的这段时间，我们的祖先就开始使用最早的铜器——红铜器。红铜器是采用冷锻和模铸两种方法制成的。考古人员在甘肃武威皇娘娘台遗址共获得铜器近二十件，有铜刀、铜锥、铜凿、铜环、条形铜器等。经过光谱分析，这些红铜器的含铜量达99.6%以上，所含杂质为锡、铅、锑、镍等，合计不到0.4%。在原始社会，也出现了酿酒的技术，在新石器晚期的龙山文化遗址中发现了樽等陶制酒器，这是中国谷物酿酒技术出现的佐证。

到了奴隶社会，中国手工业得到了进一步的发展，其中最突出的成就就是青铜的冶炼和生产，这一成就在世界文明史上占有一定的地位。在商代，青铜工业的生产技术已经相当成熟。青铜是铜锡合金，商代的人们经过长期的经验积累已经掌握了各种不同合金的特点和性能，他们根据器物的不同用途来制定合金比例。冶铸青铜器，须经过一系列复杂的工艺程序，包括采矿、冶炼、制

第八章 经济贸易

模、制范、浇铸、修整等,大型器物的铸造,采用复合范,分为几部浇铸,然后合成整体。河南安阳武官村出土的商代司母戊大方鼎,重875公斤,是目前中国出土青铜器中最大的一件。在奴隶社会,中国的纺织业也相当发达,有了固定的内部分工,出现了专业作坊,织造技术较高,生产了许多精美的纺织品。在商代,蚕桑业已很发达,缫丝、丝织、缝纫技术已经比较成熟,已有极精细的纺织品出现。殷墟出土遗物中有铜针、铜钻及陶制纺锤,反映出商代纺织和缝纫工艺技术已获得了很高的成就。到春秋时期,出现了中国最早的纺织中心,一是以临淄为主的齐鲁地区,一是以陈留、襄邑为主的平原地区。在制陶工业方面,出现了一种新品种——白陶,其出现是商代制陶工业中的伟大创造。白陶的材料是采取制造瓷器的高岭土,烧窑的温度在1000℃左右,烧成后的陶器为纯白色,陶质相当坚硬,上面有精美的凹凸图案花纹,是一种精细而美观的白色陶器。在商代,饮酒之风甚盛,酿酒的技术也有了一定的进步,考古人员在安阳殷墟的多次发掘中,出土了很多商代铜制和陶制的饮酒器和贮酒器,这些酒器的制作都相当精致。在西周时期,官府重视酒的供应并设置了酒官。在《周礼》和《礼记》中,载有"酒正"、"浆人"、"大酋"、"酒官"等官。

进入封建社会,中国的手工业得到飞跃的发展。铁器的出现和广泛使用、制瓷工业的创立和发展、造纸术的发明、纺织技术的不断提高是这一时期的突出成就。在春秋战国时期,由于冶铁和铸造的发展,铁制工具广泛使用,促进了社会生产力的发展,也促进了中国由奴隶社会向封建社会过渡。在春秋晚期,人们不仅能锻造熟铁,而且能冶铸生铁,掌握了块炼铁的冶锻和生铁冶铸技术,这是冶金史上的一项重要成就。中国开始炼铁的年代在世界上虽非最早,但冶炼生铁并铸成铁器的技术却比国外早两千年。隋唐以来,中国冶金生产和技术又有新发展,如鼓风技术的进步,灌钢和胆铜法的推广,黄铜、白铜、锌等有色金属的生产,钢铁和有色金属产量的增长,都标志着中国冶金技术发展到了一个新的水平。瓷器是中国的伟大发明之一,最早的瓷器出现在东汉时期。三国至西晋时,中国瓷器烧制技术成熟,创立了制瓷工业。魏晋南北朝是中国制瓷工业的奠基时期,青瓷是当时的代表产品,通体施以青釉,胎质纯,硬度高,釉料匀,色泽美观。宋代是中国烧瓷技术完全成熟的时代,宋瓷的胎质、釉料和烧制技术皆达新水平,瓷器成为我国对外贸易的重要商品,出现了定、汝、官、哥、钧五大名窑。清代的瓷器烧造,在中国制瓷工业史上达到了顶峰。不论官窑还是民窑,都生产了许多精湛的瓷器,尤以康熙、雍正、乾隆三朝制品最佳,民窑出品的瓷器以景德镇制品最精。纸是中国人发明的,是中国在人类文化的传播和发展上作出的一项重大贡献。西汉初年,人们开始用小块的丝绵制成纸,这种纸不一定是供书写之用。至东汉时,蔡伦总结了前人造纸的经验,用树皮、麻头、破布、渔网等做原料造纸,扩大了造纸原料来源,并在纸浆的化学处理和漂白等关键工艺上有了重大突破,从而促进了造纸的发展,创立了造纸工业。造纸工业的创立,使纸得到了广泛的使用,大大便利了科学、文化的传播和推广。到封建社会时期,纺织技术较前期又有了更大的提高。秦汉时期,丝织技术已发展到较高水平,缫车、络车、罗车等的发明和使用,大大加快了牵经、络纬的速度。汉代已采用远比普通织机先进的提花织机,能织造出五彩缤纷的锦、绮、纹罗。元代纺织业颇为发达,特别是官府丝织业,织造织金锦缎;棉布生产迅速发展,生产地区遍及南方各省。明代染料种植和印染业也日益兴盛起来,以安徽芜湖的印染业最为发达。

二、中国古代手工业的伟大成就

(一)高超的冶金技术

中国古代的冶金技术与中国古代文化之间存在着不可分割的关系。它造就了中国传统社会文化中的铜、铁、钢文化,在某种程度上,我们可以说"一部中华文明史,其实就是一部由铜和铁铸就的文明史"。人类的历史是从制造工具开始的,工具是社会生产力的重要标志,不同时代的社会生产力发展水平取决于该时代社会生产工具的发达程度。根据工具的使用情况,人们把人类的整个发展时代划分为石器时代、铜器时代、铁器时代和现在的钢铁时代。在新石器时代,中国的先民们就开始学会制造小件青铜器。公元前5世纪,利用加入熟料和草灰控制泥范性能的青铜冶铸技术已达到顶峰,所铸器型多种多样,浑厚凝重,铭文逐渐加长,花纹繁复富丽。到春秋至秦汉时代,已广泛采用鎏金、镶嵌技术。中国古代的青铜器,是人类物质文明的伟大成就,无论是从使用规模、铸造工艺、造型艺术还是品种而言,世界上没有一个地方的铜器可以与中国古代青铜器媲美。从公元前6世纪末至公元前5世纪初中国进入了铁器时代。中国约于公元前5世纪初就发明并推广使用了铸铁,而铸铁农具的广泛使用,使当时的社会生产力大幅度提高。东汉时期,人们发明了水排,利用水力鼓风冶铁。在春

殷墟出土的青铜爵

秋晚期,中国人已经学会了炼钢技术,出现了钢剑。在魏晋南北朝时期,人们

发明了灌钢法。中国的炼钢技术在 16 世纪以前领先世界。高超的冶金技术对中国的经济、政治、文化、军事的发展起了重大的作用。据史说家分析，西汉王朝（主要是指汉武帝时期）之所以能迅速而大规模地击败曾经强悍无比的匈奴兵，其中一个不容忽视的重要原因就是当时中国冶铁技术的高超，显著地提高了铁制兵器的制造水平，从而提高了当时军队的战斗力。高超的冶金技术给农业提供了先进的生产工具，从而大大地提高了当时的社会生产力，为社会物质财富的积累奠定了坚实的基础，同时也为大批能专职地从事古代科学和技术研究的人员提供了生活保障。冶金技术对中国传统社会文化的作用，是通过冶金技术文化的产生、扩散而实现的。如青铜冶铸技术的发明，造就了中国古代独有的而且灿烂的青铜文化，在这种文化中，又包含了一种独特的青铜祭祀文化和宗教文化，因为青铜期最初是用作祭祀的用具，青铜器皿上有宗教韵味极足的青铜纹饰。

中国古代冶铁技术发展情况表

朝代	燃料	动力或方法	铁质	规模	比欧洲早的时间
春秋	木炭	皮囊鼓风	生铁	小	1000 多年
战国	木炭	淬火及柔化处理	可锻铸铁	作坊几百人	1000 多年
西汉	煤	炒钢法	钢		1000 多年
东汉	煤	水排、低温炼钢	钢		1000 多年
北宋	焦炭	竖式风箱		产量增加	
明	焦炭	坩埚炼铁		冶铁所	
清	焦炭	土高炉炼		资本主义萌芽	

（二）享誉世界的制瓷业

西方认识中国是从瓷器开始的，因此英文 china（瓷器）成为中国的英语译名。中国的陶瓷发展史，也可以说是中国文化史的缩影。中国上下五千年的文明，从影响中国人思想观念的原始宗教、儒释道三教，到反映人们喜怒哀乐的诗词、戏曲、散文、小说，这些文化积淀都可以在古陶瓷中找到它们的影子。瓷器的发明是中国古代先民对世界物质文明的一项重大贡献。大约在公元前 16 世纪的商代早期，中国古代先民在烧制白陶器和印纹硬陶器的实践中，不断地改进原料选择和处理方法，提高烧制温度和器表施釉技术，创造出了原始的瓷器。我国真正的瓷器出现于东汉晚期，在这个时期制造的瓷器具有现代瓷器的特性，胎质坚硬，瓷化程度高，具有较高的白度与透明度，光泽莹润，吸水率低。这个时期是我国烧瓷工艺的飞跃时期，所产多为青瓷，胎质细腻坚硬，产品仍然沿着原始青瓷的造型和装饰风格。唐代时期的瓷器生产有了很大的发展，南方以烧制青瓷为主，以浙江的越州窑为代表，北方以烧制白瓷为主，以河北的邢窑为代表，形成了"南青"与"北白"的格局。这一时期瓷器的制作技术艺术高度发达，享誉中外，制出如唐三彩这样高水平的陶器。宋代是我国制瓷业发展史上的一个重要阶段，无论是胎质和釉料，还是工艺方面都有新的提高。人们利用火焰性质和温度高低不同，所成的釉呈现出各种不同的颜色，五光十色，光彩夺目，而且名窑也不断涌现（如汝、定、钧、官、哥五大名窑）。明清的制瓷工艺较前代又有了较大的进步，表现为白釉质量提高和彩釉的出现，有青花瓷、彩瓷、珐琅彩等。明清的瓷器生产，主要集中在江西景德镇，并形成了全国烧瓷的中心。中国古代瓷器是华夏子女对世界文明作出的又一伟大贡献。早在唐朝，我国瓷器就通过丝绸之路大量远销海外，此后历代都有瓷器销往国外。11世纪，我国制瓷技术传到波斯，后来又传到阿拉伯、土耳其和埃及；1470年又传播到意大利威尼斯，欧洲各地才开始生产瓷器。中国古代封建王朝利用馈赠瓷器方式，加强与亚、非、欧各国的友好往来，瓷器赠品成为和平、友好、吉祥的化身。

(三) 异彩缤纷的丝织业

中国丝绸是中华民族的骄傲，是中华文明的见证。中国是世界上最早养蚕织绸的国家。河南荥阳青台村仰韶文化遗址出土的丝织物残片和浙江湖州钱山漾良渚文化遗址出土的丝线、丝带及丝织物表明，在四五千年以前黄河流域和长江流域已出现了丝绸的生产。殷商时代，室内饲养家蚕已很普遍，在甲骨文中已有"桑"、"蚕"、"丝"等文字。西周时期，桑、蚕、丝织在当时社会经济生活中占有显著地位，养蚕业成为妇女重要的副业，《诗经》中有不少篇章反映了蚕桑生产和丝织的情况，如《诗经·小雅·隰桑》把爱情与桑树联系在一起。战国时期，棉、绢、罗、纱等丝织品，品种多，产量大，质量高。秦汉以后，我国蚕业丝织生产进入兴盛时期。西汉初期实行了一系列有利于农桑的政策，促进丝织业发展。我国考古人员在考古中先后发现很多技巧高超、品种繁多、图案变化丰富的汉代丝绸实物，如长沙马王堆出土的丝织品有二十余种色彩。丝织业的发展，为著名的丝绸之路的开辟提供了物质条件。唐代丝织业发展重心南移，丝织业生产分工更细，品种更多，花样新颖精美，技术更为先进。明清时期，丝织业的发展进入鼎盛时期。江浙地区蚕丝业兴盛，明末诗人周灿咏《盛泽》诗云："吴越分歧处，青林远接树。水乡成一片，罗绮走中原。……人家勤耕作，机杼彻黄昏。"盛泽成为重要的丝绸集散地，有"天上云锦盛泽绸"美誉。明代中后期，丝织业出现了资本主义生产的萌芽。苏州、

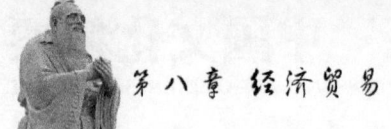

杭州是明代最著名的丝织业中心。

三、中国近代工业的发展与成就

1840年，英国为打开中国大门发动了第一次鸦片战争，以"天朝大国"自封的清政府竟败于西方的"蕞尔小夷"。时人惊呼"千古未有之奇变"，以魏源为代表的一些有志之士，急起"筹制夷之策"，他们呼吁清政府放弃无益的虚骄心理，面向世界，研究夷情，以购买和研制西洋先进的船炮为急务。可惜，魏源的主张并没有得到清政府的重视。直到1856年的第二次鸦片战争，英法联军直入京师，才在清政府内外引起极大的震惊。清政府中一些有志之士重新想起了魏源"师夷长技以制夷"的主张。李鸿章说："师彼之长，去我之短，今及为之，而已迟矣。若再因循不办，或旋作旋辍，后患殆不忍言。"在清政府里面，中央以恭亲王、军机大臣兼总理衙门大臣奕䜣、大学士桂良、户部侍郎文祥等人为代表，地方上以李鸿章、曾国藩、左宗棠、沈葆桢、张之洞等人为代表的洋务派发起了洋务运动，主张"师夷长技"以强国御侮，学习西方科学技术，发展近代工业。

西方资本主义国家近代工业都是从简单协作、手工工场发展到机器大生产的。但是，中国近代工业却是跳过了手工工场的发展阶段，在国内外两股力量的带动下，跳跃式地进入了机器生产阶段。第一次鸦片战争之后，为了打开中国的市场，外国资本家从国外运进机器设备在中国投资开办工业企业。从鸦片战争到甲午战争前夕，外国资本家在中国共开办了191家工业企业。为了"师夷长技"，清政府的洋务派官僚集团购买外国机器设备，建立起清朝的第二批机器工业，主要是创办近代军事工业和近代民用工业。19世纪60—70年代，洋务派官僚从国外引进机器设备，创办了近代军事工厂和船厂24家，所费资金约6千万元。19世纪60—90年代，洋务派官僚为解决军事工业所需要的资金、原料和燃料问题，创办了近代工矿、交通运输企业22家，投资2790万元，如轮船招商局、基隆煤矿、开平煤矿、漠河金矿、湖北炼铁厂、湖北织布局、上海织布局等。一般西方国家的近代工业发展都是走轻工业到重工业发展的道路，而中国近代工业走的是一条从军事工业到民用工业、从重工业到轻工业的发展道路。

19世纪末期，中国国内的一部分官僚、地主、商人引进外国机器设备，建立了中国近代的第三批机器工业，创办民族资本主义企业。中国民族资本工业是在帝国主义和封建主义双重压迫的夹缝中发展起来的，因此，它对封建势力和外国资本存在既矛盾又依赖的关系。民族资本主要是集中在洋务企业发展比较薄弱的部门和为外国资本企业服务的行业，如面粉、火柴、造纸、碾米、制茶、榨油、制糖等行业。民族资本企业大多投资少、规模小、设备落后，其资本总额比同时期的洋务企业和外资企业少得多，力量极其微弱。它从诞生到 1894 年，资本总额只有 722.5 万元，而同时期的洋务民用企业就有资本 2796.6 万元，外国在华资本有 5433.5 万元。到辛亥革命后，中国的民族资本企业有了初步的发展，从 1895 年到 1913 年，平均每年增设 28.9 家工矿企业，资本总额达到 12029.7 万元。到 20 世纪 20 年代初，初步形成了中国民族资本主义工业的基础。

四、中国现代工业的发展与成就

1949 年，新中国成立。中国是一个落后的发展中国家，在工业化进程中，走出了一条适合自己的比较特殊的工业化道路。新中国成立 60 多年，中国人民凭借自己的毅力和聪明才智，建立起独立的、完整的、具有较高技术水平的现代工业体系，实现了由工业化起步阶段到工业化中期阶段的历史大跨越，推动我国从一个物资极度匮乏、产业百废待兴的国家发展成为世界经济发展引擎、全球的制造基地。中国的现代工业为我国经济的繁荣、人民生活的富裕安康，以及世界经济的发展作出了卓越贡献。中国的工业化过程总体可以分为两个阶段，第一阶段从建国初期到改革开放前夕，主要是以重工业为优先发展方向；第二阶段从改革开放至今，前期主要以轻工业和农业发展为主，后期重新以重工业化发展为主。

第一阶段从 1949—1978 年，我国主要实行了以国有经济为主导的公有制经济，实行了高度集中的计划经济体制。为了追赶西方发达国家，我国优先发展重工业，通过农业反哺工业的方式为工业化积累了大量的发展资金；并采取了低工资、高就业的政策，以此带动工业发展。在中国的经济发展史上，计划经济体制起到了重要的作用，它有利于集中全国的资源进行工业建设，发展了门类齐全的工业体系，培养了一大批工业技术科研骨干，大大促进了中国现代工业的发展。如 1964 年，中国人自行研制的第一颗原子弹试爆成功，中国成为世界上第 5 个拥有核武器的国家，极大地提高了中国的国际地位和影响力。同时，计划经济体制也存在着一定的弊端，计划经济体制由于实行高度集中的计划控制手段，具有排斥市场机制的作用，使企业的一切经济活动均被纳入政府的严格管制之下，结果是导致实现工业化主体的企业缺乏生机和活力，社会资源配置效率低下。同时由于采取了重工业优先发展的战略，也造成了工业发展的严重不平衡，重工业、轻工业、农业、第三产业等行业比例失调，直接导致消费品生产呈现萎缩趋势，人民生活水平长期得不到有效改善。

1978 年，中国共产党召开十一届三中全会，我国开始实施改革开放政策，

第八章 经济贸易

中国进入了工业发展的第二阶段。1992年，党的十四大提出了要建立社会主义市场经济体制，即建立以公有制为主体，多种所有制经济共同发展的经济体制。中国工业从优先发展重工业转向注重农业、轻工业、重工业、第三产业的协调发展，尤其注意工业发展与农业、交通运输、邮电通信等服务业的配合发展。在管理模式上，由政府直接管理企业经济活动转变为国家依法对企业进行宏观调控，使我国的经济模式从高度集中的计划经济体制转变为社会主义市场经济体制。同时，在加强政府对整个经济进行宏观调控的同时，强化市场在国家宏观调控下对资源配置的基础性作用。

从此以后，中国的工业经济获得空前发展。2011年，中国国内生产总值达到471563.7亿元，其中第二产业（工业）为220591.6亿元。我国在能源、冶金、化工、建材、机械设备、电子通信设备制造、交通运输设备制造及各种消费品等工业主要领域，已形成了庞大的生产能力。一个具有一定技术水平的、门类比较齐全的、独立的工业体系已经建立起来。中国作为制造业大国地位初步确立，2007年，中国在全球制造业排行榜上与日本并列第二。2008年9月，中国"神舟七号"载人航天飞船实现了航天员出舱活动，标志着中国的航天事业已达到国际先进水平，向世界展示了中国工业科技的雄厚力量。但是，随着改革开放的深入，中国工业发展的一些深层次的矛盾和问题则逐步显现出来，主要表现在以下几个方面：一是工业结构不合理，工业技术水平落后，能源利用率低，生产规模小，环境污染严重，低水平的生产能力过剩等；二是与发达国家相比较，我国在科学技术特别是生物、电子、网络等高新技术上还有着很大的差距。

第三节 对外贸易——中外文化交流的桥梁

从古到今对外贸易是中外文化交流的桥梁，中国出口的商品，凝聚着数千年来中华文化的沉淀，既展现了中华民族精美的工艺品，也传递了东方的风土人情和社会景象。这些商品走进了西方社会的日常生活，融入了欧洲当地的饮食文化、服饰文化和装饰文化中。同样，欧洲文化也通过贸易渠道在中国沿海地区得以传播。外销商品的定购生产，使西方的宗教故事、神话传说传入中国民间，而且造就了一批掌握了西方绘画技艺的大师。西方的医学、商业文化和宗教文化也都在不同程度地被中国同行所接受。例如唐朝时期是中国封建文化高度发展的时期，也是中外贸易比较活跃的时期。当时的日本政府为了移植唐朝的优秀文化，频繁地向唐朝派出遣唐使，这些遣唐使除了完成传统的朝贡贸易任务外，同时也运送日本的留学生和学僧到中国，广泛吸取唐朝的文化精华，搜集各种经书、工艺品运回日本，以丰富日本的文化宝库。因此，中国古代对外贸易的历史，实际上就是一部中国古代中外文化交流的历史。

一、中国古代对外贸易的发展

春秋战国以来，我国商品经济得到进一步的发展，各诸侯国之间以及与边远地区各民族之间不断地进行商品贸易往来，有的商品还辗转销往境外各国。两汉时期是中国对外贸易的开端。出于政治和外交的需要，两汉政府把商品贸易纳入政府管辖之下。西汉政府通过与西域中亚诸国建立友好关系，来达到牵制北方匈奴的目的。汉武帝多次派遣使节四处探寻通往境外各国的途径，并通过政治、外交、军事等手段打通通往中亚、西亚的交通要道，开辟了著名的丝绸之路，从此中外贸易往来更为频繁。但境外贸易的参加者都是经过政府准许的随使节同行的商队，不准私商随便输出输入。此外，汉朝廷对东亚邻近各国（如朝鲜、日本）也开展贸易，输出中国的丝织品、漆器、铁器以及先进的手工业生产技术；在南亚，海上交通与贸易关系也得到初步发展，汉武帝时，中国商船曾开往马来半岛、缅甸西部沿海和印度南部东海岸。

隋唐时期，手工业和商品经济的发展为对外贸易创造了有利条件。唐朝政府与欧亚各国的贸易关系和边域各民族之间的经济往来，也更加兴旺发达。在唐朝，当时有七条道路通往国外，由于陆路常为少数民族阻断，贸易须经多次转手，再加上南方经济迅速发展，航海和造船技术发达，于是对外贸易逐渐转为以海路为主。唐朝对海路贸易颇为鼓励，允许外商来华自由贸易，世代定居中国从事海运贸易，在通商城市划定地区供外商居住、营业。唐太宗贞观十七年（643）诏令，对外国商船贩至中国的龙香、沉香、丁香、白豆蔻四种货物由政府抽取10%的实物税。这是中国历史上第一项外贸征税法令。唐政府还设有专门机构负责对外贸易管理工作，设互市监掌管陆路贸易，设市舶司负责掌管水路贸易。唐政府在边境地区设有许多固定的贸易场所，以便于边境地区各民族之间与邻近国家之间进行商品交换。

宋元时期是中国封建时代对外贸易发达的时期。宋元统治者为了取得海外奇珍异宝，征收外贸税收以助国用，积极鼓励海外贸易。海外贸易的方式主要有官方贸易和民间贸易两种。官方贸易方面，中国与几十个国家有贸易关系，海外税收成为重要的财源。主要港口如广州、杭州、泉州、密州、明州、温州，都设有专职外贸官——市舶司，负责管理商舶，征收舶税，收买舶货。此外，宋代制定了《市舶条法》，元代制定了《市舶则法》，作为通行全国的海外贸易法规，内容丰实。宋元政府规定，商人出海贸易必须先提出申请，经市舶司批准始能成行。官府向商人发放的许可证，称为公据，类似于现代的外贸

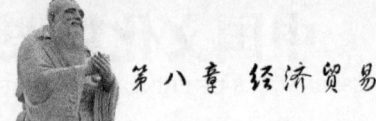

第八章 经济贸易

许可证。船舶返航入港后,也必须复验公据。出海的商船必须从官方指定的同一市舶港口起航和返航。船舶出海,只许在原申请前往的国家和地区贸易,并规定了严格的往返程限。此外,对一些进口货物都征收 1/10 的实物税,并由政府定价收购部分舶货,主要是优质紧缺货物。

到明清时期,政府一改宋元以来的传统,实行"闭关锁国"的政策,对海外贸易活动采取了严格管理,因而极大地阻碍了对外贸易的发展。明洪武元年(1368)颁布了第一个禁止民间海外贸易的法令,"禁濒海民不得私出海"。官方的长期海禁并没有断绝一切贸易活动,只是使民间海外贸易脱离了正常的、法制的轨道,采用了畸形的走私贸易方式进行,导致沿海地区社会秩序难以稳定。清顺治十三年(1656)为镇压抗清力量,政府首颁禁海令,不许片帆下海,违者按通敌罪论处。此后,顺治十八年(1661),康熙十七年(1678),又三次颁布空前残酷的迁海令,强制闽、广、苏、浙沿海居民内迁 30 里,越界当斩,沿海地区变为一片无人区,港口全部堵塞,船只全部烧光,完全断绝了海外贸易。清朝实施严厉的海禁,扼杀了中西方商品和文化交流的途径,挫伤了中国资本主义萌芽发展的势头,对于中国社会经济的进一步发展产生了不利的影响。

二、中国古代对外贸易的成就

(一)丝绸之路

丝绸之路是指联结西方古代国家希腊、罗马及其统治地区和东方古代国家印度、中国的商路。丝绸之路分为陆上丝绸之路和海上丝绸之路。陆上丝绸之路从希腊、罗马经地中海、小亚细亚进入西亚和中亚,然后再分为两路进入中国:一条从东北方进入中国的新疆,沿河西走廊进入关中,到达长安、洛阳;另一条则从中亚向东南方进入印度,经过缅甸进入中国东南,再向北到达洛阳、长安。海上丝绸之路由西亚地区进入红海、印度洋到达印度,过孟加拉湾到达马来半岛,再穿过马六甲海峡进入南中国海,北上到达中国南海岸进入中国大陆。丝绸之路是东西方的商人、军人、政府在几个世纪中所建立的东西方文化交流的纽带,是东西方人们相互了解和沟通的最古老的通道。古代中国对西方世界有所了解、认识,以及中外开始经济、政治、文化交流是在两汉王朝时期。西汉王朝时,张骞分别于公元前 139—126 年、公元前 119 年两次出使西域,亲历大宛、大夏、大月氏、康居等国,并派副使访问安息、印度等国;1 世纪时,西域都护班超部下甘英出使大秦(即罗马帝国),虽未能到达罗马,但已到达安息(波斯)。这三次外交活动加深了中亚各国对汉朝社会的了解和认识,激发了其与汉朝进行商业贸易的愿望。在张骞、甘英回国时,大批中亚和西方的商人随同来到中国，早已萌芽的中西方商路则成为固定的商道，丝绸之路于是在两汉时代最终形成了。为了保证这条中西商业大道的畅通，汉朝政府特地在商路沿途建有驿站、驿馆，以保护、接待往来的商人，保证他们的交通、食宿需要。敦煌则是一个重要的商品集散地和交易站。在当时贯通中西大陆的丝绸之路上，商人的马队和驼队络绎不绝，呈现出一派繁荣景象，中西方的商业贸易和文化交流大大加强。丝绸之路使中国从西方引进了苜蓿、葡萄、黄瓜、芝麻等新植物品种，引进了犀角、琉璃、象牙、玳瑁等工艺品以及西域的乐器，印度的佛教经典也由大月氏传入中国。而中亚和西方各国从中国输入的商品和技术则更多，中国的铁器、漆器、香料、纸张、布匹，尤其是丝绸制品传入中亚和西方国家，穿着丝绸被当时罗马贵族视为高贵、奢华的标志。丝绸之路是沟通中西方商业经济和文化交流的历史文明之路，中国古代先进的经济、文化成果通过丝绸之路对西方社会产生了很大的影响，与此同时，中国也从中亚及西方各国吸取了物质和精神上的精髓，形成了丰富多彩的中华文化。公元前3世纪末到公元3世纪初的400余年，是丝绸之路最繁荣的时期。随着3世纪中国进入战乱的分裂时期以及罗马帝国的衰落，东西方的商业交流中断了，丝绸之路从此荒弃。

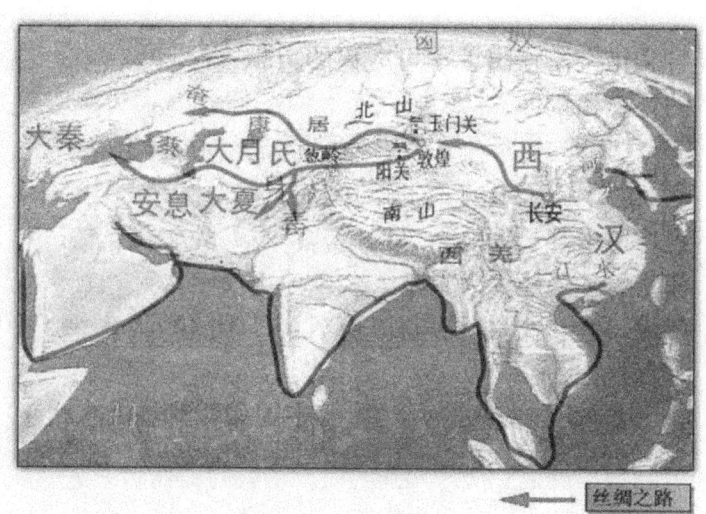

丝绸之路路线示意图

（二）茶叶贸易

中国是世界茶叶原产地，千百年来中国茶叶独占世界茶市。从18世纪开始，中国茶叶出口价值超过传统出口商品丝绸、瓷器，成为出口创汇的支柱货物，在中国当时的对外贸易中占重要地位。古代中国茶叶外销史源远流长，茶叶外销有据可查最早是在南北朝时期。民国出版的《茶叶产销》一书提到："五世纪后期，土耳其人至蒙古边境，以物易茶，首肇其端。"当时，日本、朝鲜、南洋等周边国家和地区虽从中国进口茶叶，但数量还很有限。16世纪中国茶传入西方，17世纪中外茶叶贸易越来越多，茶叶成为中西文化交流的重要商品。18世纪以后茶叶贸易占中国贸易主导地位，输出量迅速增加。据主要输入茶叶的国家推算，我国茶叶外销量在16世纪还微不足道，在17世纪在21010担以上，到18世纪增至8889241担以上，19世纪增至约1500万担。外销茶产区包括闽赣交界的武夷茶区，浙皖苏绿茶区，广东、湖广、云南部分地区。在外销茶产区中，福建、安徽省最重要，其次是江西、浙江等省。最先流入欧洲的茶就是福建武夷红茶。据威廉·乌克斯《茶叶全书》载，荷兰首次贩运的即是武夷茶。此后英国人到福建厦门采购武夷茶。早期出口到欧洲的茶叶十分昂贵，造成茶价高昂的主要原因是市场"物以稀为贵"和各国征收高额税收。茶初入欧洲市场，被人视为稀罕的帕来品，茶价异常昂贵。17世纪的伦敦市场中，茶值每磅需银100元，王公贵胄乃得一染指。英国东印度公司于1664年和1666年两次向女王献茶，价值每磅为40先令高价。18世纪英国茶价几次下调，18世纪20年代1磅茶要17先令半，50年代仅8先令。1785年茶税从190%降至12.5%，1790年茶价为每磅3先令7便士，1810年减为2先令。茶价的回落使茶的消费量大增，茶叶真正走向普通百姓。由此可见，中国古代茶叶贸易取得了辉煌成绩，中国人民对世界饮食文化作出了突出贡献。

（三）瓷器贸易

伴随着中国瓷器在世界的热销，中国曾以"瓷国"享誉于世。从8世纪末开始，中国向外输出陶瓷，经晚唐到宋初，达到了一个高潮。这一阶段输出的陶瓷品种有唐三彩、邢窑（包括定窑）白瓷、长沙窑彩绘瓷、越窑青瓷和橄榄釉青瓷，输出到朝鲜、日本、泰国、马来西亚、新加坡、印度尼西亚、菲律宾、斯里兰卡、印度、巴基斯坦、伊朗、伊拉克、沙特阿拉伯、阿曼、埃及、肯尼亚和坦桑尼亚。从宋元到明初，中国的瓷器贸易进一步发展，这时向外国输出的瓷器品种主要是龙泉青瓷，景德镇青白瓷、釉里红瓷、青花瓷以及吉州窑瓷、釉下黑彩瓷、赣州窑瓷、福建和两广所产的青瓷、浙江金华铁店窑仿钧釉瓷、建窑黑瓷、磁州窑瓷、定窑瓷、耀州窑瓷等。宋元外销瓷输往的国家更多，包括东北亚、东南亚的全部国家，南亚和西亚的大部分国家，非洲东海岸各国及内陆的津巴布韦等国。明代中晚期至清初的200余年是中国瓷器外销的黄金时期。输出的瓷器主要是景德镇青花瓷和彩瓷、广东石湾瓷、福建德化白瓷和青花瓷、安溪青花瓷等。这时期的外销瓷数量很大，17世纪每年输出约20万件，18世纪最多时每年达百万件。输出的国家有东亚的朝鲜半岛、日本，东南亚及欧美诸国。在17和18世纪，中国瓷器通过海路行销全世界，成为世界性的商品，对中西方的文化交流起了积极的作用。

三、中国近代的对外贸易

明朝禁海后，沉浸于"天朝大国"迷梦中的清政府视外来商品为贡品，允许对外贸易则是给予蛮夷的浩荡皇恩。1840年，英国发动了第一次鸦片战争，用坚船利炮打破了清政府闭关锁国的政策，清政府被迫开放门户，发展对外贸易。在半殖民地半封建社会条件下，旧中国对外经济贸易经历了一段长达100多年的屈辱史。中国被迫进行门户开放，对植根于中国封建制度的小农生产和自然经济的思想产生了严重的挑战，一批有志之士开始谋求中国发展的新道路。魏源指出可通过发展中国与西方国家的贸易往来寻求中国的发展道路，他认为洋货为有用之物，开放市场以交换这些物品为我所用理所当然，中国还应该通过引进、仿制洋货以求自修自强，使"西洋之长技，尽成中国之长技"，以达到最后不必依赖西洋的目的；他还认为开放的是正常的贸易，而非贻害中华民族的鸦片贸易，主张与外商订立商贸协议，规范对外贸易，制定奖惩措施，使中国对外贸易可以健康地发展。

第一次鸦片战争后，西方列强打开了中国的大门，向中国开展了罪恶的鸦片贸易，将中国视为原料进口和倾销产品的市场。中国近代对外贸易长期处于入超的状况，入超额逐年扩大，1871年入超-3.3百万海关两，1936年入超达到-151.3百万海关两。在进口的商品中，除鸦片外，纺织品占绝大比重，后来清政府的洋务派为了发展中国的军事工业，从国外引进了大批的化工产品、钢铁机器、煤油，民族资本家也大量从国外引进外国机器设备，建立了中国近代的第三批机器工业，创办民族资本主义企业。在出口的商品中，早期以茶叶和丝绸为主，占70%以上，其后大豆、桐油、猪鬃日居重要地位，矿产品出口亦日增。形成了中国出口棉花，进口棉纱和布；出口铁矿砂，进口钢铁的格局。这种商品结构充分显示了中国作为原料输出地和西方列强产品倾销地的贸易特点。在西方列强的不断侵略下，清王朝、北洋军阀政府先后对外签订了许多丧权辱国的不平等条约，除给予侵略者割地赔款、开辟租界、在华驻军、领事裁判等政治军事特权外，还给予协定关税、海关管理、内河航运、兴建铁路、设立银行、开矿设厂等各种经济控制特权。中国的主权与领土完整遭到严重破坏，中国对外经济贸易也丧失了独立自主的地位，完全被帝国主义和官僚买办资产阶级所控制和垄断。帝国主义在中国大肆掠夺资源，倾销产品，

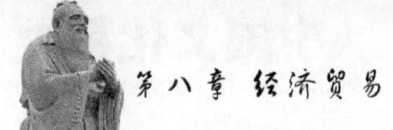

第八章 经济贸易

通过不等价交换，对中国人民进行残酷的压榨和剥削。

四、中国现代的对外贸易

1949年，新中国成立后，废除了一系列不平等条约，摧毁了帝国主义在华特权，没收了官僚资本，对外经济贸易的独立自主权回到了人民手中。1949年10月，中央政府设立了中央贸易部，国家陆续颁布了一系列统制全国对外经济贸易活动的法令和法规，制定了具体规定和实施办法，把全国的对外贸易置于国家集中领导和统一管理之下。20世纪50年代，由于西方资本主义国家对我国采取敌视、封锁政策，我国对外贸易的主要贸易伙伴是苏联和东欧社会主义国家。当时，我国积极开展对苏联、东欧国家和其他友好国家的贸易和经济合作，不断突破西方国家的封锁、禁运，对医治我国战争创伤、恢复和发展国民经济起到了积极作用。例如，我国通过贸易和使用苏联政府贷款从苏联和东欧国家引进156项重点建设项目的成套设备和技术，建设了一批钢铁、煤炭、石油、电力、机械、化工、建材等骨干企业，为我国的工业化打下了初步基础。1960年，随着中苏关系的变化，我国对苏联和东欧国家的贸易急剧下降，新中国的对外贸易遭遇了第一次较大的曲折。在这一形势下，我国对外贸易的主要对象开始转向资本主义国家和地区。我国在积极发展同亚非拉民族独立国家贸易关系的同时，进一步打开对西方国家贸易的渠道。1963年，我国与日本签订了第一个采用延期付款方式进口维尼纶成套设备合同，打开了西方国家从技术上封锁中国的缺口。1964年，我国与法国建交，中法两国政府间贸易关系迅速发展，带动西欧掀起了开展对华贸易的热潮。到1965年，我国对西方国家贸易额占全国对外贸易总额的比重由1957年的17.9%上升到52.8%。1966年，"文化大革命"开始，我国对外贸易遭到严重的干扰和破坏。我国对外贸易自1967年起连续3年出现停滞和下降。20世纪70年代前期，国际环境发生了有利于我国的变化。1971年联合国恢复了我国的合法席位；1972年美国总统尼克松访华，中美发表《联合公报》，并在正式建交前先恢复了贸易关系。之后，我国对外关系取得了重大进展，西方国家纷纷与我国建立外交关系或使外交关系升格。从新中国成立到1978年，我国对外贸易在几经曲折中向前发展，为国民经济的恢复和发展作出了贡献。1950年，我国对外贸易总额11.35亿美元，其中出口5.52亿美元，进口5.83亿美元。到1978年，我国对外贸易总额发展到206.38亿美元，其中出口97.45亿美元，进口108.93亿美元。

1978年党的十一届三中全会确立了以经济建设为中心，实行改革开放，并明确提出"在自力更生的基础上积极发展同世界各国平等互利的经济合作，努力采用世界先进技术和先进设备"。对外开放基本国策的提出使我国对外经济贸易进入了迅猛发展的历史新阶段。经过30多年的改革，我国对外开放从沿海开始，逐步向内地推进，最终形成全方位开放的格局。此时，我国外贸体制发生了根本变化。一是行政性直接干预大大弱化，外贸宏观管理逐步走上以经济、法律手段调控为主的轨道；二是外贸经营主体多元化格局初步形成，自负盈亏的经营机制不断得到加强和完善；三是外贸政策的统一性和透明度进一步增强，对外贸易法规日益健全；四是外贸经营的领域和渠道进一步拓宽，总体效益和竞争能力大大提高。2001年，中国加入世贸组织。当时，中国占世界贸易的比重为4.3%，居世界第6位。2010年，我国货物进出口贸易总额达到2.97万亿美元，我国占世界贸易的比重已经达到9%，成为世界第一大贸易大国。出口与消费和投资一起成为拉动中国经济增长的三驾马车。新中国成立60年来，我国按照平等互利的原则，积极开展与世界各国（地区）的贸易往来和经济技术合作，密切了我国与世界各国（地区）的经贸关系。目前，与中国建立外交关系的国家达到170多个，中国与美、日、欧等主要经济贸易伙伴的双边经贸关系不断加强，与周边国家和广大亚非拉发展中国家的经贸关系稳步推进，为国民经济和对外经济贸易发展创造了良好的环境。

思考题

1. 中国古代农业取得了哪些主要的伟大成就？
2. 中国近代工业如何在落后中谋求发展？
3. 新中国对外贸易经历了哪些发展和变化？

参考文献

[1] 阙道隆. 中国文化精要. 北京：中国青年出版社，1994.
[2] 朱英，魏文享. 中国历史与文化. 北京：中国人民大学出版社，2010.
[3] 朱伯康，施正康. 中国经济史. 上海：复旦大学出版社，2005.
[4] 王玉茹. 中国经济史. 北京：高等教育出版社，2008.
[5] 海默. 中国历代经济简史. 北京：外文出版社，2010.
[6] 孙自铎. 中国历史上的商品经济发展与思考. 合肥：合肥工业大学出版社，2004.
[7] 谢乾丰. 略论中国古代冶金技术文化. 前沿，2008（9）.

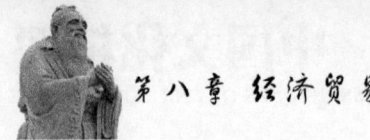

第八章 经济贸易

[8] 陶德臣. 简论中国古代茶叶对外贸易的特点. 茶叶通报, 2007 (29).

[9] 彭南生. 传统工业的发展与中国近代工业化道路选择. 华中师范大学学报: 人文社会科学版, 2002 (3).

[10] 陈晋文. 制度变迁与近代中国的对外贸易. 北京工商大学学报: 社会科学版, 2007 (11).

第九章　中医中药

中国医药学是中华民族几千年来与疾病斗争的经验总结和智慧结晶，历史悠久，源远流长，是中国优秀文化中一个重要的组成部分，被誉为国粹。它以完整的系统、博大精深的理论体系、高超的医疗技术和丰富的典籍闻名于世，曾为中华民族的繁衍昌盛作出巨大贡献，对世界医学的发展也产生了一定的影响。在科技迅猛发展的今天，它仍以其丰厚的文化内涵、显著的临床疗效、天然药物与自然疗法见长等特点，屹立于现代世界科学之林。本章将从中国医学的理论体系、独特的哲学思想基础及其对疾病、诊治、养生保健、中药的认识等几方面进行简要介绍。

第一节　中医的理论体系

中国医药学是建立在中国传统文化基础上的，以整体观念为主导思想，以脏腑经络的生理病理为基础，以辨证论治为诊疗特点，研究人体生命、健康、疾病的科学。它虽属于自然科学的范畴，但亦具有浓厚的社会科学的特点，又受到中国古代哲学思想和思维方式的深刻影响，是以自然科学知识为主体，人文社会科学以及多学科知识相互交融的科学知识体系。

一、中医理论体系的形成与发展

（一）中医理论体系的形成

早在春秋战国时期成书的《黄帝内经》，就已经全面奠定了中医理论的基础，是中国医药发展的源泉。《黄帝内经》是中国现存最早的一部医学经典著作，该书不仅系统地阐述了人体的结构、生理、病理，记载了对疾病的诊断、治疗和养生等科学而系统的医学理论，总结记录了春秋战国以前的医疗成就和防治疾病技术；同时还从宏观角度论证了天、地、人之间的相互联系，并且运用了中国古代多学科的理论与方法，分析论证了人的生命规律，从而建立起中医理论体系，成为中国医药学发展的基础。《黄帝内经》中许多内容已大大超越了当时其他国家的医疗认识水平。在形态学方面，其关于人体骨骼、血脉的长度以及内脏器官的大小和容量等的记载，基本上是符合实际情况的，如食管与肠的比是 1∶35，现代解剖认为是 1∶37，两者非常接近。在血液循环方面，

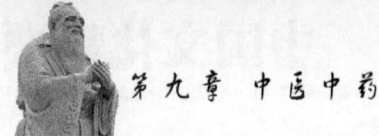

第九章 中医中药

提出"心主身之血脉"(《素问·痿论》)的观点,认识到血液在脉管内是"流行不止,环周不休"(《素问·举痛论》)的,这种认识比英国哈维在1628年发现血液循环早一千多年。

与《黄帝内经》比肩的古典医籍为相传是同代名医扁鹊所著的《难经》。该书采用问答方式,阐述了人体结构、生理、病因、病机、诊断、治则、治法等,尤其在脉诊和针灸两方面更为详细,成为后世指导临床实践的理论基础。

两汉时期,中国医药学有了显著的进步和发展。东汉末年,著名医学家张仲景(150—219)在《黄帝内经》、《难经》等理论基础上,进一步总结了前人的医学成就,结合自己的临床经验,写成了《伤寒杂病论》,即后世的《伤寒论》和《金匮要略》。该书以六经辨证、脏腑辨证的方法对外感疾病和内伤杂病进行论治,确立了辨证论治的理论体系,为临床医学的发展奠定了重要的基础。

此外,成书于汉代的《神农本草经》,托名神农所著。该书共收载中药365种,根据养生、治病和有毒无毒分为上中下三品,并将药物按寒、凉、温、热四性,酸、苦、甘、辛、咸五味归类,分别对其对五脏六腑和十四经脉所起的作用做出论断,这为后世中药的理论体系奠定了基础。

(二)中医理论体系的发展

在《黄帝内经》、《伤寒杂病论》等著作的基础上,历代医家都从不同角度发展了祖国医学的理论与实践。

1. 实践丰富的魏、晋、隋唐时期

在丰富的医疗实践的基础上,此时期的中医理论体系得到不断充实和完善。如晋代王叔和所著的《脉经》是我国第一部脉学专著,在中医脉诊的理论、方法和对每种脉的临床意义等方面都有更为系统的论述;晋代皇甫谧的《针灸甲乙经》在经络、腧穴和针灸治疗的方法和理论方面论述得更为充实完善;隋代巢元方所著的《诸病源候论》对各种病证的原因、病理和临床证候的描述更为详尽;唐代孙思邈的《千金方》在处方、治病手段,尤其是辨证论治体系方面有了长足进步。

2. 争鸣突破的宋金元时期

这一时期的医家结合实际应用的经验体会,形成了各抒己见、百家争鸣的气氛,使中医理论产生突破性进展。如宋代陈无择的《三因极一病证方论》,在病因学方面提出了著名的"三因学说";宋代钱乙的《小儿药证直诀》又开创了脏腑证治的先河。金元时期,更出现了各具特色的医学流派,其中有代表性的是刘完素、张从正、李杲、朱丹溪,后人称为"金元四大家",以其火热论、攻邪论、补土论、养阴论,立说不同,各有发明,各有创见,但都从不同角度丰富了中医药学的内容，促进了医学理论的发展。

3. 综合汇通的明清时期

此时期集大成的著作颇多，如明代李时珍亲历实践，广收博采，对本草学进行了全面的整理总结，写成《本草纲目》；清代政府组织编写的《医宗金鉴》、陈梦雷主编的《古今图书集成·医部全录》等，都是具有世界影响力的巨著。同时，各医家在此基础上还提出许多创见，使中医理论体系进一步发展。明代吴又可在《温疫论》中提出，"温疫"的病原"乃天地间别有一种异气所成"，其传染途径是从口鼻而入，不是从肌表而入。这使温病（特别是温疫）的病因学得到很大的发展。至清代，叶天士、吴鞠通等温病学家创立了以卫气营血、三焦为核心的温病辨证论治理论和治理方法，从而使温病学在因、证、脉、治方面形成了完整的理论体系。清代医学家王清任重视解剖，著《医林改错》，改正古医书在人体解剖方面的错误，发展了瘀血致病的理论，对中医基础理论的发展也有一定的贡献。

4. 近现代的深化和发展

在西方医学大量传入的前提下，近现代的中医医家，在继续收集和整理前人的学术成果基础上逐步促进中西医汇通发展，如张锡纯的《医学衷中参西录》就是大力提倡中西医取长补短、相互结合的专著。如今，科技日新月异，更倡导采用现代科学的多学科研究中医，在理论推进与临床实践中取得了丰硕的成果，使中国医药学不断焕发新的光彩。

二、中医理论体系的主要特点

中医理论体系的形成既源于长期医疗实践的基础，又有古代自然科学、社会科学知识方法的渗透。因此，中医独特的理论特点，完全不同于西医和世界上其他国家的传统医学，它充分展示了东方人富于哲理的思维特点和中国传统文化的博大精深，具体主要表现在整体观念与辨证论治两个方面。

（一）整体观念

整体观念乃是中医学关于人体自身的完整性及人与自然、社会环境的统一性的认识。中国传统哲学认为世界是一个有机整体，整体包含部分，各部分之间密切联系、不可分割。中医学从这一观念出发，认为人体是一个有机整体，人体的结构相互联系、不可分割；正常人体的各种功能相互协调，彼此为用；患病时，体内的各个部分也相互影响。同时，也认为人和环境之间相互影响，两者是不可分割的整体。在整体观念的指导下，中医学建构了独特的天、地、人"三才合一"的整体医学模式，贯穿于中医的所有领域。

第九章 中医中药

1. 人体本身是一个有机联系的整体

中医学把人体看做是一个以心为主宰，由肝、心、脾、肺、肾等五脏为中心，由胃、小肠、大肠、三焦、膀胱、胆等六腑，皮、脉、肉、筋、骨等五体，以及眼、耳、口、舌、前阴、肛门等诸窍共同组成的有机整体。中医学认为其中每一个组成部分都有其独特的功能，是一个功能独立的器官；一脏、一腑、一体、一窍又构成一个系统，而且系统内部、系统之间又存在着独特的规律；并进一步归结出系统之间的阴阳对立统一、五行生克制化、气机升降出入等模式。中医学用阴阳模式说明人体生命活动由相互联系、相互对立、相互制约、相互转化的两大类生理机能结构组成；用五行模式说明人体五脏功能活动的有机系统；用气机升降出入说明人体内部、人体与自然界的物质、能量与信息的运动转化；并特别强调，在生命活动中人的生理功能与心理活动两者间是有机联系的，提出了"形神一体"、"心身一体"的观念，注重精气神等要素相互作用和整体调控。在整体观念指导下，中医学特有的脉诊、手诊、面诊等全息诊法成为独具一格的诊断方法。通过观察形体、色脉等外在表现，可分析、揣测内在脏腑病理变化。

同时，中医学在长期医疗实践的基础上，不断观察总结逐步形成了经络学说，进一步充实了中医学对人体内部认识的整体观。中医学认为脏腑组织器官是通过经络互相联系起来，使人体形成一个有机的整体。经络是经脉和络脉的总称。"经"的原意是"纵丝"，有路径的意思，经脉存在于机体内部，贯通上下，沟通内外，是经络系统中的主干。其中，正经有十二条，即手、足三阴经和手、足三阳经，合称为"十二经脉"，是人体气血循行的主要通道；此外还有奇经八条和十二经别，以统率、联络和调节十二经脉，并补充正经之不足。"络"的原意是"网络"，简单地说就是主路分出的辅路，是经脉别出的分支，存在于机体的表面，较经脉细小，纵横交错，遍布全身。根据分支大小，又有别络、孙络和浮络之分。经络内属脏腑，外络肢节，沟通表里上下，联系脏腑器官；并借以行气血、营阴阳，濡养脏腑组织，调节脏腑器官的机能活动，使人体各部分的功能活动得以保持协调和相对的平衡。经络不仅是联系脏腑和体表及全身各部的通道，更是人体功能的调控系统，因此对生理、病理、诊断、治疗等方面均具有重要意义。正如《灵枢·经别》所云："经脉者，人之所以生，病之所以成，人之所以治，病之所以起，学之所始，工之所止也。"

2. 人与外界环境构成一个有机整体

《黄帝内经》的第三篇即为《生气通天论》，强调人与外界环境的密切联系，从人与自然环境、社会环境的整体联系中考察人体生理、病理过程，研究人体开放系统与周围环境交换物质、信息、能量以及随宇宙节律进行新陈代谢活动的规律，并提出相应的治疗养生方法。

人生活在自然界之中，自然环境和自然条件是人类所赖以生存的物质基础，季节气候、昼夜晨昏、地区方域都会在一定程度上影响人们的生理机能和心理活动。外界环境的变化使得机体产生相应的反应，属于生理范围的，即是生理的适应性；超越了生理范围的，即是病理性的反应。同样，人是社会的人，社会环境也会影响人的机能活动，与人体的健康与疾病密切相关。社会环境的变动、个人社会地位的改变会对人的心身机能产生巨大影响。因此，古人主张不要把贫富、贵贱看得太重而影响健康。如《黄帝内经》中《素问·上古天真论》所说，应当"恬淡虚无，真气从之，精神内守，病安从来"。同时，人因社会经济、政治地位不同，在体质方面也存在一定的差异，因此，中医学强调"探究是什么人得了病，比得了什么病更重要"，即诊疗时要注重因人而异，与当今世界公认的"生物—心理—社会"医学模式不谋而合。

（二）辨证论治

辨证论治是中医临床诊断、治疗疾病，并贯穿预防、养生实践中的独特的思维方法和过程，是中医诊断治疗的主要手段之一。和其他医学体系比较，中医在辨病论治、辨证论治和对症治疗三种手段中，最重视辨证论治，使用得也最多。因此，辨证论治是中医理论体系中的重要组成部分，是中医学的特点与精华。

所谓"证"，是机体在疾病发展过程中的某一阶段的病理概括，它包括了病变的部位、原因、性质，以及邪正关系，反映了该阶段机体患病的本质。"辨证"就是把四诊（望诊、闻诊、问诊、切诊）所收集的资料、症状和体征（如脉象、舌象），通过分析、综合，辨清疾病的病因、性质、部位，以及邪正之间的关系，加以概括，判断为某种性质的证。论治，又称为"施治"，即根据辨证的结果，确定相应的治疗方法。辨证是决定治疗的前提和依据，论治是治疗疾病的手段和方法。通过辨证论治的效果可以检验辨证论治的正确与否。辨证论治的过程，就是认识疾病和解决疾病的过程。辨证和论治，是诊治疾病过程中相互联系、不可分割的两个方面，是理论和实践相结合的体现，是理法方药在临床上的具体运用，是指导中医临床的基本原则。

中医临床认识和治疗疾病，主要不是着眼于"症状"的表现和"病"的异同，而是将重点放在"证"的区别上，通过辨证而进一步认识疾病。中医通过四诊方法收集患者的病史、症状等临床资料，根据中医理论进行综合分析，分辨出证候，并拟定治疗方法。因为，证候能够更加清晰地反映出疾病发展过程中某一阶段的病理变化的本质，因而它比症状与疾病更全面、更深刻、

第九章 中医中药

更正确地揭示了此刻病患的本质。例如，感冒是一种疾病，临床可见恶寒、发热、头身疼痛等症状，但由于引发疾病的原因和机体反应有所不同，又表现为风寒感冒、风热感冒、暑湿感冒等不同的证型。辨证与仅针对某一症状采取具体对策的对症治疗完全不同，也根本不同于用同样的方药治疗所有患同一疾病患者的单纯辨病治疗。中医认为，只有辨清了感冒属于何种证型，才能正确选择不同的治疗原则，分别采用辛温解表、辛凉解表或清暑祛湿解表等治疗方法给予适当的治疗，取得更佳疗效。

同样，同一疾病在不同的发展阶段，可以出现不同的证型；而不同的疾病在其发展过程中又可能出现同样的证型。因此在治疗疾病时就可以分别采取"同病异治"或"异病同治"的原则。同病异治即对同一疾病不同阶段出现的不同证型采用不同的治法。例如，麻疹初期，疹未出透时，应当用发表透疹的治疗方法；麻疹中期通常肺热明显，治疗则须清解肺热；而至麻疹后期，多有余热未尽，伤及肺阴胃阴，此时治疗则应以养阴清热为主。异病同治是指不同的疾病在发展过程中出现性质相同的证型，因而可以采用同样的治疗方法。比如，心律失常与闭经是两种完全不同的疾病，但均可出现血瘀的证型，治疗时都可用血府逐瘀汤使活血化瘀。这种针对疾病发展过程中不同质的矛盾用不同的方法去解决的原则，正是辨证论治实质的体现。

临床常用的辨证方法大致有以下几种：八纲辨证、病因与气血津液辨证、脏腑辨证、六经辨证、卫气营血辨证、三焦辨证与经络辨证。各种辨证方法独具特色，各有侧重，其中代表阴、阳、表、里、寒、热、虚、实的八纲辨证是中医辨证的纲领；病因与气血津液辨证是对疾病当前病理本质的认识，是辨证的关键；以脏腑为纲的脏腑辨证，有助于判断疾病所在的脏腑部分的病因、病性等，体系完整、内容具体，有利于对辨证思维的指导；卫气营血辨证和三焦辨证反映了外感温热病论治过程的不同病理阶段；经络辨证、六经辨证则是以经络学说为理论依据，综合脏腑病理变化，进而确定发病原因、病变性质等。尤其是经络辨证，是对脏腑辨证的补充和辅助，可指导中医针灸、推拿等临床治疗方法。

第二节　中医的哲学基础和主要的思维方法

在中国医药学的形成和发展过程中，中国的古典哲学被运用到医学的各个领域，对其产生了很大影响，成为构建中医学理论、指导实践的独特的方法体系。因此，了解它们对认识中医、中药大有裨益。

一、中医的哲学基础

气、阴阳、五行是中医的重要概念和最基本的思维模型。受先秦时代以气、阴阳、五行说明宇宙本原、事物构成及变化规律这一哲学思想的影响,中医学采用"气—阴阳—五行"模型阐述人体生命的本质动力、生理功能、病理变化及诊断治疗。

(一)精气学说

精气学说是对中医影响最大的中国古代哲学思想之一。所谓"气"是指无形的、不断运动的、构成世界的最基本物质。中国古代哲学家认为,气是构成世界的本原,天地之间的万物,由"天地之气交感"所化生。气的存在有两种状态:一种以弥散而剧烈运动的状态存在,用肉眼难以看到,故称之为"无形之气";另一种以凝聚状态存在,细小而分散的气集中凝聚在一起,就形成了看得见摸得着的实体,称为"形"。气的运动,中医称为"气机",并将其概括归纳为升、降、出、入四种形式。气的运动从不停息,并保持相对平衡。通过气的运动产生各种变化,称为"气化"。万物的一切变化,包括人的生、长、壮、老、死,无一不是气的运动与变化的具体表现。气作为天、地、万物之间的中介,将它们联系起来,使之成为一个整体,人也是这个整体中的一部分,即所谓"人与天地相参,与日月相应也"(《灵枢·岁露》)。

中医学延续了这一观点,认为精气乃气中之精粹,是生命产生的本原,人是依靠天地之精气结合而产生的,天地精气是构成人体的基本物质。《黄帝内经》中即有"人以天地之气生,四时之法成"(《素问·宝命全形论》)的论述。人出生之前,在母体中已获得了先天之精气;出生之后,通过肺吸入天之精气,由脾胃吸收水谷之精气。三期相合,经过气化,化生为人体之精气,推动各种生理功能活动的正常进行。精气充足,则生理活动正常,生命力旺盛;若精气不足,则出现全身或局部虚弱的征象。同时,气的运动、平衡是维持生命活动得以正常进行的重要保证。气的升降出入运行通畅,则人体处于健康状态;气机失调,则会导致各种病理症状的产生。例如,气升多降少,则为气逆,就会出现咳嗽、气喘、嗳气等;气行不畅,则为气逆,会出现闷、胀、痛等症状。在治疗上,只要分别采用相应的降气、行气的方法,即可取得良好效果。

(二)阴阳学说

通过观察日月之象、寒暑变化,中国古代哲学家发现了大量相反相对的现象,总结出"相其阴阳"的生产经验,《易传》进而提出"一阴一阳谓之道"的命题,把阴阳当成描述、解释宇宙生命一切现象的模型和方法。《黄帝内

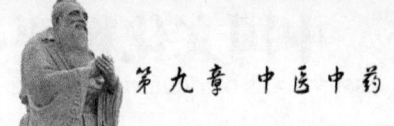

第九章 中医中药

经》引用阴阳学说来阐释医学中的诸多问题以及人与自然界的关系，使阴阳学说与医学结合起来，成为中医学理论体系的基石之一。

阴阳最初含义是根据日光相背而言的，朝日为阳，背日为阴，后引申为宇宙中相互关联的事物或现象对立双方属性的概括。阴阳标示了事物内在本质属性和性态特征的范畴，既标示两种对立特定的属性，如明与暗、表与里、寒与热等；又标示两种对立的、特定的运动趋向或状态，如动与静、上与下、内与外、气与数等；同时，又可标示同一事物内部对立的两个方面，如人体内部的脏与腑、气和血等。并且阴阳的属性并非绝对，而是相对的。这表现为阴阳双方的区别是相对而言的，单一事物无法定阴阳，且阴阳中复有阴阳，所以阴阳是特定属性下的一分为二。阴阳之间的相互关系可具体表现为阴阳相互交感、对立制约、互根互用、消长平衡和相互转化等方面。

中医学用阴阳学说阐明人的生命活动、组织结构、人体整体和局部的生理功能及其物质属性，以及疾病的诊断和防治的根本规律，并将其贯穿于中医的理、法、方、药之中。

1. 说明人体的组织结构

根据阴阳对立统一的观点，认为人体是阴阳结合的有机整体，而各个组织结构又都可以根据其所在部位、机能特定划分其阴阳属性。《黄帝内经》中已有明确描述："夫言人之阴阳，则外为阳，内为阴，言人身之阴阳，则背为阳，腹为阴。言人身之脏腑中阴阳，则脏者为阴，腑者为阳。肝、心、脾、肺、肾五脏皆为阴，胆、胃、大肠、小肠、膀胱、三焦六腑皆为阳。"（《素问·金匮真言论》）

2. 说明人体的生理功能

中医学认为人体的正常生命活动，就是阴阳保持协调平衡的结果。《黄帝内经》反复强调"生之本，本于阴阳"，并把机体健康的生理状态称为"阴平阳秘，精神乃治"，认为人的生命运动是一个阴阳制约、阴阳消长的过程，阴阳双方要达到动态的和谐。如果阴阳不能相互为用而分离，人的生命也就终止了，即"阴阳离决，精气乃绝"（《素问·生气通天论》）。

3. 说明人体的病理变化

人体内阴阳之间的协调平衡关系是维持正常生命活动的基本条件。而阴阳失调，则是疾病的发生及其病理过程的基本原理之一。阴阳互根互用，又互为制约消长，所以阴阳失调就会导致阴阳的偏盛偏衰而导致疾病。

（1）阴阳偏胜，即阴胜或阳胜，是属于阴或阳任何一方高于正常水平的病变。《素问·阴阳应象大论》指出："阴胜则阳病，阳胜则阴病。阳胜则热，阴胜则寒。"阴胜一般是指阴邪致病，是阴的绝对偏盛，但阴长则阳消，阴胜的病变必然损伤人体的阳气，故说阴胜则阳病，阳病则出现寒性病变；同样，阳胜一般是指阳邪致病，是阳的绝对亢盛，但阳长则阴消，阳偏胜必然损伤人体的阴液导致伤阴，故说阳胜则阴病，从而表现热性证象。

（2）阴阳偏衰即阴虚或阳虚，是属于阴或阳任何一方低于正常水平的病变。《素问·调经论》指出："阳虚则外寒，阴虚则内热。"根据阴阳动态平衡的原理，阴或阳任何一方的不足，必然导致另一方相对的亢盛。阳虚是人体的阳气虚损，阳虚不能制约阴，则阴相对偏盛而出现寒象，故称"阳虚则寒"。阴虚是人体的阴液不足，阴虚不能制约阳，则阳相对偏亢而出现热象，所以称"阴虚则热"。综上所述，尽管疾病的病理变化复杂多端，但均可用阴阳失调，即阴阳的偏胜偏衰来概括说明。"阳胜则热，阴胜则寒；阳虚则寒，阴虚则热"，是中医学的病机总纲。

4. 用于疾病的诊治

由于疾病的发生发展变化的内在原因在于阴阳失调，所以任何疾病，尽管它的临床表现错综复杂，千变万化，但都可用阴或阳来加以概括说明。故《素问·阴阳应象大论》曰："善诊者，察色按脉，先别阴阳。"同时，由于疾病发生发展的根本原因是阴阳失调，因此，调整阴阳，补其不足，泻其有余，恢复阴阳的相对平衡，就是中医治疗的基本原则。故《素问·至真要大论》曰："谨察阴阳所在而调之，以平为期。"

（三）五行学说

五行学说是中国古代哲学中以木、火、土、金、水五种物质的特性，及其"相生"、"相克"的变化规律来认识世界、解释世界和探求宇宙规律的一种世界观和方法论。五行本指"五材"，即木、火、土、金、水五种基本物质。古人用五行来概括、归纳自然界的各种事物和现象，及其相互之间的关系，使五行成为一个抽象的哲学概念，即自然界或社会中具有木、火、土、金、水五种属性的事物和现象的运动变化。木曰曲直，有升发、生长、能屈能伸、喜快乐舒畅的特性；火曰炎上，有温热、光明、向上的特性；金曰从革，有肃杀、潜降、收敛的特性；水曰润下，有寒凉、滋润、向下、静藏的特性；土曰稼穑，有受纳、承载、生化、长养的特性。

五行之间具有生克和制化的关系，通过这些相互作用的关系，五行整体获得动态平衡，从而维持事物的生存和发展。五行相生，是指五行之间有序的次第相滋生的关系，生我者为母，我生者为子。五行相生次序是：木生火、火生土、土生金、金生水、水生木。五行相克，是指五行之间有序的相克相制约的关系，克我者为所不胜，我克者为所胜。五行相克次序是：木克土、土克水、水克火、火克金、金克木。五行相生、相克同时进行，平衡协调，以推动事物

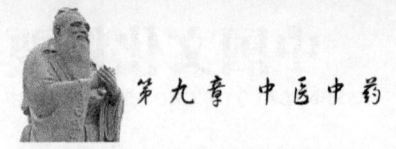

变化发展，便是五行制化。

《黄帝内经》将五行学说应用于医学，运用了五行类比联系的方法，用五行特性说明人体脏腑、经络等组织器官的属性；以五行的生克制化关系来分析各种生理功能之间的相互关系；以五行母子相生来阐释脏腑病变的影响，指导临床实践。

1. 说明五脏的生理功能

五行学说打破解剖学脏器界限，将其上升为五大功能系统。即按五行分类，把人体看作以五脏（肝、心、脾、肺、肾）为中心，配合六腑（胆、小肠、胃、大肠、膀胱、三焦），主持五体（筋、脉、肉、皮毛、骨），开窍于五官（目、舌、口、鼻、耳），外荣于体表（爪、面、唇、毛、发）等的脏腑组织结构系统，将人体各种组织器官对应联系起来。五脏之间在生理上相互联系、相互协调，共同完成整体的生理活动，并与自然界的时间、空间、气味、色彩等因素有机地联系起来，如《素问·金匮真言论》："东方色青，入通于肝，开窍于目，藏精于肝，其病发惊骇，其味酸，其类草木……是以病之在筋也"，把自然界的东方、春季、青色、味酸等，通过五行的木与人体的肝、筋、目系统联结起来，体现了天人相应、内外相通的功能网络。

2. 说明五脏之间的相互联系

五行生克制化的理论可用来说明五脏之间存在着相互资生又相互制约的关系。五行相生说明五脏间的联系，如木生火即肝生心，肝藏血以济心；火生土即心生脾，心阳温煦脾土，助脾运化；土生金即脾生肺，脾气散精，上归于肺；金生水即肺生肾，肺气清肃下行，通调水道以助肾水；水生木即肾生肝，肾藏精以滋养肝血。同样，五行相克说明五脏间的相互制约，如水克火即肾克心，肾水滋润伤行，以制约心火，防治过亢；火克金即心克肺，心火的温煦有助于肺气宣发，制约肺气的过于肃降；金克木即肺克肝，肺气清肃下行可抑制肝气的过分升发；木克土即肝克脾，肝木条达可以舒缓脾土之壅滞；土克水即脾克肾，脾土运化水湿可防止肾水泛滥。

除此之外，五行学说还可用来说明病理情况下脏腑间的传变影响，如从母脏传为子脏的"母病及子"，或从子脏传及母脏的"子病及母"。并可根据五行之间相互资生、制约的关系指导临床的预防与治疗，或根据五行相生规律，"虚则补其母，实则泄其子"，如运用滋水涵木法，即滋肾养肝法来治疗肝阳上亢之证；或根据五行相克规律，"抑强扶弱"，如运用抑木扶土法，即疏肝健脾法来治疗肝火旺脾胃功能虚衰的病证。当然，并非所有的疾病都可以用五行生克的规律来治疗，还需依具体病情辨证论治。

二、中医的主要思维方法

中医主要从宏观的角度，用哲学的方法，从整体上对人体的生命和疾病进行研究，建立了自己独特的理论体系，并通过几千年的时间，积累了丰富的效果卓越的防病和治病方法。它的这些思维特点、思维方法和研究角度与现代医学明显不同，因此与现代医学具有很强的互补性。中医独特的思维方法，主要有以下三点。

（一）从宏观的角度观察事物

中医产生于中国的古代，中医学家们对人体的结构、生理功能和病理变化，做了力所能及的仔细观察和分析，并千方百计地探讨预防和治疗疾病的方法。同时，中医学家对周围的事物进行了广泛的观察，如对天文、地理、气象、动物、植物、矿物以及社会等进行了多方面的观察和分析，并将这些观察和分析的结果和人体的生理、病理结合起来进行研究，得出了许多正确的，乃至天才的结论。正是这种宏观的、全方位的研究方法，弥补了缺乏微观的研究手段之不足，形成了中医学研究方法的特色。

（二）运用哲学的思维

中医学家在观察和收集人体结构、生理功能和病理现象之后，常常主动运用中国古典哲学的思维去分析和研究这些素材，然后加以整合，得出与众不同的结论。因此，在事实与事实间，常用哲学的推理作为联系纽带，而且医学的术语和理论当中常有哲学的内容，如人们将五行的生克制化与五脏相联系，把补脾可以助肺的治疗方法称为"培土生金"法等。

（三）注重整体研究

中医医家们秉承中国传统文化"天人合一"的思想，善于从整体上把握人体生理功能，分析和归纳疾病发展的规律，提出诊断和治疗方法。例如，中医对外感热病的整体发展规律进行了长期的研究，提出了六经辨证、卫气营血辨证和三焦辨证，为各种外感热病提出了通用的辨证论治规律。又如，中医的特色舌诊，就是认识到舌通过经络直接或间接地与五脏相通，通过查舌就可测知内脏虚实、气血盛衰、津液盈亏以及疾病的轻重顺逆，从而掌握内脏的功能状态。不仅查舌，中医特有的脉诊、耳诊等，通过脉搏以及观察耳廓、面色等测知全身情况，都是整体思维的实际应用。

在此基础之上，中医学常用的、具体的思维方法有比较法、演绎法、类比法、由表知里、试探反证等。

综上所述，中医从宏观的角度，用哲学的方法，从整体上对人体的生命和疾病进行研究，建立了自己独特的理论基础和思维方法，这些特点和中医所产

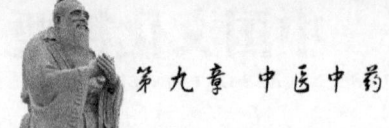
第九章 中医中药

生的时代有着密切的关系。然而，正是独特的哲学基础及思维方式，使中国医药虽然产生形成于科学并不发达的古代，但通过几千年的医疗实践，积累了丰富的、效果卓越的防病治病方法，并历久弥新，即使是在科技发达的今日，仍傲立于世界医学之林。同时，它与现代医学相比，思维方法不同，研究角度不同，因而对疾病的认识、预防和治疗方法都有许多明显不同，对现代医学具有很强的互补性。因此，我们更需要深入研究中医，使其发扬光大，造福于人类。

第三节 中医对疾病、诊治和养生的认识

如前所述，中医学认为正常人体是以心为主宰，五脏为中心，结合六腑、形体和官窍共同构成一个有机整体，由经络把这个整体中的各个组成部分联系起来，气、血和津液在经络和脏腑中规律运行。脏腑、气、血、津液、形体、官窍的生理功能相互协调、相互为用，以维系体内外环境的相对平衡和稳定，维持人体的正常生命活动。基于对正常健康人体及其生理活动规律的把握，以及对疾病各种临床表现的总结，中医学也形成了在疾病、诊治和养生保健等方面完整独特的认识。

一、中医对疾病的认识

中医学认为，人在适应和改造自然环境的过程中，如果保持着机体内部及其与内外环境的相对平衡协调，机体就呈现健康状态，即所谓"阴平阳秘"。但在一定的致病因素作用下，正邪相搏，导致机体内部及其与内外环境相互关系的失调，因而出现一系列临床症状和体征，并不同程度地影响机体正常的生活劳动能力，从而导致了疾病的发生。在对疾病的认识上，中医从病因、发病及病机等方面对疾病的发生、发展进行全方位的动态把握，其认识角度非常独特。

（一）病因学说

病因又称为致病因素，就是引起疾病的原因。中医的病因学说体现了整体观念的指导思想，并广泛运用类比。"辨证求因"进而"审因论治"，是中医学探究病因的主要方法。

1. 辨证求因

以病证的临床表现为依据，进行综合分析，推求病因的方法，称为"辨证求因"。例如，自然界的风有善行、主动的特性，临床上就把全身关节游走性疼痛的病因，概括为风邪，病因明了，治疗时就针对病因采用祛风止痛的药

物即可奏效。由于辨证求因是从整体观念出发，辩证地分析，探究病因，因此它比普通的询问式探因应用更为广泛，也更为准确。

2. 三因学说

对于病因的分类，中医历代医家多有论述，而宋代陈无择在张仲景分类基础上，把病因与发病途径结合起来，提出著名的"三因学说"，多为后世推崇，沿用至今。他将病因分为外因、内因和不内外因三种。外感病因是指来源于自然界，多从肌表、口鼻侵入人体而发病的病因，如风、寒、暑、湿、燥、火六种常见的自然界气候，虽然正常无害，但一旦超过限度，便成为六淫邪气，侵犯人体。此外，中医将具有强烈流行性、传染性的病因称为"疠气"，也归入外感病因之类。与外感病因相对的是内伤病因，指的是因人的情志或行为不循常度，直接伤及脏腑而发病的致病因素，包括喜、怒、忧、思、悲、恐、惊七情过激以及过劳、过逸、饮食失宜等。除外感和内伤病因外，在疾病过程中形成的病理产物也能成为引起其他疾病的致病因素，称为病理产物，也称继发性病因，常见有水湿痰饮、瘀血、结石三大类。由此可见，不管是外因还是内伤病因，中医都注意到相对性的问题，虽然是正常的气候、情志、劳逸以及饮食，但只要超过了某人体质可以接受的限度，都可以成为引发疾病的原因。这提示我们不仅要生活适度，而且预防、治疗都应因人而异。

（二）发病学说

发病，即指疾病的发生过程。中医常从正邪相搏的角度分析发病原理，认为疾病的发生过程是病邪的损害和正气的抗损害之间的矛盾斗争过程，并以此指导其临床实践。

1. 邪气发病

邪气，泛指各种致病因素，简称为"邪"。上文提及的三种类型的致病因素都可纳入邪气的范畴。邪气与发病的关系至为密切，可以影响发病的性质、类型、特点、病位与病情轻重。例如，风为阳邪，其性轻扬，易袭阳位，因此常侵犯人的肌表、头面和肺系，出现恶寒发热、头项强痛、咳嗽咳痰等临床表现。

2. 邪之所凑，其气必虚

与邪气相对的是正气，即人体对外界环境的适应能力、抗邪能力以及康复能力，简称为"正"。中医认为，邪气之所以能够侵袭人体而致病，必然因为正气先虚，因此，正气不足是人体发病的前提和根据。机体正气虚弱，则防御能力低下，抗病、康复能力也减弱，不能及时削弱邪气的致病作用，因此发病，同时也会影响到病情的演进与预后。

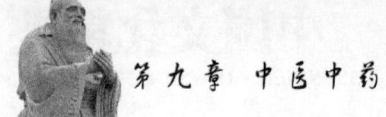

3. 正气存内，邪不可干

既然正邪相搏的胜负，决定着发病或不发病，那么正气的盛衰就起到重要的作用，故《素问遗篇·刺法论》称"正气存内，邪不可干"。正气旺盛，抗邪力强，则病邪难以侵入；即使侵入，正气亦能奋力驱邪外出，及时消除其病理影响，不致产生疾病。因此，中医特别注重固护人体正气，以有效预防疾病的发生。

（三）病机学说

病机，即疾病发生、发展与变化的机理，是疾病的临床表现、发展转归、诊断治疗的内在依据。中医病机学说根据以五脏为中心的藏象理论，把局部病理变化与机体的全身状况联系起来，通过脏腑组织经络之间的相互联系和相互制约关系来探讨疾病的发展传变规律，从而形成了注重整体联系的病理观。中医学认为，凡是疾病都是局部和全身的综合的病理过程，既不存在单纯的局部病变，也不存在没有局部病变的全身性疾病。同时，在论述疾病的传变时，中医病机学多以五行的生克关系来阐释脏腑之间的病理影响和传变规律。这种既注意局部和整体的关系，又注意疾病发展变化规律的整体联系和运动变化的观点，充分体现了中医病机学说的整体观和辩证观。中医病机学这种独特的认识既不同于其他医学体系，也是中医理论体系中的重要组成部分，为中医临床实践提供了重要的指导意义。常见的基本病机包括邪正盛衰、阴阳失调、气血失常等。

1. 邪正盛衰

指在疾病的发生、发展过程中，致病邪气与机体抗病能力之间的相互斗争所发生的盛衰变化。邪气侵犯人体后，正气与邪气即发生相互作用，一方面邪气对机体的正气起着破坏和损害作用；另一方面正气努力与之抗衡。在邪正的斗争中，双方力量的变化，关系到疾病的发生发展，影响着病机、病证的虚实变化，并直接影响疾病的转归。例如，邪气亢盛，正邪相搏，斗争剧烈，常表现为反应比较剧烈的证候表现，谓之"实"；若正气虚损，则无力抗争，常出现一系列虚弱、衰退和不足的证候表现，称为"虚"。故《素问·通评虚实论》即有"邪气盛则实，精气夺则虚"一说，说明了正邪双方力量对比的盛衰决定了机体虚实表现的病理状态。

2. 阴阳失调

人体的阴阳是调节机体代谢和生理功能活动的主要因素。阳气的功能主要是促进机体的温煦，卫外御邪，兴奋精神，推动脏腑组织器官的功能活动；阴气的功能主要是促进人体的滋润、濡养、内守和宁静。人体阴阳双方若相对平衡与协调，则动静合度，气机升降有常，全身生理功能正常，人体健康。而无论整体或局部的阴阳协调平衡被破坏，都会出现阴阳失调，引起疾病。因此，阴阳失调是人体各种病变最基本的病机，是对人体各种功能性和器质性病变的高度概括，常可见阴阳的偏盛、阴阳偏衰、阴阳互损、阴阳转化以及阴阳亡失等。

3. 气血失常

人体的气血是脏腑经络等组织器官进行功能活动的物质基础。人体由脏腑、经络等组织器官构成，人体生命活动的进行，主要是依靠后天所化生的气血津液，通过经脉输布于全身，营养各个脏腑组织器官，进行功能活动而实现的。气血的失常，必然会影响脏腑、经络等机体的各种生理功能，从而导致疾病的发生。《素问·调经论》中所说："血气不和，百病乃变化而生。"因此，气血失常也是病机发展的一般规律，是脏腑、经络、形体、官窍等各种病机变化的基础。一般来说，气的失常多表现为生化不足或耗损过多的气虚的病理表现，或者气的运动失常或紊乱而导致的气滞、气逆、气陷等气机失调的病理状态。血的失常主要表现在生化不足或耗伤太过而导致的濡养功能减退的血虚，或者血行迟缓、血行加速、血行逆乱及血液妄行等血循环运行失常的病理变化。

二、中医诊法

诊法是中医诊察收集病情的基本方法，主要包括望、闻、问、切，称为"四诊"。四诊方法确立于《黄帝内经》，其中望诊，特别是望色、舌诊以及切诊中的脉诊，是颇具特色的中医诊断方法。但临床施用时，四诊各有其独特的方法与意义，应望闻问切四诊并用，从不同的角度来检查病情和收集临床资料，不能相互取代，这种方法被称为"诊法合参"。

（一）望诊

望诊是直接运用中医整体观中"有诸内必形诸外"的理论，通过观察体表的疾病征象以诊断体内脏腑气血的病变。大致可以归纳为两方面：一是观察病人的神、色、形态；二是对各具体部位的望诊，如舌象等。特别是精神、面色和舌象的变化，与内在脏腑的虚实和气血的盛衰关系密切。故望诊被列为四诊之首，并有"望而知之谓之神"之说。

（二）闻诊

闻诊是通过听声音和嗅气味来诊断疾病的方法。由于声音和气味都是在脏腑生理活动和病理变化中产生的，所以通过闻声音和嗅气味的异常变化便可诊察病情。

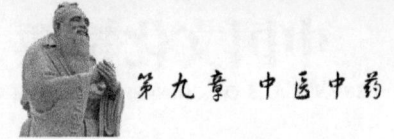

(三) 问诊

问诊也是中医诊察疾病的基本方法之一，不仅包括现代医疗临床问诊中的一般项目，如现病史、既往病史等，《黄帝内经》还提出重视了解病患的精神情志、生活状况、生活习惯等，并强调问诊必须尊重病患隐私，以关心和同情病人的诚恳态度耐心细致地全面了解患者和病情。

(四) 切诊

切诊又分为脉诊和按诊。其中，脉诊有着悠久的历史，是中医的特色诊断方法。公元前5世纪，即有扁鹊擅长切脉诊病之说，后经历代医家的实践发展，不仅理论上已趋完善，方法也已确立，并且应用广泛，至今还是中医临床不可缺少的重要诊法之一。具体从诊脉部位上，可分为寸口诊法、三部九候诊法、人迎寸口诊法、仲景三部诊法等。脉象是手指感觉脉搏跳动的形象，即脉动应指的形象。根据构成各种脉象的主要因素，大致可从脉象的部位、至数、长度、宽度、力度、流利度、紧张度、均匀度八个方面加以描述，常见有14种，即浮、沉、迟、数、滑、涩、弦、紧、缓、洪、细、促、结、代。明代脉学专著《诊家正眼》取诸家脉学精华，记录了28种脉象。而临床所见脉象往往是混合构成的，大部分病脉是两个以上单一脉复合组成的脉。脉象传递机体各部分的生理病理信息，医家通过这个"窗口"了解人体内的功能变化，是诊断疾病、指导治疗以及判断预后的重要依据。

三、中医治法

中医在几千年的医疗实践过程中，积累了丰富的治疗经验，在整体观念的指导下，中医创立了治病求本、扶正祛邪、调整阴阳，以及因时、因地、因人三因制宜等治疗原则，创造了针灸、推拿等简、便、廉、验的治疗方法，形成了独特的中医治疗学体系。中医常用的特色治疗方法有药物治疗、针灸治疗、推拿按摩等。

(一) 药物疗法

药物疗法是使用药物治疗疾病的方法，是临床最常用的治疗方法之一。《黄帝内经》中已记载了许多药物治疗的方法，但临床证候疾病的复杂性决定了治法的多样性，历代医家在长期医疗实践中摸索出许多治法。清代程钟龄在《医学心悟》中将诸多治法概括为汗、吐、下、和、温、清、消、补"八法"，被认为是针对临床病证所采取的治疗大法而广泛应用至今。

1. 汗法

汗法是通过开泄腠理、调畅营卫、宣发肺气等作用，使在表的外感六淫之邪随汗而解的一种治法。适用于外感表证、疹出不透、疮疡初起以及水肿、泄泻、咳嗽、疟疾而见恶寒发热、头痛身疼等表证。

2. 吐法

吐法是通过涌吐的方法，使停留在咽喉、胸膈、胃脘的痰涎、宿食以及毒物等从口中吐出的一种治法。适用于中风痰壅、宿食壅阻胃脘、毒物尚在胃中等病情急迫而又急需吐出之证。

3. 下法

下法是通过泻下、荡涤、攻逐等作用，使停留于胃肠的宿食、燥屎、冷积、瘀血、结痰、停水等从下窍而出，以祛邪除病的一类治法。适用于邪在肠胃而致大便不通、燥屎内结，或热结旁流，或停痰留饮、瘀血积水等形症俱实之证。

4. 和法

和法是通过和解与调和的方法，使半表半里之邪，或脏腑、阴阳失和之证得以解除的一种治法。适用于邪犯少阳、肝脾不和、寒热错杂等证。

5. 清法

清法是通过清热、泻火、解毒、凉血等，使在里之热邪得以解除的一种治疗方法。适用于里热证、火证、热毒证以及虚热证等邪热壅盛于里之证。

6. 温法

温法是通过温里祛寒治疗里寒证的一种治疗方法。适用于脏腑的沉寒痼冷、寒饮内停、寒湿不化以及阳气衰微等。

7. 消法

消法是通过消食导滞、行气活血、化痰利水以及驱虫等方法，使气、血、痰、食、水、虫等所结成的有形之邪渐消缓散的一种治法。适用于饮食停滞、气滞血瘀、癥瘕积聚、水湿内停、痰饮不化、疳积虫积以及疮疡痈肿等病证。

8. 补法

补法是通过补益人体气血阴阳，以主治各种虚弱证候的一种治法。适用于各种虚证。

上述八种治法，适应了表里寒热虚实不同的证候。但病情往往是复杂的，不能仅仅依靠单独一种方法，常须数种方法配合运用，才能照顾全面。所以虽为八法，但配合之后变化多端。正如《医学心悟》中说："一法之中，八法备焉，八法之中，百法备焉"，这正是中医独特的魅力及奥妙所在。

（二）针灸疗法

针灸疗法是中医特有的一种治疗疾病的手段，起源可以追溯到石器时代，因其具有适应证广、疗效显著、应用方便、经济安全等优点，数千年来深受广大人民的欢迎。

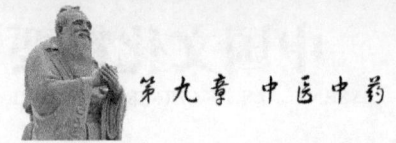

第九章 中医中药

针灸疗法可分为针刺及艾灸两种，即应用针具、艾灸等工具，运用一定的操作法，通过刺激体表的相应部位，取得治疗身体内部疾病的效果。两者所用器材和操作方法不同，但它们均以经络学说为理论基础，通过刺激体表腧穴，以调和阴阳、扶正祛邪、疏通经络、行气活血，从而达到防治疾病的效果。因此，在经络学说的基础上，对腧穴的认识是针灸施治的重要内容。

腧穴是人体脏腑经络之气输注于体表的部位，也是针灸施术的部位。腧，有转输的意思；穴即孔隙，也称节、会、穴位等。《灵枢》中云"节之交，三百六十五会……所言节者，神气之所游行出入也"，说明经络与腧穴密切相连。人体的腧穴均分别属于各经络，经络又隶属于一定脏腑，这样就使腧穴—经络—脏腑间的相互联系成为不可分割的关系。

通过长期临床实践，人们将腧穴分为十四经穴、奇穴、阿是穴三类。其中，十四经穴，简称"经穴"，是分布于十二经脉和督、任二脉的循行路线上的穴位，是腧穴的主要部分，共361个穴名。十四经穴以外具有固定位置和有较为特殊治疗作用的腧穴，称为奇穴。奇穴未能归属于十四经脉的腧穴，但它既有固定的穴名，又有明确的位置，这些腧穴对某些病证具有特殊的治疗作用，又称"经外奇穴"。另外，以患者病痛局部或病痛的反应点作为穴位的一类腧穴，称为阿是穴。它无具体名称，又无固定位置，主治功用也不十分明确，往往会有局部酸、麻、胀、痛、重或斑点、色变、硬变、肿胀等反应，但对其施以相应针灸治疗，常见奇效。

在临床针灸治疗中，首先按中医的诊疗方法推断病因，辨别证型，并确定病变属于哪一经脉，哪一脏腑，诊断后，确立相应的配穴处方，并按照针灸处方，对相应经脉、腧穴实施治疗。

四、中医对养生保健的认识

中医将天赋的年寿称作天年，即自然寿命。中医养生，即调摄颐养生命，就是通过防治疾病、预防病理性衰老以及健身，延缓生理性衰老，以达到保持健康并尽终天年的目标。中华民族很早就认识到物种有天年，个体有寿数，人的生命运动是一个生、长、壮、老、死的过程。因此，人类的任务是通过研究了解其规律与机制，延缓衰老进程，尽终天年。在《黄帝内经》中"圣人不治已病，治未病"的思想统领下，中医学顺应自然，确立了自己"重神贵合"的养生原则，形成了涉及精神、起居全方位的调养养生方法，发明了吐纳、导引等多种养生技术，经过不断的积累发展，中华民族的养生保健之学，洋洋大观，独树一帜。

(一) 中医养生保健的基本原则

中医重视养生保健于未病之先,其作用有二:一是防病,预防病理性衰老;二是健身,延缓生理性衰老,以达"尽终其天年"的目的。其养生原则可以概括为养神为先、以顺为养、贵为中和及综合调养。

1. 养神为先

中医养生主张形、神俱养,首重养神。"形与神俱"既是健康的标准,也是养生追求的目标。中医学认为"得神者昌,失神者亡",强调神是一切生命活动的主宰,是生命存亡的根本,生命活力即在于神。

养神贵在静养,重在养德。正如《素问·上古天真论》中言:"恬淡虚无,真气从之,精神内守,病安从来。"做到摒除杂念,内无所蓄,外无所逐,使人的精神情志活动保持在淡泊宁静的状态下,才能有利于促进健康,益寿延年。但是,淡泊宁静、保养精神并不是要人无知无欲,更不是毫无精神寄托的闲散空虚,而是主张专心致志、精神清静。"多思则神殆,多念则志散,多欲则志昏,多事则行劳。"(《养生要集》)少私寡欲,须克服利己主义、个人主义,提倡培养个人的德行和操守,知足常乐,助人为乐,善良忠诚,才能体会到生活中的愉快,享有健康的身心。由此可见,中医早就提出心理健康和心理治疗的理念了。

2. 以顺为养

中医养神理论始终提倡"以顺为养",认为人应顺应外界事物和人体的规律,不能有悖常理,否则身心就会失去平衡,导致发病。这种"以顺为养"的思想正是中华民族"天人合一"思想的具体应用。养生应重视人与自然的环境统一,也要重视与社会的统一。正如《黄帝内经》主张:"上知天文,下知地理,中知人事,可以长久。"

(1) 顺应自然。人是自然界的产物,只有依靠大自然提供的适宜环境和必要的物质才能生存。因此,养生应"法天,法地,法于阴阳"。就是要掌握大自然的时空变化规律,使自己的活动主动顺应自然的规律,并相应调节自己的养生活动,使生活起居、饮食情志等各方面,均做到因时因地制宜。

(2) 顺应社会。顺应社会,既包含了顺应社会制度、顺应社会风俗等方面的含义,也包括了顺应人之常情、顺应个人人格特点等不同内涵。这种顺应不是顺从,而是指在理解的基础上接纳,遵守并尊重社会及他人的规律及特点,做到相处有道。

需要注意的是,"以顺为养"的思想,主要是提倡遵循自然和社会规律,并不是反对人类积极地发挥自身主观能动性去推动社会的发展。相反,只有"道法自然",才有可能推动自然和社会向有益方向发展。

(3) 贵为中和。中华民族贵和尚中，认为和谐是世界的本然秩序。天地之气中和，则风调雨顺，万物化生；人体脏腑气血中和，则健康长寿，颐养天年。例如，太过和不及，则为灾害或疾病。"阴平阳秘，精神乃治"中的"平"和"秘"即为中和，"生病起于过用"的病因观也是这一观点的具体体现。这种思想也贯穿于中医养生理论及方法中，认为养生要"节阴阳而调刚柔"（《灵枢·本神》）。

(4) 综合调养。影响寿夭的因素是十分复杂的，除先天禀赋外，还涉及环境、气候、精神、饮食、起居等诸多方面，必须综合调养才能起效。因此，中医养生学讲究先后天并重、内外兼顾、形神共养等多种方法综合使用，更提倡健康科学的生活方式，将调养生活化，使各种养生方法的实施成为自觉的行动。

（二）中医养生保健的主要方法

中医养生保健之法是在养生理论指导下，经过历代实践逐渐建立，并不断发展与完善的。主要通过顺四时而适寒暑、和喜怒而安居处、节饮食而慎起居、坚五脏而通经络、避虚邪而安正气，以达到平衡阴阳、坚固五脏、保养精神、疏通经络、调和气血的目的。具体内容不拘一法，可多种途径、多种方式进行。但要注意因人、因地、因时而用，所谓"审因施养"、"辨证施养"。

1. 顺时养生

顺时养生是根据气候时间变化防寒避暑，顺从四季、时辰、气候等特点调养身体，从而达到养生保健之目的。顺应四时气候、阴阳变化的规律，从精神、起居、饮食、运动诸方面综合调养。例如，《黄帝内经》中的"四气调神"就是一年四季不同时节的顺时调养方法。同时，对六淫之邪要避之有时，春避风温，夏避酷暑，长夏避湿浊，秋避燥邪，冬避严寒；久旱酷热或湿热秽浊的季节，避其疠气。

2. 调和情志

情志泛指喜、怒、忧、思、悲、恐、惊七种情绪变化，简称七情。除顺四季气象特点调节精神活动之外，中医认识五脏之气化生情志，若情志失调，则会影响身体健康。养生家也非常重视情志，主张调和七情，延年益寿。《灵枢·天年》提出：智者养生"和喜怒"，应善于运用自身主观能动性，在过激七情发作前，自觉化解；充分利用良性情绪对气血的和调畅达作用，保健身心；特别提倡心态安闲清静，了无杂念，以静虚养神，从而达到《素问·上古天真论》中的"恬淡虚无，真气从之"，"精神内守，病安从来"。

3. 饮食有节

所谓饮食有节，是指饮食要有节制，不能随心所欲，要讲究吃的科学和方法。合理调配各种谷肉果蔬，不宜偏嗜；饥饱适中，反对过分节食或暴食暴饮；一日三餐定时进食，控制嗜欲，以粗淡饮食为美，同时进食心态应平和愉悦，精神专注，忌郁怒忧恐、心不在焉。

4. 起居有常

《黄帝内经》云："上古之人，其知道者……食饮有节，起居有常，不妄作劳，故能形与神俱，而尽终其天年，度百岁乃去。"又云："起居无节，故半百而衰也。"起居有常，即日常生活有一定规律并合乎人体的生理机制。其具体内容，主要包括作息有时、活动中节、劳逸适度及顺应天时等。也就是说，顺应四时，昼夜规律起居作息；根据个人体质，不妄劳作，劳逸结合；夫妻和顺，房事有度。

5. 形体锻炼

常习导引吐纳之术，坚持形体锻炼。华佗创五禽戏，已成为健身术的代表。其后，如太极拳、八段锦、易筋经等运动健身的专门功法和套路，均广为流传。

6. 针灸药饵

针法疏通经络，灸法温运补虚，加之推拿，具有防病保健作用；所谓药饵，是指利用药物，调理阴阳、补益脏腑、和调气血，达到治疗的目的，即可根据年龄、体质、性别等适当服用调补药物。

第四节 中药及其应用

中药是在中医理论指导下，用以防病治病、增进人体健康的中国传统药物。它是中华民族对自然资源创造性开发与利用的结果，包括天然植物药、动物药、矿物药以及其他来源的药物。而"诸药草类最多，诸药以草为本"，由于中药的来源以植物性药材居多，使用也最普遍，所以古来相沿把药学也称为"本草"。及至近代，随着西方医药学在我国的传播，本草遂逐渐改称为"中药"。

一、中药发展的历史沿革

在原始时代，古人在采食植物和狩猎时，不可避免地接触并逐渐注意到一些植物和动物及其对人体的影响，经过无数次有意识的试验、观察，逐步形成了最初的药物知识。原始社会的后期，人们从野果与谷物自然发酵的启示中，

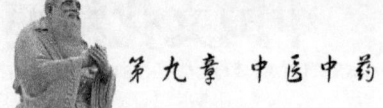

还逐步掌握了酒的酿造技术。至殷商时期，酿酒业已十分兴盛。酒不仅是一种饮料，更重要的是其具有温通血脉、行药势和作为溶媒等多方面的作用，故古人将酒誉为"百药之长"。

到了汉代，诞生了一部药物学专著——《神农本草经》，这也是中国现存最早的药物专著。该书共载药物365种，系统地总结了汉以前的药学成就，对后世中药学的发展具有深远的影响。唐、宋时期，朝廷曾组织专人整理修订中药学书籍。唐代苏敬等人编写的《新修本草》是中国由政府颁行的第一部药典。明代李时珍又著成《本草纲目》，该书52卷，共载药1892种，绘图1160幅，这一巨著对中国医药学发展有着重大的贡献。随后经过历代医家的长期实践经验积累，本草学也在不断充实发展，并较完整地保存和流传下来，成为中华民族优秀文化宝库中的一个重要内容。

二、中药的基本知识

（一）中药的性能

"性"即药性，"能"即效能，每种中药都有一定的性能。中医学认为一切疾病的发生和发展过程，都意味着阴阳邪正的相互消长，表现为机体（脏腑、经络）功能失常所反映出来的各种病理状态——症状和体征。药物治疗疾病的基本作用是祛除病邪，消除阴阳偏盛偏衰的病理状态，以恢复人体健康。药物种类甚多，每一药物都有一定适应范围，中医称之为药物的偏性。以药物的偏性纠正疾病表现的阴阳偏盛偏衰，这些特性（偏性）即中药的性能，也就是中药的药物作用。疾病的属性有寒证、热证；病势有向上、向下、入里；病位有脏腑、经络之不同；病有虚证、实证，故中药也有性味、归经、升降浮沉、补泻等特性。

1. 四气五味

四气五味理论最早载于《神农本草经》，其序录云："药有酸咸甘苦辛五味，又有寒热温凉四气。"书中以四气配合五味，共同标明每味药的药性特征，开创了先标明药性，后论述药物功效及主治病证的本草编写体例，奠定了以四气五味理论指导临床用药的基础。

（1）四气。四气，指药物的寒、热、温、凉四种特性，又称四性。药物的寒、热、温、凉，是从药物作用于机体所发生的反应概括出来的，与所治疾病的寒、热性质相对而言。寒凉和温热是两种对立的药性，而寒与凉、热与温之间只是程度的不同。另外还有平性，即药性平和。一般药性寒或凉的药是能够减轻或消除热证的药物，多具清热、解毒、泻火、凉血、滋阴等作用，主治各种热症。温热药多具温中、散寒、助阳、补火等作用，主治各种寒症。例如，黄芩、板蓝根对于发热口渴、咽痛等热证有清热解毒作用，表明这两种药物具有寒性；而附子、干姜对于腹中冷痛、脉沉无力等寒证有温中散寒作用，表明这两种药物具有热性。正如《神农本草经》云："疗寒以热药，疗热以寒药，即寒者热之，热者寒之"（《素问·至真要大论》），这是基本的用药规律。

（2）五味。药物的五味是通过长期的用药实践而确定的，并以脏腑经络理论为基础，用五行学说总结归纳而成。它不仅是药物味道的真实反映，也是药物作用的高度概括。《黄帝内经》认为辛散、酸收、甘缓、苦坚、咸软，这是关于五味所代表的药物作用最早的总结和概括。经后世医家不断补充和发展，五味所代表的药物作用及主治病证日臻完善。

①辛味。能散能行，有发散解表、行气行血的作用。一般解表药、行气药、活血药多具辛味，故辛味药多用于治疗外感表证及气滞血瘀等病证。

②甘味。能补能和能缓，有滋补和中、调和药性及缓急止痛的作用。一般滋养补虚、调和药性及止痛的药物多具甘味，故甘味药多用于治疗正气虚弱、身体诸痛及调和药性、中毒解救等。

③酸味。能收能涩，有收敛固涩的作用。一般固表止汗、敛肺止咳、涩肠止泻、固精缩尿、固崩止带的药物多具酸味，故酸药多用于治疗体虚多汗、肺虚久咳、久泻久痢、遗精滑精、遗尿尿频、月经过多、白带不止等病证。

④苦味。能泄能燥能坚，有清泄火热、泄降逆气、通泄大便、燥湿坚阴等作用，一般清热泻火、降气平喘、止呕止呃、通利大便、清热燥湿、祛寒燥湿、泻火坚阴的药物多具苦味，故苦味药多用于治疗热证、火证、气逆喘咳、呕吐呃逆、大便秘结、湿热蕴结、寒湿滞留等病证。

⑤咸味。能下能软，有泻下通便、软坚散结的作用。一般泻下或润下通便及软化坚硬、消散结块的药物多具咸味，故咸味药多用于治疗大便燥结、瘰疬瘿瘤、症瘕痞块等病证。咸味药多入肾经，有较强的补肾作用，也用于治疗肾虚证。

2. 升降浮沉

升、降、浮、沉是指药物作用于人体的几种趋向。升和降、浮与沉，都是相对的。升是升提的意思；降是降逆的意思；浮是上行发散的意思；沉是下行泄利的意思。人体发生疾病，病变部位有上、下、表、里之别；病势有上逆、下陷之异，治疗上就要求药物应分别具有升、降、浮、沉的作用趋向，使之有助于调整紊乱的脏腑气机，使之平顺，或因势利导祛邪外出。病邪在上在表者宜用升浮之药物；病邪在下在里者宜用沉降之品，旨在药达病所。病热逆上宜降，病热陷下宜升，这是运用中药必须掌握的一般规律。

3. 归经

归经是古人在长期临床实践中认识到某种药物对某些脏腑、经络的疾病具有特殊的治疗效果，总结出来的一种用药规律。例如，肺经有病时，常有咳、喘、痰症状，杏仁能止咳平喘，说明杏仁归入肺经；肝有病时，胁痛或不适为其主要表现，用青皮能治胁痛，说明青皮归入肝经等。由于药物归经不同，同属一性味药物，其作用亦不相同，或作用部位有别，如黄芩、黄连、黄柏同属苦寒清热药，但黄芩入肺经而长于清肺热；黄连入心、胃经而能泻心火、清胃热；黄柏入肾经而重于泻相火。又如，肉桂和干姜同为温里药，但因干姜入肺、脾、胃经，故肺、脾、胃有寒多择用干姜；而肉桂因入肝、肾经，故肝、肾有寒多选用肉桂而不用干姜。

(二) 中药的配伍与禁忌

1. 配伍

配伍是指有目的地按病情需要和药性特点，有选择地将两味以上药物配合同用。疾病的发生和发展往往是错综复杂、瞬息万变的，常表现为虚实并见、寒热错杂、数病相兼，故单用一药是难以兼顾各方的。所以临床往往需要同时使用两种以上的药物。药物配合使用，药与药之间会发生某些相互作用，如有的能增强或降低原有药效，有的能抑制或消除毒副作用，有的则能产生或增强毒副作用。因此，在使用两味以上药物时，必须有所选择，这就提出了药物配伍关系问题。中医把单味药的应用以及药与药之间的配伍关系称为药物的"七情"，"七情"之中，除单行者外，其余六个方面都是讲配伍关系。

(1) 相须：性能相类似的药物相伍为用，可起协同作用，增强疗效，如石膏、知母合用以增强清热泻火之力。

(2) 相使：性能不相同的药物相伍为用，能互相促进，增强疗效，如补气之黄芪与利水之茯苓合用，能增强补气利水之功。

(3) 相畏：一种药的毒副作用，能被另一种药物减轻或抑制，如半夏和南星的毒性能被生姜减轻或消除，所以说半夏和南星畏生姜。

(4) 相杀：一种药物能减轻或消除另一种药物的毒副作用，如防风杀砒霜的毒，绿豆能解巴豆的毒，所以说防风杀砒霜，绿豆杀巴豆。

(5) 相恶：两种药物合用，能互相牵制而使作用降低，甚至丧失药效，如生姜恶黄芩，人参恶莱菔子。

(6) 相反：两种药物合用后能产生毒性反应或副作用，如乌头反半夏，甘草反芫花。

以上六个方面中，相须、相使属药物的协同作用；相畏、相杀属药物不同程度的拮抗作用；相恶、相反属药物配伍禁忌。此外，尚有不用其他药物辅助，依靠单味药发挥作用的，叫单行，如独参汤及其他单方。

2. 禁忌

用药禁忌主要有三种：

（1）配伍禁忌：即两种药物配伍使用产生毒副作用或使疗效降低或消除，前人有"十八反"与"十九畏"的记述，所谓反者即指"相反"而言，所谓畏者即指"相恶"而言。

①十八反：甘草反甘遂、大戟、芫花、海藻；乌头反贝母、瓜蒌、半夏、白蔹、白及；藜芦反人参、沙参、丹参、玄参、苦参、细辛、芍药。

②十九畏：硫黄畏朴硝；水银畏砒霜；狼毒畏密陀僧；巴豆畏牵牛；丁香畏郁金；川乌、草乌畏犀角；牙硝畏三棱；官桂畏石脂；人参畏五灵脂。

（2）妊娠用药禁忌：妊娠期间服用某些药物，可引起胎动不安，甚至造成流产。根据药物对胎儿影响程度大小，分禁用与慎用两类。禁用药大多毒性较强或药性猛烈。慎用药则应根据孕妇病情酌情使用。可用可不用者，都应尽量避免使用，以免发生意外。

（3）服药时的饮食禁忌：饮食禁忌简称食忌，也就是通常所说的禁忌口，即服用某些药时不可同吃某种食物。例如，服用发汗药应忌生冷；服用调理脾胃药应忌油腻；服用消肿、理气药应忌豆类；服用止咳平喘药应忌鱼腥；服用止泻药应忌瓜果。

三、遣方用药

综上所述，可知从单味药到药物配伍应用，是通过很长的实践与认识过程逐渐积累丰富起来的。药物的配伍应用是中医用药的主要形式。药物按一定法度加以组合，并确定一定的分量比例，制成适当剂型，即为方剂。方剂是药物配伍的发展，也是药物配伍应用的较高形式，是中医学理、法、方、药中的一个重要组成部分，是在辨证方法基础上选药配伍组成的。所以我们常说"法随证立，方从法出，方以药成"，治法是指导遣药组方的原则，方剂是体现和完成治法的主要手段，三者互相为用，密不可分。

（一）方剂的组成原则

中医用"君、臣、佐、使"四个部分来概括说明方剂中药物配伍的主从关系。一个疗效确实的方剂，必须是针对性强、组方严谨、方义明确、重点突出、少而精悍。

（1）君药。是针对病因或主证起主要治疗作用的药物，一般效力较强，药量较大。

（2）臣药。是指方剂中能够协助和加强主药作用的药物。

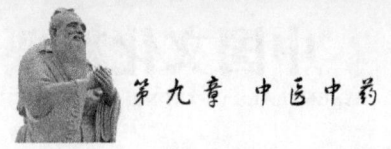

（3）佐药。是指方剂中另一种性质的辅药。它又分以下两种：①正佐：协助主药治疗兼证；②反佐：对主药起抑制作用，减轻或消除主药的副作用。

（4）使药。使药有两种意义：①引经药，能引方剂中诸药至病所的药物；②调和药，具有调和方剂中诸药作用的药物。

简单的方剂，除了主药外，其他成分不一定都具备。复杂的方剂主药可有两味或两味以上，辅、佐、使药也可有两味或多味。

（二）方剂的运用

方剂的组成既有严格的原则性，又有极大的灵活性。

1. 药味加减的变化

药味加减是在主证未变的情况下，随着兼证的变化，加入或易去某些药物，使之更合乎治疗的需要，也叫"随证加减"。例如，麻黄汤主治风寒表实证，假如外感风寒所伤在肺，症见鼻塞声重、咳嗽痰多、胸闷气短、苔白脉浮者，当以宣肺散寒为主，在麻黄汤中去桂枝，易炙甘草为甘草，与杏仁合为三拗汤，使肺气宣畅，自然诸证皆除。

2. 药量加减变化

这种变化是指组成之方剂的药物不变，但药量有了改变，因而改变了该方剂的功用和主治证的主要方面。例如，四逆汤和通脉四逆汤，二方都由附子、干姜、炙甘草三味组成，但前方中干姜、附子用量较小，主治阴盛阳微而致四肢厥逆、恶寒卷卧、下利脉微细的证候，有回阳救逆的功用。后方中干姜、子附用量较大，主治阴盛格阳于外而致四肢厥逆、身反不恶寒、下利清谷、脉微欲绝之证候，有回阳逐阴、通脉救逆的功用。

3. 剂型更换的变化

中药制剂种类较多，各有特点。同一方剂，由于剂型不同，其治疗作用也不相同。例如，理中丸由干姜、白术、人参、甘草等量组成丸剂，治中焦虚寒、自下利、呕吐腹痛、舌淡苔白，脉沉迟之证；若治上焦阳虚而致胸痹，证见心中痞闷、胸满、胁下有气上逆抢心、四肢不温、脉沉细等，即用以上四味药煎成汤剂分三次服（即人参汤）。这是根据病位有中上之别，病势有轻重之异，所以一取丸剂缓治，一取汤剂急治，临床上经常将汤剂改成丸、散、膏剂，或将丸、散方药改为汤剂，主要是取缓急不同之意。

（三）常用剂型

剂型是根据临床使用中草药治疗各种疾病的需要，将药物制成一定大小或不同形态的制剂。中草药剂型很多，并随着中西医结合的不断发展，剂型日益增多，传统的剂型在质量上、工艺上也有很多改革，现将常用剂型介绍如下。

1. 汤剂

把药物配齐后，用水或黄酒，或水酒各半浸泡后，再煎煮一定时间，然后去渣取汁，称为汤剂，一般作内服用，如麻黄汤、归脾汤等。汤剂优点是吸收快，疗效快，而且便于加减使用，能较全面地照顾到每一个病人或各种病证的特殊性，是中医临床使用最广泛的一种剂型。

2. 散剂

散剂是将药物研碎，成为均匀混合的干燥粉末，有内服与外用两种。内服散剂末细量少者，可直接冲服，如七厘散；亦有粗末的，临用时加水煮沸取汁服的，如香苏散。外用散剂一般作外敷、掺散疮面或患病部位，如生肌散、金黄散；亦有作点眼、吹喉外用的，如冰硼散。散剂有制作简便、便于服用携带、吸收较快、节省药材、不易变质等优点。

3. 丸剂

丸剂是将药物研成细末，以蜜、水或米糊、面糊、酒、醋、药汁等作为赋形剂制成的圆形固体剂型。丸剂吸收缓慢，药力持久，而且体积小，服用、携带、贮存都比较方便，也是一种常用的剂型。一般适用于慢性、虚弱性疾病，如归脾丸、人参养荣丸等；亦有用于急症，如安宫牛黄丸、苏合香丸等。临床常用的丸剂有蜜丸、水丸、糊丸、浓缩丸等数种。

4. 片剂

片剂是将中药加工或提炼后与辅料混合，压制成圆片状剂型。片剂用量准确，体积小。味很苦或具恶臭的药物经压片后再包糖衣，易于吞服；如需在肠道中起作用或遇胃酸易被破坏的药物，则可包肠溶片，使之在肠道中崩解。片剂应用较广，如银翘解毒片、桑菊感冒片等。

5. 冲剂

冲剂是将中药提炼成稠膏，加入部分药粉或糖粉制成颗粒散剂干燥而成的。冲剂用开水冲服，甚为方便。而且由于含糖较多，小儿易于接受。

6. 膏剂

将药物煎煮取汁浓缩成半固体叫膏剂。有内服及外用两种，内服的如雪梨膏等，外用的如风湿膏、狗皮膏药等。

7. 丹剂

丹剂一般是指含有汞、硫黄等矿物，经过加热升华提炼而成的一种化合制剂，具有剂量小、作用大、含矿物质之特点。此剂多外用，如红升丹、白降丹等。此外，习惯上把某些较贵重的药品或有特殊功效的药物剂型叫做丹，如至宝丹、紫雪丹等。所以，丹剂并非是一种固定的剂型。

8. 针剂

针剂是根据中草药有效成分不同，用不同方法提取、精制配成灭菌溶液供皮下、穴位、肌肉、静脉等注射用的一种剂型，具有作用迅速等优点，故对急症或口服药有困难患者尤为适宜。针剂是今后需大力研制的一种剂型，以适应中医急症之需要。

9. 酒剂

酒剂俗称药酒。其制法是将药物浸泡入酒中，经过一段时间后，去渣取汁供内服或外用。

思考题

1. 简述传统中医的哲学基础和思维方法。
2. 中医养生保健的主要方法有哪几种？

参考文献

[1] 王洪图. 内经学. 北京：中国中医药出版社，2004.
[2] 吴敦序. 中医基础理论. 上海：上海科学技术出版社，1996.
[3] 朱文峰. 中医诊断学. 上海：上海科学技术出版社，1995.
[4] 石学敏. 针灸学. 北京：中国中医药出版社，2004.

第十章 音乐舞蹈

音乐和舞蹈艺术承载了丰富的文化内涵,展现了人民对艺术美的追求和向往。经过数千年的发展和演进,中华民族的音乐和舞蹈艺术始终被激发出自由和真切的呐喊,借鉴融会西洋音乐和舞蹈艺术,为缤纷的中华艺术谱写出动人乐章。本章将详述音乐和舞蹈这两门姊妹艺术形式的发展历程及其在传统和当代视野下的传承与创新,观察其艺术形式和审美观念的流变。

第一节 中国音乐

中华民族音乐是世界音乐文化不可或缺的一部分。经过几千年的沉淀,中国音乐形成了自己独特的风格体系,创造了丰富的音乐文化,值得世人去深究与回味。华夏音乐的源头可追溯到7000年前的黄帝时期,从远古新石器的骨哨展开,到夏、商的乐舞和周的礼乐制度,并经历封建社会秦、汉、三国魏晋南北朝、隋、唐、宋、元、金、明、清的改朝换代,宫廷音乐与民间音乐异彩纷呈,无论是理论的律学或是乐府、歌舞、丝竹、戏曲等,都百花齐放,争奇斗艳。随着中国大门被打开,进入近代时期,西方音乐与中国音乐交织,碰撞出了新的火花。中国音乐在几千年的繁衍中不断自我肯定与否定,不断完善,成为人类音乐文化中的瑰宝。

一、远古时期

中华民族音乐的启蒙时期早于华夏族的始祖神轩辕黄帝2000余年。距今6700～7000余年的新石器时代,先民们可能已经可以烧制陶埙,挖制骨哨。这些原始的乐器无可置疑地告诉人们,当时的人类已经具备对音乐的审美能力。

远古的音乐文化根据古代文献记载具有歌、舞、乐互相结合的特点。葛天氏氏族中的所谓"三人操牛尾,投足以歌八阕"的乐舞就是最好的说明。当时,人们所歌咏的内

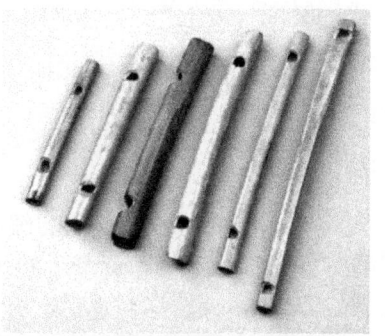

新石器时代的骨哨 浙江省余姚市河姆渡出土,长6～10厘米

容，诸如"敬天常"、"奋五谷"、"总禽兽之极"反映了先民们对农业、畜牧业以及天地自然规律的认识。这些歌、舞、乐互为一体的原始乐舞还与原始氏族的图腾崇拜相联系。例如，黄帝氏族曾以云为图腾，他的乐舞就叫做《云门》。关于原始的歌曲形式，可见《吕氏春秋》所记涂山氏之女所作的《候人歌》。这首歌的歌词仅只"候人兮猗"一句，而只有"候人"二字有实意。这便是音乐的萌芽，是一种孕而未化的语言。

二、夏、商时期

夏、商两代是奴隶制社会时期。从古典文献记载来看，这时的乐舞已经渐渐脱离原始氏族乐舞为氏族共有的特点，它们更多地为奴隶主所占有。从内容上看，它们渐渐离开了原始的图腾崇拜，转而为对征服自然的人的颂歌。例如，夏禹治水，造福人民，于是便出现了歌颂夏禹的乐舞《大夏》。夏桀无道，商汤伐之，于是便有了歌颂商汤伐桀的乐舞《大濩》。商代巫风盛行，于是出现了专司祭祀的巫（女巫）和觋（男巫）。他们为奴隶主所豢养，在行祭时舞蹈、歌唱，是最早以音乐为职业的人。奴隶主以乐舞来祭祀天帝、祖先，同时又以乐舞来放纵自身的享受。他们死后还要以乐人殉葬，这种残酷的殉杀制度一方面暴露了奴隶主的残酷统治，而另一方面也客观地反映出生产力较原始时代的进步，从而使音乐文化具备了迅速发展的条件。

据史料记载，在夏代已经有用鳄鱼皮蒙制的鼍鼓。商代已经发现有木腔蟒皮鼓和双鸟饕餮纹铜鼓，以及制作精良的脱胎于石桦犁的石磬。青铜时代影响所及，商代还出现了编钟、编铙乐器，它们大多为三枚一组。各类打击乐器的出现体现了乐器史上打击乐器发展在前的特点。始于公元前5000余年的体鸣乐器陶埙从当时的单音孔、二音孔发展到五音孔，它已可以发出十二个半音的音列。根据陶埙发音推断，我国民族音乐思维的基础五声音阶出现在新石器时代的晚期，而七声至少在商、殷时已经出现。

三、西周、东周时期

西周和东周是奴隶制社会由盛到衰，封建制社会因素日趋增长的历史时期。西周时期宫廷首先建立了完备的礼乐制度。在宴享娱乐中不同地位的官员规定有不同的地位、舞队的编制。总结历代史诗性质的典章乐舞，可以看到所谓"六代乐舞"，即黄帝时的《云门》、尧时的《咸池》、舜时的《韶》、禹时的《大夏》、商时的《大濩》、周时的《大武》。周代还有采风制度，收集民歌，以观风俗、察民情。赖于此，保留下大量的民歌，经春秋时孔子的删定，形成了我国第一部诗歌总集——《诗经》。它收有自西周初到春秋中叶500多年的入乐诗歌一共 305 篇。

《诗经》中最优秀的部分是"风"。它们是《周南》、《绍南》、《邶风》、《鄘风》、《卫风》、《王风》、《郑风》、《齐风》、《魏风》、《唐风》、《秦风》、《陈风》、《桧风》、《曹风》和《豳风》共160篇，合称"十五国风"。它们主要流传于今河南、湖北、陕西、山东、山西等地，其中集中于河南地区。此外还有文人创作的"大雅"、"小雅"，以及史诗性的祭祀歌曲"颂"这几种体裁。就其流传下来的文字分析，《诗经》中的歌曲可概括为十种曲式结构。作为歌曲尾部的高潮部分，已有专门的名称"乱"。在《诗经》成书前后，著名的爱国诗人屈原根据楚地的祭祀歌曲编成的《九歌》，具有浓重的楚文化特征。至此，两种不同音乐风格的作品南北交相辉映成趣。

周代时期民间音乐生活涉及社会生活的十几个侧面，十分活跃。世传俞伯牙弹琴，钟子期知音的故事即始于此时。这反映出演奏技术、作曲技术以及人们欣赏水平的提高。古琴演奏中，琴人还总结出"得之于心，方能应之于器"的演奏心理感受。著名的歌唱乐人秦青的歌唱据记载能够"声振林木，响彻飞云"。更有民间歌女韩娥，歌后"余音绕梁，三日不绝"。这些都是声乐技术上的高度成就。

周代音乐文化高度发达的成就还可以1978年湖北随县出土的战国曾侯乙墓葬中的古乐器为重要标志。这座可以和埃及金字塔媲美的地下音乐宝库提供了当时宫廷礼乐制度的模式，这里出土的 8 种 124 件乐器，按照周

元代王振鹏《伯牙弹琴图》，绢本水墨

代的"八音"乐器分类法（金、石、丝、竹、匏、土、革、木）几乎各类乐器应有尽有。其中最为重要的64件编钟乐器，分上、中、下三层编列，总重量达5000余公斤，总音域可达 5 个八度。由于这套编钟具有商周编钟一钟发两音的特性，其中部音区十二个半音齐备，可以旋宫转调，从而证实了先秦文献关于旋宫记载的可靠。曾侯乙墓钟、磬乐器上还有铭文，内容为各诸侯国之间的乐律理论，反映着周代乐律学的高度成就。

在周代，十二律的理论已经确立。五声阶名（宫、商、角、徵、羽）也已经确立。这时，人们已经知道五声或七声音阶中以宫音为主，宫音位置改变就叫旋宫，这样就可以达到转调的效果。律学上突出的成就见于《管子·地员篇》所记载的"三分损益法"。此法是以宫音的弦长为基础，增加三分之一（益一），得到宫音下方的纯四度徵音；徵音的弦长减去三分之一（损一），得到徵音上方的纯五度商音；依次继续推算就得到五声音阶各音的弦长。按照此

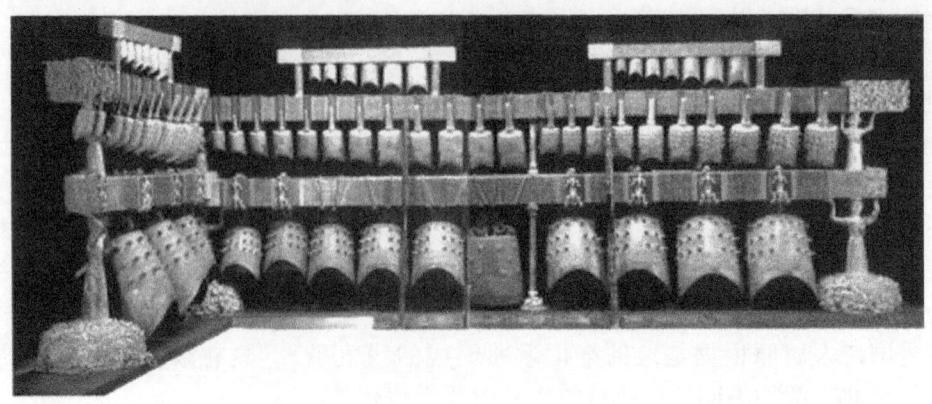

曾侯乙编钟是我国现存最大、保存最完整的一套大型编钟

法算全八度内十二个半音（十二律）的弦长，就构成了"三分损益律制"。这种律制由于是以自然的五度音程相生而成，每一次相生而成的音均较十二平均律的五度微高，这样相生十二次得不到始发律的高八度音，造成所谓"黄钟不能还原"，给旋宫转调造成不便。但这种充分体现单音音乐旋律美感的律制一直延续至今。

四、秦、汉时期

秦汉时开始出现"乐府"。它继承了周代的采风制度，搜集、整理、改编民间音乐，也集中了大量乐工，在宴享、郊祀、朝贺等场合演奏。这些用做演唱的歌词，被称为乐府诗。乐府，后来又被引申为泛指各种入乐或不入乐的歌词，甚至一些戏曲和器乐也都称之为乐府。汉代主要的歌曲形式是相和歌。它从最初的"一人唱，三人和"的清唱，逐渐发展为有丝、竹乐器伴奏的"相和大曲"，并且具"艳—趋—乱"的曲体结构，它对隋唐时的歌舞大曲有着重要影响。

汉代在西北边疆兴起了鼓吹乐。它以不同编制的吹管乐器和打击乐器构成多种鼓吹形式，如横吹、骑吹、黄门鼓吹，等等。人们或在马上演奏，或在行进中演奏，鼓吹乐用于军乐礼仪、宫廷宴饮以及民间娱乐。今日尚存的民间吹打乐，还有汉代鼓吹乐的遗风。在汉代还有"百戏"出现，它是将歌舞、杂技、角抵（相扑）合在一起表演的节目。汉代律学上的成就是京房以三分损益的方法将八度音程划为六十律。这种理论在音乐实践上虽无意义，但体现了律学思维的精微性，从理论上达到了五十三平均律的效果。

五、三国、两晋、南北朝时期

由相和歌发展起来的清商乐在北方得到曹魏政权的重视，设置清商署。两晋之交的战乱使清商乐流入南方，与南方的吴歌、西曲融合。在北魏时，这种南北融合的清商乐又回到北方，从而成为流传全国的重要乐种。汉代以来，随着丝绸之路的畅通，西域诸国的歌曲已开始传入内地。北凉时吕光将在隋唐燕乐中占有重要位置的龟兹（今新疆库车）乐带到内地。由此可见当时各族人民在音乐上的交流已经十分普及了。这时，传统音乐文化的代表性乐器古琴趋于成熟，主要表现为：在汉代已经出现了题解琴曲标题的古琴专著《琴操》，为蔡邕所作。且三国时著名的琴家嵇康在其所著《琴赋》一书中有"徽以中山之玉"的记载。这说明当时的人们已经知道古琴上徽位泛音的产生。

当时，还出现了一大批文人琴家，如嵇康、阮籍等，《广陵散》（《聂政刺韩王曲》）、《猗兰操》、《酒狂》等一批著名曲目问世。南北朝末年还盛行一种有故事情节，有角色和化妆表演，载歌载舞，同时兼有伴唱和管弦伴奏的歌舞戏。这已经是一种小型的雏形戏曲。这一时期律学上的重要成就，包括晋代荀勖找到管乐器的"管口校正数"。南朝宋何承天在三分损益法上，以等差叠加的办法，创立了十分接近十二平均律的新律。他的努力初步解决了三分损益律黄钟不能还原的难题。

六、隋、唐时期

隋、唐两代，政权统一。特别是唐代，政治稳定，经济兴旺，统治者奉行开放政策，勇于吸收外域文化，加上魏晋以来已经孕育着的各族音乐文化融合打下的基础，终于萌发了以歌舞音乐为主要标志的音乐艺术全面发展的高峰。

唐代宫廷宴享的音乐，称作"燕乐"。隋、唐时期的七部乐、九部乐就属于燕乐。它们分别是各族以及部分外国的民间音乐，主要有清商乐（汉族）、西凉（今甘肃）乐、高昌（今吐鲁番）乐、龟兹（今库车）乐、康国（今撒马尔汉）乐、安国（今布哈拉）乐、天（今印度）乐、高丽（今朝鲜）乐等。其中龟兹乐、西凉乐更为重要。燕乐还分为"坐部伎"和"立部伎"演奏，根据白居易的《立部伎》诗，坐部伎的演奏员水平高于立部伎。风靡一时的唐代歌舞大曲是燕乐中独树一帜的奇葩。它继承了相和大曲的传统，融会了九部乐中各族音乐的精华，形成了散序—中序（或拍序）—破（或舞遍）的结构形式。见于《教坊录》著录的唐大曲曲名共有46个，其中《霓裳羽衣舞》以其为著名的皇帝音乐家唐玄宗所作，又兼有清雅的法曲风格，为世人所称道。著名诗人白居易写有描绘该大曲演出过程的生动诗

第十章 音乐舞蹈

篇《霓裳羽衣舞歌》。

唐代宫乐图

唐代音乐文化的繁荣还表现为有一系列音乐教育的机构，如教坊、梨园、大乐署、鼓吹署以及专门教习幼童的梨园别教园。这些机构以严密的考绩，造就了一批批才华出众的音乐家。文学史上堪称一绝的唐诗在当时是可以入乐歌唱的。当时歌伎曾以能歌名家诗为快；诗人也以自己的诗作入乐后流传之广来衡量自己的写作水平。在唐代的乐队中，琵琶是主要乐器之一。今日的琵琶形制已经与它相差无几。现在福建南曲和日本的琵琶，在形制上和演奏方法上还保留着唐琵琶的某些特点。受到龟兹音乐理论的影响，唐代出现了八十四调，燕乐二十八调的乐学理论。唐代曹柔还创立了减字谱的古琴记谱法，一直沿用至近代。

七、宋、金、元时期

宋、金、元时期音乐文化的发展以市民音乐的勃兴为重要标志，较隋、唐音乐得到更为深入的发展。随着都市商品经济的繁荣，适应市民阶层文化生活的游艺场"瓦舍"、"勾栏"应运而生。在"瓦舍"、"勾栏"中人们可以听到叫声、嘌唱、小唱、唱赚等艺术歌曲的演唱，也可以看到说唱类音乐种类崖词、陶真、鼓子词、诸宫调以及杂剧、院本的表演，可谓争奇斗艳、百花齐放。这当中唱赚中的缠令、缠达两种曲式结构对后世戏曲以及器乐的曲式结构有着一定的影响；而鼓子词则影响到后世的说唱音乐鼓词；诸宫调是这一时期成熟起来的大型说唱曲种，其中歌唱占了较重的分量。

承隋、唐曲子词发展的遗绪，宋代词调音乐获得了空前的发展。这种长短句的歌唱文学体裁可以分为引、慢、近、拍、令等词牌形式。在填词的手法上已经有了"摊破"、"减字"、"偷声"等。南宋姜夔是既会作词，又能依词度曲的著名词家、音乐家。他有17首自度曲和一首减字谱的琴歌《古怨》传世。这些作品多表达了作者关怀祖国人民的心情，描绘出清幽悲凉的意境，如《扬州慢》、《鬲溪梅令》、《杏花天影》等。宋代的古琴音乐以郭楚望的代表作《潇湘水云》开古琴流派之先河。作品表现了作者爱恋祖国山河的盎然意趣。在弓弦乐器的发展长河中，宋代出现了"马尾胡琴"的记载。到了元代，民族乐器三弦的出现值得注意。在乐学理论上宋代出现了燕乐音阶的记载。同时，早期的工尺谱谱式也在张炎《词源》和沈括的《梦溪笔谈》中出现。近代通行的一种工尺谱直接导源于此时。

宋代还是我国戏曲趋于成熟的时期。它的标志是南宋时南戏的出现。南戏又称温州杂剧、永嘉杂剧，其音乐丰富而自然。南戏最初是一些民间小调，演唱时可以不受宫调的限制，后来发展为曲牌体戏曲音乐时，还出现了组织不同曲牌的若干乐句构成一种新曲牌的"集曲"形式。南戏在演唱形式上已有独唱、对唱、合唱等多种。传世的三种南戏剧本《张协状元》等见于《永乐大曲》。

戏曲艺术在元代出现了以元杂剧为代表的高峰。元杂剧的兴盛最初在北方，渐次向南方发展，与南方戏曲发生交融。具有代表性的元杂剧作家有关汉卿、马致远、郑光祖、白朴，另外还有王实甫、乔吉甫，世称"六大家"。典型作品如关汉卿的《窦娥冤》、《单刀会》，王实甫的《西厢记》。元杂剧有严格的结构，即每部作品由四折（幕）一楔子（序幕或者过场）构成。一折内限用同一宫调，一韵到底，常由一个角色（末或旦）主唱，这些规则，有时也有突破，如王实甫的《西厢记》达五本二十折。元杂剧对南方戏曲的影响，造成南戏（元明之际叫做传奇）的进一步成熟。出现了一系列典型剧作，如《拜月庭》、《琵琶记》等。这些剧本经历代流传，至今仍在上演。当时南北曲的风格已经初步确立，以七声音阶为主的北曲沉雄；以五声音阶为主的南曲柔婉。随着元代戏曲艺术的发展，出现了最早的总结戏曲演唱理论的专著，即燕南之庵的《唱论》，而周德清的《中原音韵》则是北曲最早的韵书，他把北方语言分为十九个韵部，并且把字调分为阴平、阳平、上声、去声四种。这对后世音韵学的研究以及戏曲说唱音乐的发展均有很大的影响。

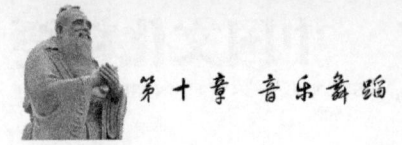

八、明、清时期

明清社会已经具有资本主义经济因素的萌芽,市民阶层日益壮大,音乐文化的发展更具有世俗化的特点。明代的民间小曲内容丰富,虽然良莠不齐,但其影响之广,已经达到"不问男女"、"人人习之"的程度。由此,私人收集编辑、刊刻小曲成风,而且从民歌小曲到唱本、戏文、琴曲均有私人刊本问世。例如,冯梦龙编辑的《山歌》,朱权编辑的最早的琴曲《神奇秘谱》等。明清时期说唱音乐异彩纷呈。其中南方的弹词、北方的鼓词以及牌子曲、琴书、道情类的说唱曲种更为重要。南方秀丽的弹词以苏州弹词影响最大。

苏州出现了以陈遇乾为代表的苍凉雄劲的陈调,以马如飞为代表的爽直酣畅的马调,以俞秀山为代表的秀丽柔婉的俞调这三个重要流派,以后又繁衍出许多新的流派。北方的鼓词以山东大鼓、冀中的木板大鼓、西河大鼓、京韵大鼓较为重要。牌子曲类的说唱有单弦、河南大调曲子等;琴书类说唱有山东琴书、四川扬琴等;道情类说唱有浙江道情、陕西道情、湖北渔鼓等;而且少数民族也出现了一些说唱曲如蒙古说书、白族的大本曲。

明清时期的歌舞音乐在各族人民中有较大的发展。例如,汉族的各种秧歌、维吾尔族的木卡姆、藏族的囊玛、壮族的铜鼓舞、傣族的孔雀舞、彝族的跳月、苗族的芦笙舞,等等。以声腔的流布为特点,明清戏曲音乐出现了新的发展高峰。明初四大声腔有海盐、余姚、弋阳、昆山诸腔,其中的昆山腔经由江苏太仓魏良甫等人的改革,以曲调细腻流畅,发音讲究字头、字腹、字尾而赢得人们的喜爱。昆山腔又经过南北曲的汇流,形成了一时为戏曲之冠的昆剧。最早的昆剧剧目是明梁辰鱼的《浣纱记》,其余重要的剧目如明汤显祖的《牡丹亭》、清洪升的《长生殿》等。弋阳腔以其灵活多变的特点对各地的方言小戏发生重要影响,使得各地小戏日益增多,如各种高腔戏。

明末清初,北方以陕西西秦腔为代表的梆子腔得到很快的发展,它影响到山西的蒲州梆子、陕西的同州梆子、河北梆子、河南梆子。这种高亢、豪爽的梆子腔在北方各省经久不衰。晚清,由西皮和二黄两种基本曲调构成的皮黄腔,在北京初步形成,由此,产生了影响遍及全国的京剧。

明清时期,器乐的发展表现为民间出现了多种器乐合奏的形式。例如,北京的智化寺管乐、河北吹歌、江南丝竹、十番锣鼓,等等。明代的《平沙落雁》、清代的《流水》等琴曲以及一批丰富的琴歌《阳关三叠》、《胡笳十八拍》等广为流传。琵琶乐曲自元末明初有《海青拿天鹅》以及《十面埋伏》等名曲问世,至清代还出现了由华秋萍最早编辑的《琵琶谱》。明代末叶,著名的乐律学家朱载堉计算出十二平均律的相邻两个律(半音)间的长度比值,精确到二十五位数字,这一律学上的成就在世界上是首创。

九、近现代时期

这一时期始自清代末年的鸦片战争,并且历经一系列反帝反封建的农民革命、戊戌变法、辛亥革命、"五四运动",以及中国共产党领导下的新民主主义革命。这一百多年来,音乐文化的发展交织着传统音乐和欧洲传入的西洋音乐,新音乐以其迅猛之势发展成近代中国音乐的一大潮流。而传统音乐也在新的时代影响下,进一步发展。

传统音乐首先以革命民歌的发展为热潮,如反映太平天国时期的《洪秀全起义》,抗议沙俄入侵的《迫迁歌》,"五四"时期痛斥军阀出卖祖国镇压百姓的城市小调《坚持到底》、《苦百姓》等,在红色根据地、边区、解放区,革命歌曲更具有优秀的传统,如《天心顺》、《绣金匾》等。戏曲音乐中京剧的影响遍及全国,出现了程长庚、谭鑫培以及后来的梅兰芳、程砚秋、周信芳等一代名伶。各种地方小戏,评剧、越剧、楚剧等也获得了较快的发展,民族器乐则以民间出现各种器乐演奏的社团为特点,如"天韵社"、"大同乐会",等等。这反映出民族器乐的发展有着深厚的民间活动基础。这种民族音乐民间活动的特点造就出许多卓越的民间艺人,民间音乐家为中国乐器的演奏发展创造了新的阶段,其中华彦钧(瞎子阿炳)就是杰出的代表,创作了二胡曲《二泉映月》、《听松》,琵琶曲《大浪淘沙》;二胡作曲家刘天华定制二胡把位,改进演奏手法,并创作了十首二胡独奏曲,如《良宵》、《光明行》、《病中吟》等。此外,各种琴谱、琵琶谱的编定、出版也多了起来。

西洋音乐传入中国虽可以上溯到元、明时期,但作为一种文化形态影响于中国应当是清末民初的学堂民歌运动。当时一些要求效法欧美、富国强兵的维新派知识分子倡导了这一运动。学堂乐歌作为学生音乐教材,以宣传爱国反帝,拥护共和,以及学习欧美科学文明为内容,例如,《中国男儿》、《体操——兵操》等,这些乐歌不仅流传于学校,而且广泛影响到社会各界。这些乐歌多借用外来曲调填词,也有少数根据本国曲调填词,还有少数创作曲调。如李叔同的代表作《送别》,是根据美国通俗歌曲作家奥德威的《梦见家和母亲》的曲调填词而成。在"五四"新文化运动的影响下,我国开始兴起了传播西洋音乐,改进国乐的音乐活动,并建立了一些音乐社团,如"北大音乐研究社"、"中华美育社"、"国乐改进社"。

专业音乐教育最初就是在这些音乐社团的基础上建立的。20世纪20年代,萧友梅又在上海创建国立音乐学院,这是正规专业音乐教育的开始。肖友梅呕心沥血,将毕生献给了我国早期专业音乐教育事业。20世纪中国的音乐

第十章 音乐舞蹈

教育，萧友梅是最有贡献的人之一。当时人们囿于封建传统观念，报名专业音乐学院人数极少，由于萧友梅的事业心与责任心极强，淡泊名利，不谋仕途，国立音乐学院从一开始就建立了严格的管理制度，保证人才培养的质量。后来成为著名音乐家的丁善德就是在1928年以自学的一点琵琶知识从昆山前来报考的，萧友梅慧眼识英才，将其招入学校悉心培养，日后果成大器。1928年冼星海由北平来上海考入国立音乐学院，因家贫无以维系，萧友梅为他安排了文字抄写工作以半工半读。"五四"时期，著名的语言学家、作曲家赵元任是我国早期专业音乐创作的代表人物之一，他注意民族语言音调同歌曲音调的结合，善于吸收传统音乐中的营养，写出了《卖布谣》、《教我如何不想他》等流传至今的作品。民族音乐家刘天华则从学习西洋音乐中探索改进国乐的道路，创办了"国乐改进社"，写出了《光明行》、《空山鸟语》、《病中吟》等二胡独奏曲，并且把二胡纳入专业音乐教育课程。黎锦晖创作了大量的儿童歌舞剧，如《小小画家》、《麻雀与小孩》以及歌舞表演剧《可怜的秋香》等，这些作品也是我国新歌剧创作的早期探索。

王光祈作为我国第一代音乐学家，在中国音乐史学以及比较音乐学上具有开创性贡献。20世纪30年代著名的音乐教育家、作曲家黄自对专业音乐教育的巩固和提高做了大量工作。他培养出如刘雪庵、江定仙、贺绿汀等一批专业音乐工作者，他创作的《玫瑰三愿》、《南乡子》等艺术歌曲仍然回响在今天的音乐会舞台上。黄自还写出了我国第一部清唱剧《长恨歌》。这一时期，专业音乐的发展虽然以歌曲为主要体裁，器乐曲相对来说较为薄弱，但在器乐作品民族化方面也出现了一些较好的作品，如贺绿汀的钢琴曲《牧童短笛》、瞿维的钢琴曲《花鼓》、马思聪的小提琴曲《内蒙组曲》、马可的管弦乐曲《陕北组曲》、民族器乐曲如《春江花月夜》。

中国的近现代历史是一部烟火不断的战争史。这个时期也涌现了一大批优秀的民族音乐家和作品。在北伐战争时期，中国的音乐家配合革命，作了大量的革命歌曲，在国民革命军中广为传唱，有的是用国外通俗歌曲旋律直接配以革命歌词。在抗日战争时期，音乐家更是同仇敌忾，创作了大量的抗日歌曲。冼星海的《黄河大合唱》，反映了当时全民抗日的精神；聂耳为电影配曲作的《义勇军进行曲》，成为抗日军民的军歌被到处传唱，中华人民共和国成立后，将《义勇军进行曲》定为国歌。

新中国成立以后，音乐文化有了新的发展。涌现了一批著名作曲家和歌唱家。其中，郭兰英是我国著名晋剧表演艺术家，是新中国民族新歌剧、民歌演唱的奠基人。1949年郭兰英先后在中央戏剧学院附属歌舞剧院、中央实验歌剧院、中国歌剧舞剧院任主要演员。她的演唱兼蓄神、情、形、声、腔、字六艺之美。她所扮演的人物，达到了歌唱与表演的高度和谐统一。她在其主演的新歌剧《白毛女》、《小二黑结婚》等中创造了喜儿、小芹等一系列生动艺术形象；她演唱的歌曲《南泥湾》、《赶牲灵》以及电影《上甘岭》插曲《我的祖国》、《北风吹》、《山丹丹开花红艳艳》等受到广大民众的欢迎，在全国广为流传。她演唱的保留曲目最多，已成为我国民族歌曲中的经典之作，成为民歌演唱方面的杰出代表。她为中国新歌剧表演体系的建立作出开拓性、历史性贡献。郭兰英还作为中国艺术的使者，访问了苏联、意大利、日本等20多个国家和地区，为中外文化交流作出了贡献。

"文革"期间，西方音乐又不合法了，社会上又重新流行革命歌曲和所谓的"语录歌"，加上特别的"样板戏"，中国音乐和国外的交往几乎停止，中国内地的音乐进入一个低谷时期。可音乐的发展也不是完全停滞不前的。

"文革"期间的"样板戏"虽然过于霸道，但也将西方管弦乐队引入为京剧伴奏，产生了特殊的效果，在浑厚的管弦乐背景下的京胡和皮鼓声，更突出了京剧的特点，也可以说是一种中西结合的发展。尤其是《智取威虎山》中的《打虎上山》过门中的圆号独奏和后面的京胡唱腔浑然天成。

十年"文革"过去以后，随着改革开放，经济的复苏，文化的春天也来了。施光南，被誉为"时代歌手"、"人民音乐家"。虽然1970年前后他创作的《打起手鼓唱起歌》等歌曲旋律流畅上口，具有浓郁的民族风味，深得群众喜爱；但施光南也因这些优秀作品，在"文革"中被扣上了"修正主义"的帽子。1976年"四人帮"被粉碎，施光南与亿万人民的心一道沸腾了，他把万众扬眉高歌的心情与自己的一腔喜悦化成了一曲《祝酒歌》。这首歌顿时传遍了华夏大地，陶醉了亿万中国人民，成为一代颂歌。施光南用泪水谱写了《周总理，你在哪里？》，歌声牵动着所有人的心，表达了施光南与人民对周总理的爱戴之心。1978年7月，施光南调入中央乐团。从此他心头积压多年的灵感尽情喷发。特别在改革开放的大潮滚滚涌来的时候，他接连创作了《生活是多么美丽》、《月光下的凤尾竹》、《假如你要认识我》等上百首带有浓厚理想主义色彩的抒情歌曲，其中最突出的是由女中音歌唱家关牧村演唱的《吐鲁番的葡萄熟了》和由女高音歌唱家彭丽媛演唱的《在希望的田野上》等。施光南的歌，无论是对当代青年美好生活和爱情的讴歌，或是对祖国的深深热恋和对家乡的殷切期望，都唱出了中国人民走向未来的心声，唤起了亿万人民的强烈共鸣，成为经久不衰的时代之歌，激励着一代青年在他的歌声中奋发进取。1981年，为纪念鲁迅先生诞辰100周年，施光南创作了大型歌剧《伤逝》。1990年3月，在施光南心中孕育了20余载的另一部大型歌剧《屈原》初步完成，并举行了歌剧《屈原》音乐演唱会。施光南勤奋进取，是一

第十章 音乐舞蹈

位多产音乐家,除以上所举外,他的作品还有芭蕾舞剧《白蛇传》、京剧《红云岗》和河北梆子《红灯记》的唱腔音乐,大型合唱《神州吟》、钢琴协奏曲《阿里山之鼓》、弦乐四重奏《青春》、电影音乐《海上生明月》、《多情的土地》、《第十一届亚运会会歌》等。

李谷一,我国著名歌唱家、国家一级演员。作为中国内地第一个流行歌手,李谷一是中国通俗音乐从弱到强的见证人和亲身参与者,她成功地把西方的现代音乐理念与中国传统的民歌结合改造。她在观众面前表现的是自信和风光,有《乡恋》、《难忘今宵》、《妹妹找哥泪花流》等风靡全国的经典歌曲。而从她有胆量做中国通俗音乐的开拓者之时,就已经注定她的音乐之路不可能一帆风顺。1970年,因演出《补锅》,李谷一在"文化大革命"中被视为"修正主义黑苗子",她父母的家被抄,李谷一也被下放到偏穷的瑶寨;1980年,在一曲《乡恋》的引发下,李谷一成了中国乐坛上离经叛道的众矢之的,招致了如同政治事件般的批评和批判,几个月里眼中淌泪、心里淌血。最终,李谷一以演唱《乡恋》而登上了1983年春节联欢晚会的舞台。从那时起,她打定主意要把自己余生的精力奉献给中国的轻音乐事业。

谈到民族声乐歌唱家,自然少不了彭丽媛和宋祖英。彭丽媛,中国著名女高音歌唱家、中国当代民族声乐代表人物、中国第一位民族声乐硕士、中国人民解放军最年轻的文职将军,也是深受国内外观众喜爱的著名军旅歌唱家。因其端庄、高贵、大气的舞台形象,从"牡丹之乡"——山东菏泽走出的她,常常被誉为"牡丹仙子"。1982年,参加中央电视台第一届"春节联欢晚会"的演出,并随即演唱了歌曲《在希望的田野上》和《我爱你,塞北的雪》而赢得了大半个中国观众的喜爱。

1985年9月,宋祖英背着小背篓,就像当年的老乡沈从文,走出湘西,越过洞庭湖,一个人到京城去闯世界。这位极普通的湘西女子,凭着一个山里人的执著和顽强,终于从湘西走向了世界,为中国音乐融入世界音乐作出了卓著的贡献。连续21年,宋祖英在春节晚会上演唱了20首经典曲目,演绎着节日的欢庆、百姓的幸福、国家的欢腾,成为"春晚"的常青树。每年春节国家各个部门的各种大型晚会都能看见宋祖英的身影,她演唱的主旋律歌曲特色鲜明、情感真挚,表现力极佳,受到社会各界的一致好评。经常随部队、"心连心"慰问团到各地去演出的宋祖英受到官兵和百姓们最热烈的欢迎,成为百姓最喜爱、人气最高的人民艺术家。宋祖英无疑是中国民歌乐坛的领军人物,代表中国民族声乐最高水准的宋祖英仍在不断探索、不断进步。

我国当代也有一批才华横溢的作曲家。叶小钢,我国当代最著名的作曲家之一。1983年获美国齐尔品协会作曲比赛第一名。他出生于音乐世家,四岁起随父亲叶纯之学习钢琴，中学毕业后下放至农场劳动，后又进工厂当了6年钳工，1978年以优异的成绩考入中央音乐学院作曲系，师从杜鸣心教授。1985年中国音协及中国唱片公司为叶小钢举行了交响作品音乐会，首演了《老人故事》、《八匹马》、《地平线》等五部交响音乐。1986年，叶小钢受文化部委托，以日本驻华大使中江要介的舞剧《浩浩荡荡，一衣带水》为契机，与日本艺术家合作，作为中方代表叶小钢与中江要介共同创作该舞剧的音乐，该舞剧在东京和北京的演出均获得成功。

陈其钢，享誉欧洲乃至全世界音乐界的中国作曲家。在他身上，有着一种古典诗人般的气质，他将中国的传统元素很好地融合于西方现代作曲之中，其作品越来越受到国内听众的关注。陈其钢是当今少数几个在世界音乐舞台上极为活跃的中国作曲家之一，2008年他创作了北京奥运主题曲《我和你》，并填写了其歌词。

谭盾是著名美籍华裔作曲家，1999年因歌剧《马可波罗》获得格莱美作曲大奖。他为电影《卧虎藏龙》的作曲获得2001年奥斯卡金像奖"最佳原创配乐奖"。他还为2008年北京奥运会创作了《拥抱爱的梦想》。20多年来，谭盾通过他的音乐把中国文化传到世界，受到各地音乐爱好者的尊重和喜爱。早在大学时期，谭盾、陈其钢同为当时中央音乐学院著名的"四大才子"之一，1979年，22岁的谭盾创作了第一部交响乐作品《离骚》，就因使用了鼓、萧等在当时被认为是前卫的音响和技术而引起争议。被同学郭文景称"绝对是个天才"的他在1983年以交响曲《风雅颂》赢得国际作曲大奖，1984年举行的"谭盾中国器乐作品专场音乐会"发表了《天影》及《双阙》等多首曲目，引起不少批评，却也震撼了当时的民乐界。最早令他名噪国际的是他用"陶器"和"纸"来创作音乐，此外"石头"和"水"也是他非常喜欢在音乐中使用的"乐器"，代表作如《陶土乐》、《水乐》、《纸乐》等实验作品引起国际乐坛注意。除了用"陶器"和"纸"作为他编写乐曲的配乐外，谭盾也比较喜欢以大提琴、编钟等乐器作配乐，但那不一定是大提琴传统的声音，在《卧虎藏龙》中，谭盾让大提琴家马友友演奏出二胡般的音色，而在《交响乐1997——天地人》中，大提琴的声音只能用"令人瞠目结舌"来形容。

中国经济的巨大发展与西方文化交流的增加，给我国音乐的发展带来了巨大的机遇。傅海静、邓韵、田浩江等一批著名歌唱家走出国门，出现在国际舞台上；国外著名交响乐团、芭蕾舞团、歌剧团也走进我国舞台，各个中心城市的各种文化艺术节也异彩纷呈。现代技术的发展，也带来现代音乐的蓬勃发展，我国在数码音乐方面也取得了巨大发展。

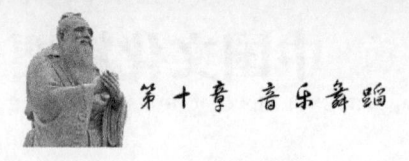

第二节 中国舞蹈

中国舞蹈经历了几千年的历史发展与沉淀,它形成于远古及春秋战国时期,发展于秦汉时期;经由魏晋南北朝时期的积淀与扩充,各民族舞蹈艺术的融合,形成了唐代舞蹈的艺术顶峰;宋金时期民间舞蹈音乐的逐渐繁荣,直至明清时期,中国舞蹈融入戏曲艺术之中。

这漫长悠远的中国舞蹈历史,为我们展现了一幅绚烂瑰丽的艺术画面,让人由衷感喟中国人民的能歌善舞与艺术才能。而今,随着社会的发展,交流的多元,中国舞蹈又经历了另一次具有重大历史意义的变革。本节将为大家讲述优美、丰富的中国舞蹈艺术,在舞海中徜徉,体会中国舞蹈艺术的精致与博大。

一、中国舞蹈的形成与发展

(一)远古时期的舞蹈

原始时期人类的舞蹈是从类人猿继承而来的,最具有代表性的就是从类人猿中继承的环舞。随着人类的发展,舞蹈的形式逐渐多元化。远古时期人们的舞蹈很大程度上并非是为了追求审美和愉悦,而更多的是从生存、生活的需求而舞。那时的舞蹈有的表现狩猎,有的表现部落之间的战斗,有的表现图腾祭祀,有的表现生殖崇拜,等等,而舞蹈形态古拙而自然,展现了旺盛的生命激情。

这一时期的舞蹈并非独立的艺术形态,它通常与音乐、演唱结合在一起,因此我们称之为乐舞。中国迄今为止有记载的舞蹈主要为部落舞蹈,多为歌颂部落首领,表现其勇猛智慧,如黄帝的乐舞《云门大卷》、尧的乐舞《大章》、舜的《大韶》。这些原始时期的舞蹈均是全民活动,更多的是遵从人们的本能,"手之舞之,足之蹈之",其每一个动作都是内心强烈的情感表达。

(二)奴隶社会的舞蹈

随着奴隶制度的建立,舞蹈也悄然发生着变化。在娱人、娱神和教化功能方面有了纵深的发展。一方面,为了满足统治阶层对乐舞的享乐追求,大概从夏朝起,古代舞蹈正式步入了其"表演"领域,由女性奴隶表演的舞蹈开始出现。相传夏朝的末代统治者桀,荒淫无道,迷恋享乐,他一人就拥有女乐三万余人,整日歌舞升平。但不可否认的是,这一专业舞人的出现,为舞蹈最终成为一门独立艺术,准备了条件。另一方面,歌颂统治者、祭祀等舞蹈类型继续发展。如禹的乐舞《大夏》歌颂其治水之功,汤的《大濩》表现汤灭大夏,为民祈雨等内容。

同时，祭祀舞蹈依然比较频繁出现，舞蹈种类也较为多样。具体说来，分为与农业活动有关的蜡祭、以驱鬼逐疫为目的傩祭和表现祈祷献祭的巫舞。其中巫舞有较多难度技巧的表现，是需要经过训练才能表演的。最为著名的巫舞即为楚国的祠神歌舞，屈原的《九歌》为我们了解巫舞提供了一个很好的参照。

《九歌》共分11篇：《东皇太一》（据闻一多考证，这是祭祀伏羲的赋）；《云中君》（祭祀月神）；《湘君》、《湘夫人》（祭祀水神）；《大司命》、《少司命》（祭祀司管人类寿夭的星神）、《东君》（祭祀太阳之神）；《河伯》（祭祀黄河之神）；《山鬼》（山神）、《国殇》（祭祀为国捐躯的英雄）；《礼魂》。它们的主要类型是祭祀歌、恋歌和挽歌。其中描述的舞蹈代表了先秦时代民间巫术舞蹈的最高水平。

（三）周代的礼乐制度

"礼"是周代初年制定的一系列典章、制度、规矩和礼节，是对巫术等礼仪的进一步规范化。"乐"是诗歌、音乐、舞蹈三位一体的艺术形式。周代的统治者希望以"制礼作乐"的方式来治国治民，形成稳固的、等级化的社会秩序。此秩序的核心是以"礼"为规范的巩固政权的手段。

礼乐包括了几方面的文化乐舞：一是大舞，指先秦之前的大型舞蹈，即六代乐舞，从黄帝至周代的最重要的乐舞。分别是《云门》、《大章》、《大韶》、《大夏》、《大濩》和《大武》。二是小型舞蹈，包括了《帗舞》（五彩绸和羽毛）、《羽舞》（白色羽毛）、《皇舞》（五彩羽毛）、《旄舞》（牦牛尾）、《干舞》（干戚）和《人舞》（手袖）。它们均是以表演时所用器械来进行命名和分类的。

这一时期还出现了专门对礼乐进行管理的官职——"大司乐"。他负责掌管各种乐舞活动，并培训相关的表演人员，同时负责祭祀活动。

周代后期，"礼崩乐坏"，周代的礼乐制度也不可避免地走向了灭亡。

二、中国舞蹈艺术的成熟与高峰

魏晋南北朝时期的舞蹈为中国唐代舞蹈的全面辉煌打下了重要基础。此时期舞蹈的类型和表现方式，在很多方面有了质的不同和进步。与少数民族的大融合，也为中华民族的文化带来了新鲜的血液。

唐代舞蹈的全面发展并非一蹴而就，而是社会发展积累的体现。它与政治的稳定、民族的融合、经济的发展息息相关。

（一）部乐

隋代又一次结束了中国分裂的局面后，集中整理了前朝各种乐舞，制定了"七部乐"，至唐代中期，发展为"十部乐"，分别为："燕乐"、"清商乐"、"西凉乐"、"天竺乐"、"高丽乐"、"安国乐"、"疏勒乐"、"康国乐"、"龟兹乐"和"高昌乐"。"十部乐"大部分以国名、地名来命名，舞蹈的民间色彩非常显著。部乐的建立是彰显统治阶级臣服四方的功绩，一般用于祭祀和宴会的特殊场合，因此属于较为严肃的范畴。其中最具代表性的乐舞是"龟兹乐"和"西凉乐"。龟兹位于今新疆库车，这种舞蹈体态多为S形或是三道弯，体现出舞者优美的身体曲线。龟兹乐奔放而洒脱，有大量的手指动作和姿态，往往采用道具。从今天的新疆舞中，我们可以想象当年唐代"龟兹乐"表演时的激情与风姿。

（二）"坐部伎"与"立部伎"

由"燕乐"发展而来的"坐部伎"与"立部伎"名称取自其演奏时的姿态。堂下立奏被称为"立部伎"，堂上坐奏被称为"坐部伎"。其中坐部伎的"破阵乐"最为著名，也最具影响力。其最突出的特点是完全按照战阵队形来设计舞蹈。该舞并没有高难度的技巧，而是具有古拙的气质。不过其表演形式非常多样，有男子集体舞、女子集体舞和四人舞表演的《小破阵乐》，此乐舞传到亚洲其他国家，体现了大唐的恢弘气势和影响力。

（三）"软舞"与"健舞"

唐代的舞蹈发展愈发成熟，开始用"阴柔"和"阳刚"来划分舞蹈的类型。"健舞"多为西域及其他民族的舞蹈。顾名思义是"阳刚"的舞蹈，舞姿和舞蹈内容具有奔放、潇洒和明快的风格。"健舞"的代表剧目有《胡旋舞》、《剑气》等。

西安发现的唐代石刻"胡旋舞"

汉族地区将西北少数民族称为"胡人"，因而从《胡旋舞》的名称便可知这是源自西北少数民族的舞蹈，出自"康国乐"。胡旋舞以快速的旋转著称，在唐中期非常流行，男女皆能舞。著名人物安禄山善舞胡旋，他曾在玄宗和杨贵妃面前表演过这个舞蹈。唐代著名诗人白居易、元稹都曾为这一舞蹈写下形象的诗句。《剑气》则是从民间武术发展而来，由公孙大娘表演的舞蹈，持剑起舞。我国剑舞的历史非常悠久，楚汉相争的鸿门宴"项庄舞剑，意在沛公"，其中项庄所表演的便是剑舞。

相比之下,"软舞"则多为中原舞蹈。"软舞"的舞姿追求袖、腰、轻、柔,突出展示汉族传统舞蹈中,那令人折服的"阴柔"之美。不过"软舞"也并非一味地阴柔,它追求刚柔并济的意旨。著名的"软舞"有《绿腰》、《柘枝》、《春莺转》等。其中《绿腰》一舞是根据器乐曲《六幺》编创而成,此舞充分展现了传统舞蹈的技艺,节奏由慢到快轻盈柔美。

(四)宗教信仰舞蹈

唐代的开明治国方略充分地体现在宗教方面,儒道佛均有稳定的发展。从敦煌莫高窟的壁画中飘绫飞天、长袖曼舞、反弹琵琶和拍击腰鼓的伎乐舞蹈形象,可感受到佛教舞蹈的风韵。唐玄宗创作的《凌波舞》则展示了道教舞蹈的缥缈轻盈。而改佛为道的舞蹈《霓裳羽衣舞》是最为人熟知的唐代舞曲。杨贵妃最善舞此曲,白居易的诗作《霓裳羽衣歌》中"小垂手后柳无

敦煌壁画　伎乐舞蹈

力,斜曳裾时云欲生。烟蛾敛略不胜态,风袖低昂如有情"等诗句,道出此舞的绰约风姿。

(五)唐代的"舞蹈家"

歌舞伎乐的发展,音乐机构的庞大,铸就了唐代辉煌的舞蹈艺术文化,而乐人在更为开明和获得更多支持的情况下进行艺术创造,有善胡旋的安吒奴、善凌波的谢阿蛮、善柘枝的萧炼师等。虽然他们的地位无法企及今朝的艺术家,但这些舞蹈家们凭借自己的艺术表现而名垂青史。

三、中国舞蹈与戏曲艺术的融合

在经历了盛唐的繁荣发展之后,"纯舞"逐渐衰落,宋代的舞蹈迎来了历史上的又一转折。舞蹈逐渐成为戏曲艺术中不可或缺的部分,逐渐演化出塑造人物性格、营造环境氛围、展示唱词的手法。不再如此前那般,单纯以人体的艺术化舞动来表现艺术内容。

(一)"队舞"

"队舞"这一概念由宋代宫廷舞蹈衍发而来,是以唐的多段提歌舞套曲——"大曲"为基础结构,配上了诗歌、道白,分段落表演的歌舞形式。队

舞细分为"小儿队"和"女弟子队",继承了很多经典的唐代舞蹈,如《剑气队》、《柘枝队》、《拂霓裳队》等。不过它们在形式和内容上,都有自己的创新。队舞不但规模更为宏大,而且更侧重综合形式的展现,还包括了诗歌、音乐、演唱等艺术形式的运用。与此同时,队舞结构内容愈发程式化,通常分为三段:"引子"、"铺陈"与"结尾"。其复杂性和表现性的展现主要集中于"铺陈"段。此外,队舞还有意识地向情节化发展。队舞虽为宫廷舞蹈,但因宋朝尚文轻武,而显示出一种较之前更为清新雅致、更加文人化的志趣。

(二)"舞队"

宋代的民间舞蹈发展十分红火,这种现象一直延续到明清,形成我国历史上民间舞蹈的发展高潮。民间舞蹈多为节日或时令的庆典与祭祀表演。宋代的民间舞蹈称为"舞队",多在瓦舍勾栏中表演。瓦舍勾栏就如同现今的演出中心,聚集着最为丰富的民间艺术。《清明上河图》中即有对瓦舍勾栏的刻画。舞队中包括了《鲍老》、《抱锣》、《乘肩》、《跑旱船》等,其舞蹈内容多为欢庆年节或滑稽表演。

元代的宫廷舞蹈具有鲜明的少数民族气质。其中著名的《十六天魔舞》,是非常妩媚、性感而神秘的舞蹈,繁复的手姿、多变的舞态,曾令元顺帝痴迷不已。

(三)戏曲舞蹈

至明清时期,中国舞蹈彻底融入了戏曲艺术之中,促成了戏曲舞蹈的发展,实现了舞蹈从单纯抒情,向抒情与叙事并重的转变;从单纯的情感表达,向塑造人物性格发展的功能性转变。戏曲中也不乏精彩的纯粹舞蹈性表演段落,这多为明清以前的中国经典舞蹈。舞姿身段可视为不同于纯粹的舞蹈样式,贯穿于戏曲始终的演员形体动态表演。有些为程式化的意义表达,有些则是伴随表演之中的表情,有些为了表现情节,有些则是表演技巧的展示。例如,刀马旦的耍花腔、七仙女的水袖功等,均能生动鲜明地表现戏曲内容和意境。

四、当代中国舞蹈的发展与创新

当西方芭蕾舞、现代舞进入我们的视野,当下的中国舞蹈注定不能封闭地发展。舞蹈艺术家们不断地实践和探索,期望寻找到适合中国舞蹈发展之路。

对中国芭蕾舞发展影响最为深远的是俄罗斯学派芭蕾舞团,在俄罗斯舞蹈家们的指导下,1958年,中国首度上演了芭蕾舞《天鹅湖》。20世纪60年代伊始,中国开始了芭蕾舞的创作,如《红色娘子军》、《白毛女》。改革开放后,国人以更开放的眼光,面向世界广泛吸收、借鉴,而不只局限于受单一的俄罗斯学派的影响,十多年间,中国陆续上演了多部不同风格的西方经典剧目,并创作了很多中国题材的芭蕾舞作品。如根据鲁迅著名小说《祝福》改编的同名舞剧《祝福》和根据曹雪芹的传世之作《红楼梦》改编的《林黛玉》,颇具影响。半个多世纪以来,芭蕾艺术在中国有了长足的发展,如今,中国正雄心勃勃地步入"芭蕾大国"的行列之中。

20世纪上半叶,中国现代舞的播种者吴晓邦,创作了《义勇军进行曲》、《游击队员之歌》、《饥火》等作品,它们与中国的历史发展紧密结合。其中《饥火》着意表现"朱门酒肉臭,路有冻死骨"的旧中国现象。20世纪后期,台湾舞蹈家林怀民创立的"云门舞集"是华语社会的第一个现代舞团,其舞团独创了融合中国京剧身段、武功以及西方现代舞和芭蕾舞技艺的现代舞剧。该舞团的代表剧目有《行草》、《红楼梦》、《白蛇传》等,其充满中国意蕴的舞蹈编创,注重舞者个性的排演与训练,使云门舞集的舞蹈掷地有声,获得现代舞界的广泛称赞。中国内地的北京雷动天下现代舞团和上海金星现代舞团,他们同样进行着中国话语语境中的现代舞探索。

历史的洪流滚滚不尽,中国舞蹈在经历几千年的变迁的同时,也承载着现代社会的洗礼与陶冶。我们不难发现,尽管传统舞蹈的光彩依然璀璨,但西方艺术的引进也丰富着我们的视听。几十年来,中国舞蹈人不断地在求新求变,在历史传承中不断地探索和反思。中国舞蹈的未来将何去何从?需要新一代舞蹈艺术者们不息的奋斗。

思考题
1. 简述中国古代音乐美学思想观念的形成和发展。
2. 谈谈唐代舞蹈的种类及其艺术特征和审美。
3. 试论中国现代舞的发展历程与未来方向。

参考文献
[1] 刘再生. 中国古代音乐史简述. 北京:人民音乐出版社,2006.
[2] 汪毓和. 中国近现代音乐史(第三版). 北京:人民音乐出版社,2009.
[3] 袁禾. 中国古代舞蹈史教程. 上海:上海音乐出版社,2004.
[4] 王克芬,隆荫培. 中国近现代当代舞蹈发展史. 北京:人民音乐出版社,1999.

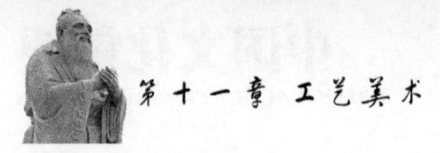
第十一章 工艺美术

第十一章　工艺美术

中国工艺美术起源于旧石器时代的石器。此后，在漫长的社会发展过程中，中国的青铜器、陶瓷、丝绸、刺绣、漆器、玉器、珐琅、金银制品和各种雕塑工艺品，相继取得辉煌成就。由此可见，中国的工艺美术历史悠久，品种繁多，技艺精湛。它蕴涵着中国人民的智慧，融会了中华民族特有的民族气质和文化素养，以其生动的神韵蜚声国内外，是世界文明中一颗闪光的明珠。本章将主要从制作工艺、艺术欣赏的角度对上古至清代工艺美术分门别类地进行梳理和简要介绍。

第一节　上古三代工艺美术

中华民族的工艺美术史可以追溯到史前时代，彩陶可谓史前艺术的奇葩，它不仅反映了我们祖先领先于世界的工艺水平，而且展现出中华民族独特的审美倾向。随着生产力的发展，原始社会开始逐渐向奴隶社会过渡，工艺也显示出新时代的特征。夏、商、周三代青铜器艺术蜚声世界，尤其商、周青铜器以其渊源有续又各不相同的面貌见证了奴隶社会的发展历程。

一、史前工艺美术

史前时代，人们以石器作为主要生产工具，因此常被称为石器时代。通常把使用打制石器的时期称为旧石器时代，使用磨制石器的时代称为新石器时代。我国旧石器时代约从 200 万年前延续至 1 万年前，此后进入新石器时代，直至约公元前 21 世纪。在石器制作的漫长过程中，人们渐渐发现均衡对称、规整光滑等性质可能更利于实际使用，萌生了对器物中这些性质的欣赏之情。具有这些性质的工具是善的，同时又是美的。从某种意义上说，上古先民创造的这些石器便是工艺美术的起源。

如果说，史前石器制作更多地体现人类早期文明的共性，那么，中国新石器时代文明遗址中发现的许多陶器、玉石器等造物充分显示了中国史前工艺制作的特征。它们不仅体现出我们祖先把握材料性能和工艺制作的能力，还显现出一些在形式方面中国人特有的感受和认识。

陶器是人类创造的第一个改变原材料性质的产品，在人类发展的历史进程中意义重大。我国境内的陶器分布广泛，种类繁多。从器物的装饰来划分，可以分为素陶、印纹陶、彩陶、黑陶等品种。印纹陶的产生晚于素陶，其出现可能与烧制素陶时发现陶体上还保留着的编织物的痕迹有关，所以布纹、席纹、和绳纹也就成为最早的印纹陶装饰纹样。彩陶是新石器时代陶器中最重要的艺术形式，它是在打制后，于橙红色的胎底上形成黑、红、白等色图案的一种陶器。彩陶陶质细腻，表面有光泽，彩绘不会脱落。它们往往既是实用的日常生活用具，又是精美的艺术创造。

我国较早的成熟的彩陶文化当推分布在今天陕西、山西、河南的仰韶文化（约公元前5000—公元前3000）。仰韶彩陶的器形与纹饰可细分为数种类型，其中以半坡与庙底沟类型最为杰出。半坡类型彩陶的代表器形有平底钵、直口尖底瓶、卷沿浅腹圈底（或小平底）盆等，纹样一般分布在口沿、内壁或外壁的上半部，图案多动物形象，最多见的是人面鱼纹、写实鱼纹、鹿纹、人面纹和由鱼纹发展而来的三角纹、菱形纹、波折纹等，与捕鱼生活息息相关的渔网也被用作彩陶装饰，有的还与渔船造型结合起来。庙底沟类型彩陶器皿曲腹形较多见，图案绘制的部位多数集中在口沿和腹部外壁，豆荚、花瓣、花蕾等植物纹以

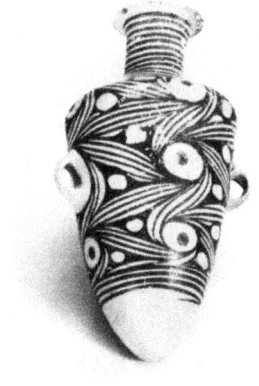

彩陶漩涡纹尖底瓶
马家窑文化马家窑类型

及由之演化而来的圆点、弧边三角、涡纹都是当时流行的纹样，而且多采用富于变化的多方连续方式。

甘肃、青海地区的马家窑文化（公元前3300—公元前2050）是具有代表性的新石器时代中晚期文化，按不同的地域和时间，可以细分为石岭下、马家窑、半山、马厂四个类型，其中以马家窑类型最具有代表性。马家窑类型彩陶多见瓮、瓶、壶大型器皿，显示出人们对器皿形体的把握能力。随着彩陶形体的改变，装饰面积也变大，与此相适应，出现了漩涡纹、波浪纹、弧边三角纹等纹样，构图繁复，回旋多变。在浓密旋纹的中心处往往留有空白和圆点，在视觉上一方面让人不至于感到繁密得难以呼吸，另一方面又增强了酣畅淋漓的动感。有学者认为这种纹样可能来源于对当时一种先进石工具"飞石索"的描绘；也有的学者认为其强烈运动感与人们赖以生存的汹涌的黄河有关。总之，可以肯定的是这种富于韵律感的纹样充满浓厚的生活气息。

在新石器时代中晚期以后，一些石器开始蜕变为礼器。由于玉的材质比一般用于制作生产工具的石料美丽，所以玉器在这时作为原始部落图腾的标志广泛用于礼仪祭祀，具有神秘的巫术色彩与浓厚的原始宗教意味。浙江北部、上

海和太湖流域的良渚文化（公元前3300—公元前2200）属于新石器时代末期，这时的墓葬已经出现贫富分化的现象，因此也有专家认为该文化是原始社会向阶级社会过渡的阶段。玉琮是良渚文化大型墓葬中的常见器物，很可能是与原始宗教有关并且象征权力的器物。其造型是外方内圆的柱状，一般刻有精致的图像，常见一种颇具特色的神人兽面像。一般玉琮以

玉琮　良渚文化

四组横向的相同的图像形成一节，高度由一节到十几节不等。图像的位置很有特点，不是各以琮外壁四个平面为单元，而是一般刻在转角处，即以边棱为中线，与边棱相邻的两侧共同组成一个画面单元，因此图像的最佳观看角度是面对玉琮的转角，造成图像似乎向两边退缩的感觉。

二、商周青铜器艺术

约公元前2070年，禹领导部落建立起夏王朝，禹去世后其子启改禅让制为世袭制，原始氏族全民性的部落组织转化为奴隶社会的国家机器。约公元前1600年，汤率领部落推翻夏朝，建立商王朝。商先后五次迁都，最后定都于殷（今河南安阳）。约公元前1046年，周王朝取代商王朝，定都于陕西西安附近的丰镐，直至公元前770年因国人暴动和西部少数民族入侵而迁都洛邑（今河南洛阳）。以公元前770年为界，周朝被分为西周和东周两个时期。夏、商、周史称三代，在文化史上往往又被称为中国的"青铜时代"。这不仅是因为这段时期中国出现了卓越的青铜工艺制作技术，还因为当时青铜工艺在人们的社会生活中扮演十分重要的角色。可以毫不夸张地说，三代的青铜工艺不仅是中华民族对人类文化的杰出贡献，而且还为世界文化史书写了空前绝后的辉煌篇章。

青铜是红铜加锡的合金，与红铜相比，具有熔点低和硬度大等优点。已知最早的完整的青铜器是河南偃师二里头文化遗址出土的爵，俗称"二里头爵"，其含铜量92%，含锡量7%，已是典型的青铜器。青铜器合金成分视其用途与器类不同可以有不同的比例。在《周礼·考工记》记载了6种不同含锡量的青铜器物的合金配方，称为"六齐"。这是世界上最早的关于青铜合金成分的文字记录。从现存的文物可知，三代对青铜器的需求量很大。目前存留的青铜器仅有铭文的就达上万件，此外还有大量不铸铭文的青铜器。至于被消耗掉的青铜武器和生产工具，数量更是难以估量。由此可以想象中国古代青铜铸造业的繁盛状况。

商周时代的青铜器主要使用合陶质块范铸造。其制作工序大概是：先用泥

做成即将铸造的青铜器物的形状，然后在泥模上翻制出外范，并按需要将之分为若干块；还需制造内范，内范一般是在泥模的外表刮出青铜器器壁的厚度而制成，内范的体积相当于青铜器的容积；将内范和外范装配在一起，再用麦秆等有机物留出气孔，浇铸时将金属溶液注入外范与内范之间的空间；浇铸过后经过打磨，即成为精美的青铜器。铸造工艺的复杂决定了青铜器的制作必须是大规模的分工合作。例如，安阳殷墟出土的商代司母戊方鼎高 133 厘米，重 875 公斤，是现存商周青铜器中最大最重的方鼎，这么巨大的青铜器在铸造时必须几个熔炉同时熔

司母戊方鼎　商代晚期

炼铜液，一些复杂的部件、立体的附饰和活动的提梁，并不能一次铸造成功，而必须采取二次铸造法或分铸法来完成。这就对铸造的精确度提出要求。商周时期的人们在当时的历史条件下最大限度地发展了块范浇铸和二次铸造的方法，生产了大量具有民族特色的青铜器。

商周时代青铜器的种类繁多，依照其用途可分为礼器、乐器、兵器、工具和车马器几类。礼器用于各种礼仪场合如祭祀和宴会，一方面在祭祀中用做人神"沟通"的工具，另一方面在各种礼仪场合中象征奴隶主的权势和地位。青铜器中的精品，也就是说可以作为美术史考察对象的青铜器几乎都是礼器。自殷商以来，青铜器这种贵重器物被大量用来祭祀祖先和鬼神。商代奴隶主祭祀的狂热使青铜器的种类和形制日益增加。西周统治者实行将一部分政治权力、土地和奴隶分赐诸侯的分封制度，青铜礼器就被用来维护和体现这种等级制度，各级奴隶主必须使用和他们地位相称的礼器，青铜礼器使用的数量和规模与奴隶主地位高低成正比，这就是"藏礼于器"。

商代后期的青铜器大量发现于河南安阳小屯的殷墟，所以又被称为殷墟期青铜器。这个时期是中国古代青铜器艺术发展的第一个高峰期，所出土的青铜器大多器壁较厚，流行通体满花，除了底纹以外还在花上叠花，俗称"三层花"。总体风格造型凝重雄浑，纹饰繁丽深沉。前述司母戊方鼎堪称这一时期青铜器代表，其造型成熟、稳定，宽厚的口沿、方正的腹体、粗壮的柱足和鼎耳，增强了全器的体量感和雄浑气势。装饰效果单纯强烈，鼎腹四面中心均为光洁素面，以衬托环绕四周由夔龙纹组成的饕餮图案，全器气象森严，给人以神秘威慑和恐怖的印象，正是商代奴隶主权势和威严的象征。殷墟期青铜器中

第十一章 工艺美术

的狞厉之美与器体上的装饰纹样直接相关。当时工匠在允许范围内对各种奇异纹样作出尽可能多的变化和组合。饰纹以想象的动物纹样为主，如饕餮纹、夔纹、凤纹，也有些现实世界动物的纹样如鸟纹、鸟首纹、牛纹、牛首纹、蛇纹、蝉纹、龟纹、蟾蜍纹等；此外尚有几何形纹样如目雷纹、云雷纹、涡纹、乳钉纹等。最盛行的是饕餮纹，它其实是以虎、牛、羊等动物为生活原型，经过综合、夸张的艺术处理而创造出来的一种神秘动物形象。商人尊神重鬼，以饕餮纹为代表的装饰纹样正是这种崇信神鬼观念的直接体现。商代青铜器上那种狰狞威慑的感情色彩，多半产生于这些纹饰。

西周作为奴隶社会的鼎盛时期，各种作为社会规范的"礼"相继确立，体现在青铜器上则是风格由奇诡转为典雅。西周中后期的青铜器大多造型简洁流畅，外形与纹饰极为谐和，富有音乐般的韵律感。饕餮纹已不多见，带状花纹增加，流行顾首的夔纹、凤鸟纹以及窃曲纹、重环纹等几何纹样。商代以来流行的以神秘动物为主体的花纹被分解和图案化形成新的装饰纹样，神话意义也日渐减弱，比如夔纹蜕变而成窃曲纹，龙纹身上的鳞甲演化而成重环纹。这些经演化后形成的纹样已经失去怪异的形象特点而变成抽象的几何图形了，使西周青铜器在装饰风格上趋于和谐典雅。此外，铭文在商代只有几个字，这时则达到数百字，比如陕西扶风出土的毛公鼎铭文达 497 字。

公元前 770 年周平王东迁以后，周王室失去控制各诸侯国的力量，而鲁、齐、晋、楚、秦等各国之间为取得霸权彼此征战杀戮，前后达 3 个世纪，这就是春秋时期。春秋时代对于周天子及其维护者而言是一个"礼崩乐坏"的时代。一方面，衰微的周王室不能再垄断青铜器铸造，另一方面，各诸侯国铸器增多，手法不断翻新，形成不同的地域风格。1923 年河南新郑出土的莲鹤方壶堪称春秋时期青铜器艺术总体风格标志。全器从造型到装饰均充满灵动的生趣，通体满饰纠结的龙螭纹，器耳、器足和扉棱皆设计为生动灵异的怪兽。壶盖的镂空莲瓣向四周纷披开，壶顶中立一昂首展翅欲飞、几乎是完全写实的鹤，宛如从浓重的神秘氛围中烘托出一个崭新的生命，壶下负壶而走的两只伏兽，又

莲鹤方壶　春秋时期

使铜壶 60 多公斤的沉甸甸的重量，在感觉上变得轻盈了。春秋中期还出现了失蜡铸造法，这是继块范铸造法后最重要的青铜制作技术。这种工艺先用蜡制成器件模型，再用泥浆浸涂，焙烤使蜡质流失形成泥范，最后注入溶液。失蜡

铸造法可以铸造出极为细密精致的具有多层透雕装饰的青铜器物。

第二节 汉唐工艺美术

公元前221年，秦灭六国，建立了中国历史上第一个中央集权的统一王朝。秦政苛暴，二世而亡。公元前206年，汉王朝建立。两汉历时长达400多年，是我国统一的、多民族的封建国家巩固发展时期。随着政局的相对稳定、经济的发展、国力的强盛，农业、手工业、科学技术、文化艺术等方面都有很大发展。青铜、漆器、陶瓷、玉器、织绣等各个工艺美术门类，都有新的创造和发展。就工艺美术发展的全面性与品种类型的丰富性而言，汉代堪称中国古代工艺美术史上的第一个全盛时期。

汉末动乱，随后是长达数百年的分裂、动荡的魏晋南北朝时期。这个阶段民族文化、东西文化逐渐交流、融合，为唐代文化的繁荣奠定了基础。公元589年，隋朝统一南北。公元618年，李渊父子推翻隋炀帝，建立唐朝，揭开了中国古代最灿烂夺目的篇章。由于社会的安定，农业和手工业的恢复和发展，以及中外文化和技术的交流，唐代工艺美术取得令人瞩目的成就。这一时期工艺美术丰富多彩，金属、陶瓷、丝织、漆木等各种工艺都很发达。

一、汉代工艺美术

三代的青铜工艺在秦汉时期继续发展，但礼器比重减少，日常生活用品流行。在所谓青铜时代逐渐消歇、逝去之时，汉代青铜工艺变得轻快、细腻、亲切，更适合于日常生活的需要。最具代表性的是青铜灯具，它们大都是铸造，有的还通体鎏金，有很多以动物或人物形象造型的灯具。动物形灯有羊灯、牛灯、朱雀灯、辟邪灯、鹿灯等，动物形象的塑造不以模拟自然形态为能事，也不以繁琐雕饰来媚俗，而是以巧妙的构思、朴素简洁的手法，取得出色的装饰效果。如铜羊灯，羊作昂首伏卧状，背部有盖，用时将盖掀开，反置于头顶作为灯盘点燃，不用时复合原位，灯油在动物形腹腔内储存，既便于实用，又可供观赏。以人物造型的灯具，最杰出的是河北满城窦绾墓出土的长信宫灯，高48厘米，通体鎏金，上有铭文"长信家"等字样，作一

长信宫灯　西汉

第十一章 工艺美术

宫女跪地掌灯之状。整个灯具由头部、身躯、右臂、灯座、灯盘、灯罩6个部件组装而成,可拆卸,设计极为精巧。灯罩可开合,灯盘可转动,以便调节光束大小和照射方向;灯烟可通过宫女的右臂内积聚于器身内腔,以减少灯烟污染而使室内保持空气洁净。宫女形象塑造写实而传神,姿态自然,表情含蓄,若有苦闷,眉宇间蕴藏着被奴役者之屈辱神态。这是既方便实用又具有欣赏价值的灯具,充分显示出作者高度智慧和卓绝技艺,堪称青铜工艺装饰的出类拔萃之作。

汉代是中国古代漆器的全盛时代,漆器种类繁多,数量巨大,质量精美。漆器生产,有着复杂的制作过程和细密的分工,成书于西汉中晚期的《盐铁论》中说的当时漆器"一杯棬用百人之力,一屏风就万人之功",并非虚言。汉代贵族为满足奢华生活需求,不惜消耗大量人力、物力制作漆器。

彩绘漆食案及漆器组合　西汉

从出土漆器品类看,汉代漆器广泛用于日常生活的各个方面,如饮食器有鼎、盒、盘、盂、钟、钫、耳杯、卮、具杯盒、勺和匕,盥洗器有盆、匜和沐盘,家具有屏风、几和案,文娱用品有琴、瑟、六博,等等。耳杯在汉漆器中以造型优雅著称。这种器皿又称羽觞,与"曲水流觞"的活动相关。古代习俗,三月三日须临水祓除不祥,与会者列于曲水之旁,投觞于水之上游,任其流下,止则取而饮之。耳杯造型为船形,两耳既便于提取,也利于漂流,汉代漆器制作之精巧于此可见一斑。多子盒的设计同样是以使用方便为主要考虑因素,这种器皿往往在一个大的圆盒中容纳多种不同形式的小盒,既节省空间,又美观协调。在装饰上,流云飞动是汉代漆器的总体风格,云气纹或星云纹的图案如行云流水,流光溢彩,富于运动感与韵律感。有时又在飞动的流云之中绘各种奔驰的怪兽,构成一个瑰丽谲异、灿烂炳焕的神奇世界。

二、唐代工艺美术

唐代,陶瓷工艺迅速发展,各地新兴了不少瓷窑。据史料记载,瓷器"至唐而始有窑名"。由于各地胎土、釉料、燃料、烧造技术的不同,因而产品风格各异,所以我国从唐代开始,习惯上以窑名代表瓷器的品种和特色。

青、白两种色釉的瓷器,是这一时期瓷器生产上的两大主流。越窑是最重要的青瓷窑。越指浙江地区,唐时称越州,自商周以来一直以烧制青瓷为主。

唐越窑青瓷烧造技术有很大提高，克服了釉汁不匀的缺点，产生细润光柔的效果。其精品为进贡品，庶民不得使用，又称"秘色瓷"。唐诗中歌咏越瓷的诗篇很多，有"九秋风露越窑开，夺得千峰翠色来"（陆龟蒙《秘色越器诗》），"蓟簟曙香冷，越瓯秋水澄"（许浑《晨起诗》）等。诗人对越窑优美典雅的造型，莹润如玉、青翠欲滴的釉色倍加赞叹，可见越瓷烧造之精，也可见唐人对越瓷之喜爱。唐代白瓷产地很多，最著名的是邢窑白瓷，其窑址迄今尚未发现。唐诗中也有许多歌咏白瓷诗句，如"白瓷瓯甚洁，红炉炭方炽"（白居易《睡后茶兴忆杨同州》），"素瓷雪色漂沫香"（皎然《饮茶歌诮崔、石使君》）等。

唐代除了青瓷、白瓷之外，还有以炫目色彩驰名中外的唐三彩陶器。唐三彩是一种低温彩色釉陶器。以白黏土作胎体成型，烧至1000～1100℃，冷却后再涂上以铅和石英配制的各种釉料，再烧至800～900℃制成。陶匠们利用铅釉流动性强这一特点，在焙烧时任其下淌，每件艺术品的颜色都呈现高淡低浓、上浅下深的层次，几种颜色皆融为一体，交相辉映，斑驳淋漓，形成一种天然绚烂的美的效果。器物制品分为器皿用具与俑像两大类，其中艺术性最强的是人物三彩俑像和三彩马、三彩骆驼。

三彩驼背乐舞俑　唐

唐代是金银器佳作纷陈的时代，作品格调高雅，花纹生动，洋溢着一种后世难以企及的美感。金银器物、饰件是唐人极喜佩带之物，也常用于友朋酬谢，更是地方政府向皇室进贡的贵重物品，而皇帝也常以金银器作为赏赐、外交之物。西安何家村出土的一件鎏金舞马衔杯银壶壶体作皮囊形，壶腹两面各锤出一马衔杯，马颈系飘带，昂首扬尾，似舞作状。纹饰鎏金，型制、纹饰别致，制作精工。据文献记载，唐玄宗以他的生日八月五日为"千秋节"（中秋节的前身），届时于兴庆宫举行盛大的文艺演出，其中就有舞马的节目。此器可谓是当时盛唐舞马之风的真实写照。

在唐代贵族生活中，普遍使用银熏球来熏香衣服。银熏球造型精美，构造奇特，工艺精湛，纹饰华丽。其主体是一个小圆球，由上下两个半球体扣

鎏金舞马衔杯银壶　唐

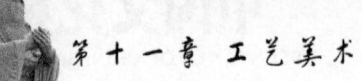

第十一章 工艺美术

合构成，接合处装有一小卡轴，其余部分磨成扣合紧密的子母扣，结合牢固，启合方便。下半球内装有两个同心机环和一个焚香盂，各部分以相对称的活轴连于器壁，利用同心机环和活轴造成的机械平衡，确保焚香盂在球体如何转动的情况下，都能保持常态而不致倾覆。

各种小型金银饰件，如金栉、银钗、环、指环、扣饰、素钗、花月钗、花穗钗、缠枝钗等，也是极尽精细之能事。金钗尤其令人喜爱，无论是铸、钣、镀、刻凿等都精雕细琢，使它们插在鬓发时摇曳生姿。唐代妇女流行云鬟高髻，头饰复杂华丽，因此发钗亦丰富多彩。唐诗对女子发上金银钗也多有咏叹："头上玉燕钗，是妾嫁时物"（李白《白头吟》），"翠翘金雀玉搔头"（白居易《长恨歌》）。

第三节 宋元工艺美术

960年，赵宋王朝建立，定都东京（今河南开封），史称北宋。1127年，宋室南下定都临安（今杭州），史称南宋。两宋朝政偃武修文，重用文人儒士，而在文化史上创造了中华文明所曾出现的最精致优雅的文化类型，各种工艺制品成为文人把玩之物。此外，城市经济的繁荣与市民阶层的激增，不仅促进手工业迅速发展，而且使大量工艺美术商品化和平民化。与赵宋王朝并存的少数民族政权先后有辽、西夏、金，在这些地区的工艺美术既继承了汉族艺术精华，又体现了该地区民族特色。

13世纪初，蒙古族统一北方，开始进行征服外域的战争，在数十年间建立起横跨欧亚两大洲的强大帝国。1271年，忽必烈建立元朝。元代结束了晚唐五代以来的割据局面，并在客观上促进东西方文明的交流。元人把各地掳掠的工匠迁入内地，编成官匠，官匠地位世袭，他们在监督下从事工艺生产，虽然只是一群工奴，却也是浩浩荡荡的工艺美术大军。因此，元朝国祚虽短，在工艺美术史上的地位却不可忽视。

一、宋代工艺美术

宋代精致优雅的工艺美术品应首推陶瓷，其生产规模、制作技术与艺术水平都超越前代。驰名中外的"五大名窑"，即定窑、汝窑、官窑、钧窑、哥窑均产生于宋。此外，其他遍布全国各地的民窑也创造出各种独具特色的陶瓷品种。它们都以独特精美清新质朴的风格而大放光彩。

定窑在今河北省曲阳县的灵山镇，古名定州，所以称定窑，是继唐代邢窑之后，生产白瓷最好的窑。在五大名窑中，定窑是唯一烧制白瓷的。定窑瓷器胎质坚细，器体很薄，釉色微微闪黄，如象牙白。定瓷有芒口和泪痕等特征。定窑采用覆烧的装窑方式，提高每窑出产瓷器的产量，但口沿部位因覆烧而不挂釉，这被称为"芒口"，文献中曾提到北宋宫廷因为芒口而不用定瓷。泪痕多见于盘碗外部，釉的薄厚不匀，有的下垂如泪迹。定瓷的装饰有刻花、划花、印花诸种，风格典雅。

汝窑，在今河南省临汝县，是古时北方第一个著名的青瓷窑。北宋后期被官府选为宫廷用品。汝窑瓷器釉料稠润清莹，天青色，胎薄，底有细小支钉痕。早期素面无装饰，高雅古朴。晚期印刻花，隐现于釉汁下，别具韵致。宋人评青瓷以汝窑为第一。汝窑烧制年代较短，约为哲宗元祐至徽宗崇宁年间。流传器物品种不多，仅见盘、碟、洗、奁、尊、盏托等，生产的数量也极少，在南宋时已有"近尤难得"之叹，传世的汝窑瓷器不足百件。

官窑是在宋大观及政和年间于汴京所造官窑之谓，在中国古代陶瓷史上有不同的内涵。就广义而言，是有别于民窑而专为官办的瓷窑，其产品为宫廷所垄断。在宋代瓷器中，官窑即是一种声称，指北宋和南宋时在京城汴京（今开封）和临安（今杭州）由宫廷设窑烧造的青瓷，故又有"旧官"和"新官"之分，前者为北宋官窑，后者为南宋官窑。官窑是在汝窑影响下产生的另一青瓷窑。胎土呈铁色，釉色以粉青为代表，往往有蟹爪纹的自然开片，口沿及足部因釉汁较薄而露胎色，称为"紫口铁足"，在匀净幽雅中显示色质的对比和变化。

钧窑，在今河南省禹县，古代称为钧台，明代称为钧州，所以命名为钧窑。钧瓷原属青瓷系统，其色釉呈乳浊现象，有磷酸和还原铁结合的成分。宋代首创釉中加入适当铜金属，烧成玫瑰紫、海棠红等紫红色釉，美如晚霞，诗人曾用"夕阳紫翠忽成岚"来形容。使青釉打破单一色釉的单调，这是陶瓷工艺上的一种革新。这种色斑的变化，被称为"窑变"。自北宋至金、元，钧窑瓷器产量不断增加，技术传播也越来越广，在河南、河北、山西等地形成了一个钧窑体系。

哥窑，南宋时浙江一带有兄弟二人，各主一窑，兄所烧者曰"哥窑"，弟者曰"弟窑"。哥窑多仿先秦铜器式样，釉开片形如冰裂，纹片有"百圾碎"、"鱼子纹"、"牛毛纹"之分，纹片呈黄黑二色，因有"金丝铁线"之称。裂纹现象是由胎釉膨胀系数不一致

哥窑鱼耳炉　宋

产生，但这种纹理却使瓷器古朴幽雅，别具风格。

除"五大名窑"外，还有龙泉窑、耀州窑、磁州窑、吉州窑、景德镇窑等著名窑系。

龙泉窑，位于今浙江龙泉，是南方青瓷名窑。窑址已发现上百处。始于北宋前期，南宋至元代是龙泉窑全盛期。南宋中期烧制出粉青釉、梅子青釉器，釉色葱翠，形成了可以代表青瓷釉色美的顶峰的龙泉窑特色。此期器物造型淳朴，器底厚重，圈足宽阔而矮，风格稳重大方。器物种类除了日用器皿以外，还有各种文具及仿青铜器、仿玉器的制品。龙泉青瓷代表了中国古代青瓷工艺的高峰，在宋、元、明时期大量外销，输往中亚、西亚、东南亚以及非洲的很多国家。

耀州窑，在耀州境内（今陕西铜川）。耀州窑吸收了汝窑、定窑的特点，还采用了龙泉窑的制瓷技术，是继汝窑之后又一青瓷名窑。与其他青瓷名窑追求釉色精美、崇尚平淡无饰的装饰风格不同，耀州窑以粗放的装饰风格和丰富的装饰纹样显示出北方民窑特征。耀州窑瓷器胎质灰而带褐，釉色青如橄榄，或稍绿或稍黄，同一色泽中有深浅的不同。装饰以刻花、印花、剔花、镂空为主，图案有莲花、缠枝花卉、波浪纹、鱼鸟纹等，构图严整，线条流利。器型丰富，造型多变，有花瓣式、瓜棱式、六折式和多折式，外形美观。

吉州窑与磁州窑分别为当时南北两大民窑体系。磁州窑在磁州境内（今河北磁县观台镇、彭城镇一带）。其胎质粗松，有白釉、黑釉各种瓷器，以白地黑花（属釉下彩装饰）为主要特征，其中以画花和雕釉两种最流行。吉州窑在江西吉安永和镇，故又名"永和窑"。吉州窑不仅生产青瓷、白瓷、黑瓷，还生产彩瓷和绿釉瓷。在瓷胎上，常用木叶和剪纸粘贴，然后施釉，经烧制形成花

磁州窑白地黑花持荷娃娃腰形枕　宋

纹，这是一种独创，极富民间特色。吉州窑还常用洒釉的方法，形成活泼自然的独特效果。

二、元代工艺美术

元代是中国陶瓷史上的重要时期。统治者在景德镇专门设置了"浮梁瓷局"来管理瓷器的生产事务，制瓷业逐步形成向景德镇集中的趋势。景德镇的制瓷工艺在此时期有突飞猛进的惊人成就。当时除继续烧制青白瓷外，又创烧出卵白釉瓷，特别是青花瓷的成熟与釉里红瓷的初步创烧成功，标志着中国瓷器的装饰水平进入一个崭新的时代。

青花瓷亦称"白釉蓝花",是元代瓷器中最负盛名的品种。青花瓷属釉下彩品种之一,以氧化钴为呈色剂在坯胎上绘画,罩以透明釉,经高温焙烧而成,着色力强,呈色稳定,不易褪色。白蓝相映,其效果恬静素雅,给人以清新明快的美感。关于青花瓷的起源,迄今尚无定论,但一致认为元代景德镇烧制的青花瓷已臻成熟。元代青花瓷造型总体风格是形大、胎厚、体重,器物类型主要有罐、梅瓶、玉壶春瓶、执壶、高足杯等。元代青花瓷装饰特点是层次多,画面满,从器口到器足,满饰各种纹样,但层次分明,繁而不乱。纹饰品种众多,有人物故事、梅兰竹菊、龙凤异兽、花鸟虫鱼等。

釉里红瓷以铜氧化物为着色剂,在瓷胎上绘画纹饰后,施以透明釉,以高温焙烧而成,釉下呈现出红彩。釉里红瓷制作工序虽与青花瓷相同,但难度较青花瓷大,加之此时尚属始创阶段,工艺不精。有的产品用青花瓷与釉下彩结合的方法烧制,极为华丽美观。

蒙古人入主中原以后,中国织金技术空前发展。元统治者通过征服战争,掠夺了大量黄金,提供了充足的原材料;而元人原本居住于漠北高原地区,由于生活环境和审美习惯的影响,一向喜爱光彩夺目的织金织物,这也是织金技术空前发展的原因。元人称织金锦缎为"纳石失",该词可能由阿拉伯语音译而成,意即金锦。纳石失具有一种花满

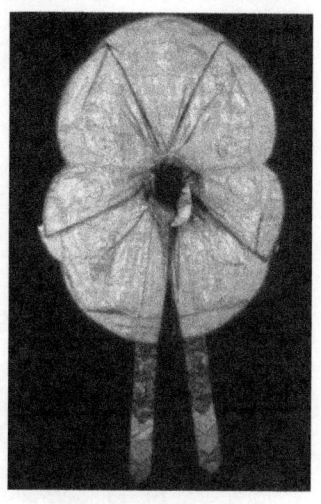

纳石失佛衣披肩　元

地少、金光灿烂、耀眼夺目的效果,故为上层统治者庆典大宴及日常生活中不可缺少的装饰品。

第四节　明清工艺美术

明清工艺上承宋元,制作工艺有显著提高,民族间互相学习、融合的趋势也不断发展,同时随着对外贸易的发达,传统工艺也开始引入一些外来制造原料,以及模仿与吸收外来制造手法。总的说来,明清工艺美术品种繁多,瓷器、金属工艺、漆器、织绣、家具,以及各种少数民族工艺均取得很高的成就。可以说,明清工艺是中国传统工艺美术发展成熟和总结的阶段,同时也为近现代中国工艺美术发展作了准备。

第十一章 工艺美术

一、明清家具工艺

明代家具工艺最杰出的成就无疑是明式家具的出现。明式家具可分为椅、凳、桌案、床、屏风五大类,而品目则可达一百数十种。在材料方面,明式家具选用花梨、楠木、紫松、鸡翅等木材的天然色泽和纹理,不施油漆,以显示其深沉高雅的自然本色。在结构上,利用多种榫卯手法结合部件,大平板则以攒边方法嵌入边框槽内,坚实牢固,不易变形。在功能上,明代家具工匠十分关注使用者的舒适性,明式家具的尺寸,即使用今天的设计标准来衡量,也非常科学,许多构件的尺寸,是根据人体尺度,经细心斟酌而确定,人们使用起来自然会感到舒适、惬意;家具与人体接触的任何线、面部件,尽量使人体与家具接触时产生舒适感,凡是与人体接触的部位,都做得含蓄、圆润,而不是锋芒毕露、锐棱利角。也正因此,明式家具的造型既让人倍感柔婉温润,又产生良好的视觉效果,真可谓"赏心悦目"。工匠总是在照顾到使用上的合度与方便基础上追求长短、曲直、疏密、线面等对比之美,在此总体品格的规范下,又有种种变化:有的雕以精美繁缛的花纹,而具豪华富贵之气;有的整体用料较细,比例匀称,线条优美,花纹生动,而具妍秀柔媚、面面生姿之妙;有的突出棱线,而峭拔精神;有的把构件做得柔润温婉,赋予坚硬的材质以弹性感;有的通过间架空间处理得当而显空灵轻盈;有的凭借各个部位的透空雕刻予人以玲珑剔透之感。总之,明式家具通过高超的设计和精致的制作,体现了材料美、形式美与实用性的高度统一,不仅是我国家具工艺的高峰,也是世界家具史上的一朵奇葩。

黄花梨素小圈椅　明

明清鼎革,并未导致家具式样的太大变化。明式家具一直延续至清代康熙年间,其间仍产生了不少精品。具有典型清代风格特点的"清式家具"出现于清代乾隆年间。较之明式家具,清式家具体态更为硕大,做工更为细腻,用料更为考究,装饰更为繁缛,可以说,明式以造型取胜,清式以装饰见长,两者各有特点。

二、明清金属与漆器工艺

景泰蓝制作工艺是明代金属工艺的一个重要发展。这种工艺正式学名应为"铜胎掐丝珐琅",元代时由波斯传入云南,时称"大食窑",后经明代匠师融入传统的金属镶嵌工艺,并参考陶瓷工艺发展为一种民族化的工艺美术品种。

它在宣德时期已经有相当的成就，至景泰年间则更加繁荣并高度成熟，因此"景泰蓝"便成了"铜胎掐丝珐琅"的俗名。景泰蓝的制作方法需分成七个过程：先以铜制胎；再用铜丝掐成花纹焊于胎上，故有"掐丝"之称；而后把各种珐琅釉料填嵌在花纹里，其底色多填蓝料，故称"点蓝"；然后入火烧烤，点一次烧一次，精品点蓝和烧蓝反复三次以上；接着打磨，用粗砂石、细砂石、黄石及木炭等逐次打磨，用粗砂石使蓝料和铜丝平整；为了增加光泽并避免生锈，最后加镀金。制品主要有瓶、花插、炉、盘、文具、灯具等，地色多为翠蓝釉和宝蓝釉，加以纹饰中的红、黄、绿、白色釉，光彩夺目，富丽异常。

明清以来，漆器工艺也有很大发展。品种之多，技艺之精超过历代。明永乐时期开设了为宫廷服务的制漆机构"果园厂"，专门制作各种漆器，尤其以雕漆、填漆闻名。果园厂在永乐、宣德时期的雕漆，刀法明快，讲究磨工，花纹浑厚圆润，题材包括各种花卉和动物。嘉靖、万历年间雕漆风格有所变化，刀法棱线清楚，不藏锋，装饰内容常采用情节性题材，如龙舟竞渡、货郎图、聚宝盘等。填漆是在漆器上雕刻花纹，在刻纹处填以彩漆，其中刻纹处施以金粉的，称为"戗金"。除官方制漆机构之外，明代民间漆器生产也遍及南北各地，出现了许多著名的制漆艺人。嘉兴漆器以螺钿漆器闻名，代表艺人有洪髹、姜千里。扬州盛产百宝嵌漆器，艺人周翥的制作手法被称为"周制"。苏州和宁波的金漆也很有名，苏州艺人蒋回回便是制金漆能手。

清代漆器在各地继续发展，并逐步形成各制作中心及地方特色。例如北京的雕漆、扬州的螺钿、福建的脱胎，等等。清代宫廷在北京继明代果园厂设立造办处，其雕漆作品刀痕显露，不打磨，花纹繁缛纤细。木胎外，还有瓷胎、紫砂胎、金属胎等。多剔彩，常两色锦地，色彩变化丰富。扬州螺钿工艺中，以点螺最为精巧，它用彩色的鲍鱼贝壳切成细片，镶嵌成各种纤细花纹，并显出五彩色泽。福州脱胎漆器色泽华美，器体轻巧，乾隆时期艺人沈绍安在传统的夹纻技法的基础上创造了脱胎漆器。这种方法在制漆前先用泥作模型，再用布或绸粘贴，然后上漆。这种做法一直沿袭至今。

三、明清陶瓷工艺

我国陶瓷工艺在明代之后又进入一个新阶段。如果说，明以前我国陶瓷的釉色以青瓷为主，明以后则主要是白瓷。白瓷的发展改变了唐宋时期流行的刻花、划花、印花等方法，改以绘画的装饰为主，主要是青花、五彩等，釉上、釉下彩的各种结合是明清瓷器装饰灿烂炫目的重要原因之一。

青花釉下彩在明代有很大发展。明初永乐、宣德的青花瓷，胎质坚细洁白，釉色晶莹厚润。青料使用了南洋进口的"苏泥勃青"，色彩浓艳深厚、纯

第十一章 工艺美术

正优美。成化至正德年间先后使用国产的"平等青",青花胎薄釉细,色彩浅淡柔和,器形小巧轻盈。嘉靖、万历年间改用蓝中泛紫的回青,花纹堆砌,画法粗率。入清至康熙年间又改用"浙料",色泽娇艳欲滴,深浅变化极多,纹饰繁丽。民窑则色彩朴素沉着,描绘洒脱。

青花加彩在成化时期取得了突出成就。这种装饰方法实际上又可分为"斗彩"和"填彩"两种。"填彩"的方法是先在胎上用"苏泥勃青"画出花纹轮廓,然后在花纹轮廓内再填以彩色釉料。"斗彩"又称"逗彩",其方法是在胎上先用"苏泥勃青"青花釉料画出部分花纹,又在釉上与之相适应的部位加以彩绘,使青花与彩绘形成变化统一的装饰效果,上下斗合,构成全体,故名"斗彩"。

青花五彩也在明代得到很大发展。这种方法是先在釉下用青花画出所绘图案的蓝彩部分,罩釉烧成,再于其余部位按其所需绘彩,再入炉二次烧成。青花五彩与斗彩的区别是:在斗彩中,青花占主导地位,彩色仅作点缀之用,不加釉上彩也可成为完整画面;青花五彩中的青花只表示图案中的蓝色,仅有青花不能构成完整画面。青花五彩以万历年间的成就最高,万历五彩釉色交替错综,有变化多彩的效果。例如,万历年间制青花五彩云龙纹盖罐罐呈圆腹,圆足,器身饰青花五彩双龙戏珠纹,盖面饰云龙纹,龙眼、龙角和龙身以青花勾勒轮廓,再绘填绿彩与黑彩鳞纹,龙须绘红彩,二龙竞相追逐火珠,神

青花五彩云龙纹盖罐 明万历年间

态生动,纹饰流畅,色彩鲜艳,是万历年间景德镇五彩瓷器中的典型作品。

瓷器工艺在清代又有新的发展。清代康熙、雍正、乾隆时期瓷器代表了清代瓷艺的最高水平。景德镇窑的青花瓷和釉里红烧制技术进一步提高,色釉品种的创新更是不断涌现,蔚为大观。

清代青花瓷以康熙年间成就最高,此时民窑青花纹饰风格独特,呈色纯蓝,发色鲜艳,尤其是它的明净素雅的审美风格而具有鲜明独特的中国水墨情调。乾隆年间还特别盛行青花玲珑瓷,它常于图案的竹叶及花蕊部分作镂空,使之与青花花纹相映,由于花纹透光、晶莹似玉,有玲珑剔透之感。

珐琅彩团花蝴蝶图碗 清雍正年间

康熙年间的五彩瓷器有重大发展,釉上出现蓝彩、黑彩,红、绿色有浓淡深浅的变化,金、银彩也大量使用,具有金碧辉煌的艺术效果,因此又有"康熙五彩"之称。康熙五彩由于彩釉配方合理,而且准确把握了烧成过程中窑室的气氛与温度,故呈色鲜艳,光洁明亮,少有流釉和剥彩现象。在彩绘内容方面,官窑绘画工整规矩,以山水人物、花鸟虫鱼为主;民窑图案内容更为丰富,它还绘有许多古代仕女和历史故事人物。

康熙末年瓷器工匠又把西洋的珐琅料绘于瓷胎,称做"瓷胎画珐琅"或"画珐琅瓷"。珐琅彩是一种釉上彩瓷,它的制作分为两步,先是在景德镇烧好素白胎或白釉瓷(有时也用宫中旧藏明及清初的白瓷),后由养心殿造办处绘画珐琅彩,再经低温二次烧成。康熙珐琅料全靠西洋进口,到了雍正中期国产珐琅料炼制成功。珐琅彩料金属质感很强,珐琅彩的彩种类也比五彩料多,色彩丰富,效果富丽堂皇。康熙珐琅彩瓷绘题材以花卉见多,且有色地衬托;雍正年间也画山水,但仍以花鸟画为最精,多有直接绘于白釉上者,不用色地而更见精巧。乾隆年间珐琅彩产量增多,瓷胎薄而坚细,全身满饰复杂的图案,画法细腻而富于立体感。嘉庆以后珐琅彩虽仍有生产,但数量不多,渐为粉彩所取代。

粉彩花蝶瓶　清雍正年间

粉彩也是一种釉上彩,最早出现于康熙年间,是在康熙五彩基础上,受珐琅彩影响而创制。至雍正时期,无论是造型、胎釉还是彩绘方法,都取得了空前的成就。其做法是先烧成白瓷,然后在白瓷上勾勒出图案轮廓,在轮廓内用含有氧化硅、氧化砷和氧化铅的"玻璃白"作地,再在上面描绘图案,经低温二次烧成。粉彩用渲染法彩绘,画面富于立体感,粉软柔和,故又称"软彩"。粉彩烧成火度较低,所用彩色较五彩丰富,因而比五彩更为娇艳,以淡雅柔丽名重一时。

思考题

1. 中国陶瓷工艺的发展体现出怎样的民族审美趣味?
2. 从商周青铜器到明清家具,中国室内装饰艺术发生了什么变化?

参考文献

［1］田自秉. 中国工艺美术史. 上海:东方出版中心,1985.
［2］卞宗舜,周旭,史玉琢. 中国工艺美术史. 北京:中国轻工业出版社,2005.

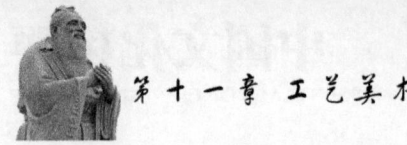

第十一章 工艺美术

[3] 杭间，郭秋惠．中国传统工艺．北京：五洲传播出版社，2006．
[4] 王朝闻．中国美术史．济南：齐鲁出版社，2000．
[5] 中国美术史及作品鉴赏教材编写组．中国美术史及作品鉴赏．北京：高等教育出版社，2007．

第十二章 天文历法

中国是世界上天文学发展最早的国家之一。由于生产和生活的需要，人们从远古时期开始就已经对天文现象进行观察，经过世代连续不断的努力，积累了越来越多的天文学知识，并逐渐形成了内容丰富且具有独特风格的天文学体系。中国古代天文学在许多领域曾长期在世界上处于领先的地位，在世界天文学史和中华民族文化史上，都写下了光辉的篇章。

第一节 中国古代天文历法发展

中国古代天文历法体系包含了广泛的内容，它经历了萌芽、发生、发展、完善、繁荣、没落，并最终融入近现代天文学的漫长演变过程。

一、中国古代天文历法综述

天文学是一门自然科学，中国古代天文学是与古代农业生产需要相结合而发展的。农业生产是和天时、季节有密切关系的，农业生产季节性强，只有掌握天文历法知识，才能保证不误农时。因此可以认为，只要有了原始农业，天文学也就进入了萌芽时期。在中国殷商时代留下的甲骨文里，有丰富的天文记录，这表明在黄河流域，天文学的起源可以追溯到殷商以前更为远古的年代。

历法属于理论天文学，它是随着农业生产实践积累而发展起来的。从人类的实际生活需要来看，年、月、日、时是历的基本要素。年、月、日的单位是以天象为依据的，它们的时间长度的界定是制定历法的前提条件。而时的划分则是人为的，它纯粹是人为对日分割的结果。历法，简言之，就是排定年、月、日、时的法则。

在早期新石器时代的母系氏族社会时期，已经能够利用星体的位置辨别方向，判断时间，识别季节，因而积累了丰富的天文知识。伏羲时代，农业生产成为主要生活来源，要求有一套符合天时的天文历法来为农业生产服务。在吸取前人的天文历法知识的基础上，形成了伏羲时代的天文历法。于是，作为中华传统文化核心的古代天文历法，就在伏羲时代产生了。

中国历法确立时期，开始于战国，战国时期的《四分历》是中国有文字记载的最早的历法。纵观中国历法发展，大约可以分为四个时期：一是古历时

第十二章 天文历法

期。汉武帝太初元年（公元前104年）以前所用的历法。二是中法时期。从汉朝太初以后到清朝初期改历时期，这时期的历法都有成文记载。历法在这段时间虽几经改革，但制历的原则却没有变，即关于闰月的分配，始终是按"朔不得中，是谓闰月"的原则。三是中西合法时期。清代历法是以汤若望①的《新法历书》为基础的，康熙年间开始变为《历法考成》，制成定式。这种用西方的方法与数据来融合中国历法制定时期，即为中西合法时期。四是公历时期。辛亥革命以后，中国改用公历即格列高利十三世所定的历法，是为公历时期。

二、中国历代天文发展简介

（一）夏商周天文学

在中国现有出土的彩陶中，有不少彩陶上面绘有太阳和月亮的图案，这代表了古人原始的天文学观念。到了夏代，中国进入奴隶社会以后，随着劳动生产力的进一步发展，天文学也有了飞跃式的发展。虽然，迄今尚未发现夏代的文字，没有当时的记录，但根据一些古书记载，夏代是有丰富的天文知识的。②

中国历史发展到商周时代，有着高度的古代文明。由于大量甲骨文和青铜器铭文的出土，我们对商代的天文学便有了比较可靠的认识。甲骨片本来是用来占卜的，所以刻在它上面的文字又叫卜辞。在已经掘得的殷代十几万片卜辞里面，有着大量与天文有关的记录。

周代的文学作品《诗经》是中国最早的诗歌总集，它里面也有不少与天文有关的诗句，如"十月之交，朔月辛卯，日有食之"，这是对日食现象的一次记录。又如"月离于毕，俾滂沱矣"，"七月流火，九月授衣"等诗句。可以看出，在《诗经》所歌咏的那个时代，人们对天空的观察和描述已相当的成熟，这也表明这一时期的天文学已有较大的发展。

春秋战国时期是中国从奴隶社会向封建社会过渡的时期。中国古代天文学也在这一时期初步确立了自己的独立体系。春秋战国时期对太阳、月球以及五

---

① 汤若望，原名亚当·沙尔，明末清初时期耶稣会士，在中西文化交流史、中国基督教史和中国科技史上是一位不可忽视的人物。他在华40余年，继承了利玛窦通过科学传教的策略，在明清朝廷历法修订以及火炮制造等方面多有贡献。

② 据《古文尚书·胤征篇》和《左传》记载，夏代发生过一次日食。这次日食发生在仲康元年季秋月朔，古今中外学者对这次日食发生的日期，都做了考证，说法尽管不一致，但都公认这是世界上最早的日食纪事。中国的古史《尧典》和《夏小正》中都提到"火"（星名），在当时还专门设有机构和人员，专门负责观察"大火"的昏见来定季节。

星（即金星、木星、水星、火星、土星）的观测与研究已有相当的深入，二十八星宿①和十二次②等体系更趋成熟和完善。这个时期出现了一批天文著作：如天文学家甘德（楚国人）和石申（魏国人）分别所著的《天文星占》和《天文》，其中《天文》中载有二十八星宿的距度、去极度和其他一百多个恒星的入宿度和去极度，后人称这部分内容为石氏星表。春秋战国时期，还有着丰富的天象记事，如丰富的日月食记录，中国最早的哈雷彗星记事、流星雨记事及陨石记事都是出现在这个时期。

（二）秦汉天文学

公元前221年秦始皇吞并六国③，统一了中国，建立起了中国历史上第一个中央集权国家。由于秦朝到秦二世就灭亡了，时间比较短，在天文历法方面无任何建树。秦朝在比较了春秋战国时代各家历法优缺点的基础上，采用了比较接近实际的《颛顼历》，它的基本数据是365日为一回归年的长度，$29\frac{499}{940}$为一朔望月的长度，以19年插入7个闰月的办法调节节气④。

公元前206年以刘邦为首的反对秦王朝的势力，利用秦末农民起义，建立汉王朝。在汉朝开国之初，仍沿用秦朝的《颛顼历》，直到汉武帝太初改历为止，没有大的天学活动。汉武帝时期，由当时著名的天文学家落下闳等在《颛顼历》的基础上制定出《太初历》。《太初历》是中国保存下来的第一部完整的历法，在中国历法史上是比较重要的一部。它已具备了后世历法的各项主要内容，如节气、朔晦、闰法、五星和交食周期等。

同时，汉代对天文观测仪器的制造和使用也有大的发展。汉文帝后元三年（公元前161年）制造了立仪表来测定日影的长短。宣帝时（公元前73—公元前49）的耿寿昌创造了浑象——一种类似于现代天球仪的东西。这可以说是中国第一个浑天仪。永元十五年（103）贾逵、傅安等制造了黄道铜仪。这是

---

① 中国古代天文学家把天空中可见的星分成二十八组，叫做二十八宿，东西南北四方各七宿。东方青龙七宿是角、亢、氐（dī）、房、心、尾、箕；北方玄武七宿是斗、牛、女、虚、危、室、壁；西方白虎七宿是奎、娄、胃、昴（mǎo）、毕、觜（zī）、参（shēn）；南方朱雀七宿是井、鬼、柳、星、张、翼、轸（zhěn）。印度、波斯、阿拉伯古代也有类似我国二十八宿的说法。

② 十二次是中国古代对周天的一种划分方法。古代人为了观测日、月、五星的运行情况和气节的变换情况，把周天分为十二等份，叫做十二次。十二次的创立一是用来指示一年四季太阳所在的位置，以说明节气的变换；二是用来说明岁星（木星）每年运行所到的位置，并以此来纪年。

③ 公元前475年至秦始皇统一中国之间的时间称之为"战国时代"，这时期形成了七个实力强大的诸侯国，它们是齐国、楚国、秦国、燕国、赵国、韩国、魏国，史称"战国七雄"。从公元前230年秦国灭韩至公元前221年灭齐，六国先后为秦国所灭。

④ 节气通指二十四时节和气候。是中国古代订立的一种用来指导农事活动的补充历法。它是根据太阳的位置，在一年的时间中定出二十四点，每个点叫一个节气。

第十二章 天文历法

中国使用黄道坐标的开始。阳嘉元年(132)张衡发明了漏水转浑天仪——用传动机械和漏壶相连接,可以说是近代天象仪的先驱。他还制造了候风地动仪,成功地测验了陇西地震,这是世界上第一架地震仪。

在天文著作方面,汉代也是成果斐然。司马迁所撰的《史记》有《天宫书》一卷,专记天象,另有《历书》一卷,专记历法。这是第一次把天文历法详细记入国史。张衡的《灵宪》总结了当时的天文知识。该书全面阐述了天地的生成、宇宙的演化、天地的结构、日月星辰的本质及其运动等诸多重大课题,使中国当时的天文学研究居世界领先水平。

(三) 魏晋南北朝天文学

东汉末年,社会动荡不安,终于爆发了大规模的农民起义——黄巾起义。黄巾起义虽很快被镇压了,但各地豪强却趁机拥兵自重。此时,汉王朝名存实亡,经过混战,形成了魏、蜀、吴三国鼎立的局面。

蜀国地处西南之地,其主刘备以继承东汉的正统自居,仍沿用东汉的《四分历》,在天文学上无任何建树。

吴国使用了刘洪①所创造的《乾象历》,亦无创新。值得一提的是《乾象历》关于月球运动的知识记载,即月球轨道的近地点移动,月球运动在近地点移动最快,且以近月点为周期而变化,以及黄、白道交点逆行等重要事实,都载在《乾象历》里。所以,《乾象历》是中国划时代的历法之一,为后代历法的规范。

占据北方的魏国,因继承了东汉的天文仪器及历代天文书籍,加之人才济济,237 年杨伟创造了《景初历》。《景初历》在计算日食、月食方面比《四分历》和《乾象历》更优良,并首先提出日食食分、亏蚀方位等的计算方法。

蜀、吴两国毕竟地偏国小,实力无法与雄踞中原的魏国相抗衡。263 年,蜀国首先被魏国所灭,两年后司马炎逼魏主禅让,建立晋王朝(史称西晋)。15 年后消灭了吴国,统一中国。可好景不长,兄弟残杀,北方异族乘机而起,建立不到 60 年的西晋王朝即告崩溃。随后,元帝兴于江东,史称"东晋",而北方则继续由非汉族统治。在随后的 300 多年间北方建立了许多非汉族政权,其中北魏曾统一北方,后分裂为东、西魏,随后又分别被北齐、北周所取代,统称"北朝";而东晋又相继为宋、齐、梁、陈各王朝所取代,史称"南朝",直到 589 年,隋文帝杨坚统一中国。南北朝时期最卓越的天文学成就,

---

① 刘洪(130—196),是中国古代著名的天文历算学家。他的成就主要表现在数学、天文历算、珠算等方面。

是一系列的重要发现与突破，如岁差现象①、大气消光现象②、天体视运动不均匀性现象③等重要发现。

（四）隋唐天文学

隋唐时代，由于国力的强盛，教育的进步，与国外文化交流的发展，使这一时期无论是天文历法、天文仪器制造、天文著作等方面，都取得了空前的成就。

隋代刘焯编写的《皇极历》是一部优秀的历法，他将北齐张子信的发现应用于历法，提出了计算太阳运动不均匀的方法，在历法计算中采用"定气"④。张子信关于五星运动不均匀的发现，在隋唐历法中的应用也大放异彩。几部历法关于五星（即金星、木星、水星、火星、土星）会合周期的计算，都达到令人惊叹的精确度。开元年间天学家一行编订的《大衍历》是唐代最优秀的一部历法，这部历法有坚实的观测基础，对太阳运动不均匀性有了更符合实际的认识，计算定气中又发明了新的数值计算方法，提出了日食的"食差"计算法。

在仪象方面，唐代李淳风创制出有黄道环和白道环结构极为复杂的浑仪；一行和梁令瓒研制出新的黄道游仪，并用其做了大量的恒星位置测量，还重新发明了类似张衡制作过的水运浑象仪。

在实测方面，一行组织了规模宏大的大地测量，用实际测量结果否定了一直被奉为经典的"日影千里差一寸"的错误说法。

这一时期重要的天文著作有《皇极历》、《麟德历》、《大衍历》、《开元占经》、《步天歌》等。其中开元年间王希明作的《步天歌》，不但是一部朗朗上口的认星歌诀，而且开创了中国恒星三垣二十八宿的新划分体系。唐朝是高度开放、文明的社会，对外交往频繁，印度天文学正是在这时传到中国。

---

① 岁差是一种很特殊的现象，由于受到日月行星的引力影响，使得地球的自转轴方向始终有着极微小的变化，这就造成了地球上的节气点也在不断地变化，使得地球上的人们看到的太阳恒星年长度与回归年长度产生了差别，这就是"岁差"。岁差现象的发现，经历了相当长的时期。一直到东晋时的著名天文学家虞喜，才明确无误地指明了这就是岁差现象，并提出了五十年西移一度的岁差值。

② 初升的太阳为什么不像正午时那么耀眼呢？东晋时的姜岌揭示了其奥秘：当太阳初升的时候，由于地球上有"游气"遮挡了部分的日光，所以就不那么炫目；到了正午时，这种"游气"消散，日光完全普照，就极其炫目耀眼。这就是大气消光现象。

③ 北朝民间天文学家张子信发现了太阳在春分以后运行得慢，秋分以后运行得快的现象——即天体视运动的不均匀性现象。天体视运动不均匀性现象的发现，是天文学史上一个划时代的突破，它标志着对天体的研究进入了一个更为精确与深入的新阶段，对后世的历法精进产生了质的影响。

④ 定气是一种确定节气的制度。以太阳在黄道上的位置为标准，自春分点起算，黄经每隔15°为一个节气。定气的方法是隋代刘焯在修订《皇极历》时所创造，但一直并未被采用，直到清代颁行《时宪历》时，才正式被采用。

第十二章 天文历法

（五）两宋天文学

唐朝灭亡后，中国陷入了持续半个多世纪的混乱之中，这就是历史上所谓的"五代十国"。960年赵匡胤"陈桥兵变"黄袍加身建立宋王朝。1126年，兴起于中国东北的女真金王朝攻占北宋首都汴京（今开封）；康王赵构南逃到杭州，建立南宋王朝。

宋朝时期中国的科学文化有了高度发展，中国古代著名的四大发明中的火药、指南针和活字印刷术就产生于这个时期。宋代是中国古代天文学繁荣发展走向高峰的时期。这一时期，天文历法进一步完善，所用数据更加精确；天文仪器推陈出新，制造的大型仪器增多；天象观测活跃，留下了不少极有价值的观测记录。

宋代在天文仪器上的制造，无论在数量上还是质量上，都大大超越了以往任何一个时代。据统计，每架用铜10000余公斤的浑仪，宋代就制造了几十个，且在结构和精度方面都更优于前代。比较突出的如：沈括设计制造的熙宁浑仪，周密地考虑了仪器安装方面的误差和简化规环的设计方向等，在浑天仪发展史上做出了很大贡献。民间天文家张思训制造的太平浑仪在机械构造方面已颇为复杂，他采用水银代替水作为动力，使冬夏运转速度差别不大，大大消除了温度对水运机械精度的影响。苏颂、韩公廉制成的水运仪象台，它高约12米，宽约7米，大体相当于如今的一座小三层楼，是宋代天文学高度发展的重要标志。国内外许多研究者认为它是近代钟表的祖先。苏颂还制成过假天仪，人在球内观看斗转星移，是今日天象仪的鼻祖。

宋代由于仪器的精密，对观测的重视，给后人留下了丰富的观测资料。例如，王安礼重修本《灵台秘苑》和马端临的《文献通考》中的全天星表，苏州石刻天文图和苏颂的《新仪象法要》书中的星图，都是非常珍贵的历史遗产。

（六）辽金元天文学

辽国兴于五代之末，雄踞中国北方，与宋王朝相抗衡。而金国则兴于中国东北，于1125年伙同宋王朝消灭了辽国，随后进攻北宋，并于1127年占领北宋首都汴京。13世纪以后，蒙古族在北方兴起，先后灭了金、西夏和南宋，建立元王朝，成吉思汗之孙忽必烈统一中国以后，中国天文学的发展，达到了一个新的高潮。这一时期的天文学成就主要体现在仪器制造和编改历法两方面。

在仪器制造方面，元代大科学家郭守敬创造了简仪、仰仪和圭表等一系列仪器以助观测。郭守敬设计制造的简仪有着简便和大型的特点，在当时是十分先进的，代表了古代中国天文仪器制造的最高成就。这个仪器要比欧洲同样仪器早300年。元代，除在一些重要城市设置天文观测点外，还在北纬25°～65°间每隔10°专设一点，全国共设立27个测景点，最北的北海测景点已在北极圈附近了。现在河南登封观星台，就是当年的测景点的遗址之一。

在历法方面，王恂、郭守敬等吸取前代历法的精华，引进了最新的数学成就，创造了中国古代最精密的立法——《授时历》，达到了中国古代历法的最高峰。

（七）明代天文学

1368年，朱元璋率兵攻入元大都，建立明王朝，并定都南京。随后，朱元璋把元朝的天文学工作人员招至南京，成立司天监（后改名为钦天监）负责国家天学活动。1385年，明王朝在南京建立观象台，这是世界上最早的设备完善的天文台。然而，在明王朝的200年里，一方面由于明王朝不但像以往各王朝统治者一样，禁止民间私习天文，而且更进一步严禁民间人员私习历法；另一方面由于在明朝整个社会宣扬程朱理学，世人喜欢谈论义理学说，而对天学这样需要数学计算的繁琐之学无人问津，以致明代时期的天文学并没有大的发展，基本处于停滞状态。

然而，历史总是向前发展的。明朝后期，适逢欧洲耶稣会士来到中国，传来了西方古典天文学。而当时以徐光启、李之藻为代表的部分开明知识分子正努力探索各种新知识，因而对西方耶稣会士来华持欢迎态度，且认真研究他们传入的科技知识。崇祯二年（1629）徐光启受命改历，他建议参照西方的历法改历。为此，他先后聘请了邓玉函、汤若望等耶稣会士参与改历工作，并于崇祯七年（1634）编成了《崇祯历书》。《崇祯历书》是明代介绍欧洲古典天文学中最重要的著作。它使中国的天文学体系发生了根本的变化，从传统的代数学体系转为欧洲古典的几何学体系。

（八）清代天文学

明崇祯十七年（1644），刚进京的李自成立足未稳，兵败山海关。同年5月，清兵进入北京。耶稣会士汤若望将《崇祯历书》作了删改后进呈给清帝，清政府把汤若望所献之书命名为《西洋新法历书》，并据此编出《时宪历》颁行使用，一直沿用到清亡。1645年11月，清政府任汤若望为钦天监监正。此后，清朝钦天监一直由西人主持200多年之久。

清代，由于政府对天文学的重视和提倡，一方面使西方天文学在中国的传播空前繁荣。另一方面，由于天学不再是皇家禁学，民间天文学研究空前时髦，形成了一支强大的民间天文学家队伍。清初，有"南王北薛"的说法。"南王"即为王锡阐，他在深入钻研中西天文历法的基础上，吸取两者的优点，撰写了《晓庵新法》一书。在书中他提出了日月食初亏和复圆方位角计

第十二章 天文历法

算的新方法,独立发明了计算金星、水星凌日的方法,还提出了细致的计算月掩行星和五星凌犯的初、终时刻的方法等。"北薛"即为薛凤祚,他经过30余年的学习和研究,写成了《历学会通》一书,介绍了欧洲天体运动的计算方法。稍后,有"清代天算第一人"之称的梅文鼎,精研中西历法,著述颇丰,且通俗易懂,其著作在清代广为流传,影响清朝几代学者。

三、中国古代著名历法

(一)《四分历》

中国历法确立是在战国时期,当时采用《四分历》。《四分历》是中国历史上最早的系统的历法,是后续历法体系的奠基之作。由于战国时期有关天文历法的著作,一本也没有流传下来,只得从古六历①知道其大概。这时期的《四分历》取回归年长度为 $365\frac{1}{4}$ 日,以 $29\frac{499}{940}$ 日为一朔望月,并采用十九年七闰为闰周。《四分历》的出现,标志着中国传统农历完成了从不稳定,带有某种随意性质的形态,向明确的、完整的形态过渡。据史书记载,《四分历》把一年分成十二个月,并有四季划分,以正月、二月、三月为春季;四月、五月、六月为夏季;七月、八月、九月为秋季;十月、十一月、十二月为冬季,每年的季节由原来的两季变成为更科学的四季。

(二)《乾象历》

这是中国第一部传世的引进月球运动不均匀性的历法,是东汉灵帝光和年间(178—183)刘洪所创制的具有划时代意义的历法。刘洪认为后汉《四分历》的缺点主要是回归年和朔望月的值偏大,于是刘洪在《乾象历》中把回归年长度减为365.2462日,把朔望月长度也降低为29.53054日。这两个数值都比前代历法精密。《乾象历》被称为划时代的历法,最主要还是由于《乾象历》解决了后世历法定朔计算的关键问题——即月亮运动不均匀性的方法和月离表推算法。另外,《乾象历》还确立近点月概念和它的长度计算方法。所以,《乾象历》在很长一段时期内成为最优秀的历法。《乾象历》约从吴大帝黄武元年(222)起在三国的吴国行用,直到吴灭。

(三)《大明历》

魏晋南北朝时期是中国古代历法发展较快的时代。这一时期有据可查的历法就有二十余部,其中影响最大的当属祖冲之创制的《大明历》。祖冲之是南北朝时期的杰出科学家,他在数学和天文学方面有着突出的贡献。他将天文学

---

① 古六历是指传说中战国时代的《黄帝历》、《颛顼历》、《夏历》、《殷历》、《周历》、《鲁历》。

家虞喜发现的岁差现象用在了历法的编订上，创制出精确度较高的《大明历》。《大明历》采用了391年有144个闰月的精密闰周，并规定一回归年的长度为365.2428日。祖冲之还发明了用圭表测量冬至日前的若干天的正午太阳影长以定冬至时刻的方法，这个方法也为后世长期采用。

可惜，由于统治者的阻挠，祖冲之在世时，《大明历》并没有正式颁行使用。直到其死后，他的儿子祖暅三次上书朝廷推荐使用《大明历》，才终于在510年被梁武帝采用颁布施行。

（四）《大衍历》

在唐代持续的290多年中，制定的历法达十五六种之多，而以《大衍历》最负盛名。《大衍历》是由唐代著名天文学家一行所创制。《大衍历》在唐代和中国的古代历法上都有重要的地位和影响。开元九年（721），朝廷因使用李淳风编制的《麟德历》几次预报日食不准确，于是唐玄宗命令一行主持重新修编新历法。从开元十三年（725）起，一行开始编历，经过两年时间，写成草稿，定名《大衍历》。可惜这时一行不幸去世，年仅四十五岁。《大衍历》后经张说和历官陈玄景等人整理成书，自开元十九年（731）起颁布施行；并于开元二十一年（733）传入日本，在日本沿用了近百年。

《大衍历》是中国古代著名历法之一，它与以往的历法相比，它进行了若干革新。在有关的计算中使用了不少新的数学方法和一些新的观测数据，使得《大衍历》比其他历法更精确。《大衍历》对太阳周年视运动的具体规律的描述也比以往的历法更合乎实际，并开始以定气来编制太阳运动表。在计算中使用了不等间距的二次差内插法，这在数学史上也是一个创举。《大衍历》有比较合理的推算定气的方法，但并没有把历书中的二十四气改成定气。

（五）《十二气历》

《十二气历》由北宋时代著名科学家沈括于1086年创制，并记载在他所著的《梦溪笔谈》一书中。它是以二十四节气为依据所制定的一种历法。《十二气历》完全按节气来定历，同西方的公历思路一致。规定以节气定月，十二气为一年，立春为元旦，大月31日，小月30日，一般大月小月相间，不管月球的朔望，完全除去为了协调阴阳历而设置闰月的办法，彻底实行阳历。沈括提出的《十二气历》，建议废除以12个或13个朔望月为一年的传统历法，改以节气为主的阳历。这种历法规则简单，便于指导农事活动。十九世纪英国气象局用作农业气候统计的萧伯纳农历就与《十二气历》十分相似。尽管《十二气历》对安排农业生产活动十分有利，又是当时一部先进的历法，但受传统势力的影响，《十二气历》并没有被施行过。

第十二章 天文历法

（六）《授时历》

《授时历》是由元代著名科学家郭守敬等创制的。至元十三年（1276），忽必烈攻下南宋首都临安，同年六月，成立太史局，命令王恂、郭守敬等人制定新历法。《授时历》是中国古代一部集古代历法之大成的、很精良的历法。王恂、郭守敬等人研究分析了汉代以来的40多部历法，吸收各历法之长，采取理论与实践相结合的科学态度，经过4年的努力，终于在至元十七年（1280）编出新历，并由忽必烈定名为《授时历》。并于元至元十八年（1281）开始施行，前后共使用了364年。

《授时历》推算出更精确的回归年长度，它以365.2425日为一回归年。这个数值同现今世界上通用的公历值一样。《授时历》还废除了沿用已久的上元积年和日法[1]，采用至元十七年（1280）的冬至时刻作为计算的开始点，以至元十八年（1281）为"元"，即开始之年。中国自汉代《三统历》以来，一直利用上元积年和日法进行计算。《授时历》所用的数据，个位数以下一律以100为进位单位，即用百进位式的小数制，取消日法的分数表达方式；所定的数据全凭实测，打破古来制历的习惯，是我国历法史上的第四次大改革。

（七）《崇祯历书》

明末时期，因一直沿用的《授时历》使用时间过长、误差累积逐渐增多，致使朝廷在推算日月食时经常产生较大的偏差。而徐光启按照欧洲历法方法做的日月食预报却较准确，于是崇祯皇帝授权徐光启组织改历。明末时期，恰逢欧洲的耶稣传教士来到中国，介绍了许多欧洲的自然科学知识，其中把地球概念、宇宙思想、历法制定等知识也传入了中国，使古代中国历法的编订进入了"中西合法"的阶段。徐光启主张参照欧洲历法进行改历，他先后聘请了耶稣传教士汤若望等参与修历工作，编译成了《崇祯历书》。遗憾的是徐光启还没有完成改历便去世了，后由李天经主持完成。

《崇祯历书》包括天文学基本理论、天文表、必需的数学知识（主要是平面及球面三角学和几何学）、天文仪器以及传统方法与西法的度量单位换算表五类。由于主编徐光启强调把历法计算建立在了解天文现象原理的基础上，因此，理论部分共占全书三分之一篇幅。《崇祯历书》采用第谷[2]创立的天体系统和几何学的计算方法。其优点是：引入了清晰的地球概念和地理经纬度概

---

[1] 日法：即把一日分成若干份的总份数。如《四分历》的回归年长度为 $365\frac{1}{4}$ 日，4 即为日法。可见，分母不同，日法不同。

[2] 第谷（1546—1601）丹麦天文学家，提出了介于"日心体系"和"地心体系"之间的宇宙体系学说。

念,以及球面天文学、视差、大气折射等重要天文概念和有关的改正计算方法。它还采用了一些西方通行的度量单位:如一周天分为360°;一昼夜分为96刻24小时;度、时以下采用60进位制等①。明末政治腐败,《崇祯历书》编成后并未用来编历。清兵入关后,汤若望将《崇祯历书》删改为103卷,连同所编的新历本一起进呈清政府,得到颁行。新历定名为《时宪历》,删改后的《崇祯历书》则改称为《西洋新法历书》。

(八)《时宪历》

明末时期的《崇祯历书》是中西结合的产物。但是,这部先进科学的历书还没正式颁行,就在崇祯十七年(1644)清军进入北京时,被耶稣会士汤若望乘乱窃为己作,并经过删改,进呈给清帝。清政府将其重新命名为《西洋新法历书》颁行使用。汤若望进呈历书时,连同按照新历书原理编写的一本新的民用历本——《时宪历》一起进呈,并由清政府于顺治二年(1645)颁布施行。《时宪历》主要是采用西方历法的计算方法,对从前的历法作了两点重要的改革,即地球绕日公转的近远日点问题,以及用定气推求历月和历日问题。在中国历法史上,《时宪历》第一次正式采用定气,可以说是中国历法史上的第五次大改革。

中国民间现今使用的旧历(农历),可以说是《时宪历》,因为它基本是按照《时宪历》的方法推算而得出年月日等。辛亥革命(1911)后,中国虽然名义上采用《格里历》(公历),但不是用公元纪年,而民间仍通用《时宪历》。直到中华人民共和国成立,才正式使用了国际通用的公元纪年。

第二节 中国古代天文机构与著名天文人物

由于中国古代天文学的产生和发展比较早,在历法研究、观象授时、天象观测、天文机构和天文教育等方面,都很有特色,并涌现出许许多多优秀的天文学家,在世界天文学史上占有重要地位。

一、中国古代天文机构

从中国古代文明确立之时起,天文就一直被帝王垄断,成为皇家的禁脔。中国的各个朝代都有自己的天文机构,并有专门从事天文的官吏。据《史记·天官书》记载,在上古,商辛氏以前有天文官重和黎;夏朝有昆吾;商朝

---

① 之前,一周天分为$365\frac{1}{4}$度,一昼夜为100刻,12个时辰。而度、时以下则以百进位制。

第十二章 天文历法

有巫感;春秋战国时期,各诸侯国也都有自己的天文官。他们往往都兼有神职,是帝王的特殊顾问。东汉时期,最高级别的天文官员称作太史令,管辖天文台和名堂两个部门。元代的天文机构叫太史院,太史院下设推算局、测验局和漏刻局。明代的天文机构下设两个分机构:司天监和回回司天监,后来改称为钦天监。此后,清代也沿用钦天监之名。

中国古代的天文机构具有皇家性质,天文机构的负责人及其官吏都是政府官员;天文机构是政府的一个部门,其主要负责人常常由皇帝亲自任命。天文机构的工作人员主要有三个来源:一是世袭的天文官员;二是从社会上招集;三是本身的培训。

天文机构的主要工作:首先是天象的观测记录;其次是修订历法;最后是天文仪器的研制和管理。

在中国古代,为了维护帝王的绝对统治,朝廷往往不允许天文官员与百姓随便接触。同时,禁止民间私自研习天文,这就阻碍了天文的普及与提高。不过,从另一方面看,中国古代的天文研究由于一直得到官方的扶持,经费、仪器设备和工作条件都有充分的保证。所以,尽管改朝换代,但观测和记录等天文研究一直持续了2000多年,没有间断。

二、中国古代著名天文人物

(一)甘德

甘德,战国时期楚国人,生卒年不详,大约生活于公元前4世纪中期,中国古代著名天文学家,是世界上最古老星表的编制者和木卫二的最早发现者。经过长期的天象观测,甘德与石申各自写出一部天文学著作。后人把这两部著作结合起来,称为《甘石星经》它,是世界上有据可查的最早的天文学著作。可惜《甘石星经》在宋代失传,今天只能从唐代《开元占经》里看到它的片断摘录。书里记录了800颗恒星的名字,其中121颗恒星的位置已被测定,是世界最早的恒星表。它比希腊天文学家伊巴谷测编的欧洲第一个恒星表早200年。书里还记录了木、火、土、金、水等五大行星的运行情况,并指出了它们出没的规律。甘德还是研究木星的专家,观测到了木星的最后的卫星——木卫二。而近代有关木星的卫星的发现,是在17世纪初望远镜发明之后,由意大利大科学家伽利略于1610年用它观测木星时才发现的。甘德早伽利略近2000年,而且在没有望远镜的条件,仅凭肉眼就发现了木星的卫星,这真是一个奇迹。

(二)落下闳(公元前140—公元前87)

落下闳复姓落下,名闳,西汉时期天文学家,以历算和天文学的杰出成就著称于世，中国最早的历算学家。汉武帝元封年间（公元前110—公元前104）朝廷为了改革历法，征聘天文学家，他和邓平、唐都等合作创制的历法，优于同时提出的其他17种历法，被汉武帝采用，称《太初历》，共施行189年，是中国历史上有文字可考的第一部优良历法。《太初历》采用的岁首和科学的置闰法，我国的阴历一直沿用至今。落下闳是浑天说①的创始人之一，经他改进的赤道式浑天仪，在中国用了2000年。他还首次准确推算出135个月的日、月食周期，即11年应发生23次日食。根据这个周期，人类可以对日、月食进行预报。

（三）张衡（78—139）

张衡是东汉时期伟大的天文学家、数学家、地理学家、文学家和政治家，在世界科学文化史上有着显著的地位。他是东汉时期浑天说代表人物之一，他指出月球本身并不发光，月光其实是日光的反射；他还正确地解释了月食的成因，并且认识到宇宙的无限性和行星运动的快慢与距离地球远近的关系。

张衡观测记录了2500颗恒星，创制了世界上第一架能比较准确地表演天象的漏水浑天仪，第一架测试地震的仪器——候风地动仪，还制造出了指南车、飞行数里的木鸟等。

张衡共著有科学、哲学和文学著作32篇，其中天文著作有《灵宪》和《灵宪图》等。《灵宪》一书全面阐述了天地的生成、宇宙的演化、天地的结构、日月星辰的本质及其运动等诸多重大课题，将中国古代天文学水平提升到了一个前所未有的新阶段，使中国当时的天文学研究居世界领先水平，并对后世产生了深远的影响。由于他的贡献突出，联合国天文组织曾将太阳系中的1802号小行星命名为"张衡星"，将月球背面的一个环形山命名为"张衡环形山"。

（四）郭守敬（1231—1316）

郭守敬是元朝的天文学家、数学家、水利专家和仪器制造专家。为了精确汇集天文数据，以备制订新的历法，郭守敬花了两年时间，精心设计制造了一整套天文仪器，共13件，其中最有创造性的有3件：高表及其辅助仪器、简仪和仰仪。郭守敬根据观测的结果，于1280年3月，制订了一部准确度极高的新历法《授时历》，通行360多年，是当时世界上最先进的一种历法。《授时历》设定一年为365.2425天，比地球绕太阳一周的实际运行时间只差26

---

① 浑天说是中国古代的一种宇宙结构学说。浑天说最初认为：地球不是孤零零地悬在空中的，而是浮在水上；后来又发展认为地球浮在气中，因此有可能回旋浮动。浑天说还认为全天恒星都布于一个"天球"上，而日月星辰则附在"天球"上运行。

第十二章 天文历法

秒。欧洲的著名历法《格里历》①也规定一年为365.2425天，但是《格里历》是1582年开始使用的，比郭守敬的《授时历》晚了整整300年。1981年，为纪念郭守敬诞辰750周年，国际天文学会以他的名字为月球上的一个环形山命名。

（五）一行（张遂）（683—727）

一行是唐朝著名的天文学家和佛学家，本名张遂。张遂自幼刻苦学习历象和阴阳五行之学。青年时代即以学识渊博闻名于长安。为避开武则天的拉拢，他剃度为僧，取名一行，先后在嵩山、天台山学习佛教经典和天文数学，曾翻译过多种印度佛经，后成为佛教一派——密宗的领袖。开元九年（721），根据李淳风的《麟德历》几次预报日食不准，于是唐玄宗命一行主持修编新历。一行一生中最主要的成就是编制了《大衍历》，他在制造天文仪器、观测天象和主持天文大地测量等方面也贡献颇多。一行受诏改历后组织发起了一次大规模的天文大地测量工作。这次测量，用实测数据彻底地否定了历史上"日影一寸，地差千里"的错误理论，提供了相当精确的地球子午线一度弧的长度。

（六）祖冲之（429—500）

祖冲之，南北朝时期人，中国古代杰出的数学家、天文学家、地理学家和科学家。在世界数学史上，他第一次将圆周率（π）值计算到小数点后七位，即 3.1415926～3.1415927 之间。他提出约率 22/7 和密率 355/113，这一密率值是世界上最早提出的，比欧洲早1000多年，所以有人主张叫它"祖率"也就是圆周率的祖先。祖冲之将自己的数学研究成果汇集成一部著作，名为《缀术》。他制订的历法《大明历》，第一次将"岁差"引进历法，并采用了在391年中设置144个闰月的新闰周。他推算出一回归年的长度为365.24281481日，误差只有50秒左右。他不仅是一位杰出的数学家和天文学家，而且还是一位杰出的机械专家，设计制造过水碓磨、铜制机件传动的指南车、千里船、定时器等。为纪念古代这位伟大的科学家，人们将月球背面的一座环形山命名为"祖冲之环形山"，把小行星1888命名为"祖冲之小行星"。

（七）沈括（1031—1095）

沈括是北宋时期一位多才多艺的科学家，他不仅精通地理，而且对天文、数学、医学、农业等学科也颇有研究。30多岁时，他在参与编校昭文馆书籍的工作中，开始学习和研究天文学。他注重实际观测，通过学习和实践，他认识到"岁差"现象引起天象的变化是一种自然规律；他解释月亮是因为受太

---

① 又称公历、格列历，通称阳历，是现在国际通用的历法。它以地球绕行太阳一周为一年。中国从辛亥革命后即1912年开始使用公历。

阳光照射发光而产生圆缺变化；他科学而生动地描述了常州陨石的坠落过程，并准确地判断出其成分是铁；他还注意到行星的视运动有往复现象。

后来，沈括在主管司天监工作期间，致力于整顿机构，强调实际观测，添置了新的天文仪器。在制造新浑仪时，他对传统的浑仪结构进行改进，简化浑仪的方向。为了测定北极星与北天极之间的距离，沈括亲自参加观测，每天上半夜、午夜和下半夜各观测一次，连续坚持了3个月，画了200多张图，断定出北极星离北天极"三度有余"。

（八）徐光启（1562—1633）

明末著名的科学家徐光启，是第一个把欧洲先进的科学知识介绍到中国的人。崇祯帝授权徐光启组织历局，重新编历。徐光启力主在研究中国古代历法的同时，参用西历，吸收西方先进的科学知识，请了三位传教士参与此工作，编译成了《崇祯历书》。这本系统介绍欧洲天文学知识的巨著，包括了欧洲古典天文学理论、仪器、计算和测量方法等。在编历中，他还注重欧洲天文学知识的介绍和西方观测仪器的引进等工作。他所主持的编历工作，为中国天文学古代向现代发展奠定了一定的基础。

（九）李善兰（1811—1882）

李善兰是清代天文学家、数学家。在天文学方面，他翻译了赫歇耳的《天文学纲要》一书，名为《谈天》，于1859年出版。书中介绍了哥白尼的学说，李善兰在序言中阐述了自己的观点，说明日心体系和行星运动中的椭圆定律等是客观存在，他还批判了前人对哥白尼日心说的攻击。他对天体椭圆轨道运动等的解算进行过研究，提出了自己独特的解算法，其中最主要的是他第一次在中国使用了无穷级数的概念来求解开普勒方程。他的著译甚多，他曾将自己主要的天文、算学著作汇编成《则古昔斋算学》一书。

第三节 中国天文仪器

依据古代天文仪器的不同用途，可以分为天文观测仪器和计时仪器两大类。

一、古代天文观察仪器

（一）浑仪

浑仪是我国古代的一种天文观测仪器。在古代，"浑"字含有圆球的意义。古人认为天是圆的，形状像蛋壳，出现在天上的星星是镶嵌在蛋壳上的弹丸，地球则是蛋黄，人们在这个蛋黄上测量日月星辰的位置。因此，把这种观

第十二章 天文历法

测天体位置的仪器叫做"浑仪"。

最初，浑仪的结构很简单，只有三个圆环和一根金属轴。最外面的那个圆环固定在正南正北方向上，叫做"子午环"；中间固定着的圆环平行于地球赤道面，叫做"赤道环"；最里面的圆环可以绕金属轴旋转，叫做"赤经环"；赤经环与金属轴相交于两点，一点指向北天极，另一点指向南天极。在赤经环面上装着一根望筒，可以绕赤经环中心转动，用望筒对准某颗星星，然后，根据赤道环和赤经环上的刻度来确定该星在天空中的位置。

后来，古人为了便于观测太阳、行星和月球等天体，在浑仪内又添置了几个圆环，也就是说环内再套环，使浑仪成为多种用途的天文观测仪器。

明代仿制浑仪

（二）天体仪

天体仪古称"浑象"，是我国古代一种用于演示天象的仪器。我国古代人民很早就会制造这种仪器，它可以很直观、形象地了解日、月、星辰的相互位置和运动规律，可以说天体仪是现代天球仪的直接祖先。北京古观象台上安置的天体仪，是我国现存最早的天体仪，制于清康熙年间，重3850公斤。

天体仪的主要组成部分是一个空心铜球，球面上刻有纵横交错的网格，用于量度天体的具体位置；球面上凸出的小圆点代表天上的亮星，它们严格地按照亮星之间的相互位置标刻。整个铜球可以绕一根金属轴转动，转动一周代表一个昼夜，球面与金属轴

天体仪

相交于两点：北天极和南天极。两个极点的指尖，固定在一个南北正立着的大圆环上，大圆环垂直地嵌入水平大圈的两个缺口内，下面四根雕有龙头的立柱支撑着水平大圈，托着整个天体仪。利用浑象，无论是白天还是阴天的夜晚，人们都可以随时了解当时应该出现在天空的星空图案。

(三) 水运仪象台

水运仪象台是我国古代一种大型的天文仪器，它是由宋朝天文学家苏颂、韩公廉等人在汴京设计制造的，它是集观测天象的浑仪、演示天象的浑象、计量时间的漏刻和报告时刻的机械装置于一体的综合性观测仪器，实际上是一座小型的天文台。宋元祐元年（1086）开始设计，到元祐七年（1092）全部完成，是中国古代天文仪器中的卓越创造。整座仪器高约 12 米，宽约 7 米，是一座上狭下广、呈正方台形的木结构建筑。其中浑仪等为铜制。全台共分三隔：下隔包括报时装置和全台的动力机构等；中隔是间密室，放置浑象；上隔是个板屋，中放浑仪。这台仪器的制作水平堪称一绝，充分体现了我国古代人民的聪明才智和富于创造的精神。

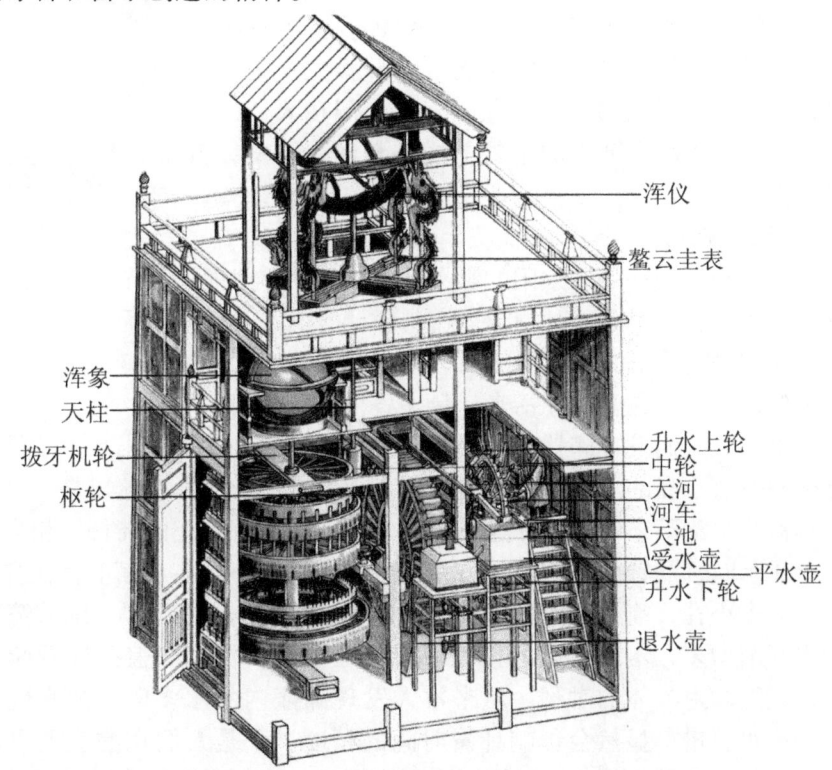

复原的水运仪象台结构图，原为北宋元祐三年（1088）苏颂、韩公康等制作

二、古代主要计时仪器

在历史进程中，我们的祖先在不同的时期发明和制造了各种适应当时社会经济发展和人们生活需求的计时器。其中主要有圭表、日晷和漏刻。

第十二章 天文历法

(一) 圭表

圭表是中国最古老的一种计时器,古代典籍《周礼》中就有关于使用土圭的记载,可见圭表的历史相当久远。圭表是利用太阳射影的长短来判断时间的。它由两部分组成,一个为直立于平地上的测日影的标杆或石柱,叫做表;另一个为正南正北方向平放的测定表影长度的刻板,叫做圭。

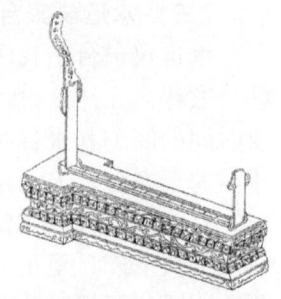

圭表

(二) 日晷

日晷也是通过观测日影计时的仪器,主要是根据日影的位置以确定当时的时辰或刻数。从出土文物来看,汉以前人们已使用日晷。在机械钟表传入中国之前,日晷是人们常用的计时器之一。日晷主要是由一根晷针和刻有刻线的晷面组成。随着太阳在天空的运行,晷针的投影像钟表的指针一样在晷面上移动,就可以指示时辰。

日晷

(三) 漏刻

圭表和日晷都是用太阳的影子计算时间的,然而遇到了阴雨天或黑夜它们便失去作用了,于是一种白天黑夜都能计时的水钟便应运而生,这就是漏刻。

漏刻是古代的一种计时工具。漏是指计时用的漏壶,刻是指划分一天的时间单位,它通过漏壶的浮箭来计量一昼夜的时刻。

最初,人们发现陶器中的水会从裂缝中一滴一滴地漏出来,于是专门制造出一种留有小孔的漏壶,把水注入漏壶内,水便从壶孔中流出来,另外再用一个容器收集漏下来的水,在这个容器内有一根刻有标记的箭杆,相当于现代钟表上显示时刻的钟面,用一个竹片或木块托着箭杆浮在水面上,在容器盖的中心开一个小孔,箭杆从盖孔中穿过,这个容器叫做"箭壶"。随着箭壶内收集的水逐渐增多,木块托着箭杆也慢慢地往上浮,古人从盖孔处看箭杆上的标记,就能知道具体的时刻。后来古人发现漏壶内的水多时,流水较快;水少时,流水就慢,显然会影响计量时间的精度。于是人们在漏壶上再加一只漏壶,水从下面漏壶流出去的同时,上面漏壶的水即源源不断地补充给下面的漏壶,使下面漏壶内的水均匀地流入箭壶,从而取得比较精确的时刻。作为计时器,漏刻的使用比日晷更为普遍。在机械钟表传入中国之前,漏刻是我国使用最普遍的一种计时器。

现存于故宫博物院的铜壶漏刻是于1745年制造的,最上面漏壶的水从雕刻精致的龙口流出,依次流向下壶,箭壶盖上有个铜人仿佛抱着箭杆,箭杆上刻有96格,每格为15分钟,人们根据铜人手握箭杆处的标志来报告时间。

现存于故宫的铜壶漏刻

三、中国现代主要天文台

(一)中国科学院紫金山天文台

中国科学院紫金山天文台位于江苏南京东郊钟山风景区的紫金山第三峰上,海拔267米,东经118°49′,北纬32°04′。紫金山天文台于1934年9月建成,其前身是成立于1928年2月的国立中央研究院天文研究所,是中国自己建立的第一个现代天文学研究机构,被誉为"中国现代天文学的摇篮"。

紫金山天文台设4个研究部、2个实验室和6个观测站:射电天文研究部、天体物理研究部、空间天文研究部和天体力学研究部,毫米波和亚毫米波天文技术实验室、空间天文技术实验室,青海德令哈观测站、江苏盱眙观测站、江苏赣榆观测站、黑龙江洪河观测站、山东青岛观测站和云南姚安站观测站。紫金山天文台是中国天文学会,中科院射电天文重点实验室、中科院空间目标和碎片观测重点实验室以及中科院空间目标和碎片观测研究中心的挂靠单位。

(二)中国科学院上海天文台

中国科学院上海天文台成立于1962年,它的前身是法国天主教耶稣会于1872年建立的徐家汇观象台和1900年建立的佘山观象台。

上海天文台以天文地球动力学和银河系、星系天体物理为主要学科发展方

第十二章 天文历法

向,拥有甚长基线干涉测量(VLBI)、卫星激光测距(SLR)、全球定位系统(GPS)等多项现代空间天文观测技术,是世界上同时拥有这些技术的 7 个台站之一。主要设备有:25 米射电望远镜、1.56 米光学望远镜、60 厘米人造卫星激光测距仪、40 厘米双筒折射望远镜、Reque8100GPS 接收机和氢原子钟等。

(三)中国科学院陕西天文台

中国科学院陕西天文台是中国科学院下属的天文研究机构之一,1966 年筹建,位置在陕西省西安市东郊临潼县,北纬 34°57′,东经 109°3′,海拔 497 米。在其本部附近还设有天文观测站和长、短波授时发播台。此天文台的主要仪器有铯钟、氢钟、光电等高仪、光电中星仪、人造卫星多普勒测速仪等;主要从事时间、频率和天体测量学方面的工作,开展世界时、纬度、原子时、高精度时间同步、天文常数和星表等方面的研究;常年以短波呼号 BPM 和长波呼号 BPL 向世界发播时间频率信号,还以卫星、电视、通讯广播等方式提供时间服务。

(四)中国科学院云南天文台

中国科学院云南天文台是中国科学院下属的 5 座天文台之一。抗日战争期间,中央研究院天文研究所迁到昆明后,在昆明东郊凤凰山建立了凤凰山天文台,海拔 2014 米,北纬 25°02′,东经 102°47′。1975 年扩建为综合性的天文台。此天文台的主要仪器有口径 1 米的反射望远镜、太阳精细结构望远镜、口径 60 厘米的反射望远镜、口径 50 厘米的天文大地测量自动照相仪以及附加的人造卫星激光测距仪、孔径 10 米的厘米波射电望远镜、太阳摄谱仪、色球双筒望远镜、人造卫星多普勒测速仪等;主要从事太阳活动区物理、太阳射电、人造卫星运动、恒星物理、时间、纬度等方面的工作。

云南天文台以地面天文观测和天体物理研究为主,在恒星演化理论、活动星系核、地面高精度天体定位等领域的科研成果达世界水平。在我国"神舟四号"飞船和"神舟五号","神舟六号"载人飞船发射、飞行至返回期间,云南天文台与相关部门一道出色地完成了对太阳活动所进行的实时监测任务。

(五)中国科学院国家天文台

国家天文台经国家有关部门批准于 2001 年 4 月宣布成立,系由中国科学院天文学科原四台三站一中心撤并整合而成。国家天文台由总部及 4 个直属单位组成。原北京天文台的各项事宜由国家天文台总部负责。

下属单位分别是中国科学院国家天文台云南天文台、中国科学院国家天文台南京天文光学技术研究所、中国科学院国家天文台乌鲁木齐天文站和中国科学院国家天文台长春人造卫星观测站。

思考题
1. 如何认识和对待中国古代天文历法?
2. 请简述中国古代天文历法的演变。
3. 中国古代天文仪器有哪些主要成就?

参考文献
[1] 姚建明. 天文知识基础——你想知道的天文学. 北京:清华大学出版社,2008.
[2] 江晓原,钮卫星. 中国天学史. 上海:上海人民出版社,2005.
[3] 冯时. 中国古代的天文与人文. 北京:中国社会科学出版社,2006.
[4] 张闻玉. 古代天文历法讲座. 桂林:广西师范大学出版社,2008.
[5] 陈久金,杨怡. 中国古代的天文历法. 北京:商务印书馆,1998.

第十三章　国防军事

国无防不立，民无防不安。国防伴随国家的产生而产生，服务于国家利益，其职责是捍卫国家主权和领土完整，防备外来侵略和颠覆所进行的军事以及与军事有关的政治、外交、经济、文化等方面的建设和斗争。加强国防建设，维护国家安全，必须依靠国家各个方面的综合力量。当今世界各国，无论是发达国家还是发展中国家，无论是大国还是小国，几乎都把加强国防军事教育作为一项重要的社会工程来建设，把国防观念和军事教育作为社会公德来培养，并以法制措施加以保障。中国当代大学生掌握较高的文化知识，具有较高的素质修养，在不久的将来将成为国家建设的中流砥柱，因而对大学生进行国防和军事教育具有时代必然性和历史紧迫性。梳理古往今来的国防战争史和大国军队发展史，我们可发现任何国家在军事上的崛起和军力上的强盛，都需要代表着人类文明发展方向的先进军事文化、军事思想、军事制度等因素的支撑，而当其走向衰败之时，也定是支撑其前行的军事文化和国防力量滞后于时代之时。在中华民族发展演变的历史长河中，国防与军事文化有着深厚的历史积淀，且极富特色。本章将从古代、近代、现当代三个维度对中国的国防政策、军事制度和军事思想做具体的阐释和介绍。

第一节　国防政策

国防是国家为防备和抵抗侵略，制止武装颠覆，保卫国家的主权、统一、领土完整和安全所进行的军事活动，以及与军事有关的政治、经济、外交、科技、教育等方面的活动。国防理论和国防政策的演变反映一个国家军事文化的现实基础和时代背景。从整个国防历史发展流变来看，我国的国防政策一直在不断调整，但是总体注重陆权防御为主的基调保持相对稳定。从春秋战国到秦汉、盛唐，国防日趋发展，不断强盛以至于发展到鼎盛。从中唐到两宋、晚清，我国国防便日趋衰败，以至于一触即溃、不堪一击。发展期间，虽然盛唐之前有两晋的糜烂，中唐以后有明清中前期的振作，但从整体上来看，我国国防事业的基本趋势是由弱到强，再从强盛走向衰落。从汉、唐、明、清等几个大的历史朝代看，国防事业也都是由兴而盛、由盛及衰。期间固然不乏极盛之前的短暂衰落，衰败之后的一时复兴，但终其一朝由盛及衰的基本趋势是不变的。到了近代,中华民族更是饱经蹂躏,有国无防的历史悲剧不断重演。新中国成立之后,中国不称霸,不谋求势力范围,反对战争、侵略和扩张政策,反对军备竞赛,始终奉行独立自主、积极防御的国防政策。

一、古代的国防政策

我国古代的国防是指从公元前21世纪夏王朝的建立到1840年鸦片战争的爆发,共经历了近四千年的漫长历史。在此期间,中华民族经历了无数次战争的锤炼,形成了强大的民族凝聚力,培育出了自强不息、前仆后继、不畏强暴、卫国御敌的尚武精神,最终成为一个多民族的大疆域国家。

(一) 国防概述

大约公元前21世纪,中国古代社会开始由原始氏族公社制社会进入奴隶制社会,出现了国家。从此,作为抵御外来侵犯和征伐别国的武备——国防的雏形便产生了。随后的几千年征战中,为保家卫国,逐渐形成了我国古代的国防政策和国防理论。

春秋战国时期,由于各诸侯国之间连年征战,使国防观念迅速得到强化。虽然当时的诸子百家在政治和哲学主张方面各放异彩,但在国防方面却大体一致,形成了诸如"义战却不非战"、"非攻兼爱却不非诛"、"足食足兵"、"以正治国,以奇用兵"、"富国强兵"、"文武相济"、"尚战、善战、慎战"、"不战而屈人之兵"等思想,表明对武备和国防的重视,而且国防思想已经上升到理论的高度,标志我国古代国防思想在这个时期已经基本形成。[①]

公元前230—公元前221年,秦国经过10年的统一战争,先后兼并六国,结束了历史上的长期分裂局面,第一次建立起中央集权的封建国家,标志着中国封建社会进入一个新的历史阶段。随后的汉、唐更是中国封建社会的盛世,军事上也处于开疆拓土的鼎盛时期。至10世纪中叶,中国古代国防政策和国防理论得到了进一步的丰富和发展。在这一时期,开始全面整理兵书,并初步形成了一个较为完整的古代军事学术体系。另外,古代战略思想也趋于成熟,战略防御思想得到进一步完善。

宋朝至清朝前期,是中国封建地主阶级没落的时期,但军事上却已进入冷、热兵器并用的时代,在国防政策和国防理论上也有相当的发展。武学开始纳入国防教育体系。北宋初期,重文轻武,国防衰落。北宋后期,办"武学"、设武举,为军队培养、选拔了大批军事人才,同时也繁荣了军事学术。[②]

---

① 吴温暖,匡璧民. 军事理论教程. 北京:高等教育出版社,2002:16-22.
② 赵立新,安拴虎. 两宋之交武将的崛起和文臣控兵之反复. 河北师院学报,1997 (3).

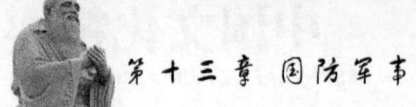
第十三章 国防军事

明清两朝将武举推向更高层次，甚至出现文人谈兵、武人弄文的局面，大量军事著作面世，军事思想研究不断发展。

从总体上来说，我国古代国防理论主要有："以民为体"，"居安思危"的国防指导思想；"富国强兵"，"寓兵于农"的国防建设思想；"爱国教战"，"崇尚武德"的国防教育思想；"不战而胜"，"安国全军"的国防斗争策略等。在这些思想和策略的指导下，华夏大地消除了无数次外敌入侵带来的战祸，为中华民族的繁衍生息和社会的发展提供了基本的生存保障，甚至出现了"中国既安，四夷自服"的辉煌。

（二）国防工程

我国古代为抵御外敌的侵犯，巩固边海防，修筑了数量众多、规模庞大的国防工程。如城池、长城、京杭运河以及海防要塞等。

我国古代国防工程建设中，城池的建设时间最早，数量最多。城池建筑始于商代，随后，规模不断扩大，结构日益完善，一直延续到近代。因此，在我国古代战争中，城池的攻守作战成为主要的样式之一。

长城是城池建设的延伸和发展。春秋战国时期，长城的建筑已经开始，秦始皇统一六国之后，为了巩固国防，防御北方匈奴的南侵，于公元前214年开始将秦、赵、燕三国北部的长城连为一个整体，形成西起临洮（今甘肃岷县）、北傍阴山、东至辽东的宏伟工程。后经各朝代多次修建连接，至明朝形成了西起嘉峪关、东至山海关，总长约6300千米的万里长城。

京杭大运河是我国古代兴建的伟大水利工程。隋炀帝时期，朝廷征调大量人力物力，将原有的旧河道拓宽和连贯，形成北起通州（今北京通州区）、南至杭州，全长1794千米的大运河，它把南北许多州县连成一线，成为军事交通和"南粮北运"的大动脉，具有重大的军事和经济作用。

古代海防建设始于明朝。14世纪，倭寇频繁袭扰我沿海地区，明朝在沿海重要地段陆续修建了以卫城、新城为骨干，水陆寨、营堡、墩、台、烽堠等相结合的海防工程体系，为抗击倭寇的入侵起到了重要作用。

（三）国防装备

国防装备又称兵器，是人类社会发展到一定阶段的产物，它随着社会生产力的发展而发展，又随着战争的需求而改进。原始社会最初的兵器是各种带有锋刃的生产工具，随着武力冲突的升级，出现了极其简陋的木石兵器。我国古代兵器的发展经历了两个时期：冷兵器时期和火器与冷兵器并用时期。冷兵器是历史上最早出现且使用时间最长的兵器，它经历了石兵器、青铜兵器和钢铁兵器三个发展阶段。其中夏代以石兵器为主，商代、西周和春秋时期以青铜兵器为主，战国以后则以钢铁兵器为主。冷兵器种类繁多，从用途上可分为进攻性兵器、防护装具和攻守城器械。

进攻性兵器又分三类：一是矛、戈、戟、殳等格斗兵器（又称长兵器）；二是刀、剑、匕首等护身兵器（又称短兵器）；三是弓、矢、弩等远射兵器（又称抛射兵器）。防护装具，有穿在人、马身体上的铠甲、保护头部的胄和拿在手里以抵挡对方攻击的盾等。攻守城器械中，攻城器械如攀登城墙的云梯、登高瞭望侦察的巢车、跨越城池外壕的壕桥、撞击城门的重型冲车等。守城器械如撞击云梯的撞车、对付攻城士兵的飞钩、侦听敌人挖掘地道的侦察器材"地听"等。

火器是火药发明以后才产生的。我国在10世纪初已经开始使用火器，是世界上最早在战争中使用火器的国家。宋代路振所修《九国志》中所载唐哀宗天佑初（904）郑璠率军攻打豫章（今江西南昌）时"发机飞火"烧毁该城龙沙门的史实，是我国历史上将火药应用于军事的最早记载。① 宋代是火球、火枪、火箭等初级火器的创制阶段。北宋初叶，当时已经制成了世界上第一支以火药为动力的火箭。到宋仁宗时期，火箭已经成为军中的正式装备，而燃烧性火器和爆炸性火器在宋代都有所发展。

元代至明代嘉靖年间是金属管形射击火器——火铳的创制和发展阶段。火铳较之火枪有发射快、射程远、威力大、寿命长、使用方便的特点，一经发明便被元朝军队广泛用于作战。明代改进火铳结构，使其更有利于实战，将火铳的制造工艺提高到了新的水平。明代永乐年间创建的专门装备枪炮的神机营是世界上最早的火器部队。明代嘉靖年间至第一次鸦片战争前是吸收西方新式枪炮优势对原有各类火器进行改进的阶段。明代成功仿制了鸟枪和有瞄准器的重型火器佛郎机，并仿照英国加农炮制成红衣炮。武器的改进带来了部队编制的改变，如：抗倭名将戚继光的部队配备了火器与车辆结合的战车部队——车营。清代则由于闭关锁国，进而导致火器制造停滞不前。

二、近代国防政策

我国近代的国防史是充满软弱、衰败和屈辱的。1840年西方殖民主义者凭借船坚炮利的优势，攻破了清王朝紧锁的国门。

（一）清朝后期的国防

1644年，清军大举入关，问鼎中原，最终建立大清王朝。从顺治皇帝开始，经康熙、雍正、乾隆和嘉庆五代的177年是清朝的兴盛时期。但是，经过"康乾盛世"之后，清王朝政治日趋腐败，国防日益疲弱。1840年鸦片战争爆

---

① 史仲文，胡晓林. 中国全史（第53卷）. 上海：人民出版社，1994：114.

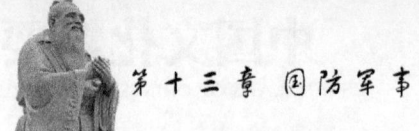

第十三章 国防军事

发,西方列强大举入侵,清王朝从此一蹶不振:江河日下,有国无防,内乱丛生,外患不息,逐步沦为半殖民地半封建社会。

1. 边海防建设

清朝初期重视边海防建设。清朝政府在同国内割据势力的斗争中,制止了分裂,促进了国内各民族的团结,维护了国家的统一;在与外部侵略势力的斗争中,捍卫了国家的领土主权。这一时期疆域西到今巴尔喀什湖、楚河、塔拉斯河流域、帕米尔高原;北到戈尔诺阿尔泰、萨彦岭;东北到外兴安岭、鄂霍茨克海;东到东海,包括台湾及其附属岛屿;南到南海诸岛;西南到广西、云南、西藏,包括拉达克。清政府建立了一个空前统一、疆域辽阔的多民族的封建专制国家。从道光年间(1821—1850)开始,清王朝政治日益腐败,边海防逐渐废弛。西方殖民主义者乘虚而入,用炮舰打开了清朝封闭的国门。19世纪中叶以后,香港、澳门、台湾、澎湖列岛分别被英、葡、日占领,东北乌苏里江以东、黑龙江以北及西北今国界以外的广大地域被沙俄侵占,帕米尔地区被俄、英瓜分,拉达克则被当年英国属地克什米尔吞并。

2. 外敌入侵战争

1840年,英帝国主义以清王朝禁烟为由,对中国发动了战争,史称鸦片战争。1842年,战败的清王朝被迫在英国的军舰上签订了我国历史上第一个丧权辱国的不平等条约——中英《南京条约》。中国的领土和主权遭到破坏,开始沦为半殖民地半封建社会。

1856—1860年,英法对中国发动了第二次鸦片战争。战败的清王朝被迫与英国签订了中英《天津条约》,与法国签订了中法《北京条约》,此时的沙俄趁火打劫,强迫清政府签订了中俄《瑷珲条约》。中国的领土主权进一步遭到破坏,半殖民地化程度加深。

19世纪80年代初,法国殖民主义者在完全占领越南后,开始觊觎我国西南地区。1884—1885年中法交战,清政府和法国签订了《中法新约》,将广西和云南两省的部分权益出卖给了法国,使中国不败而败,法国不胜而胜,清政府的腐败无能暴露无遗。

1895年日本以清朝出兵朝鲜为由发动了甲午战争,北洋水师全军覆没,清政府被迫与日本签订了《马关条约》,中国领土进一步被肢解。

1900年,英、美、德、法、俄、日、意、奥八国,以保护在华侨民的"利益"为借口,组成联军,发动侵华战争。战败的清政府被迫与八国签订了《辛丑条约》。中国完全沦为半殖民地半封建社会。

从1840年鸦片战争到1911年辛亥革命这70多年间,清政府与外国列强签订了大大小小数百个不平等条约,致使中国丧失近160万平方千米的领土管治权,当时,在1.8万多千米的海岸线上,大清帝国竟找不到自己享有主权的港口。清政府有海无防,有边不固,绝大部分领土成为帝国主义的势力范围:俄国在长城以北;英国在长江流域;日本在台湾、福建;德国在山东;法国在云南。中华民族美丽富饶的国土被瓜分得支离破碎。

(二)民国时期的国防

1911年的辛亥革命,虽然推翻了清朝的封建统治,建立了"中华民国",但并没有改变中国任人宰割的现状。帝国主义通过扶植各派军阀作为自己的代理人,加紧对中国的控制和掠夺;各派军阀争权夺利,混战不已,中国依然处于有边不固,有海无防,人民有家难安的状态。

1911年的辛亥革命,仍没有使中国摆脱半殖民地半封建的状况,帝国主义依然在华夏大地上横行无忌,他们为维护其在华利益,纷纷扶植自己的代理人。先有袁世凯称帝,后是张勋复辟,各派军阀以帝国主义为靠山,割据称雄,混战不休。直、皖、奉三大派系军阀先后窃取中央政权,贿选国会议员和总统,出卖国家和民族利益。"二十一条"的签订和"巴黎和会"上中国外交的失败,使中国面临被帝国主义进一步瓜分的命运,这激起了中华民族同仇敌忾、共御外侮的勇气和决心。以五四运动为标志,中国反帝反封建的资产阶级民主革命发展到新的阶段。

1931年9月18日,日本发动了九一八事变。面对日本帝国主义的野蛮侵略,蒋介石却奉行"攘外必先安内"的方针,一味奉行不抵抗政策,出卖民族利益,使东北大片国土迅速沦陷。1937年7月7日,日本又发动"卢沟桥"事变,进一步扩大对中国的侵略,中华民族到了生死存亡的紧要关头。全国人民同仇敌忾,经过艰苦卓绝的八年抗日战争,取得了我国近代历史上第一次抗击外敌侵略的完全胜利。

抗日战争胜利后,中国人民迫切需要一个和平安全的休养生息的环境,中国共产党顺民心,从民愿,不计前嫌,准备与国民党第三次携手,合作建国。但蒋介石妄图借助美国等帝国主义力量消灭中国共产党及其所领导的军队。在中国共产党的领导下,经过四年的解放战争,中国人民取得了胜利,将一切帝国主义势力扫出国门,建立了新中国。

梳理中国近代国防史,我们发现这样一条基本规律:凡是国家统一、民族团结的时期,国防就巩固强大;凡是国家分裂、民族矛盾尖锐的时期,国防就虚弱衰败。晚清和民国时期,在西方列强的进攻面前,清政府和民国政府的国防政策都存在严重偏误,基本上奉行以妥协投降的绥靖主义政策为主线,"量中华之物力,结与国之欢心",不仅不敢发动反侵略战争,还不依靠、不支持人民群众进行战争,反而认为"患不在外而在内"、"防民甚于防火"、"攘外

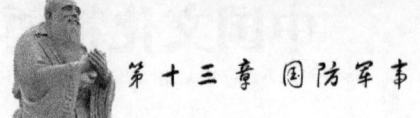

第十三章 国防军事

必先安内",对人民群众或革命政党自发组织的反侵略斗争实行残酷镇压。最终造成在对外作战中屡战屡败、割地赔款、丧权辱国,对内则失去民心、丢掉政权。

三、现当代国防政策

新中国制定国防政策的根本依据,是中国的国家利益。当前我国采取一切必要手段维护国家利益,同时也尊重别国的利益,主张通过协商和平解决国与国之间的纠纷和争端。因此建国之后,我国始终奉行积极防御的国防政策。

(一)巩固国防,防备和抵抗侵略

我国的领陆、内水、领海、领空神圣不可侵犯。我国根据新形势下国家防卫的需要,坚持对国防活动的统一领导,坚持独立自主和全民自卫原则,实行积极防御军事战略,加强武装力量建设和边防、海防、空防建设,采取有效的防卫和管理措施,保卫国家安全,维护海洋权益。一旦国家遭受侵略,中国将依照宪法和法律,坚决进行抵抗。

(二)制止分裂,实现祖国完全统一

我国是全国各族人民共同缔造的统一的多民族国家。我国政府禁止对任何民族歧视和压迫,也禁止任何破坏民族团结和制造国家分裂的行为。台湾是中国不可分割的一部分,中国政府按照"和平统一、一国两制"的基本方针和现阶段发展两岸关系、推进祖国和平统一进程的八项主张,以最大的诚意、尽最大的努力争取和平统一的前景,但决不承诺放弃使用武力。我国坚决反对任何国家向台湾出售武器或与台湾进行任何形式的军事结盟。我国武装力量坚决捍卫国家主权和统一,有决心、有能力制止任何分裂行径。

(三)制止武装颠覆,维护社会稳定

我国宪法和法律禁止任何组织或个人组织、策划、实施武装叛乱或武装暴乱,颠覆国家政权,推翻社会主义制度。我国坚决反对一切形式的恐怖主义、分裂主义和极端主义。我国武装力量把依法维护社会秩序和社会稳定作为重要职责,严厉打击各种恐怖活动,打击敌对势力的渗透和破坏活动,打击危害社会稳定的各种犯罪活动,促进社会的安定团结。

(四)加强国防建设,实现国防和军队现代化

我国坚持国防建设与经济建设协调发展的方针,坚持走一条经费投入较少而效益较高的道路,在经济发展的基础上推进国防和军队现代化。坚定不移地走中国特色的精兵之路,积极推进各项改革,适应世界军事变革的趋势,努力完成机械化和信息化建设的双重历史任务,实现军队现代化的跨越式发展。

（五）维护世界和平，反对侵略扩张

我国不称霸，不参加军事集团，不谋求势力范围，反对战争、侵略和扩张政策，反对军备竞赛。我国支持国际社会为公正合理地解决国际争端所做的努力，支持一切有利于维护全球战略平衡和稳定的活动，积极参与国际反恐怖主义活动。

（六）实行积极防御，坚决捍卫国家利益

我国实行积极防御军事战略，在战略上坚持防御、自卫和后发制人的原则。为适应世界军事领域的深刻变革和国家发展战略的要求，我国制定了新时期积极防御的军事战略方针。我国的社会主义性质、国家利益、国家发展状况和独立自主的和平外交政策，决定了我国必须实行积极防御的国防政策。如果有谁肆意侵犯我国主权，危害我国安全，我国有权使用一切手段坚决给予回击，捍卫国家利益。

第二节 军事制度

军事制度又称兵制，是国家或政治集团组织、管理、维持、储备和发展军事力量的基本制度，军事制度是军事文化赖以依附的重要载体。主要内容包括：军事领导体制、武装力量体制、军队组织体制编制、军队的军事训练、政治工作、人事管理、行政管理、技术保障、后勤保障等制度，后备力量建设制度，兵役制度，武器装备管理制度，国防教育制度，民防制度，战争动员制度和军事法制等。军事制度是国家或政治集团的一项基本制度，属于上层建筑，反映一定阶级的意志，为一定阶级的利益服务。它的制定和发展，受社会政治制度、经济条件、科技水平、战争局势、战略方针、武器装备、军事理论、战争实践、民族特点、历史传统、地理环境等多种因素的制约和影响。军事制度的基本功能在于从组织制度、运作制度和法制上，保障国家或政治集团掌握和发展军事实力与潜力，以便有效地准备与实施战争。军队是为打仗而存在和进行建设的，对任何一支军队来说，其战斗力强弱，不但取决于数量的多寡，而且取决于军事领导体制和军队质量高低等因素。科学的军事制度是先进的军事技术、创新的军事理论的主要载体，是把军事变革的"硬件"和"软件"有效结合、充分发挥效能的关键，是增强军事系统内部组织力与结构力的客观需要，是军事技术、理论创新的必然结果。军事制度的革新与发展，并不仅仅意味着军队领导方式、军队数量、军队规模的一般扩大或缩小，而是军事结构方式和武装力量体制的优化选择。

第十三章 国防军事

一、古代军事制度

我国古代的军事制度建设主要侧重点在于军事领导体制、武装力量体制、兵役制度等内容。在军事领导体制上，夏、商、西周时期，一般由国王亲自掌握和指挥，没有形成专门的军事领导机构。我国历史上第一个奴隶制国家夏代，已经出现了军事制度的雏形。军队由夏王直接控制和指挥，实行兵民合一的民军制。军队有严格的纪律，实行鲜明的奖惩制度，其主要兵种是步兵。而在商代，商王是军队的最高统帅，拥有对军队的绝对权力。实行的是战时"登人"，即临时征集兵员的制度。商朝的主要兵种是步兵和车兵。西周的军事制度已相当完备，是奴隶制国家军事制度的典型。周天子作为全国军队的最高统帅，掌握着军队从事战争的指挥权，控制着庞大的常备军，各诸侯国组建的军队有规定的限额。此时，车兵是主要作战力量，车上甲士由贵族充当，实行"国人"当兵，"野人"不当兵的等级制度。① 春秋时期，齐、晋、楚、鲁、郑等国相继进行军制改革。周天子军权逐渐丧失，各诸侯国限额军队建制开始向无限额军队建制过渡，严格的等级兵役制度逐渐被破坏。车兵还是主要兵种，步兵、舟兵得到迅速发展。春秋末期，实现将相分权治国，以将军为主组成军事指挥机构。战国时期，将军开始独立统兵作战。步兵代替车兵成为主力兵种，骑兵开始出现。实行征兵制，魏、秦等国也推行募兵制。

自公元前221年秦朝统一中国到1842年鸦片战争结束，历代封建王朝都根据自身特点，建立与封建专制主义中央集权相适应的军事制度。①在军事领导体制上，确立皇帝的最高统帅地位，以辅佐皇帝的宰相为核心，组成最高军事决策集团，设置中央军事行政和军事指挥机构，运用发兵权、统兵权与用兵权分离的机制，并通过监军制度和强干弱枝的军事措施，建立军权高度集中于皇帝的体制。②在武装力量体制上，逐渐形成以中央军（包括皇室亲军、京师卫戍部队和军事要冲驻屯部队）为主体，中央军、地方军、边防军与民众武装相结合的体制，并对军队的编制体制、屯田戍边、兵役军赋、军队调动、军需补给、驿站通道、军械制造和配发等都做了具体的规定，并以法律的形式颁布执行，如唐代的《卫禁律》、《军防令》等。兵役制度的演变则是随着各个历史时期的政治、经济、人口状况和军事需要而发展变化。奴隶社会时期，主要实行兵民合一的民军制度。封建社会时期，民军制度逐渐演变为与当时历史条件相适应的兵役制度，如秦汉时期的征兵制、三国两晋南北朝时期的世兵制、隋唐时期的府兵制、宋朝的募兵制、明朝的卫所兵役制等。③在后勤保障

---

① 陈群. 中国兵制简史. 北京：军事科学出版社，1989：76，79.

制度上，主要依靠中央（户部）转饷调粟，统一供应；汉朝以后，还发展了军屯，隋、唐府兵及元、明军队还采取自备资粮和屯种自给等制度；在中央和北部、西北部适于牧马的地区，设有专门的马政机构，掌管军马的牧养、繁衍和购买。④在军事训练制度上，先后实行过都试制、讲武制、团练制、阅视检查武备制和武学制等。在军队管理上，颁行严格的军纪军律、赏罚条格，军事制度的许多内容通过律、令、制、诏、格、式等形式颁行，如秦朝的《傅律》、《敦表律》、《戍律》、《军爵律》，唐朝的《卫禁律》、《捕亡律》、《擅兴律》、《军防令》、《兵部格》、《兵部式》等，对军队的组织编制、校阅当值、番上宿卫、屯田戍边、兵役军赋、武官选任、加衔晋级、兵丁拣点、军队调发、军人职守、逃兵惩治、兵要机密、军需补给、驿站通信、武器制造与配发、厩库管理等，都作了具体的规定。

具体而言，秦朝设立了专门管理军事的机构，太尉为最高的军事行政长官，进一步完善了郡县征兵制度，扩大了常备军数额，步兵依然是主要兵种。西汉的军事制度多沿袭秦朝而来，建立了中央军、地方军和边防军相结合的武装力量体制，同时建立了与劳役相结合的兵役制度。汉武帝后，骑兵成为主力兵种。东汉时期为维护皇权，调整了中央军事机构，压缩军队编制员额，用募兵制取代了征兵制。三国两晋南北朝时期，军事制度有其鲜明的时代特点：中央军建立起中外军制度，诸王出任方镇都督诸州军事；私兵、部曲急剧发展，世兵制确立并盛行，府兵制开始出现。隋唐时期，军权集中在朝廷，设立了三省六部制，设兵部主管军事，主要实行府兵制。唐中叶以后，由于均田制遭到破坏，府兵制名存实亡，统治者被迫采用募兵制。五代十国时期，军事制度比较混乱，兵役基本承袭募兵制。

宋代赵匡胤在建国之初就采取收回兵权、以文制武以及将调兵权、统兵权、握兵权严格分开等一系列措施，加强了皇帝对军权的控制。设置枢密院作为军事领导的最高机构，主官由文官担任，主要目的是防止"权将"拥兵自重。枢密院有权调兵却无权指挥，将军有权指挥却无权调兵，形成枢密院和将军相互牵制的局面。① 宋军有陆军、水军两个军种，其中陆军有步兵和骑兵两个兵种。辽、夏、金、元时期实行的是全民皆兵制度（元除蒙古外的其他民族实行军户制度），骑兵是主要的战斗兵种。明代创立了在边疆和内地重要地区设立卫所，推行保卫边疆、拱卫朝廷的卫所制度，兵役实行军户制，明代中叶以后也实行募兵制。清代前期实行的是八旗和绿营兵制。1842年鸦片战争

---

① 虞云国. 论宋代第二次削兵权. 上海师范大学学报, 1986 (3)；傅礼白. 宋代枢密院的失势和军事决策权的转移. 史学月刊, 2004 (3).

以后，出现勇营制和新军制。

二、近代军事制度

鸦片战争以后，中国逐渐演变为半殖民地半封建社会，军事制度也随之发生了显著变化，武器装备完成向火器的过渡，军事组织和管理制度实现向近代化转变。在军事领导体制上，清朝晚期，皇帝仍主要通过军机处处理军国重事。1906年，负责军事行政的兵部改为陆军部，主管陆军行政。1910年，建立海军部，统掌全国海军。民国时期，南京临时政府由临时大总统统率军队，设参谋部（后改为参谋本部）掌军令，设陆军部、海军部分掌陆军、海军行政。北洋政府时期，增设陆军训练总监，掌陆军教育训练。1925年，广州国民政府设军事委员会，辖参谋部、海军局、航空局、军需局、政治训练部等。北伐战争开始，又设国民革命军总司令部。1928年，国民政府撤销军事委员会，由政府主席兼任国民革命军总司令，下设参谋本部和训练总监部，并在行政院内设军政部掌管军事行政。1932年，重设军事委员会，由委员长统率全军，下辖参谋本部、训练总监部等机关，并指导行政院的军政部、海军部和航空委员会。抗日战争中，军事委员会为最高统帅部，统辖中央各军事机关。1946年，撤销军事委员会，成立国防部，隶属于行政院，下辖陆军、海军、空军及联合后方勤务等四个总司令部。

在军队体制编制上，近代以来逐渐形成陆军、海军、空军三个军种，其中陆军是主要军种。在陆军建设方面，以步兵为主，并建有骑兵、炮兵、工兵、辎重兵、通信兵等兵种。清朝晚期，湘军、淮军、防军、练军以营为基本建制单位，一般按营、哨、队的序列编制。新军按镇、协、标、营、队、排、棚的序列编制。1912年1月，南京临时政府制定陆军暂行编制，改行师、旅、团、营、连、排、班的编制序列。1929年，国民政府规定师为战略单位，分甲、乙、丙三种，分别辖步兵3个旅（9个团）、3个旅（6个团）、2个旅（4个团）以及数量不等的炮兵、骑兵部队。1939年，根据形势需要，改以军为战略单位，军辖3个师（9个团）及一些炮兵、工兵部队。抗日战争结束后，又以整编师为战略单位，师辖旅、团。1946年，恢复军，取消旅。中华民国时期，还曾编组过集团军、军团、兵团、战区、绥靖区等，其编制不固定。

在海军建设方面，清朝晚期建成北洋、南洋、福建和广东水师，它们在随后的作战中相继覆没。中华民国前期，海军先后编有3～4个舰队。国民党政府时期，将海军陆续编成中央、长江、渤海、练习等舰队和鱼雷游击队。抗日战争初期，为阻止日军南下，海军舰船多自沉于长江江阴、马当等水域。抗战结束后，国民政府重建海军，编成3个舰队。

在空军建设方面，1911年辛亥革命中，始建飞机队和航空队。1913年，北洋政府在北京南苑建立航空学校。1920年后，陆续建立一些航空学校，成立航空处、署、局，编有航空队。1928年10月，国民政府成立航空署。1934年，航空署改名为航空委员会，所属编有8个航空队。1936年，编成9个大队，共30个中队。1946年，航空委员会改组为空军总司令部，辖4个战斗机大队，1个中型轰炸机大队，1个轻型轰炸机大队，2个运输机大队，1个独立侦察机中队。

在兵役制度上，清朝晚期、北洋政府时期和国民政府初期，主要采用募兵制。1933年，国民政府颁布《兵役法》，规定实行征兵制。兵役分常备兵役、国民兵役两种。常备兵役又分现役、正役、续役。男子20～25岁应征入伍，服现役3年；期满退服正役，为期6年，平时在乡应参加规定的操演，战时应召回营；正役期满转服续役，40岁止，任务与正役同。年龄在18～45岁的男子，不服常备兵役者皆服国民兵役，平时按规定训练，战时应征回伍作战。在军事法制上，进一步加强军事制度的法律化、规范化。从清朝政府、南京临时政府、北洋政府到国民政府，都将军队的组织、编制、装备、军饷、职能区分和人事制度等，以条令、条例、章程、规则等法律规范的形式加以颁布。

20世纪20年代以后，中国共产党领导创建和发展了具有中国特色的新型军事制度。土地革命战争时期，中国共产党建军伊始，就制定了中国工农红军的组织体制和编制，建立了人民军队的一系列制度。随着武装斗争的发展和革命根据地政权的建立，人民武装力量体制逐步形成，各项军事制度不断发展，并通过苏维埃政府的法律、法令和中国工农红军的条令、条例、章程等形成定制。在新民主主义革命阶段创建的军事制度主要包括：确立中国共产党对武装力量的绝对领导制度，在中共中央设立中央军事委员会，在军队各级建立党的组织，设置政治委员或政治教导员、政治指导员，在团以上部队设立政治工作机关，在各革命根据地实行党政军一体化的领导体制；建立和发展主力部队、地方部队和民兵"三结合"的人民武装力量体制；逐步统一军队的体制编制，建立和完善军队的政治工作制度、民主制度和管理教育制度；实行志愿兵役制，实行全党动员、全民动员，广泛发动和组织群众参军、参战、支援前线、拥军优属等制度。这些制度的建立和实施，保证了人民武装力量的发展壮大和人民革命战争的不断胜利。

三、现当代军事制度

当前我国的军事制度，是在长期的革命战争中形成和发展起来的。在军事领导体制方面，建国之后，中共中央政治局决定在中央政治局和书记处之下成

第十三章 国防军事

立中共中央军事委员会,领导中国人民解放军和其他武装力量。1982年9月,第五届全国人大第五次会议通过的《宪法》规定,设立中华人民共和国中央军事委员会。自此,中共中央军委与国家中央军委成为一个机构两个名称,从而形成了党和国家高度统一的武装力量领导体制。中共中央军事委员会和中华人民共和国中央军事委员会领导并统一指挥全国武装力量,军委下设总参谋部、总政治部、总后勤部、总装备部,此四总部作为军委的工作机关。

新中国成立初期,我国的军队基本上是一支以步兵为主的陆军,炮兵、装甲兵等技术兵种所占比例很小,海军、空军初具雏形。经过60多年的艰苦努力,我军实现了由单一陆军向诸军兵种合成军队的发展,不仅研制和装备了各类比较齐全的常规武器装备,而且拥有极具威慑力的原子弹、氢弹等尖端武器装备。我国的武装力量由中国人民解放军、中国人民武装警察部队和民兵组成。其中,中国人民解放军是中国共产党缔造和领导的人民军队,是中国武装力量的主体。它由现役部队和预备役部队组成。中国人民解放军现役部队是国家的常备军,由陆军、海军、空军和第二炮兵组成,主要担负防卫作战任务,必要时可以依照法律规定协助维护社会秩序。中央军委通过总参谋部、总政治部、总后勤部、总装备部对全军实施作战指挥和建设领导。

陆军是以步兵、装甲兵、炮兵为主体,主要在陆地上执行作战任务的军种,是陆上战场决定胜负的主要力量。自1927年8月1日诞生以来,经过80多年的建设和发展,陆军由单一兵种逐步发展成为一支具有强大火力、突击力和高度机动能力,既能独立作战,又能与其他军种协同作战的军种。陆军主要担负陆地作战任务,目前没有设置独立的领导机关,领导机关职能由中央军委及其四总部(总政治部、总参谋部、总装备部、总后勤部)代行,沈阳、北京、兰州、济南、南京、广州、成都七个军区直接领导所属陆军部队。陆军由步兵、装甲兵、炮兵、防空兵、陆军航空兵、工程兵、防化兵、通信兵等兵种及电子对抗兵、侦察兵、测绘兵等专业兵组成。陆军按其担负的任务还划分为野战机动部队、海防部队、边防部队、警卫警备部队等。野战机动部队的编制序列一般是集团军、师(旅)、团、营、连、排、班。海防部队、边防部队和警卫警备部队,根据担负的作战任务和地理条件,确定编组方式。

海军是以舰艇部队为主体,主要在海洋执行作战任务的军种,成立于1949年4月23日,主要任务是独立或协同陆军、空军防御敌人从海上的入侵,保卫领海主权,维护国家海洋权益。海军由潜艇部队、水面舰艇部队、航空兵、岸防兵和陆战队等兵种及专业部(分)队组成。海军下辖北海、东海、南海三个舰队和海军航空兵部。舰队下辖基地、水警区、舰艇支队、舰艇大队等。经过60多年的建设和发展,我国海军已经成为一支兵种齐全、技术密集、多兵种合成、常规和核武器兼备，具有立体攻防能力，能有效地保卫国家领海的战斗力量。

空军是以航空兵为主体，主要执行空中作战任务的军种，成立于1949年11月11日。其主要任务是组织国土防空，保卫国家领空和重要目标的空中安全；组织相对独立的空中进攻作战；在联合战役中，独立或协同陆军、海军和第二炮兵作战，抗击敌人从空中入侵，或从空中对敌实施打击。空军实行空防合一的体制，由航空兵、地空导弹兵、高射炮兵、空降兵以及通信、雷达、电子对抗、防化、技术侦察等专业部（分）队组成。空军下辖沈阳、北京、兰州、济南、南京、广州、成都七个军区空军，在重要方向和重要目标区设有军或相当于军的基地。

第二炮兵组建于1966年7月1日，是我国核力量的主体，主要执行核反击战略任务，是中国人民解放军地地战略导弹部队的代称，由地地战略核导弹部队、战役战术常规导弹部队及相应保障部队组成。第二炮兵是我国国家实力和国防现代化的重要标志之一，对提高我国的国际地位，鼓舞人民的斗志，振奋民族精神，遏制他国可能对我国发动的战争，维护世界和平起着重要的作用。

中国人民解放军驻香港、澳门部队隶属于中央军委。驻香港部队由陆军、海军和空军等部队组成。驻澳门部队主要由陆军部队组成，在机关编有少量的海军、空军人员。

中国人民解放军预备役部队组建于1983年，是以现役军人为骨干、预备役人员为基础，按规定的体制编制组成的部队。预备役部队实行统一编制，师、旅、团授予番号、军旗，执行人民解放军的条令、条例，列入人民解放军序列，平时归省军区（卫戍区、警备区）建制领导，战时动员后归指定的现役部队指挥或单独遂行作战任务。预备役部队的基本任务是平时按照规定进行训练，必要时可以依照法律规定协助维护社会秩序，战时根据国家发布的动员令转为现役部队。

中国人民武装警察部队是中华人民共和国武装力量的重要组成部分，组建于1982年6月19日，由内卫部队和黄金、森林、水电、交通部队组成，列入武警序列的还有公安边防、消防、警卫部队。和平时期，武警部队主要担负固定目标执勤、处置突发事件、反恐怖等任务，并支援国家经济建设。固定目标执勤主要是具体负责国家列名警卫对象和来访重要外宾，省级以上党政领导机关和各国驻华使、领馆，国际性、全国性重要会议和大型文体活动现场的安全警卫；对监狱和看守所实施外围武装警戒；对重要机场、电台和国家经济、国防建设等重要部门的机密要害单位或要害部位实施武装防守保卫；对铁路主要

第十三章 国防军事

干线上的重要桥梁、隧道和特定的大型公路桥梁实施武装防守保护；对国家规定的大中城市或特定地区实施武装巡查警戒。处置突发事件，主要是对突然发生的危害国家安全或者社会秩序的违法事件依法实施处置，包括处置叛乱、骚乱及暴乱事件，群体性治安、械斗事件等。反恐怖，主要是反袭击、反劫持、反爆炸。支援国家经济建设，主要有黄金地质勘察，森林防火灭火，参加国家能源、交通重点项目建设，遇有严重灾害时，参加抢险救灾。

民兵是不脱离生产的群众武装组织，是人民解放军的后备力量，是进行现代条件下人民战争的基础。民兵工作在国务院、中央军委领导下，由总参谋部主管。民兵在军事机关的指挥下，战时担负配合常备军作战、独立作战、为常备军作战提供战斗勤务保障以及补充兵员等任务，平时担负战备执勤、抢险救灾和维护社会秩序等任务。民兵分为基干民兵和普通民兵。28岁以下退出现役的士兵和经过军事训练的人员，以及选定参加军事训练的人员，编为基干民兵。其余18～35岁符合服预备役条件的男性公民，编为普通民兵。基干民兵单独编组，在县级行政区内的民兵军事训练基地集中进行军事训练，目前编有应急分队和高炮、高机、便携式防空导弹、地炮、通信、防化、工兵、侦察等专业技术分队。

20世纪90年代初期至今，受海湾战争和阿富汗战争等地区战争的影响和启发，为积极适应高技术战争、信息化战争特别是世界新军事变革的需求，中国人民解放军军兵种建设发生重大变化和战略调整。兵种建设以发展海、空、二炮为重点，其比例得到进一步提高，而陆军比例进一步下降，具体表现在以下几个方面。

（1）陆军。加速建设精于合成、灵敏多能的新型陆战力量，提高空地一体、远程机动、快速突击和特种作战能力；重点发展陆军航空兵、战术导弹部队、电子对抗部队、特种作战部队等。

（2）海军。逐步增大近海防御的战略纵深，提高海上综合作战能力和核反击能力，重点发展大型水面战斗舰艇、新型潜艇、超音速巡航作战飞机和远程导弹等。

（3）空军。加快由国土防空型向攻防兼备型转变，提高空中打击、防空反导、预警侦察和战略投送能力；重点发展空中预警侦察和电子战部队、新型歼击机部队、防空导弹部队、空中运输部队、加强空降兵建设等。

（4）第二炮兵。进一步巩固战略核心力量部队建设，重点发展常规导弹部队，加强机动发射力量建设，提高信息化条件下的战略威慑和常规打击能力。

第三节 军事思想

军事思想是人类社会各个历史时期,各阶级、利益集团及其军事家和军事论著作者对于战争与军队问题的理性认识,包括战争观、国防观、作战思想、建军思想、谋略思想及军事哲学等,也是各个历史阶段人们对战争和军事实践经验的理论概括。军事思想不仅是军事文化的核心要素,而且也是中国文化的重要组成部分。中国的古代军事思想自成体系,较少受外来军事思想的影响。而到了近现代,尤其是鸦片战争之后,洋务派中的有识之士主张学习外国,中国的军事思想从西方的军事思想和军事文化中汲取了大量养分。五四运动以来,以毛泽东为代表的中国共产党人站在时代的前列,以马克思主义的世界观、方法论和唯物主义的历史观为指导,扎根中国的革命战争和新中国的国防实践,广采博收古今中外的兵家思想和军事理论,在长期战争、革命和国家发展建设过程中,形成了具有中国特色的军事思想。

一、古代军事思想

中国是一个战争与文明有着同样悠久历史的国家,人们在数千年错综复杂的战争实践中积累了丰富的战争经验,并将之总结、概括成谈兵论战的军事典籍。

(一)发展演变

从历史时空的角度考察,中国古代军事思想,是指夏朝至鸦片战争之间(约公元前2070—1840)产生和发展的军事理论。在中国悠久的历史长河中,涌现了许多著名的军事家和军事理论家,他们在总结战争经验的基础上,大体上经过四个发展阶段,创立和发展了中国的古代军事思想。

1. 萌芽期

萌芽期包括夏朝、商朝到西周时期。在我国古代兵书中,已经记载了"三皇五帝"传说时期的一些军事斗争情况,在作战过程中,出现了简单谋略的运用。但是,那时候的战争,带有更多的血亲复仇色彩。我国古代有夏铸九鼎、用铜做兵器的传说。事实上,夏朝时期,石器、木棒是主要的作战工具,这些工具也是生产、生活中不可或缺的。夏朝后期,开始制作青铜器。商朝青铜冶炼业发达,除用于礼器等奢侈用具外,青铜也用于制造矛、戈、刀、斧和兵车的关键部件。但贵重的青铜兵器,只可能用来装备属于贵族阶层的甲士,他们充当战斗的主要角色。甲士身披青铜盔甲、手执青铜武器,步行、步战非常困难,只能乘车作战。西周时期,车战已经成为主要的作战方式。反映这一

第十三章 国防军事

时期军事理论的文献有《尚书》、《易经》、《诗经》等。西周时，还出现了专门的军事文献《军志》、《军政》。专门兵书的问世，是中国古代军事思想产生的重要标志。这一时期的军事思想，已经注意讲究军事谋略的运用。但是，天命观仍然是指导战争的核心。

2. 形成期

形成期包括春秋战国时期。随着铁器的使用，生产力的发展，在由奴隶制向封建制过渡的社会大动荡大变革中，各诸侯国都大力发展军事力量，以图称霸争雄，战争极为频繁，战争规模空前扩大，作战兵器也不断改进。步兵逐渐成为主要兵种，骑兵开始出现，水兵也逐渐为人们所熟知。在这一时期，军事理论和实践得到了新的发展，许多军事家和兵书著作不断涌现。春秋战国时期兵书中具有代表性的有《孙子》、《吴子》、《司马法》、《尉缭子》、《孙膑兵法》、《六韬》等兵书。除了兵家外，"无子不言兵"。在"百家争鸣"中，各派思想家、政治家对战争各抒己见，其中较为突出的是儒、墨、法、道四家。儒家主张仁义为本，倡导足食足兵，重视组织训练；墨家主张休养生息，注重武器与军事工程；法家讲求耕战，重实力、权术和刑赏；道家认为慈故能勇，柔弱胜刚强等。① 这些都给历代军事思想以深刻的影响。这一阶段，军队的组织制度形式初步完善，战略战术的原理趋于系统。在战争中，作战原则突破了"仁义用兵"的藩篱，开始强调"用兵以诈"，强调慎战原则，强调用和平与外交手段来取胜，强调战争中政治和道义上的优势。

3. 发展期

发展期包括秦朝到五代十国时期。公元前221年秦始皇统一中国，汉、唐封建社会的经济、政治、文化有了很大发展，军事思想也进一步得到了丰富和提高。但是，由于秦始皇对兵书焚毁，汉武帝"罢黜百家、独尊儒术"，以及不准民间收藏兵书等各种原因，兵家的地位开始下降，史籍兵书著录自汉至唐呈递减趋势，兵书的编撰和流传受到一定影响。这一时期，曾多次发生大规模、多兵种大集团配合作战的战役。正是由于当时政治斗争与军事斗争的密切结合，导致谋略的运用以及作战指挥艺术达到了相当高的水平。

4. 成熟期

成熟期包括宋朝至鸦片战争时期。北宋时期，为教文臣武将熟悉军事，编纂了中国第一部兵书汇编《武经总要》，总结古今兵法和本朝方略。宋神宗元丰年间，又将《孙子》、《吴子》、《司马法》、《尉缭子》、《三略》、《六韬》、

---

① 袁闾琨. 中国兵书十大名典（上）. 沈阳：辽宁人民出版社，2000：2.

《李卫公问对》汇编为《武经七书》，作为武学的总修课程。① 此书对宋以后的军事学和战争实践都有较大影响。北宋时期，火药、指南针等开始用于军事。明代戚继光的《纪效新书》和《练兵纪实》，成为当时军事革新思想的代表作。茅元仪编纂的军事百科全书性的著作《武备志》，提出实行军事改革的依据，以振兴明王朝的武备。军事思想的总结与革新成为这一时期的特点之一，但是同样是在这一阶段，除了元朝的金戈铁马、气象万千外，两宋时期，统治者所主张的"道德文章"已不能从技术上解决当时的社会与民族矛盾。明朝尽管火器发达，但采取的却是修筑长城等消极防御措施。清朝采取闭关锁国政策，在军事方面丝毫没有意识到世界范围内热兵器时代的到来，对海防、海战也没有一个清醒的认识。可以说，这一阶段的军事思想在走向成熟的同时，也逐步走向保守和没落。

（二）主要内容

中国古代军事思想的内容极为丰富。大致涉及战争观、谋略、战法、阵法、军队组织、训练、纪律、将帅修养和作战指挥等方面。现仅就其中的几个主要方面作简要概述。

1. 战争认识论

一是战争的性质。《尉缭子》提出了"兵者，以武为植，以文为种；武为表，文为里"的卓见。即在战争问题上，军事是从属的，政治是基本的；军事是现象，政治是本质。《司马法》指出："政不获意则权，权出于战。"是说明解决国内外矛盾时，若用政治达不到目的，就必须使用战争。有的兵书把战争区分为"义兵"与"不义之兵"，"得道"与"失道"之兵，在一定意义上已经触及战争的性质。

二是战争的作用。我国古代军事杰出人物对战争的作用也有许多精辟的论述。春秋时代的孙武指出："兵者，国之大事，死生之地，存亡之道，不可不察也。"精辟地阐明了战争是关系到国家存亡、民族生死的大问题，必须认真研究和对待。《尉缭子》认为战争的作用是镇压暴乱，制止不义行为。"故兵者，所以诛暴乱，禁不义也。"《司马法》提出以战止战的口号，指出："是故杀人安人，杀之可也；攻其国爱其民，攻之可也；以战止战，虽战可也。"

2. 战争方法论

我国古代的战争指导思想内容非常丰富，概括起来，主要内容包括以下八个方面：第一，先发制人。战场上两军对阵，剑拔弩张，谁能取得先机，便有了主动。《尉缭子》认为"故兵贵先，胜于此，则胜彼矣。"认为用兵贵在先

---

① 袁闾琨. 中国兵书十大名典（上）. 沈阳：辽宁人民出版社，2000：196.

第十三章 国防军事

发制人，靠此才能打胜仗。第二，速战速决。历代军事著作和军事家，都十分强调速胜，而孙武的理论最为杰出。《孙子兵法》认为"兵之情主速，乘人之不及"，"久则钝兵挫锐""故兵贵胜，不贵久"，主张速战速决，反对持久拖延。第三，力争主动。主动权是军队行动的命脉，历代军事家无不主张争取战场主动权。《鬼谷子》说："制人者，握权也；见制于人者，制命也。"就是说能控制敌人，就掌握了胜利权；为敌人所控制，将遭受致命的打击。第四，集中兵力。《白毫子》指出："兵之贵合也。合则势张，合则力强，合则气旺，合则心坚。"认为作战最重要的是集中兵力，这样就能形成强大的力量，就能使士气旺盛，就能使军人坚定。第五，出其不意。《孙子兵法》认为"攻其不备，出其不意。此兵家之胜，不可先传也。"认为要在敌人无准备的状态下实施攻击，在敌人意想不到的情况下采取行动。这都是军事家取胜的奥妙，是不可事先规定的。第六，齐正互变。《孙子兵法》指出："凡作战，以正合，以奇胜。故善出奇者，无穷如天地，不竭如江河。"认为大凡指挥作战，都是用正兵当敌，用奇兵取胜，所以会出奇制胜的人，指挥灵活像自然现象那样变化无穷，像江河那样长流不竭。第七，兵贵其和。古代兵家把协同作战看作战争胜利的重要因素。《淮南子》提出"良将之用座也，同其心，一其力"，是说高明的将领指挥部队，在于统一其思想，协调其力量。第八，先戒为宝。古人从战争经验中认识到战争是不可避免的，而战争的胜负则是关系到国家存亡的大事。因此，把备战作为一条重要原则。《吴子》提出："夫安国之道，先戒为宝。"认为保障国家安全的方法，最重要的是先有戒备。所以，《司马法》说："天下虽安，忘战必危。"

3. 治军理论

治军理论是中国古代军事思想的重要内容，其中将领的选择、军营纪律和军队训练是影响军队治理成败的关键因素和主要环节。首先是注重将帅修养。中国古代军事家很早就认识到将帅的重要地位和作用，把选将的标准作为治军的主要着眼点。《孙子兵法》把选将的标准归纳为"智"，多谋善断；"信"，赏罚有信；"仁"，爱护士卒；"勇"，勇敢坚定；"严"，明法审令。《三略》认为贤将要具备十二能（素质）：能清（廉洁）、能静（镇静）、能平（公平）、能整（严整）、能受谏（接受批评）、能明讼（明辨是非）、能纳人（任用人才）、能采言（采纳意见）、能知国俗（知敌国的风俗）、能图山川（研究山川的形势）、能表险滩（明了地形的险阻）、能制军权（掌握军队的指挥权）。其次是强调以治为胜。古代军事思想把严明军纪作为治军的重要原则。魏武侯曾问吴起："兵何以为胜？"吴起回答："以治为胜"并指出："若法令不明，赏罚不信，金之不止，鼓之不进，虽有自力，何益于用。"如果法令不严明，赏罚不及时，军队不听指挥，让止不止，让进不进，这样的军队即使有百万之众，也没有战斗力。《司马法》说："从命为士上赏，犯命为士上戮，勇力不相犯。"再次侧重教戒为先。古代许多兵家还把加强军队训练，作为治军的一个重要方面。《吴子》说："夫人常死其所不能，败其所不便，故用兵之法，教戒为先。"认为战斗中人们牺牲往往是由于技能不高，失败于技术不熟练。所以，在用兵原则中，首要是教育训练。《司马法》认为："士先不教，不可用也。"即士兵不经过教育训练，是不能够用来作战的。《荀子》指出："不教诲，不调一，则人不可以守，出不可以战。教诲之，调一之，则兵劲城固，敌国不敢缨也。"

二、近代军事思想

近代军事思想是在内忧外患的现实处境中孕育的，是在中国由封建社会向半殖民地半封建社会的演变中产生的，是在中国从落后封闭的农业文明逐步向现代文明的演进中形成的，其围绕的主题自然是如何驱逐列强出中国、争取国家独立统一和民族尊严，如何建设强大的国防和现代化军队，如何运用现代军事技术和战略战术等，呈现出明显的被动变革的时代特征。因此，中国近代军事思想兼有封建社会和资本主义社会的印记、兼有农业文明和工业文明的印记、兼有冷兵器战争和热兵器战争甚至机械化战争的印记，反映了中国传统军事思维特色和西方现代军事思想相结合的特点。

（一）地主阶级革新派和洋务派军事思想

鸦片战争前夕，我国面临西方殖民主义国家入侵的威胁，两广总督林则徐开始搜集外国军事资料，研究敌情，提出了组织民众，沿海各省协力筹防和以守为战、以逸待劳，在近海和陆地歼敌的作战方针。战后，魏源等先进知识分子总结了清军战败的教训，提出了"师夷长技以制夷"的著名战略思想，以及"器良、技熟、胆壮、心齐"的建军方针。林则徐、魏源的思想并未被清政府采纳，但却标示着近代军事思想的发展方向。第二次鸦片战争之后，曾国藩、左宗棠、李鸿章等权臣在"中学为体，西学为用"思想的指导下，掀起了以自强为目的的洋务运动，形成了地主阶级洋务派军事思想。一是主张购买和制造近代武器装备，将近代枪炮舰船技术引入中国，使中国军队步入热兵器时代。二是主张发展近代军事教育，培育近代军事人才，逐步改善官兵的技术素质。按照"用人最为急务，储才最为远图"的方针，兴办军事学堂，选派学生出国留学。三是主张适应新的装备情况，对陆军兵种制度进行改革，并确立近代海军军种制度。随着西式武器陆续装备军队，战术上也发生了变革，例如步（骑）炮协同作战；海军独立作战和陆海协同抗登陆作战；战斗队形由

第十三章 国防军事

密集向疏散发展等,这标志着我国近代军事思想已经形成。但由于"中学为体,西学为用"指导思想的固有局限,新的建军思想并未能从根本上改造清军,加之清政府的腐败无能,最终仍然导致了中日甲午战争和抗击八国联军入侵的失败。

(二)农民阶级军事思想

太平天国运动是中国历史上旧式农民战争的最高峰,其军事思想是近代农民阶级军事思想的代表,是中国数千年农民战争思想的集大成者。其主要内容是提出了"斩邪留正"的起义目标,为太平天国革命指明了斗争方向;制定了太平军的完备军制;提出了"军政合一"的思想,寓兵于农,保证了高度集中统一;提出了机动灵活的作战原则;规定了严格的军纪,使太平军的整个军事生活实现了条令化;提出了对部队进行军事训练和思想教育并重的思想;提出了用洋枪洋炮装备部队的思想等。

(三)资产阶级军事思想

甲午战争的失败宣告了地主阶级洋务派军事思想的破产,资产阶级维新派开始发出自己的声音,其中包括大量军事上的呼声,然而大多数只是纸上谈兵。孙中山堪称中国近代资产阶级革命派军事思想的代表人物,他形成了自己的军事思想体系。特别是在他的晚年,接受了中国共产党和苏联的帮助,重新解释了三民主义,在军事上创建了黄埔军校并以此来建立一支真正的国民革命军。他关于武装革命、军队和国防建设等思想极富时代特色。资产阶级革命派军事思想代表人物还有黄兴、蔡锷、林修梅等。其中,蔡锷对我国近代军事思想发展的影响较大,朱德等著名军事家即是深受他的影响。[①] 蔡锷主编的《曾胡治兵语录》曾作为黄埔军校的教材,抗战期间八路军还曾专门加以研究。

(四)国民党军事思想

以蒋介石、蒋百里等为代表的国民党军事思想,探求中国的国防问题和富国强兵之道,提出了一些有价值的观点。一是提出了较为系统的国防建设思想:充分认识到国防建设的重要性,认为没有国防就没有国家;提出了国防建设的内容,蒋介石认为现代战争是总体性战争,现代国防亦是总体性国防;主张国防以自卫为原则。蒋百里强调中国决不可侵略他国,提倡尚武精神。二是提出了内容庞杂的军队建设思想,强调军权至上:蒋介石视军队如生命,认为有军就有权、有军就有党;重视军官教育培养,兴办了各级各类军校,注重军队现代化建设;以治心为治军之本;以绝对信仰统帅为首要纪律。三是提出了一些战略战术原则:蒋介石的战略战术思想比较僵化保守,在自己力量占优势

---

① 谢本书. 朱德与其早年在云南的两位恩师蔡锷、李根源. 云南师范大学学报,1999(5).

时往往低估对手，采取分进合击、长驱直入的战略，结果容易招致失败；在己方力量弱于敌军时，又容易失之于消极保守，片面拼消耗、打阵地战。国民党的战术思想则多抄袭日本、德国陆军条令，存在灵活性不足的问题。败退台湾后，蒋介石曾反思国民党军队的军事指导思想，痛感国民党军队机械有余、灵活不足的弊病。

三、现当代军事思想

五四运动以来，以毛泽东为代表的中国共产党人站在时代的前列，以马克思主义的世界观、方法论和唯物主义的历史观为指导，扎根中国的革命战争和新中国的国防实践，广采博收古今中外的兵家思想和军事理论，在长期战争、革命和国家发展建设过程中，形成了具有中国特色的军事思想和国防理论。作为现代军事思想的典范，毛泽东和老一辈无产阶级革命家在领导中国人民反对帝国主义、官僚资本主义和封建主义的长期民主革命斗争中，在研究历史上革命和战争的经验教训，总结人民革命和战争的经验的基础上，创立了指导中国革命走向胜利的毛泽东军事思想。毛泽东军事思想具有完备的体系，内容极为丰富，主要由战争观和方法论、人民军队、人民战争、人民战争的战略战术、国防建设和国家防卫五个部分构成。

（一）战争认识论

毛泽东运用辩证唯物主义和历史唯物主义，研究并指导中国革命斗争问题而形成的战争观和方法论，是毛泽东军事思想的理论基础。毛泽东军事思想对战争起源、战争性质、战争目的、现代战争根源以及对战争的态度、作战指导、国防与军队建设等问题，都做了唯物辩证的论述。第一，在阶级社会中，战争是用以解决阶级之间、民族之间、国家之间、政治集团之间在一定发展阶段上的矛盾的一种最高的斗争形式。战争不等于一般的政治，而是流血的政治。第二，战争同其他客观事物一样，存在着内部矛盾运动发展的规律。第三，认识和掌握战争规律是为了解决指导战争的问题。

（二）人民军队理论

毛泽东从中国革命战争的实际需要出发，提出必须把建立一支人民的军队作为武装斗争的首要问题。要建设一支无产阶级性质的新型人民军队，必须确立和坚持一系列基本的建军原则。第一，紧紧地和人民站在一起，全心全意地为人民服务是人民军队的唯一宗旨；第二，党对军队的绝对领导是人民军队建军的根本原则；第三，强有力的革命政治工作是人民军队的生命线；第四，加强军事建设是人民军队履行自身职责的重要保证。

（三）人民战争理论

毛泽东把马克思主义的历史唯物主义原理，创造性地运用于中国革命战争实践，创立了一整套具有中国特色的人民战争理论。具体说来，第一，依靠人民群众进行战争；第二，建立农村革命根据地；第三，建立三结合的武装力量体制；第四，把武装斗争同其他斗争形式结合起来。只有武装斗争，而无其他斗争形式相配合，还不是全面的、彻底的人民战争，因此，要在进行武装斗争的同时，在政治、经济、思想、文化、外交等多条战线上，以各种形式广泛、全面地展开对敌斗争。

（四）战略战术理论

毛泽东根据中国革命战争的规律和特点，领导人民军队和人民群众，在同强大敌人进行的长期革命战争的实践中，为了达到以弱胜强、克敌制胜的目的，创建了极具中国特色的、从实际出发、以机动灵活为主要特点的战略战术理论，其内容极为丰富精彩。第一，战争的目的是保存自己，消灭敌人；第二，战略上藐视敌人，战术上重视敌人；第三，实行积极防御，反对消极防御；第四，集中优势兵力，各个歼灭敌人；第五，适时进行战略转变，灵活运用各种作战形式；第六，不打无准备之仗，不打无把握之仗；第七，执行有利决战，避免不利决战；第八，力争战争的主动权，正确把握灵活性和计划性。

（五）国防安全理论

新中国成立以后，毛泽东在正确分析国际战略形势和国家安全环境的基础上，提出了一系列关于加强国防建设和保卫国家安全的原则、目标、计划和措施等，逐步形成了关于建设现代化国防和保卫国家安全的理论，有力地指导了国防现代化建设和多次自卫反击作战。第一，必须建立巩固的国防；第二，实行积极防御的战略方针；第三，建设强大的国防军；第四，建立独立、完整的国防科技和国防工业体系；第五，建设强大的国防后备力量。

而后，在邓小平和江泽民的不断继承发展下，中国共产党的军事思想日趋完善和成熟。以胡锦涛同志为总书记的党中央准确把握新世纪新阶段国防和军队建设内在要求，在全面总结我军建设发展经验的基础上，提出把科学发展观作为加强国防和军队建设的重要指导方针，在我军建设发展史上具有里程碑意义。胡锦涛创造性地提出了新世纪新阶段我军的历史使命、贯彻以人为本的建军治军理念、科学统筹军队建设和改革的全局等一系列新思想和新论断。这些新思想和新论断，同毛泽东军事思想、邓小平军事理论、江泽民军队建设思想既一脉相承又与时俱进，为党的军事指导思想赋予了新内涵，谱写了马克思主义军事理论在当代中国发展的新篇章。

思考题

1. 概括我国近代国防政策的发展演变历史及其所带来的启示。
2. 简述我国当代军事制度建设的基本内容和发展重点。
3. 分析我国古代军事思想的发展演变过程及其主要内容。

参考文献

[1] 中国人民解放军军事科学院战争理论研究部. 孙子兵法新注. 北京：中华书局，1981.

[2] 袁间琨. 中国兵书十大名典（上、下）. 沈阳：辽宁人民出版社，2000.

[3] 钮先钟. 孙子三论：从古兵法到新战略. 桂林：广西师范大学出版社，2003.

[4] 宋时轮. 中国军事百科全书（军事思想卷）. 北京：军事科学出版社，1997.

[5] 王厚卿. 中国军事思想论纲. 北京：国防大学出版社，2004.

[6] 施渡桥. 中国近代军事思想史. 北京：国防大学出版社，2000.

[7] 施渡桥. 晚清军事变革研究. 北京：军事科学出版社，2003.

[8] 陈群. 中国兵制简史. 北京：军事科学出版社，1989.

[9] 刘展. 中国古代军制史. 北京：军事科学出版社，1992.

[10] 郭汉民. 蔡锷新论. 长沙：湖南人民出版社，1997.

[11] 薛君度，萧致治. 黄兴新论. 武汉：武汉大学出版社，1988.

[12] 史仲文，胡晓林. 中国全史（第53卷）. 北京：人民出版社，1994.

[13] 许国彬. 当代大学生国防教育与军事训练教程. 广州：广东人民出版社，2009.

[14] 吴温暖，匡璧民. 军事理论教程. 北京：高等教育出版社，2002.

[15] 张伊宁. 中国现代军事思想研究. 北京：国防大学出版社，2006.

[16] 牛力. 毛泽东军事谋略论. 北京：解放军出版社，2004.

[17] 中国人民解放军军事科学院战略研究部. 毛泽东军事战略论. 北京：军事科学出版社，1993.

[18] 虞云国. 论宋代第二次削兵权. 上海师范大学学报，1986（3）.

[19] 傅礼白. 宋代枢密院的失势和军事决策权的转移. 史学月刊，2004（3）.

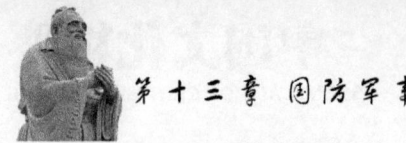

第十三章 国防军事

[20] 张国刚. 唐代军事决策和军队领导体制论略. 南开学报, 2004 (3).

[21] 赵立新, 安拴虎. 两宋之交武将的崛起和文臣控兵之反复. 河北师院学报, 1997 (3).

[22] 谢本书. 朱德与其早年在云南的两位恩师蔡锷、李根源. 云南师范大学学报, 1999 (5).

第十四章 体育事业

中国曾是世界上最强大的封建帝国之一，在封建政治、经济和文化发展的鼎盛时期，中国古代体育也随之发展，表现出前所未有的活力。现代中国，作为发展速度最快的发展中国家，也将体育提到历史的高度，向世界展示了中华民族自强不息的精神风貌，铸就了璀璨辉煌的中国现代体育。

第一节 中国古代体育

中国古代体育活动有着悠久的历史和传统，是中国古代文明的重要内容之一。不少体育项目的起源，可以上溯到遥远的史前时代，后来不断地丰富和发展，并且在秦汉和唐宋时期还形成了中国古代体育发展史上的两个高潮。中国古代体育在数千年的发展演变过程中，形成了独具东方特色的体育传统和与体育文化，对东亚古代体育的发展产生了积极的影响，成为世界古代体育百花园中一枝绚丽多彩的奇葩。

一、中国古代体育的形成

中国是世界文明古国之一。与其他古代文明一样，中国体育也经历了悠久的史前发展阶段。早在石器时代，中华民族的祖先就已经结合社会生产和生活的需要，创造出了许多原始的体育活动形式，为逐步形成和完善具有本民族特点的古代体育文化创造了条件。

从原始人类初期的走、跑、跳跃到球戏、射箭；从最初的打制石器到后来以搏斗和进攻性器械为主的武技的形成，这一系列的原始体育形式的产生与发展经历了几十万年，都是人类对自身力量的朦胧意识与努力提高自身力量的结果。从人类的原始劳动和各种社会活动所反映出的原始竞技、舞蹈、医疗的产生与发展，表明人们的身体练习已成为具有多种意义的重要的社会活动。

从夏朝开始，中国进入了以农耕为主的古代社会，形成了早期的国家政权，出现了文字，并发展出了灿烂的青铜文明。在社会制度方面，夏、商奴隶制社会在西周以后逐渐向封建社会过渡。在此背景下，中国古代体育的基本形态与特征开始逐渐形成。夏、商和西周时期，祭祀与武备是国家的头等大事，因而武备在教育内容中居于主导地位。保持强大的军事力量是古代王国的重要

第十四章 体育事业

职能。体育作为提高士兵的身体素质与基本技能的一个重要手段，经常用于军队训练当中。

到春秋战国时期，随着中国古代文明进入到一个辉煌的发展时期，推动中国古代体育进入第一个发展高潮。春秋战国时期是一个剧烈变革的时期，也是中国历史一个文化大发展的时期。在这一时期，西周以来确立的政治文化秩序经历了"礼坏乐崩"的大动荡，代之以一个以官学弛废，私学兴盛、百家争鸣的文化兴盛时代。在教育思想方面，西周"为政尚武"的教育体系被"文武并重""文武分途"的新教育体系所代替。一批著名思想家的有关体育的论述对中国古代体育教育的发展产生了深远的影响。

秦汉时期，随着统一的封建帝制的建立，中国古代体育得以高度发展。此时期，由于封建大一统帝国的建立，结束了长期战乱的局面。两汉时期，"文治"在国家政治的重要性方面超过了"武功"，导致了春秋战国时期"文武并重"的教育目标发生变化。汉武帝元朔五年（公元前124），采纳了董仲舒的建议，"罢黜百家，独尊儒术"，确立了儒家思想的正统地位，并在长安设置太学，开创了政教分离的官办教育，在封建教育体系中形成了对后世影响深远的"重文轻武"之风。

两晋南北朝时期，由于各民族文化的互渗互融以及道教、佛教等宗教文化的参与，进一步推动了中国古代体育的演变，从而为中国古代体育在唐代的又一个发展高潮奠定了基础。

二、中国古代体育的发展与演变

从公元6世纪到1840年，是中国古代社会发展的中后期，也是中国封建政治、经济和文化发展的鼎盛时期。从589年隋朝建立，中经唐（618—907）、五代（907—960）、宋（960—1279）、元（1206—1368）、明（1368—1644）到中国最后一个封建王朝清（1616—1911），中国是世界上最强大的封建帝国之一，社会政治、经济和文化极度繁荣，曾长期领先世界各国。在这样的背景下，中国古代体育表现出前所未有的活力，创造出了灿烂的古代体育文化。隋唐建立了中国历史上最强盛的封建帝国，其经济和文化的繁荣以及中外密切的交流推动了体育的大发展。宋、元、明时期城市经济与市民文化的勃兴带来了市民体育的兴盛，中国古代体育由此进入了一个新的发展阶段。清王朝的建立使几千年来以汉文化为主体的古代体育受到了冲击，一些传统体育项目，如击鞠、蹴鞠等相继衰落以至消失，但同时也带来了一些新的体育活动项目。至1842年鸦片战争结束为止，中国古代体育已经发展演变为一个较为稳定的传统文化体系，成为灿烂的中国古代文明的有机组成部分。

唐、宋、元、明时期，是中国古代竞技体育发展的繁荣时期。在这一时期，以击鞠、蹴鞠等项目为代表的竞技运动无论是在发展的规模、普及程度还是技术与规则的成熟上，都达到了前所未有的高度，在同时期世界各国和地区中独步一时。

隋唐以来中国古代竞技体育发展主要表现出以下特点：

其一，唐、宋、元、明四朝是中国古代竞技运动获得高度发展的时期。击鞠、蹴鞠、相扑等项目代表了同时期世界体育发展的最高水平，表现了中国古代文明和传统文化的杰出创造力与辉煌成就。

其二，古代竞技运动主要是在大中城市中开展。成熟的竞技运动需要公众基础和相对稳定的参与群体，需要专门的公共设施与运动场地，也需要经济文化的发展，这些都决定了它只能是城市文化的产物。中国古代竞技体育也不例外，像击鞠、蹴鞠、捶丸等运动都是随着城市经济和文化的发展而繁荣起来的。

其三，出现了体育组织和职业运动者。体育组织与职业运动者的出现是竞技体育高度成熟的表现。在宋代和明代，出现了圆社、英略社、踏弩社、水弩社、锦标社等大量民间体育组织与团体，还出现了"筑球军"这样的职业球队与职业球员。这些都代表了中国古代竞技运动的最高形式与水平。

其四，对抗性增强，规则成熟。相对于汉代的蹴鞠，以唐代的击鞠为代表，古代竞技运动的对抗性和比赛的激烈程度明显增强。同时，唐代的击鞠、宋代的蹴鞠、明代的捶丸等运动都出现了较为完整的运动规则。这是中国古代竞技运动走向成熟的标志。

其五，表现出阶级与等级特征。在等级制度森严的中国封建社会，中国古代竞技体育必然打上鲜明的阶级烙印。很多运动项目主要是在皇室贵族及统治阶级中流行。例如，唐代的击鞠运动就因其马匹、器械、设施、场地等方面的高消费特征，使一般下层大众难以参与，实际上成为皇室贵族阶层的专利品。

其六，吸取外来文化的营养。唐代和元代都是中国古代最开放的时代，中外频繁的文化交流促使很多外国的体育项目传入中国，并对击鞠等项目的发展产生了重要的推动作用。

三、中国武术的形成和发展

武术是以技击为主要内容，以套路和格斗包括功法练习为活动形式，注重内外兼修的中国传统体育项目；源远流长、博大宏富的武术，无疑是中华民族传统体育中最为耀眼的活动内容之一，它从蜿蜒的历史深处走来，如今，它又在以西方体育为主要场景的现代竞技体育大观园里，构建起了一处闪烁着中国

第十四章 体育事业

传统文化色彩的亭台楼阁,使中国的传统体育与现代体育之间,形成了一种文化对接。

(一) 20世纪前武术的历史寻绎

先秦时期,一般是指从公元前21世纪的夏、商、周三朝至公元前221年秦始皇统一六国这段时间。这段时期内,武术在各种社会和文化因素的共同酝酿作用下,开始逐步形成为一种相对独立的人体文化形态,我们将此称为武术发展的"初始期"。这期间,武术开始从军事活动中分化出来,并且在其他文化的合力作用下,以自身的活动样式出现在社会舞台上。

春秋战国时期(公元前770—公元前221)是我国古代社会政治、经济和文化都发生巨大变革的重要时期。在这个转变期中,列国统治者出自不同的需要,极为重视各类武技人才。由于统治阶级对武技人才的重视,推动了民间习武之风的盛行。另外,由于当时社会动荡导致了阶级的分化以及民间习武之风的炽盛,社会上出现了一个"以武犯禁"、被称之为"侠"的特殊群体。春秋战国时的侠,主要是一些在某种观念支配下,凭借个人技勇为人效命或以武技谋生之人。春秋战国时期武术的萌生形成,不仅体现在活动样式上,同时还深刻地反映在当时的理论建树上,从而成为武术初始形态的有机文化组成。这时期的武术无论在活动内容或理论建构上,都显得比较单一。因此,中国武术的进一步发展、充实与完善,有待于它日后的历史进程。

秦汉至隋唐(公元前221—907)是中国历史上继往开来的重要发展期。在这长达1000多年的历史演进中,既有民族之间的统一交融,又有各政治集团的对峙杀伐;既有"人给家足,都鄙廪庾皆满"的经济富庶,更有"白骨露于野,千里无鸡鸣"的社会凋敝;既有罢黜百家的"独尊儒术",同样出现率性放达的名士风流;既有尚武进取的社会习尚,也不乏享乐苟安的声色沉湎。继先秦之后的武术,就在这样一个色彩斑斓的、被后人称之为"汉唐文化"的社会背景下进入了另一个历史发展期。

在中国封建社会的漫长历史中,宋元(960—1368)是一个承前启后的重要年代。特别是两宋时期商业经济的繁荣,城市规模的扩大及市民阶层的形成,使得当时的武术发展又出现一种新的趋势。宋元是古代武术的完善期,这段时期内正式出现了武术"套子"(路),套路是中国武术集中体现的外在活动特征。套路的出现,应是古代武术发展至宋代渐趋完善的一个显著特征,民间出现了冠于名称的枪法和较完备的拳棒擂台赛。

明清(1368—1911)两代是古代武术发展史上的成熟期,在许多研究者的笔下,也将其称为繁荣期。的确,每当我们回眸凝视这一段多姿多彩的武术历史时,不禁为它博大的文化气象所钦叹,我们常说的传统武术基本文化命脉，就是在这个时期形成的。从其总的活动特征看，这一时期武术的发展不仅体现在技术层面上，更重要的是包括武术理论在内的整个武术文化形态的成熟上。在这段时期内，各色拳种大量涌现、门派林立，出现了像少林寺这样的"武术圣地"，许多至今沿传不衰的拳种是在这个时期内形成的；武术与气功发生文化交叉，给明清两代以后的武术发展注入了新的内容。

（二）近百年来武术发展的历史跨越

在中国武术几千年的历史演进中，20世纪是它因循相袭的文化旧道，与外来文化碰撞、融合并进行两次时代转型的一百年，我们今天所谓的"近代武术"和"现代武术"，就是这种时代转型在人们武术语汇中留下的印记。一个世纪来的风雨历程，在武术发展的历史长河中还只是短暂的一瞬，但蕴含的内容特别丰富。

19世纪中叶开始，随着西方列强坚船利炮而涌入的西方文化迅速剥蚀着中国传统文化大厦上的釉彩。作为近代西方文化之一的近代西方体育，也逐渐在中国得到了长足发展。此外，20世纪初义和团运动的失败及武举制的废除，标志着传统军事武艺的历史终结，同时也预示着武术已走向了一个新的历史时期。

如果说近代武术是与1911年后旧中国的兴亡休戚相伴的话，那么新中国的诞生，则使近代以来的武术更发生了一个时代巨变——古老的文化生命体上透显出勃勃生机。新中国的成立，使武术的活动形式、社会地位和价值功能等也随之发生了深刻变化。

中国武术从历史尘封的昨天走来，又朝着充满希望的明天走去，在千回百转中开辟着自己前进的道路。对于中国武术的历史寻绎，旨在把握其发展规律，以使人们从中获得有益启迪，汲取智慧的力量。完全可以相信，有着自身文化价值的中国武术，一定会在新的世纪之行中克服其不足，闪耀着更加艳丽的光彩！

第二节 中国近代体育

中国近代体育，一般是指1840—1949年这一时期内在中国流行和实施的体育。这一时期中国体育发展的主要特征是：西方近代体育在特定的历史背景下通过不同渠道与途径传入中国，逐渐取代了流传几千年的中国古代传统体育的主流位置，成为中国体育的主要内容与模式。伴随这一过程，中国体育与当时的世界体育发展主流模式逐渐融合一致，成为近代体育国际化的组成部分，从而为中国现代体育的形成奠定了基础。

一、西方近代体育在中国的传播

1840年鸦片战争使几千年的古老封建帝国经历了亘古未有之变,西方帝国主义列强通过一系列侵略战争,使中国逐渐沦为半殖民地半封建社会。但与此同时,西方近代工业文明以及许多近代思想和制度也通过各种渠道和途径传入中国,直接动摇了中国古老的上层建筑和封建文化的基础。19世纪后半叶的洋务运动、1898年的变法维新运动以及1901年清政府所颁布实施的新政等,都在对晚清中国政治、经济、文化等各方面产生深刻影响的同时,有力地推动了近代体育在中国的传播。

19世纪60—90年代的洋务运动开启了西方近代体育传入中国的先声。洋务运动使近代西方体育通过以下途径和渠道传入中国:①编练新军,操练近代兵操。洋务派的新军操练,使欧洲军队普遍实施的近代兵操和部分近代体操项目得以较系统地传入中国,对中国近代体育的形成与初期传播产生了较大影响。②创办军事学堂,设立体操课程。19世纪后叶,洋务派为引进西方科技,培养人才,先后兴办了一些新式军事工业学堂和军事学堂。这些较早创办的新式学校大多仿照外国同类学校设置课程,一般都开设有很多体育课程,并聘用欧洲人担任教习。③派遣留学生,学习近代体育。为培养军事工业人才及军官,洋务派曾选送不少学生赴英、法、德、美、日等国留学,这些学生学成归国后,将不少近代运动项目带入了国内。④翻译西方书籍,传播近代体育知识。近代体育传播的另一重要途径,是翻译引进西方体育的有关书籍和知识。19世纪后叶,在洋务派官员的鼓励支持下,清政府翻译引进了一些体育书籍,向中国介绍了欧美体育的一些情况。

西方近代体育思想在中国的传播始于1898年的"戊戌变法"期间。从中国近代体育的发展历程来看,维新运动对促进西方近代体育思想进入中国起到了重要作用。其一,维新派思想家们最早将"德、智、体"三育并重的思想引进中国,从而从教育思想的角度和理论的高度确定了体育的地位与价值,这对于中国近代体育的发展具有至关重要的作用。其二,维新派所主张的尚武强国论为后来军国民主义思想及其体育实践在中国的盛行奠定了理论基础。其三,通过维新派的宣传,体育是"强国"、"强种"的重要途径和手段这一观点逐渐为教育界和知识界所普遍接受,对包括青年毛泽东在内的一大批立志改变中国现状的进步青年产生了很大影响。当然,维新派对近代体育的认识也有明显的局限,尽管如此,西方近代体育思想通过维新运动传入了中国,推动中国近代体育的发展进入了一个新的阶段。

"戊戌变法"失败后,资产阶级革命派对近代体育的提倡,对近代体育在中国的传播客观上起到了积极作用。中国早期的资产阶级革命家孙中山认识到体育"于强种保国有莫大之关系",形成了他的"强民自卫"体育思想。他提出"夫将欲图国之坚强,必先图国民体力之发达"。在其早期革命实践中,十分重视近代体育在革命准备阶段的组织功能和在训练革命者身体素质与军事技术方面的巨大作用。

此外,在近代体育传入中国的过程中,教会学校和基督教青年会起到了重要作用,是近代体育输入中国的一个重要途径与门户。尤其是以竞技体育为主体的英美体育体系,包括较为正规的田径、球类运动及其竞赛,大多首先是在教会学校和基督教青年会中开展,再传播到其他学校和社会的。

二、中国近代体育的形成与演变

从1912年中华民国成立至1949年10月1日中华人民共和国成立,这是中国近代以来社会发生剧烈动荡和变革的时代。在这一时期,中国体育基本上完成了近代化进程。

(一)民国时期体育思想的形成与演变

晚清时期,封建色彩浓厚的军国民主义体育思想一度成为中国近代体育的指导思想,军国民主义体育被正式规定为学校体育的内容。中华民国成立以后,仍在一定时期内实施军国民主义体育。1919年,爆发了在中国近现代史上影响十分深远的五四运动和新文化运动。在这两次运动前后,大量西方先进的教育思想和体育思想被引进中国。军国民主义体育思想遭到了批判和遗弃,而具有民主色彩的先进体育思想逐渐为教育界和体育界所普遍接受。

(二)民国时期的体育管理体制与体育法规

南京国民党政府成立后,教育部门在着手制定教育宗旨与方针基础上,开始全盘考虑制订有关发展体育的规定与条例,加强对体育事务的督导。1927年,国民政府公布教育宗旨及其实施方针。由政府对体育事务实施统一管理日益显得重要。国民政府成立后,便着手制定教育宗旨,加强对体育事务的行政管理与监督。1927年,教育部颁定各司分科规定,凡公共体育事项均由社会教育司执掌,从而改变了以往政府不管社会体育的状况。同年,国民政府主管高等教育的大学院成立了"全国体育指导委员会",这标志着体育成为一项由专门的政府部门和机构加以管理的国家事业。1937年抗日战争爆发前后,战争的日益临近和紧迫形势促使全国体育工作转向战时体育体制。"体育军事化"成为全国体育工作指导方针的主要内容。这一体育方针实际上从抗日战争时期一直延续到了新中国成立之前。

1929年,国民政府公布了《国民体育法》,这是中国历史上第一部通过立

第十四章 体育事业

法程序制定的体育法。它通过立法形式，使体育成为法律规定的权利和义务，这对于推动中国体育的发展具有重要意义。该法较为全面、严谨，针对性和可行性都较强，是当时教育界、体育界和法学界人士共同的心血和努力的成果。

（三）民国时期体育教育体制的演进

"壬子癸丑学制"是民国成立以来的第一个学制，也是民国初期的中心学制。尽管当时的体育课仍称体操课，内容还是以"兵式体操"为主，但这一学制及当时教育部制定颁行的各种法规，仍对当时学校体育的正规化和中国近代体育的发展起到了一定推动作用。在五四运动和新文化运动的影响下，1922年，北洋政府教育部提出了"新学制"体育课内容废除兵操，以田径、体操、球类、游戏为主要内容。这一课程内容与以往的兵操和普通体操相比，体现了科学的教育观，更加适合青少年的生理和心理特点，有利于学生的健康成长，使中国的学校体育得以在先进的近代体育思想和理论指导下发展。辛亥革命后，随着教育事业的快速发展，需要大批经过专业学习和培训的专职体育教师，而已有的体育师范学堂及科系已远远不能满足日益增长的需要。因此，在20世纪20—30年代，新开办了许多以培养体育师资为主的体育专科学校，在很多高等学校内也设立了以培养体育专业人才为主的体育系科，对中国近代体育的发展起到了积极的作用。这一时期是中国近代体育发展较快的时期。由于社会相对稳定，政府较为重视，对学校体育采取了一些改进措施，因而在促使学校体育走向规范化方面取得了一定进展。

（四）民国时期竞技体育发展状况、体育竞赛组织的建立

1922年4月3日，"中华业余运动联合会"在北京宣告成立。它是中国历史上第一个民间性质的全国性体育组织，标志着中国近代竞技运动进入了一个有组织的发展阶段。

五四运动与新文化运动后，近代体育项目在全国有了较普遍的开展，各地区和全国性运动会陆续举行，以远东运动会为契机，中国也开始参加一些国际性赛事。1924年8月，中华全国体育协进会在上海宣告成立。这标志着中国体育事务要依靠外国人来管理的时代结束了，也标志着中国近代体育的初期引进和传播阶段告一段落。从此进入了中国人依靠自己的力量，按照自己的目标和需要来发展体育运动的时代。1931年国际奥委会正式承认中华全国体育协进会为其团体会员，代表中国参加国际奥林匹克事务。该会对中国近代体育，尤其是竞技体育和社会体育的发展起到了积极的推动作用，作出了重要贡献。

（五）新民主主义体育的兴起与实践

五四运动后，中国进入了一个新的民主革命阶段。1921年7月，中国共产党诞生，马克思主义开始在中国系统深入地传播。随着中国共产党及其革命

事业的发展壮大，一种新型的体育——新民主主义体育开始在中国兴起，成为中国近代体育发展史上独特而壮丽的篇章。这一崭新的体育思想及其实践始终伴随着中国共产党艰苦的斗争历程，经历了一个形成、发展和成熟的成长过程。

第二次国内革命战争时期，中国共产党创建了一系列红色根据地。从此，新民主主义体育开始进入初期实践阶段。在革命根据地，党和苏维埃政府十分重视和关心群众体育，为群众体育的开展开辟了广阔的天地，创造了适合其生存的环境，从而使群众体育运动得到了蓬勃发展。在体育运动广泛开展的基础上，苏区军民每逢"五一"、"七一"等节日、"五辩"等纪念日以及一些重大集会和检阅之后，都要举行大规模的运动会。其次数之多，气氛之热烈，充分反映了苏区体育的盛况。

1937—1949年，中国人民进入了艰苦卓绝的八年抗战时期和国内解放战争时期。在抗日战争和解放战争中，中国共产党领导的抗日根据地和解放区，继承了第二次国内革命战争时期苏区的优良传统，在极其艰苦的战争环境中，仍十分注重体育运动的开展，进一步发展了新民主主义体育。抗日战争时期，是新民主主义体育发展的重要时期，其理论与实践都在这一时期基本定型。

第三节　中国现代体育的建立与发展

"国运兴，体育兴"。新中国成立后，中国走上了现代体育发展之路。特别是改革开放以后，现代体育又催化了体育的大变革，群众体育、学校体育和竞技体育的蓬勃发展，使中国从一个体育弱国变为体育强国，加速了中国体育现代化进程。

一、中国现代体育体制的建立

中华人民共和国成立初期，全国体育工作由团中央负责。1949年10月，"中华全国体育总会筹委会"成立，成为新中国第一个全国性体育组织。为了加强对体育工作的领导，有组织地协调发展我国的体育事业，1952年11月7日，中央人民政府委员会第十九次会议决定成立"中央人民政府体育运动委员会"。从此，体育运动成为中央人民政府直接管辖的一项重要事业，中央体委（国家体委）成为领导全国体育工作的政府行政部门。与此相应，全国各省、直辖市和自治区的县以上政府均逐步建立了各级体育运动委员会，作为同级人民政府主管本地区体育事务的行政机构，并受同级人民政府及上级体委领导。

第十四章 体育事业

由此，在20世纪50年代，全国逐渐形成了体育管理的三大组织系统。这三个组织系统分别是国家行政系统的体育管理部门，参与体育管理的社会组织系统和军队的体育管理系统，这三大体育组织系统以中央体委为核心，互相补充，密切配合，共同推动全国体育事业的发展。

二、中国现代群众体育

新中国建立后，随着社会经济与文化的发展，人民生活条件的改善，群众体育活动从最初的厂矿、机关向市民和农村普及，群众体育活动形成了蓬勃发展的热潮。

（一）职工体育

新中国建立初期，全国担负着工业、商业、交通运输、科学文教和机关事务等方面繁重生产和工作任务的职工约有一亿人，他们是社会主义建设事业的重要力量。中华全国总工会是负责领导职工体育活动的群众性组织。在全国总工会等组织的有力推动下，促进了职工体育的广泛开展。到1952年上半年，仅全国铁路员工参加田径赛，篮、排球等各项体育运动的就达20多万人，有球队3200多个，队员2万余人。20世纪五六十年代，蓬勃开展的职工体育受到了政治运动和经济困难的严重影响，直到国民经济形势逐渐好转后才有所恢复。20世纪70年代初国民经济形势好转后，在全国总工会和国家体委的号召下，隶属中央部委及各省、市的厂矿企业工会结合民兵训练，组织了以游泳、射击、通讯、登山等四项活动为中心的经常性体育活动。这些活动都有力地推动了这一时期全国职工体育的蓬勃开展。

（二）农村体育

新中国建立时，全国广大农村的文化和体育活动十分落后，处于一穷二白的状况。为了推动全国农村体育工作，改善广大农民的身体状况，当时负责全国体育工作的青年团组织确立了开展农村体育的基本思路，要求在服从生产的前提下，坚持业余和自愿原则，在广大农村开展简单易行的体育活动。1956年6月，国家体委和青年团中央在北京首次召开了"全国农村体育工作会议"。这次会议的召开有力推动了农村体育的开展，使得大农村出现了前所未有的体育新气象。1958年5月和8月，国家体委分别在山东高唐和辽宁北票召开了全国农村体育工作现场会，推广农村体育和生产拧成一股绳的经验。但是随之而来在当时党内极"左"思想影响下搞的所谓"体育大跃进"，使刚开展起来的农村体育受到严重挫折。国家体委从这次体育大跃进中吸取教训，采取了一系列有效措施。从1964年开始，全国农村体育活动逐渐恢复。

（三）少数民族体育

中国是个多民族的国家，除汉族以外，还有藏族、蒙古族等其他55个少数民族。各民族在其发展历史过程中都创造了丰富多彩的民族传统体育文化。新中国成立后，党和政府十分重视少数民族体育的发展，认为这是增强体质、造福少数民族人民的一项重要工作，是贯彻民族政策、增进民族团结的一项重要任务。为了推动少数民族地区体育事业的发展，国家采取了很多措施。如通过体育学院和各种形式的培训班，培养少数民族体育专业人才；调拨了一定体育经费和运动器械支援少数民族地区；在少数民族地区修建体育场地，等等。

（四）军队体育

结合军事训练开展体育活动是解放军的光荣传统。1950年军委总政治部提出要大力加强部队体育活动，要求连队革命军人委员会设立体育委员，负责本单位体育工作。1952年，经中央和军委批准的总政报告中更是明确提出：广泛开展群众性体育活动，锻炼指战员的体质，是军队训练工作的主要任务之一。20世纪60年代初，由于国际形势变化，解放军在积极备战中，群众性体育活动得到了进一步的加强。

（五）国防体育

20世纪五六十年代特定的国内外形势和环境，使国防体育成为全国体育工作的一个重要组成部分。在"加强战备"、"准备打仗"的口号下，为反击侵略者，全国掀起了"全民皆兵"的练兵热潮。在这一背景下，国防体育受到特别的重视和强化。群众性的国防体育活动以军事野营、射击和三防等项目为中心，在各地政府领导下，以民兵单位为基础广泛开展。

三、中国现代学校体育

（一）学校体育管理体制的确定

学校体育是国民体育的基础，是国家体育事业的重点。中华人民共和国成立后，党和人民政府对学校体育高度重视。在党和人民政府的高度重视和领导下，新中国的学校体育工作开始走向了全面建设的轨道。根据党的教育方针精神，从1957年始，逐步建立了全国学校体育工作的管理和指导体制。全国的学校体育工作由教育行政部门统一领导，国家体委和各地体育部门则对学校体育负有指导、配合、监督的责任。各级教育部门相继建立了体育管理机构，负责学校体育的管理，保证学校体育工作的进行。

（二）学校体育的曲折发展

20世纪50年代后期，受党内"左"倾思想影响，学校体育工作的指导思想出现了偏差，对全国学校体育的正常发展造成了冲击。1958年提出的"体

第十四章 体育事业

育大跃进",为了迎合当时政治的需要,在青少年体育中不切实际地提出高标准。另外,"体育大跃进"还导致教学工作中出现只搞单项训练,甚至以军训和劳动代替体育课的做法。这些,都对这一时期的学校体育工作和青少年健康发展产生了不良作用和后果。直到20世纪60年代初,这种"左"的做法才得到纠正。

1963年5月,国家体委召开了全国群众体育工作会议。会议以后,全国各级各类学校都加强了宣传教育,启发学生积极自觉地参加课外体育活动。同时,各地学校也按要求尽可能地保证学生进行锻炼的时间和提供必要的物质条件,开展了多种多样形式和内容的课外活动。从1963年始,全国大中城市和城镇的大部分大、中学校都把体育工作列入教育计划,体育课由一节改为两节。课外活动被列入课程表,每周保证两次以上,有的学校达到每周三次。

20世纪60年代,学校体育工作有了一定改进。根据有关部门的指示,各级各类学校恢复了每周两节体育课。在上好体育课的基础上,坚持早操、课间操或眼保健操。每周安排两次课外活动,每次活动的时间保证在一节课以上。这就是后来成为我国学校体育工作的基本模式的"两课、两操、两活动"。这一学校体育教育基本模式的形成与实施,对于规范我国学校体育教育,增进青少年健康起到了良好的作用。

1963—1966年,国内学校的体育运动得到比较广泛的开展,学生的健康状况有了明显好转。1964年,部分有条件的学校和单位,试点性地推行"青少年体育锻炼标准",逐步取消了劳卫制达标制度。各级学校根据"标准",指导学生进行锻炼,使体育教学得到加强,也促进了课外体育活动的开展。

四、中国现代竞技体育

从1952年中央体委成立开始,为了适应国内体育运动发展的需要,普及体育运动,提高运动水平,在国际赛场上取得优异成绩,我国逐渐加强了政府对体育运动的指导与投入。20世纪五六十年代,我国逐步形成了具有中国特色的竞技体育"举国体制"。

(一)体育管理体制的确立

从1952年中央体委(1954年改为国家体委)建立始,至20世纪60年代初,全国各省(直辖市、自治区)到地县一级政府均逐渐建立了相应的体育管理机构。一个以各级体委为主体,从上而下的体育行政管理体制得以确立,负责领导和管理所属地方的体育运动事务。

(二)训练体制的形成

1. 专业运动队体制的形成

1952年后，为了适应参加奥运会等国际体育活动的需要，在中央体委领导下，开始建立各运动项目组织。与此同时，在解放军体育工作经验的基础上，又借鉴了苏联等国的模式，逐渐建立起了具有中国特色的专业运动队体制。1963年3月31日，《国家体委关于试行运动队工作条例（草案）的通知》下发。这是我国第一部关于专业运动队的正式文件。这一条例的出台，标志着中国竞技体育"举国体制"的训练体制与专业运动队体制走上了规范化与建制化轨道。

2. 建立培养优秀运动人才的三级训练网

在国家与省一级建立专业运动队的同时，县、区一级的业余体校也在各地陆续建立。为了使业余体校走入规范化轨道，为提高业余训练质量提供可靠的保证，1964年9月，国家体委颁发了《青少年业余体育学校试行工作条例（草案）》。从1963—1965年，逐渐形成了一个从基层单位业余体校到重点业余体校、中心业余体校和专业运动队的，有广泛的普及面、层层衔接的，业余训练三级人才培养网络和体系。

3. "三从一大"的训练原则

1963年，随着国家经济形势的好转，国家体委提出了由休整性训练转入正常的全面训练和必须严格保证训练质量的要求。1964年12月，国家体委在上海召开了训练工作现场会议，要求各队运动员要进一步地反对训练中的保守思想、教条主义和娇骄二气；"三从一大"（从难、从严、从实战出发，进行大运动量训练）的原则，是我国优秀运动队对多年训练实践进行摸索和总结的结果，是我国运动员长期克敌制胜的法宝。

4. "国内练兵，一致对外"的赛训指导原则

1961—1965年，实际上所有的竞赛都是围绕"国内练兵，指导运动技术水平；一致对外，猛攻尖端"来组织安排的。"国内练兵，一致对外"的思想，成为这一时期指导我国竞技体育发展的基本原则。

（三）建立国内竞赛体制和举办全国运动会

1. 建立国内竞赛体制和比赛制度

中华人民共和国成立以后，党和政府十分重视在群众中开展各类体育比赛活动。1956年，国家体委公布了《中华人民共和国运动竞赛制度的暂行规定（草案）》，使体育竞赛开始走向制度化。在建立运动竞赛制度的同时，国家体委还逐步建立了奖励制度。

2. 中华人民共和国全国运动会的举行

"全运会"是中国国内规模最大、层次最高、从中央到地方政府（省）最为重视的综合性运动会，同时也是世界上规模最大的国内运动会。"全运会"

的举办有力地推动了我国竞技体育的普及与发展，促进了运动水平的提高，调动了各地开展竞技体育的积极性。

3. 竞技运动成绩大幅度提高

在广泛开展群众体育的基础上，我国运动技术水平得到极大提高，创造了优异的成绩。1953年8月9日，在罗马尼亚布加勒斯特举行的第一届国际青年友谊运动会的100米仰泳决赛中，我国25岁的游泳运动员吴传玉以1分8秒4的成绩为中国获得了国际体育比赛中的第一枚金牌，使鲜艳的五星红旗首次在国际体坛盛事上升起。到20世纪50年代末，我国运动员不仅全部刷新了1949年以前的全国纪录，而且在举重、女子跳高、男子蛙泳、男女跳伞、射击、航空模型等18个项目中有39人31次打破世界纪录，取得了旧中国难以想象的成绩。

第四节 中国现代体育的改革与发展

1978年，党的十一届三中全会提出了："要改变同生产力发展不相适应的生产关系和上层建筑，改变一切不适应的管理方式、活动方式和思想方式。"此后的20年间，在党的改革开放路线指导下，我国体育改革不断走向深化，并在各个方面获得了举世瞩目的巨大成就，从而为新时期体育的快速、稳妥、持续地发展提供了强大的动力和保障。

一、中国现代体育的改革

1979年，国际奥委会宣布恢复中国在国际奥委会的合法席位。中国的体育改革也随之拉开了帷幕。

中国体育代表队取得优异成绩的洛杉矶奥运会后，党中央统揽全局，审时度势，发出《中共中央关于进一步发展体育运动的通知》这一重要文件，这一指导性文件极大地提高了体育的影响和地位，使各级领导对体育工作高度重视，从而有力地促进了体育工作的开展。

体育改革的进一步深化是在20世纪80年代之后。此时，中国体育虽然取得了举世公认的巨大成就，但在发展的过程中一些深层次的矛盾问题也越来越突出。实践表明，在我国社会主义市场经济的背景下，原有的在计划经济时代所形成的体育管理体制和运行机制已很难适应时代的要求。这些矛盾和问题已经成为影响和制约我国体育事业健康顺利发展的瓶颈和不利因素，必须通过改革的手段加以解决。

针对这一问题，国家体委在广东省中山市召开了以体育改革为主题的全国省市体委主任座谈会,史称"中山会议"。这次会议在体育改革过程中具有转折性的重要意义。会上提出体育改革要按照社会主义市场经济的要求和现行体育运动的发展规律,对原有的体育体制进行根本性的变革。在此基础上,国家体委下发《关于深化体育改革的意见》,强调要改变原来计划经济体制下高度集中的体育体制,要建立与社会主义市场经济体制相适应,符合现代体育运动规律,国家调控、依托社会、自我发展、充满生机和活力的体育体制和良性循环的运行机制,形成国家办体育与社会办体育相结合的、集中与分散相结合的格局,力争在20世纪末初步建立具有中国特色的社会主义体育新体制。

1995年,国家体委提出了体育事业的发展要坚持群众体育与竞技体育协调发展的方针,提出要实施"两个战略",即"全民健身战略"和"奥运争光战略",这标志着我国体育改革的科学化、社会化水平显著提高。

1998年,国家体委更名为"国家体育总局",成为国务院管理全国体育事务的直属职能机构,从组织机构上实现了体育管理方式的转变,保证了体育改革的继续开展。

二、学校体育与社会体育的改革

(一)学校体育的改革

为了有效地改善青少年的健康状况,增强学生体质,贯彻全面发展的教育方针,培养出现代化建设的合格人才,党和人民政府采取了一系列有力措施,从以下三方面对学校体育进行了更全面科学的改革。

首先,建立完善的学校体育管理体制和规章制度,以加强对学校体育工作的领导。教育部与体委先后颁布了《高等学校体育工作暂行规定》、《学校体育工作条例》、《大学生体育合格标准实施办法》、《中小学生体育合格标准实施办法》等,这一系列法规从学校体育工作的方针、原则、内容和任务,体育教学,体育教师,学校体育场地、器材、设备和经费,以及学校体育组织机构和管理等方面做出权威、全面、准确的规定,使体育工作在科学化、制度化和规范化管理上迈出了新的一步。

其次,国家教育部门和有关单位加强了对学校体育课程教学大纲和通用教材的建设工作,制定了新的体育与健康课程标准。国家教委先后正式颁布了九年制义务教育《小学体育教学大纲》、《初中体育教学大纲》和《高中体育教学大纲》。这些对我国中小学体育教学走上规范化和科学化起到了重要作用,有效地促进了全国青少年学生的体质增强和健康水平。

最后,体育教学方面也打破了以往传统的教学模式,教学的组织结构和教学方法日益多样化,体育教学在传授体育技术方法的基础上,重视体育技能的

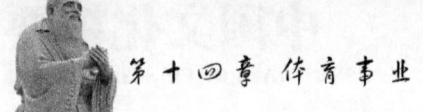

培养和身体素质的提高。

（二）社会体育的改革

增强人民体质，提高全民族的素质是我国体育事业的根本任务。改革开放以来党和人民政府高度重视体育运动对提高人民身体健康的作用，制订了一系列关于开展群众性体育的重要法规和文件，采取了一系列有力措施，对于促进社会体育的开展起到了重要作用。

随着社会主义市场经济的确立和发展，我国经济获得快速发展，生活水平显著提高，一方面体育与健康越来越成为广大群众的普遍追求和需要，社会体育也得到了更大的发展。另一方面在大众体育消费需求的刺激下，我国社会体育的资金来源和投资渠道已经发生了结构性的转变，形成了国家投资和社会力量共同办体育的新格局。

三、中国现代竞技体育的改革

竞赛是竞技体育的本质特征之一。举办高水平的国内竞赛活动是提高我国竞技体育水平、实施奥运争光战略的重要基础和前提。从这个意义上讲，国内竞赛制度的改革显得尤为重要和迫切。

我国现代竞技体育制度创建于20世纪50年代。1954年国家体委成立后，为了适应当时国内外政治和体育发展的需要，在"普及与提高相结合"、"国内练兵、一致对外"等指导思想下，逐渐形成了后来被称为"举国体制"的以计划经济为基础高水平竞技运动体制。至20世纪80年代，我国竞技体育基本上形成了以中央、省市直到地县级体育部门为主导的体育行政管理体系；以国家集训队、省级专业队及地县级业余体校为主体的训练体系；以"全运会"为核心的比赛体系。20世纪80年代以来，为了适应我国改革开放事业的发展和参加奥运会，协调好各类体育竞赛活动，国家体委对国内体育竞赛制度进行了一系列改革。尤其是20世纪90年代，随着社会主义市场经济体制的确立与发展，国内竞赛体制更是发生了深刻的变化。国家体委陆续提出并实施了一系列竞赛体制方面的改革措施，使国内比赛与重大国际比赛衔接好，优秀运动队比赛与体校比赛衔接好，逐步做到社会化、多样化、制度化。

四、体育产业的形成与发展

我国的体育事业经历了一个由福利性向产业化转变的过程。这一过程，大致可以分为酝酿、尝试和初步形成三个阶段。

党的十一届三中全会提出以经济建设为中心和进行经济体制改革后，中国的体育产业就是在对计划经济体制下体育事业发展模式的弊端作深刻反思的情况下逐渐萌生的。

我国体育产业化的初步尝试是从 1992 年开始的，中共中央、国务院发布《关于加快第三产业的决定》，使体育界也掀起了如何加快体育产业发展的讨论热潮。"中山会议"将发展体育产业作为深化体育改革的一项重要内容列入议事日程，对中国体育由福利性事业向市场化、产业化改革具有重要意义。

1995 年，国家体委制定了《体育产业发展纲要（1995—2010）》。这是我国体育产业发展的一个重要文件。该《纲要》不仅提出了我国体育产业发展的指导思想、目标和要求，还提出了一系列基本政策与措施。次年，国家体委颁布的《国民经济和社会发展"九五"计划和 20 年远景目标纲要》更是显示出，体育的产业化正式被确定为社会的长远发展目标和国家产业发展政策的重要内容。

1997 年，在党的"十五大"精神鼓舞下，我国的体育产业进入了一个新的发展阶段。体育产业开始从体育部门走向社会，成为经济建设的重要部分。体育产业作为国民经济新的增长点，得到政府和社会的高度重视，也标志着我国体育产业化的初步形成。

1999 年，由国务院政策研究室、国家发展计划委员会社会发展司和国家体育总局政策法规司联合在京举办了"体育产业与经济发展"高级研讨会。这标志着体育产业作为国民经济新的增长点、作为第三产业的重要组成部分，得到了政府的高度重视。

此外，体育产业化的发展还表现在产业化体育经营主体的增多、体育健身娱乐业的成长和体育用品业的兴起等方面。

总之，经过多年的摸索与发展，中国体育的产业化的发展态势已经初步形成，并且具备了一定的发展规模和实力。但中国体育产业起步较晚，与发达国家相比尚有较大距离，如何走出一条既与国际接轨，又适合中国国情的体育产业发展道路，尚需要长期的实践与探索。

五、当代中国武术的传承与发展

传承与发展是中国武术发展的必由之路。当代武术传承与发展是以单个武术拳种为单位，把某个拳种所包含的套路内容、功法内容、技击对抗等要素构成一个完整的有机系统，充分体现某个拳种内部诸要素相互作用的态势和发生发展的过程，保留其拳种的整体属性，从而把这个拳种的哲学理念、技术形态和伦理体系完整继承和发展。

在经济全球化和文化多元化的大背景下，当代体育在传承和发展中，由于受西方竞技体育思想的影响，武术的基础已经转移到西方文化土壤中。武术的

第十四章 体育事业

存在形式主要是竞技套路和技击散打等内容,所体现出的主要是西方体育竞赛模式,所表现的主要是西方体育思想的外在自我超越。在西方体育思潮下,因为技能体系的分离才有了套路、散打,这样使得当代武术所包含的武术竞赛形式、竞赛规则都完全依照西方体育的模式进行,缺乏我们自己民族的主体特征。既要实现当代体育传承与发展,又要保持武术的民族属性而不被西方竞技思想彻底改造,我们应该积极实施中国武术系统传承与发展。

第一,我们要正视我们的武术文化是中国传统文化的精华,是中国传统文化的重要组成部分,与传统文化的方方面面息息相关,和儒家思想、道家思想、佛家思想贯穿相通。武术不是单纯的体育运动或肢体运动,而且通过武术套路、武术训练达到一个体现中国文化精髓的运动,是体现中国国学深邃的思想理念的一种运动。中国的武术文化不是过时的文化,而是作为冷兵器时代积淀的珍贵文化资源,是我们应当继承的前人给我们留下的宝贵财富。

第二,民间传承是武术文化的形式和主要途径。武术的形成与发展,是在民间传承的基础上逐步丰富、成熟、完善的,师傅传授徒弟是中国武术最正宗的传承方法,这种师徒相授的形式构成了中国武术一个重要的传承方式。积极推动民间传授武术,是促进武术传承和发展的重要组成部分。

第三,在推动当代武术传承与发展同时,环顾世界,环顾国际整体体育发展。中国武术既然要打入世界各类竞技活动当中,打入各种竞技赛事当中,就应该按照现在国际体育的主流,去改造我们的竞技武术。中国武术应当自觉地以创新方式来融入世界体育发展整体的环境,进入到世界竞技运动和世界体育殿堂中去。

六、中国现代体育取得的优异成绩及发展前景

21世纪是中华民族实现伟大复兴的时代。随着中国社会、经济、文化的全面发展与进步,尤其是2008年北京奥运会的成功举办,必将使中国体育事业获得更大的发展机遇与成就。

北京奥运会对中国和世界产生深远的意义及影响,主要表现在:增强了中国的国际影响,提高了中国的国际地位;激发了全国人民的爱国热情,增强了全民族的凝聚力;有力地推动了我国的经济建设与发展;有力地推动了中国的奥林匹克运动和体育事业,促进了中国体育对外开放的程度和体育体制改革的更加深入。

我国体育事业在21世纪的发展趋势与前景:第一,社会体育将全面走向社会化,社会体育的普遍化程度会有极快的发展,科学化水平日益提高,社会体育呈现多样化发展的格局。第二,竞技体育整体实力稳步提高,竞技运动水

平继续保持亚洲领先和奥运会前列的地位。第三，充分发挥体育为我国经济建设和社会发展服务的多元功能与作用。随着体育市场化程度进一步发展，体育产业将成为我国经济建设新的增长点。第四，学校体育贯彻素质教育和"健康第一"的指导思想，全面实施《体育与健康课程标准》、《全国普通高等学校体育课程教学指导纲要》和《学生体质健康标准》，学生的体质与健康水平将得到全面提高，农村学校体育日益受到重视。总的来说，随着21世纪中国社会经济文化的全面发展和"小康"目标的实现，到21世纪中叶，我国将能够建成基本满足广大人民群众需求的，与富强、民主、文明、和谐的社会主义国家相适应的具有中国特色的体育事业。

思考题
1. 中国现代群众体育主要分为哪几种？
2. 为什么说传承与发展是中国武术的必由之路？

参考文献
[1] 周伟良．中华民族传统体育概论高级教程．北京：高等教育出版社，2003．
[2] 胡小明．民族体育集锦．成都：四川民族出版社，1989．
[3] 林伯原．中国武术史．北京：北京体育大学出版社，1994．
[4] 刘德琼，等．少数民族传统体育．桂林：广西师范大学出版社，2000．
[5] 顾明远．民族文化传统与教育现代化．北京：北京师范大学出版社，1998．
[6] 胡小明．体育人类学．广州：广东人民出版社，1999．
[7] 徐金尧．民族传统体育学．北京：人民体育出版社，2000．
[8] 李鸿江．中国民族体育导论．北京：中国体育出版社，2000．
[9] 宇奕．中国古代体育史．北京：北京体育大学出版社，1990．

第十五章　建筑与园林

从世界范围看，东方建筑文化是世界三大建筑体系（佛教、天主教、伊斯兰教）之一，而东方建筑文化又以中国的古建筑及园林为代表，它影响深远，东到亚洲日本、朝鲜，南到南太平洋，西到印度洋周边，都有我国古建筑（含园林）文化影响的痕迹。中国建筑与园林的文化是中国文化中最具独特魅力的部分，是中国文化的标志和象征。

第一节　中国古建筑

中国古建筑以中国长江黄河一带为中心，受此地区影响，其建筑形式类似，使用材料、工法、营造方式、空间、艺术表现与此地区相同或雷同的历史古老建筑，皆可统称为中国古建筑（亦称古代建筑）。中国古建筑的形成和发展具有悠久的历史。由于疆域幅员辽阔，各处的气候、人文、地质等条件各不相同，从而形成了中国各具特色的建筑风格。尤其是帝王宫廷建筑气势宏伟，而民居建筑丰富多彩又具有地域性。

一、中国古建筑发展阶段

从建筑类别上说，中国古建筑按类可分为宫殿、庙坛、宗教、防御、陵墓、园林、民居等。其中，宫殿、庙坛、陵墓等都采用相近的建筑形式与总体布局方式即对称齐整、主次分明。以一条中轴线将个个封闭空间贯连起来，表现出封闭严谨含蓄的民族气质或可以说是地道的儒家风范。唯园林建筑布局自由灵活，变幻无穷，极力追求自然情调。

我国古建筑经历了从原始社会、奴隶社会到封建社会三个历史发展阶段。

（一）原始社会

从距今约 50 万年前的旧石器时代（或者更早）到中国第一个王朝夏朝建立之前，原始人初期的建筑大致有两种发展模式。一种是由单树巢居向多树巢居，再到干栏①建筑的"巢居发展序列"；另一种是从原始横穴到深袋穴，到

---

① 干栏：即栅居，湖沼或低湿地带在地面上人工打上木柱或桩，然后在上面构造房屋，我国东南、西南地区傣、侗、苗等少数民族现还有这种居住方式。

半穴居再到地面建筑的"穴居发展序列",这些建筑技术和工艺成为之后中国建筑体系发展的渊源。

(二) 奴隶社会

从夏朝至战国的一段时期,因奴隶制度的建立,使得进行大规模工程有了可能。经商周(公元前1046—公元前256)以来,木构架不断改进,并逐步成为中国古代建筑的主要结构方式。多种新技术的出现和人力集中的可能促进了高技术大规模建筑的产生,商代时形成了在夯土台上建造宫殿和城垣的高台建筑模式,以宫室为中心的不同规模的城市也开始出现。奴隶制的发展使建筑出现了等级制度,随之产生了专司管理工程的职务,后来在这个基础上不断发展形成了中国特有的工官制度。

(三) 封建社会

从战国时期(公元前475—公元前221)至1840年鸦片战争以前,是我国古建筑的主要发展阶段。封建社会建筑的形式受儒家和道家的思想影响,加之生产方式的进步,带动了工农业、商业的发展,对建筑的影响也从各个方面得以体现。在我国最早的一部工程技术专著《考工记》中已经有了许多建筑技术的记录。另书中还记录了一些工程测量的技术。随着社会和技术的不断发展,出现了规模巨大的宫殿、庙宇、陵墓和水利、军事防御工程(古长城)。

唐代(618—907)是封建社会建筑发展的鼎盛时期之一,由于对外贸易和文化的交流推动了建筑艺术的发展,那个时期遗留下来的木构宫殿、石窟、佛塔及城市的遗址,在布局和造型上都显示了它的艺术价值和技术水平。

宋代(960—1279)的城市生活更繁荣,从而改变了封闭的城市布局,出现了开放的沿街设店的方式。这个时期木、砖、石结构有了新的发展,出现了以"材"为标准的模数制,使设计和施工有了规格化的管理标准。建筑在布局、装修和布置上都有了新的方法。加之这一时期的建筑形象也趋之于绚丽和柔美,所以说中国建筑的大木构技术在宋代达到高峰,以至影响了之后元(1206—1368)、明(1368—1644)、清(1616—1911)的建筑。

元朝(1206—1368)是中国古建筑的变化期。所谓变化期是指工匠在大木构架的做法上尝试减柱法等新方法,试图使中国古建筑的做法更加简单。但结果并不完全成功,却造成其后的明清建筑的大木结构形式不同于唐宋。元朝因国土的广袤导致技术、意识的交流,它的建筑还融入了伊斯兰教、喇嘛教以及中亚一些民族的地方风格,使得中国传统建筑的模式向更多元化的方向发展。

因明清的工程制度更加严谨,而且官式建筑已经定型,并遵从僵化程式。包括大型木料的匮乏等多方面的原因导致明清时期的大木构架艺术形式和技术

第十五章 建筑与园林

难度开始降低并走下坡路，与唐宋时期的木构建筑相比，建筑整体造型变得呆板和僵硬。但当时砖瓦的普及，使这一时期的建筑外观色彩及视觉形式更加宏大和富有变化，无论从建筑风格、布局规划和装饰上都给后人留下了宝贵的财富。因为封建制度至此完结，故明清的建筑算是中国封建社会建筑最后一缕灿烂的阳光。

二、中国古建筑主要特点

中国古建筑实际上存在两种发展模式：一种是帝王官式建筑，另一种是民间（民居）建筑。前者因其在技术和物质人力方面的绝对优势，因而显示了当时的最高技术和工艺水平。但建筑样式多模式化，无地区性的差异。后者虽物质技术平淡，但其设计制作和文化内涵却更加灵活多样。因而更能与当地环境融合，建筑形式繁多，具地方特色。

（一）帝王官式建筑布局的特点

（1）建筑在营造前都会经过风水（堪舆）师和工匠的综合考察，包括地理方位、朝向、面积等，并考虑院落的组合及园林布局等，以最大限度的发挥建筑基地优点并弥补其不足。受中庸之道的影响、对天圆地方等传统学说的遵从。再加上诸多其他原因，中国的传统建筑，除休闲用的园林以外，平面形式上多是中规中矩的对称图形，而且多以南北为中心轴线均衡铺开，这在大型的建筑群上表现得尤为突出。即使是受地势或其他原因的影响，不能够在实体上平衡对称时，人们也设法使它在某种程度上达到心理和意念上的均衡与和谐。形成几何的平衡、阴阳的调和、五行的互补等特点。北京紫禁城的规划和布局尤为突出地体现了这一点。紫禁城分内廷和外朝，外朝在内廷之南并突出南北中轴线，主要建筑都从南至北依次排列在中轴线上，两侧辅以偏殿和附属设施，建筑和谐均衡。

（2）中国的古建筑是功能、结构和审美的完美统一，也是极其富有想象力和浪漫主义色彩的文化产物，是理性与浪漫的集合。这些特点不仅仅表现在建筑物整体的排列组合分布上，还表现在建筑的细部处理上，比如基座与踏道的设计就是如此。古代的宫殿为了显示其威严和权力，也为稳固起见，建筑台基多十分高大，为了让人登高台基方便，就要缓解踏道的高度差。普通的台阶由于其简朴的形式是不能够被君王皇帝所接受的。所以踏道通常由台阶和坡道共同组成，台阶供大臣使用，而中央的坡道供君王、皇帝使用。为增加气势，台阶的两旁还要有栏杆。台阶的材质、位置、高度、制式、宽度及至踏步的数目都有详尽的规定，以便保证仅有皇（王）宫才能达到这种标准。其余官府建筑的等级要随地位的下降而逐减。

（3）中国的古建筑多是以一组或一群的形式出现，多数以庭院式的组群布局。极少有像西方那样以单体建筑的体量和其丰富的造型取胜的实例。这种组群的建筑风格不是胡乱创新的，而是整齐、错落有致的，也是严格按照古代的宗教礼法制度而布局的。在实用与美观的统一方面，在当时说来是科学的。因为通过建筑物本身可以表明不同建筑使用者地位的高低，在同一建筑组群中，又体现出内外尊卑的区别。不仅如此，甚至连当地气候对室内外环境的影响方面，传统建筑的设计在适应度上都有体现。

（二）中国古建筑的主要特点

（1）巧妙而科学的木框架式结构为主，以砖、瓦、石为辅。中国古建筑惯用木构架作房屋的承重结构。这是中国古建筑在建筑结构上最重要的一个特征。木构梁柱系统约在公元前的春秋时期已初步完备并广泛采用，到了汉代发展得更为成熟。木构结构大体可分为抬梁式、穿斗式、井干式，以采用抬梁式最为普遍。抬梁式结构是沿房屋进深在柱础上立柱，柱上架梁，梁上重叠数层瓜柱和梁，再于最上层梁上立脊瓜柱，组成一组屋架。平行的两组构架之间用横向的枋联结于柱的上端，在各层梁头与脊瓜柱上安置檩，以联系构架与承载屋面。檩间架椽子，构成屋顶的骨架（屋架）。这样，屋顶与房檐的重量通过屋架传递到立柱上，墙壁只起隔断的作用，而不是承担房屋重量的结构部分。同时，由于房屋的墙壁不负荷重量，木门窗设置有极大的灵活性并带来艺术性。

斗栱是中国木构架建筑中必须说的最独特的构件。斗是斗形垫木块，栱是弓形短木，它们逐层纵横交错叠加成一组上大下小的托架，安置在柱头上用以承托梁架的荷载和向外挑出的屋檐。到了唐、宋，斗栱发展到高峰，从简单的垫托和挑檐构件发展成为联系梁枋置于柱网之上的一圈井字格形复合梁。它除了向外挑檐，向内承托天花板以外，主要功能是保持木构架的整体性，成为大型建筑不可缺的部分。宋以后木构架开间加大，柱身加高，木构架结点上所用的斗栱逐渐减少。到了元、明、清，柱头间使用了额枋和随梁枋等，构架整体性加强，斗栱的形体变小，不再起结构作用了，排列也较唐、宋更为丛密，装饰性作用越发加强，成为显示等级差别的饰物。

木构架的优点：第一，承重结构与维护结构分开，建筑物的重量全由木构架承托，墙壁只起维护和分隔空间的作用。第二，便于适应不同的气候条件，可以因地区寒暖之不同，随意处理房屋的高度、墙壁的厚薄、选取何种材料，以及确定门窗的位置和大小。第三，由于木材的特有性质与构造节点有伸缩余地，即便墙倒，屋也不塌，有利于减少地震损害。第四，便于就地取材和加工制作。古代黄河中游森林茂密，木材较之砖石便于加工制作。

第十五章 建筑与园林

除了木构架外,砖、瓦和石材的搭配使用也常是中国古建筑的重要特点之一。有些古建筑还单独让砖、瓦、石成为该单体的结构主角。

(2) 独特的单体造型。中国古建筑的单体,大致可以分为屋基、屋身、屋顶三个部分。凡是重要建筑物都建在基座台基之上,一般台基为一层,大的殿堂如北京明清故宫太和殿,建在高大的三重台基之上。单体建筑的平面形式多为长方形、正方形、六角形、八角形、圆形。这些不同的平面形式,对构成建筑物单体的立面形象起着重要作用。由于采用木构架结构,屋身的处理得以十分灵活,门窗柱墙往往依据用材与部位的不同而加以处置与装饰,极大地丰富了屋身的形象。中国古建筑的屋顶形式丰富多彩,早在汉代已有庑殿、歇山、悬山、囤顶、攒尖几种基本形式,并有了重檐顶。后来,又出现了勾连搭、单坡顶、十字坡顶、盂顶、拱券顶、穹隆顶等许多形式。为了保护木构架,屋顶往往采用较大的出檐。但出檐有碍采光,以及屋顶雨水下泄易冲毁台基,因此后来采用反曲屋面或屋面举折、屋角起翘,于是屋顶和屋角发展显得更为轻盈活泼。

(3) 中轴对称、布局严谨。中国古建筑多以众多的单体建筑组合而成为一组建筑群体,大到宫殿,小到宅院,莫不如此。它的布局形式有严格的方向性,常为南北向,只有少数建筑群因受地形地势限制采取变通形式,也有由于宗教信仰或风水思想的影响而变异方向的。方正严整的布局思想,主要是源于中国古代黄河中游的地理位置与儒学中正思想的影响。

中国古建筑群的布置总要以一条主要的纵轴线为主,将主要建筑物布置在主轴线上,次要建筑物则布置在主要建筑物前的两侧,东西对峙,组成一个方形或长方形院落。这种院落布局既满足了安全与向阳防风寒的生活需要,也符合中国古代社会宗法和礼教的制度。当一组庭院不能满足需要时,可在主要建筑前后延伸布置多进院落,在主轴线两侧布置跨院(辅助轴线)。曲阜孔庙在主轴线上布置了十进院落,又在主轴线两侧布置了多进跨院。它在奎文阁前为一条轴线,奎文阁以后则为并列的三条轴线。至于坛庙、陵墓等礼制建筑布局,那就更加严整了。这种严整的布局并不呆板僵直,而是将多进、多院落空间,布置成为变化的颇具个性的空间系列。像北京的四合院住宅,它的四进院落各不相同。第一进为横长倒座院,第二进为长方形三合院,第三进为正方形四合院,第四进为横长罩房院。四进院落的平面各异,配以建筑物的不同立面,在院中莳花植树,置山石盆景,使空间环境清新活泼、宁静宜人。

(4) 室内外部件装饰手法多样,就地取材。中国古建筑对于装修、装饰特为讲究,凡一切建筑部位或构件,都要美化,所选用的形象、色彩因部位与构件性质不同而有别。

台基和台阶本是房屋的基座和进屋的踏步，但给以雕饰，配以栏杆，就显得格外庄严与雄伟。屋面装饰可以使屋顶的轮廓形象更加优美。如故宫太和殿，重檐庑殿顶，五脊四坡，正脊两端各饰一龙形大吻，张口吞脊，尾部上卷，四条垂脊的檐角部位各饰有九个琉璃小兽，增加了屋顶形象的艺术感染力。

中国的古建筑十分注重门的形态及装饰，并代表不同的等级意义。牌楼也是门的一种，主要是象征意义的纪念式的门。起初由汉代的"阙"发展而来，并随不同的阶段、地域、风俗等装饰材料而有很大的变化。

墙身是古建筑又一重要的组成成分。墙一种是防卫、屏蔽兼装饰作用；一种是演变为显示和象征的作用，如照壁。

门窗、隔扇属外檐装修，是分隔室内外空间的间隔物，但是装饰性特别强。门窗以其各种形象、花纹、色彩增强了建筑物立面的艺术效果。内檐装修是用以划分房屋内部空间的装置之一，常用隔扇门、板壁、多宝格、书橱等，它们可以使室内空间产生既分隔又连通的效果。另一种划分室内空间的装置是各种罩，如几腿罩、落地罩、圆光罩、花罩、栏杆罩等，有的还要安装玻璃或糊纱，绘以花卉或题字，使室内充满书卷气味。

天花即室内的顶棚，是室内上空的一种装修。一般民居房屋制作较为简单，多用木条制成网架，钉在梁上，再糊纸，称"海墁天花"。重要建筑物如殿堂，则用木枝条在梁架间搭制方格网，格内装木板，绘以彩画，称"井口天花"。藻井因其交木如井，绘有藻纹，故称藻井，它是比天花更具有装饰性的一种屋顶内部装饰，它结构复杂，下方上圆，由三层木架交构组成一个向上隆起如井状的天花板，多用于殿堂、佛坛的上方正中。

于建筑物上施彩绘是中国古代建筑的一个重要特征，是建筑物不可缺少的一项装饰艺术。彩绘原是施之于梁、柱、门、窗等木构件之上用以防腐、防蛀的油漆，后来逐渐发展演化为彩画。古代在建筑物上施用彩画，有严格的等级区分，庶民房舍不准绘彩画，就是在紫禁城内，不同性质的建筑物绘制彩画也有严格的区分。其中，和玺彩画属最高的一级，内容以龙为主题，施用于外朝、内廷的主要殿堂，格调华贵；旋子彩画是图案化彩画，画面布局素雅灵活，富于变化，常用于次要宫殿及配殿、门庑等建筑上；再一种是苏式彩画，以山水、人物、草虫、花卉为内容，多用于园苑中的亭台楼阁之上。

（三）中国古代建筑的艺术特色

（1）富有装饰性的屋顶。屋顶是中国古建筑形象的重要组成部分，古代中国的匠师很早就发现了利用屋顶以取得艺术效果、等级表现的作用。《诗经》里就有"作庙翼翼"之句，说明3000年前的诗人就已经在诗中歌颂祖庙

第十五章 建筑与园林

舒展如翼的屋顶。到了汉朝，后世的五种基本屋顶式样——四面坡的"庑殿顶"，四面、六面、八面坡或圆形的"攒尖顶"，两面坡但两山墙与屋面齐的"硬山顶"，两面坡而屋面挑出到山墙之外的"悬山顶"以及上半是悬山而下半是四面坡的"歇山顶"就已经具备了。我国古代匠师充分运用木结构的特点，创造了屋顶举折和屋面起翘、出翘，形成如鸟翼伸展的檐角和屋顶各部分柔和优美的曲线。同时，屋脊的脊端都加上适当的雕饰（鸟兽），檐口的瓦也加以装饰性的处理。宋代以后，又大量采用琉璃瓦，为屋顶加上颜色和光泽，再加上后来又陆续出现其他许多屋顶式样，以及由这些屋顶组合而成的各种具有艺术效果的复杂形体（庑殿、歇山、悬山、囤顶、攒尖等），使中国古代建筑在运用屋顶形式创造建筑的艺术形象方面取得了丰富的经验，成为中国古代建筑重要的特征之一。

（2）建筑组群及衬托性。衬托性建筑的应用，是中国古代宫殿、寺庙等高级建筑常用的艺术处理手法。它的作用是衬托主体建筑。最早应用的并且很有艺术特色的衬托性建筑便是从春秋时代就已开始的建于宫殿正门前的"阙"。到了汉代，除宫殿与陵墓外，祠庙和大中型坟墓也都使用。现存的四川雅安高颐墓阙，形制和雕刻十分精美，是汉代墓阙的典型作品。汉代以后的雕刻、壁画中常可以看到各种形式的阙，到了明、清两代，阙就演变成现在故宫的午门。其他常见的富有艺术性的衬托性建筑还有宫殿正门前的华表、牌坊、照壁、石狮等。

（3）色彩的运用。中国古代的匠师从春秋时候就开始运用色彩在建筑装饰中，并敢于使用色彩也善于使用色彩。这个特点是和中国建筑的木结构体系分不开的。因为木料不能经久，所以，中国建筑很早就采用在木材上涂漆和桐油的办法，以保护木质和加固木构件用榫卯结合的关接，同时增加美观，达到实用、坚固与美观相结合。以后又用丹红装饰柱子、梁架或在斗拱梁、枋等处绘制彩画。经过长期的实践，中国建筑在运用色彩方面积累了丰富的经验，例如在北方的宫殿、官衙建筑中，很善于运用鲜明色彩的对比与调和。房屋的主体部分（经常可以照到阳光的部分），一般用暖色，特别是用朱红色；房檐下的阴影部分，则用蓝绿相配的冷色。这样就更强调了阳光的温暖和阴影的阴凉，形成一种悦目的对比。朱红色门窗部分和蓝、绿色的檐下部分往往还加上金线和金点，蓝、绿之间也间以少数红点，使得建筑上的彩画图案显得更加活泼，增强了装饰效果。一些重要的纪念性建筑，如北京的故宫、天坛等再加上黄色、绿色或蓝色的琉璃瓦，下面并衬以一层乃至好几层雪白的汉白玉台基和栏杆，在华北平原万里无云的蔚蓝天空下，它的色彩效果是无比鲜明的。当然这种色彩风格的形成，在很大程度上也是与北方的自然环境有关的。因为在平坦广阔的华北平原地区，冬季景色的色彩是很单调严酷的。在那样的自然环境中，这种鲜明的色彩就为建筑物带来活泼和生趣。基于相同原因，在山明水秀、四季常青的南方，建筑的色彩一方面为封建社会的建筑等级制度所局限，另一方面也是因为南方终年青绿、四季花开，为了使建筑的色彩与南方的自然环境相调和，它使用的色彩就比较淡雅，多用白墙、灰瓦和栗、黑、墨绿等色的梁柱，形成秀丽淡雅的格调。这种色调在比较炎热的南方的夏天里使人产生一种清凉感，不像强烈的颜色容易令人烦躁。我国古建筑的色彩的运用，除了上面提到的两种主要格调外，随着民族和地区的不同，也有一些差别。

第二节 中国民居建筑

如果说气势雄伟的官式建筑是我国古代高超技术和工艺结出的硕果，那么在我国各个地区的古民居建筑就是中国人民智慧和心血的结晶。因为古民居建筑是在官式建筑占据了建筑技术巨大空间后，在夹缝中生存下来的一种建筑艺术。在旧时的许多民间建筑的优秀手法一旦被官式建筑所采用，统治阶级就会反过来限制平民来使用这些手法。但是，这些压制并未阻止民居建筑的发展。许多民居建筑在建筑历史上的地位，毫不逊色于某些官式建筑。我国的民居从整体上来说，都是能发挥所处的环境和地理优势，因地制宜、就地取材发展出合适的居住房屋，并形成不同民族、地域风格及不同的艺术形态传承下来。

一、中国民居建筑的特点和形式

中国民居建筑布局的形成和发展主要受社会因素和自然因素的影响。社会因素包括社会生产力、社会意识、族群差异、宗教信仰、风俗习性等。自然因素主要是地理位置、地形地貌、气候、自然资源等。这些因素对民居的风格影响也比较大。民居建筑和官式建筑比较，有如下的特点：①平面形式丰富，空间组合多变；②地域特点浓厚，因地制宜、就地取材；③造型朴实、群体和谐、环境优美。

以木构件为房屋主体结构，兼有砖石结构，是我国大部分地区都采用的建筑房屋的形式。民居的木结构也分为抬梁式、穿斗式、井干式，北方多用抬梁式，南方多用穿斗式、混合式，而以这三种方式建造的房屋多数以组合的形式出现，即由多个单体建筑互相组合或连接，并按一定形式组成院落。由于不同地区有其特点，所以各地出现丰富的形式，代表性的有北京的四合院及黄河中部地区的合院等。井干式房屋是从原始社会就形成的建筑，它由纯木材建造而成，现主要存在的地区是东北和云南。干栏式建筑，是以竹木为主要材料的建

第十五章 建筑与园林

筑，主要分布于广西、海南和四川、云贵一带。防御性围合建筑是一种体积和面积都相对较大的建筑，通常都是为家族而建的，主要分布在广东、福建和赣南。

在材料的运用上，我们先民也是极富创造力的。山东胶东的沿海，人们用海草作为房顶的覆盖材料；而海南海口石山镇的村民，就用火山石为材料建筑房子；更有粤、闽、琼地区的人民，把蚝壳当作建筑材料来构造墙体。

二、中国有代表性的地方性或民族性民居

（1）院落式民居。院落布局与我国一家一户的小农封建经济相符合，分为南北两类。北方院落式民居的代表为北京的四合院、山西的平遥民居（南北长东西窄）。南方的院落式代表为四川江安县的夕佳上庄园（南北窄东西长）、大理白族民居、泉州红房子（南方沿海合院的典型代表）。

（2）江南水乡民居。这主要指长江以南地区，人们大多临水或跨水而居，临河或临街建筑都以单体为主。此类民居布局灵活，注重材料防水质量，并注重室内的精美装饰。代表性的民居有周庄、南浔古镇民居。

（3）黄河中部地区窑洞。窑洞民居是根据黄土高原土质特点、气候特征而因地制宜的洞型或改良洞型住宅形式。窑洞民居有三种类型：靠崖式、独立式、下沉式。窑洞民居的特点是冬暖夏凉，而且由于有非常厚的土墙体，房屋的隔声性也好，相比于木构架的房屋，窑洞式的房屋还有较强的抗震性和坚固性。代表性的窑洞有陕西靠崖式窑洞及山西平遥的独立式窑洞。

（4）井干式民居。这种房屋建筑方式就是用木材叠落在一起，四角木材横竖相交或将木材安放在预先造好的基础框上，逐层木料向上形成四面墙壁的做法。这种房屋大多十分牢固，而且制作极为简单，原料易得，房屋的成本也较低。但受木材长度的限制，通常开间都较小，而且由于主要材质是木头，防火性较弱，外墙还要以泥土等材料填充以防透风。井干式房屋只在我国东北和云南的林区有分布，代表性的民居有黑龙江黑河市鄂伦春族井干式民居。

（5）干栏式民居。这种建筑是将以木或竹为柱架所建的底部架空，而人在上部活动的房屋。在气候潮湿的山区或临水地区被广泛采用。干栏式住宅的营造一般是在底部竖立若干木桩，再在木桩上装地板，在平整的地板上再竖木桩建造房屋，整个建筑完全用木材建成，屋顶也通常以树皮覆盖，现在一般都改用小青瓦了。代表性的民居为侗、傣、苗等民族所使用的房屋。

（6）客家土楼及围龙（拢）屋、围子。这种古民居建筑主要是指北方南迁到华南地区的客家人的具有防御性的房屋，这种房屋有圆形、方形、半月形等，有些在四角设有碉楼等。其造型大都是单独的大型单层或多层建筑，并形

成相对封闭的内部区域，多数都是整个家族的人居住在一起，有独立的水井、祠堂，形成了一个相对来说比较封闭的院落。代表性的民居有福建永定土楼、福建中部土堡、广东兴梅地区围拢屋、赣南方形围屋等。

（7）藏族、羌族碉房。这是一种独特的适应高原气候的藏式民居。这种房子多是由石头垒砌或由土筑而成，有三至四层高，平顶。因为外观就像碉堡一样，故而得名。一般来说，贵族、寺僧等所住的碉房体量较大，一般的平民则只建一层或二层的碉房。代表性的民居有四川茂县羌族碉楼。

（8）蒙古包。这是一种适合蒙古族游牧生活的房子。它主要由毛毡和简单的木构架构成，平面呈圆形，在顶部留有通风和采光的小口，一般包内面积为 12～16 平方米。蒙古包的组合很灵活，冬天温度低时，可以在外部加双层或多层的毛毡；而到了夏天，可以把蒙古包下部的毛毡掀开，以供通风降温。

第三节　中国园林建筑

中国园林建筑历史源远流长，自商、周时期就有了关于园林的记载。随着历史的不断发展，园林的建筑风格、营造技术等各方面也在不断地丰富和完善，并逐步形成了有一国特色的园林体系和园林文化。中国的园林史是一个早期逐步发展，至中后期离渐迭起的发展过程。与西方园林艺术风格不同的是，中国的园林从开始就讲究与自然的和谐以及注重对意境的追求，这些都是当时社会、文化和思想状态的具体体现。

一、中国园林建筑的发展阶段

我国的园林建筑不仅是建筑艺术的展现，还包含了文学、绘画、哲学、雕刻等多种艺术门类，可以说是中华民族伟大文化的综合体现。各个朝代、不同历史时期的园林建筑，是当时社会的思想和精神状态的如实反应。这是我们在欣赏和研究这些园林时应注意的。另外，我们还应注意园林的布局特点、叠山理水方法、花木植物的设置及景物的搭配等各方面所取得的成就。

我国的园林发展大致可分为几个阶段。

（一）从商周到魏晋南北朝时期

从商周到两汉时期是中国古代园林的萌芽期，这时期有了建造园林的意识，但园林在风格和营造上都很粗糙。与此同时，园林具有诸如狩猎和生产等多重功能，至于对意趣的体现还处于初级阶段，只是简单地模仿自然。魏晋南北朝时期，园林发展到了为观赏目的而建造的阶段，开始注重再现自然和追求情趣。这时期还出现了私家园林和寺庙园林两种新的形式。可以说，这是中国

第十五章 建筑与园林

园林建筑上的体系形成期，那些在后来大放异彩的各式园林这时已粗具雏形。私家园林（确切地说是别业、庄园）的发展从北魏时期开始进入中国园林建筑史上第一个高潮。北魏都城洛阳内出现了大量的私家园林，而许多风景优美的城郊山林也成为文人士族建宅筑园的理想之地。山水、花木、楼榭已经成为造园的基本要素，与自然山水的进一步对话使此时的园林的自然气质更加浓郁，但在园林艺术本身的建造方面还不够精细，尚处于粗放阶段。

这时帝王宫苑仍然是园林的主导，在布局和使用内容上继承了秦汉苑囿的某些特点，但规模较秦汉的苑囿要小，不过增加了较多的自然色彩和写意成分，园林艺术开始走向高雅。在园林规划设计上，体现了较高的水平。比较典型的是北魏都城洛阳的华林园。华林园历经了多朝经营，曹魏、西晋、北魏、唐、宋等都有建设，但主要营造是在唐、宋以后。华林园以景阳山、天渊池为主景，建有殿、堂、所、馆、楼、台等建筑，园林建筑的数量和形式较前代明显增多。除了供游赏之外，还有供宴射的射埒，另有《南史》载，宋少帝营阳王、齐东昏侯都在华林园内"为列肆，亲自沽卖"、"立店肆，模大市，日游市中，杂所货物……"可见具有世俗情韵的买卖街已开始出现在皇家苑囿中。

在造园思想上，旧的传统仍在延续，承露盘、方丈、瀛洲、方壶三神山等秦汉造园的核心内容依然是苑囿中不变的元素。但园林狩猎、围猎的功能已有削弱，取而代之的是生活气息浓厚的民俗活动。如建康城北的乐游苑就是专供南朝皇帝与大臣上已禊饮、重九登高的场所，带有了离宫御苑的性质。从园林的发展进程来看，魏晋南北朝时期的园林游赏功能更加突出，与自然的对话进一步加强，就园林的性质而言，基本上完成了从囿到园的过渡。以此而论，魏晋南北朝应该算是中国园林发展的转折时期。

（二）隋唐时期

隋唐时期是我国古代园林建设的成熟阶段，园林建造的技术和艺术同时达到了前所未有的水平。这时期由于文人的介入，我国园林不再停留于对自然的再现和模仿的层面上，园林的建筑也开始有了如诗如画的境界。园林建设开始吸取书画作品的构图手法，将其用于景致的营造和搭配上。这使以后的园林建设向着诗情画意的方向发展。

隋唐时期的皇家园林主要集中在长安、洛阳两地。园林的数量和规模远远超过魏晋南北朝时期，大明宫、兴庆宫、华清宫、禁苑、西苑无不是隋唐盛世中建造出的嘉园杰作。唐代皇家园林中出现了"禁苑"，它明显标示出皇家园林的专属性。依据园林的功能性质和所处的位置把皇家园林予以分类，是这一时期皇家园林的又一特点，这意味着大内御苑、行宫御苑、离宫御苑三种不同类型的皇家园林正式得以区分。这种分类的实质是皇家园林的内容和规模已不再适于用单一的形式加以表现，必须借助职能分工明确的更多的形式来体现。唐代一方面加强了这种专属性，另一方面在其开放的文化政策哺育下，又催化出万人同乐的公共游娱性园林。如位于长安城东南隅的曲江芙蓉苑不仅有城墙复道与禁苑相通，而且每年的中和（二月初一）、上巳（三月初三）、中元（七月十五）、重阳（九月初九）等节日长安城内的达官显贵、黎民百姓都可以来此游玩嬉戏，其景象热闹异常。

（三）宋辽金时期

宋辽金时期主要以两宋的园林最为发达，佳作迭出。由于北宋国家经济文化的繁荣和南宋政治中心的迁移，全国的园林建设先后进入了繁盛期。在这一时期，南北方园林风格基本形成，这是我国古代园林建设的一次大的飞跃，更是大大推进了园林的发展。宋代园林最突出的成就是私家园林的发展，私家园林与风靡一时的山水绘画、山水诗词相结合、渗透，以绘画理论作为园林营造的指导思想，创造出"可游、可居、可望、可行"的画境般的园林景致。而大量的文人亲自参加园林的营造，无疑为园林增添了浓厚的文人气质。简而言之，中国园林的文心画境从此突显，并成为中国古典园林最显著的特点。

（四）元明清时期

经过元代短暂的低落后，园林营造又迎来了明清发展时期。明代的园林承前代余绪而突飞猛进，成为中国造园史上的又一个黄金时代。此时，苑囿建设不多，却呈现出精雅的风格。这时的苑囿都设在皇城之内，给人一种安全感。这与当时蒙古族经常南下入侵的政治形势有着很大的关系。另外，园林规模宏大，布局趋于端庄严整，构筑富丽堂皇，突显皇家气派。此外，私家园林的勃兴也值得关注。明末资本主义萌芽在江南地区出现，苏州、扬州等城市工商业发达，当时有"苏湖熟，天下足"的说法。但生活在温柔富贵之乡的有钱人并不是全部都贪图为官作宦，也不是人人都愿意设肆作贾，他们中的大部分人眷恋着温柔清幽的家园，于是构园活动成为苏州人的雅尚。明代苏州先后建置园林200余处，苏州园林的代表作拙政园、留园、艺圃都是创建于这一时期。

清代是中国造园艺术的集大成时期。清代的皇家园林，已经完全脱离秦汉苑囿"空、大"的古朴简陋之风，走向精雅的巅峰。功能各异、形制不同的园林建筑，精巧成熟的山水布局，变化多端的造园手法，使皇家园林集外观的宏大气势和内在的精致华丽于一体。由于皇帝经常外出南行，皇家园林在北方传统的风格上颇受江南私家园林审美和构思的影响，面积宏大的皇家园林中出现了许多精美小巧的、模仿江南园林的"园中园"；而后由于清宫廷对佛教的重视，皇家园林的建造中出现不同风格的佛教建筑，而使得其构成元素和建造

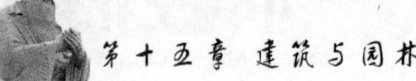

第十五章 建筑与园林

艺术更加丰富多样。

在皇家园林兴盛发展的同时，私家园林也雨后春笋般涌现于全国各地，并在中国园林风景中大放异彩。寺观园林、公共游娱园林、村落园林等各种形式的园林，以各自独特的风格呈现出瑰丽多姿的迷人风景。

二、中国园林基本类型

中国古典园林类型的划分，因年代、园主身份、地理位置不同而有不同的划分形式。一种是按出现的时间顺序，如先秦园林、秦汉园林、魏晋园林、宋辽金园林、隋唐园林、元明园林、清代园林以及晚清民国时期的园林，即纵向的划分。第二种是横向的划分，通常以园主的身份地位为标准，概括地讲有皇家园林、私家园林和民间景观园林（民间景观园林又可分为宗教寺观园林和自然景观园林两类）。此外，如果以园林所处的地理位置划分，则可分为北方园林、江南园林和其他地区园林。在这几种划分形式中以第二种使用最多，现按此类分法将中国古典园林予以概括介绍。

（一）皇家园林

皇家园林是中国历史上最早出现的园林类型，也是最能代表中国园林艺术成就的园林形式。皇家园林如同宫殿一样，展示了封建帝王强大权力的雄壮空间和地位。

1. 皇家园林的分布情况

皇家园林虽然在中国园林历史上一直占主导地位，但因年代的久远、战争的破坏以及中国传统建筑体系自身的弊端，大多数的皇家园林未能得以保留下来。现存的皇家园林多为明清时期所建，分布地点以北京及其近郊为主，如颐和园、北海、香山静宜园等，另在河北省的承德市还保存有清代最大的离宫苑囿——避暑山庄。除此之外，也有一些皇家园林，其园林建筑基本已毁，只留有断垣残瓦，仍可作为历史的见证，如北京圆明园。值得欣慰的是，随着科学技术的进步，许多历史上有名的园林古迹已被考察印证，并按照当时的面貌进行想象复原。如位于陕西省临潼县城南郊骊山脚下的华清池，原为唐代的离宫苑囿，是专供唐玄宗和杨贵妃沐浴温泉的地方，现已改建为具有历史意义的文化古迹园林。总体来看，皇家园林的分布相对集中，不像私家园林遍布全国各地，地域特征和民族风俗差异比较明显，也正因为如此，皇家园林才具有许多统一的风格和特征。

2. 皇家园林的特点

皇家园林由于其拥有者特殊的地位和权力而具有与其他园林不同的特点。首先，皇家园林的拥有者是封建社会的最高统治者，历代的帝王都认为自己是奉上天的命令来统治寰宇的，他拥有至高无上的权力和绝对的财富。因此凡是与皇帝有关的建筑从整体布局到具体形象无不显示着皇家的权威和气势。皇家园林也不例外，在遵循风景式规划布局的情况下尽量体现皇家的气派。填山移海、镶山括水在皇家园林的营建中都是经常出现的情况。其次，皇家园林同其他皇家建筑如宫殿、坛庙一样都是以国家的财力和物力为基础而营建的，其建筑形式、用料、结构规模都不是一般官员或富贾的营造能力所能比拟的。最后，皇家园林历史悠久，其历程贯穿中国建筑艺术发展的全过程，是最早登上中国园林历史舞台的先行者。

由此可知，规模浩大、布局完整、功能齐全、堂皇壮丽、历史悠久是皇家园林的主要特点。

3. 皇家园林的艺术成就

皇家园林代表了中国园林艺术的最高成就，具体地说可以从以下几个方面进行解析。

（1）规模宏大

园林的规模首先由其业主的经济实力决定，皇帝是皇家园林的直接承建者。他掌握着整个国家的财力、物力和人力，并对其有支配权，可以说皇家园林是在整个国家的经济基础上营建而成的。

从园林规模上讲，一座皇家园林的建筑面积几乎相当于几十个中型规模的私家园林。如最晚建成的颐和园，占地面积相当于70个拙政园，而颐和园在历史上还算较小的皇家园林。

中国历史上最大的皇家园林，目前知道的可以说是汉代的上林苑。上林苑内筑有宫殿建筑群12处，每组建筑又分成不同的功能区域，如位于长安城西南角的未央宫，由外宫、后宫、苑林区三部分组成，既有百官大朝的场所，又有帝后居住的地方，还附建有皇家图书馆、内廷衙署以及凌室、织室、暴室、六厩等供应机构。几乎每组宫殿建筑群都自成体系，满足皇室人员的多种需求。

在历史的发展过程中，皇家苑囿的规模呈逐渐缩小的趋势，功能也随之变化。我们目前可看到的皇家园林实例，基本为清代所营建，皇家园林的功能分区在这一时期基本成为定制，通常包括宫殿区、苑景区和宗教建筑区三大部分。每一大部分又有更具体、更详细的分支，如宫殿区细分下去又有处理朝政的场所、皇帝的寝室、后妃的寝室、帝王读书的地方、看戏的戏台，甚至赏月、听琴的场所以及一系列的朝房、配殿等。皇家园林还根据建筑的功能而采用不同的建筑形式，或者说不同的建筑形式具有不同的使用功能，从而创造出殿堂林立、建筑形式丰富多样但又主次分明、宾主有序的皇家园林空间序列。

第十五章 建筑与园林

大的规模自有大的气势，以气势论规模或者以规模论气势都是符合建筑空间概念。皇家园林庞大的规模决定了其宏阔的气势，在这方面城市宅院中的私家园林远不能和皇家园林相比较。

（2）精美绝伦的园林建筑

皇家建筑向来以"重楼危阁"、"金碧重彩"为其标识符号。不同的色彩组合或搭配可以使建筑空间及结构的形态和尺度感发生变化，对空间氛围的营造有重要作用。皇家园林建筑在用色上大胆而热烈，黄、蓝、红、绿分别施于建筑的木作结构中，加以具有金属光泽的琉璃、金属等构件，创造出金碧辉煌的视觉效果，把华丽高贵的宫廷色彩表现得淋漓尽致。论色彩，皇家园林建筑以艳丽明快的暖色调为主，适当掺以冷色调的青蓝、灰黑白等。这使原本俗艳的大红大绿经过诸多结构要素的分割、划分后有了明显的层次感和深度，从而避免了大片集中色带来的单调、呆板和俗气。在色彩搭配上，还用黄色等金属色对其进行调和、淡化，使之艳丽而不低俗。用自然山水原色进行稀释、融解也是皇家园林建筑常用的色彩装饰方式。皇家园林因其宏阔的气势和庞大的规模，山水构筑的面积和范围也相对较大，而大片的水面和高峻的山体正是淡化这种锦丽色彩的"溶乳"。

（3）丰富的象征寓意

皇家园林既然是皇家建设的重点项目，那么园林借助于造景而表现天人感应、皇权至尊、纲常伦纪等的象征寓意，就比以往造园所包容的内涵更广泛、内容更驳杂。正因为如此，传统的象征性的造景手法在清康熙、乾隆时的皇家园林中又得到了进一步的发展。

园林里面的许多"景"或是小园林都是以建筑形象结合局部境域而构成的五花八门的模拟：蓬莱三岛、仙山琼阁、梵天乐土、文武辅弼、龙凤配列、男耕女织、银河天汉等，是寓意于历史典故、宗教和神话传说。此外，还有多得不胜枚举的园林建筑是借助于景题命名等文字手段直接表达出对帝王德行、哲人君子、太平盛世的歌颂赞扬，这甚至影响整个园林或者主要景区的规划布局。

（4）园中园的造景手法

皇家园林通常采用大分散、小聚集的布局原则，把不同主题或功能的景区根据地势的实际情况安排在不同的区域，形成内容丰富、景观层次变化多样的园林景观。大园中的小园既可以是一处封闭的小庭院，也可以是一处构筑精巧的山水空间。但总体来说，园中园是相对独立的完整空间，在其所属的空间范围内具备了一座有完整构成要素的园林，并有自己的山水内容和主题。园中园的形式在皇家园林、私家园林以及自然景观中都有，尤其在皇家园林使用最多，并常常成为大型皇家苑囿中的珍璧。

皇家园林中的园中园创造来源大体有几个方面：一是直接以江南名园为蓝本进行复制，如颐和园中的谐趣园，北海静心斋，避暑山庄文园狮子林、烟雨楼；二是以历史名园的意境为主题进行创造，如北海濠濮涧；第三种则完全是因地势所需或是就地取材，根据现有资源针对性地进行艺术创造，如颐和园霁清轩、避暑山庄春好轩等。

(5) 皇家园林代表作

圆明园。圆明园是清代营建较早的一座皇家园林，位于北京，是"三山五园"之一（万寿山清漪园，玉泉山静明园，香山静宜园、畅春园和圆明园）。圆明三园面积约346.7公顷（5200余亩），有150余景。圆明园最初是康熙皇帝赐给皇四子胤禛（即后来的雍正皇帝）的花园。在康熙四十六年（1707）时，园已初具规模。同年十一月，康熙皇帝曾亲临圆明园游赏。雍正皇帝于1723年即位后，拓展原赐园，并在园南增建了正大光明殿和勤政殿以及内阁、六部、军机处诸值房，御以"避喧听政"。乾隆皇帝在位60年，对圆明园岁岁营构，日日修华，浚水移石，费银千万。他除了对圆明园进行局部增建、改建之外，在紧东邻新建了长春园，在东南邻并入了绮春园。至乾隆三十五年（1770），圆明三园的格局基本形成。嘉庆时，主要对绮春园进行修缮和拓建，使之成为主要园居场所之一。道光时，国事日衰，财力不足，但宁撤万寿、香山、玉泉"三山"的陈设，罢热河避暑与木兰狩猎，仍不放弃对圆明三园的改建和装饰。

圆明园景区可大致分为宫廷景区、九州景区、福海景区、西北景区和北部景区。1860年英法联军入侵后，火烧了圆明园，现仅存断壁残垣。

除圆明园，皇家园林的代表作还有如下几个著名园林。

长春园。由福海向东，过圆明园东墙的明春门便是长春园。长春园占地面积67公顷左右，相当于圆明园三园总面积的五分之一。此园始建于乾隆十四年（1749），比圆明园晚些。长春园是一座中西合璧的园林，既有中国古典园林的传统，又有欧式宫苑建筑风格。园中以水体划分景区，分出五个园中园：狮子林、小有天园、茹园、鉴园以及北部西洋楼景区。

避暑山庄。避暑山庄是清代大型的离宫苑囿，位于北京东北燕山山脉的青山峻岭之中的承德市。承德市如一块苍山拥抱的翠玉，碧绿、晶莹、剔透。武烈河蜿蜒于东，滦河横贯于南，群山环抱，奇峰竞秀，景色壮丽而优美，地形地貌恰如中国版图的缩影：西北高，东南低，符合风水要求的"美"。得天独厚的自然环境和重要的地理位置，使这块风水宝地受到清代统治者的赞赏。

颐和园。始建于乾隆年间，原名清漪园，坐落于北京西北郊，占地面积达

第十五章 建筑与园林

287公顷，是北京地区现存规模最大、保存最完整的皇家园林之一。它也是封建王朝在北京地区最后建造的一座皇家园林。其宏大的规模和高超的造园艺术水平堪称中国古典园林的典范。1860年，英法联军入侵北京，焚毁了"三山五园"，清漪园在劫难逃。慈禧垂帘听政后，不惜挪用海军军费重修清漪园，并改名为颐和园。1900年，颐和园再次遭劫，八国联军不仅烧毁园内的大量建筑，许多文物陈设也被洗劫一空。慈禧回京后，对颐和园东部景区再次修缮。建成的颐和园以万寿山和昆明湖为骨架，进行园林构筑，现存颐和园规模布局基本保持慈禧再次重修后的面貌，佛香阁、排云殿、长廊、十七孔桥是颐和园标志性的建筑。

北海。位于北京市中心，东与景山和紫禁城相邻。北海是我国历史最悠久、保存最完好的皇家园林之一。北海总面积68万平方米，水面面积39万平方米，岛屿面积6万多平方米。北海水面辽阔，以水为主景，却很少用具体的建筑形式进行水域的划分，除了湖面中心的琼华岛、团城两座岛屿以及连接洲岛、岛岸的几座小桥外，偌大的湖面上空无一物，体现了皇家园林中集中用水的特点。

北海的位置最早是金中都的北郊离宫大宁宫所在地。元代在大内开太液池（今北海），池中筑三个小岛，名为万岁山（今琼华岛）、圆坻（今团城）、犀山，模仿秦汉"一池三山"的传统模式。明代仍沿用此模式，并于北海南部开拓出南海，形成北、中、南三海的格局，为当时规模最大的一处大内御苑，时称西苑。清代屡次增修，庙宇庭院、亭榭楼台，因势而置，确定了今天北海的局面。清代，皇室人员经常于北海进行各种冰上娱乐活动，有"冬宫"之称，与被称为"夏宫"的颐和园相互辉映。

（二）私家园林

私家园林是相对于皇家园林而言的，它的拥有者多为古代的贵族、官僚、富豪、商贾，这些人拥有一定的经济实力，同时也具备很高的个人素养。正是古代知识分子寻求心灵宁静的乐土的意愿，使私家园林的格调定义在符合中国传统文化阶层的欣赏习惯上，从而使私家园林具有浓厚的文化意蕴。从私家园林的发展来看，文人园林一直是私家园林中的主流。魏晋南北朝时期的隐逸文化是私家园林的一大主题，重文轻武的宋代社会更是把园林与文学、诗画、书法等艺术紧紧地结合在一起。明清时，大量的文人亲自参与造园活动，极大地提升了私家园林的文人品质。

私家园林细腻玲珑的文人气质对园林造景起着决定性的作用，园林置景不以气势为胜，重在意境的表达与创造。景致内容丰富、布局精细、立意雅致，建筑多经得起细细品味观赏，意蕴层次变幻多样，突出了文人园林精雅婉约的特点。

在全国各地的园林中，苏州园林当属其首，在我国私家园林中艺术成就最高。苏州园林的形式有山麓园、湖园等，以宅园最为多见。宅园是江南地区使用较多的一种园林形式，具体的布局方法是以家庭住宅为主，在住宅的后部或一侧或两侧附建园林，住宅和园林之间有廊道相连，可相互贯通，方便园主在茶前饭后游园赏景。

私家园林面积一般不大，最大的拙政园也只有4万平方米。其中容纳了数以百计的建筑、假山、水池、花木等各种造园要素，小型的如环秀山庄占地仅2000平方米，假山景观具体而微，洞壑、溪涧、峰峦、峡谷、潭渊等一应俱全。如何在有限的面积中建造出如此丰富的园林景观，这就涉及园林的布局问题。苏州园林布局因各个园林基址、建造年代、园主所追求的风格不同而呈现出多变的布局方式。苏州城大大小小69座园林，具体的构景手法绝无雷同。但因都属于城市小型山林，所以又表现出一定的共同性。

（三）寺观园林

寺观园林是古代的公共园林。古代的佛寺、道观多建在山郊野外自然风景优美的地方，因此很多寺观建筑本身就具有园林性质的景观，魏晋南北朝时期"玄佛"合流，一方面促使着士族文人开始走向自然。另一方面也使得士族与寺院中名僧开始交往、相互影响。《世说新语》中记载，康僧渊营构的精舍，不仅是研求佛法之处，也是其与众多名士聚会交友、高谈玄理、欣赏山水美景的地方。

此外，佛教传入中国后开始向世俗化、生活化的方向发展，北魏开凿的云冈石窟壁画中菩萨多为美艳动人的妇人形象。某些教义开始具体化和形象化，在寺院中出现了放生池、莲池等游赏性极强的附属环境设计类的建筑元素。寺庙园林在这时开始形成，《洛阳伽蓝记》中提到仅洛阳就有带游娱性质的寺庙多处：宝光寺、景明寺、景林寺、河涧寺、冲觉寺等。后世的封建统治者大多对佛教推崇，隋唐时期佛寺道观不仅建在山林野外，就连唐长安城内的寺观也是林林总总，到处香雾缭绕，每天到佛寺拜香求佛的香客络绎不绝。随之佛寺内又附建了为香客提供休息的地方，在寺院的后部或旁侧建附园，园内开池叠石、植花种草，形成独具园林意境的山水空间。其附属的园林部分不仅成为有别于佛寺肃穆庄严氛围的园林空间，也成为吸引香客们的因素。

确切地说，寺观园林不是园林而是寺观，但其内部景致又带有园林性质，因此把很多风景优美的寺观胜地都归到寺观园林之列。寺观中的园林部分因附属于寺观，因此摆脱不了佛寺的清肃，而这也正是寺观园林的主要特点。

很多佛寺庙宇利用天然地势、自然山水、林木等园林构成要素，简单地附

第十五章 建筑与园林

建亭榭小桥而成为独具佛寺气息的园林景观。四川峨眉山的报国寺、万年寺都在寺院的右前方辟出一个区域，四周以游廊作为环绕，划定出园林的空间范围，游廊中间设置若干建筑，丰富了游廊的立面形式，使其不致单调。游廊有单面的，有开敞的，单面廊起围合空间的作用，而开敞的游廊更利于观景。

为了充分利用空间，在游廊的中段或折角处，往往设置一些亭子，其形式多变，有圆形平面的、方形平面的、八角形平面等，在造型上也有单层与双层之分。双层的亭阁，给人们提供了一个观景的好地点，人们可以极目远眺，欣赏峨眉胜景。同时借助亭阁的高度对园外借景，扩大园林景观内容。

在游廊的围合空间内，往往在中央设置一些水池、放生池，也有的在水池中塑建一些佛教题材的雕塑小品，体现了强烈的佛教主题，这是在香客云集、热闹非凡的香火寺院中辟出的一方清净天地，在这种空间中人们既可以沐浴佛国的圣光，又能享受到如山水画般色彩绚丽的园林风光。

寺观园林的典范：①中国的四大佛教名山：山西五台山、浙江普陀山、四川峨眉山、安徽九华山；②中国的四大道教名山：四川的青城山、江西龙虎山、湖北武当山、安徽齐云山；③中国的四大清真寺：西安化觉巷清真寺、北京牛街清真寺、宁夏同心清真寺、新疆艾提尕尔清真寺。

三、中国园林的地域特色

中国古典园林的分布没有规律性，以园林的数量而言，南方多于北方，以江南地区最为集中。从总的占地面积来看，北方园林规模宏大，气势夺人，建筑精美华丽，代表着中国古典园林的艺术成就，以皇家园林最为突出。除了以私家园林为代表的南方和以皇家园林为主的北方，在全国其他地方也都有体现其地域特色的地方园林。

（一）北方园林

辽代以后北方一直是全国政治的重心，经济文化的发展在原有的基础上不断融进新的滋长元素。北方园林在总体构图风格上仍然体现了北方官式建筑的特点。其分布特点是以北京为中心，遍布于京城及近郊地区，河北、山东、山西等地。北京园林的主要成就是皇家园林，在前面章节中已作过介绍。这里不再作详细阐述。皇家园林为皇帝所有，而整个封建社会的统治阶层却不止皇帝一人，那些效命于封建帝王的高官贵族、皇亲国戚同样也是封建社会的主宰者。他们在封建国家机构中是辅佐帝王的得力助手，他们的园林也体现了以皇权为顶点逐次递减的金字塔式的社会模式，并反映在建筑体系中。

王府花园是北京私家园林的一个特殊类别，包括满、蒙亲王府，贝子府，贝勒府，公主府等府邸的附园或后花园，它们的规模比一般宅园大，规制也有所不同。王府花园虽分属私家园林之列，但在具体的规模气势、建筑布局、山水置景、装饰装修等方面处处洋溢着贵族气质，与江南地区的私家园林有着迥然不同的风格意蕴。现仅有什刹海前海的恭王府花园较完整，后海的摄政王府以及海淀区的礼亲王花园尚保留有部分园林景观。

北方园林建筑的形象稳重、敦实，再加之因冬季寒冷和夏季多风沙而形成的建筑封闭感，使其别具一种不同于江南园林建筑的刚健之美。北方叠山技法深受江南的影响，既有完整大自然山形的模拟，也有截取冰山一角的平岗小坂，或者作为屏障、驳岸、石矶，或作峰石的处理。植物配置方面，观赏树种比江南少，尤缺阔叶常绿树和冬季花木，但松、柏、杨、柳、枪、槐和春夏秋三季更迭不断的花灌木如丁香、海棠、牡丹、芍药、荷花等，却也构成北方私园植物造景的主题。

北方地区官宦较多，所建宅园规模较大，住宅和园林部分分区而建，与宅园合一的江南园林相比，空间更显开朗，建筑物中很少出现具有居憩功能的厅堂，而以观赏性建筑为主，因此园林空间阔绰，具有北方雄浑大气的风景特点。园林造景紧紧结合建筑风格，融会具有地方特色的建筑语汇，建筑的屋顶厚重，在表现园林建筑形象含意的同时，稍带几分民居或礼制建筑色彩，从而把园林艺术与其他建筑艺术形式糅杂贯通，使其更具表现力和欣赏性。从山西榆次的静园中可略知北方私家园林的造园艺术手法的特点以及与民居密切结合的印迹。

受皇家园林影响，北方私家园林也表现出精雅成熟的特点。位于山东潍坊市的十笏园原为明嘉靖年间（1521—1566）刑部侍郎胡邦佐的旧宅。清光绪年间（1871—1908）潍坊豪绅丁善宝用重金购得，改建为私人花园。园林面积不大，景物却很繁多。十笏园采用以水池为中心，沿池有桥、有榭，布局松弛有度，表现出江南园林婉约、清丽的特点，但园中建筑却与南方的白墙黑瓦不同，而是以红、绿色调为主，屋顶覆盖灰色的筒瓦，墙壁直接暴露出青砖的表面，典雅庄重。因此说，十笏园是一座兼具南北方园林特点于一身的私家小园林。

（二）岭南园林

岭南，泛泛地说就是五岭以南，其地域主要涉及广东、福建南部、广西东部及南部。岭南园林的出现大约在汉代，广东出土的西汉明器陶屋就能看到庭院的形象。到唐五代时，岭南建南汉国，现出土的宫苑建筑，其"御花园"仙湖中的一组水石景"药洲"遗迹尚保留至今。广州市南方戏院旁的九曜园的水石景就是原仙湖中药洲中的一部分。水中的石头"九曜石"，宋代米芾题刻的"药洲"二字尚清晰可辨。此后岭南园林的发展情况，缺乏文献记载，

第十五章 建筑与园林

更无实物可考。清初,岭南的珠江三角洲地区,经济比较发达,中西文化交流也相应繁荣起来。私家造园活动开始兴盛,逐渐影响到广东的潮州、汕头和福建、台湾等地。到清中叶以后而日趋兴旺,在园林的布局、空间组织、水石运用和花木配置方面等逐渐形成自己的特点,终于异军突起而成为与江南、北方鼎盛的三大地方风格之一。

岭南园林的代表:广东四大名园、顺德的清晖园和佛山的梁园,番禺的余荫山房和东莞的可园。①

岭南地处较低纬度,大部分在北回归线以南,太阳辐射量较多,日照时间长;又濒临南海,受到海洋暖湿气流的影响,气候温和多雨,这对岭南园林的庭院空间布局产生了很大影响。岭南庭院面积也十分有限,为了达到以小见大的布局效果,庭院布置多通过空间的组合对比和渗透而获得层叠错落和曲折迂回的效果,使园林景观在不大的范围和有限的空间一一得以展示。其具体布局原则是,常利用不同的建筑物、连廊和墙垣把园分隔为若干个小庭院,再根据小庭院具体的空间组织方式安排置景,庭院与庭院之间相互贯通,但又都保持自己的特色。庭院的界定划分以使用功能为标准,不同使用功能的建筑集中在同一小空间内。这样区域的划分有了一个实际的统一的标准,空间的界定就清晰明了,空间组织的脉络条理也十分清楚。

岭南地区湿热多雨,因此在园林设计时十分注重庭院的空间通风、采光交通,建筑组群大多采用连房广厦的形式,减少对外墙的使用,以降低室外暴晒的面积,同时也利于防御台风的袭击。另外连成一片的尾顶形成的阴影,促进院内空间的降温。有时也采用前疏后密式。这两种布局有一个共同的特点,就是前低后高,以迎合夏季从海面上吹来的海风。岭南私园以生活享受、实用、游乐为主,反映在布局上,园林与住宅融为一体,并以居住建筑作为园林的主体。

岭南地区气候炎热、湿润,适合亚热带、热带植物生长。园林植物多高大茂密,形成大片的树荫,为庭院空间增添了几分幽静的气氛。栽种果树,是岭南园林的特色之一。果树具有观赏效果,又有遮阳的功效,还能提供水果。果树栽植的品种较多,有龙眼、荔枝、枇杷、芒果、黄皮、杨桃、蒲桃、香蕉、芭蕉、橙、柑、番石榴、番木瓜、白梅、沙梨、白梨等。

(三) 江南园林

通常意义上的江南泛指太湖流域一带,包括江苏南部、浙江北部以及皖南的徽州等地。江南园林凭借雄厚的经济实力以及得天独厚的自然环境在园林建

---

① 朱千华. 雨打巴蕉落闲庭:岭南画舫录. 北京:北京航空航天大学出版社,2012.

造方面取得了较高的成就。江南园林中山水所占比重较大，多为水景园，以苏州园林最为典型。苏州园林的特点在前面已经提到，这里不再详述。

兴起于清代的扬州园林是江南园林的另一体系。扬州是水城，缺石少山，除了北郊延绵起伏略带山势的蜀岗之外，几乎就是一马平川，扬州人要看山只有靠人工堆叠，造园家利用不同的山石模拟大自然的山峦叠峰，造就了扬州高度发达的叠山艺术，例如，扬州个园的四季假山是按照中国画意境布置造景的。

扬州园林的面积一般较大，保持在中型以上。布局也不像苏州园林那样景中有景、园中套园。而是园林布局分区明显，景观主题突出。往往一个大的分区空间只围绕一个主题内容展开布景，有主题的统一性和唯一性，园林景观也清爽自然。如果用"含蓄幽深"来形容苏州园林的话，那么扬州园林则是"明丽活泼"。扬州园林开朗的布局、略带夸张的景观内容，往往给人深刻的印象。

扬州园林业主的浮夸之风影响了扬州造园手法，园林造景夸张饱满，对景观内容的诠释至臻至美，如泼墨的山水画，浓的化不开。例如个园，以春、夏、秋、冬四座山为主题。冬山，为突出"冬"的主题，选用洁白的宣石作为叠山材料，远看如皑皑白雪，首先在色彩上切入主题；另外还在靠山的墙上设置风音洞，借助声响的效果从听觉上呼应冬的主题。不仅如此，山前地面还全采用冰裂纹铺地，如破碎的冰块又从感觉上寻找冬日情趣。山上的腊梅等植物无疑又是对冬日情怀的追述。这样用不同的园林小品反复地强调同一主题的造园手法在其他地区的园林中极少用到，可见，这是扬州园林特有的一种表现形式。扬州园林建筑物的尺度、材料、造型，也都追求高敞华丽。园内厅堂的面阔有些多达七间，两层的楼阁也是常见的建筑形式，与苏州园林不建重楼高阁以显其景的布局手法正好相反。扬州园林建筑的材料有的甚至选用楠木。园林铺地，室内用方砖，室外小径除了园林中常使用的花街铺地材料外，还有用大理石的。

江南园林高超的叠山技艺在扬州个园中可见一斑。叠山技艺在很多私家园林中都有体现。如南京瞻园的湖石假山、上海豫园的黄石假山等都是成功的实例。瞻园以静妙堂为中心，分两区布置山水景致。假山叠筑采用明代常用的手法，因池构山，山中有洞穴，东西两侧都有盘山蹬道，山前突出石矶与石桥相接，其表现出的山崖石貌形态十分逼真。豫园的黄石假山的主体部分为明代遗物，相传为宋徽宗花石纲收集到的山石。假山依山形地势构筑出岗、岭、涧、洞、壑、滩等各种山石景观小品，各具情趣，并形成高低错落之势。

江南地区的园林占地面积一般不大，这对园林的建造产生了一定的影响。

第十五章 建筑与园林

能否合理恰当地利用园林周围环境和天然条件，也是决定园林精致与否的客观条件。关于外借景观资源方面，寄畅园是个独特的案例，它建在无锡惠山脚下，不同于高墙围合的其他城市园林，可利用的自然资源有限，不利于园林造景。寄畅园园外自然山林风光浓郁，园林依山而建，把惠山近山远峰引入园内作为借景，从树隙中可以看到锡山上的龙光塔，从水池东面北望又可看到惠山耸立在园内假山的后面，增加了园内的景深；二是将惠山二泉之水引入园内汇积成池，与土阜乔林构作园内主景，造成林木葱茏、烟水弥漫的景象；三是建筑稀疏，布局开朗，少有人工刀斧味。

江南园林虽因地域的不同而呈现出多样的风格。但总体来看，江南园林细腻婉约的园林语境与江南地区山明水秀的自然风光、明丽温和的气候、温柔妩媚的气质都表现出某些看似偶然实为必然的切合点。也就是说，江南私家园林在表现个性的同时也暴露了江南园林体系的共性，如诗如画的园林景观、精辟细致的造园手法，丰富多样的园林建筑已经成为中国古典园林建筑的精髓。全国各地的园林都或多或少地受到其影响，从中吸取养分。尤其是北方园林对江南园林效仿的痕迹分外明显，因此说江南私家园林是中国私家园林的主导。

四、中国园林造园手法

（一）写意

中国古典园林的一个重要特点是有意境，它与中国古典诗词、绘画、音乐一样，重在写意。造景家用山水、岩壑、花木、建筑等模仿自然并表现某一艺术境界，故中国古典园林有"写意山水园"之称。从造景艺术创作来说，它摄取万象，塑造典型，托寓自我，通过观察、提炼，尽物态、穷事理，把自然美升华为艺术美，以之表现造景者的情思。赏景者在赏景的触发中引起某种情思，进而升华为一种意境，故赏景也是一种艺术再创作。这个艺术再创作，是赏景者借景物抒发感情，寄寓情思的自我表现过程，是一种精神升华，使人心性开涤，达到高一层的思想境界。

在中国古典园林中，园景的意境大体分为：治世境界、神仙境界、自然境界。儒学讲求实际，有高度的社会责任感，关心社会生活与人际关系，重视道德伦理价值和治理国家的政治意义，这种思想反映到园林造景上就是治世境界。老庄思想讲求自然恬淡和炼养身心，以静观、直觉为务，以浪漫主义为审美观，艺术上表现为自然境界。佛、道两教追求涅槃与幻想成仙，园林造景上反映为神仙境界。治世境界多见于皇家苑囿，如圆明园40景中约有一半属于治世境界，几乎包含了儒学的哲学、政治、经济、道德、伦理的全部内容。自然境界大半反映在文人园林之中，如宋代苏舜钦的沧浪亭、司马光的独乐园。神仙境界则反映在皇家园林与寺庙园林中，如圆明园中的蓬岛瑶台、方壶胜境、青城山古常道观的会仙桥、武当山南岩宫的飞升岩。

（二）构景

在人和自然的关系上，中国早在步入春秋战国时期，就进入和亲协调的阶段，所以在造园构景中运用多种手段来表现自然，以求得渐入佳境、小中见大、步移景异的理想境界，以取得自然、淡泊、恬静、含蓄的艺术效果。构景手段很多，比如讲究造园目的、园林的起名、园林的立意、园林的布局、园林中的微观处理等。在微观处理中，通常有抑景、添景、夹景、对景、框景、漏景、借景等手段，也可作为观赏手段。

1. 抑景

中国传统艺术历来讲究含蓄，所以园林造景也绝不会让人一走进门口就看到最好的景色，最好的景色往往藏在后面，这叫做"先藏后露"、"欲扬先抑"、"山重水复疑无路，柳暗花明又一村"，采取抑景的办法，才能使园林显得有艺术魅力。如园林入口处常迎门挡以假山，这种处理叫做山抑。

2. 添景

当甲风景点在远方，或自然的山，或人文的塔，如没有其他景点在中间、近处作过渡，就显得虚空而没有层次；如果在中间、近处有乔木、花卉作中间、近处的过渡景，景色显得有层次美，这中间的乔木和近处的花卉，便叫做添景。如当人们站在北京颐和园昆明湖南岸的垂柳下观赏万寿山远景时，万寿山因为有倒挂的柳丝作为装饰而生动起来。

3. 夹景

当甲风景点在远方，或自然的山，或人文的建筑（如塔、桥等），它们本身都很有审美价值，如果视线的两侧大而无挡，就显得单调乏味；如果两侧用建筑物或树木花卉屏障起来，使甲风景点更显得有诗情画意，这种构景手法即为夹景。如在颐和园后山的苏州河中划船，远方的苏州桥主景，为两岸起伏的土山和美丽的林带所夹峙，构成了明媚动人的景色。

4. 对景

在园林中，或登上亭、台、楼、阁、榭，可观赏堂、山、桥、树木等，或在堂、桥、廊等处可观赏亭、台、楼、阁、榭，这种从甲观赏点观赏乙观赏点，从乙观赏点观赏甲观赏点的方法（或构景方法），叫对景。

5. 框景

园林中的建筑的门、窗、洞，或乔木树枝抱合成的景框，往往把远处的山水美景或人文景观包含其中，这便是框景。

第十五章 建筑与园林

6. 漏景

园林的围墙上，或走廊（单廊或复廊）一侧或两侧的墙上，常常设以漏窗，或雕以带有民族特色的各种几何图形，或雕以民间喜闻乐见的葡萄、石榴、老梅、修竹等植物，或雕以鹿、鹤、兔等动物，透过漏窗的窗隙，可见园外或院外的美景，这叫做漏景。

7. 借景

借景在园林中占有特殊重要的地位，也是一种重要手法。计成在《园冶》中指出，"园林巧于因借"。借景的目的是把各种在形、声、香上能增添艺术情趣、丰富画面构图的外界因素，引入到本景空间中，使景色更具特色和变化。借景有远借、邻借、仰借、俯借、应时而借之分。借远方的山，叫远借；借邻近的大树叫邻借；借空中的飞鸟，叫仰借；借池塘中的鱼，叫俯借；借四季的花或其他自然景象，叫应时而借。借景对扩大空间，丰富景观效果，提高园林艺术质量的作用很大。"园虽别内外，得景则无拘远近"。

借景的效果，除要认真考虑朝向、对组景效果的影响之外，在空间收放上，还要注意结合人流路线的处理问题，或设门、窗、洞口，以框景；或设山石、花木，以补景。静中观景，视点位置固定，从借景对象所得的画面来看基本上是固定不变的。可以采用一些对景的处理手法。若是动中观景，由于视点不断移动，建筑物和借景对象之间的相对位置随之变化，画面也就出现多种构图上的变化。为能获得众多的优美画面，在借景时应该仔细推敲得景时机，视点位置及视角大小的关系。如颐和园乐寿堂庭院，在临湖廊墙上设置一组形状各异的漏窗，以流动框景的手法，远借昆明湖上龙王庙、十七孔桥、知春亭等许多秀丽的景色，借景的时机、视点位置和角度都很得体。在时机上，这段临湖廊是以乐寿堂为中心通往长廊的过渡空间，一进入长廊，广阔的昆明湖即跃入眼帘。同时，通过这些漏窗借景的过渡，也可收到园林空间景点的预示作用。

（三）造（叠）山理水

中国古代早期的苑、囿是选择真山真水围合而成的园林。自魏晋南北朝之后，开始有了仿造自然山水的做法。宋朝在东京汴梁（今河南开封）建皇家园林艮岳，宋徽宗（1101—1125年在位）要求在园中重现五岳的雄伟、蜀道的险峻，将造山理水的技艺推到了一个高峰。发展到明清时期，造山理水已经成为造园中很重要的一项工程技艺和手法。

自然界的山脉就其外貌看，总是山势高低连绵，山峰有主有从，植被丰厚，一片郁郁葱葱的景象。而在园林中人工堆山，形状上最忌二峰并列或诸峰列如笔架，而要依园林景观要求而定。景观或开阔或幽深，与堆山的多少、大小、走势都有关系。堆山用土、用石或土石并用，用湖石则山体灵秀活泼，用黄石则显浑厚宏伟。土山则应在山上广植花木，使山体葱绿美观，还要在土间散置块石，如同从土中长出来的一样；石山也应在石间积土，种植少量花树，使其具有自然生气。自然山体内部少不了沟涧、山道与石洞，人造假山对此也多有仿造。观无锡寄畅园和扬州个园中所堆石山，虽山体不大却造出了沟涧、石洞，人入其中仿佛置身山间。有的园林喜欢将石山堆筑成狮子等野兽的形状，如寄畅园入口处的"九狮台"，用湖石堆出群狮状，呈跳跃、蹲伏多种姿态。这种现象在自然山体中也有存在，尤其在农村，村庄周围的山峰多名为"狮山"、"虎山"、"象山"，其中有的是因为形状相像，但多数是出于堪舆之说，以狮或象把门或虎守护水口，不论山形是否真像而将村口之山冠以神兽之名。

园林水池也多为人工挖凿而成。自然界有蜿蜒长流的江河、水面浩渺的湖泊和水塘，所以人造池塘切忌规整方正，而以曲折自然为好。水面较大宜用小桥分割为大小不一的水域，以增加水景的层次；水池尽头多变为细小水湾，或止于屋角，或攒入亭、榭之下，造成水有源而无尾的假象，一塘死水就此变得灵动活泼；水中宜种植莲荷等水生植物，使池水显出勃勃生机，但又不可满植，以免影响观看建筑在水中的倒影；池岸曲折，四周宜用黄石或湖石作驳岸，叠石有高有低，立在高处可观看四周景色，低处则可嬉水作乐。

自然界山水相依是常景，但如果山中有溶洞，洞中又水流不断则视为不寻常的名胜。贵州铜仁县的九龙洞，洞中钟乳石瑰丽壮观，自古闻名，私家园林中也有模仿此类景观的。扬州个园的夏山堆筑在池水边，山下筑石洞，曲折幽深，池水蜿蜒入洞，倍觉清凉，更增添了夏山的意境。

五、中国园林建筑表现形式

园林建筑表现形式主要为亭、榭、廊、轩、台、舫、塔、桥、楼阁、厅堂等。

亭，有顶无墙，供休息、观景用的建筑物。明计成认为，山顶、水涯、湖心、松荫、竹丛、花间都是布置亭子的合适位置。

榭，是中国园林建筑中依水架起的观景平台，平台一部分架在岸上，一部分伸入水中。榭四面敞开，平面形式比较自由，常于廊、台组合在一起。榭的平面形式通常为长方形，其临水一侧特别开敞，有时建筑物的四周都立着落地门窗，显得空透、畅达，屋顶常用卷棚歇山式样，檐角地平轻巧；檐下玲珑的挂落、柱间微曲的鹅项靠椅和各式门窗栏杆等，常为精美的木作工艺，既朴实

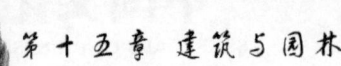

第十五章 建筑与园林

自然，又简洁大方。

廊是指屋檐下的过道、房屋内的通道或独立有顶的通道。包括回廊和游廊，具有遮阳、防雨、小憩等功能。廊是建筑的组成部分，也是构成建筑外观特点和划分空间格局的重要手段。如围合庭院的回廊，对庭院空间的处理、体量的美化十分关键；园林中的游廊则可以划分景区，形成空间的变化，增加景深和引导游人。中国古代建筑中的廊常配有几何纹样的栏杆、坐凳、鹅项椅（即美人靠）、挂落、彩画；隔墙上常饰以什锦灯窗、漏窗、月洞门、瓶门等各种装饰构件。传统形式廊按横剖面划分为：双面空廊、单面空廊、复廊、双层廊、单排柱廊、暖廊。

轩，是指高旷地带而环境幽静的小屋，具有观景作用。

台，高而平的建筑物。最初是独立的敬天祭神的高地，而后发展成为台。

舫，园林中的船形建筑物，往往临水而建。

塔，是一种非常独特的东方建筑，原是指一种供奉或收藏佛舍利（佛骨）、佛像、佛经、僧人遗体等的高耸型点式建筑。其体量高大用料多样，在不同的地区地质条件不同，建塔技术也不同，对塔的建筑研究涉及了材料力学、结构力学、土壤学、地质学等诸多方面。塔的种类也非常多，以样式来区别，有覆钵式塔、龛塔、柱塔、雁塔、露塔、屋塔、无壁塔、喇嘛塔、三十七重塔、十七重塔、十五重塔、十三重塔、九重塔、七重塔、五重塔、三重塔、方塔、圆塔、六角形塔、八角形塔、大塔、多宝塔、瑜只塔、宝箧印塔、五轮塔、卵塔、无缝塔、楼阁式塔、密檐塔、金刚宝座塔、墓塔、板塔、角塔等。塔按结构和造型可分为楼阁式塔、密檐塔、单层塔、喇嘛塔和其他特殊形制的塔。

楼阁，中国古代建筑中的多层建筑物。楼与阁在早期是有区别的。楼是指重屋，阁是指下部架空、底层高悬的建筑。阁一般平面近方形，两层，有平坐，在建筑组群中可居主要位置，如佛寺中有以阁为主体的。楼则多狭而修曲，在建筑组群中常居于次要位置，如佛寺中的藏经楼，王府中的后楼、厢楼等，处于建筑组群的最后一列或左右厢位置。现楼阁二字互通，无严格区分，不过在建筑组群中给建筑物命名仍有保持这种区分原则的。

厅堂，建造在建筑组群纵轴线上的主要建筑，常作为正式会客、议事或行礼之所。从结构上分，用长方形木料做梁架的一般称厅，用圆木料的称堂。

第四节 重要典籍及知名艺匠

一、中国古代建筑园林的重要典籍

现今已知的我国最早的建筑书籍周代《周礼·考工记》。书中对大到城市、宫殿、居室、陵墓，小到门、窗等建筑类型或元素都做了详细的说明和规定，还列举了对都城、田地、水利等工程的规划原则，另外对各种建筑的建造规则、建造尺度也有相当细致的讲解，还指出了匠人所应该担负的职责。

《营造法式》是宋代编撰的一部关于建筑的典籍。这是我国现存年代最早，也是最完善的一部建筑技术书籍，从建筑设计、施工、各部分具体做法及用料的计算等方面都做了非常细致的说明或明确的规定，为研究古代建筑提供了珍贵的资料。《营造法式》编于宋熙宁年间（1068—1077），成书于宋元符三年（1100），刊行于宋崇宁二年（1103），是李诚在喻皓的《木经》的基础上编成的。此前曾有一部关于木工技艺的书名为《梓人遗造》，但原书已经遗失。只能从相关的一些典籍中大概了解，这是一本主要介绍大、小木作和木工技术的书籍。

明代建筑书籍也分述趋于细化，有专门论述民间建筑的《鲁班经》，有专门论述油漆工艺的《髹饰录》，有专门论述砖、石制作的《天工开物》，还有前面提到的专论园林设计建造的《园冶》等，此外在一些经史典籍中还有论述有关建筑的章节。

《鲁班经》原名《工师雕斫正式鲁班木经匠家镜》或《鲁班经匠家镜》，由午荣编修，成书于明代，是一部论述民间建筑尤其是南方民间建筑的书籍。《鲁班经》介绍行帮的规矩、制度以至仪式，建造房舍的工序，选择吉日的方法；说明了鲁班真尺的运用；记录了常用家具、农具的基本尺度和式样；记录了常用建筑的构架形式、名称，一些建筑的成组布局形式和名称等。《鲁班经》最突出的贡献是对丈量和制作门窗等构件的尺度做了明确的规定，即鲁班真尺。这使门、窗等相关构件的尺寸相对固定下来。逐渐形成了一定的规格制度，这种方法在有些地区，至今仍被民间工匠所使用。

明末计成的《园冶》系统地阐述了文人造园的思想和具体的营造技术手法，是我国最早的造园著作，也是中国第一本园林艺术理论的专著。由明末造园家计成著，崇祯四年（1631）成稿。它的出版甚至影响了我国周边的一些国家地区。其主要内容为园说和兴造论两部分，其中园说又分为相地、立基、屋宇、装折、门窗、墙垣、铺地、掇山、选石、借景10篇。该书先阐述了作

第十五章 建筑与园林

者造园的观点,次而详细地记述了如何相地、立基、铺地、掇山、选石,并绘制了200余幅造墙、铺地、造门窗等的图案。书中既有实践的总结,也有计成对园林艺术独创的见解和精辟的论述,并有园林建筑的插图235张。

清政府颁布的《清工程做法》,因它的出版目的为加强对工程的管理,故而书中主要细列的是工程管理制度,工匠薪酬计算方法、工程用工、用料的计算方法。对建筑细部制作和样式等方面的介绍也只限于宫廷和王府等官式建筑。它的出版规范了对营建活动的管理,使之得以控制工程预算,也是对明清以来各种工程建筑标准的一次大总结。

造园艺术的兴盛和趋于成熟,培养出一批专业的造园家和造园著作。清代有关建筑和营造技术的书籍大量涌现,所涉及的范围更广,现存的数量和种类也颇多。如《内庭工程做法》、《工部则例》等,因清代修建了大批的园林,故园林相关的书籍也留存不少,而且内容更加细致,如园林方面有《圆明园内工则例》、《万寿山工程则例》、《热河工程则例》,陵墓建造方面有《惠陵工程备要》。

二、中国古代建筑园林的知名艺匠

春秋时期,出现了我国建筑史上的一位著名的传奇式人物——鲁班(约公元前507—公元前444)。鲁班,姓公输,名般,又称公输子、班输、鲁般,因是鲁国人(今山东曲阜),"般"和"班"同音,故人们常称他为鲁班。他出生于世代工匠的家庭,参加过许多土木建筑工程劳动,逐渐掌握了生产劳动的技能,积累了丰富的实践经验,鲁班的发明创造很多。《事物绀珠》、《物原》、《古史考》等不少古籍记载,木工使用的不少工具器械都是他创造的,如曲尺(也叫矩或鲁班尺),如墨斗,刨子、钻子,以及凿子、铲子等工具传说也都是鲁班发明的。

隋代宇文恺(555—612),建筑家。他博学多识,精通各种典章制度,又经常深入实际考察,有丰富的实践经验。隋开皇二年(582),隋文帝下诏营建新都大兴城,宇文恺为营新都副监,规模、计划都出自宇文恺之手。他还主持兴建了宫漕渠室等,并取得了很高的成就。宇文恺还撰写了综合论述历代明堂的专著《明堂论》、论述洛阳城布局规划的《东都图记》等书,但都已失传。

唐代阎立本(约601—673),原为画家,以细腻的建筑等工笔画而著名。阎立本生长在营建世家,其父兄都是当时著名的工官,其父阎毗,在隋朝时是仅次于宇文恺的能匠,主持过许多大工程,如修筑长城、开挖永济渠等。其兄阎立德在唐初即升任营建的高级官员,修建了包括帝陵、皇室宫殿、长安外郭城等初唐的许多大型工程。阎立本后来接任兄位,在营造方面卓有成就。

北宋时期的建筑匠人以喻皓和李诫为代表。喻皓(？—989)是北宋时期两浙的能工巧匠之一,对木构架的各部分组合搭配的受力情况和建筑整体强度都有着深刻的认识,并能熟练把握,尤其善于造塔。喻皓曾著有《木经》一书,专门论述他的经验和具体做法,在《营造法式》编撰出来以前,《木经》是木构工程主要的参考用书,但可惜已经失传。

李诫(1035—1110)是《营造法式》一书的重要编撰者。他任将作监十几年,有着丰富的工程营造和管理经验。先后主持兴建了许多大的宫殿、庙宇和园林构筑,记载他还编修了许多建筑著作,可惜都没有保存下来。李诫不仅精于建筑,对书、画等都有着浓厚的爱好,这也为他以后编修《营造法式》提供了很好的辅助条件,《营造法式》最先编制出来后,因书中没有涉及用材制度,工料太宽,不能防止工程中的各种弊端。因此皇帝特命李诫重新修编,他不仅参考了历代的文献和典章制度,还组织工匠进行讨论,加上自己多年的实际工作经验,编制出我国古代建筑史上的名作。

明代蒯祥(1398—1481),江苏吴县人,著名的工匠,以设计、施工精确著称。负责建造的主要工程有明北京皇宫(1417)、皇宫前三殿(1440)、长陵(1413)、献陵(1425)、裕陵(1464)、北京西苑(今北海、中海、南海)殿宇(1460)、隆福寺(1452)等,这些建筑都表现了他在规划、设计和施工方面的杰出才能。

明代计成(1582—?),字无否,江苏苏州吴江县人。他不仅能以画意造园,而且也能诗善画,他主持建造了三处当时著名的园林——常州吴玄的东帝园、仪征汪士衡的嘉园和扬州郑元勋的影园,并著有《园冶》一书。

明代贺盛瑞(生卒年不详),明万历二十年(1592)任工部屯田司主事,万历二十三年(1595)任工部营缮司郎中。贺盛瑞以管理建筑施工著称,他经手建造了明朝皇陵、公主府、乾清宫、坤宁宫等重要的工程。在这些工程的具体实践中,他改革了大量的施工措施,如改造了施工工具、工程材料改为招商买办、设置督工和纠察等,使得建造工程中的施工更加科学、合理,而且也节约了大量的资金,是我国古代少有的建筑管理专家。

清代雷氏家族——样式雷,样式雷家族原籍江西南康府建昌县(今永修县),先祖早在明初就开始从事木土建筑行当。到了雷发达(生于明万历四十七年(1619)),康熙二十二年(1683)冬,他与堂弟雷发宣"以艺应募"来到当时的北京,带着随行的多名子女在北京海淀槐树街安顿下来,并投入皇家宫苑的营造。从此,这个传奇建筑世家的辉煌拉开了序幕。从此时到清朝末年,大清朝主要的皇家建筑如故宫、天坛、圆明园、颐和园、北海、中南海、

第十五章 建筑与园林

避暑山庄等的大量工程都是雷氏家族负责监工营造的。"一家样式雷,半部古建史",是人们对这个清代建筑世家的最高赞誉。

三、近代、当代中国建筑园林经典案例

(一) 南京中山陵

南京中山陵由我国近代著名建筑师吕彦直(1894——1929)设计施工,1926年1月动工兴建,1929年春主体工程完工。建成后,吕彦直便英年早逝。1931年全陵工程次第落成。中山陵面积共8万余平方米,主要建筑有牌坊、墓道、陵门、碑亭、祭堂和墓室等。环绕中山陵的主体建筑,还有一系列纪念性建筑,如为便于守灵而在陵墓后上方建造的永慕庐、存储奉安大典纪念物品的奉安纪念馆以及宝鼎、音乐台、流徽榭、仰止亭、光华亭、行健亭、藏经楼等。从空中往下看,中山陵像一座平卧的"自由钟"。山下中山先生铜像是钟的尖顶,半月形广场是钟顶圆弧,而陵墓顶端墓室的穹隆顶,就像一颗溜圆的钟摆锤,含"唤起民众,以建民国"之意。这组建筑,在形体组合、色彩运用、材料表现和细部处理上,都取得很好的效果,色调和谐,从而更增强了庄严的气氛。既有深刻的含意,又有宏伟的气势,南京中山陵被誉为"中国近代建筑史上的第一陵"。

(二) 广州中山纪念堂

中山纪念堂是一座八角形的宫殿式建筑,全部建筑面积3700多平方米,总高49米,是广州近代著名的建筑杰作。它由我国近代著名建筑师吕彦直设计施工,1929年1月动工,1931年11月建成。这里原是1921年孙中山先生在广州出任临时大总统时的总统府旧址。在堂内有一个近似圆形的大会堂,该会堂分上下两层,共有座位4700多个。此建筑开创了中西建筑巧妙结合的新起点,将中国传统的宫殿式建筑物与西方的钢筋混凝土结构有机地结合在一起,在高47米、跨度71米的空间内不设一柱,主要靠隐藏在墙壁间的八根巨柱支撑着东南西北四个方向跨度达30米的大型钢桁架,上面再支撑起主桁架,承托起八角形的堂顶,像一把张开的雨伞。

我国政府曾先后7次拨巨款对中山纪念堂堂体进行修缮和周围环境的维护,并在6万多平方米的公园四周增建了铁栅栏,在园内栽种了很多树木、花卉。一系列的措施使这里变成幽静、舒适的游览圣地的同时还使其成为广州市重要集会和文艺演出的场所。

(三) 人民大会堂

人民大会堂位于北京市中心天安门广场西侧,西长安街南侧。它是中华人民共和国全国人民代表大会开会的地方,是全国人民代表大会和全国人大常委

会的办公场所，是党、国家和各人民团体举行政治活动的重要场所，也是中国国家领导人和人民群众举行政治、外交、文化活动的场所。

人民大会堂坐西朝东，南北长 336 米，东西宽 206 米，高 46.5 米，占地面积 15 万平方米，建筑面积 17.18 万平方米（比故宫的全部建筑面积还要大）。人民大会堂外观壮观巍峨，建筑平面呈"山"字形，两翼略低，中部稍高，四面开门。外表为浅黄色花岗岩，上有黄绿相间的琉璃瓦屋檐，下有 5 米高的花岗岩基座，周围环列有 134 根高大的圆形廊柱。人民大会堂正门面对天安门广场，正门门额上镶嵌着中华人民共和国国徽，正门迎面有 12 根浅灰色大理石门柱，正门柱直径 2 米，高 25 米。四面门前有 5 米高的花岗岩台阶。人民大会堂建筑风格庄严雄伟，壮丽典雅，富有民族特色，以及四周层次分明的建筑，构成了一幅天安门广场整体的庄严绚丽的图画。

人民大会堂的总设计师是赵冬日（1914—2005），我国高级建筑师。但更恰当地说，人民大会堂的建设完全由我国工程技术人员自行设计、施工，是新中国建立初期建筑设计工程师们集体智慧的结晶。人民大会堂于 1958 年 10 月动工，施工时集中了当时全国各地的建筑材料，来自全国各地的建筑工人想方设法全力进行修建，仅仅用了 10 个月就完成了从设计图纸到由内及外所有的装修、设备的安装调试，并于 1959 年 9 月建成竣工，创造了中国乃至世界建筑史上的奇迹。

（四）南京长江大桥

南京长江大桥是新中国第一座依靠自己的力量设计施工建造而成的铁路、公路两用特大桥，铁路桥长 6772 米，公路桥长 4588 米。该桥于 1960 年 1 月 18 日正式动工，1968 年 9 月铁路桥通车，同年 12 月公路桥通车。它的建成开创了我国"自力更生"建设大型桥梁的新纪元。

南京长江大桥江中正桥共有 9 墩 10 孔，每个桥墩高 80 米，每墩底部面积 400 多平方米，最高的桥墩从基础到顶部高 85 米。墩与墩之间的距离除北岸第一孔是 128 米外，其余 9 孔均为 160 米，桥下可行万吨巨轮。正桥两端有 4 座 70 多米高的桥头堡，公路引桥采用富有中国特色的双孔双曲拱桥形式。公路正桥两边的栏杆上嵌着 200 幅铸铁浮雕，人行道旁还有 150 对白玉兰花形的路灯，洁白雅致。整座大桥如彩虹凌空江上，十分壮观，尤其是晚上，大桥更像一串夜明珠横跨江上，就像诗句"疑是银河落九天"。

南京长江大桥被列为南京金陵四十景之一，桥头堡在 20 世纪 60—80 年代成为南京的城市标志之一，一直到今天南京长江大桥桥头堡仍然是著名旅游景点，堡前还各有一座高 10 余米的工农兵雕塑，南堡下是一个风景秀丽的公园。

第十五章 建筑与园林

思考题

1. 试述中国古建筑的发展阶段和特点。
2. 列举出几个中国著名的南北园林。

参考文献

［1］王其钧. 中国古代建筑史·华夏营造. 北京：中国建筑工业出版社，2010.

［2］郭风平，方建斌. 中外园林史. 北京：中国建材工业出版社，2005.

［3］张驭寰. 中国古建筑散记. 北京：人民邮电出版社，2009.

［4］王其钧，谈一评. 民间住宅. 北京：中国水利水电出版社，2005.

［5］陆元鼎，杨谷生. 民居建筑. 北京：中国建筑工业出版社，2004.

［6］潘谷西. 园林建筑. 北京：中国建筑工业出版社，2004.

［7］白佐民，邵俊仪. 庙坛建筑. 北京：中国建筑工业出版社，2004.

［8］安怀起. 中国园林艺术. 上海：同济大学出版社，2006.

［9］罗哲文. 中国古代建筑. 上海：上海古籍出版社，1994.

［10］吴必虎，刘筱娟. 中国景观史. 上海：上海人民出版社，2004.

［11］窦忠如. 大匠踪迹·中国近代经典建筑掠影. 北京：百花文艺出版社，2006.

［12］http：//www.baidu.com/

第十六章 衣食住行

说到中国古代的文化，就不得不提到和老百姓生活息息相关的衣食住行这四个方面，衣食住行反映了中国社会最基本的生活需要，从衣食住行这四个方面更衍生出了其他各门各类更加丰富的文化。从中国古代各个朝代的衣食住行特点折射出其中文化的变迁。本章按照历史朝代的顺序分别介绍这四个方面的特点，从而寻觅其中的规律。

第一节 中国古代服饰文化

中国古代不同朝代的服饰各具特点，从春秋战国的"深衣"到隋唐的"袍衫"，再到清代的"马褂"，虽然其在材料、图案以及样式上随着朝代的变更而有变化，但有一点相通的是，社会不同阶层都有与之相对应的服饰。皇族的服饰独一无二，老百姓中间，不同行业的服饰更是千差万别，真可谓包罗万象、异彩纷呈。本节从中国古代服饰的源头说起，然后分别介绍各个朝代的服饰特点以及意义。

一、服饰溯源

从距今已有10万余年的北京周口店猿人洞穴中发现有比较精细的骨针，完全可以认为那时已有了缝纫，服装的历史可能已有十多万年的历史。此外，在山顶洞人的遗址及其他古墓里，发掘出了大量的装饰物，其中有头饰、颈饰和腕饰等，材料有天然美石、兽齿鱼骨和海里的贝壳等，当时佩戴这些饰物，可能不仅是为了装饰，也许还包含着对渔猎胜利的纪念。在纺织技术尚未发明之前，动物的毛皮是人们服装的主要材料。当时还没有绳、线，可能用动物韧带来缝制衣服。最初是古猿人的树叶兽皮御寒、蔽体遮身阶段，然后是几十万年前的氏族公社时期，先民用骨针进行简单缝纫，这时服装才粗具雏形。

据《五经要义》、《说文解字》等史料记载和出土文物表明，服装的产生距今最少也有6000年的历史。在我国甘肃新店出土的一个新石器时期的彩陶上，已有当时人穿的服装式样——类似长袍束腰带。在母系氏族繁荣时期，我们的祖先掌握了用麻和葛纤维来纺织的方法。到了距今六七千年前的新石器时代，在繁荣的氏族社会中，河姆渡氏族人和大汶口人都已开始广泛种麻、养蚕，男耕女织、缝纫初兴，衣裳（服装）初步形成。比较原始的服装是无袖、无领、无裤、无袋的裙衣式。

二、夏商周三代服饰

人类社会进入文明时代以后，服饰的样式开始多了起来。最晚在夏代，服饰品类开始具有区别等级尊卑的功能。《盐铁论·散不足》中说："及虞夏之后，盖表布内丝，骨笄象珥，封君夫人加锦尚褧。"《说苑》称禹"土阶三等，衣裳细布。"《史记·五帝本纪》中说："禹践天子位，尧子丹朱、舜子商均皆有疆土，以奉先祀，服其服，礼乐如之。"在公元前2500年至公元前2000年左右的晋南襄汾陶寺遗址中，大中型墓葬里的墓主骨架有衣装和饰品遗存。其中一座编号为1650号的中型墓，男性墓主仰身直体，平置于厚约1厘米的网状麻类编织物上，周身裹以平纹织物，上体白色，下体灰色，足部橙黄色，织物外遍撒朱砂，骨架上又覆盖麻类编织物，反复折叠成10～12层，直到棺口盖板，棺盖上又覆麻类编织物一层。可见墓主衣服之众多与华贵，也显示其生前身份之显尊。

到了商代，丝绸生产已经初具规模，具有较高的工艺水平，有了复杂的织机和织造手艺。在考古发现的实物中，殷商时期的丝织物数量具有一定的规模，其中还发现有带雷纹的绢等，说明当时服饰的原料进一步丰富起来。商代手工业和纺织工业不断进步，服饰也变得更为多样、精美。甲骨文中"衣"字作"𠄔"，说明当时"衣"的概念已较为明确。商代服饰式样主要是束发为髻，头戴冠冕、头巾，上衣下裳、腰间束带，上衣玄（黑）色象征天，下裳黄色象征地，这形成了中国最早的服饰制度，奠定了华夏族服饰的基本形制。

西周染织工业的出现，标志着人类历史进入了文明阶段。从西周及春秋战国时期，丝绸的生产日趋繁荣，丝绸的花色品种也更为丰富，分为绢、绮、锦三大类。特别是锦的出现，是中国丝绸史上一个重要的里程碑，它把蚕丝的优秀性能和美术结合起来，使丝绸不仅是高贵的衣料，而且成了艺术品，大大提高了丝绸产品的文化内涵和历史价值，

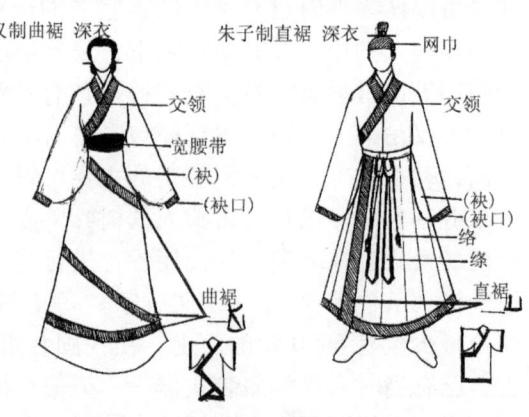

深衣样式

影响十分深远。也是在周代,在分封制确立后,等级制度逐渐成形,冠服制度在这一时期得到定型和完善,贵贱有别、尊卑有等,衣冠等级在服饰中有了严格的区分。

春秋战国之交,出现了一种上衣下裳相连的服装——深衣。据《礼记·深衣》孔氏正义所说,深衣是上衣下裳相连,"被体深邃,故谓之深衣。"深衣剪裁独特,衣与衫相连在一起,长度大致在足踝间,制作时上下分裁,中间有缝连接。深衣的用途在当时最为广泛,是诸侯、大夫、士家居常穿的衣服,也是庶人的常礼服,其隆重程度仅次于朝祭之服。《礼记》上说(深衣):"既可以为文,可以为武;即可以摈相,又可以治军旅",可见当时流行之广。

三、秦汉至魏晋南北朝时期的服饰

秦统一中国,建立了中国历史上第一个中央集权的封建王朝。秦王朝虽只存在了短短的15年,却是中国历史上占有重要地位的王朝。秦朝创立的各种制度,其中包括衣冠服制,对后世影响都很大。秦始皇时代,规定三品以上官员穿绿色袍,平民穿白袍。官员头戴冠,袍则是宽袍大袖,腰配书刀,手执笏板(上朝用的记事工具),耳簪白笔(上朝时用于记事)。所以当时男子流行袍服,袍服的样式以大袖收口为多,一般都有花边。平民则束发髻,或戴小帽、巾子,身穿交领长衫,窄袖。

桑园(汉代画像砖)

汉代国力强盛、经济稳定,人们对穿着打扮要求越来越高,衣冠服制也日趋华丽。西汉时,不但丝织业得到了大发展,而且随着"丝绸之路"的形成,丝绸的贸易和输出达到空前繁荣。丝绸之路将中国制造的蚕丝、锦绣等种种中国文化传到世界,也把西方文明带回东方,促进了中国文化的发展。

汉代的男子戴头巾或冠。巾是包头布,也是男子成年的标志;帻是加了帽圈的巾;帽则更强调保暖御寒的功能;冠是区分身份等级的基本标志之一。汉代的男子到了20岁,有身份的人戴冠,没有身份的人只能裹巾子。

汉代戴长冠、穿袍服的官员(湖南长沙马王堆汉墓出土)

第十六章 衣食住行

秦汉时,女子有的穿单裙,这是一种缠裹型的裙子,也是中国古代女裙的基本造型。单裙是用四片上窄下宽的绢缝制而成,居中的两片稍窄,两侧的两片稍宽。在裙身的上部加缝裙腰,将裙腰两端延长成裙带,也可以在着衣时另配裙带。

汉代立国400年后,皇室衰微,中国内部分崩离析,出现了以魏为首的三国鼎立局面,此后两晋争权,周边游牧民族乘虚而入,先后在中原地区建立了十多个小王朝。这使得3—6世纪的中国处于空前混乱的魏晋南北朝时期。战争和民族大迁徙使不同民族和不同地域的文化相互碰撞、交流,传统服饰的机能性在这一时期得到加强,在美学风格上则是追求"仙风道骨"的飘逸和脱俗。

梳髻、穿绕襟深衣的妇女(湖南长沙马王堆一号汉墓出土帛画)

魏晋南北朝时期,士大夫阶层以老庄、佛道思想为时尚,崇尚道教和玄学。因为祈望长生不老,所以炼制、服用丹药的情况较为普遍。服食丹药后常使身体发热,不适合穿紧身的衣服,加之当时的人们大多追求"仙风道骨"的风度,所以这一时期的人们喜欢穿宽松肥大的衣服,世称"大袖宽衫"。当时社会,上自王公名士,下至平民百姓,都以大袖宽衫为时尚。

这一时期,女子服饰一般是长裙拖地,大袖翩翩,饰带层层叠叠,优雅而飘逸。这种服装与汉代相比,已有较大的差异。比较典型的是在服装上饰以"纤髾"。所谓"纤",是指一种固定在衣服下摆部位的饰物。通常以丝织物制成,其特点是上宽下尖形如三角,并层层相叠。所谓"髾",指的是从围裳中伸出来的飘带。由于飘带拖得比

魏晋南北朝时期的大袖衫

较长,走起路来,如燕飞舞。到南北朝时,这种服饰又有了变化,去掉了曳地的飘带,而将尖角的"燕尾"加长,使两者合为一体。

魏晋南北朝时期,漆纱笼冠是极具特色的主要冠式。当时的男子和女子都可以佩戴。因为它是使用黑漆细纱制成的,所以得名"漆纱笼冠"。笼冠的特点是平顶,似圆形"套子",两侧有耳垂下,戴时必须罩于冠帻之外,才成为帽子,下边用丝带系结。这种冠帽,最早产生于汉代。

戴梁冠、穿衫子的文吏

穿大袖宽衫的贵族及侍从（顾恺之《洛神赋图》局部）

魏晋穿杂裾垂髾服的妇女（传为顾恺之的《列女图》局部）

穿曲领大袖长襦的男子和倭堕髻垂臂的女子（顾恺之《女史箴图》之一）

由于长期战乱，南北方的广大民众离乡背井，并出现了多民族杂居的生活状态。他们互相学习交流，一方面促进了生产技术的发展，另一方面也改变了单一的文化和生活习俗。于是出现了汉族穿着北方民族服饰成为时尚的现象，不论官兵或百姓，都穿着北方民族服饰，作为平时的休闲服或礼服。

四、异彩纷呈的隋唐五代服饰

隋唐是中国封建社会政治、经济、文化高度发展时期。当时，丝织、漂染技术有了极大提高，加上对外开放以及丝绸之路的开通，中西结合，相容并蓄，使唐代的服饰华丽清新，充满大唐风范。

唐承隋制，天子用黄袍及衫，黄袍自此被视作封建帝王的御用服饰。这种规定一直延续到清朝。唐高祖以赭黄袍巾代作常服，以后因天子用赤黄袍衫，于是逐渐禁止臣民服赤黄之色，并以品级定袍衫的颜色，即所谓"品色服"。

第十六章 衣食住行

唐代规定，三品以上官员袍衫用紫色，五品以上用绯色，六品、七品为绿色，八品、九品则为青色。唐代男子服饰，以幞头袍衫为尚。幞头又称袱头，是在汉魏幅巾基础上形成的一种首服。唐代以后，人们又在幞头里面增加了一个固定的饰物，名为"巾子"。唐代官吏主要服饰为圆领窄袖袍衫，其后稍有变更，在袍下施一道横襕。

唐代圆领袍衫展示图及纱罗幞头图

裹幞头、穿圆领袍衫的帝王及官吏（阎立本《步辇图》）

唐代贵妇人的礼服多以袒胸、低领、大袖为主，同时又有襦裙、半臂（短袖）肩披帛巾。当时也流行穿胡服。唐代的襦是一种衣身狭窄短小的夹衣或棉衣，领口和袖口有金彩纹绘或刺绣工艺，有的还镶有绫锦，这些装饰使服装的效果更加华美富丽。唐代的裙式大多为高腰或束胸，款式贴臀，宽摆齐地，是下摆呈圆弧形的多褶斜裙。

而唐代织锦，无论在织造技术或花样图案上，都已达到前所未有的高水平。近年在新疆吐鲁番、巴楚及甘肃敦煌等地发现了大量丝织品实物，品种花式极为丰富，染织技术精湛。在新疆出土的彩绘木俑服饰中，还出现了缂丝，比文献记载早几百年。唐代纹样不仅继承了传统，而且吸收了西方艺术形式，别具一格。

穿襦裙或袍衫的贵妇及侍女（张萱《虢国夫人游春图》局部）

五、崇尚古制的宋代服饰

宋朝的建立，出现了一段经济文化稳步发展的时期，尤其都市商业经济更为发达。理学思想是士人生活行为的规范，影响所及，当时的服饰不过分追求华丽，保持洁净自然，崇尚简朴的审美观。

宋代衣冠服饰大多沿袭唐代，但又有自身的特点。宋代官服多为大袖衫，头戴直角冠帽，采用不同颜色的服装来区别官员级别；贵族妇女的时髦礼服则是大袖衫。另外，宋代妇女的常装是一种称为"背子"的外衣，其特点是对襟、直领、两腋开衩，衣长过膝。上至后妃，下至百姓都可以穿着，可见其流行程度。

南宋高宗年间（1127—1162），出现了宋锦。相传宋高宗南逃临安后，由于迁都造成大量装备和装饰物品的丢失，因此急需一些华丽秀美的丝织品制作宫廷服装和书画装饰，因而开始在同是丝绸之府的苏州大量生产宋锦。宋锦的特色是彩纬显色，属纬锦（蜀锦为经锦），以三枚斜纹组织、两种经丝（面经为生白丝，底经用色熟丝）、三种纬丝（纹与地兼用的色纬，纹、地专用的色纬）织成。织造中因采用分段调换色纬的方法，使得宋锦绸面色彩丰富，纹样色彩的循环增大，有别于云锦和蜀锦。宋锦的纹样具有特定的风格，一般为格子藻井等几何框架中加入折枝小花，配色典雅和谐，主要品种有八达晕、水藻戏鱼、倒仙牡丹等，后世主要用于书画装饰。以前许多精装本的图书和礼品盒、文砚盒以及装裱字画的底绸用的都是宋锦。

六、风格独特的元代服饰

元朝并没有完整的冠服制度。蒙古人入主中原后仍保持其生活习俗，但同时又受汉族的影响，服饰日趋华丽。

元代服装以长袍为主。官员和士庶的日常服装多为窄袖长袍。另外，在元代大宴活动中，天子百官要穿统一颜色的服装，称为"质孙服"，据典籍记载，元朝天子的质孙服款式繁多，冬服有11种，夏服有15种。

元朝蒙古族妇女也多穿长袍，而汉族妇女则以襦裙为主。由于蒙古民族的风俗习惯影响，在元代，男子流行留辫发和髡发，其特征是先用刀剃开两道直线，脑后头发全部剃去，左右两侧留出辫发或随意散落披肩。

七、繁复多样的明代服饰制度

明太祖朱元璋称帝后，为了恢复汉族的礼仪，便制定了以周汉、唐宋为准则的新服饰制度。以袍衫为主要服饰，而官员则以"补服"为常服，头戴乌纱帽，身穿圆领衫。所谓"补服"，是指在袍衫前有一块方形刺绣图案的官服，文官图为飞禽，武官图为猛兽。用袍衫颜色和图案的分别来区分官阶品位。

第十六章 衣食住行

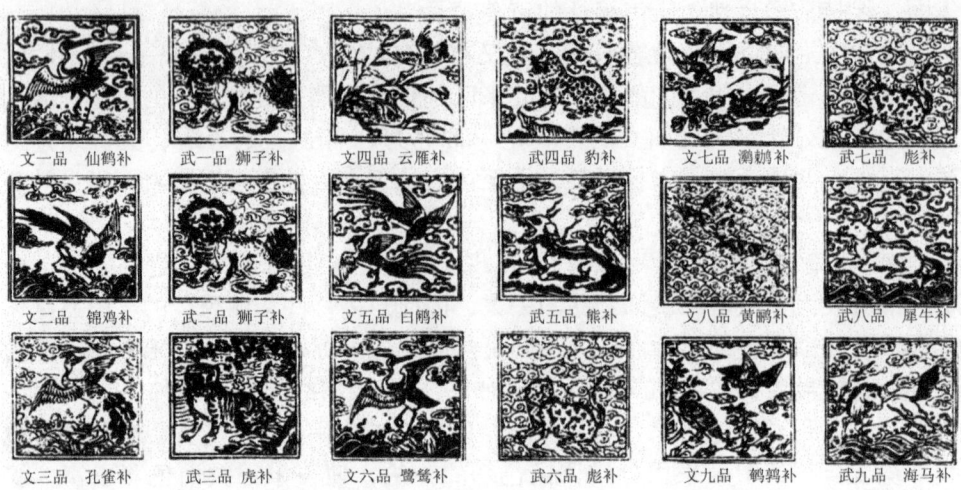

明朝官员补子

另外，明代男子官员和儒生，都流行戴"四方平定巾"，这是以黑纱罗制成，可以折叠，展开时四角呈方形的帽子。妇女则流行穿"比甲"服装，它是一种无袖、无领的对襟马甲（即背心），套在衣裙之外。

明代男子的便服，多用袍衫，其制为大襟、右衽、宽袖，下长过膝。贵族男子的便服面料以绸缎为主，上绘有纹样，也有用织锦缎制作的。袍衫上的纹样，多寓有吉祥之意，比较常见的一种是团云和蝙蝠中间，嵌一团型"寿"字，意为"五福捧寿"。这种形式的图案在明末清初特别流行，不仅在服装上使用，在其他的器皿及建筑装饰上也大量反映。另一种为宝相花，它是一种抽象的装饰图案，通常以莲花、忍冬或牡丹花为基本形象，经变形、夸张，并穿插一些枝叶和花苞，组成一种既工整端庄，又活泼奔放的装饰图案。这种服饰纹样在当时深受欢迎。从唐代开始，宝相花大量进入服饰，成为广大人民喜爱的艺术图案。到了明代，宝相花还一度成为帝王后妃的专用图案，与蟒龙图案一样，禁止民间使用。但很快解除禁律运用于各种服装上。下图即为前一种便服，服装面料为蓝色绸缎，用金色、银色及浅

五福捧寿纹大襟袍

蓝色盘绣寿字花纹。

戴四方平定巾、穿大襟袍的男子

明代官吏常服，本图为一品官补服图及乌纱帽

八、端庄华丽的清代服饰

清朝是由少数民族——满族建立的政权，因其长期处于游牧生活和征战状态，所以紧身、简洁、便于骑射是其服饰文化的主要特征，这与汉族传统的服饰文化差异较大。清朝统治者一直对自己的民族服饰有着独特的理解，他们不仅认为民族服饰是祖先的传统，而且认为这是他们屡战不败的重要因素，所以对民族服饰的继承和发展极其重视。清朝服饰也是中国历代服饰中最为庞杂和繁缛的，是对近代中国服饰影响较大一种服饰。

清代皇帝服饰有朝服、吉服、常服、行服等。在此不得不提的是皇帝的朝服即龙袍。清代只有皇帝才能穿十二章龙袍，龙袍是圆领、大襟、右衽、窄袖加综袖、马蹄袖端、四开裾式的长袍，明黄色，用缂丝或妆花、刺绣作金龙九条，再装饰十二章纹样，间以五色云幅纹，下幅装饰八宝立水。领前后饰正龙各一条，左右及交襟处饰正龙各一条，马蹄袖端饰正龙各一条。领和袖均用石青色镶织金缎边饰。随季节变换棉、纱、夹、裘等材料。皇帝朝服及所戴的冠，分冬夏二式。冬夏朝服区别主要在衣服的边缘，春夏用缎，秋冬用珍贵皮毛为缘饰之。朝服的颜色以黄色为主，以明黄为贵，只有在祭天时用蓝色，朝日时用红色，夕月时用白色。朝服的纹样主要为龙纹及十二章纹样。一般在正前、背后及两臂绣正龙各一条；腰帷绣行龙五条襞积（折裥处）前后各绣团龙九条；裳绣正龙两条、行龙四条；披肩绣行龙两条；袖端绣正龙各一条。十二章纹样中日、月、星辰、山、龙、华虫、黼、黻此八章在衣上，其余四章藻、火、宗彝、米粉在裳上，并配用五色云纹。

393

第十六章 衣食住行

龙袍

凤袍

皇后常服样式，与满族贵妇服饰基本相似，圆领、大襟，衣领、衣袖及衣襟边缘，都饰有宽花边，只是图案有所不同。上面的凤袍图展示的服装纹样为凤穿牡丹。整件服装在鲜艳的蓝色缎地上，绣八只彩凤，彩凤中间，穿插数朵牡丹。牡丹的颜色处理得静穆而素雅，色彩变化惟妙，具有传统的山水画特点。与此相反，凤的颜色比较浓重，红绿对比度极为强烈，具有典型民族风格和时代特色。

翎子

穿鱼鳞百褶裙的清代妇女

清朝官员的服饰中，最具有特色的是官帽。百官帽子的最高部分装有顶珠，原料多为宝石，颜色有红、蓝、白、金等。顶珠是区别官职的重要标志。按照清朝礼仪，一品官员顶珠用红宝石，二品用珊瑚，三品用蓝宝石，四品用青金石，五品用水晶，六品用砗磲，七品用素金，八品用阴文镂花金，九品用阳文镂花金。无顶珠者，即无品级。清代戴礼帽时，一般在顶珠之下都装有一支6～7厘米长的、用白玉或翡翠制作的翎管，这翎管主要是用来安插翎枝的。清朝的翎子有花翎、蓝翎之别，以花翎为贵。花翎用孔雀翎毛，有一眼、二眼、三眼之分。所谓"眼"，就是指翎毛尾梢的彩色斑纹。孔雀翎中，又以三眼最贵；蓝翎则以鹖羽为之，无眼。清朝翎子的装法是将翎子拖在脑后。

清代男子一般的装束是长袍或长衫配马褂、马甲，腰束长腰带。马褂长至肚脐，左右侧缝和后中缝开衩，袖口平直（无马蹄袖端），有的袖长过手，有的袖长仅至手腕，开襟形式有对襟、大襟、琵琶襟等。女式马褂款式有挽袖（袖比手臂长）、舒袖（袖不及手臂长）两类。衣身长短肥瘦的流行变化，与男式马褂差不多。但女式马褂全身施纹彩，并用花边镶饰。

琵琶襟马褂

晚清刺绣对襟女衫

清朝女子的服饰主要分为贵族的服饰和平民的服饰。清朝贵族女子平日梳旗头，还有一种类似冠的头饰，叫做钿子。钿子实际上是一种珠翠为饰的彩冠。戴在头上时，顶往后倾斜。前后均以点翠珠石为饰。钿子的材质有金，玉，红、蓝宝石，珍珠，珊瑚，琥珀，玛瑙，绿松石，翠羽等。贵族女子留长指甲，用金片或白银铸成的指甲套来护指。清代用金银做成的指甲套，纹饰极为华丽。清代女子喜穿裙，分为百褶裙、马面裙、鱼鳞裙、凤尾裙、红喜裙、月华裙、墨花裙，等等。

云肩是女子披在肩上的装饰物，清代多在女子婚礼服上穿用。清末江南女子梳低垂的发髻，恐衣服肩部被发髻油腻玷污，故多在肩部戴云肩。贵族女子所用云肩，制作精美，有剪彩作莲花形，或结线为缨络的，也有以珍珠穿织而成的。

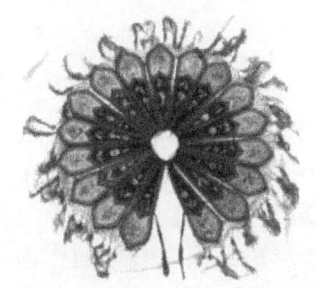

传世云肩

传世云肩

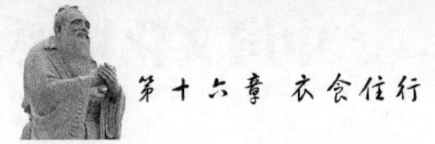
第十六章 衣食住行

第二节 中国古代饮食文化

中国菜作为世界三大美食之一，其中更是分成八大菜系，每个菜系包罗了数百道名菜，另外还有数不清的民族特色小吃，这些美食和小吃，历经了中国数千年的历史，不断变化、发展、演进而来，可以说，中国古代的饮食文化从一个侧面反映了中国古代朝代的变迁。本节我们将从中国古代饮食文化的起源说起，按食物的类别、饮食器皿的种类和变化以及饮食制度分别来阐述中国古代的饮食文化。

一、饮食文化的起源

中国有句俗语，"民以食为天"。人类要维系自身的生存，必须首先解决"吃饭问题"。中国地处温带，人口众多，自然灾害频繁，觅食艰难，饥饿时常威胁着人们，吃饭问题一直是个大问题。饮食是人类生存的基本需要，其重要性非同一般。

先民们最初经过了茹毛饮血的愚昧阶段。在这一阶段先民们食不果腹、衣不蔽体，且所吃食物主要是生食，对健康十分不利，"吃"纯粹是为了满足生存的需要。其后，随着先民们学会使用火这一工具，逐渐过渡到了熟食阶段。《礼记·礼运》中说："（古者）未有火化，食草木之食、鸟兽之肉，饮其血，茹其毛。……后圣有作，然后修火之利，以炮、以燔、以烹、以炙，以为醴酪。"这反映了先民由野蛮到文明的进步过程，也说明了饮食经历了从生食到熟食的转变。《淮南子·修务训》中说："古者民茹草饮水，采树木之实，食蠃蚌之肉。"《白虎通义·卷一》中说："古之时……饥即求食，饱弃其余。茹毛饮血，而衣皮苇。"这些古籍的记载，都反映了先民经历了从生食到熟食的发展过程。从生食到熟食的转变，饮食才逐渐具有文化的意味。

二、古代食物的类别

古代社会经历了从渔猎到农业发展的阶段。渔猎时期，食物的主要来源是采集植物的果实和打猎所得，勉强得以果腹。农业出现后，食物来源渐趋稳定。在新石器时代遗址中，发现有谷子、黍、小麦和稻，可见，我国在开始农耕时就已经栽培这些粮食作物了。大约到新石器时代晚期，即在距今约六七千年之前，最多可上溯至一万年前，我国农业初步形成。当时栽培的作物，主要是禾本科粮食作物。在西安半坡村新石器时代的住宅、窖穴遗址和墓葬里，都发现谷子壳的遗迹，其中一个窖穴里还有腐朽的谷子皮壳多达数斗，可见，当时谷子的产量已经多到可以有一定的储备了。此外，在长江流域的新石器时代遗址中则发现有稻。

商朝时，黍是首要的农作物，这一点从"黍"在甲骨文中出现的次数可以得到证明。商代的统治阶级喜好饮酒，当时的酒是用黍酿造的，也凸显出了黍在商代的重要性。到了周朝，饮食结构和今天相比已没有太大的差别。周朝时的人们以各种谷物作为主要食品，蔬菜和肉类作为副食。当时谷物种类主要有黍、稷、菽、稻、麻、大小豆、大小麦，肉类包括熊、狐、豹等野兽以及猪、牛、羊、鹅、鸭等家养畜禽，蔬菜则分人工栽培和野外采集两类，其中有很多直到今天我们依然还在食用，比如韭菜、芹菜等。周朝时，副食之一的水果已经出现，同时还发明了用水果来酿酒的技术。

周代以稷代表谷神，并且以社稷作为国家的代名词。农官也称为后稷，周民族的始祖弃曾做后稷，所以后来周直接称他们的始祖为后稷。稷是当时重要的祭祀用谷，《诗经·甫田》作齐，亦作齍，《毛传》说："器实曰齍"。郑玄注《周礼·小宗伯》"辨六齍之名物"说"齍读为粢"。六粢指六种谷，但因稷是谷类之长，所以统称为粢。这些现象也说明稷是当时最重要的粮食作物。

春秋战国时期，开始出现了"五谷"的概念。"五谷"这一名词的最早记录见于《论语》。"五谷"的出现，标志着人们已经有了比较清楚的分类概念，同时反映当时的主要粮食作物有五种。关于"五谷"，我们现在能够看到的最早的解释是汉朝人写的。汉人和汉以后人的解释主要有两种：一种说是稻、黍、稷、麦、菽（即大豆）；另一种说法是麻（指大麻）、黍、稷、麦、菽。《黄帝内经》对于夏商周三代至秦汉的食物原料作了很好的概括："五谷为养，五果为助，五畜为养，五菜为充"。

谷，原是谷类作物的总称，战国时已开始用做谷子的专名。禾，原是谷子的专名。粟，指谷子的籽粒。《孟子·尽心下》有"粟米之征"，《战国策·赵策二》有"力田积粟"，汉初晁错著有《重农贵粟疏》，看来是把粟用做粮食通称，但是因为谷子是当时的主要粮食，说粟也就实际意味着主要是谷子，说明谷子是当时占绝对优势的粮食作物。

在商朝时位于首要地位的粮食作物黍，到了春秋战国时代，其重要性急速地下降了。《诗经》里时常黍稷连称，而到了战国时期则被菽粟连称代替了。麦的发展和黍相反。春秋时期以后，麦的重要性已超过黍。《春秋》里也只记载谷子和麦之灾。春秋初年郑国残害周王室的谷子和麦，鲁国受谷子和麦之灾时就要求齐国卖给它，也说明冬麦已相当重要。《吕氏春秋·十二纪》中强调劝民种麦，到时不种要治罪。汉武帝也曾劝种冬麦。大抵战国时期至汉朝，麦

第十六章 衣食住行

在北方的栽培似乎已相当普遍，和谷子轮作。

豆，在战国时期有显著的增加。这一时期的文献里时常菽粟连称，反映大豆和粟成为人民的主要粮食。在河南西部，大豆甚至成为主粮（见《战国策·韩策一》）。《泛胜之书》中说，大豆保证有收获，容易种。主张农家应当每人种五亩大豆，以防荒年。汉代文献还指出，麦和谷子或大豆轮作时，可能大豆的播种面积确实不小。

古代人的饮食结构和现代人的区别并不大，根据所占的比例及重要性，饮食可以分为主食、副食两部分。

主食，即粮食作物。文字记载中主要食用的谷物有稷（粟，今之小米）、黍（大黄米）、稻、粱（优质粟米）、麦、菽（豆类）、牟（大麦）、麻、菰（紫米）等。北方主要吃粟，黍好吃，但是由于产量低穷人吃不起。稻米是美食，但北方种植少，一般百姓吃不到。麦子在战国时石转磨发明之前主要是"粒食"，到了战国时期以后，把它磨成粉，开始做成饼来吃。豆类耐贫瘠，易于种植，饥荒时为穷人的救灾粮。至于现今的常食如高粱、玉米、白薯之类，皆是后世传入中国。在转动石磨发明以前，谷物主要是用来做饭或粥。

先秦煮食方法

副食，包括菜、果、肉及调料。先秦时期的人已经懂得栽种蔬菜和水果，脱离了采集阶段，园圃业当时已经产生。中国原产和自夏商周三代以来就食用的菜类和果类包括葵、韭、薤、葱、瓠、葑、笋、芹、苦菜、姜、桃、李、梨、杏、梅、木瓜、郁（山葡萄）、桔、柚、枣、栗、榛、瓜（甜瓜）等。肉类则有牛、羊、猪、狗、鸡、鸭、鱼、鳖等。蔬菜在副食中所占的比例较多。《诗经·豳风·七月》中有："六月食郁及薁，七月亨（烹）葵及菽（指豆叶）"，"七月食瓜，八月断壶（葫芦），九月叔苴。采茶薪樗，食我农夫。"其中葵、瓜、壶属于现代意义上的"菜"，郁、薁、茶便是野果、野菜。菜多粮少，不及肉味，是劳苦大众饭食的普遍情况。调料方面，最初只有盐（咸）、梅（酸）二味，春秋时期"五味"之说已很盛行。"五味"有咸（用盐或酱）、酸（用梅或醯）、辛（用姜或葱、桂、花椒、蓼等）、苦（用酒或豆豉）、甜（用饴或蜜）。

点心和小吃。包括面较广，种类繁多，主要是在饮食商业繁荣以后发展起来的。《周礼》中提到"糗饵粉粢"，这是中原一带的点心和小吃。"糗"是炒米屑，"粉"是炒豆屑，"饵"、"粢"则类似现在的糍粑。《楚辞·招魂》中有"粔籹蜜饵"，类似现在的蜜麻花之类。两汉魏晋南北朝期间，随着饮食商业的兴起、面食的推广和发酵技术的普及，点心和小吃有了很大的发展。西域的胡饼（类似今日的烧饼）启发了中原地区点心的制作。唐宋时期，饮食行业日渐繁荣，点心和小吃的品种增多、花样繁复，并且大量涌向食品市场，以满足不同层次人们的需要。明清两代的点心和小吃与现代已经没有多大区别了。几乎各地都有自己的名点和小吃，如扬州干丝、嘉兴粽子、苏州糕团等。

外来食物。春秋时期以前，食物交流的情况由于文字记载的限制已难以推求。春秋时期以后，传入中国的食品较为集中的有三个时期：首先是两汉时期，这个时期以张骞通西域为开端，传入的食物与调料有豌豆、芝麻、核桃、黄瓜、葡萄、大蒜、石榴、芫荽等。其次是唐宋时期，传入的有高粱、菠菜、胡萝卜、西瓜、洋葱等，另外用甘蔗制糖法也从印度传入。最后在15世纪前后，原产于南北美洲的各种农作物，如玉米、番薯、马铃薯、花生、向日葵、菜豆、西红柿、花菜、辣椒、甘蓝、菠萝等相继传入中国。外来食物的传入进一步丰富了人们的饮食。

三、饮食器具及食物制作方法的沿革

先民进入熟食阶段后，渐渐有了对食物的加工。根据考古学和民族学的资料，先民的熟食方法大体有烧烤、煮、蒸等。烧烤出现最早，在狩猎采集时代就已采用。而煮、蒸则是在农耕时代才发展起来的。

烧烤。烧烤是最为古老的一种食物加工方法，也是最原始的烹饪方法。在没有釜、灶的时候，把食物直接放在火上烧烤。在新石器时代的遗址里，发现有一些陶做的烤箅，先民将陶土做成一个箅齿状，上面放上食物，以便可以烤鱼、烤肉。在青海的喇家遗址里发现了一座烤炉，它是用石板做的，再用一块薄石板把它支起来，下面烧火，然后上面放食物。这是中国考古发现最早的一座烤炉，这说明我们烤的方法，除了明火烤以外，已经有了严格意义上的烤炉。这些都是史前人类烧烤食物的证据。

粮食作物的籽粒因为体型较小，不宜采用直接烧烤的方法，需要有个中介物来隔火均匀传热，最古老的办法是用石板烘烤。《礼记·礼运》郑玄注："中古未有釜甑，释米捋肉，加于烧石之上而食之耳。"《古史考》也记载"加物于燧石之上而食之。"《太平御览》引《周书》"神农氏时，民方食谷，释米加烧石上而食之"，即是将谷米捣碎后放在烧热的石板上烤熟，当然也可以将谷物捣碎或磨碎做成饼放在石板上烙熟。

煮。煮食是较烧烤更为进步的方法，特别对于谷物加工来说。在陶器发明

第十六章 衣食住行

之前，人们就开始摸索煮食方法。如前述用竹筒垠米饭的方法，就是将米加水装进竹筒里，如果水多米少，就近乎煮，有可能启发先民去寻找一种更适用的容器来烧煮食物。陶器发明之后，大约距今一万年以上的新石器时代，开始有了比较标准意义上的煮。史前时代有陶釜、陶鼎这些主要用来煮的器具。当时饮食器具中的三足器比较发达，数量非常多。在三足器中，最常见的就是鼎，即在釜下面加三条腿而成。鼎在新石器时代就非常流行，主要是在黄河、长江中下游地区，是当时常用的饮食器具。在年代晚一些的河姆渡文化遗址里还发现有灶，仰韶和龙山文化时期，人们已开始使用陶炉进行烹饪。《龙沙纪略》（《小方壶斋舆地丛钞》）曾记载东北地区少数民族的石烹法："熟物钊木贮水，灼小石淬水中数十次，渝而食之。"新中国成立前的鄂伦春族还保留有用桦树皮进行石烹加热食物的方法。

蒸。距今5000年以前的仰韶文化和崧泽文化里都发现有甑，甑是当时蒸的基本器具。特别是在南方新石器文化遗址里，还出现了上面的甑和下面的釜连为一体的器具——"甗"，它下面盛水，中间有一个箅子，水烧好了以后，通过蒸汽把上面的食物蒸熟。蒸这种加工方法一直延续了下来。在汉画像石上，

东汉铜釜甑（兰州地区出土）

还可以看到用甑蒸食的场面，实际上跟甗的感觉还是一样的，只是把它放在了灶上。后来人们对甑做了改良，由使用铜或陶做改为用竹子来做，也就是后来的蒸笼。在河南密县一座画像石墓里，发现了非常标准的蒸笼图像。

煎。煎的方法在古代烹技中也出现很早，我们在仰韶文化中找到了重要证据。在郑州附近的仰韶文化遗址里出土了许多件形态特别的器具——鏊，有的称为铛，其用途就是烙饼用的。它上面做成饼一样形状的一个平面，下面加上三个腿，放平后上面就可以摊饼。各个历史时期的考古遗址中，陆续发现过不少饼铛类的器具，甚至发现过汉魏时期绘有摊煎饼图像的壁画，这说明这种烹饪方法一直被继承下来了。

到了西周时期，烹调技术已经达到了一定的水平，当时的食物有脍品、炙品、腊品等之分；制作方法上有煎、炸、烤、熏、晒等多种方法。《周礼·天官·膳夫》："膳夫掌王之食饮膳羞。"郑玄注："食，饭也。"西周时饮食器具数量众多，几乎涉及了生活中所用到的每一种器皿，大到鼎缸鼎，小到匕斗羁。它们分类十分明确，有炊食器、盛食器、抱取器、温酒器、盛酒器、抱水

器等。不同的器具有不同的用途，个别的还出现了一器多用，如盘、罐、瓮。

春秋到秦汉时期，现代烹调的主要方法已基本完备。《说文·食部》中涉及食物制作方式的就有饪、馏等。《说文》："饪，大熟也。从食壬声。"饪的古文从肉，说明古人非常重视肉食加工。中国古代祭祀煮肉，在生熟程度上有腥、爓、糜、饪四种情况。腥是全生，爓是半生半熟，糜是过熟而烂，饪是熟而不过。用于祭祀时，四种情况都可以入祭，供人食用时，则生熟必须适度，也就是要合乎"饪"的标准。《论语·乡党》有"失饪不食"之说，为什么呢？肉不熟，既难消化又不卫生；过熟，则既不鲜美又失营养。

炒。用"炒"的方法烹饪，大约始于南北朝时期。此后，经过数百年的发展，到了宋代，出现了大量的以"炒"命名的菜肴。如生炒肺、炒蛤蜊、炒蟹、炒腰子、炒假肺、炒鸡蕈、炒鳝等。炒的门类后来发展渐趋复杂，包括清炒、熬炒、煸炒、抓炒、大炒、小炒、生炒、熟炒、啜炒、干炒、软炒、老炒、托炒、溜炒、爆炒，等等。其他如烧、烩、焖、炖等烹饪法，也都是在炒的基础上逐渐发展起来的。

四、古代饮食制度的变迁

当我们进入文明社会以后，吃饭就不单纯是个果腹问题了，它的意义延伸了、扩展了。在私有财产出现后，吃好饭所得到的不仅仅是味觉上的愉悦，还有精神层面的满足感，如用饮食可以联络感情，自王公贵族至黎庶平民莫不如此。等级社会中，饮食内容上，贵族和平民差别很大。夏商周时期，一般只有贵族才有吃肉和蔬菜的特权。谷物中的上品如稻、粱等，也是贵族们的食品，平民只在丰年里才可吃上这些食物，平时主要以野菜充饥。《周礼·天官》中说，周天子进膳时，"食用六谷，膳用六牲，饮用六清，馐用百有二十品，珍用八物，酱用百有二十瓮"，这一排场虽有夸张，但可见当时饮食所反映出来的等级观念。周朝王宫中还设置专门负责饮食的官职，《周礼》记载的食官规模庞大，多达50种食官和3794名餐饮技术人员，其职能涵盖了饮食活动的全过程。

不同等级之间饮食礼仪上，也有不同的讲究。春秋时期有几场战争就是因为饮食打起来的，所以《礼记·礼运》中说："夫礼之初，始诸饮食"。《论语·颜渊》中，孔子把"兵"、"食"、"信"当做立国三要。春秋时期，饮食在诸子百家那里都赋予了政治的意味。《论语·乡党》中，孔子用了十之五六的篇幅谈饮食，细致到哪些肉该吃、哪些不该吃。墨家人士多来自社会下层，他们更重视实际问题。墨子认为，饮食上升到了政治稳定的高度："食者，国之宝也。"又说："凡五谷者，民之所仰也，君之所以为养也。故民无仰则君

第十六章 衣食住行

无养,民无食则不可事。"(《七患》)

古人饮食时,十分讲究礼仪。特别是在宴会上,对于座次的尊卑有明确的要求。古人吃饭,席地而坐,分案而食。又因古人尚右,宴饮尤其讲究尊老尚贤,谦恭礼让,贤者、尊者、老者往往被安置在首席。古代席的形状一般是长方形,东西长而南北窄,因此,座位中最尊的当属东向(坐西面东),其次是南向(坐北面南),再次是北向(坐南面北),最卑是西向(坐东面西)。《史记·项羽本纪》中,"项羽项伯东向坐,范增南向坐,沛公北向坐,张良西向侍"。可见项羽是以尊者自居,把前来赴宴的刘邦安置在亚父范增之后。

古人吃饭时,还有很多规矩。比如"食不语,寝不言","席不正,不坐"。(《论语·乡党》)吃饭的时候,不允许交头接耳,不允许大声交谈。桌子没有摆正,还不能入座。《论语》记载的这些礼仪规范,是当时的士阶层所尊崇的,将君子之道融于饮食之道中。君子的饮食之道,在一定程度上是社会的表率,对有效地引导古代的精神文明发挥了潜移默化的作用。

先秦饮食习惯

先秦时,人们一般吃两顿饭。早餐是10时至11时,叫做"饔";晚饭是下午3时至5时,叫做"飧"或"餔"。战国时期农家主张"贤者与民并耕而食,饔飧而治",实际上统治者那两餐与老百姓的两餐是天差地别的。汉代皇宫与上层社会里大多是吃三餐或四餐,平民百姓一般还是两餐,劳动紧张时,早上加上一顿早点,称之为"寒具"。

两汉以前没有桌椅,人们入室席地而坐,吃饭即在席子之前。那时的食器大多有脚,有的还是高脚,如笾豆之类。贵族官宦讲究列鼎而食,鼎的多少表明食者的身份和地位。天子九鼎、诸侯七鼎、大夫五鼎、元士三鼎。普通老百姓吃饭一筋一豆,置于案上自食。南北朝时期以后,桌椅逐渐普及。到了唐代,皇宫之内和文士官僚之间的宴饮,置肴馔于高桌大案之上,合而食之,这一点在传世的《宫乐图》上看得最为清楚。十个宫女围坐在高案四周,有个宫女执长柄小勺从桌子中间一个大盆里给各宫女舀饮料,分舀到各宫女面前的小杯子里。宋代以后,坐在椅子上围餐的习俗普遍为人们接受。从宋朝到清朝,吃饭的桌子是方桌,围餐就变得普遍起来了。

第三节 中国古代居住文化

中国古代建筑，具有悠久的历史传统和光辉的成就，其中居住文化更是多姿多彩，包罗万象，从小巧的亭台楼榭到宏伟的宫殿，从苏州园林到紫禁城，无不透射出中国古代居住文化的精髓。本节按照建筑的起源、古代城市建筑特点以及古人起居习惯及室内陈设几个方面分别讲述了中国古代居住文化。

一、建筑的起源

建筑的产生是随着人类生产能力的提高而产生的艺术式样。原始社会初期，人类活动伊始，生产力发展水平极为低下，人类尚不能自己构筑住所，只能生活在天然岩洞之中。在北京、辽宁、贵州、广东、湖北、江西、江苏、浙江等地，都发现有旧石器时代原始人居住的岩洞，可见洞穴是当时用做住所的一种较普遍的方式。《周易·系辞》曰："上古穴居而野处"，反映的就是原始人类的居住状态。

随着生产能力的提高，先民渐渐掌握了自己建造住穴或巢穴的技巧。此后，还逐步掌握了营建地面房屋的技术，满足了最基本的居住和公共活动的要求。在我国古代文献中，关于古代筑巢和构筑房屋的起源，有有巢氏和黄帝等的传说。《韩非子·五蠹》："上古之世，人民少而禽兽众，人民不胜禽兽虫蛇，有圣人作，构木为巢，以避群害。"《白虎通义》说："黄帝作宫室，以避寒暑，此宫室之始也。"至新石器时代，就已出现了村落，如在7000年前的余姚河姆渡遗址中，发现有兼用榫卯和绑扎的干栏式建筑。在半坡遗址和姜寨遗址中，房屋已由半地穴式发展为地上的木骨泥墙圆形房子和方形房子的建筑。随着生产力的缓慢提高和氏族文化的逐渐形成与发展，建筑开始成为社会思想观念的一种表现方式和物化形态。由此开始，历经六七千年的发展，形成了灿烂的中国建筑历史与丰富多彩的建筑文化。

二、中国古代的城市及建筑

先民自掌握了建筑技术之后，逐渐形成了村落和城市。夏、商、西周和春秋时期以前，城市是天子和诸侯居住与统治的中心，也是当时居住文化的最高代表。当时人们已掌握建筑城邑房舍的技术，并建有规模宏大的宫室、宗庙建筑。

传说中的夏代的建筑遗址尚在探索中。在河南偃师的二里头遗址中发现了早期商代建筑。经过复原，二里头遗址中的一号宫殿庭院呈缺角横长方形，东

第十六章 衣食住行

西长 108 米、南北宽 100 米，东北部折进一角。整个庭院范围用夯土筑成，高出原地表 0.4～0.8 米，说明此时建筑上已大量应用夯土技术。庭院北部正中为一座略高起的长方形台基，东西长 30.4 米，南北宽 11.4 米，四周有檐柱洞，可复原为面阔八间、进深三间的大型殿堂建筑。《考工记》和《韩非子》都记载先商宫殿是"茅茨土阶"，遗址未发现瓦件，故殿顶应覆以茅草。

在一号遗址东北方为二号宫殿遗址，殿堂同样建在长方形基座上，可复原为面阔三大间、进深一大间带有只廊的宫殿建筑。殿堂南面是庭院，发现有地下排水管道。围绕殿堂和庭院有北墙、东墙、东廊、西墙、西廊，南面亦有廊和大门。大门中间是门道，两侧为塾。这种由殿堂、庭院、廊庑和大门组成的宫殿建筑格局，达到了一定的水平，对后世很有影响。

1983 年，在河南偃师二里头遗址以东五六千米处发现了一座早期商代城址，由宫城、内城、外城组成。宫城位于内城南北轴线上，外城则是后来扩建的。宫城中已发掘的宫殿遗址

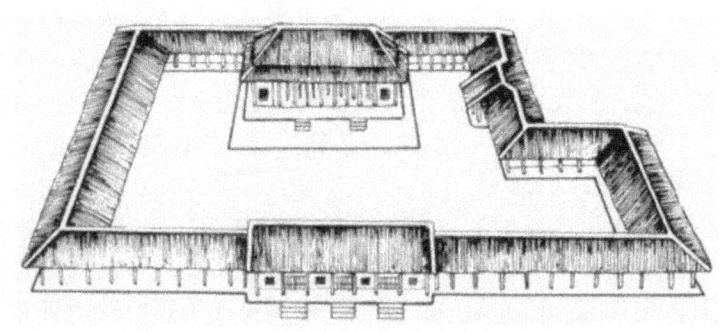

二里头遗址一号宫殿复原图

上下叠压三层，都是庭院式建筑。已发现的早期商代都城，都有长方形城垣，地下建有工程浩繁的排水系统。在郑州商城、安阳殷墟商代都邑遗址中也发现多处夯土基址和大型房基。商代中期的黄陂盘龙城遗址有大量夯土城墙和殿基。据这两个遗址所示，此期较大的建筑主体用木骨泥墙为承重墙，四周或前后檐另在夯土基中栽植檐柱，建一圈回廊或前后檐廊。在商代后期的藁城台西遗址的较小的建筑中，还出现了土坯砌的承重山墙。商代已出现了城墙，偃师尸乡沟商城、郑州商城和黄陂盘龙城等的城墙均用夯土筑成，城市布局已粗具雏形。至于商代平民，大都居于半地穴式的房屋，屋内仅有简单的家具和陈设，并在屋中生火煮食。

周朝实行分封制度，其筑城和宫室的制度也日趋完善。《周礼·冬官·考工记》载"匠人营国，方九里，旁三门，国中九经九纬，经涂九轨。左祖右社，面朝后市，市朝一夫"，由此，可以想象周朝都城的大小和城中的布局。《左传·隐公元年》："都城过百雉，国之害也。先王之制，大都不过三国之一，中五之一，小九之一。"一雉为三丈长、一丈高。百雉则长为三百丈，这

相当于三分国都之一,则可以推算出国都每边应为九百丈、五里。相比战国时期及以后的城市,春秋时期以前的城市规模比较小,一方面城中所居住的人口数量较少,另一方面城市中的手工业和商业主要是为君王贵族服务,也不可能获得充分的发展。

西周最有代表性的建筑遗址当属陕西岐山凤雏村的早周遗址。它是一座相当严整的四合院式建筑,由二进院落组成。中轴线上依次为影壁、大门、前堂、后室。前堂与后堂之间有廊联结。门、堂、室的两侧为通长的厢房,将庭院围成封闭空间。院落四周有檐廊环绕。房屋基址下设有排水陶管和卵石叠筑的暗沟,以排除院内雨水。屋顶采用瓦(瓦的发明是西周在建筑上的突出成就)。这组建筑是我国已知最早、最严整的四合院实例。房屋主体用包有木柱的夯土或垛泥墙为承重墙,内柱沿面阔方向成列,进深方向则不成列,说明当时是以檩架为主梁架。西周已出现板瓦、筒瓦,屋顶局部用瓦。瓦的出现是中国古代建筑的一个重要进步。建筑台基以草泥制土坯砌筑,周原遗址西周中期已出现了面积达280平方米、最大面阔5.6米、全部瓦屋顶的大型木框架房屋,夯土墙只起保持稳定和围墙作用。至此,中国古代建筑中使用木构架、采取封闭式有中轴线的院落式布局这两个主要特点已初步形成。

春秋时期,各国兴建了大量城市和宫室。宫室都属台榭式建筑,以阶梯形夯土台为核心,倚台逐层建木构房屋,借助土台,以聚合在一起的单层房屋形成类似多层大型建筑的外观,以满足统治者的侈欲和防卫要求。侯马晋城遗址中的牛村古城可能是晋都新田遗址,城内有每边宽52米的夯土台,可以说这就是巨大的台榭。凤翔雍城遗址出土的用于室内装饰的青铜,表明此时建筑已很精美。

  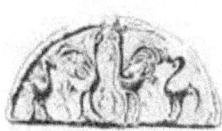 

东周半圆瓦当　　　　　　　　战国半圆瓦当

战国时期,城市的面积进一步扩大,城市生活也日趋繁荣。《史记·苏秦列传》中说齐的国都临淄有"七万户","车毂击,人肩摩"。七万户的人口估计有三十多万了,其城的规模可以约略想见。又如,燕下都的城址为两个方形的不规则结合,东西约8300米,南北约4000米,与明清两代北京的内城略同。战国时期都城一般都有大小二城,大城又称郭,是居民区,其内为封闭的闾里和集中的市;小城是宫城,建有大量的台榭。城的四周都有夯土筑成的城墙，有的还有通贯全城的中心街道和与之垂直的若干小街，说明当时的城市已经开始有较为统一整齐的规划。战国时期出现的《考工记·匠人》，提出了若干王都和城邑的规划原则，对后代颇有影响。就当时建筑来说，此时屋面已大量使用青瓦覆盖，于战国晚期开始出现陶制的栏杆和排水管等。

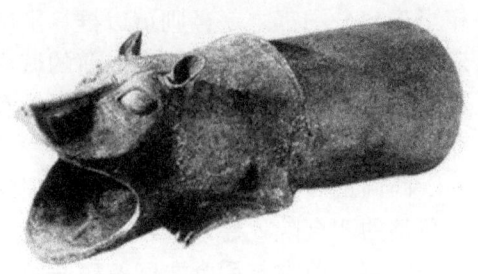

河北燕下都出土的陶排水管

秦汉时期，建筑体系逐渐成熟。秦统一全国，仿建六国宫殿于咸阳北坡，建朝宫、信宫于渭河之南。现存阿房宫前殿址和骊山陵的规模和气势都远过于战国时期，咸阳秦宫殿遗址发现有大量瓦当、花砖、石雕和青铜构件。

西汉时期是中国古代建筑的第一个高峰。汉代定都长安后，城内陆续建造了宫殿。由于地势南高北低临近渭水，城墙的形状不规则。武帝时期建造建章宫，此后，长安城从正门圆阙、玉堂、建章前殿和天梁宫形成一条中轴线，其他宫室分布在左右，全部围以阁道。宫城内北部为太液池，筑有三神山，宫城西面为唐中庭、唐中池。中轴线上有多重门、阙。在壁门北，起圆阙，高二十五丈，其左有别凤阙，其右有井干楼。进圆阙门内二百步，最后到达建在高台上的建章前殿，各宫前都建巨大的阙，主殿仍盛行台榭式，气魄十分雄伟。

江苏徐州汉画像石上的建筑形象

汉朝还确立了首都以宫城为主体的规划思想。这一原则一直为历代帝王所遵守，但各个朝代又都有所改变、发展。例如西汉宫邸全在长安城的南部；东汉建都洛阳，则城的中心建南北二宫；曹魏经营邺城，以一条大道东西横贯全城，宫城建于大道之北；隋唐的国都建在汉长安城的东南方，全城成规则的长方形，宫城设于城的北部中央，宫城以南又建皇城，以后又在城外东北方建大明宫，城东建庆兴宫；北宋的都城是汴梁，城有三重，城墙内有内城，宫城设于内城的中央，这样一个格局也为后来明清两代所沿用。

东汉定都洛阳，有南北两宫。在出土的大量东汉时期壁画、画像石、画像砖和明器中有丰富的建筑形象资料。其中绘有宅院、坞壁、重楼、厅堂、仓厩、圈、望楼等以至门、窗、柱、槛、斗拱、瓦饰、阶基和铺首、栏板、棂格等形象，显示出汉代建筑的基本情况。大量的东汉壁画、画像石、陶屋、石祠等反映了不同类型的东汉建筑形象：北方及四川等地建筑多用台梁式构架，间或用承重的土墙；南方则用穿斗架，斗拱已成为大型建筑挑檐常用的构件。中国古代木构架建筑中常用的抬梁、穿逗、密梁平顶3种基本构架形式此时已经成型。西汉中后期至东汉砖石拱券结构日益发达，用于墓室、下水道，除并列纵联的砖砌筒壳外，还有穹隆顶和双曲扁壳。

三国至南北朝时期，因战乱频仍，统治者少有精力和财力大兴土木。三国时期建筑是东汉的继续，最值得注意的成就是204年改建的曹魏邺城。全城面积6.5平方千米，平面矩形，由一条东西干道分为南北两部。北部除东北一角为贵族区外，均为宫室苑囿，主殿居全城南北中轴线上。南部为衙署和居住区，中间有南北干道直抵宫门。这是中国历史上第一座轮廓方正、分区明确、有中轴线的都城。

南北朝时期，著名的城池建筑有南朝的建康和北魏的洛阳、北齐的邺城南城。北魏洛阳宫城位于汉魏洛阳城北半部，衙署分列宫前大道的两侧，城外有方正的外郭，建有320个里坊，开隋唐建城之先河。北魏时出现琉璃瓦，此时期最值得注意的是大量的佛寺、塔、石窟。寺庙中最著名的是北魏洛阳永宁寺，高四十余丈，内有九级木塔，可能是历史上最高的木构建筑。

隋朝至宋代，是中国古代建筑的又一个高峰。隋立国次年（582），建新都大兴（唐代改称长安），其面积为84平方千米，是当时世界上最大的城市。城内有108坊和2个市，纵横排列，形成方格网街道。宫城在中轴线北端，其南为皇城，集中衙署于内。它是总结北魏洛阳及北齐邺城南城经验而建的，集中衙署于皇城则是它首创的（见隋大兴唐长安城遗址）。这座城一年即建成。一方面显示出夯土墙壁木构架房屋可以就地取材、预制安装，施工迅速的优点，另一方面也表现出组织施工上的卓越能力。隋朝的房屋采用木构架，呈现了一些新的特点：（1）每座建筑下有高出地面的台基，上有出檐较大的屋顶，外观上明显分为台基、屋身、屋顶3个部分。（2）屋面凹曲，屋角上翘。（3）使用斗拱。（4）模数制设计方法。（5）油饰彩画。

北宋时，出现了我国第一部关于建筑设计及技术经验总结的完整巨著《营造法式》。该书主要记录官家大式、大木等做法，系统反映出官式建筑的发展水平。此后，建筑体系日益朝着制度化、精致化的方向发展。于是，宋代以后对建筑规制有了更加严格的规定："私居执政亲王曰府，余官曰宅，庶民曰家……凡民庶家，不得施重拱藻井及五色文采为饰，仍不得四铺飞檐，庶人舍屋许五架，门一间两厦而已"（《宋史舆服志》）。

古代的王朝在城市建设过程中，也渐渐注意到了平民住宅区、商业区和街道的规划布局。如汉代长安城里有九府、三庙、九市和一百六十闾里，它们都分布在城南北部的几个宫城周围。可以说，这时帝王与平民是"杂居"的。东汉时，洛阳城被宫城分为东西两部分。三国时期的邺城则有所改进，城的北半部为贵族区，宫城西边为禁苑、仓库、马厩，东边为王族居住区和官署，城的南半部为居民住宅区。至隋唐时期，长安有了进一步细致的统一规划，把城中除去宫城、皇城的所有地方，整齐地划分为108个里坊，每个里坊呈方形或长方形，并各有高大的夯土围墙，坊有四门、十字形大街或两门、一条东西向横街，有许多较窄的小巷与大街相连。城的东部和西部各设一市，筑有墙垣，约长4000米，四向开门。

三、古人起居习惯及室内陈设

根据古籍的一些记载，我们可以大致窥探出古人的居住习惯。《左传·昭公二十七年》记载了吴公子光刺杀吴王僚一事："夏四月，光伏甲于堀室而享王。王使甲坐于道，及其门。门、阶、户、席皆王亲也。夹之以铍。羞者献体，改服于门外，执羞者坐行而入，执铍者夹承之，及体，以相授也。"《公羊传·宣公五年》载晋灵公派人刺杀赵盾事："于是使勇士某者往杀之。勇士入其大门，则无人门焉者；入其闺，则无人闺焉者；上其堂，则无人焉；俯而窥其户，（盾）方食鱼飧。"从这两段我们可以看出：吴王僚的警卫人员所站的位置为"道—门—阶—户—席"；刺杀赵盾者的行动路线是"门—闺—堂—户"。

古代贵族的庭院有的一重，有的设两重。住宅用墙垣围住，垣有门，因而进入庭院，首先要经过大门，从大门进入庭院。门内为庭，即院子。讲究的住宅设两重庭院，第二重庭院上有一道二门，较小，即闺，又叫寝门。大门与二门之间的院落为外庭、外朝；二门以内的院落为内庭、内朝。庭（内庭）是群臣朝见君王的地方，所以君王之庭又叫朝、朝庭。庭都较大，庭中要植树，君王的庭中还设火炬，叫庭燎。客人或属下进入二门以内，就到了主人的居住之所，双方就要严格地按"礼"行事。主人起居的主体建筑由堂、室、房组成，建筑中最前面的是堂，堂前有阶，堂后有户，由户通室，室中布席。要入室必先登堂，后代以"升堂入室"表示得到某人学问的要谛、真传，即来源于此。堂都建在高台上，而且一般都是坐北朝南。堂在最前面，堂下就是庭（内庭）。堂前有阶梯，左右各一，称西阶、东阶。古人在室外尊左，因此西阶是宾客走的。堂有东西两面墙，称作东序、西序；堂坐北朝南，南面没有墙，只有两根柱子，叫东楹、西楹。堂是房屋的主人平时活动、行礼、待客的地方。室则是主人居住的地方。

下面说说古人室内的摆设。上古三代以迄南北朝，没有桌、椅、凳，人们只能坐在地上，上面铺上席子，这就是所说的"席地而坐"。睡觉也是在席子上。有地位的，坐时在大席子上铺一张小席，谓之重席。如《左传·襄公二十三年》里说，"季氏饮大夫酒，臧纥为客。既献，臧孙命北面重席。新樽絜之，召悼子，降逆之，大夫皆起。"此处为悼子设重席，就是要为他设特别的座位，突出他的重要。对于贵族而言，仅铺一张席子有时可以算是俭朴的美德，故而《左传·哀公元年》才说："昔阖庐食不二味，居不重席"。但是贫苦人和普通的下级士卒却是没有席子的。《史记·孙子列传》中记有："起之为将，与士卒最下者同衣食，卧不设席，行不骑乘，亲裹赢粮，与士卒分劳苦。"卧不设席，可见士卒之最下者行军打仗就睡在地上。

古代室内设几。几为长方形，类似现在的小茶几。但作用却与现在的茶几不同，主要是坐时凭倚以稍休息。《诗经·大雅·公列》中说："俾筵俾几，既登乃依。"意思是让人给宾客铺设好席、几，客人们登上了筵席，靠在几上。古人在一般情况下是不倚几的。《左传·昭公五年》中记载："（圣王）设机而不倚，爵盈而不饮。"这本是说诸侯间相聘问时应该"正襟危坐"，否则就不"礼"。平时亲友间相见，如果坐而倚几也是一种不严肃、懒散的表现，也是不礼的行为。《孟子·公孙丑下》中说："孟子去齐，宿于昼。有欲为王留行者，坐而言，不应，隐几而卧。客不悦，曰：'弟子齐宿而后敢言，夫子卧而不听，请勿复敢见矣。'"但对于上了年纪的人来说，隐几则是理所当然的。从三国时期起，桌案之类开始多起来，几已不多见。

古代室内有床，主要是供人坐的。《史记·郦生列传》中说："郦生至。人谒，沛公方倨床使两女子洗足而见郦生。"床偶尔也当卧具，特别是不在房子里住宿时。《左传·宣公十五年》中记有："宋人惧，使华元夜人楚师，登子反之床，起之。"既是"起之"，可知原先是卧于床。大约到南北朝时期床即已是坐卧两用了。《南齐书·褚渊传》记载："有一伧父冷病积年，重茵累褥，床下设炉火，犹不差。"上有褥，下有火，可见也是卧具。又《王玄载传》载："世祖时在大床寝，（王）瞻谓豫章王曰：'帐中物亦复随人起兴。'世祖衔之，未尝形色。"床而大，并支帐，这已经是寝卧专用的床了。

古代室内有的还陈设榻。榻跟床差不多，可坐、可卧。《三国志·管宁传》注引《高士传》："管宁自越海及归，常坐一木榻，积五十余年未尝箕股，其榻上当膝处皆穿。"这是"坐榻"。《三国志·简雍传》中记载："（简雍）性简傲跌宕。在先主坐席犹箕踞倾倚，威仪不肃，自纵适。自诸葛亮已下，则独擅一榻，项枕卧语，无所为屈。"这是以榻为卧具。

第十六章 衣食住行

　　古人的起居习惯。古人是席地而坐的，坐的时候两膝着地，两脚的脚背朝下，臀部落在脚踵上。现在朝鲜、日本还保留着这种坐法。如果将臀部抬起，上身挺直，就叫长跪，又叫跽。这是将要站起身的准备姿势，也是对别人尊敬的表示。《史记·项羽本纪》中说："（樊）哙遂入，披帷西乡立，瞋目视项王，头发上指，目眦尽裂。项王按剑而跽，曰：'客何为者？'"樊哙突然闯进而又怒容满面，使得项羽一惊，"按剑"与"跽"是同时产生的下意识准备起身自卫的动作。

　　古人还有一种"不礼"的坐法，叫箕踞，或单称箕或踞。其姿势为两腿平伸，上身与腿成直角，形似簸箕。有他人在而箕踞是对对方的极不尊重。《田叔列传》载："赵王张敖自持案进食，礼恭甚，高祖箕踞骂之。""箕踞"是他就势而坐的结果，而其效果则是对对方的轻蔑。《礼记·曲礼上》规定："坐毋箕"。这是符合当时社会的风俗和习惯的。

　　坐在席上也有些讲究。席子在室堂中要放正，即席的四边要与室堂的边、壁平行。《论语·乡党》曰："席不正，不坐。"《晏子春秋·内篇杂上》说："燕之游士有泯子午者，南见晏子于齐……客退，晏子直席而坐，废朝移时。"直席也就是正席，表示心情的郑重严肃。《礼记·曲礼上》记载："为人子者……坐不中席。"据说一张席子，独坐时以中为尊，既为人子，即使独坐也只能靠边。又载有："群居五人则长者必异席。"一张席子只能坐四人，四人中的尊者应居席端，多了一个人，不能尊卑挤在一起，于是请其中的尊者到另一张席上去独坐。已经坐在席上，如果有尊者进来或离席走到跟前来，就用"避席"办法自表谦卑，而且要伏地。《史记·魏其武安侯列传》："饮酒酣，武安起为寿，坐皆避席伏。已，魏其侯为寿，独故人避席耳，余半膝席。"避席伏即离开席子在地面上伏；膝席则原地不动以膝着地，也就是长跪，虽然也是表示敬重，但其程度差多了，所以引得魏其侯的好友灌夫恼怒。

　　古人在室内很讲究座次。因为奥①在四隅中最尊，所以在室内以坐西向东的位置为最尊，其次是坐北向南，再次是坐南向北，坐东向西的位置最卑。《礼记·曲礼上》："席南乡（向）北乡，以西方为上；东乡西乡，以南方为上。"这是就几个人同一张席上而言的，但与上述的室内摆席的尊卑次第相合。

---

① 《尔雅·释宫》曰："西南隅谓之奥，西北隅谓之屋漏，东北隅谓之宧，东南隅谓之窔。"奥是室内祭祀之所，在四隅中最尊。

第四节　中国古代交通

中国是一个陆疆广大、河湖众多、海域辽阔的国家，有着发展水陆交通的优越条件。几千年来，生活和繁衍在这块神州大地上的勤劳勇敢的中华民族，在人与自然、人与人追求和谐的过程中，不仅写下了陆路交通的悠久历史，而且开创了水路交通的光辉历程，用他们的聪明才智和辛勤劳动谱写出世界古代交通史上最壮丽的篇章。本节从各个朝代交通的状况和各种交通方式的变迁两个角度，对我国古代交通史作一简要介绍。

一、史前时代的交通

远古尧舜时，道路曾被称作"康衢"。传说中黄帝、炎帝、尧、舜、禹担当部落首领的时候，各地的交通有了明显的进步。在原始社会我国就已经有了可以行驶牛车和马车的古老道路。据《古史考》记载："黄帝作车，任重致远。少昊时略加牛，禹时奚仲驾马。"

从"伏羲始乘桴"（《物原》）和"伏羲氏刳木为舟"（《周易·系辞》）等远古传说来看，最早的船只——筏和独木舟在原始社会末期已经问世。当然，传说和神话不等于现实，但是它却在一定程度上反映了某些事实，即在原始社会末期已经发明了船。今天，不少考古新发现也在不断证实着以上的事实。在浙江余姚河姆渡新石器时代遗址的考古发掘中，有木桨出土，说明至迟在大约7000年前就已经有独木舟。在距今5000年左右的浙江杭州水田畈和吴兴钱山漾的新石器时代的遗址中，也都有木桨出土，说明当时独木舟已成为浙江地区的水上重要交通工具。目前，在我国历史博物馆中，珍藏着一条古老的独木舟，身长11米，宽0.9米，据测定制成于6000年前。它是1958年江苏武进县民工挖河发掘出来的。在我国各地考古发掘中，先后出土的独木舟已达20多只。

二、夏、商、周上古三代的交通

夏禹的事业，也是从"随山刊木，奠高山大川"（《尚书·禹贡》）入手的。他"陆行乘车，水行乘船，泥行乘橇，山行乘樏"（《史记·夏本纪》），足迹几遍黄河、长江两大流域。商朝重视道路交通，古代文献中已经有商人修筑护养道路的记载。商汤的祖先"服牛乘马"，远距离经商，揭开了以畜力为交通运输动力的历史。

先秦时期，我国古代交通初具规模。早在3000多年前的商朝，我国古代

第十六章 衣食住行

交通已有所发展。根据甲骨文、金文、出土实物及古籍记载，商朝不仅有了"车马"、"步辇"和"舟船"等交通工具，而且开始建立"驲传"制度，进行有组织的通信活动。到了春秋战国时期，战争频繁，又修筑了许多通行战车的道路。中原各国陆路交通纵横交错，还沿途设立了"驲置"，即驿站。水路交通不仅利用长江、淮河和黄河等天然河道，而且相继开凿了胥河、邗沟、菏水和鸿沟等人工运河。

我国在商朝就能制造木船，在周朝，黄河、长江和珠江领域已有较大规模的内河船。人类在利用天然的内河、湖、海航运的同时，很早就懂得挖掘人工运河，接通天然河道，扩大航运范围。

中国是最早使用车的国家之一。相传中国人大约在距今4600年前的黄帝时期已经创造了车。大约4000年前当时的薛部落以造车闻名于世。《左传》说薛部落的奚仲担任夏朝（约公元前21世纪—公元前17世纪）的"车正"官职。《墨子》、《荀子》和《吕氏春秋》都记述了奚仲造车。夏人的主要活动区域在河东与河南地区，即今山西南部与河南中西部一带。考古工作者在河南偃师发现的二里头文化遗址，是典型的夏文化遗存，其上限恰当夏代建国之初，距今4000多年。这里出土了大批青铜器，其中大量的刀、锥、凿、铲等生产生活用具，说明当时青铜冶炼已有较高水平。这些工具，在制造车辆和开辟道路等活动中，都发挥了重要的作用。夏朝已进入了奴隶社会，在其奴隶主政权机器中，牧正主管马牛的牧养驯育与使用，车正主管战车、运输车的制造、保管和使用。可以认为，这车正和牧正，便是我国早期的主管交通的专职行政人员。夏启登位后不久，打起了"恭行天之罚"的旗号，在假借天神意志去攻伐有扈氏时，就使用了大批的驮畜、战车和运输车。

木板船的发明至少不晚于夏朝。从考古学家在河南偃师二里头遗址中发现的夏朝的铸铜和冶炼作坊，以及铜锛、凿等金属工具来看，夏代的生产力有了飞跃发展，再加上当时已有了规、矩、准绳等木工生产工具，建造木板船的各种条件已经充分具备。到了商朝，生产力又有了提高，人们开始较普遍的使用金属工具建造木板船，并进行较大规模的商业活动。应该说，由独木舟和筏发展到木板船，这是造船史上的飞跃。它开辟了航海及河运史上的新时期。

到了周朝，水运有了进一步的发展。水路交通不仅利用自然河道，而且还开凿运河。春秋时期，最先开凿运河的是陈、蔡、楚等国。当时，为了改善陈、蔡两国间的交通，它们凿了一条不长的运河，将淮河的两条支流沙水和汝水连贯起来。楚国也凿了一条从都城郢（今湖北江陵北）到汉水的水道。不过，其中比较重要和著名的运河有吴国沟通太湖和长江的胥河、沟通长江和淮河的邗沟和沟通淮河和黄河的荷水，以及稍后的魏国沟通黄河和淮河的鸿沟。

我国周朝时期（公元前11世纪—公元前256）已建有梁桥和浮桥。公元前1066年，周武王姬发调集战车300乘，勇士3000人，甲士45000人，作为主力东征。同时，又征调各附庸国大量兵力来参战。据《史记·周本纪》讲，不期而会的诸侯有800多人。等到兵抵牧野（今河南淇县）时，已有兵车4000乘了。

商周时期甲骨文、青铜器铭文中已有表示车的象形字，说明车早已出现，并反映出当时的车已有辕和可供乘坐的车厢，人们已掌握了"驾马服牛"的技术。车出现后，为了加快运送速度和提高负荷量，便有了修筑道路的要求。

经过夏商两朝长期的开拓，到西周时期（公元前1066—公元前771），可以说我国道路已经初具规模。周武王姬发灭商后，除都城镐京（今西安附近）外，还根据周公姬旦的建议，修建了东都洛邑（今洛阳），以便于控制东方新得到的大片疆土，对付殷商残余势力。为了有效发挥两京的政治、经济、文化中心的作用，在它们之间修建了一条宽阔平坦的大道，号称"周道"，并以洛邑为中心，向东、向北、向南、向东南又修建成等级不同的、呈辐射状的道路。周道是西周王室的生命线，也是国家交通的中轴线。《诗经·大东》上说："周道如砥，其直如矢；君子所履，小人所视；睠言顾之，潸焉出涕！"意思是说在这条宽广平坦、笔直如矢的大路上，老百姓看到王公贵族掠走了他们辛勤劳动的成果，不能不伤心落泪。在我国古代交通发展史上，修建周道的重大意义是不可低估的。不仅周、秦、汉、唐的政治经济文化重心，都是在这条中轴线上，而且在以后的宋、元、明、清时期，这条交通线也仍然是横贯东西的大动脉。周道在我国经济文化发展的历史上，起了奠基性的作用。

东周时期，社会生产力空前发展，农业、手工业与商业都兴盛起来。春秋大国争霸，战国七雄对峙，大规模的经济文化交流、军事外交活动和人员物资聚散，都极大地推进了道路的建设。除周道继续发挥其中轴线的重要作用外，在其两侧还进一步完善了纵横交错的陆路干线和支线，再加上水运的发展，把黄河上下、淮河两岸和江汉流域有效地连接起来。这个时期修建的主要道路工程有许多，秦国修筑的著名的褒斜栈道就是其中重要的一项。秦惠王时，为了克服秦岭的阻隔，打通陕西到四川的道路，开始修筑褒斜栈道。这条栈道起自秦岭北麓眉县西南15千米的斜水谷，至秦岭南麓褒城县北5千米的褒水河谷，故称褒斜道。这条全长200多千米的栈道是在峭岩陡壁上凿孔架木，并在其上铺板而成的。除了褒斜道外，以后几百年间还陆续开凿了金牛道、子午道和傥骆道等栈道。这些工程极其艰巨，人们首先是采用古老原始的"火焚水激"的方法开山破石，然后在崖壁上凿成30厘米见方、50厘米深的孔洞，分上、中、下三排，均插入木桩。接着在上排木桩上搭遮雨棚，中排木桩上铺板成

第十六章 衣食住行

路，下排木桩上支木为架。这样，我们远望栈道好像空中阁楼一般，煞是壮观。迄今，陕西太白县境内尚有多处清晰可辨的栈道遗迹。

《说文》上说，商代有三匹马拉的车，谓之骖；周人增加了一匹，谓之驷。河南浚县辛村周墓出土车12辆，马骨竟为72架，说明已有六匹马拉的车。到春秋战国时期，车辆制造业有了更快的发展。孔子周游列国，子贡出使吴越和晋国，都说明了当时交通便利和车辆的进步。《墨子》说，春秋各国造的大车，能装50石谷子而运转灵活，即便长途运输也不折车轴。到战国时期，车更有了大的改进，特别是车辕开始由单辕改为双辕，这就更加牢固，载重量也更大了。

周朝时，人们把两艘以上的船体并列连接起来，增加了船的宽度，提高了船的稳定性和装载量，这就是"舫"。除了由两只船体构成的舫外，在历史上还出现过由多只船体构成的船只。这种船行驶平稳，上面可以建造庐舍，成为统治阶级出游时候的专用船。周代对乘船有严格的等级规定：天子乘坐"造舟"，诸侯乘坐"维舟"，高级官员乘坐"方舟"，一般官吏乘坐"特舟"，普通百姓只能乘坐"桴"。"造舟"由多只船体构成，"维舟"由四条船构成，"方舟"由两条船并成，"特舟"是单体船，"桴"就是木筏和竹筏。

春秋战国时期，我国南方已有专设的造船工厂——船宫。诸侯国之间经常使用船只往来，并有了战船的记载。战船是从民用船只发展起来的，但是战船既要配备进攻手段，又要防御敌方进攻，因此它在结构和性能上的要求都比民用船只高。可以说，战船代表着各个时期最高的造船能力和技术水准，也从一个侧面反映了当时的经济力量和生产技术水准。吴国水军的战船是当时最有名的，它包括"艅艎"、"三翼"、"突冒"、"楼船"、"桥舡"等多种舰艇。水军的主要战舰是三翼，即大翼、中翼和小翼。其中大翼长10丈，阔1.5丈，可以载士卒90多人，有较高的航行速度。

春秋末年，阖闾、夫差父子相继为吴王时，吴国在伍子胥、孙武等人的帮助下，逐渐强盛起来。吴国为了攻打楚国，于公元前506年开挖了胥河，船舶可以从苏州通太湖，经宜兴、高淳，穿石臼湖，在芜湖驶入长江，大大缩短了从苏州到安徽巢湖一带的路程。吴大败楚国后，继而又攻破越国，迫使越王勾践臣服于吴。取得两次重大的胜利后，夫差认为吴国在长江流域的霸主地位已经确立，决定进一步用兵北方，迫使北方诸侯也听从他的号令，于是在公元前486年"秋，吴城邗，沟通江淮"（《左传·哀公九年》），又修通了邗沟。古邗城在今扬州市西北郊蜀冈一带，其遗址经发掘，周约六千米。构筑邗城的目的是在江北建立起进军北方的基地。凿邗沟是便于向北运送军队和粮食。邗沟后人又称山阳渎，据《水经注·淮水注》的记载，它从邗城西南引长江水，绕过城东，折向北流，从陆阳、武广两湖（分别位于今高邮县东西）间穿过，北注樊梁湖（今高邮县北境），又折向东北，穿过博芝、射阳两湖（位于兴化、宝应间），再折向西北，到末口（今淮安市东北）入淮河。邗沟渠线之所以比较曲折，主要是因为要利用湖泊，以便减少工程量。从此，吴国军队通过这条运河可从长江直接进入淮河，从水路上攻打齐国，进兵中原大地。这条运河全长约 150 千米，它开通后大大便利了南北航运，为后来江淮运河的发展奠定了初步基础。

战国时期，魏国多次动工开凿以大梁为中心的运河，这就是历史上著名的鸿沟。鸿沟先在河南荥阳把黄河带有较多泥沙的水引入圃田泽（在今河南省中牟县西，已湮），使水中的大部分泥沙沉积在圃田泽中，既减轻下游管道的堵塞，又使圃田泽起到水柜的作用，调节鸿沟的水量。然后引水向东，绕过大梁城的北面和东面，向南与淮河支流丹水、睢水、涡水、颍水等连接起来，许多自然河道连接成网，船只可以畅通无阻。鸿沟的开凿，不仅在黄河、淮河、济水之间，形成了一个相当完整的水上交通网，而且由于它所联系的地区都是当时我国经济、政治、文化最发达的地区，所以在历史上影响很大。

三、秦汉至隋唐的交通

中国全国陆上交通网的形成，始于秦朝。秦始皇统一六国后，更是大修驰道，"车同轨"，兴路政，使车辆直达全国各地。

早在秦国出兵扫灭六国的同时，秦王就在着手平毁各地私筑的高墙壁垒，拆除妨碍交通运输的关卡。秦始皇统一中国后，实现了"车同轨"。全国车辆使用同一宽度的轨距，这就意味着车上的主要零部件都有统一标准，更换迅速方便。这种"标准化"的要求和方法是很先进的，它适应了秦朝全国土木工程和战争等方面长途运输的需要，对道路修建方面提出了更高的要求，具有巨大的经济价值和社会效益。

根据"车同轨"的要求，秦朝在把过去错杂的交通路线加以整修和连接的基础上，又耗费了难以数计的人力和物力，修筑了以驰道为主的全国交通干线。这项费时 10 年的工程，规模十分浩大，它以京师咸阳为中心，向四方辐射，将全国各郡和重要城市全部联通起来。秦朝驰道有统一的质量标准：路面幅宽为 50 步，约合 70 米；路基要高出两侧地面，以利排水，并要用铁锤把路面夯实；每隔三丈种一株青松，以为行道树；除路中央三丈为皇帝专用外，两边还开辟了人行旁道；每隔 10 里建一亭，作为区段的治安管理所、行人招呼站和邮传交接处。我们还是以北通九原的北方直道的国防工程为例看看秦朝驰道的实际状况。据古书记载，公元前 212 年—公元前 210 年，秦始皇下令修筑

第十六章 衣食住行

一条长约 1400 千米的直道，命蒙恬、扶苏率 20 万大军，边驻守边关，边修直道。这条大道沿途经过陕甘等省，穿过 14 个县，直至九原郡（今内蒙自治区包头市），仅仅用了两年半的时间就修筑完毕。建成后的直道宽度一般都在 60 米左右，可并排行驶 10～12 辆大卡车。最宽处甚至可以当做现代化中型飞机起飞降落的跑道。其沿途各支线星罗棋布，每条支线都有容纳并排行驶两辆卡车到四辆卡车的宽度。

秦汉时期，我国造船业的发展出现了第一个高峰。秦始皇在统一中国南方的战争中组织过一支能运输 50 万石粮食的大船队。在前代开凿的胥河、邗沟和其他一些运河的基础上，秦朝开凿了人工运河灵渠。据古书记载，秦始皇曾派大将率领用楼船组成的舰队攻打楚国。统一中国后，他又几次大规模巡行，乘船在内河游弋或到海上航行。

到了汉朝，以楼船为主力的水师已经十分强大。据说一次战役，汉朝中央政府就能出动楼船 2000 多艘，水军 20 万人。舰队中配备有各种作战舰只，有在舰队最前列的冲锋船"先登"，有用来冲击敌船的狭长战船"蒙冲"，有快如奔马的快船"赤马"，还有上下都用双层板的重武装船"槛"。当然，楼船是最重要的船舰，是水师的主力。楼船是汉朝有名的船型，它的建造和发展也是造船技术高超的标志。楼船，就是有楼的船，高可达 10 余丈，甲板上建楼数层。每层都有防御敌方射来的弓箭矢石的女墙，女墙上开有用做发射弓弩攻击敌方的窗孔。为了防御敌方火攻，船上蒙上皮革。楼船这个庞然大物上还遍插旗幡，刀枪林立，以壮声势。1975 年，在广州发掘了一处规模巨大的秦汉时期的造船遗址，发现了 3 个大船台，可以同时建造数艘重量达五六十吨的木船。

汉朝在秦朝原有道路的基础上，继续扩建延伸发展了以京都为中心向四面八方辐射的交通网。秦汉时期水运事业有了较大发展，秦朝挖掘的灵渠把长江水系和珠江水系连接起来，汉朝则开辟了沟通世界两大帝国——东方的汉帝国和西方的罗马帝国的海上航线。

汉朝时期在秦原有道路上继续扩建延伸，构成了以京城为中心向四面辐射的交通网，如自西汉京城长安而东，出函谷关（今河南灵宝东北），经洛阳，至定陶，以达临淄，为东路干线；自长安而北，直达九原郡（包头市），为北路干线；自长安向西，抵达陇西郡（今甘肃临洮），为西北干线。自公元前 2 世纪开通河西、西域后，这条干线可经由河西走廊，延长到西域诸国，这就是闻名中外的"丝绸之路"；自蒲津（今山西永济西）渡黄河，经平阳（今临汾西北）、晋阳（今太原市南），以通平城（今大同市东），为河东干线；自长安向西南经汉中，以达成都，并远至云南，为西南干线；自长安向东南出武关，经南阳，以达江陵，并继续南进，为南路干线。此外，还有一些支线和水运干线通向全国。

到了汉朝，车子有了很大发展和变化，单辕车逐渐减少，双辕车有了大发展，车的种类增多，且主要用于载人装货，而不是用于战场作战了。汉朝最高级的马车是皇帝乘坐的"辂车"和"金根车"。据《续汉书·舆服志》描写，金根车上有"鸾鸟立衡"、"羽盖华蚤"。高级官吏乘"轩车"，这是两侧有障蔽的车；一般官吏乘"轺车"，它是由一匹马驾驶的轻便小车；贵族妇女乘坐"辎车"，车厢像一间小屋子似的。此外，还有许多供某一特定目的而制作的专用车辆类型。汉朝的大车车体长，有的带棚盖。甘肃武威东汉墓出土了一件木制牛车的模型，车舆前有门窗，门窗上下有栏板。舆后栏有门两扇，可以开闭。汉朝杰出的科学家张衡还发明了举世闻名的记里鼓车，这是一种利用减速齿轮系统带动车上小木人而报告车行里程的机械。每当车行1里或10里时，小木人就会自动击鼓一下，由击鼓的次数就可以了解已行走的路程。至三国时期，马钧发明了指示方向的指南车。

三国时期孙吴所据之江东，历史上就是造船业发达的吴越之地。吴国造的战船，最大的上下五层，可载3000名战士。孙权乘坐的"飞云"、"盖海"等大船更为雄伟壮观。孙吴曾多次派出大船队远航辽东及南海海域。孙吴的民船业也很发达。晋朝在灭了蜀汉之后，为了进一步灭吴国，曾派王浚在四川建造楼船，组成庞大的水军舰队。王浚所组织建造的楼船，最大者方120步（一步是六尺），可以载2000多人，舱面上建有瞭望台，船上可以驰马往来，被称为"舟楫之盛，自古未有"。而以造船业见长的吴国在灭亡时，被晋朝俘获的官船就有5000多艘，可见造船业之盛。到南朝时，江南已发展到能建造1000吨的大船。为了提高航行速度，南齐大科学家祖冲之（429—500）"又造千里船，于新亭江试之，日行百余里"（《南齐书》卷五二）。它是装有桨轮的船舶，称为"车船"。这种船利用人力以脚踏车轮的方式推动船的前进。虽然没有风帆利用自然力那样经济，但是这也是一项伟大的发明，为后来船舶动力的改进提供了新的思路，在造船史上占有重要地位。

唐宋时期为我国古代造船史上的第二个高峰时期。我国古代造船业的发展自此进入了成熟时期。秦汉时期出现的造船技术，如船尾舵、高效率推进工具橹以及风帆的有效利用等，到了这个时期得到了充分发展和进一步的完善，而且创造了许多更加先进的造船技术。隋朝是这一时期的开端，虽然时间不长，但造船业很发达，甚至建造了特大型龙舟。隋炀帝时，乘龙舟航行大运河。隋炀帝所乘的龙舟体势非常高大，计有4层，高4.5丈，长20丈，上层有正殿、内殿、东西朝堂。中间两层有120个房间。这些船都"饰以丹粉，装以金碧

第十六章 衣食住行

珠翠，雕镂奇丽"（杜宝《大业杂记》）。下层是内侍居住之所。皇后乘坐的龙舟叫"翔螭"，比皇帝的龙舟稍小一些，装饰也极尽奢华。隋朝的大龙舟采用的是榫接结合铁钉钉联的方法。用铁钉比用木钉、竹钉联结要坚固牢靠得多。隋朝已广泛采用了这种先进方法。到了唐宋时期，无论从船舶的数量上还是质量上，都体现出我国造船事业的高度发展。具体来说，这一时期造船业的特点和变化，主要表现在以下几个方面：

一是船体不断增大，结构也更加合理。唐朝内河船中，长20余丈，载人六七百者已屡见不鲜。有的船上居然能开圃种花、种菜，仅水手就达数百人之多，舟船之大可以想见。宋朝为出使朝鲜建造了"神舟"，它的载重量竟达1500吨以上。有的大海船载重数万石，舵长达3～5丈。唐宋时期建造的船体两侧下削，由龙骨贯串首尾，船面和船底的比例约为10∶1，船底呈V字形，也便于行驶。

二是造船数量不断增多。唐宋时期造船工厂明显增加。唐朝的造船基地主要在宣（宣城）、润（镇江）、常（常州）、苏（苏州）、湖（湖州）、扬（扬州）、杭（杭州）、越（绍兴）、台（临海）、婺（金华）、江（九江）、洪（南昌）以及东方沿海的登州（烟台）、南方沿海的福州、泉州、广州等地。这些造船基地设有造船工厂，能造各种大小河船、海船、战舰。唐太宗曾以高丽不听勿攻新罗谕告，决意兴兵击高丽。命洪、饶（江西波阳）、江三州造船400艘以运军粮。又命张亮率兵4万，乘战舰500艘，自莱州（山东掖县）泛海取平壤。可见唐朝有极强的造船能力。到了宋朝，东南各省都建立了大批官方和民间的造船工厂。每年建造的船只越来越多，仅明州（浙江宁波）、温州两地就年造各类船只600艘。吉州（江西吉安）船场还曾创下年产1300多艘的记录。

三是造船工艺越来越先进。唐朝舟船已采用了先进的钉接榫合的连接工艺，使船的强度大大提高。1960年3月，在江苏省扬州市施桥镇出土了一条唐代木船，1973年在江苏省如皋县又出土了一条唐代木船，这两条木船都采用了榫接钉合技术，而扬州出土的船更采用了斜穿铁钉的平接技术，比如皋县出土的木船采用的垂穿铁钉的搭接技术更先进。而同一时期的欧洲国家的造船业，连接船板还仍使用原始的皮条绳索绑扎的办法。唐代大海船还建有水密隔舱。如皋县出土的唐代木船有9个水密隔舱。1974年福建省泉州湾出土的宋代木船也有水密隔舱。使用这种工艺和技术就大大增强了船的抗沉能力，特别是加大了船体的横向强度。宋朝造船修船已经开始使用船坞，这比欧洲早了500年。宋代工匠还能根据船的性能和用途的不同要求，先制造出船的模型，并进而能依据画出来的船图，再进行施工。欧洲在16世纪才出现简单的船图，落后中国三四百年。

隋唐时期，我国水陆交通进入了一个新的历史阶段。隋朝时完成了贯穿南北的大运河工程，这是世界上开凿最早、规模最大、里程最长的运河。唐朝时海上贸易逐渐发展起来，开辟了新的海上航线，加强了东西方的交流和联系。唐朝京都长安发展为国内外交通的重要枢纽和中心，变成世界上最大的都市之一。唐朝在各水陆要道上，广设馆驿，每30里一驿，构成了以京都长安为中心、遍布于全国的驿路系统，条条大路通向长安。

唐朝是我国古代道路发展的极盛时期。当时，京城长安不仅有水路运河与东部地区相通，而且是国内与国际的陆路交通的枢纽，已经成为世界上最大的都市之一。出了长安城，向东、向南、向西、向北，构成了四通八达的陆路交通网。不仅通向全国各地，而且中外交通往来也比较频繁。此外，像洛阳、扬州、泉州和广州等城市，随着唐朝政治、经济和文化的发展，也相继成为国内外交通的重要中心。

唐宋以后，车辆的制造技术也有所进步。南北朝时出现了12头牛驾驶的大型车辆。当时还出现了磨车。磨车上装有石磨，车行磨动，行10里磨10斛。至于三轮车，在唐末五代时就已出现，但没有得到推广。到了宋朝，官僚们坐轿子的风气渐渐兴盛起来。这时高级车辆的制作和改进得不到重视，制车技术的重点也逐渐由乘人的车转到载货的车。宋朝的大车叫"太平车"，用五至七头牛拖拉。这时的独轮车前后两人把驾，旁边两人扶拐，前用驴拉，叫做"串车"。明朝将前用驴拉、后以人推的独轮车叫"双缱独轮车"。明清时期除了陆续出现许多新型车辆和异型车辆外，还出现了帆车，即在车上加帆，利用风力助车行进。到清朝时又出现了铁甲车和轿车。铁甲车有四轮，轮的直径约一尺，车厢包以铁叶，以保安全。轿车是马车与轿子结合的产物，外形如轿，用马和骡拉挽。徐扬的《乾隆南巡图》中就画有这类轿车。

四、宋、元、明、清时代的交通

宋元时期，古代交通进入鼎盛时期。宋朝将指南针应用到海船上，使航海技术大大提高。宋朝已把帆船作为海上交通的重要工具，从广州、泉州等地出航东南亚、印度洋以至波斯湾。元朝沿海航运事业最发达。元朝除继续开挖运河，使京杭大运河全线通航外，又开辟了以海运为主的漕运路线，海上最多年运粮达360万石。元朝的幅员之大，盛于前代；驿路分布之广，也为前代所不及。在全国水陆通道上，遍设站赤（驿站），构成了以大都（今北京）为中心、通向全国及至境外的稠密的驿路交通网。

元明时期建成了以北京为中心的稠密的驿路交通网。驿路干线辐射到我国

第十六章 衣食住行

的四面八方。特别是元代，综合拓展了汉唐以来的大陆交通网，进一步覆盖了亚洲大陆的广阔地区，包括阿拉伯半岛。蒙古族各部在成吉思汗等有作为的领袖的统率下东征西略，兵锋所至，驿站随置，道路贯通，运输不绝。蒙古军军事势力的极盛时期，道路直通东欧多瑙河河畔，南下攻灭金政权和南宋政权后，把南中国的大片疆土也纳入自己的版图。同汉唐时期的丝绸之路比较起来，元明道路规模更大，效率更高，发挥着更为直接的重要作用。

　　明代造船业的规模最大，出现了造船高峰。这一时期交通史上最重要的事件，就是明朝大航海家郑和，1405—1433 年先后七次渡洋远航，把我国古代航海活动推向了顶峰。明朝时期，我国造船业的发展迎来了第三个高峰。据一些考古的新发现和古书上的记载，明朝时期造船的工厂分布之广、规模之大、配套之全，是历史上空前的，达到了我国古代造船史上的最高水平。当时，主要的造船场有南京龙江船场、淮南清江船场、山东北清河船场等，它们规模都很大。如龙江船场年产就超过 200 艘，它还以建造大型海船而著称。1957 年在南京宝船场遗址出土一个全长 11 米以上的巨型舵杆，令人叹为观止。明朝造船工厂有与之配套的手工业工厂，加工帆篷、绳索、铁钉等零部件，还有木材、桐漆、麻类等的堆放仓库。当时造船材料的验收，以及船只的修造和交付等，也都有一套严格的管理制度。正是有了这样雄厚的造船业基础，才会有明朝的郑和七次下西洋的远航壮举。郑和船队的宝船，大者长达 44 丈，宽 18 丈。明朝用的尺比我们今天的市尺短些，但即使按一丈合 2.5 米计算的话，这种宝船的长度也超过 100 米。船队中，即使是中等船，也有 37 丈长，15 丈宽。难怪有位目击者形容宝船"体势巍然，巨无与敌，篷帆锚舵，非二三百人莫能举动"。还有的说，船上风帆有 12 张之多。当时先进的航海和造船技术包括水密隔舱、罗盘、计程法、测探器、牵星板以及线路的记载和海图的绘制等，应有尽有。郑和远航后，相继实行了海禁，航海业、造船业从此一蹶不振。

　　清朝是我国最后一个封建王朝，其版图奠定了近代中国的基本疆域。但是，就交通工具、交通设施、交通动力、交通管理来说，比起以前朝代，除了量的变化外，没有什么质的突破。清朝政府经多次整顿，全国道路布局比以往任何时候都更加合理而有效。清朝把驿路分为三等，一是"官马大路"，由北京向各方辐射，主要通往各省城；二是"大路"，自省城通往地方重要城市；三是"小路"，自大路或各地重要城市通往各市镇的支线。官马大路，是国家级官道，在京城东华门外设皇华驿，作为全国交通的总枢纽，管理北路、西路、南路、东路等官马大路干线系统。官马北路系统最重要的是通往大东北的干线，即从北京经山海关、盛京（今沈阳）分别延伸到雅克萨、庙屯（在黑龙江入海口）的官路和通往朝鲜半岛的国际通道。属于官马北路系统的还有分别到呼伦、恰克图的干线以及塞上的横向大通道。这些道路在开发清代北疆、捍卫北疆的斗争中发挥过重要战略作用。官马西路系统包括兰州官路与四川官路两大干线，前者从北京经保定、太原、西安、兰州，分别到青海、西藏和新疆，并通往中亚、西亚诸国；后者则是通往大西南的干线，从西安通往云南、贵州、四川，并向西延伸到西藏、拉萨。在大清帝国创建和巩固的过程中，这个覆盖我国整个西部地区的官马西路系统，起过十分重要的作用。官马南路系统，包括云南官路、桂林官路和广东官路三条干线。前两条干线均从太原南下过黄河到洛阳，然后分道到昆明或桂林，并延伸到印度支那半岛；第三条干线即广东官路的主干道，则是从北京出发经济南、徐州、合肥、南昌、赣州、韶关，直达广州。这是元、明以来北京到广州纵贯中国南北的主要官道，历来当做"使节路"，而终点广州又曾是清代对外通商的唯一口岸，所以清政府对这条干线特别重视。官马东路的唯一干线就是福建官路，沿途经过天津、济南、徐州、南京、苏州、上海、杭州、福州等重要城市。它是清政府经济上赖以生存的重要通路。此外，还有横贯东西的长江官路等。清政府正是通过这些道路，实现了对全国各省、市、县、乡镇乃至自然村落的政治控制与经济榨取；全国各地、各民族人民为了生存和发展，也通过这个庞大的交通网络，实现了经济、文化等各方面的交流。

我国古代的道路，都是沙石或泥土路，还没有用沥青或水泥铺成的道路。直至19世纪末期，我国才出现了铁路和公路。1876年，英帝国主义欺骗清朝政府，擅自修筑了吴淞到上海的铁路。这是我国领土上的第一条铁路。而1881年建成的唐山到胥各庄的铁路，则是我国出资修建并延存下来的第一条铁路。我国最初的公路，是1908年苏元春驻守广西南部边防时修建的龙州到那堪的公路，可惜没有全部完工。1913年，湖南兴建了长约50千米的长沙到湘潭的公路。随着近代交通工具火车、轮船、汽车的相继兴起，铁路、公路、航线的不断开辟，我国古代的驿路交通系统终于完成了它的历史使命，逐渐趋于瓦解和废弃。

思考题

1. 中国春秋时期的居住建筑内包括哪些陈设，各有什么特点？
2. 中国唐代的饮食文化在食材、器皿和调味上各有什么特点？

参考文献

[1] 许嘉璐. 中国古代衣食住行. 北京：北京出版社，2002.

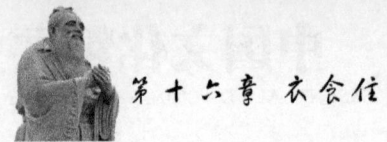

第十六章 衣食住行

[2] 刘朴兵. 唐宋饮食文化比较研究——以中原地区考察中心. 华中师范大学博士论文, 2007.

[3] 李建风. 《论语》中的饮食文化. 兰台世界, 2007 (02).

[4] 王玲. 《齐民要术》与北朝胡汉饮食文化的融合. 中国农史, 2005 (04).

[5] 邱健, 梁新兴. 《诗经》中的饮食文化. 许昌学院学报, 2006 (04).

[6] 陈文华. 宋元明清时期的饮食文化. 南宁职业技术学院学报, 2005 (04).

第十七章 民俗礼仪

中国历来被誉为"礼仪之邦",中国人特别讲"礼",中国古语中赞美一个人有"彬彬有礼"之说,故久之形成具有中国特色的礼仪制度,或曰礼仪文化,甚而有的使之上升到一种宗教信仰的社会层面,将中国传统社会称为礼教社会,有的使之上升到国家法律的社会层面,称之为礼法社会。中国传统礼仪文化已经或多或少的浸入到我们每一个中国人的血脉之中,影响着我们的言行举止和思想价值判断。我们有必要对中国民俗礼仪文化有一个较为系统的学习和了解,更为清楚地认识这种文化现象,从而做出自己的文化选择和行动。本章内容先对民俗礼仪作一个缘起、定义及其特征和作用的简要概述,然后大致按照个人、家庭、社会的三个层次来划分民俗礼仪,并分别予以阐释。

第一节 民俗礼仪概述

民俗礼仪,是民间百姓在日常生活习惯中所遵行的仪式规范和人际交往礼节。它最初起源于民间,但又是国家和民间共同作用的结果。作为国家层面的礼仪和民间层面上的礼仪事实上难以完全割裂和区别。民俗礼仪具有以下主要特征:传统性、集体性、地域性、规范性等。民俗礼仪对个人、民族和国家都具有重要的价值和意义。学习和了解民俗礼仪的特征和作用,对我们掌握和认识民俗礼仪具有重要的意义。

一、礼、礼仪与民俗礼仪

"礼"一词,具有多重含义。《辞海》对其的解释有几种,第一种指的是中国古代的等级制度,以及与之相适应的道德规范和社会规范,如礼制、封建礼教等;第二种指的是由风俗习惯形成或人为规定的仪式,如典礼、婚礼、观礼等;第三种指的是表示尊敬的态度或言行,如行礼、敬礼、有礼貌;第四种指的是敬重,以礼相待,如礼贤下士;第五种指的是表示庆祝、感谢或敬意的赠品,如礼物、礼品献礼等。

"礼仪"一词由"礼"和"仪"合成而来,这两个字都是表示尊敬的方式,而"仪",更多强调集体性的活动,多指的是仪式。而这种具有仪式性质的礼仪大致可从两个层面进行分类,一类即礼制,指的是国家的;另一类即礼

第十七章 民俗礼仪

俗,是民间的。民俗礼仪,则更为强调其区别于国家的民间习俗性质。所以,我们说民俗礼仪,是民间百姓在日常生活习惯中所遵行的仪式规范和人际交往礼节。但事实上,作为国家代表的"礼仪"和侧重于民间的"民俗礼仪",这两者在起源和发展过程中相互影响,互为作用。

民俗礼仪最初源自民间大众,因为人是社会性的动物,人类的群居方式决定了人必须妥善处理人与人之间的关系,建立必要的生活秩序,从而逐渐形成了固定的风俗习惯,后来其中一部分通过国家的力量,进行规范化、制度化,进而上升为"礼制"。例如《说文解字》曰:"礼者,履也。所以事神致福也。"即礼,原指的是在原始社会时期民间宗教祭祀祈福活动中的一种仪式行为。这种仪式行为进入到阶级社会后,宗教祭祀的权力转为由国家掌控,周公制礼作乐,逐渐将治神演变到治人。春秋时期的孔子说:"吾从周",他主张"道之以德,齐之以礼"的德治,打破了"礼不下庶人"的限制。汉代"罢黜百家,独尊儒术"之后,礼乐文化发展成为儒家文化的核心要素。宋代"礼"更成为王朝的正统思想,演变为"礼教","礼"或"礼教"于是成为中国古代上层阶级维持社会、政治秩序,巩固等级制度,调整人与人之间的各种社会关系和权利义务的行为准则和道德规范。与此同时,这些具有国家性质的礼制又会反过来下沉到民间使其世俗化,礼制成为民间生活的一部分,进而形成影响大众生活的礼俗。《周礼·天官·太宰》曰:"以八则治都鄙……六曰礼俗,以驭其民。"宋代王安石在《周官新义》中也曾曰:"礼则上之所以制民也,俗则上之所以因民也。……故驭民而当以礼俗。"

我们可以发现,无论是象征国家的礼制,还是代表民间的民俗礼仪,都是国家和民间共同作用的结果。所以说,尽管民俗礼仪强调的是民间大众普遍遵循的礼仪,但由于"礼俗之界,至难划分",两个层面意义上的礼仪在历史的流变过程中,特别是民俗礼仪常常受到国家礼仪自上而下的影响,礼、礼仪与民俗礼仪,这三个概念所涵括的内容在某种意义上出现了一致性,已经难以做出非常确切的分辨了,故民俗礼仪实际上也可以说是在礼指导下的俗。

二、民俗礼仪的特征

人们在对民俗礼仪的产生、发展、演变、传承规律及其结构、功能和性质的认识过程中,总结出民俗礼仪具有传统性、集体性、地域性、规范性等主要特征。了解了民俗礼仪的主要特征,对掌握和认识民俗礼仪具有重要的意义。

所谓传统,是指持续时间久远,通过社会进行代代传递的,包括物质和非物质的生活、生产方式,精神活动和信仰等各种文化样式。中国民俗礼仪的传统性,即其传统的性质是体现在其以书面和非书面、官方和非官方、正式和非正式的二元形式长期保存和流传。一方面是通过经典著作"三礼"为代表的正规教育世代传承和沿袭，另一方面是通过民间日常生活实践的耳闻目睹、自身经历和体会、观察模仿获得，无形之中继承和接受了这种仪礼的行为规范，并不自觉地成为这种文化的载体，将之传给一代又一代。由于民俗礼仪这种自古相传的传统性特征，亦有称其为"封建性"，但这种过去的影子，是随着时代的变迁而不断发生变化并做出适应性的调整的。故民俗礼仪既是稳定的也是变异的，既是传统的也是现代的。

民俗礼仪的集体性，表现在民俗礼仪既是群体智慧的创造性的成果和结晶，又是群体在广泛的时空范围内参与、流动和传承过程中的结果。人是社群性的，中国的民俗礼仪即是由中华民族这个群体集体不断创造、完善、传承和保护下来而形成的。即使或许某一项礼仪的创造是个人，但也应视其为集体中的一分子，因为其隐身于集体之中，不仅其创造后来亦经过集体的不断补充完善，而且也必须得到集体的遵守和执行，否则将不被流传成为传统。民俗礼仪不是个人的行为，而是集体的行为和思维模式。

尽管中国民俗礼仪是中华民族集体性的，但是任何民俗事项都不可能脱离其赖以生存的文化环境，不同的地理环境会造成中国民俗礼仪具有较为强烈的地域性特点，形成"和而不同"（即同中有异，异中有同，或者是大同小异）的取向。这些不同类型或模式的地域性民俗礼仪的形成，是与不同地区的自然资源、生产发展及社会习俗传统的独特性等因素密切相关的。所谓"十里不同俗"，特别是在一些民族地区，故亦有称为"民族性"。

民俗礼仪具有规范性的特征。礼仪是对民众共同创造和遵守的行为规则，对民众的思想和生活会产生强大的约束力量，迫使人们在一定的道德和行为规范中进行日常生产生活实践，从而也实现对个人心理和社会环境的协调和平衡。不同时代、不同空间和不同人群皆有各自不同的民俗礼仪规范。这种规范性特征同时也具有服务性特点，通过礼仪的规范，使其服务于民众的生产生活、心理思维、艺术审美甚至是社会的发展。

三、民俗礼仪的作用

《礼记》云：治国以礼则"官得其体，政事得其施"，治国无礼则"官失其体，政事失其施"，结论是"礼之所兴，众之所治也；礼之所废，众之所乱也"。在《孔子·季氏》中孔子曾经教导他的儿子伯鱼说："不学礼，无以立。"《礼记·礼运》中还记载了孔子的一段话："夫礼，先王以承天之道，以治人之情，故失之者死，得之者生。……故圣人以礼示之，故天下国家可得而正也。"这些古训强调了礼对于个人和国家的重要性。民俗礼仪的作用，既可

第十七章 民俗礼仪

以调节人与人之间的社会交往关系，塑造良好的社交心态和社交形象，还可以指导和纠正人们的行为方式，维系家庭、国家和社会的稳定和谐，促进社会的文化认同和良性发展，并且可以通过示范、灌输、评价、劝阻等教育方式，要求人们自觉遵循社会所倡导的行为规范，形成善恶是非的价值判断定势。传统礼仪的具体表现形式，既具体体现为一种可操作的外在形式，大至国家法律、制度，小到行为举止的礼貌、仪节等；又蕴涵了一种更深层次的内涵形式，如道德、气质、修养、文明等。所以说，礼仪是一个民族文明程度的象征，是一个国家文明进步的窗口，是一名公民文明素质的标志。一个缺乏礼仪的民族，肯定是一个不文明的民族；一个没有礼仪的国家，肯定是一个不文明的国家。每一位具有良好品德素质的公民，都应自觉遵循一定行为规范的礼仪要求。

当然，在历史的发展过程中，传统的民俗礼仪有着不同时代的烙印，既有其合理的一面，也有其弊端之处，特别是处于今天传统礼仪逐渐向现代礼仪转变的这样一个新时代，这提醒我们应当注意哪些方面可以继承发扬，哪些方面应该完全摒弃，哪些方面则必须加以革新。今天我们必须用辩证的、发展的眼光来看待民俗礼仪，去除糟粕，取其精华，学习和吸收民俗礼仪积极合理的一面，充分发挥民俗礼仪的重要作用，理解民俗礼仪的现代意义，为我们自身乃至整个中华民族注入可持续发展的文化内涵，树立一个既传统又现代的新文明形象。

第二节 人生礼仪

日本人类学家祖父江孝男在《文化人类学事典》中写道："人的一生就像竹子，其过程并不是平直的，而是有许多'节'，表示着其阶段性的特征。人生是由若干阶段组成的，人就是在具备某些条件时，通过一个个'人生之节'，发育成长，走向终点的。"

每个人的一生都可以划分为许多不同的阶段，在每个不同的阶段，个人必须接受与其地位、职责相关的价值观念和行为准则，且以此确定人们的身份、地位以及与之相应的责任、权利和义务。人的一生，大致可分为婴儿、儿童、少年、青年、中年、老年，或者说生、老、病、死，从一个阶段走向另一个阶段的过程，不仅仅年龄、生理等方面发生变换，同时也是一个人的身份、地位和角色不断变换的过程。在这个过程中，从一个阶段转入另一个阶段的关键时刻或时段，往往需要一些特定的仪式活动来帮助完成自我的社会角色转换，这些仪式被称为"人生礼仪"，国际上又称为"通过礼仪"。人生礼仪是特殊的，因为对于一个生命来说它基本上是一次性的，它不可能再重复，所以人生礼仪对于每一个人乃至家庭或家族都显得特别重要。

传统人生礼仪按照人生的时间顺序大致可分为诞生礼、成年礼、婚礼、丧葬祭礼四个阶段。其中还可以插入童蒙礼、生日礼、寿礼等。

一、诞生礼

诞生礼是人生之中举行的第一个仪式,通过举行诞生礼仪,刚出生的婴儿从一种生物意义上的存在转变为一种社会意义上的"人"。诞生礼持续时间较长,往往包括求子礼仪、怀孕礼仪、庆贺礼仪等三个阶段,其中以庆贺礼仪为中心。

古语云:"不孝有三,无后为大。"按古代社会的"七出","无子"是其一,丈夫可以因为妻子没有生子而休妻。所以如何求子是已婚女子都极为关心的一个重要问题。求子礼仪大致可分为三类:向神灵祈祷求子、旁人象征性送子、巫术求子。向神灵求子是最普遍的一种求子方式,一般掌管生育的神灵有送子观音、碧霞元君、金花夫人、子孙娘娘、张仙、陈靖姑等,祈祷之后还有一些"栓娃娃"、"偷泥娃娃"等习俗,最后如果成功了还得还愿。《礼记·月令》中就记载了先秦时期仲春之月祭高禖神求子的礼仪。旁人送子,一般是象征性的送子,多由亲友或特殊人物来送,所送之物有的是带有某种象征意义的食物,如芋头、生菜、鸡蛋、南瓜等,有的是一些象征多子多孙意义的吉祥物,如年画、剪纸、泥偶、绣花枕头等,有的甚至是一顿棒子的鞭打。巫术求子,即在一些特殊的时间、地点和场合对某种象征生殖器的东西加以祭拜和进行交媾行为的模仿,如葫芦、洞口、石榴、瓜、鱼等,也会有一些相关的仪式举行,如偷桩、到城门口去摸铜门钉等。

怀孕礼仪,民间也称"有喜"、"害口"等。女子怀孕为家族中的一件大事,人们普遍都对孕妇很关心,尤其是婆媳之间,就算是原来关系紧张的,也会变得缓和,婆婆会尽力照顾孕妇,如减少家务劳动、加强饮食营养等。怀孕期间,不同的地方有各种不同的禁忌。主要原因是认为孕妇不洁净,因此一些巫术或祭祀活动不能参加,也有的地方为了不影响孕妇所怀的胎儿,出于保护的目的,要求孕妇忌食、禁视等。在饮食方面,一些动物的肉禁止食用,如东汉王充《论衡·命义》中的"妊妇食兔,子生缺唇";有的忌吃狗肉,否则孩子爱咬人;忌吃公鸡,否则孩子爱夜里啼哭;忌吃驴肉,否则不听话;忌吃螃蟹,否则胎横难产。在视听方面,也有一些禁忌,如不看丑陋的人,不可看蛇之类不常见的动物,怕受到惊吓。北齐颜之推《颜氏家训·教子》中云:"古者圣王有胎教之法:怀子三月,出居别宫,目不斜视,耳不妄听,音声滋味,以礼节之。"意思是,要孕妇用礼教来控制自己,给胎儿良好的影响。在孩子

第十七章 民俗礼仪

快出生前的一段时间，有的地方还有催生的习俗。娘家要送一些催生礼物，主要是小孩出生后所需要的衣物、孕妇产后可补充营养的食物等，有的地方甚至在送礼时要带上吹芦笙的人，谐音喻义是"催生"，或者有的送筷子，谐音喻义为"快生"。

庆贺礼仪，是婴儿诞生后，要有一系列的贺诞仪式，目的是为婴儿祝吉，一般有"报喜"、"三朝"、"满月"、"百日"、"周岁"等，时间延续一年左右。

孩子出生第一天，就必须向有关人员报告喜讯。《礼记·内则》云："子生，男子设弧于门左，女子设帨于门右。"可见先秦时期就有报喜之礼仪，生男在门左挂木弓，生女在门右挂手帕。女婿向岳父家报喜，要携带一些礼品，各地不一。有的拎一只鸡，并不用说话，即可明白公鸡为男，母鸡为女。有的送染成红色的熟鸡蛋，也称红蛋、喜蛋，男双女单或男单女双。喜蛋还要向亲朋好友广为赠送，目的也是为了报喜。

孩子出生第三天，举行洗澡、设宴等庆贺仪式，称为"三朝"或"洗三"。给婴儿洗澡有一些礼仪讲究，如澡盆用铜盆，洗澡人要选有福气的中老年妇女，洗澡水用浸泡了艾叶、十二种花草或桃、梅、李树的根等的热水，洗澡时嘴要念一些吉祥祝福的话或歌谣，祝福孩子顺利长大，读书做官，出人头地。如满族"洗三"时就唱："洗洗头，做王侯；洗洗腰，一辈倒比一辈高；洗脸蛋，做知县；洗腚沟，做知州。"

产妇在分娩后一个月内不能做事，不能出门，叫"坐月子"，婴儿也紧傍母亲，不能被抱出户。一个月后，母亲身体基本恢复，婴儿也逐渐适应新的环境，家人又要举行众多亲友参加的仪式为其庆贺，称为"满月"，也称"出月"或"弥月"。仪式的主要内容是第一次剃头和第一次出门游走。婴儿的胎发一般不全部剃光，有的在额顶留一绺"聪明发"，脑后留一绺"撑根发"，剃下的胎发也要妥善收藏。有的地方剃发必须得要舅舅主持。这一天也要抱着婴儿出门上街，见见世面，也称为"兜喜神圈"，象征着小孩终将离开母亲怀抱，走出家门，闯荡世界。

满月之后，还有在100天时举行的庆贺仪式，称"百岁"，也称"百晬"、"百禄"，即是圆满、完全的意思，也是祝福小孩能健康长寿。这一天要设宴招待宾客，客人送礼，最重要的是百家衣和百岁锁。民间也有吃百家饭、穿百家衣、挂百家锁的风俗。人们认为百家衣可以保佑小孩顺利长大；百家锁上一般都铸有"长命百岁"、"长命富贵"一类的吉祥语，也称"长命锁"，认为小孩容易受到惊吓丢失魂魄，长命锁可以锁住孩子的魂魄，不让其走失或被妖魔摄走。

周岁，是孩子的第一个生日，民间也会用一个预卜小孩前程的仪式，作为诞生礼的高潮和结束。除了同样要设宴招待宾客之外，这一天最重要的是举行"抓周"仪式。也就是当孩子穿上新衣后，将各种文具、玩具、糕点果品、书籍、秤尺刀剪等物品摆满在桌子上，让孩子坐在其中，任其伸手去抓，看看其抓住什么东西，以此来预测孩子的性情、志趣和前途。如抓到笔墨，说明孩子将来爱读书；抓到算盘，说明孩子未来有经商能力等。当然这种仪式属于占卜一类，并不可靠，只是作为一种仪式或娱乐方式反映了家族中的父母长辈望子成龙、望女成凤的美好愿望。

二、童蒙礼

在诞生礼和成年礼之间还有一些过渡性的礼仪，如童蒙礼等。古时，儿童入学的第一天，要举行童蒙礼，先要在家中向祖宗拜祀，再向父母跪拜，发誓要好好读书。然后由长辈带领去塾堂，到了塾堂，先向孔子圣位跪拜，再拜见老师。逢年过节，学生家长总不会忘记给老师送礼，以表示尊师。进入近现代，废除私塾，改为现代学堂，传统的跪拜礼也随之消失，不过在许多地方仍然把儿童的第一次上学看得很重，要为儿童准备新衣、新书包、新文具，由家长亲自护送入学。学校也非常重视新入学的学生，举行专门的入学典礼。

三、成年礼

成年礼仪，又称成丁礼、入社礼，是为了认定一定年龄的人具有进入社会的能力和资格而举行的一些仪式。通过这些仪式，则意味着其可以进入社会（部落），也宣告了其孩童时代的结束，成年时代的开始。成年礼，有年龄的规定和性别的区分。年龄只是标志着一个人的生理成熟程度，这种成熟程度是举行成年礼的重要依据，而通过成年礼，则意味着这个人具有社会成熟的意义。在中国传统社会中的尊卑长幼秩序中，年龄层次是决定一个人社会地位的重要标尺之一。成年礼常常是分性别举行的，可分为男子成年礼和女子成年礼。之所以有性别之分，主要是因为在成年礼中性教育是其中非常重要的一项内容。

成年礼的考验方法和手段有多种，如环境的突然改变，被带往远离父母与亲人的陌生地方；生活相对艰苦，饮食、睡眠、说笑行为等受到严格限制；从事体力劳动和耐力培养，长距离行走等；接受鞭打等肉体痛苦和施行损伤性手术，如割礼、文身、凿齿等；制造恐怖场面，使年轻人受到惊吓等。最后通过成年礼的年轻人，将获得正式社会成员的标志，如改变发式和服装、佩戴特殊装饰品、文身与凿齿等身体变形、有新的名字等，这些都是表明了年轻人身份

第十七章 民俗礼仪

发生变换的标记。

成年礼在不同的民族、不同的地域有不同的表现形式,如彝族少女的"换裙礼"、海南岛黎族妇女的"绣面"、哈尼族叶车人的"安角"。而汉族在古代主要实行的是"冠礼"和"笄礼"。古代的冠礼,是男子成年的仪式,主要是改变发式和服装,反复三次,此外还要取一个字,以获得成人、服兵役、参加祭祀三种资格。《礼记·冠义》云:"已冠而字之,成人之道也",甚至称"冠者,礼之始也",说明冠礼很重要。笄礼是古代女子成年的仪式。《礼记·曲礼上》云:"女子许嫁,笄而字。"女子接受了男家的纳征礼,就在头上插上簪子。《谷梁传·文公十二年》云:"女子十五而许嫁",可见古代女子在15岁左右举行笄礼。也就是说女子一旦满15岁,就许嫁,其发式也随之发生变化,意味着她已经是成年人了。由于冠礼、笄礼的时间和婚礼较为接近,成年礼逐渐由独立的仪式变为服从于婚礼,两种礼仪出现合并的趋势,因为后世把结婚当作人一生中的头等大事,认为只有婚配之后,才表明一个人真正成年,即"成家立业之人"。

四、婚礼

婚姻是人类自身繁衍和社会延续的最基本手段。婚礼是人生之中一个十分重要的大礼,故称"婚姻大事"。《说文解字》云:"婚,妇家也。《礼》,娶妇以昏时,妇人云也,故曰婚。"因古人娶亲都在夜间,与武力掠夺的旧俗遗存有关,故云"昏"。《礼记·昏义》云:"昏礼者,将合二姓之好,上以事宗庙,而下以继后世也,故君子重之。"早在中国汉代定型有关于婚姻的"六礼",把婚礼分成六个阶段,并分别举行六项仪式,即纳采、问名、纳吉、纳征、请期、亲迎。尽管这"六礼"在后世有所改革变化,但其基本奠定了传统社会里婚礼的基本模式。

纳采,即选择、采择的意思,也就是男方请媒人到看中的女子家里去求婚。纳采是女方家自谦的说法,意思是我家女儿恐怕配不上你家的公子,不过是你们采择的对象之一。《仪礼·士昏礼》:"昏礼:下达,纳采,用雁。"郑玄注:"将欲与彼合婚姻,必先使媒氏,下通其言,女氏许之,乃后使人纳其采择之。"去提亲时,送的礼起初必须是雁,因雁是候鸟,来去有时,象征"男大当婚,女大当嫁",且雁对配偶极其忠贞,如果女方同意议婚,就把礼物收下。后世纳采的礼物不断丰富,如鹅等,一般都有其象征意义。

问名,即俗称的"讨八字"、"请庚"、"探问",也就是男方请媒人到女方家里询问女方名字、出生日期、籍贯等,甚至问及三代,以及官职等。女方把情况写在帖子上,交给媒人,称为庚帖,男方接到庚帖,再请人推算占卜,看"合八字"否，"八字"也就是"生辰八字"，即是一个人出生的年月日时都以干支相配，共有八个字，有年龄、生肖、五行等禁忌，如果男女双方八字相合，就可以定亲，如果八字相克，则不可议婚，当然同时也通过庚帖弄清彼此在血缘上是否有联系，因为古人对血缘关系要求很严，所谓"同姓百世不婚"。

纳吉，男方将问名占卜后的吉兆报知给女方并送礼订婚。唐代称为"报婚书"，宋代称"过细帖"，后来也称为"定聘"、"过小礼"、"传庚"、"定亲"、"换帖"，也就是男女双方此时还要换一次帖子，称为定帖，又称龙凤贴。同时要带上一定的聘礼，多用首饰、彩绸、礼饼、礼烛、猪羊等作为定礼。男女双方订婚后，就要受到伦理约束，不可随便解除婚约了。男方准备迎娶，女方准备遣嫁。但婚期并没有定，有时还要拖上几年，等各方面条件成熟后，再进入到纳征。

纳征，又称"纳成"、"纳币"，指的是男方家向女方家送聘礼，意味着进入到成婚阶段。《礼记·昏义》孔颖达疏："纳征者，纳聘财也。征，成也。先纳聘财而后婚成。"后世也称为完聘、过大礼、下彩礼、放大定。聘礼中常常有茶叶，故也称"茶礼"。一般男方备有礼单，聘礼的多少及物品名称，多取吉祥如意的含义，数目取双忌单，礼品装好箱笼，伴以鼓乐专人挑抬，送往女方家。有的女方家会有回礼的做法，即是将聘礼中的一部分或全部退回男方家。

请期，俗称"提日子"、"送日头"，即女方家收下彩礼之后，男方要挑选一个吉祥的迎娶日子，且派人告知女方以征得女方同意，仍以雁为礼。确定婚期一般的规矩是男定月，女定日，以避开女方不方便的日子。举行婚礼的日期，现在仍为民众看重，男女双方要再三磋商才确定下来。

亲迎，是指新郎亲自去往女方家迎娶新娘的仪式。今天叫"迎亲"。亲迎礼是婚礼的核心，甚至被认为是真正的婚礼。前五礼都只是在男女双方家长和媒人之间进行，婚姻当事人都可能并不知晓，也不在场，只有到了亲迎，婚姻当事人才到场，双方家族中的大多数人也都来祝贺，一起参与和见证婚礼的仪式过程。迎亲仪式是婚礼中最为繁缛琐碎的仪式。宋吴自牧《梦粱录》卷二十"嫁娶"中记载，南宋杭州的亲迎礼就有挂帐、催妆、拦门求利是钱红、撒谷豆、坐虚帐、走送、牵巾、挑盖头、参拜、交拜、饮交杯酒、合髻等程序。整个亲迎仪式热闹，场面大，正式向大家宣布了婚姻的成立，大家也才认可了他们之间的婚姻关系。尽管后世的婚礼经过改革简化，不过在人们心中始终还是认为迎亲应该有一定的仪式过程，不可太草率，一定要热热闹闹才罢休，这可以说是人一辈子中最重要的一件事情。婚后第三天，新郎陪伴新娘双

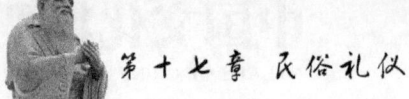

第十七章 民俗礼仪

双回到娘家，称"回门"、"归宁"、"省亲"。女婿拜见岳父母，表示感谢；女儿则是表示出嫁不忘父母养育之恩。

五、生日礼和寿礼

人一生中许多礼仪是只有一次的，如诞生礼、成年礼等，而生日礼除外。汉代以前，只有在满周岁才庆贺，后来到魏晋南北朝时期，开始出现过生日的风俗，且只有双亲健在时才可以做。后来，每年到了诞辰的日期都要过生日，且常与祝寿结合起来。

生日礼俗，从年龄来看，年龄不同的人，受到重视程度也不同。一般来说，老人生日最隆重，其次是小孩，最后才是中青年人。从时间上来看，可分为小生日和整生日，也称散生和满旬，小生日，一年过一次，年年有，小生日过得比较简单，大多会选择在家中吃鸡蛋和面条。孔子说，"吾十有五而志于学，三十而立，四十而不惑，五十而知天命，六十而耳顺，七十而从心所欲不逾矩。"所以后世往往以此为准，非常重视年龄的阶段性，对逢十的生日也显得极为重视。整生日，即是逢十年过一次，相对比较讲究，会大摆宴席宴请亲朋好友。但一般是男子"做九不做十"，女子做足。而男女60岁之后的过生日叫做大寿，晚辈为其过生日，祝其健康长寿，就称为寿礼。传统寿礼有一整套仪式过程，一般会在家中设寿堂，亲友小辈们会送来寿联、寿幛等，如"寿比南山，福如东海"，寿堂点燃寿烛，披红挂绿，张灯结彩，还有各种寿礼如寿桃、寿糕等，寿星会坐在中堂，接受亲友、晚辈的祝贺和叩拜，然后大宴宾客，这一天一般都要吃长寿面。

此外，民间还有重视本命年的习俗。本命年，就是每一个人出生时会对应十二生肖中的一种动物作为自己的属相，这样每过12年就会遇到与自己出生那年相同的属相年，这就是本命年。民间有习俗认为本命年是人的生命进程中的一个大"坎儿"，会碰到一定的困难和危险，所以在本命年里有一些民俗礼仪，例如穿红色的衣裤，佩戴红丝绳系挂的饰物，甚至拜祭"本命神"等。

六、丧葬祭礼

死亡，是人的生命过程中的最后一站。在传统社会里，人们常认为人死亡后并不是消失不见了，而是进入到另外一个世界生活。所以为了安排好亡灵此后的生活，并处理好亡灵和活着的人之间的关系，如获得死者的庇护，就必须重视丧葬祭礼的礼仪。一般来说，重视丧葬祭礼的原因主要是由于在传统礼仪中安排安葬老人的好坏与子女是否尽"孝"相联系，而且传统礼仪还对葬礼进行了等级区分，不同地位等级的人丧葬礼规格不同，正常死亡和非正常死亡的人丧葬礼也不同，主要体现在送葬队伍中的服式、送葬队伍的多寡、对丧葬重视的程度等方面，生者常为了面子而格外看重丧葬祭礼，此外生者对死者的怀念，那种难以割舍的心理，需要通过丧葬祭礼来宣泄自己的感情。丧葬祭礼按照时间的阶段性可以分为三大部分：一是丧礼，二是葬礼，三是祭礼。

（一）丧礼

丧礼，是指死者临终直至落葬之前的一系列仪式行为。《礼记·王制》云："天子七日而殡，七月而葬。诸侯五日而殡，五月而葬。大夫、士、庶人三日而殡，三月而葬。"可见死者地位越高，由丧礼至葬礼的时间越长，期间的礼仪也越繁复。即算是一般的人，也要到死后第三天才大殓，三个月后才落葬。唐《开元礼》记载丧葬礼仪程序有66道。宋司马光《书仪·丧礼》也还记载有25道之多。所以古代办一次丧事很艰难，耗时耗力耗财，穷人更是办不起，民间故事中便有孝子"卖身葬父"。当然由于时代、民族、地域不同，具体的丧礼礼仪也会有一些差异，以汉族为例，大致有始死（包括"易箦"、"属纩"、"复"、"饭含"、"奠"）、发丧和吊唁、装殓（包括"小殓"、"大殓"）、殡。

始死，也就是从死者在弥留之际到刚刚死亡的时候。弥留之际，要为其换一下铺位，即是移到正寝居住，称"易箦"，或"寿终正寝"。临终，要用新絮放在其口鼻上，因为新絮很轻，可判断其是否断气，称"属纩"。人一死，家人要为其招魂，称为"复"，返还之意。具体程序是令一招魂者拿着死者的上衣，上屋顶朝北方呼喊死者名字"某某，回来呀"三声，再将衣服盖在死者身上，目的是希望死者灵魂归附其衣服，再回到其体魄，为子女"尽爱之道"。然后为死者沐浴，梳理头发，在死者口中放入米、玉器、珠宝、钱币等，不让死者空着嘴离开人间，称为"饭含"，民间称"停尸"，并置"长明灯"于尸体头前。亲人刚刚故去，家人不忍马上就把亲人当作死人来对待，每到朝夕吃饭的时候，会把饭菜端到死者的右边，表示依然在奉养其，这种礼节称为"奠"。

发丧，指的是长辈亡故，子孙要戴重孝，奔赴亲友家叩头报告凶讯以及丧葬礼日期等安排事宜，也称"报丧"，报丧人不可进入别人家门内。吊唁，又称"吊孝"、"吊丧"，指的是亲友上门哀悼死者并慰问丧家的礼仪。吊唁者要送礼，包括礼金、挽联、挽幛、匾额、香烛、纸钱等，孝子和亲属还要在一旁答礼。吊唁期间还有一些禁忌，如忌荤，忌洗脸，需大哭，根据与死者之间亲属关系的亲疏远近不同穿不同的丧服等。

装殓，有小殓和大殓之分。小殓是死后第二天最重要的礼仪，主要内容是给死者穿寿衣。而穿多少套衣服，是根据死者身份的高低而有不同的规定。大

第十七章 民俗礼仪

殓，是把尸体装入棺材的程序，也就是向死者遗体告别的仪式，俗称"入棺"或"落棺"。而铺棺、装尸、盖棺，都有相应的礼仪，各地做法皆有所不同。

殡，是指大殓之后，一般都要停棺等待下葬达数月之久，这段时间称为"殡"。普通人停棺在家，春秋时诸侯则停于宗庙。所以今天人们将停放尸体的地方称为殡仪馆。在殡的这段时间，家人要请人占卜，选定墓地和落葬的日期。此外，停棺在家时，夜里不可漆黑，要点烛，要有人陪伴，甚至还要请和尚、道士念经做道场，击鼓唱丧歌，把丧事办得隆重、体面而又热闹。

（二）葬礼

葬礼，指的是各种不同的葬法以及落葬时候的仪式行为。葬法，就是如何处置尸体的方法。我国民族众多，且随着时代的不同，葬法不一、类型多样，大致可分为土葬、墓葬、火葬、水葬、天葬以及它们的变异形式"塔葬"、"悬棺葬"、"洞穴葬"，还有先火葬后土葬、先火葬后水葬的复合类型等，其中有的已被淘汰，有的还在沿袭，如土葬，就是我国古代的主要葬法，现在提倡火葬，但许多人还是要把骨灰盒埋入土中，表现了"入土为安"的传统习俗观念。

落葬之前，要占卜选择好墓地，占卜择定安葬的日子并通知众宾，察看棺材外棺材料的好坏。到了落葬时的仪式行为，是丧葬礼仪的最后程序。由于葬法不同，故葬礼的仪式也不同，但仪式主要是以古代汉族中原地区的土葬仪式为主。一般来说，包括启殡、朝祖、陈大遣奠、发引、下葬、反哭、虞祭等。

当天色刚刚亮的时候，开始"启殡"，连续喊三声，告诉死者的神灵即将出发。先移到祖庙中告别，以表示尽最后一次孝顺之心，安葬前告祖宗，称为"朝祖"。次日黎明时分，在祖庙门外陈供五鼎，设馔于灵柩车之东，宾入拜祭，为"陈大遣奠"。然后移出庙门，主人将收到的助丧之物和随葬物品的清单宣读一遍，再由死者亲属列队将灵柩护送到墓地，亲属按照与死者关系的亲疏为顺序，身着不同的丧服（丧服分五等，也是按照与死者的亲疏关系划分为斩衰、齐衰、大功、小功、缌麻，主要的区别是布料的精粗和需服丧期的长短不同），亲者在前，疏者在后，其中，男子在前，女子在后。灵柩前有影亭，内设死者遗像，主亭设死者神主牌位。有的还用执事和旗幡，还有吹鼓手和僧道人等，一路敲打念经。丧者要执引輓车走在前面，故称"发引"。引，是輓引柩车的绳索。执引是亲友表示对丧事"助之以力"的礼仪，是人们借以表达情谊、追思缅往的一种方式。时至今日，送花圈的时候，通常可见一"挽"字，其为"輓"的简化字。"某某挽"即是古代执引輓车的意思。所以哀悼死者的对联称为"挽联"，吊丧的布帛称为"挽幛"，送葬时唱的歌称为"挽歌"。

到了墓地，先祭祀土地神，然后开始"下葬"。为了防潮，先要在墓穴底部铺上一种中间夹杂茅秀和香草等香味的草本类植物，将灵柩抬下车后放入墓坑。灵柩放稳，孝子和家人每人抓一把土扔在灵柩之上，称为"添土"。然后填土做坟。一般都要在坟墓上栽种松柏，既可作为坟墓的标记，也可以起辟邪的作用。葬事完毕，还要返回祖庙和殡宫号啕大哭，称为"反哭"，因为斯人已去，此地唯留空堂，永不再见，于是悲从中来，号哭直至尽哀而止。在下葬当天日中的时候，以及隔日之后两天，要举行三天的"虞祭"。虞，就是安的意思。虞祭，是指迎魂安于殡宫（启殡时所在的位置）之祭。因为死者骨肉归于土，但其精魂犹无所不在，故要三次祭祀以安之。最后，孝子和家人还要谢客，感谢他们前来送葬，并送其出门。

（三）祭礼

祭礼，也就是说死者的家属在完成墓葬仪式之后，由于中国传统的信仰心理和孝道，为了让死者的鬼魂安宁不作祟害人和庇荫后世的子孙，故仍要和死者的灵魂一直打交道，直至永远。这种交道主要包括两种，一是孝子和有关亲属的居丧礼仪，二是葬后对亡灵的祭祀礼仪和日常生活中经常要举行的祭祖仪式。

居丧，也称"丁忧"、"守孝"。《礼记·三年问》云："丧不过三年"。一般来说孝子守孝为三年。居丧期间有许多应该遵循的礼仪规范，如居处、饮食、言谈、行为等。具体而言，为父母服丧，要居住在倚庐（倚墙搭建的草棚）中，不能喝酒吃肉，只能喝粥汤，粗茶淡饭，应该沉默寡言，不应显得快乐，不理发，不沐浴，不更衣，不举乐，夫妻不同房，更不可娶妻纳妾，做官的要辞官回家守孝，等等。如有居丧非礼的人，在伦理道德上会受到舆论的谴责，被视为悖逆人性的禽兽之举，而且历代法律明文规定，要加以严格的处罚。不过由于该礼仪甚为繁缛，在历史上真正按照经典要求完全做到的人不多。此外，儒家认为，三年之丧非常漫长，能否严格执行，可以据此来察看其人是否有仁爱之心、通理之智、强健之志等品质。

祭祀的礼仪，落葬之后就陆续举行了。古代祭礼大致有虞祭、卒哭、袝、小祥、大祥、禫等，其中小祥是周年之祭，大祥是两周年之祭，禫在大祥之后隔一个月，是三年之丧中的最后一次祭，到了后世，这些礼仪逐渐发生变化，不再使用这些称呼。在民间，受佛教影响，有"做七"之举。人死后设灵座，供木主牌位，每天要祭奠供饭。每隔七天，则要更隆重地祭奠，请僧道来念经做道场，超度亡灵，使其升入天堂，共做七次，其中以头七、五七、七七为大七。"五七"有说是亡魂最后一次回头看望家乡亲人，"七七"也称"断七"，即到了七七四十九天，超度亡灵便告一段落，在隆重的祭奠之后，孝子脱去孝

第十七章 民俗礼仪

服、烧掉孝鞋、丧杖等物，撤去灵堂，一切恢复正常。之后，仍有一些祭祀仪式，但一般都归入祭祖礼仪的范畴之中。

日常生活中的祭祖仪式，按祭祀地点来分有墓祭、祠祭和家祭三种，按照祭祀时间来分有忌日祭、春节祭、上元节祭、清明节祭、中元节祭、十月朔日祭、下元节祭等。墓祭，也称"上坟"、"扫墓"，即清明节时在坟墓前对祖先亡灵进行祭祀，主要内容是对坟墓的修缮和坟地植树等。祠祭是在祠堂内举行，是宗族集体活动，每年春秋两次大祭，十分隆重。家祭是以家庭为单位，逢年过节在家中的祭祀。忌日祭，也就是指父母或祖先去世的日子，每年到这一天，家人要禁忌饮酒作乐，故称"忌日"，也称"忌辰"，此日子女或上坟墓祭祀，或在家祭祀。春节是全家团员之日，也要祭祀死去的祖先，一般是在吃年夜饭之前先要在家祭祖，表示对祖先的尊敬和怀念。上元节，即元宵节，也要祭祖。清明节主要是扫墓。中元节，农历七月十五，俗称"鬼节"，道教认为这一天是地官大帝的生日，要诵经超度亡魂，佛教认为是连目救母的纪念日，也称"盂兰盆节"，民间也要在此日祭祖，并超度孤魂野鬼。十月朔日，即农历十月初一，要祭祖，还要"烧包袱"，在门前或坟前烧纸糊口袋，把以五色纸剪成的衣裤和纸锭，封入上写有三代祖宗名字和晚辈名字的纸糊口袋，也称"送寒衣"。下元节，农历十月十五日，是道教中水官大帝的生日，也要祭祖。以上礼仪的具体仪式行为在现代社会里逐渐淡化，但暗藏其中的这种祖先保佑的文化心理定势，在今天始终没有改变。

第三节　家庭礼仪

家，是每个人生活的起点，是社会的细胞。民间谚语有云："家和万事兴"，可见中国人非常重视家庭关系。从文化人类学意义上来说，家是社会结构的最基本形式。家，是个人、社会和文化的需要，它可以使个人获得一定的能力和社会认同，可以作为社会依靠稳定其伦理和结构秩序的基层单位，还能够使得个人服从社会的基本规范和道德法则。家庭礼仪，往往是社会礼仪的发源地或传承单位。

自汉代以来，一些家庭十分注意教育自己的子孙后代，并制定家书、家礼，如东汉的邓禹、魏霸，后来六朝颜之推的《颜氏家训》、司马光的《书仪》和《家范》、朱熹的《朱子家礼》，乃至现代的《傅雷家书》等，成为家礼的楷模和范例。儒家的"修身齐家治国平天下"，说明处理好家庭内部关系是治国安邦的前提，传统中国甚至在很大程度上是用家庭之中的人际关系模式来处理国家和社会各阶层的人际关系。《太祖实录》中朱元璋说："齐家治国，其理无二,使一家之间长幼内外,各尽其分,严于循理,则一家治矣。一家既治,达之一国,以至天下,亦举而措之耳"。可以说,这种"家国同构"的治国理念深深影响了中国数千年。

传统家礼有尊老爱幼、和睦相处、互谅互让、相濡以沫等优良传统,但也存在一些弊端,束缚个人和社会的发展。按照家庭内部关系大致可以分为父子之礼、夫妻之礼、兄弟之礼和闺媛之礼等四个部分。

一、父子之礼

一般而言,把两代人之间的礼仪称为"父子之礼"。子女对父母要行"孝道";父母对子女,则要"慈、严、教"等。这两层关系中,特别强调的是"孝"。同时,这种父子之礼也可以延伸为祖孙、叔侄、婆媳等长幼之间的关系上。

所谓"孝",就是父母养育了子女,子女长大成人之后要报答双亲的养育之恩,尊重父母,赡养年老体迈的父母,承担为人之子的责任。这是中华民族一直强调的传统美德。《论语·学而》云:"父在,观其志;父没,观其行。三年无改于父之道,可谓孝矣。"意思是,一切要按照父母的意愿去做,而不管这些意愿是对还是错,甚至父亲死了三年,做儿子的也还不可以违背父亲的意愿。当然,我们也可以看出传统家礼有其过分之处。

孝顺方面,传统家礼对子女的要求一般有:言行上,必须遵从家长的意见,凡行事要请示家长。居处上,如座位、卧室等,有尊卑高下之分。婚姻上,子女不能自由恋爱,必须遵从父母之命,所谓"包办婚姻"。生活上,子女要早起问安,晚上安顿床铺。遇到父母生病的时候,做子女的除了要精心服侍,想办法治病,亲尝汤药,尽可能满足病人的要求,还不可弹琴歌唱、放声大笑,并少喝酒少吃肉,"二十四孝"中就有这样的故事,如"王祥卧冰"、"孟宗哭竹"等。此外,家礼还有一些特殊的或繁缛的内容,如子报父仇、守孝三年、"父母在,不远游"等。

对于为人之父母的要求,主要是"慈、严、教"方面。慈,是父母对待子女要慈爱。这也是人类的天性,诚如孟子说"幼吾幼,以及人之幼"。严、教,是指做父母的要严格要求自己的子女,要有"家教"。民间俗语里常有"不打不成材"、"严父慈母"等。古代父母教育子女有许多"家教守则",非常切实,并且还要求做父母的以身作则,做好言行举止的榜样。譬如《韩非子·外储说左上·说六》中就记载了曾子家教的故事,"婴儿非与戏也",终杀猪以示诚信。

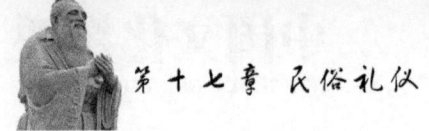

二、夫妻之礼

因为婚姻关系，男女之间形成夫妻关系，因此才形成家庭。《礼记·昏义》云："昏礼者，礼之本也。"说的是婚礼，实际上也就是夫妻之礼。因有夫妻之礼，方有父子之礼，所以夫妻之礼在传统礼仪中非常重要。男女之间结婚的仪式称为婚礼，婚后夫妻相处应遵循的行为规范称为夫妻之礼。

在中国古代礼教"三纲五常"中，夫妻之礼概括为"夫为妻纲"。意思是，夫妻之间的地位关系，是以丈夫为尊贵，妻子是卑贱的；家庭中以丈夫为主导，妻子是随从。中国古代女子还有"三从四德"，从，是服从。"三从"是指"未嫁从父，既嫁从夫，夫死从子"，女子在不同时期应该服从不同的人。德，是规范。"四德"是指"妇德、妇言、妇容、妇功"，从女子的品德、言辞、仪态和手艺方面作出具体规范。传统家礼还重视女子的贞节，宋司马光《温公家范》："忠臣不事二主，贞女不事二夫"，要求女子从结婚之前到结婚之后，皆需固守贞节。现在民间还保存许多皇帝赐予的贞节牌坊，或者一些民间俗语"好马不配双鞍，好女不嫁二男"等。此外，在对待夫妻离婚方面，对妻子的要求也甚多。《大戴礼记·本命》有"七出三不去"的规定。"七出"是对女子的要求，如果女子有以下七种行为即可"休妻"，即"妇有七去：不顺父母，去；无子，去；淫，去；妒，去；有恶疾，去；多言，去；窃盗，去"。"三不去"则是对男子的约束，即"妇有三不去：有所娶无所归，不去；与更三年丧，不去；前贫后富，不去"。古代中国对"七出"的要求甚过"三不去"。甚至有民间谚语云"娶到的媳妇，买到的马，由人骑来由人打"。

这些中国古代的夫妻之礼虽然有一些合理之处，但更多的是弊端，行为规范主要是从男子的立场苛刻地要求女子。近现代以来，古代的一些夫妻之礼的旧俗仍然部分地残存下来，但随着社会的进步发展，女子解放运动的开展，其地位逐渐得到较大的提高，特别是新中国成立以后，现代夫妻之礼更多的是提倡和遵从"男女平等"、"相濡以沫"等新的观念和行为准则。

三、兄弟之礼

《论语·颜渊》曰："四海之内皆兄弟"，说明了人们对兄弟之礼的重视程度，要求人与人之间要像兄弟一样团结友爱、和睦相处。换句话说，如果有着天然血缘关系的兄弟都不能很好的相处，那与他人的相处则无从谈起。兄弟关系包括同父同母、同父异母、同母异父、异父异母等情况，亲疏有别，特别是古代中国长期实行妻妾制，所以兄弟之间关系更为复杂，纠纷甚多。传统礼仪因此必须对此做出规范。

传统礼仪对兄和弟分别提出了要求，即"兄友弟恭"或"兄仁弟悌"。中国在西周时期就有"大宗"和"小宗"之分，强调了长幼有序、亲疏有别，实行嫡长子制度，也因此形成了影响中国数千年的宗法制度。《大戴礼记·曾子事父母》要求弟弟对兄长的态度是"尊事之，以为己望也；兄事之，不遗其言"，即弟弟要尊敬地侍奉兄长，以其为自己的榜样，不能忘记兄长的吩咐和教诲，活要抢着干，东西要让着吃，要求言行举止的恭顺。同时，对兄长的要求是，需为弟弟举行冠礼，张罗弟弟的婚事，对弟弟要友爱和关心、管教和帮助。民间谚语中亦有"亲不亲，手足情"、"长兄为父，长嫂为母"等说法。

兄弟分家也是非常讲究礼仪规则。过去没有实行计划生育政策，讲的是多子多福、人多力量大，一个家庭兄弟姊妹众多，但兄弟年长之后的分家是较为复杂的事情，且常常涉及纠纷，如民间故事中有很多这类"哥俩分家"的口头民俗文学。一般来说兄弟分家，如果父亲健在，一般由父亲做主；如果父亲亡故，则由家族中年长辈分高者如族长或舅父做主。家产的继承大致有四种类型：嫡长子为主要继承人、以幼子为主要继承人、家中成员平分、女儿或女子及其女婿继承。第一种是家长制的延续，如历代帝王世系。第二种往往是幼子必须承担对老人的养老送终，方可继承财物。第三种往往平分之后，老人或者多得一份财产作为养老费用，或者将自己分得的家产归入幼子，由幼子赡养自己，等同于第二种的变异形式。第四种多出现在"从妻居"或"入赘"形式的家族里。

四、闺媛之礼

这里的闺媛之礼主要是指传统礼仪对家庭中的女子的礼仪要求。历朝皆有各种关于女子行为准则和规范的著作问世。西汉刘向《列女传》记载了许多妇女典范的故事，以此为榜样来教训妇女。唐代宋若梓《女论语》中的序言曾云"敬戒相承，教训女子。若依斯言，是为贤妇。罔俾前人，独美千古"。古代男子与女子之间相处的总体原则是"男女有别"或"男女授受不亲"。具体而言，对家庭中的女子有一系列的规定如，生活方面，7岁以后，即使是亲兄弟姊妹也不可以同席共食；10岁以后，女孩就要关在家里，由专人来传授有关闺媛的礼仪；女孩有自己专门的住处称为闺房，而且位于内室，女子不可随意走出，男子不可擅自进入；女孩的仪态上要显得怯懦、温柔，说话声音要轻、细、柔，走路要缓慢、轻盈、悄无声息，笑不露齿、行不露趾。特别是约起于五代时期宫廷内的缠足，明清时期传入到民间，曰"三寸金莲"，要求尽显女子的柔弱之美，直至辛亥革命方废除这种陋习。品德方面，中国传统社会

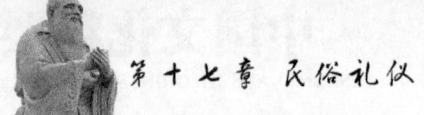

第十七章 民俗礼仪

的模式是"男耕女织"、"男主外,女主内",故有"女子无才便是德"的说法,要求女子善于处理家庭中的各种人际关系,与家人和睦相处,甚至要委曲求全,逆来顺受。诸如此类的众多礼仪规定,在宋明理学中发挥得淋漓尽致,尤其是在上层社会,管束愈多,且愈严。

第四节 社交礼仪

人是生活在社会之中的,除了家庭之外,人与人之间,亲族集团与他族集团之间,总要进行交际往来。自古以来人们就十分重视人与人之间的相互交往,俗话说"来而不往,非礼也"。也就是说在各种社交活动中可以直接反映出每个人的修养素质水平,因此社交场合尤其讲究礼仪。《中庸》中提出"天下之达道"有五,即君臣、父子、夫妇、昆弟、朋友之交,也称为"五伦",其中首尾的"二伦"就是除去家庭之外的社会伦理。人与人之间的关系,家庭之外,还包括亲戚、邻居、师生、同学、师徒、师兄弟、同僚、上下级等。从宽泛的意义上来说,家庭之外的人际关系皆可称为朋友关系。所以,社交礼仪某种程度上而言,也是朋友之间如何交际的礼仪。

《孟子·万章》中孟子曾对万章解答过交友的原则,提出"友者,友其德也,不可以有挟也""用下敬上,谓之贵贵;用上敬下,谓之尊贤。贵贵尊贤,其义一也""其友也以道,以接也以礼"。这些讲的就是要平等待人,反对仗势欺人;主张交朋友要看对方的品行道德,而不只是看他的权势;主张交往中要讲究礼仪。这些主张其实也就是儒家提倡的"温良恭谨让"的原则。传统交际礼仪按照直接与间接的接触关系大致可以分为行为礼仪和书信礼仪,其中行为礼仪包括称谓、见面、拜访与应酬、饮宴与馈赠、尊师与敬老等,书信礼仪则主要是各种柬帖、信函和有关的礼仪文字等。

一、行为礼仪

行为礼仪,指的是人与人之间交际的时候应当注意的语言、身体姿势等礼仪行为。它主要包括:

(一)称谓

与人打交道,第一个问题是如何称呼对方。称呼得体,双方首先产生好感,才有下一步交际的可能性。在传统社会里称呼是比较复杂的,据说中国人的人际称谓多达一万多个条目,因为古代中国人的称谓有姓、名、字、号、室名、堂号等一套特有的文化体系。称谓,大致来说分为亲属称谓和社交称谓两大类,此外由于语境的不同还可以变化出许多称谓来,称之为语境称谓。

亲属称谓是在家庭、家族之内的称谓，一般包括血缘亲属和姻亲两种，还有一种非血缘关系的干亲、义亲也较为盛行。社交称谓是亲属之外的称谓，社会分工不同，诸行诸业的称呼不同，还有师生之间、同学之间、朋友之间、乡邻之间、主客之间等一系列的称谓，此外还有仿亲属称谓，如通常见了老年人，就会叫声老大爷、老奶奶；见和自己年龄相仿的男子，叫声大哥、小老弟；虽然彼此没有血缘关系，但此称谓可拉近双方距离，增加亲切感。语境称谓大致包括尊称、谦称、婉称、昵称、贬称等，是随着交际环境的不同而随机应变的一种称谓，能够恰当地、有效地促进人与人之间的交往关系。

尽管现代社会直呼其名的现象逐渐增多，但多被视为一种不礼貌的行为，而且社会也还没有达到可以完全取代一切称谓的地步。今天在称谓方面仍有许多保留传统的痕迹，如对方有官衔，大家都会称其官衔，如无官衔而有技术职称，则称呼其职称；使用一些敬称和谦称等，则显得很文雅。

（二）见面礼

见面礼是人们在相见的时候为了表示欢迎和尊敬而相互行礼。传统社会里的相见礼非常注重等级区分，等级低的要先行礼，且要隆重，较多见的是跪拜礼，《周礼·春官·大祝》中有"九拜"，分为稽首、顿首、空首、振动、吉拜、凶拜、奇拜、褒拜、肃拜等。古代女子行礼多为肃拜，因口称"万福"，故也称"拜万福"。站着行礼，又有拱手、作揖、长揖、打躬、叉手、鞠躬等。同时，见面礼还要配合一些其他动作如趋行、唱喏、寒暄、舞蹈等。此外，见面礼还十分讲究穿戴与仪容，行礼之前要先正衣冠，所谓"礼仪之始，在于正衣冠"。衣服的穿戴要紧凑，不能过于暴露，注意身份和场合，并保留一定的民族特色。衣服的作用不光是御寒、遮羞，还具有表达内心情感的功能。一个有良好修养的人，在公共场合，一定是体态优雅，服饰整洁，表情庄敬，言辞文雅，这既是内在修养的表露，也是对他人的尊敬。

（三）拜访与应酬

孔子云："有朋自远方来，不亦乐乎？"如何登门拜访，如何接待客人，在传统社会里也有许多礼仪讲究。一般来说，拜访和应酬按照交往的时间性质可以分为一般性往来、节日中往来、拜贺庆吊等，如果按照程序来分则有预约、进门、入座、对谈、辞别、回访等步骤。

古代士大夫阶层拜访先要投递用竹木制成的名片，即谒、刺，所以拜访也称拜谒。登门拜访应预约拜访的时间，所谓"不约不见"、"约必守时"，一般还要携带礼物，尤其是初次拜见，所谓"不以挚，不敢见尊者"。拜访者视所拜访人身份的不同，带不同的礼物。此外，拜访结束时主人一般会把礼物退还给客人，或在回拜的时候带去退还，只有尊长可以接受礼物而不退，或者是求

第十七章 民俗礼仪

婚的纳彩礼，学生的拜师礼等也不退。迎接客人，对于尊敬的客人还要到郊外去远迎，有的还要燃放鞭炮来迎接客人。

进门的时候，每到一个门口主人都要让客人先进，《礼记》云："凡与客入者，每门让于客。"对于贵客，主人往往侧身相迎，甚至在客人前边倒退着走，把客人引进屋内。

请客入座前，主人要拂拭座席间的尘埃，然后主人恭敬地请客人入座。座席讲究尊卑之分，客人则要谦让，请主人先入座。一般说来，双方谁的辈分大谁先坐下，如果年龄差不多，可以约略同时坐下。主客之间坐下的距离要恰当，不宜过远或过近，约为"席间函杖"，即大约一支拐杖的距离。宾主对坐，要注意坐姿。主人为客人敬茶，表示对客人的尊重和欢迎，此时客人应起身辞谢。许多地方有"敬三道茶"的规矩，即斟第三道茶时，客人就应起身告辞。古代也有"端茶送客"的惯例。这种惯例，避免了主人想结束谈话又不便开口，客人想告辞又不好意思贸然说出的尴尬。

宾主对谈，一般先寒暄，询问对方的健康、生活、工作状况，然后再切入正题。谈话要把握两个原则：一是不谈论某些不适合私下议论的话题，《礼记》云："公事不私谈"；二是话题应由主人主导，《礼记》云："主人不问，客不先举。"此外，与主人谈话时要谦逊，尤其主人是长者的时候。谈话时要专心注视对方，《礼记》云："正尔容，听必恭。"客人要注意掌握交谈的时间，特别是对于长者或工作较忙的主人。如果交谈时间比较久，到吃饭的时间，则根据主客间的亲密程度和此次拜访的性质来判断主人是否留客人吃饭。吃饭也有讲究，或是家常便饭，显得亲密无间；或是安排宴饮，显得格外隆重。

客人告辞的时候，主人一般都要婉言相留，客人辞谢，主人起身送客，根据客人的身份或与客人的关系，或站在门内道别，或出门外送别，古人甚至有"长相送"。回访，也是一种礼节。《礼记》："礼尚往来，来而不往非礼也，往而不来亦非礼也。"客人在告辞的时候，一般会邀请主人回访，而主人也应该在适当的时候去客人家中拜访。

（四）饮宴与馈赠

饮宴与馈赠是人际交往的重要手段。许多人在一起吃饭，其实并不仅仅是为了吃饭，更主要的是为了交际，与外界加强联络、保持融洽关系。而馈赠，原来的意思是进食于人之意。后泛指赠送。送礼是全世界人民的习俗，中国人尤其重视送礼。因为礼物是感情的物化，是传送感情的纽带。

主人设宴，首先要做的是邀请宾客。俗话说"三天为请，两天为叫，一天为提"，越早邀请表示越虔诚，过些日子再提醒一次，到了设宴的当天有的还要再去催请，或是派人接客。赴宴的时候不宜过早或过迟，还要带上适当的礼物。宴席间的座次是礼仪的重要内容，主要是为了区分尊卑上下。一般来说，朝南的座位是尊位，有的以东向为尊，也有的是宴席中对着大门口的位置是尊位。如果尊位有两个，一般来说右边的是第一位，左边的是第二位。宴席中要让此次宴会地位最高的，或是辈分最长、年纪最大的人坐在首位，以下论资排辈，安排座次。主人则在末位陪客。而客人就座前要再三辞让，不可唐突上座，否则会引起非议。凡被推让到尊位的人，入座前也总要对在座的所有人一一拱手致意方可入座，表示感谢众人的抬举。宴席上，主人以酒敬宾客，称为"献"；宾客回敬，称为"酢"；主人劝饮，称为"酬"，所以通常把宴饮之礼称为"酬酢之礼"。宴饮时不陪饮而让客人自酌自饮，会被指责为失礼，有时候为了助兴，还会伴以歌舞演唱，或行酒令。在《礼记·曲礼上》详细讲述了宴席时的行为规范，如不要不停地喝酒，不要发出难听的声音，不要啃骨头，不要当众剔牙齿，等等，其中有的过于琐碎，但有的也不无合理之处。

传统社会里，馈赠可以分为三种类型，一是节日馈赠，以礼物联络感情；二是典礼馈赠，以礼物表达感情；三是社交性馈赠，或表示友谊，或是有所求，或是有所帮，加强人际之间的紧密联系。礼物的种类有很多，因人而异，如钱（礼金）、书画、珠宝、赠言等。馈赠礼物要注意：①遵循"礼尚往来"的规范，所谓"投桃报李"；②适宜，一是与习俗相宜，二是与受赠者的实际需求相宜，三是与送礼的原因相宜；③重在真情实意而不必过多考虑经济价值，俗话说"千里送鹅毛，礼轻情义重"，"宁要雪中送炭，不要锦上添花"。此外，馈赠也有些禁忌要注意，例如喜事送礼人们喜欢"好事成双"，送礼单数就不好，相反，丧礼有的地方则忌双，还有礼物及其包装的颜色，喜礼忌黑，丧礼忌红；有的还忌讳送的礼物的谐音，如送钟与"送终"，梨与"离"等。

（五）敬老与尊师

这是中华民族的传统美德。敬老，也和中华民族的"孝"紧密联系在一起。敬老，是在敬重自己的祖先、父母的基础之上，"老吾老以及人之老"，扩大到尊敬社会上所有的老人。尊师，是人们开始重视知识经验，进一步的重视知识经验的传授者，所谓"一日为师，终身为父"。在许多中国人的家中，常常可见供奉着"天地君亲师"的牌位。

中国古代历来重视敬老，儒家甚至将其作为治国之道以及实现大同世界的手段之一，孟子就曾把周文王尊重老人看做是征服天下人心的重要原因之一。在《礼记·王制》中写道，天子定期巡狩天下四方，了解民情，要询问当地有没有百岁老人的情况，且亲自登门看望；因为老人身体逐年衰弱，需要受到

第十七章 民俗礼仪

不同的照顾，所以在饮食、朝廷待遇、承担社会责任等方面特意给予相应的优礼，如50岁可不服力役，60岁不服兵役，70岁不再参与应酬宾客活动，80岁连一般的丧礼都可不参加，90岁全家可不服徭役，等等。《周礼》中还记载当时天子向年满70岁的老人赏赐王杖，老人拄着杖出门，享有特权，通行无阻，谁也不敢欺侮。此外，还有一种乡饮酒礼，历代沿袭而不废，即在乡里社会每年举行一次或两次老人宴。这种乡饮酒礼一般由地方官员主持，有时候结合选拔人才或是欢送乡里的人才赴京考试、上任等，被邀请赴宴的都是当地有声望的名流，大多为老人长者，因为传统社会里也只有老人才可能获得高的声望。宴席上，年轻人只能在一旁站着侍候老人，而且老人年纪越大，面前的菜肴盘数也越多。这种礼仪展示了国家对敬老的重视，起到了对民间的示范作用。

在中国传统社会里，老师的概念要比今天宽泛得多，除了把向自己传授知识的人称为老师之外，还有的如为帝王出谋划策的军师、各行各业传授技艺给他人的都可尊为老师。所以，孔子历来被当作老师的代表性人物，而各行各业也大多有自己的祖师爷。孔子为历代皇帝祭拜，各行各业的祖师爷也被人们顶礼膜拜，所以传统社会的尊师发展到将老师神圣化、偶像化的地步。

在历代的尊师礼俗方面，大致可以分成拜师、侍师、敬师、报师、祭师等几个方面。古代学生入学，要行拜师礼。孔子说过："自行束脩以上，吾未尝无诲也。"脩，是干肉，束脩即十条干肉。束脩礼一直沿袭到明清，后世送的礼物虽不尽相同，但人们始终把送给老师的酬劳称为束脩，又称束修。各行各业的学徒拜师，先要请人介绍，并签订契约，再选吉日，正式行拜师礼。有的学徒期满出师，还有出师礼。这些传统礼仪沿袭到今天，即变成学校的开学典礼和毕业典礼。侍师是指学生在学习期间对老师的侍奉，不仅仅是在态度上的恭敬，有的甚至还要照顾老师的生活起居。敬师则指的是对老师的敬重，不仅在称呼、行为规范上，而且要发自内心的敬重老师。报师，是指学生离开老师之后，如果取得什么成就，或是遇到老师生日，或是逢年过节，仍要向老师汇报、送礼，表示不敢忘记老师的栽培之恩。祭师，是指对老师亡灵的祭祀。历史上甚至有许多人都为老师守过孝。

二、书信礼仪

书信是在人们被空间和时间所阻隔的情况下，彼此表达情感、传递信息的一种方式。尽管远在天涯，互相不能见面，但礼仪却不可缺少，字里行间，读之令人如见其貌，如闻其声，感到非常亲切。进入移动电话和互联网时代的今天，书信逐渐让步萎缩，但电子邮件又何尝不是书信的另外一种表现形式？特别值得一提的是,传统书信在港澳台地区以及海外汉字文化圈中保留较多。在书信的礼仪当中,我们一般要注意书信的语言、提称语、思慕语、祝愿语及署名敬辞、信封用语等方面。

传统书信的语言,一般来说要求更高,文字比较典雅、洗练,表达更为细腻和深刻。如修养好且文字功底高的写作者,行文中不会出现你、我、他之类的代词,凡是遇到类似的地方,会变通处理,如提及对方时,用"阁下"、"仁兄"、"先生"等词;提及自己的时候,可以用"在下"、"小弟"、"晚生"等词;提及第三方的时候,用"彼"、"渠"等表示。

书信的开始是称谓,称谓之后要加上表达敬意的词语,例如"台甫"、"大鉴"、"勋鉴"等,这些词语就是"提称语"。提称语与称谓有对应的关系,比较常用的如用于父母的有膝下、慈鉴、尊前、道鉴等,用于平辈的有阁下、台鉴、大鉴、惠鉴、有道、文席等,用于师长的有函丈、坛席、讲座、尊鉴、道席、撰席、史席等,用于晚辈的有如晤、如面、如握、青览等,用于女性的有慧鉴、妆鉴、芳鉴、淑览等。有时为了表示特别的尊敬之意,提称词可以几个词叠加使用。

在进入正文之前,还要先用简练的文句表述对收信人的思念或是仰慕之情,这类句子称为"思慕语"。写法上一般可以从时令、气候的转换来倾吐思念对方的情感,这种借景抒情的手法,由于有了意境的铺垫,使得情感表达更为细腻委婉,例如:云天在望,心切依驰;望风怀想,时切依依;风雨晦明,时殷企念等。也可以从回忆上次见面的时间及其思念的角度来写,起承转合,合乎自然,例如:不睹芝仪,瞬又半载;自违芳仪,荏苒数月;久违大教,想起居佳胜,定符私祈等。

书信正文结束后,不能直接落款,而要先写上祝愿语。其主题是希望对方幸福、平安。由于辈分、性别、职业等方面的差别,祝愿语也各有严格的区别,例如:用于父母的有"恭请福安",用于长辈的有"敬颂颐安",用于师长的有"敬请教安",用于平辈的有"敬祝春祺",用于同学的有"顺颂台安",用于女性的有"敬颂绣安、恭请懿安"等。必须注意的是,使用祝愿语不可混淆对方的身份名,否则会闹笑话。落款除了长辈对晚辈、老师对学生可以直书己名之外,一般需要在自己的名字前表明身份,如儿、女、学生等,并且还要根据彼此关系缀上"启禀词",如对长辈的有"叩禀、敬叩、拜上"等,对平辈的有"谨启、鞠启、手书"等。

古人在纸张发明之前用帛、竹简、木板等做书写材料,所以书信又称尺素、书简、尺牍等。把树木锯成段,然后再剖成薄片,用来书写信函,这样的木板称为"牍"。信写好后,为了保密,要用另一块木板覆盖其上,这块木板

第十七章 民俗礼仪

称为"检"。检相当于今天的信封的表面；在检上书写收件人的姓名、地址，称为"署"。然后用绳子将牍和检一并捆扎、再打上结，称为"缄"，缄的本义是封扎信件的绳子，我们现在还习惯在信封上写"某某人缄"，也就是古代风俗的遗存。信封的书写，也要体现对收信人的敬意。收信人只要不是晚辈，一般应该用尊称，此外，后面还要附缀表示尊敬的动词。如，在收信人姓名、称谓之后用"俯启"、"赐启"等；使用"某某先生 将命"之类的用语（"将命"，是古代士大夫家中为主人传话的人。写收信人的将命者收，是表示不敢让对方直接收信，而只能将信交由传命者转呈，是一种自谦的表达方式）；写成"某某先生 茶童收"、"某某先生 书童收"等，明知对方无将命、书童、茶童，但仍如此写，既可以表示一种敬意，也可以为书信增添一些雅趣。

思考题
1. 简述民俗礼仪与中国文化的关系。
2. 简述民俗礼仪不同类型的划分标准及其定义。
3. 简述民俗礼仪的现代变迁及其现代意义。

参考文献
[1] 中华书局编辑部. 唐宋注疏十三经. 北京：中华书局，1998.
[2] 周礼·仪礼·礼记. 陈戍国，点校. 长沙：岳麓书社，1989.
[3] 礼记·孝经. 胡平生，陈美兰，译注. 北京：中华书局，2011.
[4] 论语·大学·中庸. 陈晓芬，徐儒宗，译注. 北京：中华书局，2011.
[5] 王安石. 临川先生文集. 香港：中华书局，1971.
[6] 司马光. 温公家范. 北京：蓝天出版社，1998.
[7] 颜之推. 颜氏家训全译. 王运熙，译注. 贵阳：贵州人民出版社，1993.
[8] 王充. 论衡校注. 张宗祥，郑绍昌，点校. 上海：上海古籍出版社，2010.
[9] (南宋) 吴自牧. 梦梁录. 杭州：浙江人民出版社，1980.
[10] 林惠祥. 文化人类学. 重印本. 北京：商务印书馆，1991.
[11] (日) 祖父江孝男，等. 文化人类学事典. 乔继堂，等，译. 西安：陕西人民出版社，1992.
[12] (美) E·霍布斯鲍姆，T·兰格. 传统的发明. 顾杭，庞冠群，译.

北京：译林出版社，2004.

[13]（美）克利福德·格尔茨. 文化的解释. 纳日碧力格，等，译. 上海：上海人民出版社，1999.

[14]（美）维克多·特纳. 仪式过程——结构与反结构. 黄剑波，等，译. 北京：中国人民大学出版社，2006.

[15] 费孝通. 中华民族多元一体格局（修订本）. 北京：中央民族大学出版社，1999.

[16] 麻国庆. 家与中国社会结构. 北京：文物出版社，1999.

[17] 何国强. 政治人类学通论. 昆明：云南大学出版社，2011.

[18] 傅美琳，等. 中国风俗大辞典. 北京：中国和平出版社，1991.

[19] 顾希佳. 礼仪与中国文化. 北京：人民出版社，2001.

[20] 朱筱. 中国古代的礼仪制度. 北京：商务印书馆，1997.

[21] 杨志刚. 中国礼仪制度研究. 上海：华东师范大学出版社，2001.

[22] 张雪杉，张春生. 中国传统礼俗. 天津：百花文艺出版社，2002.

[23] 王炜民. 中国古代礼俗. 北京：商务印书馆，1997.

[24] 彭林. 中华传统礼仪概要. 北京：高等教育出版社，2006.

[25] 钟敬文. 民俗学概论. 上海：上海文艺出版社，1998.

[26] 王娟. 民俗学概论. 北京：北京大学出版社，2002.

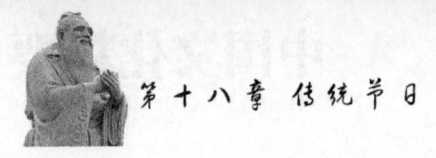

第十八章 传统节日

我国历史悠久，地域辽阔，民族众多，各种传统节日不仅形式多样，而且内涵丰富，承担着生产、纪念、祭祀、庆贺、社交、娱乐等功能。这些节日是社会发展到一定阶段，人类群体在社会生活中约定俗成的产物，与我国古代社会的天文历法、民间信仰、文化心理等有着密不可分的关系。传统节日是人们在长期的历史发展和社会生活中逐渐形成的划分日常生活时间段的特定人文记号，它经历了从自发到自觉、由随意到定型的过程，具有群众性、周期性和相对稳定性。我国传统节日，大多萌芽于先秦时期。在文景之治及汉武帝时期，政治一统，经济繁荣，节日初步定型。汉武帝太初元年（公元前104年），全国统一实行夏历，二十四节气定于历法。在此基础上，春节、元宵节、清明节、端午节、七夕节、中秋节、重阳节等节日基本形成定制。

第一节 中国传统节日概述

传统节日是传统文化生命力的集中展示，是民族文化的重要载体，它承载着民族的集体情感，保留着民族的文化记忆，是历代精神文明与物质文明的积淀。传统节日文化是民族文化构成中最丰富的要素之一，其内容几乎包罗了社会生活的方方面面，民族的思维方式、行为方式等无不通过节日体现出来。中国传统节日文化既包括吃穿住行等物质层面的文化要素，又反映出民族的社会结构、制度等文化要素。同时，由于节日文化蕴涵了民族的历史渊源、信仰崇拜、习俗礼仪、社交娱乐、伦理道德、审美心理等要素，因而它能够从深层显示民族文化的内蕴，揭示民族文化精神的本质。

一、中国传统节日的特点

总的来说，与西方节日相比，我国的传统节日，尤其是汉族的传统节日具有农业性与世俗性的特点。

（一）农业性

西方传统节日重"神"，它所着重体现的是宗教层面的人与神的关系；而中国传统节日重"天"，所着重体现的是农业层面的人与天的关系。西方的传统节日大多是建立在宗教文化之上的。从英语辞源学上看，"节日"一词本来就是"神的日子",或"献身宗教的日子"。在英文中,"节日"一词为 festival 或 holiday。Festival 源于教会拉丁语 festival,即神圣的日子。该词由三部分组成,fes·ti·val,中心部分是 fes,亦作 fesse,源于拉丁语 fascia,意为中心点;val,即 valis,意为日子。连起来就是具有中心作用的、神圣的日子。Holiday 由 holi 和 day 构成,holi 意为神圣的,holiday 的意思即神圣的日子。如圣诞节,即为庆祝耶稣诞生的节日,是基督教国家最盛大的节日;复活节是为了纪念耶稣复活而设立的。西方节日传统活动与宗教信仰密切相关,并且要举行一定的宗教仪式。

而我国的传统节日,特别是汉民族的节日,则大多与宗教无关,却与农业关系密切。中国传统节日的缘起与演变,大都与远古农业生产有着紧密的关联。中国的节日风俗打上了鲜明的农业文化的特色,节日本身就反映出农业社会的生活规律。考察我国传统节日的时空特点,可看出它们都分布在一年中的特定季节上,是一些岁时节令。所谓岁时,即一年四季;节令,即是古人对不同季节自然物候的认识和区分。将一年中不同季节的气候特征进行归纳排序,便形成了岁时节令。岁时节令的区分,最初是基于农业生产的需要,以便按时安排相应的农事活动。中国古代的历法因此被俗称为"农历"。中国的农历将一年时间分为十二月、二十四节气、七十二候、三百六十五天。所谓二十四节气,就是与农业生产密切相关的具有特定物候特征的岁时节气。二十四节气中较早出现的,是季节特征变化最为明显的"四立"(立春、立夏、立秋、立冬)、"二分"(春分、秋分)及"二至"(夏至、冬至)。在传统岁时节日中,节日活动的内容、方式与天时条件密切相关,最明显的就是这八个节气。比如时在仲冬之际的"冬至节"和仲夏之际的"夏至节",就是古代最重要的传统岁时节日。例如,《周礼·春官·司乐》载"冬日至"和"夏日至"以歌舞祭祀天地山川,可以致天神人鬼,并认为可以驱邪禳灾。这些岁时节令在汉代起均列为国家的正式节日,由天子率领祭祀,一直延续到晚清。二十四节气中其他节气的确认,同样根据农事需要和物候特征陆续产生,并在此基础上进而出现了具有明显季节特征但不包括在二十四节气之内的端午、七夕、中秋、重阳等岁时节日。

从春节、清明到端午、中秋,可以联结成寒来暑往的春夏秋冬四季。传统节日原本就是我们农耕时代的祖先,按照春种夏耘秋收冬藏的农业生产周期与寒温燥湿等自然条件变化,设置演变而来的。比如,一年中最大的节日——春节,就定在夏历历法的岁末岁首,象征着一元复始、生命萌发、万象更新。春节时期的所有文化形态,几乎都是农耕文化的典型表现:如饮食文化,是基于农副产品的丰富多彩;娱乐文化,是基于农耕中的冬季闲暇;祭祀文化,是基

第十八章 传统节日

于农民祈求风调雨顺,以便来年五谷丰登的良好愿望。中国的传统节日和农业生产的二十四节气紧密相连,清明更是节日与节气的重合。中国传统节日习俗的绚丽多彩,正是建立在这岁时季节和农业生产周期转换的基础之上。春耕、夏耘、秋收、冬藏,人们按此周期,劳作休息,张弛有度,苦乐相济。过一年,长一岁,"天增岁月人增寿",节日由此又演变成居民生命的节律。

(二) 世俗性

中国传统节日中也有一些祭祀神灵的节日,但与西方的节日相比,世俗性特征非常明显。在古老中国,并没有直接诞生严格意义上的以终极关怀为诉求的宗教信仰,而只有尚处于低层次发育的民间俗信宗教、鬼神崇拜,甚至连娼妓、乞丐、盗贼都有自己的崇拜神。中国人心目中的神灵是为其自身所用的神灵,神灵存在的意义是为了自身求得庇护。这一文化特征在传统祭祀性节日中展现无余。

例如"祭灶节",这是汉族普遍重视的传统节日,各地均有祭灶的习俗,一般为每年的农历腊月二十三日,民间又称"小年"。祭灶最初祭祀的是"先炊",也就是最早发明锅灶的祖先,而后逐渐形成祭祀俗信神灵灶王爷。灶王爷,即灶君、灶神,民间称之为"灶君司命"、"司命真君"、"灶君爷"、"护宅天尊"等。民间俗传他是玉皇大帝的部下,主司各家人的祸福,监视人们行为的是非善恶,到年底时就上天汇报。晋代葛洪在《抱朴子内篇·微旨》中讲到:"月晦之夜,灶神亦上天白人罪状,大者夺纪,纪者三百日也;小者夺算,算者一百日也。"意思是说,人一旦被灶神告状,大罪要减寿三百天,小罪要减寿一百天。因此,到了祭祀之日,人们都要为他准备丰盛的祭品,还常常用糯米做成的糍粑等黏性极强的甘甜食品糊在他的嘴上,并烧纸钱等供奉他,实际上是对其进行贿赂,使他上天之后不能开口讲主家的坏话,而只能甜言蜜语地讲好话。台湾民间还流传着一种说法,说灶君是好色之神,故旧时常常有妇女于节日的这天在灶边洗澡的风俗,对灶君进行"性贿赂",使其在"满足了声色之欲"后可以为自家美言几句。这种不力求以自我约束、自我净化、自我完善的方式,而是试图通过事后的食、财、性贿赂来阻止灶君讲真话,甚至使其讲假话的行为,在信奉宗教的西方国家看来,是一种严重的渎神行为;但在中国民间却约定俗成,从未有人质疑它的正义性。这种节日习俗,其实是一种民族心理的反映:中国人之所以在特殊的节日祭祀神灵,多是出于世俗利益的诉求,所谓"有求必应"、"无事不登三宝殿"、"临时抱佛脚";而不像真正有宗教信仰的人,将神灵看作公正的裁判者、灵魂的归宿与终极的关怀。

中国传统祭祀性节日还有一项重要的内容,那就是祭祖,这是建立在世俗性血缘宗法基础上的慎终追远的仪式。人们认为祖先和神灵处于同等重要的地位，一起在天上俯视着芸芸众生，左右着祸福。因此在节日祭祀祖先，可以祈求平安富足。不难发现，这样的祭祀并没有真正进入到严格意义上的与祖先进行精神沟通的层面，而是为了某种世俗的目的。中国节日文化的世俗性，还体现在注重亲情的交流沟通及人情往来上，例如，除夕之夜的团年饭、正月十五的元宵、八月十五的月饼、九月九日登高的"遍插茱萸少一人"等，莫不体现了游子思归、亲友团圆的渴望，展现出中华民族强烈的宗法血缘家庭观念和社会群体意识。

二、少数民族节日的特点

中国是拥有56个民族的大家庭，55个少数民族均拥有丰富多彩的节日，其节日共计有1200个之多，比较有代表性的如蒙古族的那达慕、傣族的泼水节、彝族的火把节、傈僳族的刀杆节、白族的三月街、哈尼族的扎勒特、景颇族的目脑纵歌、壮族的歌墟、羌族的新年、苗族的山花节等。纵观少数民族的传统节日，一般都具有以下几个特点：

（一）大规模性

一般来说，汉族过节规模较小，在城市中多以家庭为单位进行，农村的规模稍大，但也至多不过以村、镇、乡为单位庆祝。而少数民族过节规模则普遍较大，往往以一个县或几个县，甚至一个专区为单位进行，参加的人数众多。例如，壮族定期的歌墟一般一年举行两三次，规模大者上万人参加，小者也有一两千人。白族的大理三月街，参加人数每年都在三四十万人次，有的年份竟达百万人次，这些人不仅来自大理白族自治州各县，还有来自邻近地区和其他省区的各族同胞。内蒙古的那达慕大会，往往是以公社、旗县、盟为单位进行，几百千米以外的蒙古族牧民也带着蒙古包、炊具等日夜兼程赶来参加。

（二）文娱性

少数民族的节日是展现少数民族民间文化艺术的舞台。节日期间，多举行文艺表演与体育活动，反映了各时代少数民族人民的劳动和生活，具有浓郁的民族特点与喜乐气氛。如傈僳族刀杆节这天，几名健壮男子先表演"蹈火"仪式。他们赤裸双脚，跳到烧红的火炭堆里，蹦跳翻滚，表演各种绝技。第二天，他们把磨快的36把长刀，刀刃口向上分别用藤条横绑在两根20多米高的木杆上，组成一刀梯。表演者空手赤足，从快刀刃口攀上木杆顶端，并在杆顶表演各种高难动作，让人们一饱眼福。蒙古族的那达慕盛会一般要进行男子传统"三项"的比赛：摔跤、赛马和射箭。"那达慕"是蒙古语的译音，意为娱乐、游戏，以表示丰收的喜悦之情。羌族的新年，羌民都要尽情歌舞。酒歌是

第十八章 传统节日

年节时对唱的一种传统的歌唱形式,唱时主客并排而坐,轮流对唱。节日的歌唱常常伴以舞蹈,以"跳锅庄"最为流行。舞蹈时,一唱一落,男女互相变换位置,气氛欢乐热烈。景颇族最大的传统节日是"目脑纵歌"。景颇族语称大型歌舞盛会为"目脑",称景颇族各支系为"纵歌",统称"目脑纵歌"。节日清晨,一列盛装的景颇族妇女头顶礼物篮进入广场互相祝贺,交换象征友谊的礼物,互敬米酒,然后跳舞。舞兴一起,可整整跳两个通宵。目脑由两位德高望重的老人领头,老人头上戴着美丽的孔雀羽帽,手中挥舞熠熠闪光的长刀。

(三)社交性

南方少数民族的传统节日,大都带有青年男女谈情说爱的社交性特点。如壮族的歌墟、苗族的花山节、侗族的放花炮、哈尼族的扎勒特、彝族的火把节、傣族的泼水节、景颇族的目脑纵歌等都具有社交性。青年男女利用节日,通过对唱山歌、交谈、跳舞和游戏等形式自由恋爱,选择配偶。壮族歌墟所唱的歌,主要是以男女青年追求美好爱情为主题,其形式有见面歌、邀请歌、盘歌、新歌、爱慕歌、盟誓歌、送别歌等。参加歌墟的除青年人外,也有中老年和少年。老人小孩主要是欣赏、品评,给青年人当参谋。傣族泼水节也是未婚青年男女们寻觅爱情的美好时节。节日期间,傣族未婚青年男女喜欢做"丢包"游戏。花包乃姑娘精心制作,为爱情信物。丢包那天,姑娘们与小伙子们分列两边,相距三四十步,开始向对方丢花包。小伙子若是接不住姑娘丢来的花包,就得把事先准备好的鲜花插在姑娘的发髻上,姑娘若是接不着小伙子丢来的包,就得把鲜花插到小伙子的胸前。

(四)宗教性

我国少数民族中,不少都有宗教信仰,因此其传统节日也多带有宗教礼仪的特点,其主要内容是歌颂崇拜的对象,如纪念崇拜对象的降世、升天、成道等重要事件。我国少数民族信奉的宗教主要有青藏高原的藏传佛教、西北地区的伊斯兰教、云南边疆的小乘佛教。信仰藏传佛教的民族有藏族、裕固族、门巴族、珞巴族、普米族、蒙古族等,由此而来的主要节日有酥油花灯节、燃灯节、涅槃节、萨噶达瓦节等。信仰伊斯兰教的主要有回族、维吾尔族、哈萨克族、塔塔尔族、塔吉克族、乌孜别克族等十个少数民族,他们的主要节日有开斋节、古尔邦节、圣纪节。信仰小乘佛教的主要有傣族、布朗族、阿昌族、德昂族等,其主要节日有罢完尼节、关门节、开门节等。宗教性节日多在宗教建筑寺院中进行,由宗教职业者带领进行各种宗教仪式。例如,藏族的酥油花灯节,是在藏历正月十五日,其由来是为庆祝释迦牟尼与其他教派辩论的胜利,节日当天,人们聚集在大昭寺周边的八角街,白天朝佛、转经,夜晚满街搭起各种花架，放上用彩色酥油捏成的塑像，点燃酥油灯祈福。再如伊斯兰教的开斋节，节日这天，人们汇集到清真寺举行会礼，向麦加方向叩拜，会礼结束后还要由阿訇带领游祖坟，念《古兰经》。

第二节　四大节日

　　春节、清明节、端午节与中秋节，并称为中国的四大传统节日。近年国家实施的非物质文化遗产保护工程，将春节、清明、端午、中秋这四大节日确立为法定假日。可以说，这四大节日是中国历史上四个最重要的传统节日。

一、春节

　　春节，是农历的岁首，是中国最盛大、最热闹、最重要的一个古老传统节日，也是中国人所独有的节日，是中华文明最集中的表现。自西汉以来，春节的习俗一直延续到今天。春节一般指除夕和正月初一。但在民间，传统意义上的春节是指从腊月初八的腊祭或腊月二十三或二十四的祭灶，一直到正月十五，其中以除夕和正月初一为高潮。如何庆贺这个节日，在千百年的历史发展中，形成了一些较为固定的风俗习惯，有许多还相传至今。活动形式丰富多彩，带有浓郁的民族特色。2006年5月20日，"春节"民俗经国务院批准列入第一批国家级非物质文化遗产名录。

　　民间常将春节称为"过年"。"年"的甲骨文写法是上面部分为"禾"字，下面部分为"人"字，意为人头上顶着谷物，象征着谷物成熟。后来，"年"逐渐演化成一个时间概念，是古人对农作物生长周期和季节变化的一种总结。这似乎表明，过年的习俗源自先人在年头岁末祈求五谷丰盈的祭天活动。

　　在春节这一传统节日期间，我国的汉族和大多数少数民族都有要举行各种庆祝活动，这些活动大多以祭祀神佛、祭奠祖先、除旧布新、迎禧接福、祈求丰年为主要内容。下面对至今仍活跃在民间的春节习俗作以简单介绍：

　　（1）扫尘。"腊月二十四，掸尘扫房子"。据《吕氏春秋》记载，我国在上古的尧舜时代就有春节扫尘的风俗。因"尘"与"陈"谐音，新春扫尘有"除陈布新"的含义，其用意是要把一切穷运、晦气统统扫地出门。这一习俗寄托着人们破旧立新的愿望和辞旧迎新的祈求。每逢腊月二十四这一天，家家户户都要打扫房子，清洗各种器具，拆洗被褥窗帘，掸拂尘垢蛛网，疏浚明渠暗沟。

　　（2）贴春联。春联也叫门对、春贴、对联、对子、桃符等，它以工整、

第十八章 传统节日

对偶、简洁、精巧的文字抒发美好愿望,是我国特有的文学形式。每逢春节,家家户户都要精选一副大红春联贴于门上,为节日增加喜庆气氛。这一习俗起于宋代,在明代开始盛行。

贴"福"字。在贴春联的同时,还需要在屋门上、墙壁上、门楣上贴上大大小小的"福"字。"福"字寄托了人们对幸福生活的向往,对美好未来的祝愿。还有的人干脆将"福"字倒过来贴,表示"幸福已到"、"福气已到"。

(3) 放爆竹。爆竹亦称"爆仗"、"炮仗"、"鞭炮"。燃放爆竹是除夕夜必须要做的一件事。传说怪兽"年"最害怕爆竹的响声,先人们就是用爆竹驱走了年兽。如今,爆竹又被赋予了新的含义,具有驱散穷晦之气的作用,响声也代表了在新的一年里生活有声有色、红红火火。

(4) 守岁。除夕人们往往通宵不眠,叫守岁。苏轼在《守岁》中有"儿童强不睡,相守夜欢哗"的描述。除夕之夜,各相与赠送,称为"馈岁";酒食相邀,称为"别岁";长幼聚饮,祝颂完备,称为"分岁";大家终夜不眠,以待天明,称曰"守岁"。除夕之夜,全家团聚在一起,吃过年夜饭,点起蜡烛或油灯,围坐炉旁闲聊,等着辞旧迎新的时刻。通宵守夜,象征着把一切邪瘟病疫照跑驱走,期待着新的一年吉祥如意。

(5) 蒸年糕。年糕因为谐音"年高",再加上有着变化多端的口味,几乎成了家家必备的应景食品。年糕的式样有方块状的黄、白年糕,象征着黄金、白银,寄寓新年发财的意思。年糕的口味因地而异,北方的年糕以甜为主,或蒸或炸,也有人干脆蘸糖吃;南方的年糕则甜咸兼具。

(6) 包饺子。吃饺子是北方传统的过年方式。在春节这个家人团圆的节日,离家在外的游子都要不远千里赶回家,全家人围坐在一起包饺子过年。饺子的做法是先和面做成饺子皮,再用皮包上馅。因为和面的"和"字和"合"谐音,饺子的"饺"又与"交"谐音,"合"和"交"皆有相聚之意,所以用饺子象征团聚合欢;又取更岁交子之意,所以非常吉利;此外,饺子因为形似元宝,过年时吃饺子,也带有"招财进宝"的吉祥含义。

(7) 拜年。古时"拜年"意为向长者拜贺新年,包括向长者叩头施礼、祝贺新年如意、问候生活安好等内容。拜年一般从家人开始。初一早晨,晚辈起床后,要先向长辈拜年,祝福长辈长寿安康;长辈受拜以后,要将事先准备好的"压岁钱"分给晚辈。据说压岁钱可以压住邪祟,因为"岁"与"祟"谐音,晚辈得到压岁钱便可平安度过一年。在给家中长辈拜完年以后,人们外出相遇时也要相互恭贺新年,左右邻居或亲朋好友亦相互登门拜年或相邀饮酒娱乐。

二、清明

清明是中国的二十四节气之一。《历书》记载："春分后十五日，斗指丁，为清明，时万物皆洁齐而清明，盖时当气清景明，万物皆显，因此得名。"《岁时百问》云："万物生长此时，皆清洁而明净。故谓之清明。"清明一到，气温升高，雨量增多，正是春耕春种的大好时节。故有"清明前后，点瓜种豆"、"植树造林，莫过清明"的农谚。可见，这个节气与农业生产有着密切的关系。但清明作为节日，与纯粹的节气又有所不同，因为节气是我国物候变化、时令顺序的标志，而节日还包含着一定的风俗活动和某种纪念意义。

清明节一般在冬至后第 105 天，正好是农历三月上旬，公历四月五日前后。在我国的传统节日中，它是唯一同节气合一的节日。清明节大约始于周代，距今已有 2500 多年的历史。由于清明节与寒食的日子接近，而寒食是民间禁火扫墓的日子，渐渐地，寒食与清明节就合二为一，寒食成为清明节的别称。

清明节的起源，据传始于古代帝王将相墓祭之礼，后来民间亦相仿效，于此日祭祖扫墓，历代沿袭而成为中华民族一种固定的风俗。现如今，清明节不仅是人们祭奠祖先、缅怀先人的节日，也是中华民族认祖归宗的纽带，更是一个远足踏青、亲近自然、催护新生的春季仪式。清明节的习俗丰富而具有张力，一方面禁火、扫墓，有慎终追远的感伤情怀；另一方面踏青、郊游，有清新明丽的欢乐景象。据说这是因为清明节要寒食禁火，为了防止寒食伤身，所以要参加一些体育活动，以强身健体。清明节的习俗活动主要有禁火寒食、上坟扫墓、插柳戴柳、踏青、放风筝等。

（1）禁火寒食。这个习惯据说与春秋时晋国贤臣介子推有关。史载，晋国公子重耳为逃国难流浪于国外，在即将饿死之际，其随从介子推割下腿肉烤熟给公子吃，鼓舞公子战胜困难。后重耳返国成为晋文公，遍封当时流亡之臣，唯独落下介子推。介子推背负老母躲进绵山（今山西省介休县东南）。后来，晋文公经别人提醒想起了介子推，便命人请他出山。介子推执意不从，晋文公便命人三面放火烧山，逼出介子推。不料大火烧了三天三夜，一片青山成了焦土也不见介子推出来。大火熄灭后，人们发现介子推背着老母抱着一棵柳树而死。晋文公追恨不已，为了纪念介子推，把介子推被烧死那天（清明前夕），定为寒食节，并规定在寒食节要严禁烟火，吃寒食，这就是清明禁火寒食的由来。

（2）上坟扫墓。清明扫墓，谓之对祖先的"思时之敬"。其习俗由来已久，在秦以前就已经存在，但时间并非在清明之际。清明扫墓是秦以后的事，于唐朝开始盛行。唐代诗人高菊祠有这样一首清明七绝"南北山头多墓田，清明祭扫各纷然；纸灰飞作白蝴蝶，泪血染成红杜鹃"，白居易的《寒食野望吟》亦描写了唐代的祭墓情景："乌啼鹊噪昏乔木，清明寒食谁家哭。风吹旷野纸钱飞，古墓垒垒春草绿。棠梨花映白杨树，尽是死生别离处。冥冥重泉哭不闻，萧萧暮雨人归去。"这都是清明扫墓情景的生动描绘。清明时节，人们纷纷来到墓地，摆上贡品，焚纸烧钱，磕头祭拜，再给坟头添些新土。扫墓是中国人祭奠已故先祖和亲人的一种方式，是儒家"孝"的思想的体现。儒家认为，父母在世，要尽孝，父母过世后，除了守孝之外，还应按时祭祀，使父母的亡灵也能得到子孙的供奉，让子孙永不忘本。清明祭扫仪式的方式多种多样，除亲自到坟地祭扫之外，还可以"烧包袱"。所谓"包袱"，亦作"包裹"，是指孝属从阳世寄往阴间的邮包。

（3）郊外踏青。清明时逢阳春三月，春暖花开，正是郊游玩乐的大好时光。《帝京景物略》中记载：清明来到，"是日簪柳，游高梁桥，曰踏青。多四方客未归者，祭扫日感念出游。"我国民间长期保持着清明踏青的习俗，在宋代尤为盛行。宋孟元老《东京梦华录》云："四野如市，往往就芳树之下，或园囿之间，罗列杯盘，互相劝酬。都城之歌儿舞女，遍满园亭，抵暮而归。各携枣锢、炊饼、黄胖、掉刀、名花异果、山亭戏具、鸭卵鸡雏，谓之'门外土仪'。"这是对汴京清明之游乐的描绘。张择端的风俗画《清明上河图》，也生动刻画了宋代清明时节京都人民踏青远足的热闹情景。清明踏青，其源头可追溯到古之游春的习俗。

（4）戴柳插柳。传说，介子推死后的第二个寒食节，晋文公带领群臣到绵山祭祀介子推，发现他抱过的那颗柳树死而复生，且枝叶繁茂，于是折下柳枝编成圆圈戴在头上，随祭的人们纷纷效仿。而插柳的风俗，则据说是为了纪念"教民稼穑"的农事祖师神农氏。有的地方，人们把柳枝插在屋檐下，以预报天气，古清明节谚有"柳条青，雨蒙蒙；柳条干，晴了天"的说法。清明插柳戴柳还有一种说法：原来中国人以清明、七月十五和十月朔（十月一日）为三大鬼节，是百鬼出没讨索之时。人们为防止鬼的侵扰迫害，而插柳戴柳。柳在人们的心目中有辟邪的功用。受佛教的影响，人们认为柳可以驱鬼辟邪，而称之为"鬼怖木"，观世音以柳枝沾水济度众生。北魏贾思勰《齐民要术》里说："取柳枝著户上，百鬼不入家。"

三、端午

农历五月初五为端午节。因为"初"有开始之义，"端"亦有开始之义，故初五又叫端午。又由于唐玄宗是八月初五生，为了避"五"字讳，就用同音字"午"代替"五"。于是"端五"就变成了"端午"。端午节的名称在我国所有传统节日中叫法最多，达20多个，堪称节日别名之最。如有端阳节、重五节、重午节、天中节、夏节、五月节、菖蒲节、龙舟节、浴兰节、粽子节、午日节，等等。端阳节，据《荆楚岁时记》载，因仲夏登高，顺阳在上，五月正是仲夏，它的第一个午日正是登高顺阳天气好的日子，故称五月初五为"端阳节"。重午节，"午"属十二支，农历五月为午月，五与午同音，五、五相重，故端午节又名"重午节"或"重五节"。

关于端午节的来历，说法不一。归纳起来，大致有屈原说、龙节说、恶日说、夏至说几种说法。

最为今人所熟知的是屈原说。此说最早出自南朝梁代吴均《续齐谐记》的记载。据说，屈原于五月初五自投汨罗江而死。百姓恐鱼龙吞食屈原的尸体，于是纷纷往江里扔粽子，使鱼龙饱食。又传，屈原投汨罗江后，当地百姓闻讯争相划船捞救。这便是端午节吃粽子、划龙舟的来历。宋代定五月初五为端午节，并喻知全国纪念屈原，从此以后，纪念屈原就成了端午节的重要文化内容。

龙节说。这种说法来自闻一多的考证。他认为，五月初五是古代吴越地区（今江浙一代）"龙"的部落举行图腾祭祀的日子。主要理由是：其一，端午节两个最主要的活动——吃粽子和竞渡，都与龙相关。粽子投入水里常被蛟龙所窃，而竞渡则用的是龙舟。其二，古代五月初五日有用"五彩丝系臂"的民间风俗，这应当是"以像龙子"的文身习俗的遗迹。

恶日说。先秦时期，普遍认为五月是毒月，五日是恶日，相传这天邪佞当道，五毒并出。《史记》载历史上有名的孟尝君，在五月五日出生。其父要其母不要生下他，认为"五月子者，长于户齐，将不利其父母。"《风俗通》中载："俗说五月五日生子，男害父，女害母。"东晋大将王镇恶五月初五生，其祖父便给他取名为"镇恶"。宋徽宗赵佶五月初五生，从小寄养在宫外。可见，古代以五月初五为恶日，是普遍现象。插菖蒲、艾叶以驱鬼，薰苍术、白芷和喝雄黄酒以避疫，便由此而来。

夏至说。这一说法由刘德谦提出。主要理由是：其一，权威的岁时著作《荆楚岁时记》并未提到五月初五日要吃粽子的节日风俗，却把吃粽子写在夏至节中。至于竞渡，隋代杜台卿所作的《玉烛宝典》把它划入夏至日的娱乐活动，可见不一定就是为了打捞屈原。其二，端午节风俗中的一些内容，如"踏百草"、"斗百草"、"采杂药"等，实际上与屈原无关。

端午节的主要习俗有"吃粽子"、"赛龙舟"、"兰汤洗浴"、"挂艾草、菖蒲"、"饮药酒"、"制凉茶"、"戴佩饰"、"采药"等。其中影响最大的当属

"吃粽子"和"赛龙舟",由于纪念屈原的民间传说,为端午节增添了强大的文化内涵。

(1) 吃粽子。端午节吃粽子是屈原故里民间传统习俗。粽子古称"角黍",古人以菰芦叶裹黍米煮成,尖角,如粽心之形,故曰粽子。据说,屈原投江后,人们非常思念他,每到五月初五,就用粽叶包裹食物,投向水中祭祀。还有一种说法,认为是"作此投江,以饲蛟龙",也就是说专门用粽子来喂蛟龙,以免它伤害屈原的身体。屈原故里还流传着这样一首《粽子歌》:"有棱有角,有心有肝。一身洁白,半世熬煎。"

(2) 赛龙舟。赛龙舟在我国南方十分流行,它最早是古越族人祭水神或龙神的一种祭祀活动。据载,赛龙舟是多人集体划桨竞赛,为了纪念屈原而兴起,是中国民间传统水上体育娱乐项目,已流传两千多年,多在端午节举行。龙舟船的大小因地而异,一般为20～30米,每艘船上约30名水手。比赛是在规定距离内,同时起航,以到达终点先后决定名次。

(3) 兰汤洗浴。端午日洗浴兰汤是《大戴礼》记载的古俗。当时的兰不是现在的兰花,而是菊科的佩兰,有香气,可煎水沐浴。《九歌·云中君》就有"浴兰汤兮沐芳"之句。后来一般是煎蒲、艾等香草洗澡。此俗至今尚存,据说可治皮肤病、去邪气。

(4) 挂艾草、菖蒲。端午节那天,通常会在门口将艾草、菖蒲绑成一束,然后插或悬在门上。晋代《风土志》中载:"以艾为虎形,或剪彩为小虎,帖以艾叶,内人争相裁之。以后更加菖蒲,或作人形,或肖剑状,名为蒲剑,以驱邪却鬼"。艾草代表招百福,是一种可以治病的药草,插在门口,可使身体康健。菖蒲叶片呈剑型,方士们称它为"水剑",认为是斩千邪的宝剑。

(5) 饮药酒。饮蒲酒、雄黄、朱砂酒,并以酒拌水洒喷庭院,以防毒避疫。此俗流传较广,至今在南方某些地区,逢端午时便有一包包的药料出售,包括雄黄、柏子、桃仁、蒲片、艾叶等,人们将它们浸入酒后再用菖蒲艾叶蘸酒墙壁角落、门窗、床下等,再用酒涂小儿耳鼻、肚脐,以驱毒虫,求小儿平安。

(6) 采药。这是最古老的端午节习俗之一。《夏小正》载:"此日蓄药,以蠲除毒气。"因端午前后草药茎叶成熟,药性好,此日采药渐成习俗。后魏《齐民要术》中还有五月捉蛤蟆制药的记载。

四、中秋

每年农历八月十五日是中秋节。农历七、八、九月为秋季,八月居中,十五为中旬,故称"中秋"。在中国的农历里,一年分为四季,每季又分为孟、仲、季三个部分，因而中秋也称仲秋。中秋节到唐代初才成为固定的节日，其盛行始于宋代，到明清时，已成为我国仅次于春节的第二大传统节日。十五日的月儿最圆，八月秋高气爽，月亮显得格外皎洁明亮。古人云："十二度圆皆好看，其中圆极是中秋。"人们因月圆联想到家人团圆，所以又称团圆节。关于中秋节的起源，大致有三种：一种认为起源于古代对月的崇拜；另一种认为起源于月下歌舞觅偶的习俗；还有一种认为起源于古代秋报拜土地神的遗俗。

关于中秋，有很多美丽的传说，其中以"嫦娥奔月"最为著名。相传在远古时代的射日英雄后羿娶了嫦娥。一日，后羿从王母娘娘的手中求得一包不死之药，只要吃了不死之药，就能成仙升天。嫦娥得知后，便把不死之药全部吞下。吞下药后，嫦娥的身子立即飘离地面，飞至月宫，变成了仙女。百姓们得知嫦娥奔月成仙后，纷纷在月下摆设香案，向嫦娥祈求平安吉祥。

中国幅员辽阔，风俗各异，中秋节的习俗也多种多样，带有浓厚的地方特色。通行的习俗有赏月拜月、吃月饼、玩花灯等。

赏月拜月。中国古代把月亮尊奉为月神。秦代规定每年祭祀八神，月神就是八神之一，称为月主。因此，我国自古就有赏月的习俗，《礼记》中就记载有"秋暮夕月"，即秋日祭拜月神。中秋赏月，在宋代尤盛。《东京梦华录》记载："中秋夜，贵家结饰台榭，民间争占酒楼玩月。"每逢中秋日，东京的所有酒楼都要重新装饰门面，扎绸彩的牌楼，出售新启封的好酒，非常热闹。豪门显贵都在自己的楼台亭榭中赏月，琴瑟铿锵，至晓不绝。一般市民则争先前往酒楼，以先睹月色为快。在宫中，中秋之日除吃月饼酒馔外，还要吃蟹。"蒸熟五六成，群攒坐共食，嬉嬉笑笑，自揭脐盖，细将指甲挑剔，蘸醋蒜以佐酒"（《酌中志》）。

关于中秋拜月，民间还有这样一种说法。相传古代齐国丑女无盐，幼年时曾虔诚拜月，长大后，以超群品德入宫，但未被宠幸。某年八月十五赏月，天子在月光下见到她，觉得她美丽出众，后立她为皇后，中秋拜月由此而来。月中嫦娥，以美貌著称，故少女拜月，愿"貌似嫦娥，面如皓月"。

赏月，是一种悦目旷心的艺术享受。古往今来，中秋圆月引起了无数文人墨客的感怀，写下了许多名诗佳作。如白居易的《八月十五日夜湓亭望月》："西北望乡何处是，东南见月几回圆。昨风一吹无人会，今夜清光似往年。"刘禹锡的《八月十五夜玩月》："天将今夜月，一遍洗寰瀛。暑退九霄净，秋澄万景清。"苏轼的《中秋月》："暮云收尽溢清寒，银汉无声转玉盘。此生此夜不长好，明月明年何处看。"

吃月饼是中秋的另一重要习俗。刘侗在《帝京景物略》说："八月十五日祭月，其祭果饼必圆。"田汝成在《西湖游览志余》中说："八月十五谓之中

第十八章 传统节日

秋，民间又以月饼相遗，取团圆之义。"中秋节这一天，人们都要吃圆圆的月饼，以示"团圆"。"八月十五月儿圆，中秋月饼香又甜"，这句民谣道出了中秋之夜吃月饼的习俗。月饼，又叫胡饼、宫饼、月团、丰收饼、团圆饼等，是古代中秋祭拜月神的供品，后来渐渐成为节日的必备礼品。

关于吃月饼习俗的起源，民间主要还有两种说法。一种认为吃月饼的习俗起源于唐朝军队的祝捷食品。唐高祖时期，大将军李靖征讨突厥靠月饼隐蔽的传话得胜，八月十五凯旋而归。此后，吃月饼成为每年的习俗。又说李靖于中秋节凯旋而归，当时恰有一个吐蕃商人向唐高祖进献胡饼，李渊很高兴，手拿胡饼指着当空的皓月说："应将胡饼邀蟾蜍。"随后分给群臣食之。这被视为分食月饼的开始。另一种说法认为吃月饼始于元代。当时，百姓不堪忍受元朝统治者的残酷统治，纷纷起义抗元。朱元璋联合各路反抗力量准备起义。但朝廷官兵搜查的十分严密，传递消息十分困难。军师刘伯温便想出一计，命令属下把藏有"八月十五夜起义"的纸条藏入饼中，再派人分头传送到各地起义军中，通知他们在八月十五日晚起义响应。到了起义的那天，各路义军一齐响应，很快便取得成功。消息传来，朱元璋非常高兴，立即传下口谕，将当年起兵时以秘密传递信息的"月饼"，作为节令糕点赏赐群臣。以后中秋节吃月饼的习俗便在民间流传开来。

南宋吴自牧的《梦粱录》一书，已有"月饼"一词，但对中秋吃月饼的描述，到明代的《西湖游览志会》才有记载："八月十五日谓之中秋，民间以月饼相遗，取团圆之义"。到了清代，吃月饼已成为一种普遍的风俗，关于月饼的记载多了起来，且制作越来越精细。清人袁枚在《随园食单》中介绍："酥皮月饼，以松仁、核桃仁、瓜子仁和冰糖、猪油作馅，食之不觉甜而香松柔腻，迥异寻常。"月饼发展到今日，品种更加繁多，风味因地而异。其中，京式、津式、苏式、广式、潮式等风味系列的月饼广为我国南北各地的人们所喜食。

第三节　其他节日

传统节日除春节、清明节、端午节、中秋节四大节日外，还有其他一些值得一提的节日，如元宵、七夕、重阳等。

一、元宵

农历正月十五日为元宵节，又称为"上元节"、"灯节"、"元夜"。正月是农历的元月，古人称其为"宵"，而十五日又是一年中第一个月圆之夜，所以称正月十五为元宵节。

元宵节的起源，主要有以下几种说法。

（1）道教说。据《岁时杂记》中记载，元宵节（上元节）是因循道教的陈规而来。道教曾把一年中的正月十五称为上元节，七月十五为中元节，十月十五为下元节，合称"三元"。汉末道教的重要派别五斗米道崇奉的神为天官、地官、水官，说天官赐福，地官赦罪，水官解厄，并以三元配三官，说上元天官正月十五日生，中元地官七月十五日生，下元水官十月十五日生。这样，正月十五日就被称为上元节。故而南宋吴自牧在《梦粱录》中说："正月十五日元夕节，乃上元天官赐福之辰。"

（2）佛教说。汉明帝永平年间，因明帝提倡佛法，适逢蔡愔从印度求得佛法归来，称印度摩喝陀国每逢正月十五，僧众云集瞻仰佛舍利，是参佛的吉日良辰。汉明帝为了弘扬佛法，下令正月十五夜在宫中和寺院"燃灯表佛"。

（3）平吕说。传说元宵节是汉文帝时为纪念平定诸吕之乱而设。汉高祖刘邦死后，吕后之子刘盈登基为汉惠帝。惠帝生性懦弱，大权渐渐落在吕后手中。吕后病死后，诸吕在上将军吕禄家中秘密集合，共谋作乱之事，以便彻底夺取刘氏江山。此事传至齐王刘襄耳中，刘襄为保刘氏江山，决定起兵讨伐诸吕。随后，诸吕之乱被彻底平定。平乱之后，刘邦的第二个儿子刘恒登基，称汉文帝。文帝深感太平盛世来之不易，于是把平息诸吕之乱的正月十五日定为与民同乐日，京城里家家张灯结彩以示庆祝。

元宵节的节日气氛十分浓重，主要有张灯、猜灯谜、耍龙灯、舞狮子、吃元宵、划旱船、踩高跷等习俗。

（1）张灯。自古就有"正月十五闹花灯"之说。张灯的习俗有的说源自佛教，因为燃灯法会正是在正月十五日。还有的说与火的崇拜有关。自从元宵张灯之俗形成以后，历朝历代都以正月十五张灯观灯为一大盛事。梁简文帝的《列灯赋》就描绘了当时宫廷元宵张灯的盛况："南油俱满，西漆争燃。苏征安息，蜡出龙川。斜晖交映，倒影澄鲜。"唐代以后，元宵节已发展成为全民性的狂欢节。沿至宋朝，张灯由三夜延长至五夜，且除灯彩以外还放焰火，表演各种杂耍，情景更加热闹。到了明代，又规定正月初八上灯，连张十夜，家家户户都悬挂五色灯彩。清代，宫廷不再办灯会，民间灯会却仍然壮观。元宵节张灯习俗之所以能传承下来，一个很重要的原因就是朝廷和官府的重视。他们认为，张灯结彩可以显示百姓安居乐业，天下天平。

（2）猜灯谜。猜灯谜又叫"打灯谜"。《武林旧事·灯品》记载："以绢灯剪写诗词，时寓讥笑，及画人物，藏头隐语，及旧京谇语，戏弄行人。"元宵佳节，春宵赏灯之会，诗谜书于灯，映于烛，列于通衢，任人猜度，饶有趣

第十八章 传统节日

味。人们把写好的谜语贴、挂在灯上，让观灯的人们边赏灯边猜谜。谜语分谜面和谜底两部分。谜面是隐喻，谜底就是谜底所指的事物。谜语运用的是语言技巧，由于灯谜一般用词文雅，非常难猜，故古人常用"老虎难射"来形容它，称之为"灯虎"。

（3）耍龙灯。也称舞龙灯或龙舞。它的起源可以追溯到上古时代的龙崇拜。中华民族把龙作为吉祥的象征，龙具有呼风唤雨、消灾除疫的功能，而我国自古即以农业立国，风调雨顺对生产生活具有极为重要的意义，所以古人极力希冀得到龙的庇佑，由此形成了在祭祀时舞龙和在元宵节舞龙灯的习俗。宋代吴自牧《梦梁录》记载：元宵之夜，"以草缚成龙，用青幕遮草上，密置灯烛万盏，望之蜿蜒，如双龙飞走之状。"舞龙具有多种样式，主要有龙灯、布龙两种。龙灯也称"火龙"，这种龙由篾竹扎成龙首、龙身、龙尾，上面糊纸，再画上色彩，龙身有许多节，下面装有供舞者手持的木柄，龙前还有一人手举红色绸珠指挥龙舞。布龙也称"彩龙"，主要在白天表演，表演时腾飞欢跃，好似江海波翻浪涌，气势非常凡雄伟。

（4）舞狮子。狮子为百兽之尊，古人将它当作勇敢和力量的象征，认为它能驱邪镇妖、保佑平安，所以人们逐渐形成了在元宵节里舞狮子的习俗，以祈望生活吉祥如意、事事平安。舞狮习俗至今已有1000多年的历史。狮舞主要有南北两种表演风格。北派狮舞以表演"武狮"为主，大狮由双人舞，一人站立舞狮头，一人弯腰舞狮身和狮尾。舞狮人全身披包狮被，下穿和狮身相同毛色的绿狮裤和金爪蹄靴。引狮人以古代武士装扮，手握旋转绣球，配以京锣、鼓钹、逗引瑞狮。狮子在"狮子郎"的引导下，表演腾翻、扑跌、跳跃、登高、朝拜、走梅花桩、窜桌子、踩滚球等技巧。南派狮舞以表演"文狮"为主，表演时讲究表情，有搔痒、抖毛、舔毛等动作，逗人喜爱。南派狮舞虽也是双人舞，但舞狮人下穿灯笼裤，上面仅披一块彩色狮被而舞。"狮子郎"头戴大头佛面具，身穿长袍，腰束彩带，手握葵扇而逗引狮子，动作滑稽风趣。

（5）吃元宵。元宵这种食品在历史上曾有过汤圆、圆子、汤团、浮圆子等多种称呼。元宵通常以白糖、玫瑰、芝麻、豆沙、黄桂、核桃仁、果仁、枣泥等为馅，用糯米粉包成圆形、汤煮、油炸、蒸食皆可，有团圆美满之意。

二、七夕

农历七月初七是我国传统节日——七夕节。因为此日活动的主要参与者是少女，而节日活动的内容又是以乞巧为主，即乞求天上的仙女能赋予她们聪慧的心灵和灵巧的双手，让自己的女工技法娴熟，更乞求爱情婚姻的姻缘巧配，故而人们又把这天称为"乞巧节"、"少女节"或"女儿节"。另外，七夕节还有其他一些别名，比如因该节月、日皆为七，故又称"双七"、"重七"，再比如该节有着牛郎织女的美丽传说，而牛郎星与织女星一年才能相遇一次，故又称为"星期"。七夕节是我国传统节日中最具浪漫色彩的一个节日，现又被认为是"中国情人节"。

七夕乞巧，起源于汉代，东晋葛洪的《西京杂记》有"汉彩女常以七月七日穿七孔针于汉代画像石上的牛宿、女宿图开襟楼，人俱习之"的记载，这便是我们在古代文献中所见到的最早的关于乞巧的记载。

关于"七夕"的来源，有不同的说法。比如"星宿崇拜说"：认为七夕便代表着东西南北各七颗代表方位的星星，古代中国人把日、月与水、火、木、金、土五大行星合在一起称为"七曜"；"时间崇拜说"：认为"七"这个数字具有时间上的阶段性，"七曜"即"一星期"，这在日语中尚有保留，而且，在计算时间时又往往以"七七"为终局，如给亡人做道场时往往以做满"七七"为完满；"数字崇拜说"：古代民间把正月正、二月二、三月三、五月五、六月六、七月七、九月九这"七重"均列为吉庆日，而且"七"是算盘每列的珠数，又与"吉"谐音，"七七"有双吉之意，是个大吉之日。

而民间最熟知的有关七夕的起源，当属牛郎织女的传说了。相传在很早以前，有个忠厚勤劳的放牛娃，人称牛郎。他父母早逝，又常受到哥嫂的虐待，只有一头老牛相伴。有一天，老牛突然说话，告诉他一个秘密。老牛要牛郎到湖边的树林里藏起来。过了一会儿，从天上飘下七位仙人，脱下衣裳，跳进湖里沐浴嬉戏。牛郎按老牛的话，悄悄把一件粉红色的衣裳拿走藏到树林里。天快黑了，仙女们上岸穿衣，只有最小的善于女工的七仙女——织女找不到自己的衣裳。其他六位仙女因害怕回去受惩罚只好先飞走了，唯独剩下七仙女。这时牛郎急忙从树林里走出来，把衣服送还给七仙女。在牛郎的恳求下，七仙女答应做他的妻子。婚后，牛郎织女男耕女织，相亲相爱，生活得十分幸福美满。织女还给牛郎生了一儿一女。后来，老牛要死去的时候，叮嘱牛郎要把它的皮留下来，到急难时披上。老牛死后，夫妻俩忍痛剥下牛皮，把牛埋在山坡上。织女和牛郎成亲的事被天庭的玉帝和王母娘娘知道后，他们勃然大怒，并命令天神下界抓回织女。天神趁牛郎不在家的时候，抓走了织女。牛郎回家不见织女，急忙披上牛皮，担了两个小孩追去。眼看就要追上，王母娘娘心中一急，拔下头上的金簪向银河一划，昔日清浅的银河一霎间变得浊浪滔天，牛郎再也过不去了。从此，牛郎织女只能泪眼盈盈，隔河相望。日久天长玉皇大帝和王母娘娘也拗不过他们之间的真挚情感，准许他们每年七月七日相会一次。相传，每逢七月初七，人间的喜鹊就要飞上天去，在银河为牛郎织女搭鹊桥

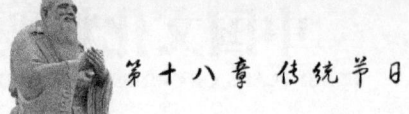

相会。

为什么是七月七日,牛郎织女才可以相会呢?这可能与汉武帝有关。据说,汉武帝生于七月七日,有一次他正为生日斋戒,有一只青鸟从西方飞来。汉武帝问这是怎么回事。东方朔回答:这是王母娘娘要降临,派它先来报信。不多时,王母娘娘果然从天而至。或许正是由于这个缘故,传说中的牛郎织女相会之日便成了七月七日。唐代以后,又因唐玄宗和杨贵妃的爱情故事跟七夕节有关,这一天又成为男女相会盟誓的日子。白居易《长恨歌》云:"七月七日长生殿,夜半无人私语时。在天愿作比翼鸟,在地愿为连理枝。"为七夕节抹上了浓郁、浪漫的爱情色彩。

七夕节的主要习俗有"卜巧"、"赛巧"、"拜魁星"、"吃巧果"、"晒书"、"晒衣"等。

(1) 卜巧。卜巧就是通过七月七日晚的占卜,知道自己是拙是巧。卜巧的方式多种多样。如蜘蛛卜巧,《开元天宝遗事》记载:"七月七日,各捉蜘蛛于小盒中,至晓开;视蛛网稀密以为得巧之候。密者言巧多,稀者言巧少。民间亦效之。"《东京梦华录》载,七月七夕"以小蜘蛛安合子内,次日看之,若网圆正谓之得巧。"花针卜巧,即将绣花针轻轻地放在水面上,如漂浮时间较长就表示巧,如若漂浮时间短或者很快沉入水中便认为拙。还有一种方法,是在黑暗处借点燃的香头的光亮,穿针引线,成功者表示巧,多次未穿入针眼的便认为拙。此外,还可以依据绣花针投射在水底的图案判别巧拙,如果图案像花卉、动物则表明巧,如若像棒槌、粗绳则预示拙。

(2) 赛巧。赛巧就是七月七日晚,姑娘们比赛在月光下穿针,看谁穿得快,穿得快就手巧。《元氏掖庭录》中说:"九引台,七夕乞巧之所。至夕,宫女登台以五彩丝穿九尾针,先完者为得巧,迟完者谓之输巧,各出资以赠得巧者焉。"在南北朝时期,就有妇女于七夕之日专设穿针楼,在楼上进行穿针比赛。唐明皇时,宫中赛巧规模空前,引得市民都纷纷效仿。

(3) 拜魁星。俗传七月七日是魁星的生日。魁星文事,所以想求取功名的读书人一定要在七夕夜祭拜,祈求考运亨通。魁星就是廿八宿中的奎星,为北斗七星的第一颗星,故而又称为魁首。古代士子中状元时称"大魁天下士"或"一举夺魁",都是因为魁星主掌考运的缘故。

(4) 吃巧果。七夕的应节食品,以巧果最为出名。巧果又名"乞巧果子",款式极多。巧果的主要材料是油面糖蜜。

三、重阳

农历九月九日,为传统的重阳节,又称"老人节"。因为《易经》中把

"九"定为阳数,九月九日,日月并阳,两九相重,故而叫重阳,也叫重九。

重阳节是个历史悠久的节日,关于其起源,有种种不同的说法:

其一,庆丰说。《吕氏春秋》载:九月"命家宰,农事备收,举五种之要。藏帝籍之收于神仓,祇敬必饬。""是日也,大飨帝,尝牺牲,告备于天子。"可见,当时已有在九月农作物丰收之时祭天祭祖的活动,此后,还发展成为九月丰收时节的大型饮宴活动,《荆楚岁时记》云:"九月九日,四民并籍野饮宴。"

其二,求寿说。《西京杂记》中记:"九月九日,佩茱萸,食蓬饵,饮菊花酒,云令人长寿。"这意味着,西汉就有了重阳节求寿之俗,这可能是受到了古代巫师为追求长生而采集药物的影响。

其三,祭火说,认为重阳节的原型是古代祭祀大火的仪式。作为古代季节星宿标志的"大火",即星宿二,在九月隐退,《夏小正》称"九月内火"。大火星的退隐,不仅使一向以大火星为季节生产生活标志的古人失去了时间的坐标,同时使将大火星奉若神明的古人产生莫名的恐惧,因为火神的休眠,意味着漫漫长冬的到来。故此,在九月大火星退隐的时候,人们要举行相应的送行祭仪,重阳节便由此而诞生。

重阳节时,正是金秋送爽、丹桂飘香之际,最适宜登高望远,赏菊赋诗。重阳节的习俗中就有"登高"、"赏菊"、"佩茱萸"、"吃重阳糕"、"饮菊酒"等内容。

(1)登高。重阳节又名"登高节",登高山、登高塔等登高活动,是重阳节最重要的活动之一。金秋九月,天高气爽,在这个季节登高远望,可达到心旷神怡、健身祛病的目的。早在西汉,《长安志》中就有汉代京城九月九日时人们游玩观景的记载。唐代文人所写的重阳登高诗很多,杜甫的七律《登高》就是其中的名篇。历代帝王也很重视登高活动,唐朝《岁时广记》中就引述了不少古代帝王登高饮宴之事。由于重阳为秋节,节后草木开始凋零,所以又称重阳登高野游活动为"辞青",与三月春游"踏青"之说法相对应。

关于登高习俗的起源,有不同的说法:一说源于对山神的崇拜。古代认为"九为老阳,阳极必变",九月九日均为老阳之数,不吉利,因此需要在重阳之日登山,祭拜山神以祈福免灾。渐渐地,民间登高活动的祭祀意味逐渐减弱,娱乐意味渐渐加强。还有一说,认为重阳登高与农事有关。重阳时节,秋收已经完毕,农事相对比较空闲。这时,山野里的野果、药材之类又正是成熟的季节,农民纷纷上山采集野果、药材和原料,登高的风俗可能从此演变而来。

(2)赏菊。重阳又称菊花节,重阳时节,正值菊花怒放,魏紫姚黄、清

芳幽香，赏菊成为重阳节习俗的重要组成部分。宋代，重阳赏菊便已是当时的盛举。重阳之日，无论皇室贵戚还是平民百姓，都要赏玩菊花。文人士子们还要举办社交宴乐性的菊花会，赏菊吟诗。清代《帝京岁时纪胜》记载，北京秋日家家盛栽黄菊，品种极多，酒店茶设，也以菊花招徕顾客。有的地方重阳前后要举行菊花大会，人们倾城出动观看菊花，热闹空前。

菊花是凌霜不屈、高洁人格的象征，极受文人喜爱，这在历代文人故事、诗词和绘画中处处得以表现。如晋代的陶渊明就被称为"菊迷"。每到重阳节，他饮酒赏菊，爱不释手，有诗为证，"菊花知我心，九月九日开；客人知我意，重阳一同来。"其他的重阳咏菊佳作还有范成大的"世情儿女无高韵，只看重阳一日花"，孟浩然的"待到重阳日，还来就菊花"。

（3）佩茱萸。重阳节有佩茱萸的风俗，因此又被称为"茱萸节"。茱萸又名越椒、艾子，是一种常绿小乔木，叶为羽状复叶，初夏开绿白色的小花，结实似椒子，果实嫩时呈黄色，成熟后变成紫红色，有温中、止痛、理气等功效。《本草纲目》中说，茱萸气味辛辣芳香，性温热，可以治寒驱毒。故茱萸有"辟邪翁"的雅号。古人认为佩戴茱萸，可以辟邪去灾。另外，茱萸还有驱虫之效。重阳之前的一段时间，秋雨潮湿，秋热也尚未退尽，衣物容易霉变，这时须做好防虫工作，而茱萸恰好有除虫的功效。

重阳节佩茱萸，在晋代葛洪《西经杂记》中就有记载，在唐代也很盛行，被大量写进诗文中。如王维的《九月九日忆山东兄弟》："独在异乡为异客，每逢佳节倍思亲；遥知兄弟登高处，遍插茱萸少一人。"茱萸或佩戴于臂，或作香袋把其放入袋中随身佩戴，称为茱萸囊，还有的插在头上。大多是妇女、儿童佩戴。除了佩戴茱萸，民间也有头簪菊花的习俗。

（4）吃重阳糕。吃重阳糕是重阳节饮食文化中最具特色的内容，在北方尤盛。重阳糕又称花糕、菊糕、五色糕，制无定法，有"糙花糕"、"细花糕"和"金钱花糕"。有诗如是描述重阳糕的制作过程："篝火鸣机夜作忙，织工一饮登高酒，依然风雨古重阳，蒸出枣糕满店香。"糕与高谐音，吃糕有高升、吉祥之义。据说，九月九日天明时，以片糕搭儿女头额，口中默念祝词，子女能够百事俱高。讲究的重阳糕要做成九层，像座宝塔，上面还做两只小羊，以符合重阳（羊）之义。据《西京杂记》载，汉代时已有九月九日吃蓬饵之俗，即最初的重阳糕。至宋代，吃重阳糕之风大盛。当今的重阳糕，并无固定品种，各地在重阳节吃的松软糕类都称之为重阳糕。

思考题

1. 中国传统节日跟西方传统节日相比，有何特点？

2. 中国四大传统节日是哪四个节日，它们分别有哪些习俗？
3. 元宵节、乞巧节、重阳节的习俗分别有哪些？

参考文献

［1］杨存田．中国风俗概观．北京：北京大学出版社，2003．
［2］张晓华．中国传统节日文化研究．北京：中国青年出版社，2007．
［3］刘魁立．中国节典四大传统节日．合肥：安徽教育出版社，2008．
［4］李欣．比较视野中的中西传统节日文化．中州学刊，2008（04）．
［5］李竹青．谈谈少数民族节日的特点．中国民族，1983（07）．
［6］戴桂凤．简议中国少数民族节日文化类型．民俗研究，1992（02）．

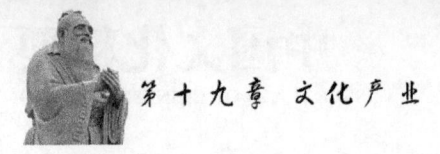
第十九章 文化产业

第十九章　文化产业

文化是民族的血脉，是人民的精神家园，是民族凝聚力和创造力的重要源泉，是综合国力竞争的重要因素，它成为经济社会发展的重要支撑，既而丰富精神文化生活也成为中国人民的热切愿望。文化产业的发展规模和影响已经成为衡量一个国家或城市综合竞争力高低的重要标志之一。

20世纪80年代伊始，中国文化产业开始了迅猛发展的历程，取得了巨大的经济效益和社会效益。中国文化产业从萌芽到勃兴时期，以知识、信息娱乐、休闲为主要特征的文化产业得到了充分发展，新的领域层出不穷，成为国家的支柱产业，20世纪90年代后，都将发展文化产业提升到国家竞争力的发展高度。这一起步性的实践是我国文化领域观念的转变，我国现有的价值观念和思维模式的认识开始改变。中国文化产业，是在中国经济全面融入世界经济体系的过程中被提出、认识与建设的，是现代化国家政府强势主导的基础格局，以及在全球化过程中反向刺激国人对于传统中华文化与民族身份的强烈追认，构架出中国文化产业独特的本土面貌。21世纪的第二个十年，中国已经进入文化产业发展的最佳时期，发展方式正经历着从粗放转向集约的过程，面临着数字技术大发展所带来的产业变革与机遇融合。文化上的强国必将成就经济强国，文化产业的发展正成为中国的战略高地。

第一节　文化产业的定义和分类

文化产业概念最初是由法兰克福学派的 Horkheimer（霍克海默）和 Theodor Adorno（西奥多·阿多尔诺）在1947年出版的合著《启蒙辩证法》中提出的。

从产业的角度，并不是所有提供文化产品和服务的产业都属于文化产业，严格意义上的文化产业必须能够按工业标准，即按标准化进行大批量生产。产业化的文化产品，商品是第一性的，首先要保证产品能够按市场的原则组织生产和出售，其次才是产品的文化性。

一、文化产业的定义

1998年，联合国教科文组织将文化产业定义为"按照工业标准生产、再生产，储存以及分配文化产品和服务的一系列活动"①。据联合国教科文组织国际专家小组 1988—1998 年的"世界文化发展十年"项目《多种文化的星球——联合国教科文组织国家专家小组的报告》称，当代世界文化划分为这样八个文化圈：一是欧洲文化圈，二是北美洲文化圈，三是拉丁美洲与加勒比地区文化圈，四是阿拉伯文化圈，五是非洲文化圈，六是俄罗斯和东欧文化圈，七是印度和南亚文化圈，八是中国和东亚文化圈。

世界各国对文化产业没有一个统一的说法，例如，美国所指的是版权产业，主要是从文化产品具有知识产权的角度进行界定的。日本定义广泛：凡是与文化相关联的产业都属于文化产业，除传统的演出、展览、新闻出版外，还包括休闲娱乐、广播影视、体育、旅游等，并称之为内容产业，强调内容的精神属性。

我国对文化产业的说明及划分是不断完善的过程，2003 年 9 月，文化部制定下发的《关于支持和促进文化产业发展的若干意见》，将文化产业界定为："从事文化产品生产和提供文化服务的经营性行业。文化产业是与文化事业相对应的概念，两者都是社会主义文化建设的重要组成部分。文化产业是社会生产力发展的必然产物，是随着中国社会主义市场经济的逐步完善和现代生产方式的不断进步而发展起来的新兴产业。"据《文化及相关产业分类》（国家统计局［2004］24 号文）规定，文化产业是指："为社会公众提供文化、娱乐产品和服务的活动，以及与这些活动有关的活动的集合。"文化产业可分为：核心层（新闻服务、出版发行和版权服务、广播电视电影服务、文化艺术服务）；外围层（网络文化服务、文化休闲娱乐服务、其他文化服务）；相关层（文化用品、设备及相关产品的生产及销售）。文化产业是经济、社会发展到一定阶段的产物，是市场把文化纳入经济范畴的结果。

尽管世界各国对文化产业的定义各异，但文化产品的精神性、娱乐性等基本特征较为一致，可以说，文化产业是具有精神性、娱乐性的文化产品的生产、流通、消费活动。

二、文化产业的分类

文化从广义上讲，是指人类创造的一切物质产品和精神产品的总和；狭义上则是指语言、文学、艺术及一切意识形态在内的精神产品。

文化及相关产业的范围包括提供文化产品（如图书、音像制品等）、文化传播服务（如广播电视、文艺表演、博物馆等）和文化休闲娱乐（如游览景

---

① 陈锋．扫描：世界各国文化产业的内涵和政策取向．

区服务、室内娱乐活动、休闲健身娱乐活动等）的活动，它构成文化产业的主体；同时，还包括与文化产品、文化传播服务、文化休闲娱乐活动有直接关联的用品、设备的生产和销售活动以及相关文化产品（如工艺品等）的生产和销售活动，这构成文化产业的补充。

《文化及相关产业分类》（国家统计局〔2004〕24号文）规定文化产业分为两大部分九大项：

第一部分　文化服务
一、新闻服务
二、出版发行和版权服务
三、广播、电视、电影服务
四、文化艺术服务
五、网络文化服务
六、文化休闲娱乐服务
七、其他文化服务

第二部分　相关文化服务
八、文化用品、设备及相关文化产品的生产
九、文化用品、设备及相关文化产品的销售

2012年2月23文化部印发的《文化部"十二五"时期文化产业倍增计划》〔2012〕7号，明确了文化产业十一大重点门类：

（一）演艺业
（二）娱乐业
（三）动漫业
（四）游戏业
（五）文化旅游业
（六）艺术品业
（七）工艺美术业
（八）文化会展业
（九）创意设计业
（十）网络文化业
（十一）数字文化服务业

三、文化产业分类的相关问题

（一）公益性文化单位和经营性文化单位

在统计分类中，行业与产业的概念是等同的，英语中都译为"industry"。

国际上的有关分类一般翻译为"产业",而我国相对应的分类叫"行业"。采用社会上普遍认同的"产业分类"名称,既包括了公益性的文化单位,又包括了经营性的文化单位。

（二）关于"相关文化服务"

"相关文化服务"包括以下几个方面的活动：一是制作文化产品的相关活动，即制作文化产品（如图书、音像制品等）所必需的设备和材料的生产经营活动；二是文化传播服务的相关活动，即提供文化传播服务（如广播、文艺创作、文艺表演等）所必需的设备和用品的生产经营活动；三是文化消费活动的相关活动，即文化消费（如看电视、玩电子游艺等活动）所必需的设备和用品的生产经营活动；四是含有较高文化内容的其他相关产品（如工艺品等）的生产经营活动。即：

1. 用品的生产和销售，包括文具、乐器、玩具、印刷纸张、书写纸张、空白磁带、空白光盘、电影胶片、照相器材、摄影胶卷、游艺器材等的生产和销售活动；

2. 设备的生产和销售，包括新闻采编设备、广播设备、专业电视设备、电影设备、印刷专用设备、电视机、光碟机、收录机、音响设备等的生产和销售活动；

3. 相关文化产品的生产和销售，包括工艺品、摄影作品、专业设计等的生产和销售活动。

（三）关于行业小类的处理

1. 《国民经济行业分类》是按照活动的同质性原则划分的，但从文化的角度观察，有些行业小类不是纯的文化活动。如行业小类"知识产权服务"，包括专利、商标、版权等服务，只有版权服务属于文化活动。

2. 在《国民经济行业分类》中，有些行业划分得较粗，使得按行业划分文化产业时难以反映需单独观察的文化活动。在《文化产业分类》的部分小类（即行业小类）下增设了延伸层，科学、完整、准确地反映了该行业所描述的文化活动。

（四）关于边缘文化活动的确定

教育、体育和自然科学研究虽与文化有着紧密的联系，但它们已形成了自己完整的科学体系和分类体系。公园管理、游乐园、休闲健身娱乐等边缘活动从表面看这些活动与文化的关系不太直接，但它们作为公众可直接参与的旅游娱乐消费，推动了我国文化市场的多元化发展和健康繁荣，反映了公众闲暇时间的分配和精神生活的质量，此类活动被纳入文化产业。

第十九章 文化产业

第二节 中国文化产业发展历史

把2000年10月党的十五届五中全会通过的《中共中央关于制定国民经济和社会发展第十个五年计划的建议》第一次用"文化产业"概念作为中国文化产业正式确立的标志，文化产业在中国的历史不长，至今也不过十几年的时间，回顾和审视我国文化产业的发展过程，也许能从中得到一些有意义的思考和启示，为以后的发展开启更为广阔的发展思路。

一、中国文化产业的兴起（1904—1990）

中国最早出现的文化产业现象是上海，1904年出现第一张国内唱片，1905年中国最早的电影《定军山》拍摄完成，1908年东方百代公司成立，1908年西班牙人雷玛斯在虹口搭建了中国第一座可以容纳250人的虹口大戏院，1913年郑正秋的家庭短剧《难夫难妻》上映，电影、唱片产业在国家动荡的年代成就奇葩，不论是文化性、艺术性，还是产业管理、资本运作都曾达到令人感叹的高度。上海出现第一批职业文人，如"鸳鸯蝴蝶派"，创作一些表现市民喜好的作品。各种娱乐业兴起，电影院、舞厅成为大众消费的热点场所，成为上海繁华的标志之一，上海等沿海城市已经出现了商业性、娱乐性的都市形态。20世纪30年代中期，商务印书馆、中华书局、世界书局、文明书局、大东书局等近代出版企业的创立和发展，促成上海的新闻出版、电影和娱乐业实现规模化产业经营，上海成为近代中国的出版印刷工业中心，对20世纪整个后半叶东南亚地区的娱乐业都有深远的影响。但是，从20世纪30年代后期开始，一直到新中国成立，由于国内战乱频繁，大众百姓流离失所、生活贫苦，根本无暇顾及大众文化享受，因而中国的大众文化一直处于萎缩状态。

从1949年新中国成立至1976年"文化大革命"结束，中国社会一直处于一种高度的意识形态化状态，刚刚成立的新中国百废待举，需要良好的社会秩序、恢复生产，从而建立一个和平繁荣、稳定发展的社会，但是由于经验不足，受到国内外形势所迫，导致国内政治运动不断发生，经济发展缓慢甚至倒退。在这种情况下，文化一方面被高度政治化，成为国家政治计划的重要组成部分，另一方面文化由政府绝对控制，杜绝商业化，仅有的大众文化是"革命歌曲"、"样板戏"。"文化大革命"时期，曾有出版界"半壁江山"之称的上海，出版的图书也由1967年的319种降到1969年的16种[1]。这一时期，

---

[1] 陈立旭. 都市文化与都市精神. 南京：东南大学出版社，2002：163.

"文化"作为国家意识形态管理的主要门类，成为新生社会主义共和国国家事业的主要内容，无论从组织体制上还是在经费抑或消费方式上，自由市场经济意义上的文化产业形态失去了根本的合法性基础。在这种情况下，文化被作为国家政治计划的重要组成部分，由政府绝对控制，杜绝商业化，因此，也就谈不上文化产业。大众的闲暇时间被一次次的政治运动以及"全民学哲学、用哲学"等活动所占用。对于普通老百姓来说，大众文化享受只能是奢侈的想法。

20世纪80年代，不含政治色彩的、涌入中国内地文化市场的海外文化产品，港台及海外流行音乐渐渐走进人们的生活。对邓丽君优美声线的喜爱，对悠扬旋律的再创作是民众对过去高度意识形态的一种反驳，对邓丽君的喜爱强烈地表现了民众对通俗化生活情调的向往。在文学作品方面，港台地区大规模的言情小说为封闭已久的中国读者带来了一种新的阅读感受，从过去的理想英雄主义走出来回归为一个平常人，琼瑶的言情小说与梁羽生、金庸、古龙等人的武侠小说，在青少年学生中引发了普遍的阅读热潮。在重新倡导"百花齐放"的文艺背景下，传统的教化文学的一统天下正在悄然解体，文学的消遣娱乐作用逐渐受到默许。特别是中国内地几十年间一直没有专门的"言情小说"，读者往往把带有爱情内容或爱情意味的严肃作品当作言情小说来对待，这就给通俗文学的主力类型之一的言情小说的涌入提供了客观上的期待视野。摇滚乐、霹雳舞作为一种与正统文化背道而驰的新的文化形式，它们代表一种新生力量受到青年人的追捧，这反映了城市青年对打破传统固有文化形式的渴望以及追求新生文化的热忱。在电视剧方面，热播电视剧受到大众欢迎，港台电视剧中出现的对爱情的追求与惩恶扬善满足了民众追求温情、正义、真善美的情感需要，是群众茶余饭后津津乐道的话题。整个80年代，以邓丽君为代表演唱的抒怀歌曲，《霍元甲》、《上海滩》等电视剧，摇滚乐、霹雳舞，琼瑶小说、三毛文学等成为大众消费的主要文化产品。20世纪80年代中后期以后，内地土生土长的文化产品开始繁荣，郭峰创作的歌曲《让世界充满爱》、崔健演唱的《一无所有》、刘欢演唱的《少年壮志不言愁》等引起了很大轰动，崔健的摇滚乐可以说是中国内地产生的优秀文化产品代表作。

尽管大众文化在20世纪80年代萌芽时颇受责难，但是却拥有顽强的生命力，人们逐渐意识到，文化不仅仅是具有教化功能的政治宣传，它还可以是娱乐品，具有经济属性，可以获得经济利润。

具体而言，我国文化产业实践是在改革开放后逐渐展开的，1978年，文化消费领域也随着经济恢复性的发展，开始步入产业发展的起步阶段。以1985年颁布实施《关于第三产业的统计》为标志，改革开放与经济建设的浪

第十九章 文化产业

潮扩展到了文化制造业和文化服务业,文化企业开始蓬勃发展。1998年,文化部成立文化产业司,标志着国家文化主管部门对于文化产业的正视与认可。

尽管当时的文化产业和流通机制还没有从计划经济体制的束缚中解放出来,文化娱乐产品各个方面都无法满足大众的需求,但文化商品概念逐渐被接受,这一起步性的实践是我国文化领域观念的转变,我国现有的价值观念和思维模式的认识也全面开始改变。

二、中国文化产业的初步形成(1990—2000)

随着改革开放步伐的加快,我国居民的生活水平大幅提高,文化需求也日益增长,我国以文化部门为中心的各部门寻求适应变革的道路,政府出台了大量促进和规范文化产业发展的政策和措施。1992年6月中共中央、国务院发出的《关于加快发展第三产业的决定》中正式提出要以产业化为方向,加快发展包括文化生产和服务在内的第三产业,这是中国政府首次对文化的"产业"性质进行认可。1998年国务院机构改革,大幅度削减机构人员编制,但文化部却增设了文化产业司,其主要任务是研究拟定文化产业发展规划和相关政策、法规,扶持和促进文化产业的发展和建设,协调文化产业运行中的重大问题,可见,国家对文化产业的重视。2000年《中共中央关于制定国民经济和社会发展第十个五年计划的建议》明确了发展中国文化产业的基本方针、主要目标、基本任务和主要措施。各种改革举措,使我国文化领域在这个时期呈现积极进取的形态,文化消费特征越来越呈现出娱乐化、多样化、消费化的态势,这一切表明中国文化产业进入了"从自发到自觉"的新的发展阶段。

在这个大背景下,同时期物质产品的迅速市场化,极大地刺激了文化产品的商业化,城市文化市场又进一步催发了文化消费群体。文化产品成为大众生活的重要组成部分,文学作品有一种趋向通俗的趋势,通俗文学越来越普及,所占份额日趋增多。上海的《故事会》发行量达650万份,武汉的《今古传奇》接近200万份。其他文化产品同样迅速兴盛,1992年邓小平南方讲话后,更促进经济的高速发展,卡拉OK歌舞厅等新的文化产品空前繁荣,制造了一批批文化"大腕"和影视"明星",使这些原来默默无闻的文化界创作人员或演艺人员迅速成为公众人物,成为人们模仿和崇拜的偶像。

1980年上海杂技团在全国率先组建一支"集体经营、自负盈亏"的魔术队,1981年,著名京剧表演艺术家赵燕侠承包北京京剧团,拉开了文化体制改革的序幕。他们为之后十余年社会民营文化机构的萌生发展、学界关于文化业态的探索,提供了实践素材和背景氛围。

1996年12月,北京市委市政府《关于加快北京市文化发展的若干意见》,

在其"主要任务"中史无前例地增加了"加快文化产业发展"的崭新提法；1998年始，"大力发展文化产业"已被列为北京的"市长调研课题之一"。

以上海为例，人均GDP从1977年第一次超过1000美元到1993年跨越2000美元，用了整整16年的时间，而从1993年的2000美元到1997年的3000美元却只用了4年时间，再从1997年的3000美元发展到2000年的4000美元更只用了短短3年时间。产业结构初步完成了都市化转型，第三产业的增长率在20世纪90年代后期均已超过了第一和第二产业，上海的第三产业在2000年已占国民生产总值的50%以上，为文化产业的发展打开了广阔的上升空间。

国家统计局对4万户城镇居民收入的调查结果显示，1999年，在全国36个大中城市居民人均年可支配收入的排行榜上，前3位是深圳20548元，广州12326元，上海10932元，大大超过36个城市人均年可支配收入5854元的水平①。城市经济的发达和市民消费阶层的形成，是现代文化产业和文化市场赖以发育的根本前提，是文化产业可持续发展的物质基础和社会基础。

1990—1998年，全国文化系统文化产业的增加值由12.1亿增加到了83.7亿元，增长了6倍；文化产业机构由6.8万个增加到9.2万个，增长了35%；从业人员由49.5万人增加到72.1万人，增加了46%。与此同时，社会所办的文化产业发展迅速。1990年社会所办的文化产业在总量上还远远小于文化系统，但到1998年，社会所办的文化产业的机构已经是文化系统的2.7倍，从业人员为1.5倍②。包括演出市场、电影电视市场、音像市场、文化娱乐市场、文化旅游市场、艺术培训市场、艺术品市场等在内的文化市场体系逐渐形成。

20世纪90年代是文化产业迅速扩张、全面发展的时代。物质产品的迅速市场化，极大地刺激了文化产品的商业化，城市文化市场又进一步催发了文化消费群体。这一时期，中国文化产业的产业化进程开始加快，文化管制体制、经营机制、投资体制等都有较大的改革。这一切凸显出这一时期文化产业发展的个性。

三、文化产业新发展（21世纪以来）

进入21世纪，中国文化产业进入快速发展的新时期，呈现出朝气蓬勃的

---

① 北京经济报. 2005-05-17.
② 江蓝生，谢绳武. 2001—0002：中国文化产业发展报告. 北京：社会科学文献出版社，2002：100.

第十九章 文化产业

新景象。以中国加入世界贸易组织为标志,中国文化产业开始逐步融入世界文化市场,经受了市场经济大洗礼的民营文化企业和国有文化企业集团开始与国外文化产业集团同台竞争,中国文化企业开始真正步入世界文化市场的前沿,异彩纷呈。

(一) 文化产业发展态势

从全球经济体系的整体发展来看,中国文化产业的初创是世界整体范围内技术进步、产业结构升级以及民族国家竞争的必然结果。在电子信息与互联网全面改变当今人类生活面貌的同时,人类社会所依存的基础生产结构也发生着巨大的变化,文化产业形态的出现从属于从"工业经济"向"知识经济"生产力的发展与生产结构的变革。

文化产业的发展建立在中国全面改革的大背景下,政府角色从"运动员"向"裁判员"转换,利益格局重新分配。在文化产业领域自我定位:"规划、统计、调控、指导",着力于制度的规范建设与管理层面,《"十六大"报告》的意义在于澄清和坚定了文化建设作为国家需求在国家整体战略系统的地位,明确了建设社会主义文化有两大途径和形态:文化的意识形态方面,即文化事业;文化的经济形态方面,即文化产业;明确了文化产业作为文化建设的主体地位。

2007 年,全国文化部门文化产业全年增加值达到 785.45 亿元人民币,是 2006 年的 1.76 倍,较 2006 年的增幅达到 75.78%,2007 年较 2006 年的增量已是 1996—2006 年共 10 年间增量总数的 1.44 倍,呈现了跳跃式上升(跳升)的、标志性的强劲发展势头,文化产业强劲增长。在推进增长的因素中,其他文化产业部门作出了重要贡献。

人力资源与就业方面:2008 年,全国人均国内生产总值为 32032.60 元(246619 亿/76990 万);文化产业人均增加值为 40249.55 元(785.47 亿/195.15 万人),文化部门产业劳动生产率为同期国民经济全行业劳动生产率的 1.26 倍。

文化产业年均两位数的增长,不仅大大高于经济增长率,更在整个国民经济结构调整中显示出独有的魅力。2004—2007 年,全国文化产业增长速度在 17% 以上,比同期 GDP 增速高 6 至 8 个百分点。2009 年,北京、上海、广东、云南、湖南等省市文化产业增加值占 GDP 的比重已超过 5%,成为当地经济的支柱产业。在 2010 年,"十一五"时期的最后一年,全国电影票房突破了 100 亿元。在演艺领域,从中演院线和大隐话剧演出院线的建立到文化旅游演出业态的形成,新的演出市场格局为演出产业的进一步发展奠定了扎实的基础。

2009 年,尽管遭受国际金融危机的冲击,我国文化产业继续保持较快发展态势：全年文化产业增加值为 8400 亿元左右，比 2008 年现价增长 10%，比同期 GDP 的增速高 3.2 个百分点。与 2004 年相比，2008 年法人单位数增加 14.3 万个，增长近 45%；资产总计增加 9170 亿元，增长 50%；从业人员增加 186 万人，增长 18.6%。

文化产业增加值：中国文化产业增加值在 2010 年超过 1 万亿元，达到 11052 亿元；2011 年深圳文博会交易额创新高，达 1245.49 亿元，电影票房新突破 120 亿元；凤凰传媒募集资金 44.79 亿元，成为最大的文化传媒上市公司；动漫产业产值接近 500 亿元。①

（二）文化产业发展的实效

2001 年后，中国文化事业强强联合不断涌现。各类报纸、杂志的种类越加繁多，发行量迅速扩大。2002 年全国共出版期刊 9029 种，平均每本期刊每期发行量为 2 万份左右，报纸 2137 种，平均每份报纸每期发行量为 9 万份左右。电视节目套数 2058 套（同期美国只有 850 个频道），电视人口覆盖率达 92%，电视受众 11 亿多人；广播节目套数 1933 套，人口覆盖率为 90% 以上；户外广告媒体数量更是超过 140 万个。2004 年以来，中国文化产业年均增长速度在 15% 以上，比同期国内生产总值增速高 6 个百分点，保持了高速增长的势头。2008 年面对金融危机的冲击，中国文化产业逆势上扬。国产故事片产量 456 部，城市影院票房收入 62 亿元，同比增长超过 40%。第五届中国（深圳）国际文化产业博览交易会取得圆满成功，总成交额 880.69 亿元，同比增长 25.4%。新闻出版、电影电视、动漫市场、演出市场、音像制品、网络游戏都有较大发展，文化体制改革也取得成效。随着文化体制改革不断深入，经营性单位数量明显增加，新兴文化服务业得以快速发展，大量骨干文化服务企业涌现。2008 年，在文化服务企业中，资产和营业收入超过 1 亿元的分别有 1582 家和 977 家，比 2004 年分别增加了 587 家和 512 家。

从出版行业的增长趋势来看，我国出版业发展保持持续增长、稳中有升的态势。2010 年我国新闻出版总产出达到 13000 亿元，图书出版品种和总印数、日报总发行量已居世界第一位。② 与"十五"时期末相比，全行业总资产、总产出、总销售都翻了一番，印刷业翻了两番。2010 年增加值占到国内文化产业核心层增加值的 60% 还多。5 年累计生产图书 135.8 万种、338 亿册，是"十五"时期的 2 倍。我国报刊发行已覆盖 80 多个国家和地区，图书和期刊等出版物已进入 193 个国家和地区，版权贸易引进输出比从 2005 年的 7.2∶1

---

① http://news.xinhuanet.com/politics/2011-12/29/c_122500450_2.htm.
② 郝振省，魏玉山. 2009—2010 中国出版业发展报告. 北京：中国书籍出版社，2010.

第十九章 文化产业

转变为2010年的3:1。

新闻出版体制改革,到2010年全国10多万家国有印刷复制单位、3000多家国有新华书店全部转企改制;581家图书出版单位中,除少数拟保留公益性和军队系统的出版单位外,中央各部门各单位、地方、高校出版社转企改制;有1251家非时政类报刊出版单位转制和注册为企业法人;组建了100多家报刊集团和出版传媒企业集团;实施了一系列惠民工程,农家书屋工程累计投入资金60多亿元,建成农家书屋39万家,惠及几亿群众。

电影行业的发展成就斐然。2010年全国电影业继续保持了跨越式发展的良好态势,2010年全年故事影片产量达到526部,较2009年的456部增幅达15%;同时生产动画影片16部,纪录影片16部,科教影片54部,特种影片9部,电影频道出品数字电影100部。全国城市影院总票房达到101.72亿元,较2009年62.06亿元增长63.9%。国产电影的海外销售收入35.17亿元,较2009年的27.7亿元增长26.9%;全国各电影频道播放电影的收入为20.32亿,较2009年的16.89亿元增长20%;全年电影综合效益157.21亿元,较2009年的106.65亿元同比增幅达47.4%。2010年,我国故事影片产量达到526部,与2009年相比,增幅达15%,《唐山大地震》等多部国产影片为国产电影赢得新的发展空间。电视剧产量连续多年稳居世界第一,成为世界第一大电视剧生产国;步入世界影视生产大国行列——位居世界第三,电影票房突破100亿元,"十一五"年均增幅超过30%。企业市场对电影行业的品牌关注以及资金投资大力促进了文化产业的发展。中国已经从电影生产大国走向电影产业自主强国。

动漫业保持快速发展势头,我国的国产电视动漫和国产影视动漫质量齐升,《喜羊羊与灰太狼》、《兔年顶呱呱》等动画电影都创造了过亿元人民币的票房,已经形成比较成熟的中国动画品牌。《梦回金沙城》不仅成功在美国市场上映,而且还入围奥斯卡最佳动画片奖提名,成为中国动画片创作中具有里程碑意义的作品。中国动画产业结构从过去的外包加工服务为主转变为以原创影视动画为主,20个国家动画产业基地和3家影视网络动漫实验园为主的生产开发体系发展良好,它们带动形成了长三角、珠三角地区等若干个动画产业集群带。中国动画企业已经有2万多家,从业人员达几十万甚至百万人,我国动漫产业总产值共计470.84亿元,相比2009年增长了27.8%。

作为动漫产业的新兴国家,中国动漫业已进入发展快车道,"十一五"期间,中国影视动画产量实现了跨越式的发展,几乎每年都跨上一个新台阶。2004年的产量是2.18万分钟,2005年达到4.27万分钟,2006年达到8.23万分钟,到去年已经达到22万分钟。2010年,我国动漫产业总产值共计470.84

亿元，相比2009年增长了27.8%。

文化艺术表演团体改革进入加快推进、全面开展的新阶段。"十一五"时期，出版、发行、影视制作等行业基本完成转企改制任务。

2008年，中国文化部门艺术表演团体总收入80.3亿元，比2007年增长16%。中国东方演艺集团2009年转企改制，2010年演出179场，观众达170万，很多演员的年收入超过了20万。2003—2008年仅有52个院团转制，2009—2010年即达到409个，2011年第一季度即新增53家，2009—2011年转制院团的数量为2009—2011年总和的9倍。截至2011年第一季度，全国514家国有文艺院团完成或正在转企改制，演艺市场一片繁荣。

许多省从文化大省向文化强省跨越，例如，安徽省文化产业增加值迅速超过汽车工业，远远高于同期全省GDP增长速度，徽文化的品牌走出安徽。文化部先后命名了三批137家国家文化产业示范基地。文化部与中国美术家协会共同命名了三批10家"文化（美术）产业示范基地"。22个省、自治区、直辖市评选出了429个省级文化产业示范基地。文化产业政策体系逐步完善，为促进文化产业发展提供了强有力的制度保障。

互联网已经成为中国影响最广、增长最快、市场潜力最大的产业之一，以超出人们想象的深度和广度迅速地发展，与国际市场的接轨程度越来越高。2010年上半年，商务类应用表现尤其突出，网上支付、网络购物和网上银行半年用户增长率均在30%左右，远远超过其他类网络应用。社交网站、网络文学和搜索引擎用户增长也较快。2011年1月19日CNNIC（中国互联网络信息中心）发布的第27次中国互联网发展状况统计报告显示，在宏观上各项数据均保持快速增长的速度，截至2010年12月底，我国网民规模达到4.57亿，较2009年底增加7330万人；我国手机网民规模达3.03亿，网络购物用户年增长48.6%。

2009年，全国县级公共图书馆覆盖率达到85.09%；县级文化馆覆盖率达到97.34%；乡镇（街道）文化站覆盖率达到94.8%，全国文化信息资源共享工程已建成一个国家中心、33个省级分中心、2814个县级支中心，覆盖率达到96%；乡镇基层服务点覆盖率达到44%；全国农村党员干部现代远程教育合作共建村级基层服务点达到75万个，其中配备文化共享工程专用设备的47.5万个，村级覆盖率75%。

国际化是推动文化产业做强做大的必由之路。文化企业加快"走出去"步伐，增强了国际竞争力，2009年，中国境外商业演出团组数约为426个，演出场次16373场，实现演出收益约7685万元。国产影片海外销售收入4亿美元左右，各类电视节目出口超过1万小时，外销金额共约5898万美元。

第十九章 文化产业

2009年1月至11月,中国核心文化产品出口94亿美元,图书版权进出口比例由2003年的9:1下降为2009年的3.4:1。在2009年第61届法兰克福国际书展上,成功举办了中国主宾国活动,实现版权输出2417项。

新兴文化业走进了上市文化产业并购重组的行列,文化产业资本运作的推进也逐渐触及文化体制改革的核心问题,随着互联网科技的大众化,文化跨传媒形式的整合已成为主流。

新兴文化企业在中国境内外上市取得新突破。2008年以来,虽然受到国际金融市场危机的影响,但是仍有4家文化产业在境内A股市场完成IPO,股票上市地点均为深圳证券交易所,总共筹资24亿元人民币,天威视讯与湖南拓维信息系统股份有限公司、华谊兄弟传媒股份有限公司、广东奥飞动漫文化股份有限公司一样,上市首日开盘价较发行价上涨均超过80%,表现了资本市场对文化传媒题材的强烈关注与期许。

虽然金融危机导致国际新股发行市场陷入低谷,我国仍有A8电媒音乐控股有限公司、中视金桥国际传媒控股有限公司、广而告之合众国际广告有限公司、畅游有限公司、盛大游戏有限公司及中国房产信息集团等6家中国文化企业先后登陆国际资本市场,总共筹资5.4亿港元以及14.29亿美元。在文化产业与信贷资本结合的过程中,金融创新不断呈现。

政府在金融与文化产业融合当中所充当的职能进一步促进了文化产业的发展。2010年4月22日,中国人民银行会同中宣部、财政部、文化部、广电总局、新闻出版总署、银监会、证监会和保监会九部委联合发布《关于金融支持文化产业振兴和发展繁荣的指导意见》,全国大概有20多个省份设立了文化产业专项资金,在推动文化产业发展方面发挥了积极作用。文化产业专项资金的设立,一可支持国家级产业基地的建设,二可帮助弥补改革成本,三可促进转制后的企业发展。

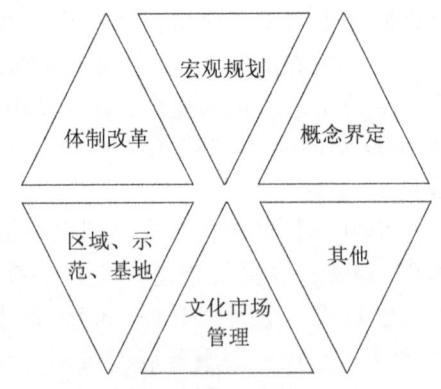

中国文化产业政策分类示意图

(三)政治决策

在政策层面上看,一系列的条例规章都对文化产业成为国民经济支柱性产业有积极的推动作用。

我国文化产业具体行业法律法规,基本可分为九类,分别是出版业类、传媒业类、演出业管理类。广播影视业类、文化娱乐与休闲服务业类、网络文化业类、艺术产业类、知识产权类、广告类和文物保护类。除报刊业,6大行业都在 20 世纪 90 年代相继出台了行业的管理法规，相关政策法规也相继出台，这些法规与政策与中国本土文化产业实践相呼应，无论其广度、深度还是力度，都充分表现了中国政府与中国人民对发展文化产业的决心。（可见中国文化产业政策分类示意图及中国文化产业重大政策法规表）

表 19-1　中国文化产业重大政策、法规表

时　　间	政策、法规
2000 年 10 月	《中共中央关于制定"十五"规划的建议》"推动有关文化产业的发展"
2000 年 11 月	《文化产业发展第十个五年计划纲要》
2001 年 3 月	《国民经济与社会发展"十五"规划纲要》"推动有关文化产业的发展"
2001 年 12 月	中国加入世界贸易组织正式生效
2002 年 3 月	《政府工作报告》
2002 年 11 月	《中共"十六大"报告》，发展文化产业不仅仅是手段，也是目的
2006 年 9 月	《中共"十六大"报告》，积极发展文化事业和文化产业
2006 年 9 月	《国家"十一五"时期文化发展规划纲要》
2007 年 10 月	《中共"十七大"报告》
2007 年 3 月	《政府工作报告》（摘登）
2007 年 4 月	国家三部委推出发展文化产业税收优惠新政策
2007 年 11 月	《关于支持与促进文化产业发展的若干意见》
2009 年 7 月	《文化产业振兴规划》
2010 年 4 月	《关于金融支持文化产业振兴和发展繁荣的指导意见》
2011 年 10 月	十七届六中全会定下"文化强国"的主旋律
2012 年 2 月	《文化部"十二五"时期文化产业倍增计划》

2000 年，《中共中央关于制定国民经济和社会发展第十个五年计划的建议》将"文化产业"首次写入中央文件。2001 年，中国加入世界贸易组织。2002 年 11 月，党的"十六大"第一次将"文化产业"写入党的全国代表大会的政治报告中，并对文化产业的地位作用、发展目标、发展途径、文化产业与文化事业的辩证关系做了论述。《中共"十六大"报告》成为中国文化产业

第十九章 文化产业

由"合法性"论证进入"合理性"建设探索的标志。

2003年9月,中国文化部制定下发的《关于支持和促进文化产业发展的若干意见》,将文化产业界定为:"从事文化产品生产和提供文化服务的经营性行业。文化产业是与文化事业相对应的概念,两者都是社会主义文化建设的重要组成部分。文化产业是社会生产力发展的必然产物,是随着我国社会主义市场经济的逐步完善和现代生产方式的不断进步而发展起来的新兴产业。"2004年,国家统计局对"文化及相关产业"的界定是:为社会公众提供文化娱乐产品和服务的活动,以及与这些活动有关联的活动的集合。所以,我国对文化产业的界定是文化娱乐的集合,区别于国家具有意识形态性的文化事业。2006年国务院《我国"十一五"文化发展规划纲要》颁布。2007年10月,《中共"十七大"报告》共十二章,其中第七章"推动社会主义文化大发展大繁荣"为"十一五"期间中国文化事业与文化产业的发展定下基调。2009年9月,《文化产业振兴规划》颁布继纺织、轻工等规划之后的第十一个产业振兴规划,也是建国60年来首个全国性的文化产业专项发展规划;2010年出台了多项扶持文化产业发展的政策,如《关于进一步推动新闻出版产业发展的指导意见》、《关于促进电影产业繁荣发展的指导意见》、《关于金融支持文化产业振兴和发展繁荣的指导意见》等,这些政策的出台,增强了我国文化产业发展的后劲。对于《文化产业振兴规划》和《关于金融支持文化产业振兴和发展繁荣的指导意见》两份文件,重点强调文化产业格局的调整,完善文化市场,培育具有国际竞争力的文化企业,提升中国文化产业的整体实力和国际竞争力。文化产业结构调整,文化部门的"强强联合"成为文化发展的重要支撑力量,从2010年1月,《国务院办公厅关于促进电影产业繁荣发展的指导意见》的发布,到2010年4月中宣部、财政部、中国人民银行、文化部等部委联合下发《关于金融支持文化产业振兴和发展繁荣的指导意见》;从文化部出台的《关于加快文化产业发展的指导意见》到新闻出版总署的《关于进一步推动新闻出版产业发展的指导意见》,各种政策频繁推出,对文化产业的扶持力度不断加大。在这一系列利好政策的推动下,"十一五"时期的文化体制改革的能量得以全方位释放,包括文化产业在内的整个文化建设都进入了一个新的历史时期,文化产业的重要性被凸显出来,特别是2008年全球金融危机的爆发,中国经济对世界的作用,不仅彰显出大力发展文化产业的必要性和可行性,更为我们充分认识文化产业作为国民经济战略性产业的地位和作用,为我国把握文化产业发展规律提供了契机。

2011年十七届六中全会定下"文化强国"的主旋律,2011年12月15日,财政部公布了《关于继续执行宣传文化增值税和营业税优惠政策通知》。

文化部于 2012 年 2 月 23 日发布《文化部"十二五"时期文化产业倍增计划》，提出了"十二五"期间文化部门管理的文化产业增加值年平均现价增长速度要高于 20%，2015 年比 2010 年至少翻一番，实现倍增的目标。《倍增计划》按照十七届五中全会提出的国民经济支柱性产业的定位和党中央、国务院关于文化产业发展的最新战略部署要求，紧扣十七届六中全会关于文化产业发展的最新精神和文化产业发展新趋势，明确了"十二五"时期文化系统文化产业的指导思想、发展思路、发展目标、主要任务、重点行业和保障措施。

中国全面施行改革开放政策以来，对文化产业本质与中国发展文化产业路径的认识是一个不断摸索与循序渐进的过程，文化产业相关政策法规相继出台，与中国本土文化产业实践相呼应，硕果累累。

（四）我国文化产业发展的策略展望

中国文化产业经过 40 多年的探索和发展，文化产业在我国已经从国民经济中一个不起眼的角色成为国民经济的重要增长点，大力推动文化及文化产业发展，它已经完全成为经济社会发展的自觉意识，是完成产业结构调整和实现产业升级、加快经济发展方式转变的重要着力点，是实现战略转型的主要动力源。从 2011 年开始的未来十年是中国文化产业的黄金发展期，在国际市场竞争的促动下，中国的文化产业发展呈现出一些新特点，未来的一段时间内，实现跨越式发展的主题和国民经济支柱性产业的定位，培育壮大市场主体、转变文化产业发展方式、优化文化产业布局、加强文化产品创作生产的引导、扩大文化消费、推动文化科技创新、实施重大项目带动战略、健全投融资体系、强化人才支撑、推动文化产业"走出去"等 10 个方面的主要任务，全面提升文化产业创新能力和核心竞争力，促进文化精品力作不断涌现，满足人民多样化精神文化需求，推动文化产业成为国民经济支柱性产业。这些特点将深化为新趋势，构成中国文化产业发展的未来趋势。

1. 差异化区域发展战略

针对我国文化产业区域发展不协调的问题，相关部门实施差异化区域文化产业的发展战略，展开加强分类指导，形成文化产业"东、中、西"优势互补、相互拉动、共同发展的局面。具体而言，东部地区优化产业结构，文化创新，提升文化品质，跨越式发展；中部地区完善产业政策，扩大文化消费，规范市场秩序，加快产业崛起；西部地区发挥资源优势，突出区域特色，培育消费市场，带动产业发展。在具体举措上，大力发展特色文化产业、可供产业开发的特色文化资源，资源利用和转化规划，创建各具特色的文化产业集群。

产业发展不平衡是各地条件和市场竞争的结果。市场经济是竞争经济，地

第十九章 文化产业

区与地区之间既是合作关系,也是竞争关系,竞争的内容包括资金的竞争、人才的竞争、技术的竞争和市场的竞争。文化产业除了旅游产业是自然资源依赖型的产业外,其他都是资金、技术、人才密集型的产业。东部地区在这些生产要素上都占绝对优势,西部地区处于劣势。从因果循环原理上来说,发达地区因为强,具有吸引力,所以能将落后地区的资金、人才等要素都吸引过来,从而变得更强;而落后地区因为弱,自己好不容易积累的资金、技术、人才都被吸引到要素利润率高、投资风险小、机会多的发达地区,因而变得更弱,结果是强者愈强,弱者愈弱。1957年,瑞典经济学家缪尔达尔在他的《经济理论和不发达地区》一书中首次提出"循环积累因果论",他指出:"市场经济的力量正常趋势与其说是缩小区域间差异,不如说是扩大区域间的差异。"

如果没有周密的经济政策干预,区域间差异会不断扩大。我国经济、社会发展区域差距拉大的宏观背景,决定了我国文化产业发展的地区差距在未来十年不仅不会缩小,还有进一步扩大的趋势。不平衡是地区发展的客观规律。然而,严重的地区发展不平衡就会带来很大的危害性,不利于我国文化产业的可持续发展。当前,要采取措施,努力缩小文化产业发展的地区差距,促进文化产业地区协调发展。在具体举措上,一是落后地区要有紧迫感,努力提高自身素质。广大中西部地区经济落后,但文化资源异常丰富,关键是在发展过程中要突出特色,以求生存。只要规划科学、政策得当、措施得力,中西部地区文化产业发展同样存在大量机遇,在某些领域或环节演奏"第一小提琴"是完全有可能的。西部省份云南文化产业的异军突起就是很好的榜样。二是加强发达地区对落后地区的"对口支援",建立健全文化援助机制,帮助农村和西部地区发展文化产业。三是政府实施有效的区域布局政策,通过加大对落后地区文化事业和文化产业的扶持力度,缓解文化产业发展的区域分化,促进文化产业的地区协调发展。区域差别的变动呈倒U型,即在经济起飞阶段,区域差异逐渐扩大,然后区域差异保持稳定,但当经济进入成熟阶段后,区域差距随着总体经济增长而逐渐下降。从长远趋势来说,当我国经济社会发展进入更高阶段后,我国文化产业发展的区域差异也会随之不断缩小。

2. 新兴文化产业将取代传统文化产业占主体地位

文化和科技相互促进,实施科技带动战略,增强自主创新能力。对传统文化产业的技术改造,促进演艺、娱乐、艺术品、工艺美术、文化会展、创意设计等传统文化产业的科技含量的提高;促进动漫、游戏、网络文化、数字文化服务等新兴文化业态加快发展;发挥科技项目的支撑引领作用,把重大文化科技项目纳入国家相关科技发展规划和计划,加强核心技术、关键技术、共性技术攻关,实现文化产业重大技术突破和集成创新;推动企业成为创新主体,健全以企业为主体、市场为导向、产学研相结合的文化技术创新体系。

传统文化产业受到了新兴媒体的冲击，有声读物、电子书、手机报和网络出版物等新兴出版发行，高新技术印刷、高新技术娱乐设施和舞台技术、新型电影院、数字电影娱乐设备、便携式音响系统、流动演出系统及多功能集成化音响产品等数字技术、数字内容、网络技术对传统技术的替代。一是读者消费偏好的变化。新兴媒体由于新颖性、互动性、体验性、便捷性、信息量大等优点迅速赢得了消费者的青睐。年青一代获取资讯的渠道大多依靠网络等新兴媒体，而报纸等传统媒体的读者群已经呈现出老化趋势。二是新兴媒体分流了报纸固有的广告市场。新兴媒体是传统媒体的替代品，比传统媒体优异得多，它的崛起有一定的必然性。传统文化产业只有突破体制束缚，改变增长方式，提高创新能力，积极应对新兴媒体的挑战，在未来才能拥有较大的发展空间。

3. 文化品牌建设

品牌战略是一项系统工程，更是一项长期的发展战略，优化产业结构有助于文化产业的科学和可持续发展。在未来，全球文化贸易将从产品服务竞争进入资本博弈时代。已经显示出来的一个明显迹象是，国际文化产业分工链条可能出现变化，既定的利益格局可能出现重大调整，中国文化产业在全球文化产业分工格局中的低端位置将会改变，今后10年是中国文化的大好时机。中国将集聚发展，建设10家左右高起点、规模化、代表国家水准和未来发展方向的国家级文化产业示范园区和一批集聚效应明显的文化产业示范基地，培育100个左右特色鲜明、主导产业突出的特色文化产业集群和一大批特色文化产业乡镇。与此同时，促进文化与旅游、体育、信息、物流、工业、建筑、会展、商贸、休闲等行业融合，提高国民经济的文化附加值。此外，打造文化品牌，培育300家左右品牌文化企业，打造10个左右社会影响大、综合效益高的文化会展和节庆活动。推进国产动漫振兴工程、国家数字电影制作基地建设工程、多媒体数据库和经济信息平台、"中华字库"工程、国家"知识资源数据库"出版工程等重大文化建设项目。支持一批具备实施条件的重点项目，把精品意识贯穿于文艺创作生产全过程，增强艺术院团、美术馆、画院的创作演出展览能力，提高文艺作品质量。继续实施"国家舞台艺术精品工程"、"国家重点京剧院团保护与扶持规划"、"国家昆曲艺术抢救、保护和扶持工程"、"国家美术收藏和捐赠奖励工程"、"国家重大现实题材美术创作工程"等重点项目，推出一批深受群众喜爱、思想性、艺术性、观赏性相统一的精品力作。

4. 产业政策和体制机制保障

文化产业管理的法制化是西方发达国家文化产业发展的成功经验。明确中

第十九章 文化产业

国政府在文化产业发展中的职能定位，发挥市场对文化资源配置的作用，加强政府政策引导和公共服务职能，打造政策支撑、公共服务、投资融资、贸易合作、人才培养五大服务平台，提供良好的政策环境和市场环境，营造发展氛围，推动产业集聚，培育市场主体。为保障目标任务顺利实施，政府在加大投入、完善政策法规体系、深化文化体制改革、规范文化市场秩序、加强产业公共服务、加强组织实施等6个方面的保障措施，加强对文化产业发展的政策保障和体制机制保障，全面创造有利于文化产业跨越式发展的良好环境，从根本上提升我国文化产品的中华文化的人文内涵，加强内容创意所形成的知识产权的保护、利用和开发，建立文化内容流通渠道，实施国家层面的"内容中国战略"和"国家创作素材发展计划"。

扩大文化消费、实施文化消费补贴制度。培育文化消费习惯，鼓励实施文化消费补贴制度，引导城乡居民文化消费；改善文化消费条件，引导文化企业投资兴建适合群众需求的文化消费场所，支持社会力量兴办各类文化设施，鼓励机关、学校和部队的文化设施面向社会开放；促进文化消费升级，开发适宜互联网、移动终端等载体的网络文化产品，促进动漫游戏、网络音乐娱乐等数字文化内容的消费等。

发展文化企业、培育合格市场主体。培育一批核心竞争力强的国有或国有控股大型文化企业或企业集团，在发展产业和繁荣市场方面发挥主导作用。有实力的文化企业以资本为纽带，实行跨地区、跨行业、跨所有制、跨媒体兼并重组，形成一批有影响、有品牌、有竞争力的企业或企业集团，打造一批具有较强国际竞争力的"文化航母"；扶持中小文化企业，通过政府采购、信贷支持、加强服务等多种形式扶持中小文化企业发展，形成富有活力的中小企业群体。

建立健全同国力相匹配、同人民群众文化需求相适应的政府投入保障机制；支持文化体制改革、文化事业和文化产业发展的经济政策修订或延续；对外文化贸易各项优惠政策的落实，完善有关财税政策，支持文化企业走出去；健全文化法律法规体系，加快文化立法进程，制定和完善公共文化服务保障、文化产业振兴、文化市场管理等方面法律法规。

5．人才战略

人才培养工程，着力加强领军人物和各类专门人才的培养。培养一批熟悉市场经济规律，懂经营、善管理的人才。吸引财经、金融、科技等领域的优秀人才进入文化产业领域。注重海外文化创意、研发、管理等高端人才的引进，为我国文化产业发展提供强有力的人才保障。文化产业人才问题将成为夺取文化产业未来制高点的决胜因素。

加大培训力度、完善人才评价机制、建立健全人才激励保障机制、指导艺术职业院校的学科建设与人才培养。实施文化名家工程、文化党政干部能力建设培训计划、基层文化人才培养计划、文化产业高层次经营管理人才培养计划、文化艺术专业技术人才知识更新计划、非物质文化遗产保护管理和专业人才培养计划、海外高层次文化人才引进计划、西部地区文化人才支持计划、优秀青年文化艺术人才支持计划，推动各类文化人才队伍协调发展，以及边远贫困地区、边疆民族地区和革命老区人才支持计划文化工作者专项。

建立基层文化队伍培训长效机制，对现有24.27万支县乡专职文化队伍和大约366.85万支的业余文化队伍进行系统培训；扶持非物质文化遗产项目代表性传承人。

6. 文化自信：打造国家软实力的需要

文化产业具有很强的传播力、渗透力和影响力，是增强国家软实力的主要支撑性产业。经济制造大国要成为世界思想制造大国，如果没有文化主权的诉求的话，是不能真正对世界文明产生影响的，因此这也是中国崛起的一个紧迫命题。

强化文化在国家对外工作大局中的独特作用，密切我国与世界各国及重要国际组织的文化关系，积极参与国际文化事务，增强话语权；树立"文化中国"新形象；加快海外中国文化中心建设；服务国内文化建设，加大请进来的力度；探索推动中华文化走出去的新方式、新办法，鼓励更多以民间和商业的方式走出去，促进不同文化的相互了解和尊重，建立健全政府对外文化贸易工作框架；增强对台文化交流的亲和力、感染力、影响力。

文化产业是21世纪的朝阳产业和黄金产业，发展文化产业在经济文化一体化背景中成为转变经济发展方式、加快产业转型升级、增强城市竞争力、提高城市品位的一种必然选择。因此，要进一步深化文化体制改革，继续转变政府管理职能、推进经营性文化单位转企改制、深化公益性文化单位内部改革。

金融危机使西方发达国家深陷泥潭，却彰显中国的积极作用，中国的国际地位明显提升，这在客观上为中华文化走出去、提高中华文化的软实力提供了机遇。发挥文化产业所具有的传播力、渗透力和影响力及其对增强国家文化软实力的支撑作用，就是要利用市场机制加快发展文化产业，转变经济发展方式，提高竞争力，促进文化产品和服务贸易出口持续增长；要利用发达国家出于降低成本的需要，争取更多的软件和服务外包业务；要抓住当前西方一些国家文化传媒资产大幅缩水的时机，推动我国有竞争力的文化企业参与跨国重组，利用国内外两种资源、迅速发展壮大，培育一批"中华牌"的跨国文化传媒集团，全面提升我国的文化软实力，使我国的文化影响力与我国的经济大国地位相适应。

我国文化产业面临缺乏"走出去"的市场运作经验，文化产品和服务在海外市场规模小、缺乏品牌，数量、质量都与文化大国形象不符等实际现状，《关于促进文化产品和服务"走出去"2011—2015年总体规划》明确了国内文化产业的出口重点，培育一批能够在国际文化市场长期立足的、代表中华优秀文化的骨干文化企业和产品，在国际文化市场上初步形成重点产业类别中国文化产品营销网络，促进我国文化产品和服务在周边国家影响持续扩大，相比于以往的文化交流性出口，此次更侧重"商业性出口"。在"商业性出口"的大基调下，将在每个重点文化领域，培育5~10家有国际竞争力的骨干出口企业和出口示范项目。对出口业绩优秀的企业和项目予以奖励，鼓励各种所有制、不同规模的文化企业走向世界，鼓励不同层次文化产品的研发、推广和出口。进一步简化审批手续，推动出口便利化，有选择地在重点口岸建立文化部对外文化贸易出口基地和服务平台。在扶持外向型产品的服务政策上，进一步支持中外企业联合研发外向型产品，并组织企业参与各类国际展会与交易会，给予参展企业经费支持，支持举办重点扶持领域的国际经销年会等各类国际推介活动，并发动各驻外文化机构积极为我国文化产品、作品、企业搭建推介平台。对通过商业渠道和市场化运作出口的优秀文化产品（项目），按照一定条件给予经费支持；鼓励和支持国内文化企业通过独资、合资、控股、参股、收购海外文化资产等多种资本运营形式运作文化产业。

7. 文化遗产的保护利用和传承

（1）文物保护与利用　健全中国特色、世界接轨的文物理论体系，科学完备、保障有力的文物法律体系，责权明晰、效能统一的文物管理体系，联动响应、监管到位的文物安全体系，特色鲜明、布局合理的博物馆体系，政府主导、惠及全民的文物博物馆公共文化服务体系，结构优化、素质全面的文物人才队伍体系，重点突破、支撑发展的文物科技创新体系，多方协力、共建共享的文物社会参与体系，传输便捷、覆盖广泛的文物传播体系。

（2）非物质文化遗产　完成非物质文化遗产普查资料的整理、编目、存档，加强非物质文化遗产普查资料的研究和利用，编制全国非物质文化遗产普查报告，开展非物质文化遗产专项重点调查。

（3）古籍保护　继续开展《国家珍贵古籍名录》和全国古籍重点保护单位的申报、评审工作。基本完成《中华古籍总目》各分省卷的编纂工作，开展古籍基本丛书（电子版）编纂工作，努力建成中华古籍数字资源库。改善古籍保管条件。

（4）拓展文化遗产展示传播途径　深入挖掘文化遗产的历史、文化、科学价值，运用现代传播技术，实施中华文明展示工程和文化遗产陈列展示精品工程，全面提升文化遗产展示、展演水平和传播能力。

8．"十二五"时期文化产业的主要指标

公共财政对文化建设投入的增长幅度高于财政经常性收入增长幅度，提高文化支出占财政支出比例。

推出100部以上深受人民群众喜爱、久演不衰的优秀保留剧目和精品剧目，保护和扶持60个左右全国重点地方戏曲院团，扶持创作60部左右优秀地方戏剧目，30部左右优秀京剧剧目，挖掘整理改编20部左右优秀昆曲剧目，重点扶持20部左右交响乐、15部左右歌剧（音乐剧）、10部左右舞剧（芭蕾舞剧），扶持10个左右全国重点美术馆。

全国60%以上图书馆达到部颁三级以上评估标准，全国60%以上省市群艺馆、文化馆达到部颁三级以上评估标准。基本实现全国所有地市级城市均有设施达标、布局合理、功能完善的公共图书馆、文化馆。

全国人均拥有公共图书馆藏书达到0.7册左右。各级公共图书馆，文化共享工程乡镇、街道、社区基层服务点基本建有公共电子阅览室。文化信息资源共享工程资源量争取达到530百万兆字节以上，入户率达到50%左右。国家数字图书馆资源总量争取达到1000百万兆字节以上，并提供全媒体服务。中西部地区争取每县配备1台流动文化车，中西部地区已完成转制的县级剧团每团配备1辆流动舞台车。

文化部门管理的文化产业增加值年平均现价增长速度高于20%，2015年比2010年至少翻一番，实现倍增。建成10家左右具有重大影响的国家级文化产业示范园区，培育100个左右特色鲜明、主导产业突出的特色文化产业集群，培育30家左右上市文化企业，形成10家左右全国性或跨区域的文艺演出院线，打造3～5个具有国际影响的文化产业展会。

第一至六批全国重点文物保护单位的重大文物险情排除率达到100%，全国博物馆总数达到3500个，免费开放博物馆总数达到2500个，文化遗存较丰富的地市级以上中心城市拥有1个功能健全的博物馆。国有博物馆一级文物的建账建档率达到100%。文物博物馆一级风险单位中文物收藏单位的防火、防盗设施达标率达到100%。"十二五"期间，新设立20个国家级文化生态保护区，在非物质文化遗产资源丰富的地区建设100个非物质文化遗产保护利用设施。

安排150个左右重点科技攻关项目、300个左右基础科研项目、75个科技转化推广项目，国家社科基金艺术学项目立项600个、文化部文化艺术科学研究项目立项300个。

第十九章 文化产业

在国际、多边、双边等场合举办国家级重大涉外文化活动30项以上，邀请500名国际文化名人与1000名青少年文化使者来华访问，对外文化援助的受援国家达20个以上。海外中国文化中心形成合理布局，到"十二五"期末，总数达到25~30所。

文化产业的发展，不仅仅是文化可以成为产业，重要的是通过文化产业，我们找到了新的支柱产业。中国文化产业的成长，有理论创新带来的产业飞跃，有摸石过河造成的一些失误。站在发展的新起点上，展望未来的梦想与光荣，受人瞩目的文化产业理应成为产业融合导致新生岗位的动力之源，通过文化创意的开发，催生更多新生代的职业，衍生出更多的就业岗位，真正实现作为支柱产业的容纳实力。在文化产业发展的界碑性时刻，在肯定成绩、总结经验的基础上，对问题的透视才能更加有助于我们去把握未来。对于中国而言，发展文化产业，不单是开发文化的经济价值，更是以文化产业提升中国软实力的战略举措，推动市场主体有更多的机会来做大做强。

思考题

1. 简述文化产业在中国的发展。
2. 文化产业发展的策略为哪几个方面？

参考文献

[1] 叶朗. 21世纪的中国文化产业//北大文化产业前沿报告. 北京：群言出版社，2004.

[2] 叶朗. 中国文化产业发展年度报告（2004）. 湖南：湖南人民出版社，2004.

[3] 叶朗. 中国文化产业发展年度报告（2005）. 湖南：湖南人民出版社，2005.

[4] 向勇，喻文益. 区域文化产业研究. 深圳：海天出版社，2007.

[5] 向勇. 北大文化产业前沿报告（第二辑）. 北京：北京大学出版社，2005.

[6] 陈泰锋. 后WTO过渡期我国文化产业化的内涵及其战略选择. 上海对外贸易学院学报，2005：（2）.

[7] 康小明，向勇. 产业集群与文化产业竞争力的提升. 北京大学学报，2005：（2）.

[8] 祁述裕. 中国和欧盟国家文化体制. 文化政策比较分析. 中国特色社会主义研究，2005：（2）.

[9] 安宇,沈山. 和谐社会的区域文化战略. 北京:中国社会科学出版社,2005.

[10] 邹广文,徐庆文. 全球化与中国文化产业发展. 北京:中央编译出版社,2006.

[11] 叶朗. 中国文化产业年度发展报告(2010). 北京:金城出版社,2010.

[12] 胡晓明,肖春晔. 文化经纪理论与实务. 广州:中山大学出版社. 2009.

[13] 百度 文化产业 http://baike.baidu.com/view/40273.htm.

[14] 新华网 文化产业的发展 http://www.xinhuanet.com/politics/17j6zqh/whcy.htm.

[15] 中国文化产业网 http://trade.cnci.gov.cn/.

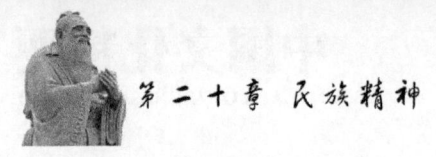

第二十章 民族精神

党的"十六大"报告指出,"民族精神是一个民族赖以生存和发展的精神支撑。一个民族,没有振奋的精神和高尚的品格,不可能自立于世界民族之林。在五千多年的发展中,中华民族形成了以爱国主义为核心的团结统一、爱好和平、勤劳勇敢、自强不息的伟大民族精神","面对世界范围各种思想文化的相互激荡,必须把弘扬和培育民族精神作为文化建设极为重要的任务"。本章着重探讨了中华民族精神的内涵、演进过程以及在当代中国如何大力弘扬和培育民族精神、建设社会主义核心价值体系的重要意义等问题。

第一节 中华民族精神的历史演进

民族精神伴随着民族的整个历史,深深植根于民族的文化生活中,与民族共存亡。它是一个民族发展实践中所体现的时代精华,是一个动态的系统,具有与时俱进的品格。中华民族精神在5000多年的历史演进中,伴随多元一体中华民族的形成和发展,不断吸取社会生活中的思想精华,摒弃糟粕。

一、民族精神的内涵与演进规律

(一)民族精神的内涵

所谓民族精神,是一个民族在长期生产和生活中表现出来的富有生命力的优秀思想,是一个民族共同的价值观和精神支撑,是民族凝聚力的思想基础和社会发展的精神动力。它是民族文化的核心和灵魂,具有对内动员民族力量、对外展示民族形象的重要功能。

这里我们将"民族精神"和"民族的精神"视作两个不同的概念。"民族的精神"含义广泛,民族情绪、民族心理、民族文化、民族性(国民性)等一切和民族有关的精神现象,都可以列为"民族的精神"范畴。它与"民族意识"是同义语。而"民族精神"则是一个专有名词,含义单一,仅指"民族的精神"中积极向上的部分,它能够激发一个民族的自豪感和自觉性,能够激发一个民族的生命力、创造力和凝聚力,是一个国家综合国力的重要组成部分,无论作为研究对象和宣传对象都不包括消极和落后的方面。研究"民族的精神",属于事实判断,可以采取价值中立的立场;研究"民族精神"既属于事实判断，也属于价值判断，并且侧重于价值判断。在某种意义上，学习、研究"民族精神"就是要确立民族未来发展的价值导向，认同并践行民族精神资源中的核心价值。

（二）民族精神的演进规律

民族精神在一个民族的形成和发展过程中产生、发展。它深深地植根于民族的文化生活中，融合在民族成员的心理意识里，具有持久性和稳定性的特点。但民族精神并不是一成不变的，它是特定历史条件的产物，它与一个民族所处社会的政治、经济、文化等状况息息相关，这些因素的变化会引发民族精神量的变化乃至质的变化。

民族精神发生质的变化通常发生在民族被同化或消亡的时候。那些被异族同化或消灭的民族，其民族精神或者湮灭，或者被征服民族吸收，成为融合之后的民族精神的组成部分。比如曾在中华大地上活跃过的匈奴、鲜卑等族，因为被汉族同化而丧失了独立性，其民族精神也便丧失了独立性，只能融入汉族的民族精神之中。

民族精神发生质的变化虽然在人类历史长河中经常发生，但它只发生在部分民族身上。更具有普遍意义的是，民族精神缓慢而持久的量的变化，这是每个民族都必经的过程。对于一个民族来说，固有的民族精神的根基和主体，汇集了民族过去的思想文化的精华，内容丰富，历经各个时代的锤炼，生命力特别顽强、影响力异常深远。时代精神则反映了某一时代的思想文化的内在特质，是民族精神新鲜血液的来源。固有的民族精神只有吸收时代精神，才能成为具有现实意义的民族精神。但并不是所有的精神资源都能保存在民族精神之中，只有那些能真正代表民族根本利益，有利于民族生存和发展的精神资源，才能被民族保存，成为新的民族精神的组成部分。比如中国封建社会所倡导的"三纲五常"，曾经是那一时代的精神资源，然而发展到今天，则成为糟粕，不再成为中华民族精神的组成部分。同样是在中国封建社会就形成的"吃苦耐劳"、"自强不息"、"天下兴亡，匹夫有责"等精神资源，却代代相传，依然保持着强劲的生命力。

作为一个动态系统，民族精神除了要经历纵向的历史演进之外，它还要与其他国家和民族发生横向的联系。一个有强劲生命力的民族，在保持自身独立性的前提下，应当不断地在与其他民族交往中，吸收消化其他民族的营养，摒弃其糟粕，提升自身的民族精神。

二、多元一体中华民族的形成和发展

中华民族是中华民族精神的承载者，即主体。中华民族精神是由中华民族

第二十章 民族精神

所创造,并随着中华民族的发展实践而不断发展。中华民族历史悠久,要了解中华民族精神的历史演进,首先要注目于中华民族形成和发展的过程。在中华大地上曾生活着许许多多分散的民族单位,他们之间经过交流与融合,伴随着分裂和消亡,共有56个民族单位延续到今天。56个民族同呼吸、共命运,相互依存,共同构成了多元一体的中华民族。

(一)中华民族多元一体格局形成和发展的自然基础

神奇的中华大地是我们历代先民活动的舞台。中华大地东西跨经60度,南北跨纬30度,其地域辽阔、地形复杂、气候多变。地势上,我国由西向东可分为三个阶梯,海拔逐渐降低;气候上,我国由东向西雨量递减,由南向北,气温递减。我国东、南临海,北有沙漠,西、西南有高山,内陆腹心地区的气候、地理条件同周边地区相比较,要优越一些。这种自然特点,形成一种天然的"围墙",使周边少数民族向内地发展比向外发展要容易得多,因而形成了一种自然的内向性。这种自然的内向性成为维系中华各民族间联系的纽带。地理环境的差异是造成民族单位之间区别的重要因素,汉族聚居的黄河、长江中下游地区,由于地理条件的优越,生产发展始终处于领先地位,并在物质上、生产技术上和文化方面影响着周边的少数民族地区,形成了一种自然的凝聚力。

(二)中华民族多元一体格局形成与发展的历史进程

在远古时代,长江、黄河流域同是中华文明的发祥地。长江流域适于水田农业,黄河流域适于旱作农业。或许是因为水田农业生产难度更高,使得在远古生产力低下的年代里,黄河流域始终处于领先地位。这里气候适宜、地势平坦、交通便利、生产力相对发达,成为古代中华文明的中心。在新石器时代,黄河流域生活着很多氏族部落,氏族部落是以血缘关系为纽带的、人类最早最基本的社会组织,这种组织可以有效地把氏族内部的成员凝聚为一个整体,以集体的智慧和力量与大自然抗争。各个氏族部落之间通过相互交流、联姻、共同抵御自然灾害,甚至战争冲突等,实现相互影响、相互融合,进而形成部落联盟。原始社会后,历经夏商周三代,代代累积,各地人民在生产方式、生活方式、语言文字、风俗习惯以及思想意识等方面趋于一致,逐渐突破氏族血缘关系造成的隔绝状态,相互认同意识增强。到西周时期,地域组合进一步取代了血缘纽带,华夏族的族称正式出现,西周将自己的统治区域称为夏,将其所分封的诸侯国称诸夏,又称诸华,"华"与"夏"是同义词。到战国时,非华夏族不是融合于华夏,就是迁徙到周边地区,形成了"内华夏外夷狄"的格局,华夏族的生活区域扩大,人数增加,为汉民族的形成奠定了基础。

公元前221年,秦国兼并六国后,建立了中国历史上第一个统一的中央集权的多民族封建国家。秦朝在全国推行郡县制，统一度量衡、货币、文字，修建长城以抵御北方游牧民族——匈奴。汉朝通过"罢黜百家，独尊儒术"，将儒家思想确立为官方思想，并不断拓展疆域，与匈奴经历了长期战与和的历程。秦汉两个封建王朝为各民族的进一步融合奠定了基础，促成了华夏族向汉族的转化。汉族是以诸夏为主体，融进了周边少数民族而形成的。汉族的族称直到南北朝时才出现，而汉族的族体特征在秦汉时已十分明显。在魏晋南北朝近400年的历史中，除西晋实现过短暂的统一外，中华大地大部分时间都处于分裂割据状态。各民族在战乱中相互渗透融合，无论是南方的汉族，还是北方的汉族，都在与少数民族的融合中发展壮大起来。这一时期，"内华夏外夷狄"的局面被打破了，少数民族与汉族经历了内迁、杂居、融合的过程。北方的匈奴、鲜卑、羯、氐、羌等少数民族大规模内迁，汉族也向南方大规模迁徙，闽南、粤东、滇、黔、岭南等地都被南迁的汉族人民充实起来了。这并不是各民族在空间上的简单位移，而是一种深层次的交融，其突出表现就是"汉化"，即中华各少数民族主动向华夏文化及其核心儒家文化靠拢，使之融入并改造本民族文化的一种历史现象。到了隋唐时期，结束了南北长期分裂的局面，汉族进一步发展壮大，其主体地位得到了各少数民族的认同，中华民族多元一体的格局初步形成。

　　宋元明清时期，中华民族的多元一体格局得到了进一步的巩固和发展。唐朝灭亡后，经过五代十国，到了两宋时期。两宋王朝实际统治的区域十分有限，并且受到少数民族政权的威胁。北宋与辽、西夏成鼎立之势，南宋与金、西夏对峙。金由女真人建立，它先后灭掉辽和北宋，其疆域囊括了中国北方的大部分区域。女真人原来的文明程度较低，入主中原后，很快走上汉化的道路。由于长期受汉文化的熏陶习染，逐渐失去了女真人的特点，到蒙古灭金时，中原地区的女真人已被列入广义的汉人中了。元朝和清朝分别是由蒙古族和满族建立的全国性政权，实际上对中华民族的内部格局作了一次重大调整。"内华夏外夷狄"观念已经颠覆，客观上模糊了夷夏界限。在少数民族统治时期，中华传统文化非但没有中断和灭亡，反而随着中华民族内部关系的调整，不同民族间获得了前所未有的接触、交流、了解的机会，进一步加深了民族融合与文化的互相渗透，加固了中华民族间联系的纽带。整个中华民族的凝聚力得以增强，但各民族仍能保持各自相对的独立性，蒙古族还是蒙古族，满族还是满族，今天的56个民族在清朝时已经基本形成。

　　1840年，鸦片战争爆发，揭开了中国近代史。中华各民族面对帝国主义列强的入侵，在斗争中团结起来，中华民族意识从自在走向自觉。内忧外患使中国人在反省中认识到，中华各民族是一个整体，有着紧密的血肉联系，有着

第二十章 民族精神

共同的利益和共同的命运,必须团结一致抗击外敌。一个能够凝聚中华各民族心灵、意志和力量的词汇——"中华民族"开始使用了,1906年,梁启超在《历史上中国民族之观察》中说,"现今中华民族自始本非一族,实由多数民族混合而成"①。抗日战争使中华民族的觉醒达到新阶段。日本帝国主义对中国人民不分民族、不分地区的全面侵略和屠杀,使中国人民更紧密地团结在一起,中华民族这一概念更明确、更广泛地为各族人民所认同和接受。中国共产党提出建立抗日民族统一战线的主张,得到全国各派政治力量和各阶层的响应。新中国成立后,党和政府始终坚持贯彻民族平等的政策方针,在少数民族聚居的地方实行民族区域自治制度,并将其写入宪法中。

回顾历史,中国自古以来就是一个多民族的国家。汉族在中华民族由多元到一体的形成过程中,发挥了核心作用;少数民族在推动民族进步、文化融合与传承、祖国边疆开发等方面也作出了巨大贡献。汉族与少数民族相互影响、混杂、融合,你中有我,我中有你,共同创造了中华民族的历史。

三、中华民族精神演进的三个历史阶段

中华民族精神作为中华民族实践的产物、反映和升华,其形成和发展都以中华民族的实践为现实背景,同时,又在很大程度上影响甚至决定着中华民族发展的现实走向。以中华民族多元一体的形成和发展为背景,我们可以将中华民族精神演进的历史过程分为三个阶段,即古代传统中华民族精神、近代中华民族精神、现代(当代)中华民族精神。

(一)古代传统中华民族精神

这一阶段,从夏商周到鸦片战争时期,纵跨我国奴隶社会到几乎全部封建社会的古代历史,传统中华民族精神经历了孕育、形成和发展的过程。夏商周时期是中华民族精神的孕育期,自强不息、厚德载物的民族精神开始萌芽;春秋战国时期,历史风云变幻,诸子百家对当时的社会、人生等问题进行了深入的思考,对我们民族的价值取向、思维方式、民族心理和道德情操等都产生了深远的影响,民族精神基本形成;秦汉时期,封建农业社会基本的政治、经济、文化框架建立起来,民族精神的主要内容和整体风貌确立;魏晋至明清,王朝不断更迭,文化思潮变迁,民族精神得到了丰富和发展。

中华民族精神是在中华传统文化的土壤中培育和发展起来的,是中华传统文化的精华和灵魂,对中华传统文化有着强烈的规范和引导作用。中华传统文化是孕育中华民族精神的母体,其所体现出的中国文化精神、中国人文精神与

---

① 费孝通. 中华民族多元一体格局(修订本). 北京:中央民族大学出版社,1999:368.

中华民族精神密切关联，对中华民族精神的形成和发展具有深远的影响。中华传统文化源远流长，博大精深，儒、道、墨、法、佛等各思想流派交相辉映。其中，尤以儒、道、佛为中华传统文化的三大支柱，它们的学说深深影响着中华民族的民族品格、道德观念和价值准则，为中华民族精神提供了丰富的思想资源和文化资源。

古代传统中华民族精神主要表现在四个方面：一是仁爱精神。以孔子为代表的儒学思想，提出了以"仁"为核心的一整套学说。仁是礼的精神支柱，由仁而礼，由仁而爱人、爱天下。由仁爱精神推演出关心社稷民生、"先天下之忧而忧，后天下之乐而乐"、维护民族独立的爱国传统。二是崇德重义精神。中华传统文化以伦理为本位，注重内在超越。重视品德修养，讲求道义气节，是中华民族精神的特有内涵。如儒家孟子提出"善浩然之气"；墨家主张义利并举，但以义为重，以兼爱为本；董仲舒提出要"正其谊不谋其利，明其道不计其功"。三是贵和尚中精神。中华民族历来有坚持中道，注重和谐的传统。孔子提倡"中庸之道"，强调凡事都要以中庸为尺度，达不到或超过这个尺度都是不可取的；提倡和谐，"君子和而不同，小人同而不和"。《中庸》说："中也者，天下之大本也；和也者，天下之达道也。致中和，天地位焉，万物育焉"。四是自强不息精神。《周易大传》曰："天行健，君子以自强不息"。这是对中华民族奋发有为、自强不息精神的集中概括，表现了中华民族百折不挠、不畏强暴、勇往直前的大无畏气概。

此外，古代传统中华民族精神还表现在勤劳勇敢、积极入世、厚德载物、爱好和平等方面。

（二）近代中华民族精神

这一阶段，从1840年鸦片战争到1949年新中国成立，是中华民族在抵抗外敌侵略、争取民族独立的艰难过程中丰富和发展中华民族精神的时期，以民族独立、振兴中华为目标的爱国主义成为中华民族精神的典型特征。鸦片战争是中国历史发展的一个重大转折点，它迫使中国改变了社会发展的自然进程，将中华民族带入深重的危机之中。辛亥革命把摆脱外来侵略的民族独立与推翻封建君主专制的民主革命紧密结合，扣住了20世纪的历史主题，使中华民族第一次跳出了改朝换代的历史怪圈，为中国社会发展确立了新起点。在新民主主义革命时期，中国共产党人以实现共产主义为目标，以马克思列宁主义为行动指南，带领各族人民，经过近30年艰苦卓绝的斗争，取得一个又一个的胜利，最终建立了新中国，中华民族的精神面貌焕然一新。

近代中华民族精神主要表现在六个方面：一是辛亥精神。辛亥革命推翻了中国2000多年的封建专制统治，建立了资产阶级民主共和的政治体制。辛亥

第二十章 民族精神

革命不仅反映了以孙中山为代表的资产阶级民主革命精神,也反映了中华民族反抗压迫、追求民主的进步意识,是全国人民追求民族解放和独立的爱国激情的迸发,反映了人民大众不甘屈服、顽强反抗的爱国精神。二是五四精神。五四运动不仅揭开了新民主主义革命的序幕,促进了马克思主义在中国的传播和中国共产党的诞生,更重要的是它孕育了中华民族追求民族独立、崇尚民主和科学的伟大民族精神。五四精神以爱国主义为动因,以民主和科学为基本内涵,反映了中国青年与时俱进的优秀品格。三是井冈山精神。在中国工农红军开创农村革命根据地的历史时期,中国共产党人将马克思主义的普遍原理与中国的实际相结合,找到了农村包围城市、武装夺取政权的革命道路,伟大的革命实践培育了伟大的井冈山精神。实事求是、开拓创新是井冈山精神的精髓,艰苦奋战、敢于牺牲是井冈山精神的真实写照,昂扬的斗志、坚定的革命理想是井冈山精神的核心。四是长征精神。中国共产党领导工农红军,为了中国革命的胜利,行程万里,用理想和信念、意志和力量、生命和鲜血谱写了一曲气贯长虹的英雄赞歌,在中国革命史上筑起了长征这座不朽的丰碑。长征也铸造了伟大的长征精神,即:坚定信念、不怕牺牲、紧密团结、顾全大局的精神。革命理想主义是长征精神的深层内涵。五是抗日精神。抗日战争是中国人民百年来第一次取得完全胜利的民族解放战争,是中华民族由衰弱走向振兴的转折点,是中国民族解放和民主革命的转折点。抗日精神的核心是爱国主义精神,体现为整体为上的价值取向、坚韧的民族意志、放眼世界的国际正义。六是延安精神。中国共产党人在革命圣地延安缺衣少粮的艰苦环境下,开展了"整风运动"、大生产运动和民主政治建设,铸造出伟大的延安精神。延安精神体现了中国共产党人自力更生、艰苦奋斗、团结互助、顾全大局的革命情怀。实事求是是延安精神的理论基础和精髓,全心全意为人民服务是延安精神的核心内容。

(三)现(当)代中华民族精神

这一阶段,从新中国建国初期至今,是中华各民族在中国共产党领导下在社会主义革命、建设和改革过程中弘扬民族精神、培育新的民族精神的时期。其中,改革开放以来,中华民族精神发展进入一个新的历史发展阶段,称为当代中华民族精神。

现(当)代中华民族精神主要表现在四个方面:一是"两弹一星"精神。1964年6月,我国自行设计制造的第一枚中近程导弹试验成功;同年10月,中国第一颗原子弹试爆成功;1970年4月,"长征-1号"航天运载火箭顺利将"东方红-1号"人造地球卫星送入太空轨道。"两弹一星"事业的伟大成就,令全世界为之赞叹,增强了民族的凝聚力,激发了振兴中华的爱国热情。

在"两弹一星"的研制过程中,广大科技工作者发扬了热爱祖国、无私奉献,自力更生、艰苦奋斗,大力协同、勇于攀登的精神。热爱祖国、无私奉献的精神是"两弹一星"精神的核心,自力更生、艰苦奋斗的精神是"两弹一星"精神的支柱,大力协同、勇于攀登的精神是"两弹一星"精神的重要体现。二是女排精神。1982年至1986年,中国女排克服重重困难,连续五次取得世界冠军,成为世界排球史上第一支获得"五连冠"的队伍,为中国争得了荣誉,创造了震惊世界的奇迹。女排姑娘们在夺冠过程中所体现出的"女排精神",成为激励各行各业中国人奋力建设社会主义现代化事业的强大精神力量。不畏艰难、不怕挫折的顽强拼搏精神是女排精神的核心,善于学习、勇于创新的科学精神是女排精神的基石。女排姑娘"为国争光,奋力拼搏"一时成为时代精神的写照,与"团结起来,振兴中华"这一激动人心的口号一起,成为20世纪80年代的主旋律,给改革开放中的中国人民以巨大的鼓舞。三是抗洪精神。1998年入汛以后,长江发生继1954年以来又一次全流域大洪水,在党中央的领导下,全党、全军和全国人民紧急行动起来,特别是灾区广大干部群众同前来支援的解放军、武警官兵一起,团结奋战,同洪水进行了惊心动魄的殊死搏斗,终于确保了大江大河大湖的安全,赢得了抗洪斗争的伟大胜利。在同洪水搏斗中,中国人民展示出了一种十分崇高的精神,这就是万众一心、众志成城,不怕困难、顽强拼搏,坚忍不拔、敢于胜利的伟大抗洪精神。四是抗击"非典"精神。2002年11月,一场突如其来的非典型性肺炎疫情侵袭神州大地,广州、北京、天津等地出现严重的"非典"疫情,中华民族面临一场严峻的挑战和考验。党中央和国务院高度重视,心系人民群众的安危,果断出台了一系列重大举措;各级政府组织有力,领导纷纷亲临第一线指挥;共产党员冲锋在前、勇挑重担;人民群众团结一致、相互支援。特别是广大医务工作者临危不惧,置生死于不顾,奋力抗击病魔,有的甚至以身殉职,体现了大无畏的英雄气概和救死扶伤精神。在他们身上集中体现的爱国主义、集体主义和英雄主义,既是对中华民族精神的传承,又把这种民族精神提高到了一个新的境界。在抗击"非典"的过程中,全国人民形成了万众一心、众志成城,团结互助、和衷共济,迎难而上、敢于胜利的伟大民族精神。在这种精神的激励下,全国人民最终取得抗击"非典"的全面胜利。

此外,现(当)代中华民族精神还表现在雷锋精神、铁人精神、载人航天精神、汶川抗震救灾精神等方面。

第二节　中华民族精神的弘扬和培育

在五千多年的发展中，中华民族形成了以爱国主义为核心内容的团结统一、爱好和平、勤劳勇敢、自强不息的伟大民族精神。当前我们建设和发展中国特色社会主义事业，是一项充满艰辛、充满创造的壮丽事业。伟大的事业需要并产生崇高的精神，崇高的精神支撑和推动伟大的事业。大力弘扬和培育民族精神，对于凝聚中华民族的全部力量，同心同德干事业，一心一意谋发展，实现中华民族伟大复兴的目标，具有非常重要的意义。

一、中华民族精神的核心与基本表现形态

（一）中华民族精神的核心——爱国主义

爱国主义指的是国家和民族成员对于祖国和民族的热爱与忠诚，以及在此基础上形成的对国家民族利益的价值认同和对本民族其他成员的依恋和关怀。在中华民族的历史中，爱国主义具体表现为一种国家民族处于危难时深沉的忧患意识，一种以中华民族的兴盛为己任的高度责任感，一种为中华民族利益不惜牺牲个人的崇高奉献精神，一种作为中华儿女应有的民族气节和民族自尊。爱国主义作为国家和民族活的灵魂，是中华民族精神的核心内容，对于中华民族的生存和发展具有极为重要的意义。它是中华民族得以生存的最为根本的支柱，是维系中华民族团结统一的纽带，是增进中华民族凝聚力的保证，是促进中华民族发展强盛的动力。

爱国主义的基本要求：一是爱祖国的大好河山。祖国的河山在人们心中占据着至高无上的地位。每一个爱国者都会把"保我国土"、"爱我家乡"、维护祖国领土的完整和统一，作为自己的神圣使命和义不容辞的责任。二是爱自己的骨肉同胞。对自己骨肉同胞的爱，反映的是对整个民族利益共同体的自觉认同。爱自己的同胞就是爱人民群众，要培养对人民群众的深厚感情，紧紧地和人民群众站在一起。三是爱祖国灿烂的文化。文化传统作为一个民族群体意识的载体，常常被称为国家和民族的"胎记"。它是一个民族得以延续的"精神基因"，是培养民族心理、民族个性、民族精神的"摇篮"，是民族凝聚力的重要基础。爱祖国的灿烂文化就要认真学习和真正了解祖国的历史，深入理解祖国优良的历史文化传统。四是爱自己的国家。爱祖国不是抽象的，而是具体的。爱祖国就要心系国家的前途和命运，就要把国家和人民的利益摆在首位，为祖国的独立和富强、为人民的解放和幸福贡献力量。

新时期中华民族的爱国主义，既承接了历史上爱国主义的优良传统，又吸

纳了鲜活的时代精神，内涵更加丰富。建设和发展中国特色社会主义是新时期爱国主义的主题。在现阶段，爱国主义主要表现为弘扬民族精神与时代精神，献身于建设和保卫社会主义现代化事业，献身于促进祖国统一大业。爱国主义要与爱社会主义相统一。社会主义制度的建立，为祖国的繁荣发展提供了可靠的保障。社会主义在中国集中代表着、体现着、实现着国家、民族和人民的根本利益。爱国主义体现在对社会主义中国的热爱上，这是中华人民共和国每一个公民必须坚持的立场和态度。在经济全球化背景下，科学技术的发展和利用是跨国界的，商品、资本、信息、人员等在世界范围内流动日益频繁，一个公民可能工作和生活在另一个国家并对另一个国家产生感情。但爱国主义并没有过时，国家仍然是民族存在的最高组织形式，是国际社会活动的独立主体，只要国家继续存在，爱国主义就有其坚实的基础和丰富的意义。

（二）中华民族精神的基本表现形态

（1）团结统一　团结统一植根于中华大地，深深地印在中国人的民族意识中，是中华民族的立身之本。在漫长的历史岁月中，中国的主体一直是一个统一的多民族国家，虽有分合离乱，但统一的时期远远多于分裂的时期，其根本的原因就在于中华民族具有高度一致的整体感、责任感和忠实于国家民族整体利益的价值取向，以及各民族之间和睦相处、友好相待、共赴国难、共渡难关的优良传统。在中国历史上，一些杰出的政治家站在维护民族团结的高度，坚持"和为贵"和宽厚仁爱的原则，用信义、和平的方式处理复杂的民族矛盾，"化干戈为玉帛"，使各民族和睦相处，亲同一家。中国各族人民在长期实践中特别是近代以来，在反对外来侵略的斗争中，切身感受到国家的统一是民族生存和发展的基本前提，用自己的实际行动谱写了一曲又一曲维护统一、反对分裂的颂歌。

（2）爱好和平　爱好和平不仅表现在中华各兄弟民族之间以和为贵、携手共进等方面，而且表现在与世界上其他民族的友好交往、休戚与共中。中华民族历来以爱好和平著称于世。"礼仪之邦"、"协和万邦"、"德莫大于和"等观念，深深扎根于中华民族的文化传统之中。"亲仁善邻"、"讲信修睦"等，充分表现了中华民族在处理民族问题上的宽宏胸襟。联欧亚，开辟丝绸之路；通亚非，郑和七下西洋；历万难，玄奘印度取经；为传经，鉴真东渡扶桑……这些典型的事例，是中华民族爱好和平，与其他国家和民族进行文化交流、发展友好关系的历史见证。

（3）勤劳勇敢　从古至今，勤劳勇敢贯穿于中华民族社会生活的各个领域，体现在中华民族德行的各个方面，鲜明地体现了中华民族的民族性格和道德精神。在中华民族的意识中，勤劳是一切事业成功的保证，是兴家立国之

第二十章 民族精神

本。在中华民族的历史上,勇敢是广为推崇褒扬的美德,它要求人们无论是遭遇险风恶浪,还是面对残暴权势,都要有无所畏惧的精神;为了追求真理、坚持正义,要有置个人得失、贫富、生死度外的勇气。勤劳勇敢是中华民族创造一个又一个人间奇迹的重要精神动力。

(4)自强不息 作为中华民族精神的重要内涵,自强不息具体表现为"富贵不能淫、贫贱不能移、威武不能屈"的坚贞刚毅品质,体现为"夸父追日"、"精卫填海"、"大禹治水"等不屈不挠的精神,体现为"因时而变"、"随时而制"、"与时偕行"、"与日俱新"等与时俱进的精神。中华民族之所以能在5000年的历史进程中历经挫折而不屈,屡遭坎坷而不馁,靠的就是这样一种自强不息的精神。自强不息是中华民族生生不息的力量源泉,体现了中华民族勇于进取的精神境界,激励着一代代中国人发奋进取、不懈奋斗。

在中华民族的辉煌历程中,爱国主义在观念和实践中,都发挥了作为民族精神核心的作用。作为民族精神基本表现形态的团结统一、爱好和平、勤劳勇敢、自强不息的精神,服务于爱国兴邦这一主题。以爱国主义为核心的民族精神,是在多元一体中华民族的形成和发展过程中逐渐演进的,也会随着中华民族的历史延续而变得更加厚重并显示出旺盛的生命力。

二、大力弘扬和培育中华民族精神

新时期,我们必须大力弘扬和培育伟大的中华民族精神,不断增强全民族的精神力量,不断丰富全民族的精神世界,使之成为建设中国特色社会主义的巨大精神动力。大力弘扬和培育中华民族精神是当今我国凝聚力量,进行社会主义现代化建设,提升综合国力,应对国际竞争和经济全球化新态势的需要;更是建设社会主义核心价值体系,积极构建和谐社会,实现中华民族伟大复兴的需要。如何弘扬和培育中华民族精神,是需要我们积极探索和实践的重大课题。

(一)弘扬和培育中华民族精神要坚持以马克思主义为指导

民族精神作为一个民族共同的价值观和精神支撑,是在民族文化的母体里成长的,一般要以某种特定的理论体系或意识形态为思想依托,而其本身并不是这种理论体系或意识形态。民族精神在国家和民族的发展中主要起精神动力的作用;至于社会发展的方向、制度规范等,则是由作为意识形态的理论体系来负责的。在中国封建社会,儒家思想是在大部分时间占统治地位的意识形态,古代传统中华民族精神就是主要以儒家学说为思想依托的;到了近代,儒家思想虽然还占统治地位,但各种资产阶级"新学"、民主革命思想、马克思主义等思潮兴起或从国外传播进来,并逐渐进入社会主流意识形态领域,为近代中华民族精神注入了新鲜血液；现代和当代中国社会，在马克思主义指导下，中国共产党带领全国各族人民进行伟大的社会主义革命、建设和改革，中华民族精神呈现出前所未有的崭新面貌。

马克思主义是中国各族人民在中国共产党的领导下经过多年艰苦卓绝的斗争和探索，而作出的历史选择。它揭示了人类社会历史发展的规律，是具有与时俱进内在特质和强大生命力的科学理论。中国共产党人把马克思列宁主义的基本原理同中国革命和社会主义建设的具体实践结合起来，先后创立和形成了毛泽东思想、邓小平理论、"三个代表"重要思想和科学发展观。马克思主义及其中国化的理论取代了民族精神所依托的传统儒学及若干西方引进的资产阶级思想，为中国新民主主义革命、社会主义革命、中国特色社会主义建设指明了方向和道路。马克思主义成了中华民族新文化的灵魂，成为民族精神的坚强依托。当前弘扬和培育中华民族精神，必须要坚持以马克思主义为指导。

（二）把弘扬和培育中华民族精神与构建和谐社会结合起来

构建社会主义和谐社会，是我们党从全面建设小康社会、开创中国特色社会主义事业新局面的全局出发提出的一项重大任务，适应了我国改革发展进入关键时期的客观要求，体现了广大人民群众的根本利益和共同愿望。社会主义和谐社会是现代的和谐社会，是民主法制、公平正义、诚信友爱、充满活力、安定有序、人与自然和谐相处的社会。追求和谐是中华民族的一贯主张，追求和谐社会是中华民族的理想。和谐社会凝聚了中华民族精神，再现了中华民族精神，是中华民族精神在当代的反映，也是中华民族奋发向上的精神指南。中华民族精神是构建和谐社会的重要标志，一个国家和民族真正强大的标志，不仅在于有强大的经济力量和军事力量，而且更重要的在于有强大的民族精神和民族凝聚力，在于社会的和谐。

当今世界，经济全球化、政治多极化和文化多样化的发展趋势越来越明显，国际竞争日趋激烈，中华民族能否实现伟大复兴，巍然屹立于世界民族之林，成为摆在当代中国人面前的重大考验。面对这个重大的考验，中国共产党人以马克思主义的世界眼光、前瞻意识、战略思维、政治智慧和理论胆识提出来"构建社会主义和谐社会"的战略思想。这要求我们不仅要从社会主义和谐社会事业发展的大局出发，更要从整个世界和时代发展的大局出发，深刻认识弘扬和培育民族精神的紧迫性和重要性。要将弘扬和培育民族精神与构建和谐社会紧密结合起来，以增强民族凝聚力、提供精神激励、维护社会的和谐稳定。

（三）把弘扬和培育中华民族精神与加强文化建设结合起来

文化建设与民族精神是相互影响和作用的。文化建设是一项宏大的系统工程，民族精神内涵在文化建设之中，文化的发展必然引导民族精神的进步。在社会主义文化建设中弘扬和培育中华民族精神要把握好两个方面：第一，要研究传统文化并继承优秀传统文化的精华，这是弘扬和培育民族精神的前提和条件。以儒家思想为核心的中华民族传统文化，虽不乏封建性的糟粕，但其中包含大量优秀进步的思想，整理改造后完全可以作为社会主义文化建设的宝贵资源。第二，要借鉴世界各民族特别是西方的优秀文明成果。我们正在经历着社会转型，即由计划经济体制向市场经济体制、由传统的政治社会向现代公民社会转型，由经济、文化、科学技术不发达的落后状态走向富强、民主、文明的新阶段。这要求我们广泛地吸收人类社会所创造的一切文明成果，作为先行一步的西方文明自然是我们学习、借鉴的对象。从弘扬和培育中华民族精神的角度看，我国传统文化比较缺少但对当今中国特色社会主义事业具有重大意义的西方文明成果，主要有科学理性精神、现代民主和法治思想、现代市场经济理论等。

（四）把民族精神教育纳入国民教育全过程

国民教育重视对公民民族意识和民族观念的培养和养成，它对公民个体精神的重塑、民族性格的形成以及民族精神的提升都具有革故鼎新的作用，是带有鲜明民族特色和政治色彩的民众教育。民族精神教育是国民教育的核心内容。在新形势下，弘扬和培育民族精神，必须把民族教育作为一项长期的社会工程同具有广泛性、系统性的国民教育结合起来。国民教育是全民教育和全程教育的统一，可分为家庭教育、学校教育和社会教育三种形式。家庭是把民族精神教育纳入国民教育的起点；学校是把民族精神教育纳入国民教育的主阵地；社会是把民族精神教育纳入国民教育的大课堂。

把民族精神教育纳入国民教育：一要善于抓住有利于振奋民族精神的重大社会活动和重大事件，以此为契机教育国民，增强民族凝聚力。2008年，汶川大地震是中国人民遇到的一次大灾难，但伟大的抗震救灾精神成为凝聚中华儿女的巨大精神力量，也成为很好的对国人民族精神的教育的范例。二要善于发现和树立社会生活中涌现出的先进典型，大力宣传其人、其事，发挥其示范、感染和凝聚作用。三要加强中国历史和优秀传统文化教育、国情教育、世情教育，增强国人的民族自信心、责任感和忧患意识。

（五）把民族精神教育纳入精神文明建设全过程

弘扬和培育中华民族精神是社会主义精神文明建设的重要任务。要把民族精神教育纳入社会主义精神文明建设的全过程，渗透到社会主义精神文明建设的各个方面和主要领域。要切实将弘扬和培育中华民族精神纳入社会主义精神文明建设的目标和任务体系，社会主义精神文明建设各方面工作的开展，都要围绕这一目标和任务,努力为其创造文化条件,整合有效资源,提供有力的保障。社会主义精神文明建设包括两个基本方面,即思想道德建设和科学文化建设。在思想道德建设领域,中华民族优秀文化传统和中华民族精神是重要的思想道德教育资源和教育内容。弘扬和培育中华民族精神在思想道德建设中有着突出的重要地位。科学文化建设具有丰富的内容,包括教育、自然科学、哲学社会科学、新闻出版、广播影视、文学艺术,以及卫生、体育、文物、图书馆、博物馆等各项事业。所有这些方面,都应根据自身特点,利用自身的优势,为弘扬和培育中华民族精神作出贡献。

第三节　中华民族精神的当代扩展
——建设社会主义核心价值体系

党的十六届六中全会通过的《中共中央关于构建社会主义和谐社会若干重大问题的决定》强调:"建设和谐文化,是构建社会主义和谐社会的重要任务。社会主义核心价值体系是建设和谐文化的根本"。党的"十七大"报告进一步明确指出,"建设社会主义核心价值体系,增强社会主义意识形态的吸引力和凝聚力"。建设社会主义核心价值体系,是党在思想理论建设上的一个重大理论创新。中华民族精神是社会主义核心价值体系的基本内容之一,弘扬和培育中华民族精神是当代建设社会主义核心价值体系的必然要求。

一、社会主义核心价值体系的科学内涵

一个国家、一个民族、一个社会在长期共同的认识和实践活动中,必然要形成一定的价值体系。价值体系是由社会崇尚和倡导的思想理论、理想信念、道德准则、精神风尚等构成的社会价值认同体系。在这个体系中居核心地位、起主导和统领作用的就是核心价值体系。中国社会主义核心价值体系主要包括马克思主义指导思想、中国特色社会主义共同理想、以爱国主义为核心的民族精神和以改革创新为核心的时代精神、社会主义荣辱观等四个方面的基本内容。

(一)马克思主义指导思想是社会主义核心价值体系的灵魂

马克思主义是科学,是我们的立党立国之本,它决定了社会主义核心价值体系的性质和方向。建设社会主义核心价值体系,最根本的是坚持马克思主义的指导地位。马克思主义是社会主义核心价值体系的灵魂。毛泽东思想、邓小平理论和"三个代表"重要思想以及科学发展观是马克思列宁主义与中国具体实际相结合的产物,是中国化的马克思主义。只有坚持以马克思列宁主义、

第二十章 民族精神

毛泽东思想、邓小平理论和"三个代表"重要思想为指导,全面落实科学发展观,才能凝聚全国人民的力量,形成全国人民统一的思想基础和精神支柱。这是构建社会主义和谐社会的理论基础,也是当代中国核心价值体系的核心所在。如果动摇了马克思主义的指导地位,就会失去全党全国各族人民团结奋斗的共同思想基础,就会导致思想混乱、社会动荡,就会给国家和民族带来巨大的灾难。

(二)中国特色社会主义共同理想是社会主义核心价值体系的主题

理想是基于现实又超越现实的奋斗目标,是一个民族、一个社会奋力前行的向导。我国各族人民现阶段的共同理想就是在中国共产党的领导下,走中国特色社会主义道路,实现中华民族的伟大复兴。这个共同理想,既实在具体,又鼓舞人心。它昭示了我们要在中国特色社会主义道路上,在本世纪前20年,集中力量全面建设小康社会,再继续奋斗几十年,到本世纪中叶基本实现现代化,把我国建成富强民主文明和谐的社会主义现代化国家。中国特色社会主义反映了我国最广大人民的共同愿望、利益和要求,是实现中华民族伟大复兴的必由之路。中国特色社会主义的共同理想对于人民群众具有极大的吸引力和感召力。在当代中国,只有走中国特色社会主义道路,才能实现国家的富强和人民的幸福,也才能把各党派、各团体、各阶层、各民族团结和凝聚起来。只有坚定建设中国特色社会主义的共同理想信念,才能使之转化为巨大的精神动力。

(三)以爱国主义为核心的民族精神和以改革创新为核心的时代精神是社会主义核心价值体系的精髓

社会主义核心价值体系是一种既具有强烈的民族性又具有鲜明时代性的先进的思想文化。民族精神是民族文化最本质、最集中的体现,是社会核心价值体系建设的重要内容。它是一个民族赖以生存和发展的精神支柱,具有强大的感召力和推动力,可以激发全体人民的斗志和责任心。以爱国主义为核心的团结统一、爱好和平、勤劳勇敢、自强不息的伟大民族精神,是中华民族生生不息、薪火相传的精神血脉,是维护国家团结统一、鼓舞各族人民奋发进取的精神支撑。只有大力弘扬和培育民族精神,才能使中华民族以昂扬向上的精神状态自立于世界民族之林。时代精神则反映了某一时代思想文化的精神特质,是民族精神新鲜血液的来源。当前以改革创新为核心的与时俱进、开拓进取、求真务实、奋勇争先的时代精神,已经深深地融入中华民族精神之中,成为推动时代发展进步的强大精神动力,是在当代中国人民的伟大奋斗中不断创造新辉煌的力量源泉。在改革开放的历史进程中,锐意进取、敢为人先的创新精神不断迸发,自主、平等、竞争、效率的观念不断增强,扶贫挤弱、公平共享、促进入全面发展的人文精神得到普遍推崇,民主、科学、法治的理性精神成为广泛共识。正是依靠这种精神,中国人民创造了现代化建设举世瞩目的成就。

(四)社会主义荣辱观是社会主义核心价值体系的基础

2006年3月4日,胡锦涛在一次讲话中指出,要教育广大干部群众特别是广大青少年树立社会主义荣辱观。即坚持以热爱祖国为荣、以危害祖国为耻,以服务人民为荣、以背离人民为耻,以崇尚科学为荣、以愚昧无知为耻,以辛勤劳动为荣、以好逸恶劳为耻,以团结互助为荣、以损人利己为耻,以诚实守信为荣、以见利忘义为耻,以遵纪守法为荣、以违法乱纪为耻,以艰苦奋斗为荣、以骄奢淫逸为耻。以"八荣八耻"为主要内容的社会主义荣辱观,把中华民族的传统美德、党领导人民在革命、建设和改革的历史进程中形成的革命道德和社会主义新时代的道德要求紧密结合起来,是社会主义市场经济条件下判断是非得失、确定价值取向、作出道德选择的基本准则。在全社会牢固树立社会主义荣辱观,就能够扶正祛邪,扬善惩恶,促进良好社会风气的形成和发展。社会主义荣辱观鲜明地体现了当代中国社会最基本的道德取向和行为准则,是建设社会主义核心价值体系的必然要求。

社会主义核心价值体系四个方面的内容,内容丰富,相互联系、相互贯通,共同构成一个完整的思想体系。建设社会主义核心价值体系,就是要把这四个方面的基本要求融入精神文明、物质文明、政治文明建设的全过程,融入经济、政治、文化、社会建设的各个领域,融入国民教育和精神文明建设全过程,使之成为全民族奋发向上的精神力量和团结和睦的精神纽带。

二、建设社会主义核心价值体系的重要意义

核心价值体系是构成社会共同体的思想基础,任何社会都有自己的核心价值体系,这是社会系统得以运转、社会秩序得以维持的基本精神依托和文化规范力量。它是社会意识形态的本质体现,体现社会意识的性质和方向,是社会意识形态大厦的基石。社会主义核心价值体系是社会主义制度的内在精神之魂,在社会主义价值体系中处于统摄和支配地位。建设社会主义核心价值体系是当代中国社会的一项重大战略任务,具有重要意义。

(一)社会主义核心价值体系是动员中国人民走中国特色社会主义道路、建设中国特色社会主义的力量源泉

特定的价值观念是特定社会关系的反映,而核心价值是这个社会中占主导地位的价值观念,具有明显的意识形态的导向性。不同社会的核心价值体系反映着不同的社会理想和社会追求。社会主义核心价值体系是与当代中国的社会主义基本制度和根本性质紧密联系在一起的,集中体现了中国特色社会主义经

第二十章 民族精神

济、政治、文化和社会发展的内在规定、要求和目标取向。要巩固马克思主义指导地位,坚持不懈地用马克思主义中国化最新成果武装全党、教育人民,用中国特色社会主义共同理想凝聚力量,用以爱国主义为核心的民族精神和以改革创新为核心的时代精神鼓舞斗志,用社会主义荣辱观引领风尚,巩固全党全国各族人民团结奋斗的共同思想基础。因此,社会主义核心价值体系就成为一种伟大的精神力量,鼓舞人们在中国特色社会主义道路上奋勇前进。

(二)社会主义核心价值体系是增强文化认同感,团结全国各族人民为实现中华民族的伟大复兴而奋斗的精神支柱

一个民族、一个国家、一个社会的价值观念及其核心价值体系的形成和发展,都是基于一定时空体系内发展的民族、国家和社会的历史性和时代性的反映,并且同时以理想的形态引导、塑造着这个民族、国家和社会的历史发展进程。随着中国当代社会发展进程的深入,越来越多的人认识到:只有经济发展是不够的,必须伴之以一种具有强大凝聚力的文化认同力量,这种文化力量应该是与经济创造力相辅相成的。那种凝聚人民、动员人民、激发人民创造力的文化力量,就是我们所说的核心价值观念、民族精神和时代精神。现代社会是高度分化的社会,不同的分工形成不同的利益诉求。在这种情况下,一方面,我们必须尊重人民群众的利益差异和文化差异,引领、改造、提升、整合不同的社会观念;另一方面,我们必须坚持社会主义核心价值体系的主导地位,因为它集中体现了全中国各民族人民的共同理想、文化认同和价值追求。

(三)社会主义核心价值体系是引领全体社会成员在思想上、道德上共同进步,不断提高中华民族国民素质的理想范式

历史的经验告诉我们,共同的价值规范可以帮助个体彼此照顾,形成共同目标,采取共同行动。没有共同的价值体系,就没有再生的社会共同体。共同的价值观念、道德要求是集体生活的前提和条件。社会主义社会是物质文明、政治文明、精神文明和社会文明协调发展的社会;没有良好的道德规范,就无法实现社会的和谐发展。社会主义荣辱观与社会主义市场经济体制相适应,与社会主义法制规范相协调,与中华民族传统美德相承接,与人类文明发展趋势相一致,集中体现了社会主义道德规范和行为规范的基本要求,是中国特色社会主义事业和谐发展的基本保证。

(四)社会主义核心价值体系是引导全国各族人民团结互助构建和谐社会的思想基础

构建和谐文化,是构建社会主义和谐社会的重要任务。社会主义核心价值体系是建设和谐文化的根本,它对文化建设、社会进步、人的发展发挥着引领和主导的作用。社会主义核心价值体系是维系社会健康协调运转的精神纽带、

推动社会不断发展的精神动力、指引社会前进方向的精神旗帜。我们必须坚持马克思主义在意识形态领域的指导地位，牢牢把握社会主义先进文化的前进方向，弘扬民族优秀文化传统，借鉴人类有益的文明成果，倡导和谐理念，培育和谐精神，进一步形成全社会普遍认同的共同的理想信念和道德规范，打牢全党全国各族人民团结互助构建和谐社会的思想道德基础。

（五）社会主义核心价值体系是中国特色社会主义文化的灵魂，是提高社会主义中国文化软实力的基石

和谐文化是中华民族对人类社会的伟大贡献。对内我们构建和谐社会，实现祖国的和平统一、繁荣富强；对外我们主张和平发展，实行平等交往、互惠互利。在和平发展的进程中，我们不仅要发展自己的硬实力，也要发展自己的软实力。发展软实力既可以增强内部凝聚力，形成强大的文化认同感，也可以缓解外界对我们的硬实力发展的不利反应，为硬实力的发展创造良好的条件。同时，软实力本身就是综合国力和影响力的重要组成部分。当代中国的软实力建设，有赖于中国特色社会主义核心价值体系的内在品质和外部感召力。

思考题
1. 简述中华民族精神的核心与基本表现形态。
2. 当代中国社会为什么要大力建设社会主义核心价值体系？

参考文献
［1］宋志明，吴潜涛．中华民族精神论纲．北京：中国人民大学出版社，2006．
［2］胡孝红．中华民族精神论纲．北京：中国社会科学出版社，2006．
［3］李宗桂，等．中华民族精神概论．广州：广东人民出版社，2007．
［4］编写组．思想道德修养与法律基础．修订版．北京：高等教育出版社，2008．

后 记

　　本书是大学城及周边高校国家大学生文化素质教育基地省级项目成果之一，由许国彬总体策划、编排目录、指导和参与撰写，与陈彦辉、许莲华一起统稿、改稿。写作人员分工如下。第一章：许莲华；第二章：赵烨；第三章：赖洁莲；第四章：刘田苗；第五章：庄典洲；第六章：王媛媛；第七章：陈彦辉；第八章：康为茂、李晓莉；第九章：阎茹；第十章：杨健生、赖菁菁；第十一章：李于昆、颜勇；第十二章：张林茂；第十三章：程永林；第十四章：李旭武；第十五章：刘更；第十六章：唐静；第十七章：朱志刚；第十八章：王焱；第十九章：李惠娟；第二十章：李和民。

　　本书从策划到出版足足花了三年的时间，作者在编写过程中一边学习，一边创作，体现了集体的钻研精神和智慧力量。感谢华南理工大学出版社的老师们，尤其是黄丹丹老师，为出版本书所作出的努力。感谢众多的专家学者，为我们编写本书提供丰富的素材。我们毕竟知识有限、水平不高，难免有错漏之处，敬请读者多多指正。联系方式：xgb108@tom.com。